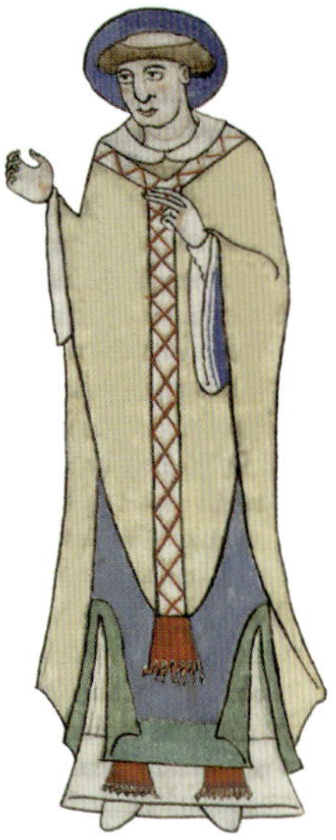

도판 1 **성직자와 악마의 몸짓** (욥기 주해, 12세기)

중세 기독교 문화에서 유동성은 덧없는 것, 불안정한 것, 세속적인 것, 역사적인 것의 성질이다. 유동성과 그 반대 사이에는 어떤 위계도 존재한다. 정지된 몸짓, 신이나 왕의 위엄 있는 부동성 앞에서 모든 몸짓은 부산함으로 나타나고, 사회적·도덕적 예속성의 고백이 된다. (본문 27쪽, 122쪽)

도판 2 **황제에게 조공을 바치는 나라들** (오토 3세의 전례용 복음서, 10세기)

도판 3 **위엄 있게 앉은 그리스도** (오토 3세의 전례용 복음서, 10세기)

기독교 이데올로기에서는 유동성에 대한 억압과 신체를 향한 의심이 결합해 몸짓에 호의적이지 않은 판단이 강화된다. 이를 고려해야 부동성의 부여, 느리고 장엄한 거동을 권력과 신성함의 징표로 여긴 중세의 의례를 이해할 수 있다. 절대적 권위를 나타낸 이미지의 고정된 정면성도 마찬가지로 해석해야 한다. (본문 28쪽)

도판 4 위엄 있게 서 있는 그리스도 (오토 3세의 전례용 복음서, 10세기)

그리스도의 삶의 장면을 보여주는 이미지들은 단지 '이야기'의 삽화에 그치지 않는다. 그것은 서사적인 것에 중심을 두는 것이 아니라, 상징적 질서를 나타내기 위해 형상들 사이의 관계와 배경과의 관계를 조직하는 표현 양식에 해당한다. 그 질서는 육화의 신비의 질서이다. (본문 123쪽)

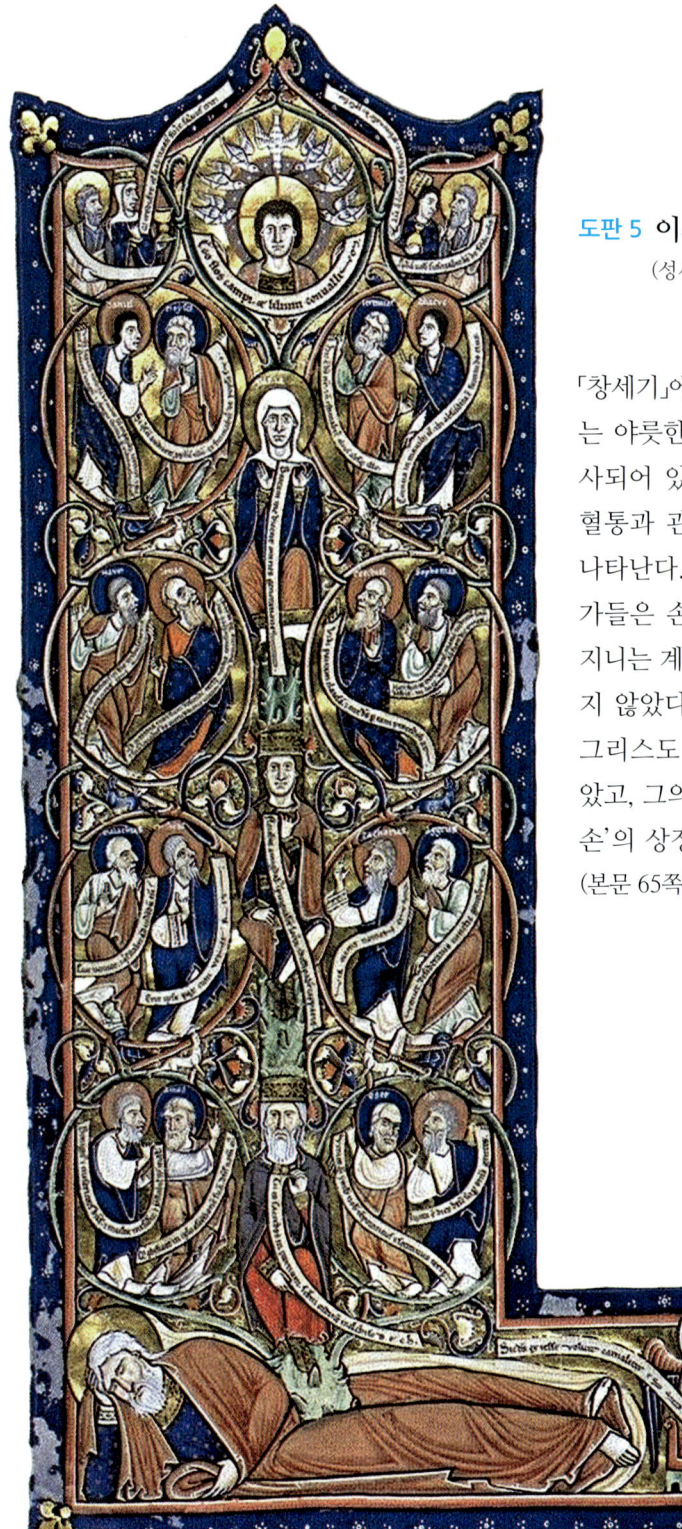

도판 5 이새의 나무
(성서 필사본, 12세기)

「창세기」에는 성기에 손을 얹는 야릇한 맹세의 방식이 묘사되어 있다. 그것은 종족의 혈통과 관련된 약속과 함께 나타난다. 중세의 성서 주석가들은 손과 성기의 접촉이 지니는 계보학적 의미를 놓치지 않았다. 그들은 거기에서 그리스도 육화의 예고를 보았고, 그의 인성을 끌어낼 '자손'의 상징적 표현도 보았다.
(본문 65쪽)

도판 6 **손가락 동작의 표현** (슈투트가르트 시편집, 9세기)

손은 신체의 비율과는 어울리지 않는 크기, 자세의 다양성, 팔의 활발한 움직임으로 이미지에 내적 역동성을 부여하고, 표현된 동작의 의미를 암시하기 위한 가장 중요한 기능을 맡는다. 가운뎃손가락과 엄지손가락 끝을 맞대는 몸짓은 어떤 경우든 말하는 인물, 더 정확하게는 비난하고 고발하는 인물이 한다. 하지만 같은 시대의 필사본이라 해도 몸짓의 의미는 맥락에 따라 달라진다. 같은 몸짓이 주교의 이미지에서는 위엄과 가르침을 나타낸다. (본문 118쪽)

도판 7 **투르 주교 그레고리우스의 초상** (마르무티에 성사집, 9세기)

도판 8 **황제와 구름에서 나오는 신의 손** (황금 사본, 9세기)

복음사가 같은 천상의 인물과 지상에서의 신의 대리인 황제를 형상화한 이미지들에서는 전통적인 경직성이 동일한 특징으로 나타난다. 모두 움직이지 않는다. 황제의 움직이지 않는 형상, 그의 확고부동한 몸짓은 내재된 힘을 나타내고 찬양한다. 엄숙한 정면성에 고정된 황제의 위엄에 비추어 보면, 모든 움직임은 복종의 표지로 그 가치가 낮추어진다. 왕좌에 앉은 황제의 형상은 주목할 만한 연속물을 이룬다. 그것들은 물질적인 기호로 군주의 신성한 선출을 강조한다. 9세기부터 이미 왕좌에 앉은 황제를 굽어보는 아치형 천장 바로 아래 구름에서 신의 손이 나온다. (본문 132쪽)

도판 9 **오토 2세와 신의 손** (리우타르 전례용 복음서, 10세기)

973년 무렵에 오토 2세를 위해 제작된 『리우타르 전례용 복음서』에서는 마치 그리스도의 화신인 양 황제 자신이 후광 안에 앉아 있다. 위엄 있게 왕좌에 앉아 둥근 공을 들고 있는 황제는 신의 손으로 왕관을 쓴다. 두 명의 사제와 두 명의 전사가 이러한 황제의 현현 앞에 몸을 숙인다. 여기에서 황제의 신권정치적인 권력의 표현은 정점에 이른다. (본문 133쪽)

도판 10 **황제의 팔을 떠받치는 성자들** (하인리히 2세의 성사집, 11세기)

히브리인이 아말렉족과 싸운 전투에서 모세가 한 몸짓은 중세 초기에 신의 권능을 구현하고 신의 이름으로 지배하는 군주 권력의 이미지가 되었다. 선지자가 팔을 들어올리면 히브리인이 이긴다. 그래서 아론과 후르가 모세의 팔을 떠받쳤다. 신의 손이 황제의 머리 위에 왕관을 씌우는 동안, 두 명의 천사로부터 황제 권력의 표상인 칼과 창을 받은 두 명의 성자가 군주의 팔을 떠받친다. (본문 125쪽)

도판 11 인간 기계 (파리 성서, 13세기)

12세기 이후 자연학에 관한 지식이 확산되고, 많은 과학 작품이 아랍어에서 라틴어로 번역되면서 인간 신체의 역학에 관해 더 깊이 파고들 수 있게 되었다. 13세기의 성서 필사본에 실린 이 세밀화는 기계와 똑같이 신체에서도 작용하는 힘이라는 생각이 얼마나 중요한 관심사가 되었는지를 보여준다. 인간이 작동시키는 공성 기계를 묘사한 그림에서 병사 하나가 발사 장치의 힘을 키우려고 투석기에 매달려 있다. 이러한 도상과 당시의 의학 작품은 몸짓에 관한 서구의 사고가 왜 기술 발전이라는 유럽 역사의 주요한 현상의 일부인지를 알려준다. (본문 255쪽)

도판 12 수도사의 노동 (욥기 주해, 12세기)

대상을 가공하고, 소재를 변형시키는 것은 몸짓의 중요한 기능 가운데 하나이다. 이런 몸짓은 인간이 보유한 기술 수단에 따라 시대마다 다양하게 나타나며, 노동에 부여된 상징적·이데올로기적 가치도 달라진다. 11세기 이후 이루어진 비약적인 경제 발전을 배경으로 성직자들은 기술적 몸짓을 관찰했으며, 일부는 전통적으로 부정적이던 상징적 가치에서 벗어나 노동에 대한 근대적인 관념을 만들어냈다. 나무를 베고, 줄기를 쪼개고, 곡물을 낫으로 수확하고 타작하는 수도사와 보조 수도사의 신체와 노동이 알파벳 문자의 형태를 이루고 있다. 그런데 이것이 정말로 노동하는 이의 '진짜' 몸짓일까? (본문 264쪽)

도판 13 **노동의 몸짓** (파리 성서, 13세기)

한 세기가 지난 뒤에 제작된 필사본의 그림은 매우 다르다. 여기에서 성서의 인물들은 '진짜로' 노동을 한다. 노아는 방주를 만드는 데 필요한 널빤지를 더 힘 있고 나은 자세로 쪼갤 수 있게 하려고 작업대를 발로 누르고 있다. 바벨탑의 석공들은 돌의 무게에 시달리며, 건물 꼭대기로 올리려고 밧줄과 도르래를 조작한다. 돌을 깎는 사람들은 끌을 정밀하게 사용한다. (본문 265쪽)

도판 14 그리스도를 조롱하는 유대인 (알자스 제단화, 15세기)

종교극이나 중세 후기 제단화에서 특히 주목할 만한 몸짓의 표현은 그리스도의 수난에 대한 극적인 연출이다. 빌라도는 가시나무 관을 쓰고 주홍색 망토를 걸친 예수를 소리를 지르는 유대인 군중 앞으로 데려온다. 다양한 유형의 몸짓이 뒤섞이고, 놀랍도록 정확하게 표현된다. 예수는 아직 묶여 있는 것처럼 두 손을 교차시켜 내리고 있다. 이런 형상의 독특한 몸짓이 따로 분리되어 중세 말에 숭배가 보급된 피에타상이라는 예배의 이미지가 된다. (본문 275쪽)

도판 15 **유대인의 음란한 몸짓** (알자스 제단화, 15세기)

유대인은 그 시대의 그림에서 관례적인 음란한 몸짓을 앞다투어 한다. 집게손가락을 하늘을 향해 교차시키거나 엄지손가락을 입에 넣기도 하고, 고대에도 이미 증언된 분명히 성적인 함의를 지닌 피그 신호를 한다. 경멸의 의미로 손바닥을 땅으로 향한 채로 손을 아래로 내리기도 한다. (본문 275쪽)

도판 16 **두루마리 말풍선** (미사 경본, 15세기)

말이 없는 몸짓이 특이한 것이라면, 몸짓이 없는 말은 더욱 드물다. 12세기에 예술가들은 말과 몸짓의 결합을 어떻게 표현했을까? 하나의 방법은 이미지 안에 말로 된 설명이나 등장 인물의 말을 명문으로 넣는 것이다. 가끔은 두루마리 말풍선이 말하는 인물의 연장된 부분처럼 듣는 이를 향해 '몸짓'을 한다. 두루마리 말풍선이 교차하며 서로 주고받는 말을 나타내기도 한다.

천사가 손에 쥐고 있는 두루마리에는 라틴어로 "은총이 가득한 이여, 기뻐하여라. 주님께서 너와 함께 계시다*Aue gracia plena dominus tecum*"라는 말이 적혀 있다. 그리고 천사를 바라보는 마리아의 머리 위를 에워싼 두루마리에는 "보십시오, 저는 주님의 종입니다. 말씀하신 대로 저에게 이루어지기를 바랍니다*Ecce ancilla domini fiat michi se(cund)um uerbum tuum*"라는 응답이 적혀 있다. (본문 273쪽)

도판 17 **성 프란체스코의 성흔**
(조토의 두 작품, 14세기)

신성한 힘을 내면화하고, 그것에 완전히 사로잡힌 신비주의자들은 그 힘으로 종교적 도취로 이끌렸다. 그들의 본보기는 성 프란체스코였다. 그는 자신의 육신에 십자가에 못 박힌 성흔의 은혜를 받은 최초의 성인이었다. 그 뒤로 남성보다 여성이 더 자주 이 신비로운 체험에 이르렀으나, 바탕이 된 것은 언제나 성 프란체스코의 몸짓이었다. (본문 351쪽)

도판 18 **성녀 안나의 몸짓** (한스 발둥, 16세기)

중세 사회에서는 많은 몸짓이 어떤 기술적 효과에 의해서가 아니라, 보이지 않는 힘의 작용으로 물질이나 존재를 변화시키는 상징적 효력을 지닌다고 여겨졌다. 이는 교회가 권장한 몸짓도 예외는 아니었다. 마리아의 어머니 안나가 아기 예수의 성기를 향해 한 몸짓은 불안함을 불러일으키기에 충분하다. 이 할머니는 그리스도의 생식 능력에 주술을 거는 마녀일까? (본문 360쪽)

몸짓의 역사

La Raison des gestes dans l'Occident médiéval
by Jean-Claude Schmitt

Copyright © Éditions Gallimard, Paris, 1990
Korean translation copyright © 2025 by Publishing house OROT
All right reserved.

The Korean language edition is published by arrangement with
Éditions Gallimard through Milkwood Agency.

이 책의 한국어판 저작권은 밀크우드 에이전시를 통해 Éditions Gallimard 사와
독점 계약한 도서출판 오롯에 있습니다. 저작권법으로 한국 내에서 보호를 받는
저작물이므로 무단 전재와 무단 복제를 금합니다.

몸짓의 역사

장클로드 슈미트 지음 | 주나미 옮김

오롯

표기세칙

① 주요 개념은 본문에 외국어를 함께 표기했으나, 인명·지명 등의 외국어 표기는 책 뒤의 '찾아보기'에 수록했습니다.

② 인명·지명 등의 외국어 표기는 해당 국가의 언어에 맞추어 나타냈습니다. 하지만 10세기 이전이나 카롤루스 왕조 시대의 인물, 교황의 이름 등은 고전 라틴어 발음을 기준으로 표기했습니다. 다만 오늘날 영어식 발음 표기가 일반화되어 널리 쓰이는 경우에는 그것을 기준으로 했습니다.

③ 성서에 등장하는 인명 등의 고유명사는 성서 표기에 맞추어 표기했습니다. 성서는 한국 가톨릭 공용 성서인 '한국천주교주교회의, 『성경』, 서울: 한국천주교중앙협의회, 2008'을 기준으로 했습니다.

④ 책이나 정기간행물은 『 』, 논문이나 문헌, 예술작품 등은 「 」로 표기했으며, 원래의 외국어 제목도 함께 나타냈습니다.

⑤ 그리스어·라틴어 어휘와 문구는 글자를 기울여 다른 외국어 표기와 구분했습니다.

책의목차

머리말 중세, 몸짓의 문명 ······ 9

01 고대의 유산 ······ 32

몸짓의 명칭 | 신체 묘사 | 몸짓의 도덕 | 수사학의 '악티오' | 연설가와 어릿광대 | 연설가 몸짓의 규범화 | 두 번째 수사학 | 몸짓의 형상화 | 음악

02 기호의 종교 ······ 59

교회 | 성서 | 천지창조 | 기독교 세계의 신체 | 수도원 금욕주의 | 성 아우구스티누스의 계율 | 카시아누스 | 교사와 성 베네딕투스 | 기독교 수사학 | 수사학에서 전례로 | 음악에서 성가로 | 다윗의 춤 | 교회에서 춤을?

03 신의 손 ······ 102

카롤루스 르네상스 | 레미기우스의 정의 | 테렌티우스 사본 | 카롤루스 왕조 시대의 도상 | 오토 왕조 시대의 필사본 | 새로운 전례 문화 | 하나의 예 - 군주의 몸짓 | 전례 몸짓의 상징적 해석 | 천사의 합창과 그리스도의 춤 | 악령 들린 자, 하나의 변종? | 몸짓과 업적

04 구별 ······ 149

'몸짓'이라는 말의 복귀 | 교회의 여러 수도회들 | 수도원 관례집 | 몸짓의 교육학 | 성 베르나르 | 지복과 저주의 도상

05 수련자 규율 ······ 185

위그 드 생빅토르 | 몸짓의 정의 | 몸짓의 분류 | 몸짓의 괴물 | 신체의 '국가' | 개인 - 사회 유형과 12세기 인문주의 | 『수련자 교육』의 보급과 번역 | 학교에서 대학으로

06 속인과 성직자 ······ 224
　퍼시벌 | 통과의례 | 몸가짐 | 왕의 몸짓 | 의학 담론 | 인간 기계론 | 노동의 몸짓 | 다달의 노동

07 몸짓의 언어 ······ 267
　손가락셈과 수도원의 신호 | 말과 몸짓 | 광대의 복권? | 음악가 다윗과 광대 | 광대의 역할 | 전례극 | 도상과 전례극 | 설교가의 몸짓 | 속인의 수사학

08 기도에서 종교적 도취까지 ······ 312
　오란스 | 무릎 꿇고, 두 손 모으기 | 기도의 양식 | 피에르 르 샹트르 | 성 도미니쿠스 | 움직임의 분해 | 신비주의의 몸짓

09 상징적 효력 ······ 355
　몸짓의 '마법' | 신명재판 비판 | 성사 신학과 몸짓 | 미사 | 성찬 의식의 요소들 | 축성의 몸짓 | 실체 변화의 순간

맺음말 중세 몸짓의 다양한 얼굴 ······ 405

작가 원주 ············ 416
도판과 그림 ············ 469
찾아보기 ············ 472

일러두기

① 본문에 포함된 해설과 주석은 모두 한국어판에서 옮긴이가 추가한 것입니다. 글쓴이가 붙인 원래의 주석은 책 뒤에 실어 구분했습니다.

② 본문의 〔 〕 안의 내용은 옮긴이가 내용 이해를 돕기 위해 덧붙인 것입니다. 본문의 내용과 구분할 수 있도록 옮긴이가 덧붙인 내용은 고딕으로 서체를 다르게 했습니다.

③ 라틴어에서 '몸짓'을 뜻하는 두 낱말인 '게스투스gestus'와 '게스티쿨라티오gesticulatio', 그리고 프랑스어에서 이에 해당하는 '제스트geste'와 '제스티퀴라시옹gesticulation'의 구분은 이 책의 논리 전개에서 무척 중요하게 쓰입니다. 한국어 번역본에서는 이러한 구분을 나타내기 위해 별다른 수식어가 없어도 '게스투스'와 '제스트'는 '몸짓', '게스티쿨라티오'와 '제스티퀴라시옹'은 '무절제한 몸짓'으로 옮겼습니다.

④ 글쓴이는 이 책의 많은 부분에서 라틴어 낱말이나 문구를 프랑스어 표현 없이 그대로 사용하고 있습니다. 이런 경우에는 그에 해당하는 한국어 낱말이나 문구로 옮겨 나타내더라도 원래의 라틴어 표현을 중복되지 않는 한도 안에서 함께 표기했습니다. 다만 라틴어 발음을 한글로 적어 나타낼 경우에는 맨 처음에만 함께 표기하고, 뒤에서는 생략했습니다.

머리말

중세, 몸짓의 문명

10세기 말에 랭스의 생레미 수도원 수도사이던 리셰는 힝크마루스와 플로도아르두스를 계승해 『연대기Historiae』를 썼고, 그것을 당시 랭스 대주교이던 (뒷날 최초의 프랑스 출신 교황 실베스테르 2세가 되는) 제르베르 도리악에게 바쳤다.* 그는 교회의 중심도시이던 랭스라는 축복받은 관측소에 머무르며, 로베르 왕가와 위그 카페(재위 987~996)가 새로운 왕조의 왕위에 오른 일을 기록으로 남겼다.

위그 카페는 아직 공작이던 981년에 (신성로마제국의) 황제 오토 2세를 로마에서 만났다. 회담에서 황제는 교활하게도 접이의자에 칼을 올려놓고 위그 카페에게 입을 맞추었다. 이는 그때까지 그에게 품고 있던 불만을 모두 잊겠다는 신호였다. 회담을 마친 뒤 황제는 "뒤돌아서서 칼을 찾았다. 그러자 공작은 조금 물러나 몸을 굽혀 칼을 들어 황제에

---

* 모두 4권으로 이루어진 리셰 드 랭스(940?~998)의 『연대기』는 오도 1세(Odo I, 재위 888~898)가 즉위한 해부터 995년까지의 시기를 다룬다. 제2권까지 리셰는 플로도아르두스가 쓴 연대기를 폭넓게 활용했으나, 969년부터는 자신의 관찰을 바탕으로 그 시대에 관한 중요한 기록을 남겼다. 19세기 초에 발견된 한 종의 사본(Bamberg State Library, Msc. Hist.5)만 전해지는데 여기에는 작가의 서명과 계속 수정한 흔적이 남아 있다.

게 가져갔다. 칼은 '일부러*ex industria*' 의자 위에 놓여 있었다. 그 자리에 있던 모든 이들 앞에서 공작이 칼을 가져가 바치게 해서 앞으로도 그럴 것처럼 보이게 하려는 속셈이었다." 서임식 의전이 아니라 무심코 행해진 것이더라도, 그런 몸짓은 상징적으로 공작을 황제의 '사람'으로 만들 수 있었다.

그러나 공작의 행동은 통역으로 그를 수행하던 [오를레앙의 아르눌프] 주교에게 가로막혔다. 주교는 서둘러 공작의 손에서 칼을 낚아채서 황제에게 바쳤다. 그는 교회의 고위 성직자였으므로 그런 행동을 해도 위험하게 여겨지지 않을 수 있었다. 뒷날 왕위에 오른 위그 카페는 충성스러운 주교의 지혜를 자주 떠올리며 그리워했다.[1]

앞에서 말한 몸짓은 리셰 드 랭스가 위그 카페의 선조 가운데 한 사람과, 카롤루스 왕조의 황제인 카롤루스 3세(재위 898~922)에 관해 이야기한 다른 몸짓의 반향으로도 볼 수 있다. 플로도아르두스의 영향을 받아 리셰는 카롤루스 3세가 총신 하가논*에게 베푼 호의를 황제 곁에 모인 주요 봉신들이 얼마나 분노에 찬 눈으로 바라보았는지 강조했다. 황제는 총신을 가까이 앉히고, 귀족들과는 거리를 두었다. 하가논은 때때로 황제가 쓰고 있던 모자를 벗겨 자기가 쓰기도 했다. 카롤루스 3세가 하가논을 위그 카페의 할아버지인 로베르 1세와 좌우에 나란히 앉히면서 상황은 극단으로 치달았다. 로베르는 자신이 경쟁자보다 나은 대우를 받지 못하는 상황에 몹시 기분이 상했다. 그래서 격분하여 그의 세력에게 자신이 겪은 모욕을 알리려고 떠났다. 뒷날 로베르와 카롤루스 3세는 실제로는 여전히 적대적인 관계였으나 화해하는 척하며 입맞춤

---

* 카롤루스 3세의 총애를 받았다고 전해지는 인물이다. 919년 왕의 공증인으로 임명되었고, 이는 프랑크 공작 로베르가 이끈 반란의 계기가 되었다. 922년 로타링기아로 도망친 카롤루스 3세를 대신해 로베르 1세(재위 922~923)가 왕으로 즉위하면서 카롤루스 왕조의 시대가 끝났다.

을 주고받기도 했다.[2]

리셰는 자신이 관찰하고 묘사한 과거와 현재의 몸짓이 명예의 엄격한 규칙에 지배되고 있다는 사실을 나타내려 했다. 그는 황제에게 칼을 바치고, 옆에 앉고, 모자를 벗기고 쓰는 일이 단순한 예법의 문제가 아니라는 사실을 알고 있었다. 그런 몸짓은 사람을 어떤 존재로 만드는 것이었다. 나아가 그는 자신과 처음 이야기의 주교와 같은 성직자들이 몸짓의 사용법에 정통하고, 그것의 효력을 평가할 수 있다는 사실을 환기시키려 했다. 사건이 벌어지고 한참 뒤에 리셰가 묘사했듯이, 위그를 수행했던 주교는 공작이 프랑크인의 왕이 되어야 하고, 황제에게 칼을 바치면 미래의 왕권이 훼손된다는 사실을 '알고' 있었다. 수도사이자 역사가인 리셰도 당연히 그 모든 사실을 누구보다 잘 알고 있었다. 그의 펜 끝에서 개인의 몸짓은 왕위를 약속받은 한 왕조의 역사로 기록되었다. 리셰 자신이 직접 증인이 되었고, 987년 위그 카페가 왕위에 오르면서 실현된 바로 그 약속이었다.

이 이야기와 그것이 상기시키는 사건들이 속한 중세 문명은 때때로 '몸짓의 문명'이라고 불린다.[3] 리셰 드 랭스의 증언을 바탕으로 이 표현에는 이중의 의미를 부여할 수 있을 것이다. 가장 일반적인 방식으로 '신체의 움직임과 태도'로 정의되는 몸짓은 중세의 사회 관계에서 매우 커다란 중요성을 지니고 있었다. 아니면 적어도 성직자에게는 그렇게 인식되어 정치적·역사적·윤리적, 더 나아가 신학적 성찰의 대상마저 되고 있었다.

중세에 몸짓이 중요성을 지니고 있었던 것은 우선 '문서의 결핍'으로 설명할 수 있을 것이다. 마르크 블로크는 봉건 사회의 의례화ritualisation를 강하게 주장했다. 그는 거기에서 기록된 것의 섬세함과는 무관한 어떤 문화의 감각이 구체적으로 표현되는 것을 보았다. "예를 들어 계약에서 서로의 의지는 근본적으로 몸짓과 때로는 축성하는 말, 곧 전체적인 형식주의로 묶였다. 요컨대 추상적인 것에 그다지 예민하지 않은 상상력을 불러일으킬 가능성이 매우 높았다."[4] 실제로 오늘날 우리는 구두 약속과 단순한 몸짓이 '법과 같은 효과'을 지니고, '법적인' 증거로 여겨지며, 공증을 받은 문서나 서명과 동등하거나 그보다 더 큰 구속력을 가질 수 있다고는 상상조차 할 수 없다. 하지만 봉건 사회에서는 그렇지 않았다. 오늘날과 같은 관행은 도시와 상업활동이 부흥하고, 국가와 (사무국이나 기록보관소 등의) 행정기관이 발달한 13세기부터 널리 퍼졌고, 영어가 '문해력literacy'이라는 단어에 부여한 매우 풍부한 의미에서의 새로운 문서 문화도 그제야 형성되었다.

그러나 '몸짓의 문화'와 문해력을 도식적으로 대립시켜서는 안 된다. 우선 (오늘날 우리도 마찬가지이지만) 중세 문명은 늘 양쪽 모두와 친숙했기 때문이다. 시대마다 그 둘 사이에 나타났던 문제는 오로지 배합의 문제이자, 상징적 가치의 위계에서 어느 것을 우위에 두는가의 문제였을 뿐이다. 봉건 사회는 분명히 '몸짓의 문명'이었으나, 동시에 글쓰기가 드문 만큼 그것에 더 큰 가치를 부여하고 있었다. 글쓰기의 주요 기능이 신의 말씀인 성서를 훌륭히 옮겨 적는 것이었으므로 더욱 그러했다. 그것은 기독교 세계에서 대다수 사람들 위에서 신성함을 누리던 성직자의 특권이기도 했다. 양피지 위를 달리던 손 말고는 다른 가능성이 존재하지 않던 시대에 글쓰기도 (매우 강렬한 상징성을 지닌) 하나의 몸짓이었다는 사실도 잊지 말아야 한다.

글쓰기는 문자 문화의 극소수 엘리트인 성직자의 일이었고, 성직자들은 가장 거룩한 책인 성서의 언어인 라틴어로 글을 썼다. 하지만 그것은 평소 말할 때 사용하던 언어가 아니었다. 그래서 다른 많은 이들에게 글쓰기는 권위가 있으나 쉽게 다가설 수 없는 것이었고, 그들은 양피지보다 몸짓에서 더 커다란 가치와 힘을 인식하고 있었다. 리셰 드 랭스의 기록에 따르면, 황제 오토 2세가 위그 공작을 자신의 권위에 복종시키는 데에도 어떤 증서가 필요치 않았다. 공작이 칼을 가져가 바치게 하는 것만으로도 충분했다. 이런 경우에 문서는 거의 쓸모가 없었다. 계약서가 존재하더라도 그것이 중심이 아니었다. 기껏해야 몸짓과 실제 주고받은 말을 추인하기 위한 것이었을 뿐이다.[5]

몸짓은 문서보다 한 사람의 전부를 더 오롯이 얽어맸다. 이는 사람이나 그 자체로 높은 상징적 가치를 지닌 사물과의 신체적 접촉으로 확보되는데, 그 가운데에는 (칼, 성유물함, 성체처럼) 신성한 힘을 지닌 것도 있었다. 이렇게 몸짓은 사회적 결속의 기초가 되는 정치적·종교적 권력을 전달할 수 있게 하고, 그 힘을 공공연히 선언하고, 그것의 생생한 이미지를 만들어냈다. 영주가 자신의 손으로 가신에게 신종臣從 서약을 받거나,[6] 주교가 새로 사제가 된 이의 겸손히 숙인 머리 위에 손을 얹는 경우도 마찬가지였다. 이런 경우에도 글쓰기가 언제든지 끼어들어 후대를 위해 기억을 보존하고, 정식으로 서약의 증거를 기록으로 남길 수 있었다. 하지만 그 행위에 효력을 부여하고, 서로의 의지를 묶고, 신체를 이어 주는 것은 바로 몸짓이었다.

「바이외 태피스트리Tapisserie de Bayeux」에 있는 [잉글랜드 앵글로색슨 왕조의 마지막 왕인] 해럴드 2세(재위 1066)의 맹세는 잘 알려져 있다. 첫 성유물함이 놓인 제단에서 알 수 있듯이, 그것은 교회 안에서 벌어진 장면이다. 해럴드 2세는 그 성유물함에 왼손을 얹고 있다. 동시에 그는 갈팡질팡하는 듯한 몸짓으로 들것에 놓인 다른 성유물함에도 오른손 손끝을 대고 있다.[7] 장면 위에 짧게 쓰인 명문은 그 몸짓의 의미와 중요성에 관해 의문의 여지를 남기지 않는다. "맹세를 하다*sacramentum fecit*." 오히려 이 경우에는 신성한 힘에 약속하는 행위이므로 [라틴어 '사크라멘툼'에는 '맹세'와 함께 '성사·신비'의 의미도 있으므로] 이렇게 해석할 수도 있을 것이다. "성사를 하다." 거짓 맹세는 신의 응보를 불러오므로 [두 개의 성유물함에 동시에 손을 얹는] 그런 행위는 위험하기 짝이 없는 짓이었다. 하기야 해럴드

[그림 1] 해럴드 2세의 맹세 (바이외 태피스트리, 11세기 말)
위엄 있게 왕좌에 앉은 윌리엄 공작 앞에서 해럴드 2세는 두 개의 성유물함에 동시에 손을 얹고 맹세하고 있다. 이중성의 표지일까?

2세는 헤이스팅스 전투에서 노르망디 공작이던 윌리엄 1세에게 패하지 않던가? 그러므로 사건이 벌어지고 10~20년이 지난 뒤에 제작된 이 도상은 해럴드의 운명을 예고한다. 성유물함에 왼손을 얹은 것과 마찬가지로 좋은 징조가 아닌 이중적인 몸짓은 아마도 그의 이중성을 상징하는 듯하다. 그림 1

중세 기독교 세계에서 몸짓의 확장된 역할은 신체의 지위에 상응한다. 그것의 근본적인 조건은 감정을 드러내며 웃고 우는 광경을 보여주는 몸짓과 같은 사례에서 볼 수 있는 신체의 의례화이다. 『롤랑의 노래 Chanson de Roland』에서 조카의 분노를 마주한 카롤루스 대제는 자신의 감정을 몸짓으로만 드러낸다. 그는 고개를 숙이고, 수염을 가다듬고, 콧수염을 비틀고, 마침내 운다.[8] 그런데 그러한 행동의 묘사, 더 나아가 당시 이루어진 해석에는 중세 인류학의 모든 핵심 원리가 명확히 표현되어 있다. 인간은 전적으로 안과 밖의 변증법에 바탕을 둔 사회질서와 세계에 대한 보편적인 관념이 의인화한 원리인 육체와 영혼의 조합으로 정의된다. 인간의 육체와 사회의 광경에서 몸짓은 나름의 기준으로 그러한 변증법을 나타내거나 구체화한다. 그것은 인간의 안에 감추어진 영혼의 은밀한 움직임을 밖으로 드러낸다. 반대로 규율 있는 몸짓은 영혼을 길들여 신을 향해 나아가게 할 수 있다.

몸짓에 관해 이야기하는 것은 무엇보다 신체에 관해 이야기하는 것이다. 그러나 기독교의 신체는 양면적이다. 그것은 죄의 계기이고, '영혼의 감옥'이며, 인간이 구원으로 나아가는 길을 가로막는 것이었다. 이런 판단은 신체를 표현하고 확장하며, 그것의 움직임을 나타내는 몸짓에 주어지는 가치에도 호의적이지 않은 영향을 끼쳤다. 그러나 다른 한쪽에서는 인간이 구원을 얻을 수 있는지가 바로 그의 신체에, 특히 자선과 참회의 몸짓에 달려 있다고 끊임없이 환기되고 있었다. 기독교인에게 신체는 필요악과 같다. 기독교의 밑바탕을 이루는 신화 자체가 타락한 인류의 구원을 보장하는 신의 아들의 육화, 곧 '신체를 얻은' 일에 관해 말하고 있다. 이를 위해 성찬 의식에서 '그리스도의 몸'이 날마다 모든 기독교인에게 희생되고 분배된다. 그러므로 나쁜 몸짓이 있다면 좋은 몸짓도 있어야 했고, 무엇보다 그리스도가 본보기를 보인 몸짓이 그러했다.

그리스도의 '몸'은 그의 '신비의 신체'이기도 했다. 중세 말기에 퍼진 이 표현은 기독교 사회 전체를 가리킨다. 그것은 심판의 날에 창조주와 다시 하나가 될 영광을 열망하는 [세속사회의 죄악과] 싸우는 교회이다.* 그런데 인간의 신체에 머리와 팔다리가 있는 것처럼, 이 사회적인 신체도 복합체이다. 그것은 (이름, 문장, 언어, 표장과 같은) 구별의 기호나 독특한 의례, 몸짓에서 나타나듯이, 실제적이거나 상징적인 유사성에서 개

---

* 교회는 천상의 '승리한 교회', 연옥의 '고통받는 교회', 지상의 '싸우는 교회'의 셋으로 구분되었다.

체성의 의미와 응집력을 찾는 부분들의 결합으로 이루어져 있었다. 혈족, 봉건적 군신 관계, 궁정, 수도원이나 성당 참사회 집단, 도시와 대학은 저마다 몸짓 공동체를 이루고 있었다. 이러한 공동체 가운데 어느 하나에 속하는 것은 필수였다. 은자의 모호한 경우를 제외하면 그 사회에는 고립된 개인이 설 자리가 없었다. 모두가 저마다 어떤 '질서*ordo*'에 속해 있었으며, 이 말이 '예식규정'을 나타내는 어휘로 쓰인 것도 결코 우연은 아니었다.

여기서도 이 사회가 몹시 의례화한 성격을 지니고 있었음을 알 수 있다. 공유되고 구별되는 몸짓으로 저마다 자신이 어떤 집단에 속해 있음을 분명히 드러내고 알리는 것이 중요했다. 수도사에게는 수도사의 몸짓이, 기사에게는 기사의 몸짓이 있었다. 나아가 몸짓은 이런 공동체 사이와 내부에서 위계를 구체화하고, 우선권과 친소 관계를 둘러싼 다툼을 조정했다. 이렇게 보편화한 의례화는 사회 전체가 자신을 하나의 커다란 신체로 인식하게 했다. 의례는 단지 축제나 왕의 대관식, 결혼식이나 두 가문의 동맹과 같은 특별한 상황만을 특징짓는 것이 아니었다. 그것은 성찬 미사나 수도원과 성당참사회의 기도 '시간들'에서 매일 규칙적으로 되풀이되는 몸짓이나, 더 단순하게는 기독교인임을 드러내기 위해 종이 울리면 거리나 교회에서 슬그머니 십자 성호를 긋는 몸짓으로도 나타났다.

몸짓을 하며 인간은 결코 혼자가 아니게 된다. '사막'의 고독 속에서도 (방랑 기사에게는 위험이 가득한 숲, 수도사에게는 작은 방의 고립 속에서도) 그는 신과 수호천사, 악마의 시선 아래에서 살아간다. 더 일반적으로 인간은 늘 타인을 의식하거나 향해서 몸짓을 한다. 목소리와 몸으로 소통하며 상대와 대화할 때든, 영주가 가신의 손을 잡을 때든, 사제가 고해자를 축복할 때든, 어떤 경우든 몸짓은 사회적 관계를 잇는다.

이렇게 사람들은 그들끼리든, 신과의 사이에서든, 소통하고 기도하고 저항하기 위해 몸과 영혼을 다 바쳐 끊임없이 몸짓을 했다. 그것에 자신의 모든 인격, 자신의 믿음과 맹세한 신앙, 사회적 품격의 가치를 모두 부여하고, 때로는 죽음 전후의 운명을 맡기기도 했다. 이런 문화에서 가장 엄숙하고 거룩하며, 가장 흔하고 반복적일 뿐 아니라 일상생활에서 가장 무의식적으로 행해지던 몸짓에 관한 연구가 역사가에게 한 사회의 작동을 가장 깊숙이 들여다볼 수 있게 해주리라는 것을 어찌 의심할 수 있을까?

∗∗∗

오늘날의 역사가는 몸짓에 관한 중세 문명을 이야기할 때 암묵적으로 그 문명을 자신의 문명과 비교한다. 그리고 중세에는 지금의 서양 문명보다 몸짓이 더 중요한 역할을 맡고 있었다고 말한다. 민족학자와 마찬가지로, 자신이 속한 사회가 아닌 다른 사회를 마주한 역사가는 어디에나 존재하는 몸짓에 놀란다. 이는 우리가 다른 몸짓의 세계에 살고 있기 때문이다.

그러나 대부분 잘 인식하지는 못하지만, 우리 자신의 몸짓도 엄격한 상징체계를 이루고 있지 않은 것은 아니다. 최근의 모든 연구는 우리의 일상생활에서 어빙 고프먼이 말한 '상호작용 의례'의 중요성을 앞다투어 증명한다.* 에드워드 홀과 같은 [인간의 행동과 사회적 소통의 관계를 연구하는] 공간관계학 전문가들은 개인이 자신의 몸, 특히 몸짓으로 자기 주위에 어떤 상징적 공간을 만들어내는지를 알려준다. (레이 버드휘스텔이 제시한) 신체 움직임의 과학인 동작학도 비언어 의사소통의 모든 암묵적인

---

* '상호작용 의례(Interaction Ritual)'는 캐나다 출신의 사회학자인 어빙 고프먼(1922~1982)이 1967년에 펴낸 책의 제목이기도 하다. 고프먼은 의례를 "사회의 도덕적 질서를 보장하는 행위 규칙"이라고 정의하고, "우리의 사회적 삶은 개인과 개인 사이의 대면 상호작용으로 구성되며, 그 대면 상호작용은 의례 기제를 통해 개인에게는 자아를, 사회에는 도덕적 질서를 보장해준다"고 밝혔다.

규칙을 주의 깊게 분석한다.[9] 분명히 우리는 몸짓을 거의 하지 않는다고 믿고 있다. 우리 문화가 몸짓을 하는 것은 '나쁜' 행동이고, (야만인이나 외국인, 아니면 북부인에게는 남부인, 미국인에게는 프랑스인, 프랑스인에게는 이탈리아인 같은) '다른 이들'은 '우리'보다 더 많은 몸짓을 한다고 꽤 오랫동안 가르쳐왔기 때문이다.[10] 이런 생각은 어느 공적인 인간의 기억에 남을 몸짓이 전 세계의 텔레비전에서 방송되는 것을 바라보면서,[11] 우리에게도 몸짓이 무관하지 않을 뿐 아니라 대중매체 문화의 생생한 이미지로 영향력이 더욱 커지고 있다는 사실을 깨닫게 될 때까지 유지되었다.

오래된 그림이나 더 흔히는 과거의 도상을 보면서 우리는 가끔 몇 세기가 지나도 형태나 의미가 바뀌지 않은 듯한 어떤 몸짓을 무의식적으로 알아보곤 한다. 그때 우리에게 중세는 무척 가까이 있다. 오늘날 우리에게 친숙한 어떤 몸짓을 그 시대가 '발명'했기에 더 그렇다. 인사를 하려고 모자나 장갑을 벗거나, 두 손을 모으고 기도하거나, 맹세를 하려고 손을 들어 올리는 것과 같은 몸짓들이다. 어떤 몸짓은 없어졌으나, 그 의미는 은유적으로 바뀌어 지금도 이해할 수 있다. [경의를 나타내거나 감탄한다는 의미의] '모자를 벗다', [구걸한다는 의미의] '손을 내밀다', [여간해서는 뜻대로 하기 어렵다는 의미의] '귀를 잡아당기다', [결투를 신청한다는 의미의] '장갑을 던지다'와 같은 것들이다.

아주 최근에 나타난 것 같지만 무척 자주 쓰이는 어떤 표현도 이런 몸짓의 힘을 잘 기억하고 있다. 어떤 정치인이나 정부가 (다른 나라 정부나 어떤 요구를 내건 노동조합 등의) 상대에게 "제스처를 한다"고 말할 때, 비유적인 의미로 이해되지만 단지 몸짓만으로도 더 실질적인 군사적·재정적 행위와 같은 결과를 이끌 수 있음을 상기시킨다. 이 표현은 모호함으로 가득하다. 그런 표현의 사용은 우리 사회에서는 갈등을 해결하는 데 '실제의' 몸짓이 이미 유용하지 않다는 사실을 전제로 한다.

우리가 몸짓을 '거의 무가치한 것', 일종의 심리적 보상과 동일시하고 있다는 사실도 알려준다. 그러나 우리는 그러한 보상이 어떤 효과를 가져온다는 데 모두가 동의한다. 이렇듯 실제의 몸짓에 관해서는 더는 의문의 여지도 남기고 있지 않지만, 우리는 상징적인 몸짓의 효력만큼은 기억하고 있다.

***

본질적으로 몸짓은 (소리 내어 뱉어진 말처럼) 일시적인 것에 속한다. 그래서 대체로 역사가가 곧바로 발견할 수 있는 직접적인 흔적을 남기지 않는다. 일부 예외는 있다. 필경사의 몸짓을 재구성할 수 있게 해 주는 글자의 획 ductus이나 조각가의 끌·화가의 붓이 남긴 흔적 같은 것들이다.[12] 어떤 공동묘지에서 출토된 유해에서 뼈의 동일한 변형이 거듭 발견되어, 그곳 주민의 웅크린 자세의 습관이 고고학자에게 확인되기도 한다.[13] 하지만 이런 경우 말고 역사가의 '사냥감'은 표현들로만 이루어진다. 이는 그런 표현을 낳은 문화가 부여한 해석이기도 하다.

그런 표현들은 무엇보다 글에 담겨 있다. 글은 묘사 없이 어떤 몸짓을 언급하거나, 어떤 몸짓을 상정하는지 분명히 밝히지 않은 채로 어떤 행위를 단순히 거론하곤 한다. 앞서 리셰 드 랭스에게서도 볼 수 있었듯이, 몸짓에 관한 의도적인 서술에서 서성대기도 한다. 몸짓에 대해 더 추상적인 성찰을 나타낸 글도 있고, 자신의 도덕적·미학적 판단을 적용하거나 당시 문화에서의 의미를 분명히 밝힌 글도 있다. 어떤 경우든 역사가는 자신이 읽는 낱말들과, 사라진 문제의 몸짓 사이에 끼어든 모든 것들을 고려해야 한다. 글쓴이의 '정신적 도구', 그가 추구한 목적, 그가 사용한 어휘는 어떤 것인가?

도상의 도움을 받을 수도 있다. 중세의 거의 모든 도상에 인간이나 (신, 천사, 악마와 같은) 저 너머 세계의 의인화한 형상의 몸짓 표현이 폭넓게 존재한다. 도상은 글과는 달리 드러내지 않고 상기시키는 데 그칠 수 없다. 그러나 몸짓의 형상화는 예술가가 실제 그 시대의 몸짓을 관찰한 것만큼이나 도상의 구성과 구조에 관한 규정들에도 종속된다. 모든 이미지가 정지된 시대에 예술가들은 본디 움직임인 몸짓을 어떻게 표현할 수 있었을까? 움직이지 않는 팔의 이미지를 마주한 역사가는 몸짓의 방향을 어떻게 판단할 수 있을까? 손은 내뻗고 있는 것일까, 당기고 있는 것일까? 몸짓을 이루는 움직임은 어떻게 형상화되었을까?[14]

역사가는 글을 사용하든 도상을 사용하든 몸짓 표현의 단순한 유형론을 만들려는 유혹에 자주 빠진다. 문학・예술・법률의 역사에 관한 많은 연구가 이런 것을 제공하고 있는데, 역사가는 몸짓의 의미와 형태 가운데 무엇을 선호하는지에 따라 두 가지에서 선택할 수 있다. 하나는 도상이나 문헌에서 찾아낸 모든 몸짓을 감정을 표현하는 몸짓, 인사・이별・환영의 격식을 갖춘 몸짓, 애도나 장례의 의례적인 몸짓 등으로 관련된 의미나 상황에 따라 종류별로 정리하는 것이다.[15] 다른 하나는 거꾸로 몸짓을 (머리・눈・입・한 팔・두 팔・손 등으로) 관련된 신체 부위에 따라 분류하고, 그것들에 가능한 의미를 밝히는 것이다.[16]

이 두 방식 가운데 어느 것도 선험적으로 무시할 수는 없다. 하지만 둘 모두에 공통된 한계는 강조해 둘 필요가 있다. 예컨대 하나의 도상 안에 두 몸짓이 거의 유사한 방식으로 표현되어 있다면, 언제부터 그것들을 같은 몸짓이라고 판단할 수 있을까? 그것들은 똑같은 의미를 지니고 있을까? 이상적으로는 신체의 형상을 구성하는 모든 요소를 엄격히 고려해야 하지 않을까? 신체 부위, 그것들의 방향・움직임・배합, 나아가 인접한 형상과 맺을 수 있는 관계는 어떠한가? 그리고 하나나 여러 개의 신체는 도상 전체에 어떻게 삽입되어 나타나고 있는가?

곧바로 선택이 강요되지만, 연구의 범위를 터무니없이 늘릴 수도 없다. 연구가 더 정확하고, 엄격하고, 철저해질수록 연구의 범위는 단순한 개별 주제에 관한 수준으로 축소될 수밖에 없다. 위대한 법학 역사가인 카를 폰 아미라(1863~1945)는 (에이케 폰 렙고가 쓴 13세기 독일의 법전인)『작센슈피겔Sachsenspiegel』과 같은 채식필사본을 대상으로 20세기 초에 선구적인 연구에 몰두했다.[17] 그는 어느 예술가가 그린 작품에 나타난 몸짓을 연구하거나,[18] 어떤 문학 작품에 나타난 몸짓을 연구했다.[19] 이런 연구는 역사의 연속성에 소중한 공시적 분할을 가져다준다. 그러나 연속성을 되찾기를 바란다면 역사가는 자신의 야망을 줄여야 한다. 그래서 고통과 명상의 몸짓 표현 같은 하나의 독특한 몸짓이나 제한된 숫자의 몸짓의 역사만 연구해야 한다.[20] 하지만 이 경우 어느 하나의 몸짓을 다른 모든 몸짓으로부터 떼어놓는 것이 과연 타당한 일일까?

***

이 책의 목적은 어떤 특정한 몸짓의 역사를 되짚어보거나, 어떤 하나의 문학·도상학 문헌에서 몸짓 표현의 형태를 분석하거나, 중세 몸짓의 목록을 만들거나, 나아가 그 의미와 기능의 유형론을 만들려는 것이 아니다. 내가 스스로에게 묻는 질문은 더 포괄적이다. 중세 시대에 몸짓을 한다는 것은 어떤 것이었을까?

몸짓은 어떻게, 누구에게 행해졌으며, 어떻게 생각되고, 판단되고, 설명되고, 분류되었을까? 중세도 몸짓에 관한 성찰이나 이론을 가지고 있었을까? 그런 판단을 매개로 어떤 문화적 모델, 신체에 대한 어떤 태도, 사회적 상호작용에 대한 어떤 생각이 표현되고 있었을까?

이러한 접근법은 역사가가 끊임없이 마주치게 되는 현실 세계의 두 가지 질서에 동시에 주의를 기울이고, 그것들을 서로 비평하는 것을 전제로 한다. 하나는 특히 도상에서 재구성을 시도해볼 수 있는 몸짓의 표현체계이다. 그리고 다른 하나는 중세 문화가 낳은 몸짓에 관한 명시적인 해석이다.

이런 이중적인 접근법은 다른 접근 방식을 단죄하지 않는다. 그것은 앞선 논의들을 더 넓은 역사적 관점에서 포괄한다. 그것은 더 정밀하지만 제한적일 수밖에 없는 개별 주제에 관한 연구를 활용하고, 하나의 문화를 역사의 장기 지속성과 총체성 안에서 파악할 수 있게 한다. 곧 기초가 마련된 3세기 무렵부터, 전환기인 13~14세기를 거치면서 봉건제가 근대국가에 자리를 넘기고, 교회의 문화적 주도권이 속인들에게 확실히 문제로 여겨질 때까지의 중세 서양의 문화이다.

물론 많은 질문이 여전히 모호하게 남겨질 것이다. 여기서도 선택이 필요하다. 하지만 적어도 나는 다양한 증거 자료를 사용해 질문을 가로질러 갈 것이다. 신학 · 법학 · 문학 · 교육 · 의학에 관한 글들, 수도원의 계율과 관례집, 전례의 예식규정, 환시에 관한 기록, 기도에 관한 글, 전례극 문집, 설교집, 군주의 귀감 등과 같은 문헌 자료들이다. 이것들은 그 시대의 사회와 문화 속에서 다양한 관점을 표현하고 설명하면서 몸짓에 관해 말하는 무한한 방법을 보여준다.

도상 자료도 마찬가지이다. 물론 거의 모든 기독교 예술을 고려해야 하므로 몸짓에 관한 중세의 형상들을 모두 활용하는 것은 상상조차 할 수 없는 일이다. 내 선택은 몸짓에 관한 '조형 관념'을 가장 잘 드러낸다고 판단되는 도상 집단에 주목하는 것이다.

도상 자료는 문헌 자료와는 다른 나름의 방식으로 몸짓을 나타낼 뿐 아니라, 그것을 서로 관련지어 분류하고, 판단하고, 해석한다. 아울러 대체로 '연속된' 이미지로 이루어져 있어서, 동일한 예술가가 같은 자료에 형상화한 다양한 몸짓 양식을 비교해 볼 수도 있다. 어떤 경우든 나는 다른 곳에서 언급된 내용의 '예증'을 도상에서 찾지 않으려 노력할 것이다. 오히려 다른 관점, 다른 '언어', 나아가 문헌 자료가 눈감은 답을 찾으려 할 것이다.

***

몸짓에 관한 성찰은 중세에도 존재했다. 그러나 본질적으로 13세기까지 그것은 대체로 성직자 집단이나 그 가운데 일부의 일이었다. 이는 이 연구의 중심축을 강제하며, 가장 뚜렷한 결함을 정당화해준다.

따라서 나는 법적인 몸짓을 그 자체로 분석하지는 않을 것이다. 이런 몸짓은 무수히 존재했으며, (『그라티아누스 교령집Decretum Gratiani』, 『유스티니아누스 법전Codex Justinianeus』, 앞서 말한 『작센슈피겔』, 필리프 드 보마누아르의 『보베 관습법Coutumes de Beauvaisis』 등의 채식필사본 같은) 문헌과 도상 자료도 무척 풍부하다. 하지만 기본적인 것조차 아직 충분히 연구되어 있지 않아서, 이에 집중하면 이 책의 중심 주제에서 벗어나게 될 것이다. 게다가 중세에 이러한 법적 체계화는 심지어 교회법 전문가들에게서도 그 범위와 이론적 타당성 측면에서 내가 우선 초점을 맞추어갈 윤리적·신학적·전례적 논의에 견줄 만한 몸짓에 관한 성찰을 불러오지 않았다.

그런 [윤리적·신학적·전례적] 논의는 세 가지 주요한 축을 중심으로 몸짓의 문제를 제기하고 있는 듯하다.

먼저 개인의 영혼, 감정, 도덕적 삶의 내적인 움직임의 표현으로서의 몸짓이라는 주제이다. 서양에서 이 주제는 매우 오랜 전통에 속한다.[21] 오늘날에도 우리는 늘 심리적 가치와 도덕적 판단을 분리하지 않고서 이런저런 몸짓이 무엇을 표현하는지 (기쁨인지 고통인지) 끊임없이 묻는다. '좋은' 몸짓인가, '걸맞지 않은' 몸짓인가? 아울러 우리는 인격의 심리적 성숙에 기여하기를 기대하는 신체 기술을 가리키기 위해 '신체 표현'에 관해 이야기한다. 중세에도 기질에 관한 의학 이론과 도덕적 담론의 중간쯤에 '심리학'의 한 형식이 정의되었고, 그것은 (기도의 몸짓과 같은) 특정한 몸짓의 표현 기능에 관해 성찰할 수 있게 해주었다. 중세를 넘어선 장기 지속성에서 그것의 기본 원리는 몸짓이 숨겨진 현실, 곧 ('영혼'과 그것의 미덕이나 악덕 같은) 인간의 내면을 표현하고, 거꾸로 신체 외면에서의 몸짓의 '규율'도 인간의 내면을 개선하는 데 기여할 수 있다는 것이었다. 그래서 몸짓 가운데에서도 신체의 가장 '표현력 풍부한' 곳으로 여겨진 부위의 몸짓에 특별한 주의가 기울여졌다. 중세에 '불투스*vultus*'라는 단어로 함께 지시되던 얼굴과 시선, 그리고 마치 '말하는' 듯한 손이었다.

두 번째 중심축은 몸짓의 의미 작용과 그것의 의사소통 기능이다. 이것은 오늘날 우리가 '비언어 의사소통'이라고 부르는, 사회과학의 드넓은 연구 분야에 해당한다. 사실 이것은 고대로 거슬러 올라가고, 중세를 가로질러 이어진 수사학의 매우 오랜 전통에 뿌리를 두고 있다. 여기서도 말과 (아니면 '신의 말씀'과) 몸짓의 관계가 종교의 틀 안에서 먼저 사고되는 중세 문명의 특성을 인정해야 한다. 이는 모든 의사소통 행위와 모든 종류의 사회적 상황에서 당연히 같지 않은 몸짓과 말의 어떤 배합과 관련이 있다. 사제의 몸짓은 어떠했을까? 설교가나 수도사, 광대, 국왕, 변호사의 몸짓은 어떠했을까? 몸짓의 의사소통 기능은 (예컨대 국왕이나 교황의 '존엄함'이 통치권의 징표인 부동성으로 표현되어 신민의 부산함과 대조되듯이) 움직이거나 움직임을 억제함으로써 신체가 어떤 광경을 불러오는 의례를 연구하도록 우리를 이끈다. 어떤 경우든 공통의 의사소통 관계에 참여한 다수의 배우와 구경꾼, (의례적인 말, 표장, 색 등) 몸짓 이외의 다른 기호의 사용, 나아가 개인과 집단의 몸짓이 구조화되는 데 기여하는 공간을 고려할 필요가 있을 것이다.

앞의 것들과 분리할 수 없는 세 번째 문제는 '실행'에 관한 것인데, 오늘날의 기술 사회는 역설적이게도 두 극단적인 방식을 제시한다. 한편으로는 (노동의 몸짓처럼) 몸짓의 기술적 목적성과[22] 물질적 실효성에 더 높은 가치를 부여하고, 다른 한편으로는 ('몸짓을 하는') 상징적 행위의 실효성에 의문을 제기한다. 나는 중세가 노동의 몸짓에 관한 우리의 기술적 관념의 근원지임을 지지한다. 그러나 중세 문화에서 가장 중요한 역할을 했던 것은 완전히 다른 질서이다. 믿음이 의례·주술·성사의 몸짓이 지니는 상징적 효력의 기초를 이루고 있었기 때문이다.

이런 표현들의 실타래를 좇아 나는 몸짓의 역사에 다가가려 한다. 이러한 계획에는 방향을 정해주는 하나의 기준선이 필요하다. 그것은 내가 (이 책의 원제이기도 한) '몸짓의 이성'이라고 부르는 것의 역사이다.

이를 정의하기 위해 나는 (몸짓을 뜻하는) '게스투스gestus'라는 라틴어 단어에서 시작한다. 분명히 밝혀 두지만, 이는 역사가가 그 어휘와, 나아가 그것을 통해 그가 연구하는 시대의 가치 판단을 자신의 것으로 받아들이는 것과는 무관하다. 역사가는 중세 성직자를 답습하는 것이 아니라, 당시의 사회적 실천에 대한 영향력이 조금도 의심되지 않는 사고들을 분석에 포함시켜야 한다. 그리고 그러한 사고들을 분석하고, 그 효과를 이해하려면, 어휘부터 시작할 필요가 있다.

'게스투스'라는 단어의 사용법과 역사에 무관심할 수 없다. 그 의미는 다양하다. 이 책에서도 살펴보겠지만, '게스투스'라는 단어는 어떤 특정한 몸짓을 가리킬 수도 있었고, 신체 전체와 관련된 모든 종류의 움직임과 태도를 가리킬 수도 있었다. 특히 '게스투스'는 대체로 함축된 가치를 지니고 있었다. 중세 문헌에 사용된 경우, (어떤 몸짓이 '걸맞지 않은' 것인지를 가늠하는) 어떤 규범, (몸짓이 개인의 사회적 지위를 증언하는) 어떤 사회적 가치, (몸짓의 이상적인 '절도'가 존재하는) 어떤 몸짓의 양상을 자주 상기시키곤 한다. 어떤 문헌에 '게스투스'의 문제가 등장할 때는 대부분 특별하거나 일반적인 의미로 이해된 몸짓이 관찰되고, 판단되고, 찬양되거나 더 흔하게는 단죄된다. 요컨대 그 어휘는 성찰의 대상이 되고 있었다.

'몸짓의 이성'이라고 말하면서 나는 자연스럽게 (이유·양식·이치 등의 의미도 함께 나타내는] '이성raison'이라는 단어의 모호함을 이용한다. 이 연구의 목적은 그 표현의 두 가지 의미를 동시에 탐색하는 것이기 때문이다. 하나는 중세 문명이 자신의 몸짓에 '이성을 부여하려' 어떻게 노력했으며, 그것을 어떻게 이해했는지 살펴보는 것이다. 이는 중세의 몸짓 표현들을 이해하는 데에도 도움이 된다.

하지만 이성과 역사에 관한 내 설명이 (오늘날 우리의 이성을 암시하는) 더 나은 '이성'을 향한 일종의 필연적인 진보나, 더 적고 더 잘 억제되는 몸짓과 같은 신체와 몸짓의 '합리화'라는 단선적 과정이 존재한다고 전제하고 있는 것은 아니다. 몸짓의 구성, 기능, 상징적 가치는 변화하지만, 어제와 마찬가지로 오늘도 몸짓과 그것의 '비이성적'인 부분은 필연적인 것으로 남아 있다.

더 간추려서, 나는 서양의 역사에서 특히 의미 있는 몇몇 순간을 강조하려 한다. 중세 기독교 문명의 기초가 마련된 고대 후기, 제국의 혁신을 시도한 카롤루스 왕조와 오토 왕조의 시기, 도시가 새로운 경제·사회 구조와 새로운 지적 문제로 재생된 12세기이다. '몸짓의 이성'에 관해 시대마다 역사 당사자들의 다양한 양식을 분석할 것이다.

12세기 초의 수도사인 기베르 드 노장*처럼 이 문제를 매우 잘 이해한 이들도 있었다. 기베르는 베크의 수도원장을 거쳐 캔터베리 대주교를 지낸 위대한 안셀무스에게 젊은 시절에 받은 가르침을 떠올리며 이렇게 스승을 기렸다. 그는 "내가 어떻게 내면의 인간을 이끌어야 하는지, 내 젊은 신체의 통치를 위해 이성의 법에 어떻게 따라야 하는지"를 알려주었다. 신체의 교육, 곧 몸짓의 교육에 관해 말하면서, 그는 '이성

---

* 기베르 드 노장(1055?~1124) : 『제1차 십자군 전쟁사Dei gesta per Francos』 등을 쓴 프랑스의 베네딕투스회 수도사이자 역사가이다. 아우구스티누스의 『고백록』을 본보기로 한 자전적 회고록(De vita sua sive monodiarum suarum libri tres)도 남겼는데, '모노디아이(Monodiae)'라고도 불리는 이 작품은 중세의 삶에 관해 매우 풍부한 정보를 전해준다.

의 법을 참고하다rationis jura consulerem'라는 법률적이거나 사법적인, 주목할 만한 표현을 사용한다.[23] 몸짓의 이성은 이성이 몸에 부여하는 법이기도 하다.

그러나 '게스투스'라는 단어는 우리가 고려해야 할 모든 몸짓을 가리키지 못한다. 무엇보다 역사가가 흔적을 찾을 수 있는 몸짓 가운데 매우 소수의 몸짓만이 그러한 형식화한 담론의 주제로 되기 때문이다. 그리고 이 단어가 표현하는 몸짓의 모델은 다른 모델을 동반하거나, 심지어 경쟁하기까지 한다. 다시 어휘의 도움을 받아 보자.

첫 번째 복잡한 관념은 [움직임, 운동과 함께 율동, 몸짓의 뜻도 나타내는] '모투스motus'라는 단어로 표현된다. 뒤에서 다시 살펴보겠지만, 이 단어는 대체로 '게스투스'의 동의어에 지나지 않는다고 할 수 있다. 또한 다른 많은 것들 가운데 몸짓이 하나의 특수한 종류일 뿐인 '움직임'이라는 더 일반적인 범주도 가리킨다. 그래서 천상에서 나타나는 별의 움직임, 더 넓게는 우주의 움직임에 가장 높은 가치를 부여하는 몸짓의 모델을 형성한다.

하지만 '모투스'는 신체와 관련해 경멸적인 의미를 지니는 유동성을 상기시킨다. 실제 중세 기독교 문화에서 유동성은 (운명의 바퀴라는 주제가 상기시키듯) 덧없는 것, 불안정한 것, 세속적인 것, 역사적인 것의 성질이다. 아울러 그것은 [정신이 아닌] 육신의 인간, 죄악의 유혹, 악덕의 동요를 특징짓는다. 이는 규칙적이고, 불변의 주기를 지니고, 끝내 변동이 전혀 없는, 영원함과 신 그 자체의 징표인 천상의 움직임과 대조된다. 유동성과 그 반대 사이에는 단순한 대립만이 아니라, 믿음과 관념체계를 조직하고 몸짓에 관한 판단을 만드는 데 이바지한 어떤 위계도 존재한다. 정지된 몸짓, 신이나 왕의 존엄한 부동성은 그 앞에서 모든 몸짓이 부산함으로 나타나고, 사회적·도덕적 예속을 고백하는 것이 되는 완전함과 지고함의 징표이지 않은가? **도판 1, 2**

[그림 2] 마에스타상 (치마부에, 1280년 무렵)

따라서 기독교 이데올로기에서는 유동성을 억압하는 의심과 신체를 겨냥한 의심이 결합해서 몸짓에 대해 선험적으로 호의적이지 않은 판단이 강화된다. 이를 고려해야 부동성의 부여, 엄숙함, 신체와 의례 대상의 '전시', 느리고 장엄한 거동을 권력의 속성과 신성함의 징표로 여겼던 중세의 의례를 제대로 이해할 수 있다. 이는 주교, 왕, 교황의 것이다. 후광 안에서 왕이자 심판자로 왕좌에 앉은 그리스도, 아기 예수를 안고 있는 성모의 '마에스타'상,* 성녀 피데스의 성유물함상**처럼 절대적인 권위를 나타낸 어떤 이미지의 고정된 정면성도 마찬가지의 방식으로 해석해야 한다. 그림 2, 3

더 일반적으로 중세에는 움직임보다는 태도에 속한 모든 몸짓에 더 높은 가치를 부여했다. 예컨대 묵상과 신의 말씀에 귀를 기울이는 것의 징표인 기도할 때의 부동성이다. 본성적으로 고정된 중세의 이미지

---

* 마에스타(Maesta)는 왕좌에 앉은 그리스도의 모습을 나타낸 '마예스타스(Majestas)'처럼 성모를 왕좌에 앉은 '여왕 마리아(Maria Regina)'의 모습으로 나타낸 도상을 가리킨다. '성모 숭배의 획신과 힘께 12·13세기 이후 널리 니다났다.
** '성녀 피데스의 마에스타'라고도 불리는 높이 85cm의 작은 조각상이다. 4세기 갈리아의 기독교 순교자인 성녀 피데스의 성유물이 보관되어 있다고 전해진다. 주목나무로 만들고, 순례자들이 바친 금과 은, 보석 등으로 9세기 이후 꾸준히 장식되었다.

는 부동성의 이데올로기적 우월성을 뒷받침할 뿐 아니라, 강화하기까지 한다. 사제가 행한 축복의 몸짓처럼 본래 움직임일 수밖에 없는 몸짓은 오늘날 영화제작자들이 '정지 화면'이라고 부르는 세밀화를 만들어낸다. 분명히 중세 이미지의 본성이 이러한 고정성을 불가피하게 하지만, 자기 배우의 존엄함을 표현하려는 예술가의 선택도 그러한 결과물을 낳았다.

그러나 우리는 중세 중기에 어떤 이미지가 생동감과 움직임을 나타내려 애쓰고, 그것을 분해하기 시작했던 방식에도 주목해야 한다. 이런 변화가 몸짓에 대해 더 호의적인 판단이 나타난 13세기 무렵에 함께 나타난 것도 결코 우연이 아니었다.

[그림 3] 성녀 피데스의 성유물함상
(콩크의 생트푸아 수도원 교회, 9세기 이후)

'게스투스'와 마주한 또 다른 가까운 개념은 [흥분한 듯한 몸짓, 특히 무언극의 동작을 뜻하는] '게스티쿨라티오 *gesticulatio*'이다. 중세의 문자 문화에서 '게스티쿨라티오'는 무절제, 무질서, 오만, 죄악처럼 여겨지는 모든 몸짓이다. 서로 대립하는 '게스투스'와 '게스티쿨라티오'의 짝은 중세 몸짓의 무대에서 질서와 무질서의 대립을 나타내는 중요한 것이었다. '몸짓의 이성'을 살펴보기에 이 쟁점은 매우 적합하다. 지나치다고 판단되는 몸짓을 어떻게 통제했을까? 개선하거나 그렇지 못한 경우, 그것에 어떤 정당성, 의미, 사회적·이데올로기적 유용성을 부여했을까?

우리는 중세 문화에서 '게스투스'의 '이성'이나 '게스티쿨라티오'의 '비이성'과 다른 원리에 근거한 것처럼 보이는, 때에 따라 긍정적이거나 부정적으로 판단되는 온갖 몸짓도 살펴볼 것이다. 전례의 주변에는 춤의 몸짓과 신들린 상태의 몸짓, 악마적인 발작과 언제나 그다지 잘 구별되지 않는 종교적 도취에 빠진 몸짓이 있었다. 사실 중세에는 이런 몸짓을 나타내는 일반적인 명칭이 없었으나, 그 시대의 어휘에 그에 걸맞은 것이 생겨났다. 대체로 '업적'이나 '행적'으로 옮길 수 있는 '게스타gesta'이다.[24]

나는 이 용어로 중세의 전통에서 나타난 몸짓을 새롭게 편성할 것이다. ('게스투스'에서 비롯되어 여성 단수형 명사와 중성 복수형 명사로 쓰이는) '게스타'는 (수동적인 형태에 주목하면) 사고가 행동보다 못하고, (복수형에 중요성을 두면) 개인이 집단보다 못하고, (이해하기 어려운 다양성을 지닌 중세의 경이로움인 '기이한 이야기mirabilia'를 연상시키는 중성형에 주목하면) 그 형태가 다양하고 예상하기 어렵기 때문에 '게스투스'의 이성을 무시하는 것처럼 보인다. '게스투스'는 (의례, 개인들의 의사소통, 심지어 기도와 같은) 사회적 관계의 한 요인으로 '수평적인' 면을 특징으로 한다. 하지만 (내가 이 단어를 이해한 것에 따르면) '게스타'는 무엇보다 사람들, 특히 몸짓을 하는 (더 정확하게는 '무절제한 몸짓'을 하는)[25] 사람들의 집단과 그들의 의지에서 벗어나 보이지 않는 힘을 연결하는 '수직적인' 면을 지닌다. 중세 신앙에서 그러한 힘은 초자연적인 질서이다. 그것은 (몸짓이 신의 뜻에 부합하는 것처럼 보이는 경우) 긍정적인 것일 수도, (악령 들린 경우처럼 악마의 활발한 영향력으로 돌려지는 경우) 부정적인 것일 수도 있다. 그 형태에서 '게스타'에는 '게스투스'의 강제되거나 자발적인 절제가 없고, '게스티쿨라티오' 개념에 늘 달라붙는 비난도 반드시 불러오지는 않는다. 거룩한 '무절제한 몸짓'도 있기 때문이다.

몸짓에 대한 사고는 그러한 '게스타'를 자신의 이성으로 몰아넣으려 애썼으나, 이를 완전히 이루지는 못했다. 1250년 무렵부터 이러한 몸짓들이 상기시키는 도전에는 다른 원리가 할당될 수밖에 없었다. 신이나 악마와 같은 초자연적 존재로 직접 향하는 것이 아니라, 생물학적 신체와 심리의 신비한 부분과 같은 인간의 고유한 본성으로 향했다.

끝으로 '게스투스'라는 개념은 본질적으로 하나의 도덕적 개념이고, '신호를 하는' 기능이 인정되는 몸짓을 총체적으로 포함하기에는 충분치 못하다. 여기에서 그 자체로 매우 복합적인 다른 범주가 개입한다. 서양 중세 문화가 (표장, 경이, 기적 등) 모든 종류의 '징표들'을 그토록 갈구했던 만큼 매우 큰 중요성을 지녔던 '시그눔*signum*'이다.

몸짓에 한정하면, '시그눔'은 우선 [고개를 끄덕이거나 가로저어 의사 표시를 하는] '누투스*nutus*'와 마찬가지로 발화된 말이 수반되는지와 무관하게 머리나 손의 얼마간의 체계화된 신호와 관련이 있다. 나아가 (대화나 의례처럼) 사람들의 의사소통 관계에서 무의식적으로라도 의미를 전달할 수 있는 모든 몸짓을 포함한다. 어떤 '시그눔', 곧 어떤 몸짓은 사회적 지위, 존엄함, 권력의 상징이 될 수도 있다. 예컨대 황제의 칼을 가져가 바치는 행위 같은 것이다.

끝으로 무엇보다 중세에 '시그눔'이라는 단어에 부여된 가장 강한 의미를 강조해 두자. 사람과 사물을 실제로 변화시킨다고 여겨진, 실효성 있는 기호로서의 의미이다. 그러므로 몸짓의 상징적 효력, 그 가능성과 정당성의 요건, 몸짓과 말 사이에 확립된 관계, 인간의 행위와 사고에 대한 믿음의 역할에 관한 문제로 마무리될 것이다.

1
고대의 유산

몸짓에 관한 고대의 모델은 오늘날에도 여전히 우리가 '아름다운 몸짓'을 생각하고, '걸맞지 않은 몸짓'을 배제하고, 모든 '무절제한 몸짓'을 축출하는 방식에 영향을 끼치고 있다. 이 모델은 중세를 가로질러 이어졌고, 르네상스와 고전 시대가 되살려 회화와 조각에서 이상화했다. 그리고 수사학 수업은 그것에 교양인을 양성하는 사명을 부여해 절대적인 영향력을 보장했다. 지금도 공적인 인간의 몸짓과 같은 사례에서 그리 어렵지 않게 그것의 흔적을 찾아볼 수 있다.

몸짓의 체계를 고대가 구상하고 만들었다면, 이는 무엇보다 서양 문화가 자신이 물려받은 유산이라고 즐겨 주장하는 고대 도시와 시민의 가치와 관련이 있다.[1] 이러한 거울 놀이에서 환상과 자기 만족이 얼마나 큰 부분을 차지하든, 몸짓이 실제로 장기 지속성의 역사에 속한다는 것만큼은 확실하다. 고대는 몸짓에 관한 시민적 공간이라는 모델을 고안해냈다. 그 공간은 시민의 권리와 자유가 표명되는 특권적인 장소 주위에 편성되었다. 교류와 토론의 장소인 아고라나 포룸, 극장, 법정, 나아가 신체를 단련하고 그 힘과 아름다움을 모두 드러내는 체육관과 경기장이다. 이런 장소들은 연설가, 희극배우, 무언극 배우와 같은 몸짓 '전문가'를 받아들였다. 그래서 도시는 몸짓의 절도 있는 표현에서도, 신체적인 것과 도덕적인 것의 관계에 관한 관념에서도, 균형과 중용이라는 강력한 이상의 요람이 되었다.

그리스 시대에 플라톤은 『국가De Republica』에서 이미 이러한 이상을 명확히 표현했다. 그는 영혼의 교화를 주관하는 음악 교육으로 신체를 단련하는 기능을 지닌 체육을 억제하고, 음악과 체육이 서로를 보완해야 한다고 권했다. 그래야 운동선수의 지나친 난폭함과, 철학자를 위협하는 무기력함에서 벗어날 수 있다는 것이다.[2]

요컨대 몸짓에 관한 고대의 문화를 가장 잘 특징짓는 것은 행위자와 그 몸짓 사이에 간격을 만들어내고, 이름을 붙일 수 있게 정의하고, 이미지로 나타내고, 말로 평가해 몸짓 표현을 '객관화하는' 능력이다. 몸짓에 관한 중세의 성찰에 고대가 물려준 것은 무엇보다 바로 이러한 것들이었다.

몸짓의 명칭

기독교 문화는 고대로부터 몸짓에 관한 추상적인 어휘를 물려받았다.[3] 라틴어에서 중심적인 낱말은 '게스투스'이다. 이 말은 넓은 의미로는 신체의 움직임과 태도를 구분하지 않고 가리키지만, 더 특수한 의미로는 팔다리, 특히 손의 독특한 움직임을 가리킨다.

'게스투스'는 '하다'와 '나르다', 더 나아가 '쓰이다', '행동하다', '몸짓하다'라는 뜻을 지닌 '게로gero' · '게레레gerere'의 어근을 바탕으로 만들어졌다.[4] 어원학의 측면에서 몸짓gestus과 행위 · 행동 개념, 심지어 역사gestum, gesta 개념 사이의 연속성에 단절은 없는 셈이다.

'게스투스'에서 '몸짓을 하다'라는 뜻의 '게스티레gestire'라는 동사가 파생되었다. 이 말은 가장 흔하게는 감정, 특히 기쁨을 표현하는 몸짓에 제한된 의미로 쓰였다. 로마 시대부터 '기뻐서 어쩔 줄 모르다', '매우 반가워하다'와 같은 의미로 쓰였고, 중세 라틴어에서도 이런 의미가 유지되었다.

작은 몸짓을 뜻하는 [원래의 뜻보다 더 작은 개념으로 파생된] 지소사인 '게스티쿨루스gesticulus'는 몸짓을 하는 사람, 곧 무언극 배우를 뜻하는 '게스티쿨라리우스gesticularius'라는 말을 찾아냈다. 유독 몸짓이 풍부하고, 지나치고, 무절제하다고 여겨져 나쁘게 받아들여진 '게스티쿨라티오'도 생각해냈다. 이 낱말은 무언극 배우, 광대와 연결된다.

또 하나의 중요한 낱말은 '모투스'이다. 이 말은 특히 매우 널리 쓰인 '신체의 움직임motus corporis'이라는 표현에서 '게스투스'의 동의어가 될 수 있다. 그러나 더 폭넓게 (지구, 별, 동물, 영혼 등의) 모든 종류의 움직임을 가리킬 수도 있다. 두 의미 모두에서 '게스투스'와 '모투스'는 그리스어의 [운동·운동성을 뜻하는] '키네시스kinesis'라는 말에 잘 대응한다.

이러한 어휘 연구에서 우리는 두 가지 상반된 경향의 모순에서 비롯된 중요한 문제에 부닥친다. 인간의 몸짓은 움직임에 관한 더 넓은 개념과 분명히 구별하기 어렵다. 자연 전체의 질서를 포괄하고, 우주를 지배하는 힘들에 신체를 종속시키는 개념이다. 이런 경향은 중세에 변화를 드러내면서도 매우 강하게 유지되었다.

그러나 인간 몸짓의 특수성을 인정하는 경향도 있었다. 라틴어 어휘는 이런 흐름에서 매우 중요한 기여를 했다. 중세 문화는 '몸짓gestus'이 무엇인지를 훨씬 더 잘 정의함으로써 결정적인 방식으로 발전시켰다. 사실 고대 라틴 문학에는 '몸짓'이라는 낱말이 자주 등장하는데도, 어원학에 정통한 어떤 고전 작가나 문법학자도, 심지어 『라틴어론De lingua latina』을 쓴 바로조차도 이 낱말의 정의를 제대로 제시하지 않았다. 이는 주목할 만하다.[5] 고대 후기의 수사학자들은 '몸짓 = 신체의 움직임'

이라는 매우 일반적인 동등성의 관계만 제시했을 뿐이다. 몸짓의 진정한 정의를 찾으려면 카롤루스 왕조 시대까지 기다려야 했다.

그밖에 다른 말들도 있다. (습관이나 의복을 가리키지 않는 경우) 대체로 '태도'라고 옮길 수 있으며, 그리스어의 '스케마*skhema*'와 같은 의미로 여겨지는 '하비투스*habitus*'가 있다.[6] 신호, 특히 몸짓 신호를 나타내는 '누투스'와 '시그눔'도 있다. 얼굴, 특히 시선의 표현을 나타내는 '불투스*vultus*'나 걸음걸이를 뜻하는 '잉케수스*incessus*'도 있다. 그리스어에는 [오선악보 이전에 사용된] 중세 기보법 체계에 사용된 '네우마*neuma*'라는 독특하고 전문적인 어휘도 있다.

끝으로, 다른 모든 몸짓에 견주어 손동작이 지니는 중요성은 그것의 고유한 어휘와 표현에 주의를 집중시킨다. 그래서 로마법에는 ['손'을 뜻하는] '마누스*manus*'라는 말을 어근으로 하거나, ('마누스'와 '잡다*capere*'라는 동사를 결합한 표현이 대부분이지만) 손을 얹거나 손에 쥐는 것으로 권력을 상징적으로 나타낸 표현이 많다.[7]

신체 묘사

우주의 움직임*kinesis, motus*이라는 전체적인 개념은 인간의 몸짓 표현에 관한 독특한 성찰을 포괄하고, 그에 관한 '학문적' 접근법의 근거를 제공한다.

이 전통의 기원까지는 아니더라도, 적어도 여기에서 우리가 관심을 갖는 성찰의 출발점으로 돌아가기 위해 플라톤과 아리스토텔레스를 살펴보자. 먼저 [플라톤의] 『티마이오스*Timaios*』와 『법률*De Legibus*』에서 영혼은 무엇보다 움직임의 근원이다. 그것은 눈으로는 볼 수 없는 대상을 향해 나아가는 사고의 움직임을 지배한다. 아울러 신체의 움직임도 불러온다. "해부학과 생리학의 진정한 개론"을 포함한 『티마이오스』를 특징짓는 목적론적 관념에 따르면, 뼈가 관절로 연결되어 있는 것은 움직임을 가능케 하기 위한 것이다.[8] 아리스토텔레스의 물리학에서 움직임의 자리는 훨씬 더 한가운데에 있다. 『동물운동론De Motu Animalium』에 따르면, 움직임의 보편적 원리는 움직이지 않는 (지레의) 받침점이 먼저 존재할 것을 요구한다. 이 법칙은 관절이 고정점 구실을 하는 생명체의 고유한 움직임에도 적용된다. 이 문제는 『동물보행론De Incessu Animalium』에서 특히 인간과 관련해 다시 제기된다. 『동물지Historia animalium』에서 아리스토텔레스는 움직이기 위해 모든 동물이 적어도 4개의 받침점을 가지고 있다고 제시한다. 인간의 두 발과 두 손, 새의 두 발과 두 날개 같은 것이다. 나아가 『동물부분론De Partibus Animalium』에서 그는 인체의 여러 부분을 정확히 묘사한다.[9]

이런 성찰은 그리스와 로마에서 고대인의 과학적 사고의 다양한 흐름에 전달되었다. 플리니우스의 『박물지Naturalis historia』와 세네카의 『자연론Naturales quaestiones』, 루크레티우스의 『사물의 본성에 관하여De rerum natura』와 같은 자연과학 전통만이 아니었다. 그 자체로 (겉모습, 특히 얼굴이나 인체의 구조로 사람의 성격 등을 파악하는) 관상학으로 이어질 의학 전통도 마찬가지였다. 히포크라테스, 플라톤의 『티마이오스』, 아리스토텔레스를 동시에 계승한 2세기의 갈레노스는 영혼에 종속하여 모두가 조화롭게 놓인 인간 신체의 모든 부분이 지니는 유용성을 상세히 밝혔다. 특히 손은 기능이 다양하다는 특징이 있다. 그것은 외투를 만들고, 그물을 짜고, 덫을 놓고, 법안을 작성하고, 신에게 봉헌물을 바치고, 악기를 연주한다. 그것만으로도 인간이 다른 모든 동물보다 우월하다는 증거가 된다. "아낙사고라스가 말한 것처럼 인간은 손을 가지고 있어서 가장 현명한 것은 아니다. 하지만 매우 현명하게 판단하는 아리스토텔레스가 (『동물부분론』 제4권 10장에서) 말했듯이, 가장 현명하기 때문에 손을 가지고 있다." 자연은 인간에게 특별한 무기와 기술을 주지 않았다.

하지만 인간은 이성의 도구인 손을 가지고 있으며, 그것은 '다른 기술을 대체하는 특정한 기술'이다.[10] 손의 존재와 역할은 자연의 지혜가 인간에 구현되는 특권적인 방식을 보여준다.

그리고 같은 시기에 폴레몬*은 얼굴의 특징, 때로는 '움직임과 몸짓'으로 개인의 성격과 운명을 알아보는 매우 오래된 관상학 전통을 체계화했다.[11] 여기에서 강조되는 것은 이제 몸짓의 유용성이 아니라, 표현력이다. 예컨대 화를 잘 내는 사람은 걸음걸이가 조급하고, 손이 불안정하며, "관절을 비틀어 딱딱거리는 소리를 낸다."[12]

또 다른 전통은 자연과학의 관찰과 철학의 사색을 결합한 것이다. (기원전 45년 무렵에 쓰인) 키케로의 『신의 본성에 관하여De natura deorum』가 이에 해당한다. 여기에는 인체의 구조, 팔다리와 손의 유용성, 운동의 (직선형·원형·방사형이라는) 세 가지 기본 형태의 정의에 관한 고전적인 발전과 함께, 에피쿠로스주의, 스토아주의, [기원전 2세기의 클레이토마코스와 필론, 안티오코스 등으로 대표되는 후기 플라톤주의 학파인] '신아카데메이아' 플라톤주의라는, 아리스토텔레스주의에서 비롯된 세 가지 주요한 철학 체계에 관한 논의가 나타난다.[13] 기독교의 처음 몇 세기에 가장 인기가 있었던 것은 철학적 목적을 지닌 이런 유형의 과학 작품들이었다. 기독교 작가들의 신학적 목적에 완벽하게 들어맞았기 때문이다. 더 자세하게는 창조의 6일, 특히 인간이 창조된 여섯째 날에 관한 신학적·과학적 주석인 '헥사메론' 장르에 알맞았다.

몸짓의 도덕

몸짓에 관한 서양의 성찰에서 가장 꾸준히 나타난 특징 가운데 하나는 몸짓의 규범을 정의하고, 무엇이 좋고 나쁜지를 판단하고, 보편적이

---

* 폴레몬(90?~144)의 생리학 문헌은 14세기에 아랍어 번역본으로 유럽에 전해졌다.

도록 의도된 가치를 상기시키는 그것의 도덕적인 측면이다. 오늘날에도 몸짓의 문제는 대체로 이런 표현 방식으로 다루어진다. 전통적으로 몸짓은 '영혼의 움직임'과 자질을 표현하는 것으로 여겨졌고, 거꾸로 내면의 덕을 높일 수 있는 신체 규율과 몸짓 교육도 고안되었다.

몸짓에 관한 이런 윤리적 성찰이 고대부터 발전시켜온 중요한 낱말 가운데 하나는 '모데스티아*modestia*'이다. 여기에는 '절도*modus*'와 '중용*mediocritas*'의 개념이 포함되어 있다. 오늘날에도 [프랑스어에서 검소함·겸손·절제를 뜻하는] '모데스티*modestie*'라는 말은 교육의 규율과 행동의 규범으로 중요하게 남아 있다. 하지만 과거보다는 더 제한되고 심리적인 의미로 쓰인다. 고대와 중세의 '모데스티아'는 오늘날 우리가 말하는 '모데스티' 개념에 국한되지 않았다. 그것은 모든 과잉을 축출하여 "넘치지 않게 하라*ne quid nimis*"는 델포이의 오랜 가르침을 구현하고 있었다.[14] [고대 로마의 작가들인] 유베날리스와 테렌티우스가 이에 관한 주석을 남겼고, 마크로비우스가 그것을 중세에 전했다.[15] 그리고 12세기에 새로운 행운을 얻기 전까지 4세기에는 아우구스티누스가, 다시 4세기 뒤에는 알퀴누스가 잇달아 이어받았다.[16]

고대인과 기독교 작가들에게 '모데스티아'는 덕이었고, 하위 범주를 가리키지 않는 경우 [절제를 뜻하는] '템페란티아*temperantia*'와 동의어처럼 쓰였다. 이 덕은 이미 아리스토텔레스에게서 용기, 정의와 함께 열거되었고,[17] 키케로에게서 네 가지 덕으로 진정한 체계를 이루었다.[18]

『의무론*De officiis*』에서 키케로는 자신의 가르침을 거스르는 아들에게 스토아주의 윤리의 원리를 가르치려 한다. 젊은이는 자신의 나이와 신분에 걸맞은 '의무'를 깨달아야 한다. '호네스툼*honestum*', 곧 도덕적 삶의 목적인 '도덕적 아름다움'에 이르기 위해서이다. 이를 위해서는 적절한 행동이 필요하다. 사회에서 자연적 이성의 명령을 따르는 것으로 이루어진 '기품*decus*'이다. 이것은 어떤 초월적 존재와도 관련되지 않고, 국가 업무의 관리를 목적으로 남성과 고결한 시민 계급을 위해 정의된, 전적으로 사회적인 도덕이다.[19]

키케로는 '도덕적 아름다움'이 네 가지 덕으로 이루어져 있다고 설명한다. [앎·지식을 뜻하는] '스키엔티아*scientia*'는 진리를 분별하는 힘, 현명함과 지혜이다. [선행·자선을 뜻하는] '베네피켄티아*beneficentia*'나 [관용·친절을 뜻하는] '리베랄리타스*liberalitas*'는 사회의 유대를 지키기 위해 각자에게 정당한 몫을 주고 계약을 존중하도록 촉구하는 정의의 이상이다. [용기·굳셈을 뜻하는] '포르티투도*fortitudo*'는 인간사에 대한 경멸을 불러일으키는 영혼의 힘과 위대함이다. [절제·절도를 뜻하는] '템페란티아'나 '모데스티아'는 모든 행위를 하고 모든 말을 입 밖으로 뱉어낼 때 조리 있고 신중하게 하는 것"으로 이루어진다.

여기에서 우리는 '정신 운동*mentis agitatio*'이 아니라, '행동*actio*'의 영역에 있다. [꾸준함과 조심성을 뜻하는] '콘스탄티아*constantia*'와 '베레쿤디아*verecundia*'는 '자유인'의 사회적 삶에서 도덕적·정치적 뛰어남을 나타내는 행동이다. 이제 '신체의 움직임과 태도', '몸가짐, 걸음걸이, 앉음새, 먹고 자는 방식, 표정, 시선, 손의 움직임' 같은 '움직임과 몸짓'이 다른 로마인의 시선과 판단 아래에서 개개인이 지닌 정신의 뛰어남과 고결함을 밖으로 드러내는 것이 된다.[20] 걸음걸이와 같은 몸짓은 '지나치게 발랄하거나', '지나치게 무기력하거나', '여성스럽거나' 해서는 안 된다. 유일한 규율은 중용이고, 거기에 덕이 존재한다. "중용이 최선이다*Mediocritas optima est*."[21] 원로원 의원의 [신중하고 조심스러운] 몸짓과 발걸음처럼 말이다.

세네카가 스토아주의 행동의 이상을 정의할 때도 마찬가지 표현이 발견된다. 그것은 "겸손한 걸음걸이, 바른 느낌을 주고 차분한 표정, 지각 있는 사람에게 알맞은 몸짓"의 형태를 띠어야 한다. "절도에 바탕을 둔 모든 것은 덕이다*Omnis in mode est virtus*."[22]

여러 측면에서 이 글들은 기초가 된다. 네 가지 덕의 체계는 후대를 위해 중요한 문화적 역할을 맡았던 최후의 이교도 작가들에게서 분명하게 고안되었고, 고대 지식을 종합한 그들의 사고는 기독교 라틴 세계에 그대로 전해졌다. 예를 들어 마크로비우스는 키케로가 『국가론De republica』에서 '스키피오의 꿈'에 관해 쓴 이야기를 해석하며, 그것을 플라톤의 『국가』에 수록된 [사후세계에 관한 이야기인] 에르 신화와 비교한다. 그는 두 사람이 "현명함과 정의, 확고함과 절제"로 국가를 운영하는 고결한 영혼에 약속된 불멸의 체류지의 신비를 전하는 공통의 계획을 가지고 있었다고 지적한다.[23] 이 시대에 이르러 [4세기 밀라노 주교를 지낸] 암브로시우스로부터 시작되어, 교회가 네 가지 '주요한 덕vertus cardinales'이라고 부른 것의 완전한 체계가 공식화되었다.*

수사학의 '악티오'

언어와 몸짓 사이의 관련성은 본질적이다. 루크레티우스에 따르면, 둘 다 의사소통을 향한 인간의 욕구에 응답한다. 그 욕구는 인간 언어의 기원일 것이다. 아울러 그것은 아직 말하지 못하는 어린아이가 자신을 이해시키려고 몸짓을 하게 만든다. 몸짓과 언어 사이에 유사성은 있으나, 분명히 파생 관계는 아니다. 이런 생각은 중세적이지 않으며, 오히려 계몽주의의 특징을 이룬다.[24]

언어와 몸짓 사이의 관련성은 무엇보다 [서양 교육의 전통적인 학문 과정을 뜻하는] 자유학예에서 문제로 되었다.** 특히 (문과계 학과인 '3학'에 속하는)

---

* 용기(Audacia), 정의(Justitia), 지혜(prudentia), 절제(Temperantia)의 네 가지 덕이 '사주덕', '사원덕', '사추덕' 등으로 불렸다.
** 자유학예(artes liberales)는 문과계의 문법(grammatica) · 수사학(rhetorica) · 변증학(dialectica)의 '3학(Trivium)'과 이과계의 산술학(arithmetica) · 기하학(geometria) · 음악(musica) · 천문학(astronomia)의 '4과(quadrivium)'로 이루어져 있었다.

수사학과 (이과계 '4과'에 속하는) 음악에서 그러했다.

수사학은 도시의 모든 행위에서 중요한 구실을 했다. 그것은 공적인 인간을 형성하는 데 매우 중요했고, 그의 도덕 교육에도 관여했다. 그리스·로마 문명의 발전 과정에서 수사학의 중요성은 더욱 커졌다. 수사학은 문학 교육의 중요한 기초 가운데 하나였고, 이것이 바로 장려를 보장하던 정치적·사회적 원인이 사라진 뒤에도 그것이 유지될 수 있었던 이유였다.[25]

아리스토텔레스는 수사학을 세 가지 유형으로 정의했다. (법정에서의) 사법의 수사학, (도시 회합에서의) 토의의 수사학, (추도사나 시민 축제 기간의 연설과 같은) 과시의 수사학이다. 아울러 변론술의 핵심 원리에 관해서도 밝혔다. '자연스러운' 표현과 기술·경험으로 얻은 지식 사이의 균형·절도·적절함의 이상이다.[26] 그는 수사학의 다른 부분들 사이의 구별에 관해서도 밝혔다. 논증의 고안, 연설에서 그것들의 배치, 형태를 이루는 표현법이다. 나중에 여기에 논증을 동원할 수 있는 지적 기술인 기억과, 특히 말 그대로 연설의 실행과 관련된 발화나 행동이 추가되었다. 이것이 수사학을 구성하는 다섯 가지 요소의 목록이다. 로마에서는 구상*inventio*, 구성*dispositio*, 표현법*elocutio*, 기억*memoria*, 발화*pronuntiatio*나 행동*actio*이라는 명칭을 부여받았다. 마지막 개념은 특히 우리의 관심을 끈다. 〔두 단어 모두 연설의 어조·몸짓·태도를 포괄하지만〕'악티오'라는 명칭은 소리의 측면을 강조하는 '프로눈티아티오'보다 훨씬 더 그 행위의 몸짓으로서의 성격을 강조한다.[27]

아리스토텔레스는 수사학에서 (높거나 낮거나 보통의) 성량, (날카롭거나 근엄하거나 그 중간의) 말투, 연설의 순간마다 채택되는 소리의 변화를 '흉내*hypocrisis*'로 이해하지 않았다. 하지만 그 자신은 "악티오의 기술은 아직 구성되지 않았다"는 것을 인식하고 있었다.[28] 〔고대 그리스 아테네의 정치가이자 연설가인〕 데모스테네스가 악티오를 가장 앞자리에 두었다고 단언한 것은 『헤렌니우스를 위한 수사학Rhetorica ad Herennium』의 작가부터* [1세기 히스파니아 출신의 수사학자인] 퀸틸리아누스에 이르는 로마인들이었다. 아리스토텔레스는 여전히 내용이 변론술의 2차적인 요소인 형식보다 우선되어야 한다는 일반적인 원칙만 내세우고 있었다. 그에게는 연설가와 배우를 혼동하지 않게끔, 가장 고귀한 변론술과 연극 낭송의 차이를 지적하는 것만으로도 충분했다.29)

그가 『시학De Poetica』에서 몸짓에 관해 언급했던 것도 바로 이런 목적에서 희극에 대한 비극의 우월성을 확증하기 위해서였다. 그는 비극이라는 장르가 아니라, 나쁜 비극 배우의 꾸며낸 연기가 가끔 무대에서 볼 수 있는 지나치게 무절제한 몸짓을 설명해준다고 밝혔다. "춤을 비난해서는 안 된다는 것이 참말이라면, 비난해야 할 것은 모든 종류의 무절제한 움직임kinesis이 아니라, 나쁜 배우들의 무절제한 몸짓이다. 이것이 칼리피데스에게 가해진 비난이고, 오늘날 우리가 낮은 지위의 여자들을 흉내 내는 다른 이들에게 하는 비난이다."30) 그러한 '무절제한 몸짓'과는 달리 수사학의 '악티오'의 몸짓은 비천한 모방으로 구성될 수 없다. 이는 로마의 수사학이 적극적으로 받아들이게 될 원칙이었다.

로마에서는 수사학과 그 안에서의 '악티오'의 발전으로 몸짓이 큰 관심의 대상이 되었다. 그 발전은 키케로(기원전 106~43)와, 같은 시기에 『헤렌니우스를 위한 수사학』을 쓴 이름이 전해지지 않는 작가, 그리고 그보다 나중의 퀸틸리아누스(30~100)에게서 정점에 이르렀다.

키케로가 설명하는 '악티오'를 지배하는 원리, 특히 몸짓에 관한 수사학의 태도는 영혼animus의 움직임이 신체의 움직임과 시선으로 자연

---

* 기원전 80년대 후반까지 거슬러 올라가는, 수사학에 관한 현전하는 가장 오래된 라틴어 문헌이다. 헤렌니우스(Gaius Herennius)에게 전하는 내용으로 구성되어 있다. 한때 키케로나 코르니피키우스(Cornificius)가 썼다고 전해지기도 했으나 진짜 작가는 확인되지 않는다. 키케로의 『구상론De Inventione』과 함께 수사학을 가르치는 데 널리 쓰여 오늘날 100종이 넘는 사본이 전해진다.

스럽게 표현된다는 것이다. "사실 모든 악티오에 생명력을 불어넣는 것은 영혼이고, 시선은 영혼의 상, 눈은 그것의 표지이다."³¹⁾ 따라서 '악티오'는 자연이 그러하듯이 표정vultus, 말소리sonus, 몸짓gestus의 세 영역에서 영혼의 움직임을 표현하려고 애써야 한다. 연설가를 위한 "(영혼의) 모든 움직임에는 몸짓이 있어야 한다. 하지만 무대에서처럼 말하는 모든 것을 표현하려 애쓰는 몸짓이 아니라, 생각과 사상을 오롯이 드러내 이해시키는 몸짓이다. … 손가락은 말을 표현하지 않고 그것과 어우러진다."³²⁾

뒷날 퀸틸리아누스는 연설가의 몸짓이 말 자체가 아니라, 말의 의미와 조화를 이루어야 한다고 밝혔다.³³⁾ 그것은 시각적·청각적 지각 작용을 넘어서서 청중의 이성을 감동시켜야 한다. 진정한 수사학은 사소한 겉모습으로 드러나는 것이 아니라, 인간의 보편적 본질이자 고유한 본성natura인 이성과 굳게 결합되어 있다. 숙련된 연설가가 익힌 악티오의 규칙을 지배하는 것은 그에게 제2의 본성과 같다. "그 기술의 최고의 표현은 기술이 아닌 것처럼 보이게 하는 것이다."³⁴⁾

한편, 키케로에 따르면 몸짓의 기술은 합리적이어서 보편적인 의사소통 수단이 된다. "덧붙이건대 악티오와 관련된 모든 것에는 어떤 타고난 힘이 있다. 그래서 유독 무지한 사람이나 심지어 야만인에게도 영향을 끼치는 것이다. 말은 언어 공동체에 통합된 사람에게만 작용하고, 좋은 사상은 통찰력 없는 사람들의 머리를 무시하기 일쑤이다. 하지만 악티오는 영혼의 감정을 밖으로 표현하고, 모든 이를 감동시킨다. 모든 사람이 경험한 것과 똑같은 영혼의 감정이기 때문이다."³⁵⁾ 퀸틸리아누스는 한술 더 떠서 몸짓이 "모든 사람의 공통 언어"라고 말한다.³⁶⁾ 요컨대 몸짓 언어의 보편성이라는 관념은 처음으로 로마에서 이토록 정밀하게 표현되었고, 그것은 중세에 들어서면서 큰 성공을 거두었다.

연설가와 어릿광대

연설가의 '악티오'의 이상은 다른 몸짓 기술들, 무엇보다 극장과 경기장의 기술과 대조되어 정의된다. 가장 고결한 것으로 여겨지는 변론술은 어릿광대의 저속한 몸짓과 거리를 두어야 한다. 전통적으로 가면을 쓰고, 목소리와 손으로만 자신을 표현할 수 있는 어릿광대들에게 여러 이유로 이따금 허용되는 지나친 몸짓이다.[37] 연설가의 의무와, 기술을 연마하는 요건은 근본적으로 다르다. 그래서 키케로는 배우의 나쁜 본보기를 따르지 않게 주의해야 한다고 되풀이해서 말한다.[38] 어릿광대 *histrio*가 하듯이 자연을 모방하려 해서는 안 된다.[39] 광대는 '진리의 모방자'이고, 연설가는 '진리의 실행자 *actores veritatis*'이기 때문이다.[40] 이미 수사학 기술을 익힌 아이들은 "여자의 가녀린 목소리, 노인의 떨리는 목소리, 취중의 혼란과 노예의 우스꽝스러운 짓거리를 모방하지" 말아야 한다.[41] 이것들은 모두 희극배우 특유의 나쁜 버릇이다. 숙련된 연설가는 무대에서 무언극 배우 같은 표현을 없애야 한다. 병자의 맥을 짚는 의사나, [하프 비슷한 고대 그리스의 악기인] 키타라의 줄을 퉁기는 연주자의 몸짓을 하는 것은, "구두 변론에서 되도록 멀리해야 할 행동 방식"으로 여겨진다. 그런 것은 어릿광대에게나 어울리는 짓이다.

그러나 모든 '잘못된' 몸짓이 같은 수준에 놓이거나 한꺼번에 배척되지는 않았다. 키케로는 필요한 경우에는 서슴지 않고 연설가에게 "무대나 배우만이 아니라, 검술이나 경기장에서 가져온 힘차고 남성적인 태도"를 권한다.[42] 한 세기 뒤의 퀸틸리아누스에게서는 희극배우에 관한 말투마저 조심스러워진다. 퀸틸리아누스에 따르면, 연설가는 "희극배우에게서 모든 몸짓과 움직임을 가져와서는 안 된다. 물론 실제로 어느 정도는 그럴 수밖에 없고, 너나없이 그렇게 한다. 하지만 배우 *a scaenico*와는 먼 거리를 유지하고, 표정 연기, 손동작, 재빠른 이동의 괴상함을 멀리해야 한다." 그렇지만 퀸틸리아누스도 수사학 교육이 연극의 가르침에 어느 정도 자리를 배정해야 한다는 것을 인정한다.[43] 키케로와 마찬가지로 그도 경기장의 훈련이 지나치지만 않으면 비난하지 말라고 권한다.

일종의 심미적·도덕적 엄밀성에서도 연설가는 다른 몸짓 전문가들과 구별되어야 했다. 그는 머리를 흔드는 것이 금지되었는데, 이는 "연극 기술의 교사들조차 scaenici quoque doctores" 비난하는 것이었다.[44] 연극 기술의 고대 전통을 따르는 이러한 배우 scaenici는 표현 형태에서 덜 신중한 어릿광대보다 위에 놓인다. 그러나 수사학자는 위엄에서 그들 모두를 앞지른다. 그는 공중을 위한 공적인 연설을 담당하고, 이상적인 로마 시민의 태도 habitus를 정의하고 말의 실효성을 보장하는 중용을 몸짓으로 구현해야 하기 때문이다. "신체의 움직임은 우리가 말하는 것을 더 그럴듯하게 해주는 몸짓과 표정의 절제 moderatio를 선택하는 것으로 구성된다. 그러므로 희극배우나 직공처럼 보이지 않도록 표정에는 품격과 생기가 있어야 하고, 몸짓은 너무 눈에 띄게 고상하거나 상스럽지 않아야 한다."[45] 이른바 '자유' 학예의 훈련을 받은 연설가는 시민이자 자유민이지 육체노동을 강요받는 노예가 아니다. 이렇듯 수사학의 몸짓에 관한 담론은 도덕적 담론인 동시에 정치적 담론이었다.[46]

연설가 몸짓의 규범화

이렇게 정당성과 우월성이 입증된 수사학의 '악티오'는 시간이 지날수록 점점 더 정확한 규범화의 대상이 되었다.

『연설가론 De oratore』에서 키케로는 보기 드물게 일반적인 의견에서 그리 벗어나지 않는다. "(연설가의) 손은 (희극배우의 그것보다) 표현력은 적고, 손가락은 단어를 표현하지 않고 어우러진다. 팔은 연설가가 던지는 일종의 화살처럼 앞으로 내뻗고, 발은 감동적인 부분이 시작되거나 끝날 때 바닥을 힘주어 내리친다."[47] 나중 저작인 『연설가Orator』에서는 더 분명해진다. "연설가는 꼿꼿함을 유지하고, 연단에서 지나치게 왔다 갔다 하지 말고, 청중을 향해 서두르지 말고, 표정의 풍모에서 모든 나약함을 피하고, 손가락으로 장단을 맞추지 말고, 정념의 움직임에 따라 팔을 앞으로 뻗거나 당겨야 한다."[48]

최초의 체계적인 설명은 『헤렌니우스를 위한 수사학』에서 나타난다.[49] 이름이 전해지지 않는 작가는 이 작품에서 목소리의 말투에 곁들여져야 할 몸짓, 태도, 표정을 정확히 묘사하려 애썼다. 그것들의 분류는 그리 어렵지 않다.

— 대화나 설교의 네 가지 말투 : 엄숙한*cum dignitate* 말투, 논증적인*in demonstratione* 말투, 서사적인*in narratione* 말투, 익살맞은*in jocatione* 말투

— 고조되고 긴장된 두 종류의 말투 : 지속되는*per continuationem* 말투, 끊어지는*per distributionem* 말투

— 웅장하고 과장된 두 종류의 말투 : 격려를 위한*per cohortationem* 말투, 호소를 위한*per conquestionem* 말투

이 여덟 가지 말투에 부합하는 신체의 움직임은, 몸 전체, 머리의 자세, 얼굴의 표정, 시선의 강도, 팔, 손, 발과 관련되어 있다. 그러나 몸짓의 이런 모든 구성 요소를 설명하는 것은 목소리의 말투를 설명하는 것보다 훨씬 어렵다. 작가 자신도 이를 인정한다. "몸의 움직임을 말로 표현하고, 목소리의 말투를 종이 위에 재현하려고 노력함으로써 나는 나 자신에게 맡겨진 임무를 잊지 않으려 했다." 오랫동안 상징적인 기호 표기법 체계가 없어서 춤의 발동작 같은 몸짓을 언어로 묘사하는 데에는 한계가 있었다.

키케로는 같은 범주의 두 가지 말투에 해당하는 행동의 공통점을 강조한다. "엄숙한 구절에 관해 우리가 방금 지적한 태도는 대화의 서사

적인 말투에 적합할 수 있다. 대화의 익살맞은 말투를 위해 몸짓은 바꾸지 않고 얼굴에는 어느 정도 쾌활한 표정을 드러내야 한다." 예컨대 '고조된 말투contentio'나 '과장된 말투amplificatio'처럼 서로 다른 두 범주의 말투 사이에서도 몸짓은 똑같이 유지될 수 있다. "격려를 위한 웅장한 말투에서 몸짓은 조금 더 느긋하고 차분해야 한다. 나머지에서는 고조된 말투가 지속될 때와 같다." 그래서 대체로 두 가지 다른 말투에 곁들여지는 두 몸짓의 차이는 거의 없다. 오른손을 가볍게 움직이거나, 다루는 주제에 따라 표정을 더 유쾌하게 슬프게 혹은 그 중간으로 하거나, 청중 쪽으로 머리를 조금 더 기울이거나, 아니면 발로 땅을 내리치면서 팔을 더 빠른 몸짓으로 앞으로 내뻗거나, 손으로 머리를 두드리거나 하는 식이다. 때로는 똑같은 몸짓이더라도 단지 '더 느긋하고 차분한' 양상만으로 의미가 바뀌기도 한다.

『헤렌니우스를 위한 수사학』은 몸짓의 구분에 관한 매우 섬세한 본보기를 이미 가져다준다. 이 체계는 교육학 전통과 잘 확립된 관습의 산물이다. 그러나 규모와 정밀성에서 퀸틸리아누스의 『변론술 교육Institutio Oratoria』에 견줄 만한 수사학 문헌은 없다. 이것만큼 '악티오'에 주의를 기울인 문헌도 없다. (제11권) 한 권 전체를 그것에 할당하고 있기 때문이다.* 몸짓에 관한 고대의 이론은 여기에서 정점에 이른다. 그 뒤 12세기까지 이만큼 정교한 몸짓의 이론은 더는 존재하지 않았다.

젊은이의 변론술 교육에 관해 이야기한 제1권부터 퀸틸리아누스는

---

* 95년 무렵에 쓰인 퀸틸리아누스의 『변론술 교육』은 모두 12권으로 이루어져 있다. 1~2권은 연설가를 지망하는 젊은이의 교육에 관해, 3~5권은 설득의 구조와 방법에 초점에 맞추어 다양한 유형의 변론술을 다룬다. 6권은 웃음과, 아리스토텔레스가 말한 에토스(ethos), 파토스(pathos), 로고스(logos)에 관해, 7~9권은 키케로의 수사학 문헌 가운데 『구성Dispositio』에 관해 다룬다. 10권은 수사학에 기여한 라틴어·그리스어 작가들에 관해, 11권은 주제에 따라 연설가가 선택해야 할 것들에 관해 다룬다. 12권은 교육을 마친 연설가의 활동에 관한 내용이다.

악티오 교육의 중요성, 특히 '몸짓과 움직임'에 대한 적절한 훈련을 강조한다. 교사는 "팔이 균형을 유지하고, 손동작이 부자연스럽거나 '시골뜨기' 같지 않고, 자세가 아름답고, 걸음걸이가 어설프지 않고, 머리와 시선이 몸을 숙이는 것과 어긋나지 않도록" 주의를 기울여야 한다. 그는 "이 모든 것이 연설 행위의 일부라는 사실을 누구도 부정할 수 없을 것"이라며, 제기될 수 있는 비판에 맞서 이와 같은 몸짓 교육을 옹호한다. 그는 먼저 이성의 논법을 사용한다. 연설가의 몸짓은 하나의 법칙을 따른다. 그는 이 '몸짓의 법칙'을 라틴어 작가 가운데 거의 유일하게 사용한 그리스어 단어인 '키로노미아chironomia'*라고 부른다. 여기에 전통의 논법이 덧붙여진다. 몸짓 교육을 옹호하며, 그는 ('키로노미아'라는 용어는 나오지 않지만) 키케로의 『연설가론』 제3권, 특히 (플라톤, 소크라테스 같은) 철학자, (크리시포스 같은) 교육가, 춤과 의례에 관한 그리스 전통을 언급한다.[50]

몸짓은 의사소통에도 필요하다. 움직이지 않는 그림이 우리를 감동시킨다면, 몸짓은 더욱 그렇다. 움직임으로 감정을 표현하고 생각을 이해시키기 때문이다. 그것은 청각·언어 장애인들이 서로 의사소통을 할 수 있게 해주고, 춤이 감동적일 수 있게 해주며, 동물이 분노와 만족의 '표시'를 할 수 있게 해준다. 그는 거울 앞에서 자신의 몸짓에 아름다움과 적절함decor을 주려 애쓴 [기원전 4세기 아테네의 정치가이자 연설가인] 데모스테네스가 이를 잘 이해하고 있었다고 말한다.

연설가의 기술에는 움직이는 모든 신체가 협력해야 한다. 아리스토텔레스주의의 전통에 따라 퀸틸리아누스는 위에서 아래로 신체의 모든 부위를 묘사하고, 각각에 알맞은 규율을 나타내려 시도한다. 머리는 곧은 자세여야 하지만 경직되어서는 안 되며, 손과 상체의 움직임을 따

---

* 그리스어에서 '손'을 뜻하는 'cheiros'와 '규칙'을 뜻하는 'nomos'가 합해진 말로 손의 움직임을 뜻한다.

라야 한다. 표정은 (애원, 위협, 아첨, 슬픔 등의) 다양한 감정을 나타낸다. 연극 가면의 고정된 표현과는 달리 영혼이 눈으로 생생히 내보이는 감정들이다. 그러므로 눈의 움직임은 신체의 모든 움직임과 조화를 이루어야 하며, 연설가의 몸짓과 같은 방향을 향해야 한다. 관상학 전통에 따라 눈꺼풀, 뺨, 눈썹에도 특별한 주의가 필요하다. 콧구멍, 입술, 목, 어깨, 특히 팔, 손, 손가락, 몸통과 다리, 발도 뒤이어 언급된다.

물론 가장 상세히 분석이 이루어지는 것은 손과 손가락의 움직임이다. 내뱉는 말을 되풀이하고, "의미와 함께 시작하거나 끝맺어서" 지속되는 시간을 정확히 해야 한다. 말에 앞서거나 말이 끝난 뒤에도 계속되어서는 안 되며, 목소리의 어조·속도·호흡의 리듬과도 어울려야 한다.[51] 그러나 몸짓은 단지 말을 보조하는 것이 아니다. 그렇다면 그것은 제2의 언어를 이루는 것일까?

여기에서 퀸틸리아누스의 '현실성'이 오롯이 엿보인다.[52] 그는 오늘날 우리가 몸짓의 유사언어적 기능이라고 부르는 것을 정의하려 한다. 그는 (거의 낱말만큼 많은 몸짓이 있다는 것에 주목해) 몸짓의 어휘를 구분하는데, 그에 따르면 그것들의 통사적 기능은 무엇보다 부사, 대명사, 지시형용사와 비슷하다. 그러나 몸짓은 말과 혼동되지 않고, 몸짓이 말에 종속되는 것도 아니다. 예컨대 문제의 대상을 향해 집게손가락으로 가리키지 않고는 '이것'이라고 말할 수 없다. 하지만 이름을 부르지 않더라도, 가리키는 몸짓만으로도 충분할 수 있다.

여러 면에서 퀸틸리아누스의 방식은 새롭고 강렬하다. 연설가의 감정이나 생각인 '기의'에서 출발해[53] 거기에 몸짓의 '기표'를 연결시키는 것이 아니기 때문이다. 그는 몸짓 자체에서 출발해 그 변이와 대립의 일람표를 구성하려 한다. 나아가 그로부터 비롯된 의미의 차이가 무엇인지,[54] 연설가가 연설의 다양한 부분에서 그러한 몸짓을 어떻게 사용해야 하는지를 제시한다.[55]

『헤렌니우스를 위한 수사학』과는 정반대인 이런 방식은 작가가 몸짓을 묘사하는 데 큰 어려움을 가져다준다. 신체의 모든 부위가 관련되어 있고 움직임의 속도나 정도가 핵심 요소이지만, 각각의 구성 요소들을 모두 고려하면 곧바로 걷잡을 수 없는 조합에 이르기 때문이다. 더 흥미로운 것은 퀸틸리아누스가 위와 아래, 오른쪽과 왼쪽, 앞과 뒤의 '여섯 가지 손동작'의 유형론을 시도하고 있다는 점이다. 이는 그가 다른 곳에서 서술한, 몸짓의 극도의 복잡성을 올바르게 평가했던 것과는 거리가 있다. 더구나 여섯 가지 몸짓을 밝힌 뒤에 가능한 일곱 번째도 언급하고, 끝내는 다섯 개만 유지한 것에서 그의 혼란이 드러난다.[56]

손보다 손가락 동작이 자세히 묘사되어 있지만, 그것들은 분리될 수 없다. 퀸틸리아누스는 먼저 '기본 몸짓gestus communis'을 묘사한다. 그것은 가운뎃손가락medius을 엄지손가락 끝에 붙이고 다른 손가락은 펼치는 손가락의 특정한 외형만이 아니라, 손의 오른쪽으로의 지향과 가벼운 움직임, 머리와 어깨를 같은 방향으로 굽히는 것을 특징으로 한다. 이 몸짓은 연설의 시작부exordium에 어울리지만, 조금 더 손을 뻗는 것만으로도 자신감을 나타내기에 충분해 [고전적 변론 형식의 제3단계로 문제의 해명을 하는] 서술부narratio에도 알맞다. 나아가 그것이 '더 격렬하고 급박하게' 이루어지면 상대에 대한 비난과 반박을 표현한다. 이런 종류의 상황은 실제로 '더 풍부하고 자유로운' 몸짓을 허용한다.

그러나 동일한 몸짓의 변이는 곧바로 연설의 유형에 따라 바뀌는 품위의 제한에 부닥친다. 이를테면 그 몸짓을 똑같이 하더라도 '오른쪽에서 옳은' 것이 '왼쪽 어깨에서 추구하면' 옳지 못한 것이 된다. 마찬가지로 연설가가 올바른 방향으로 그 몸짓을 하더라도 ("더 나쁜 것도 있다"고 퀸틸리아누스는 지적하고 있지만) 마치 "팔꿈치와 이야기를 나누듯이" 팔을 수평으로 뻗는 것도 비난을 받는다. 어떤 이는 (가운뎃손가락만 엄지손가락 위에 놓지 않고) 가운데 두 손가락인 집게손가락과 가운뎃손가락을 엄지손가락 밑에 놓기도 하는데, 이것은 시작부와 서술부에 모두 어울리지 않는 몸짓이다. 연설가의 몸짓은 이렇게 조금씩 어릿광대나 변호인의 잘못된 몸짓으로 변형된다.[57]

옳든 옳지 않든, 이런 모든 변화는 아직 하나의 몸짓, 곧 기본 몸짓하고만 관련되어 있다. 문헌 전체에 걸쳐 동일한 변화 원리에 따라 제시된 손가락 동작은 대략 60여 개에 이르는 것으로 조사된다. 그러나 크고 작음의 차이는 있으나 모두 기본 몸짓에서의 변화만 언급될 뿐이다. 이는 퀸틸리아누스의 몸짓 이론이 지닌 폭과 섬세함을 알려준다. 하지만 그 뒤로는 이와 같은 수사학 교리의 퇴화가 더 뚜렷해진다.

두 번째 수사학

2세기부터 5세기 초까지 수사학은 실제로 다른 자유학예들과 마찬가지의 운명을 겪었다. 단순화, 곧 통속화의 과정이다. 그렇지만 이런 형태라도 고대 지식의 살아남은 내용이 기독교 문화로 전해질 수 있었기에 그것의 역사적 중요성은 크다.

이 '두 번째 수사학'을 특징짓는 단순화와 전달의 과정에서 손실이 없지는 않았다. 예컨대 초기의 세기들에 여전히 사용되던 퀸틸리아누스의 작품은 축약된 것을 제외하고는 중세에 거의 알려지지 않았다. 그의 작품이 다시 발견되어 인문주의자들이 오롯이 사용하는 것을 보려면 15세기까지 기다려야 했다.[58] 중세 초기에는 기본적으로 키케로와 (그의 작품으로 잘못 알려진) 『헤렌니우스를 위한 수사학』, [기원전 19년 무렵에 호라티우스가 쓴] 『시론 Ars Poetica』, (4세기 중반에 쓰인) 도나투스의 『문법학 Ars grammatica』이 수사학에 관한 영감의 원천으로 남아 있었다.

[4세기 로마의 수사학자인] 포르투나티아누스의 3권으로 이루어진 『수사학 Ars rhetorica』은 이 과도기의 특징적인 변화를 오롯이 보여준다.[59] 그는

키케로를 인용하며 자신이 잘 알고 있는 (설득하고 감동시키는) 기능과 세 가지 표현 수단을 비롯해 수사학의 다양한 부분 간의 구별을 유지한다. 목소리 *vox*, 표정 *vultus*, 몸짓 *gestus*이다. 그는 몸짓에 관해 솔직히 무척 보잘것없는 유형의 정의를 제시한다. "몸짓은 몸의 움직임으로 이루어진다 *gestus motu corporis constat*." 키케로와 퀸틸리아누스에게서 발견되던 몸짓에 관한 이론적 접근 방식은 사라진다. 몸짓이 목소리와 영혼에 부합해야 한다는 모호한 표현을 밝히는 데 그친 포르투나티아누스는 질문과 무미건조한 답변의 목록, 더 흔하게는 부정적인 규칙 *praecepta*의 목록을 확립하기만을 꿈꾼다. 머리는 곧게 세우고, 목은 '움츠리거나 내밀지' 말고, 턱은 '가슴에 붙이지 말고', 어깨는 '올리거나 움츠리지' 말고, 팔은 '절도 있게 뻗어야' 한다. 손과 발의 움직임만이 좀 더 섬세한 발달의 혜택을 입는다.

또 다른 [4세기의] 수사학자인 율리우스 빅토르는 퀸틸리아누스를 사용했다는 공적이 있다. 그래서 그는 "모든 사람의 공통 언어"인 손의 움직임이 의미할 수 있는 모든 것을 알고 있으며, 그러한 원천으로부터 특히 몇 가지 금지사항을 받아들인다. 연설가는 엄지손가락을 뒤집으면 안 된다. 적절하지 않기 때문이다. 마찬가지로 왼손만으로 어떤 몸짓을 해서도 안 된다.[60]

이 시기의 가장 중요한 작품은 마르티아누스 카펠라의 것이다. 그의 방대한 우의적 편집물인 『필롤로기아와 메르쿠리우스의 결혼 *De nuptiis Philologiae et Mercurii*』*은 고대 자유학예의 핵심 내용을 기독교 문화에 전달했다. 그것의 제5권은 수사학에 바쳐졌다. 수사학은 우의적인 모습

---

* '일곱 가지 학문에 관하여 *De septem disciplinis*'라고도 불린다. 수완의 신 메르쿠리우스는 소피아(Sphia, 지혜), 만티케(Mantice, 예지), 프시케(Psyche, 영혼) 여신과 결혼하려 했으나 모두 실패하고, 아폴로 신의 조언에 따라 인간 필롤로기아(Philologia, 배움)를 신부로 맞이한다. 결혼 선물로 필롤로기아를 보좌할 7명의 하녀가 주어지는데, 자유학예 7학과에 해당하는 문법, 논리학, 수사학, 기하학, 산술학, 천문학, 음악이다.

으로 표현된다. 기법의 다섯 부분을 구현하고 있는 무장한 여성이다. 그녀가 등장하기 시작하면 군중은 감탄의 외침을 참지 못한다. "얼마나 놀라운 구상의 정신인가, 얼마나 놀라운 표현법의 풍부함인가, 얼마나 놀라운 기억의 보물인가, 얼마나 놀라운 구성의 질서인가, 얼마나 놀라운 발화의 억양인가, 얼마나 놀라운 움직임의 몸짓인가*qui gestus in motu*, 얼마나 놀라운 생각의 깊이인가!"

그런 다음에 말투를 바꾸어 작가는 자신이 논평한 '악티오'와 '프로눈티아티오'를 비롯한 수사학의 다섯 부분을 키케로를 인용하며 차례로 분석한다.[61]

몸짓의 형상화

수사학의 '악티오'에 관한 고대의 규칙은 연설가 교육만 지배하고 있지 않았다. 고대 예술, 특히 조각에도 영향을 끼쳤다. 인체의 조형 표현에 관한 고전적 이상은 고대가 서양 문화에 전해준 중요한 유산 가운데 하나이다. 특히 르네상스 이후 그것은 끊임없이 모방되고 각색된 인간 형상화의 규준을 예술가들에게 제공했다. 그 규준은 단지 미학적 형상의 통일에 그치지 않았다. 그것은 인체의 비율에 관한 과학적 성찰, 언어와 표현에 관한 언어학적·철학적 성찰, 신체의 사회적 용도에 관한 종교적·윤리적·정치적 성찰의 산물이기도 했다. 이 예술은 '인간주의적'이라고 할 수 있다. 나체의 생동감이나 그가 입은 옷자락의 주름으로 표현된 인체의 아름다움으로 인간을 찬미하고, 완전함에 대한 일치된 의지로 인간의 형상과 신의 형상을 동일시하고 있기 때문이다.

이러한 형상화의 중심에 몸짓의 문제가 있다. (채색된 그릇에 있는 것이든, 신전 부조 장식에 새겨진 것이든) 이미지의 평면에서 몸짓은 몸 전체에 생동감을 주고, 인간적인 인물과 신성한 인물 사이의 관계를 이어주

[그림 4] **황제 연설의 몸짓** (트라야누스 돌기둥. 2세기)
장군들에게 둘러싸인 황제는 오른팔을 구부리고 집게손가락으로 가리키며 연설하면서 군대를 지휘한다.

고, 신화적인 이야기나 도시 의례의 전개를 구획한다.[62]

그러나 고대 예술은 이러한 모델에만 묶여 있지 않다. 그리스·로마 문화의 다른 모든 것들과 마찬가지로, 몸짓을 나타낸 고대 예술의 형상 표현에도 나름의 역사가 있다. [20세기 미국의 미술사가인] 리처드 브리리언트는 제정기와 [콘스탄티누스 1세 이후의] 후기 로마제국의 사회적·정치적 변동의 영향으로 몸짓의 표현과 기능에서 나타난 변화를 명확하게 서술했다. 당시 나타난 그 변화는 수사학이나 연극의 변화와 관련이 있었다. 그것들이야말로 그 시대의 조형예술에서 몸짓의 표현에 영향을 끼친 양대 모델이었기 때문이다.

수사학에서는 ['손의 움직임'을 뜻하는] '키로노미아'의 중요성이 커지고 있었다. 거기에서 퀸틸리아누스는 최고의 이론가였다. 극예술에서 나타난 무언극의 발달과, 인물의 모든 표현이 표정과 손동작에 집중되는 경향이 있는 얕은 돋을새김과 동전이 그에 호응했다. 리처드 브리리언트가 지적했듯이, 이탈리아·로마의 미학은 머리와 팔을 점점 더 이미지에 개성과 지위를 부여하고 사회적으로 '기능하는' 독립적인 소재로 다루었다. 이것이 바로 머리와 팔이 없는 로마 조각상이 그리스 조각상과는 달리 '생기가 없는' 까닭이다.[63]

황제 이미지의 변화는 이런 주장의 정확성을 뒷받침한다. [113년 다키아 전쟁에서 승리한 트라야누스 황제를 기리기 위해 로마에 세워진] 「트라야누스 돌기둥 Columna Traiana」처럼 황제의 군사적 업적을 기리는 화려한 아치와 돌기둥에서 황제 '연설 adlocutio'의 형상화는 한쪽 팔을 들어 올리는 것으로 끝나지 않는다. 그것은 높낮이의 차이, [얼굴이 정면으로 4분의 3쯤 보이는] 비스듬한 모습이나 옆모습의 신체의 위치를 활용해 황제와 그의 장군, 병사만이 아니라 패배자들과의 대결까지 위계적 공간에 세밀하게 정돈해 놓은 전체 무대로 이루어진다.[64] **그림 4**

그러나 4세기에는 다른 특징이 두드러진다. 특히 동전처럼 유독 그에 알맞은 매체에서는 더욱 그렇다. 황제 형상의 격리, 그것의 위계적 정면성, 손바닥이 바깥쪽으로 향한 오른손의 유일한 몸짓은 신에 버금가는 황제의 존엄성을 표현하는 새로운 방식에 걸맞은 특징들이다.[65]

이런 변화는 이교에서 물려받은 이 예술을 기독교가 비교적 쉽게 받아들인 이유 가운데 하나였다. (콘스탄티누스와 같은) 기독교도 황제와 더 나아가 그리스도의 존엄성을 찬양하려는 의지, 영혼의 거울인 표정과 시선의 표현에 대한 강조, 신의 손과 창조의 몸짓에 대한 예찬, 기독교 문화가 4세기부터 그 이후의 세기까지 폭넓게 사용한 주제들은 모두 이런 형상화 양식에서 자신을 표현할 방법을 찾아냈다.

이교 문화와 기독교 문화는 이미지를 나타낸 매체가 부분적으로 같아서 중간단계에 더 둔감해진다. 석관의 장례용 조각에서도, (지하묘소에 받아들여진) 벽화에서도, (5세기 교회의 팀파눔에 있는) 모자이크에서도 그렇다. 채식필사본도 마찬가지이다. (5세기에 제작된 바티칸과 로마의 베르길리우스 사본* 같은) 현전하는 가장 오래된 이교 필사본과, 채색화가 수록된 성서의 가장 오랜 사본들인 『빈 창세기Vienna Genesis』나 『코덱스 로사넨시스Codex Rossanensis』** 계통의 필사본을 자세히 비교해 살펴보면 이를 알 수 있다.[66]

---

* 베르길리우스의 단편이 기록된 '베르길리우스 바티카누스(Vergilius Vaticanus)'와 '베르길리우스 로마누스(Vergilius Romanus)'는 현전하는 가장 오래된 베르길리우스 사본들이며, 현재 모두 로마의 바티칸 사도 도서관에 보존되어 있다.
** 『빈 창세기Vienna Genesis』는 6세기에 그리스어로 제작된 성서 필사본으로, 창세기의 일부가 기록된 24장의 양피지가 전해진다. 『코덱스 로사넨시스Codex Rossanensis』는 이탈리아의 로사노 대성당에 소장된 6세기의 복음서 필사본으로, 현전하는 가장 오래된 신약 필사본 가운데 하나이다. 이 두 필사본은 '코덱스 시노펜시스(Codex Sinopensis)'라고 불리는 다른 성서 필사본과 함께 같은 시기, 같은 곳에서 제작되었을 것으로 추정된다.

음악

자유학예 가운데 수사학만 몸짓에 중요한 지위를 부여했던 것은 아니다. 음악도 마찬가지였다. 당시 음악은 오늘날 정밀 과학이라고 부르는 것이었다. [5세기의] 마크로비우스와 그 이후의 중세인들은 모두 그것을 산술학, 기하학, 천문학과 함께 [이과계 학과인] 4과에 포함시켰다.

음악은 무엇보다 보편적인 움직임이라는 개념과 관련이 있었다. 우주의 움직임, 특히 별들의 움직임은 음악이 대상으로 삼은 수리적 균형으로 합리적으로 지배되고 있다고 여겨졌다. 피타고라스 학파, 플라톤,[67] 신플라톤주의 철학자들에 따르면, 동일한 음악적 조화가 세계 전체, 대우주와 소우주, 신은 물론이고 인간 영혼과 신체의 움직임까지 지배한다.[68] 플라톤 학파의 춤 학습 프로그램은 어린이의 움직임을 보편적인 조화에 맞추는 것을 목표로 했다. 『법률』에서 플라톤은 '교육paideia'이 아이들의 모든 '놀이paidia'를 어떻게 활용해야 하는지 자세히 설명한다. 아이들은 작은 동물처럼 생명의 표현 그 자체인 본능적인 움직임을 가지고 있다. 그들의 경우에 그 움직임은 조화와 리듬으로 조절될 수 있다. 그러면 그들은 아름다움과 덕의 보편적인 학교인 노래와 춤을 낳는다. "신들은 우리에게 기쁨과 함께 리듬과 조화의 감각을 주었고, 그것들은 우리의 안무로 우리를 움직이게 한다."[69] 신체의 음악인 춤은 영혼의 내면적인 움직임만이 아니라, 신들이 명령한 우주의 리듬에도 부합해야 한다. 이러한 사변의 반향은 고대 후기까지 (플루타르코스, 퀸틸리아누스와 같은) 수많은 작가들에게서 나타났다.

중세 문화에 끼친 영향이라는 측면에서 가장 중요한 작가는 마르티아누스 카펠라이다. 앞에서 이미 언급한 그의 작품 『필롤로기아와 메르쿠리우스의 결혼』에서는 마지막에 '화음harmonia'이 다루어진다. 지식과 우주의 조화를 가장 엄격한 방식으로 표현하는 것이 음악의 책무이기 때문이다. 일곱 부문의 음악 '기법'을 분석한 뒤에 작가는 '수'의 동의어인 '리듬'을 정의한다. 그것은 시간에 따라 정돈된 상이한 양식의 구성, 곧 규칙성을 재현하는 방법을 배워야 하는 '규율 있는 기법'의 움직임이다. 합리적으로 합성된 이 움직임은 세 가지 방식으로 표현되고, 이는 세 가지 상이한 신체적 감각을 민감하게 해준다. 청각은 "억양을 붙인 소리의 비율"을 지각하고, 노래의 말을 듣는다. 촉각은 혈관에서 뛰는 맥박의 규칙성을 기억해둔다. (실제로 신체의 생물학적 기능은 동일한 보편적 조화를 분담한다.) 끝으로 시각은 "정해진 형상과 구도"로 이루어진 '신체의 움직임'이나 '몸짓'을 지각한다. 그 구도는 바로 수이다. (음절로 이루어진) 말, (소리와 간격으로 이루어진) 억양, (기본적인 신체의 움직임인) 몸짓의 분할할 수 없는 최소 단위들의 ('원자들의') 동시다발적인 구성을 주재하는 것은 수이기 때문이다.[70]

마르티아누스 카펠라에게서 음악과 수, 움직임에 관한 사변은 지적 범주로 거론되고 판단된 몸짓에 관한 성찰에까지 이른다. 그러나 몸짓은 그 물질성과, 모든 부분을 총괄하는 우주적 질서의 엄격하고 이상적인 표현으로 사고된다. 『필롤로기아와 메르쿠리우스의 결혼』에 관한 중세의 주석가들, 특히 카롤루스 왕조 시대의 주석가들은 몸짓에 관한 이러한 성찰에 새로운 발전을 가져왔다.

2
기호의 종교

고대 전통의 연속성은 기독교 초기 몇 세기의 뚜렷한 특징이다. 사회의 틀과 도시 생활환경의 연속성, 로마 귀족에 대한 교회 고위 인사들의 계속된 귀속, 이교에서 비롯된 고대 문화의 명성 등이 주된 이유일 것이다. 역사의 연속성에서 단절을 찾는다면, 기독교와 이교 사이에서와 마찬가지로 이교 문화의 역사에서도 찾아볼 수 있을 것이다. '자신에 대한 관심', 자기 성찰의 욕구, 도덕적·성적 엄격함은 기독교 금욕주의에서 새롭게 약속된 땅을 발견하기 전에 이미 고대 스토아학파의 특징을 이루고 있었다.[1]

하지만 기독교의 새로움과 독창성을 낮추어볼 수는 없다. 분명히 암브로시우스(339~397), 아우구스티누스(354~430)와 같은 교부들은 마르티아누스 카펠라 같은 동시대의 이교 학자들과 똑같은 교육을 받았다. 하지만 그들에게 고대 문화를 받아들이는 것은 민감한 문제였다. 그 문제는 오랫동안 교양있는 기독교인들 사이에서 격렬한 논쟁을 불러일으켜 왔고, 동방만이 아니라 서방에서도 거부 반응을 일으키며 새로운 개종자들의 분열을 부추기고 있었다. "그대는 키케로 숭배자이지 기독교도가 아니다." 잘 알려진 꿈에서 히에로니무스를 비난하는 신의 목소리가 들려온다. 아우구스티누스의 『고백록Confessiones』도 종교적 이상에서 비롯된 포기와, 명성 높은 문화에 대한 애착 사이에서 똑같은 분열을 드러낸다.[2]

교회

교회 제도의 탄생은 문자 문화와 정신 구조의 변화에서와 마찬가지로, 사회·정치적 조직에서도 과거와의 단절의 주된 요인 가운데 하나였다. 위계에서 세속권력에 대한 교회의 결정적인 영향력과 교회의 권위는 점진적으로 높아졌다. 매우 천천히 이루어졌으나, 사회 조직체의 이원성, 성직자와 속인의 구별은 장기적으로 그것이 빚어낸 가장 두드러진 결과였다.

그런데 사회 조직에 관해 사고하는 사명을 맡은 것은 성직자였다. 아울러 그들은 자신들의 문화와 믿음으로 만들어진 정신적 틀에서만이 아니라, 자신들의 이익을 위해서도 사고하는 경향이 있었다. 그들은 사람들 사이에서 신의 대리인이었고, 그런 사실이 드러나고 알려져야 했다. 거기에는 그들 자신의 몸짓만이 아니라, 맞은편에 놓인 속인의 몸짓도 포함되었다. 성직자의 몸짓은 황제 의식의 모든 위엄으로 장식되었다. 예컨대 주교가 그의 도시로 들어가는 것은 제국의 가장 높은 지위에 있는 이의 '왕림adventus'* 의식을 재현하고 있었다.[3] 성직자는 속인에게 존경과 겸손의 몸짓을 기대했다. 이제 공석이 된 행정관과 시의원의 많은 기능을 주교가 맡게 된 것과 마찬가지로, 그들은 신의 영광과

---

* 로마 제국에서 동전과 조각 등에도 즐겨 표현된 '아드벤투스(Adventus)'는 통치자의 정당성을 확인하고 도시 주민의 동의를 보여주는 중요한 의식이었다. 특히 콘스탄티누스 1세가 막센티우스에게 승리하고 로마에 입성한 뒤부터는 복음서에 묘사된 예수의 예루살렘 입성과 연결되어 종교적으로도 중요한 의미를 얻었다.

그들 자신의 영예*honor*를 위해 적어도 이 세상의 권력자에게 바치는 순종의 표시를 받아야 한다고 주장했다.

503년부터 542년까지 아를 주교를 지낸 카이사리우스에게 (국왕이나 재판관 같은) 세속의 권위 앞에 나선 이의 공손한 몸짓은 신을 대하는 기독교인의 신체적 태도를 정의하는 계기가 되었다.[4] 그의 분노에 찬 설교는 교회가 애써 신도들에게 주입시키려 했던 문화적 태도와 세속 권력의 의례를 동시에 알려준다. "나는 무릎을 꿇지 않고 머리를 숙이지도 않는 사람들에게 묻습니다. 만일 국왕이나 재판관, 어떤 권세 있는 인물에게 꼭 필요한 것을 얻으려 할 때도 똑바로 고개를 쳐들고 아무렇게나 성의 없이 요구하겠습니까. 우리는 땅에서 비롯된 사람에게 지상의 부를 얻으려 애씁니다. … 그러나 신에게 죄의 용서와 영원한 안식을 얻으려 애쓰면서도 우리는 머리를 숙이려 하지 않습니다." 공손히 숙여라. 이것이 권력의 전통적인 의례에서 가져온 기독교인의 육체적·정신적 태도의 전부였다. 카이사리우스에 따르면, 앞으로 기도에서 그러한 태도의 수취인은 신이다. 하지만 사람들이 살아가는 사회에서는 성직자였다.

그때까지의 활발한 논의에 대한 응답인 듯이 585년 [제2회] 마콩 공회의에서는 성직자를 만날 때 경의를 나타내는 속인의 몸짓을 명문화하려는 결정이 이루어졌다.[5] 형성되어가던 기독교 사회에 관한 인상적인 증언인 이 자료는 특별하다. 그 뒤의 세기들에서는 이와 유사한 것을 거의 찾아볼 수 없기 때문이다. 그것은 먼저 교회 입법자들의 눈에는 예사롭지 않아 보이는 결정을 정당화한다. '사제의 품계*ordinatione sacerdotum*'와 '신의 뜻'에 합당하게, '모든 상황에 대해' (성직자의 명예를 위해) '적절하게' 규정하는 것은 공의회의 의무에서 비롯된다. 규정된 모든 몸짓이 성직자를 만나 경의를 나타내야 하는 속인을 위한 것이라는 점에 주목해야 한다. 거꾸로 속인을 대하는 성직자에게는 어떠한 의

무도 주어지지 않는다.

세 가지 경우의 만남이 제시되는데, 저마다 규정된 몸짓이 다르다.

— '지위가 높은 속인*quis saecularium honoratorum*'이 길을 가다가 성직자를 만난 경우, '낮은 신분이더라도*usque ad infenorem gradum*' 그 앞에 '고개를 숙여야 한다*colla subdat*'.

— 둘 다 말을 타고 있는 경우, 속인은 모자를 벗고 성직자에게 정성껏 인사해야 한다.

— 성직자가 걷고 속인이 말을 타고 있는 경우, 속인은 말에서 내려 성직자에게 '마땅한 경의*debitus honor*'를 보여야 한다.

언뜻 보기에 성직자만이 이러한 경의 표시의 유일한 수취인인 것 같다. 하지만 공회의가 밝히고 있듯이 신의 눈에도 속인의 공덕이 커지는 것이 보일 것이다. 이런 질서 있는 몸짓은 그 예법을 따를 때 "사랑으로 서로를 이어주는" 신을 "기쁘게 하기" 때문이다. 이런 몸짓은 신이 요구하는 어떤 위계의 표시이자 요소이다. 그러므로 그것을 문제로 삼으면 가장 무거운 영적인 형벌을 받는다. 파문이다. 기독교 사회에서 몸짓은 결코 가벼이 여길 일이 아니었다.

성서

사제는 지상에서 신을 대리하는 이들이다. 그들은 라틴어라는 언어를 쓰고 말한다. 성직자들이 고대 문학에 끊임없이 관심을 기울인 것은 고대 작가들을 읽기 위해서가 아니다. 자신들의 책, 곧 성서를 이해하기 위해서이다. 그들은 신의 말씀에서 사회의 본보기만이 아니라, 기독교 인류학의 바탕을 이루는 원리와 상도 찾아낸다. 그러므로 성서는 기독교의 몸짓에 관해서도 명칭과 모든 예시를 제공해야 한다.

실제로 성서에는 몸짓과 관련된 문제가 무척 많다. 4세기 말에 히에로니무스가 라틴어로 옮긴 불가타 성서는 특히 「창세기」 서술에서 ('움직임'을 뜻하는) '모투스'나 ('움직이다'를 뜻하는) '모베레*movere*'라는 말을 폭넓게 사용한다. 신약성서에서 이 단어들은 용서와 참회에 이르는 영혼의 '움직임'에 더 많이 연결된다.[6]

하지만 불가타 성서의 어휘에 '게스투스'와 '게스티쿨라티오'라는 말은 전혀 나타나지 않는다. 이러한 부재는 중요하다. 기독교인은 서술하고, 묘사하고, 명상하고, 모방해야 할 몸짓을 성서에서 찾았으나, 로마가 그 낱말들에 부여한 몸짓에 관한 객관화 원리는 찾지 못했다. 성서는 몸짓을 보여주었으나, 몸짓 표현의 이론을 제시하지는 않았다. 그 몸짓들은 곧바로 기독교 미술이 실제로 풍부히 생산해갈 삽화의 대상이 되었다. 성서의 몸짓에서 무시된 것은 거의 없었다. 그러나 기독교 작가가 몸짓 표현의 기독교 이론을 구상하려면 고전 전통에 의지하고, 그것을 기독교화해야 했다.

어휘야 어떻든, 구약성서에는 몸짓에 관한 언급이 풍부하다.[7] 여기에서 그것들을 모두 검토할 수는 없다. 뒷날, 특히 중세 중기의 기독교 전통에서 가장 자주 이용되고 해석된 것들만 집중해 살펴보자. 어떤 것은 기쁨, 고통, 슬픔의 감정을 표현한다. 많은 것이 도덕적 의미를 지니고, 부정적인 유형을 나타낸다. 「이사야서」에는 오만한 태도를 보이는 '바빌론의 딸들'과[8] "교만을 부리고 목을 빼고 호리는 눈짓을 하며" 걸어 다니는 '시온의 딸들'이 있다.[9] 「잠언」에는 움직임이 너무 굼뜬 '게으른 사람'과,[10] 특히 "입에 거짓을 담고 돌아다니면서 눈을 찡긋대고 발로 말하며 손가락으로 신호를 하는"[11] 배교자가 있다. 이러한 몸짓들에 관해서는 12세기의 (성서 주석 모음집인) 『글로사 오르디나리아*Glossa Ordinaria*』, 베르나르 드 클레르보, 위그 드 생빅토르, 13세기의 윙베르 드 로망이 많은 주석을 남겼다.[12] 「이사야서」는 "멍에와 삿대질과 나쁜 말을 치워버린" 사람이라는, 커다란 성공이 예정된 이미지도 제공한다. 12세기의 피에르 르 샹트르는 여기에서 쓸데없는 몸짓 없이 말하는 법을 배워야 한다는 수사학적 가르침을 끌어냈다.[13]

정확하고 규범적인 묘사가 필요한 의례의 몸짓은 전혀 다르다. 유대교의 희생 제의는 부분적으로 뒷날 기독교 의례의 본보기가 되었을 수 있다.[14] 가장 자주 언급된 몸짓은 개인적이거나 집단적인 야훼 찬양에 곁들여진 것이다. 기독교의 기도 형식에 큰 영향을 끼친 「시편」이 특히 그렇다. 신도들은 대체로 똑바로 서서, 하늘을 향해 두 손을 들고, 팔을 곧게 뻗거나 조금 구부린다. 이른바 '오란스*orans*'의 자세이다.* 야훼 앞에 몸을 숙이고, 무릎을 꿇고, 엎드린 것도 있다.[15] 중세사 연구자는 이런 묘사에 주의를 기울이지 않을 수 없다. 중세의 기독교 전례가 구약 전통에 뿌리를 두고 있기 때문이다. 기도 몸짓의 대부분, (신도의 머리 위에 손을 얹는) 안수, 도유, 그 밖의 많은 몸짓이 거기에서 비롯되었다.

「창세기」의 두 구절에 '넓적다리 깊숙이 *sub femore*', 곧 성기에 손을 얹는 야릇한 맹세의 방식이 묘사되어 있다. 늙은 아브라함은 종의 손을 끌어당기며 간청한다. 가나안 여인이 아니라, 자기 일족에서 아들 이사악의 아내를 선택하겠다는 맹세를 받기 위해서였다. 야곱도 죽을 때가 다가오자 자기 시신을 이집트 밖으로 가져가 조상들의 무덤에 묻어달라며, 아들인 요셉을 불러서 똑같은 방식으로 맹세케 했다.[16]

두 경우 모두 족장 성기와의 접촉은 조상에서 후손까지의 혈통, 곧 종족의 연속성에 관한 약속에 곁들여져 있다. 앞선 사례들이 이렇듯 권위를 지니고 있으나, 중세에는 이런 형태의 맹세를 찾아볼 수 없는 듯하다. 「바이외 태피스트리」에 나타나듯이 성유물에 손을 얹거나, 『작센

---

* '오란트(orant)'라고도 하는 '오란스'는 손을 들어 올리고 기도하는 자세를 뜻하는데, 일반적으로 팔꿈치를 옆구리에 가깝게 붙이고 손을 옆으로 뻗은 상태에서 손바닥을 위로 올린 자세이다. 청동기 시대부터 근동 지역에 널리 퍼져 있었는데, 원래는 성소에 들어갈 때 신을 향해 보이는 간구나 복종의 몸짓이었다. 「이사야서」를 비롯한 구약성서에 묘사되어 초기 기독교에서도 일반적인 기도의 자세로 받아들여졌다.

슈피겔』의 삽화에 나타나듯이 손을 들어 올리는 것이[17] 가장 평범한 맹세의 몸짓을 이루고 있었다.

그러나 손과 성기의 접촉이 지니는 계보학적 의미를 중세의 성서 주석가들은 놓치지 않았다. 그들은 거기에서 그리스도 육화의 예고를 보았고, 그의 인성을 끌어낼 '자손'의 상징적 표현도 보았다. 그래서 12세기에 그리스도와 다윗을 잇는 계보를 보여주는 '이새의 나무'라는, 그 시대의 주제와 관련해서 이 몸짓에 대한 관심이 없지는 않았다.[18] **그림 5**

몸짓의 모델은 신약성서에도 풍부하다. 위선자에 대한 묘사도 바로 예수의 말 자체에서 가져온 것이다. 바리새인은 오로지 남에게 보이기 위해서만 처신한다. 그들은 성구가 적힌 두루마리를 펼치고, 의복 가장자리를 장식하고, 맨 윗자리에 앉기를 좋아하며, 회당에서도 가장 윗자리를 차지하려 하고, 공공장소에서 모든 이들에게 인사받기를 좋아한다. 성전에서 바리새인은 신앙심을 과시하지만, 세리는 자신의 죄를 깨닫고 신 앞에서 몸을 굽히며 겸손히 기도한다. 이 이미지는 강렬하다. 그것은 기독교의 기도에 관한 중세의 모든 주석에서 상세히 풀이된 종교적 태도의 대립된 두 가지 형식을 제공한다.[19]

특히 복음서는 사제와 성인, 나아가 평신도에게도 그리스도 몸짓의 본보기를 제시한다. 기독교인의 삶에서 그리스도의 몸짓 가운데 어느 하나와 연결되지 않는 경우는 거의 없다. 축복하고, 병자를 치유하기 위해 만지고, 자신의 희생을 뜻하는 빵과 포도주를 잡는 몸짓이다. 성서는 이러한 몸짓을 환기시키는 데 밑바탕 구실을 한다. 하지만 그것은 기독교 도상학의 중개를 거쳐 상상에 강제되고, 구속력을 지닌 본보기가 되었다. 기독교의 대표적인 표지 *signum*이 된, 십자가에 달린 그리스도의 죽음의 몸짓도 마찬가지이다. 고정된 몸짓이지만, 누구나 스스로 [십자 성호로] '표시하여 *signant*' 자신의 손과 몸으로 재현할 수 있는 몸짓이다. 그것은 따라야 할 본보기를 제공할 뿐 아니라, 독신자나 신비주의

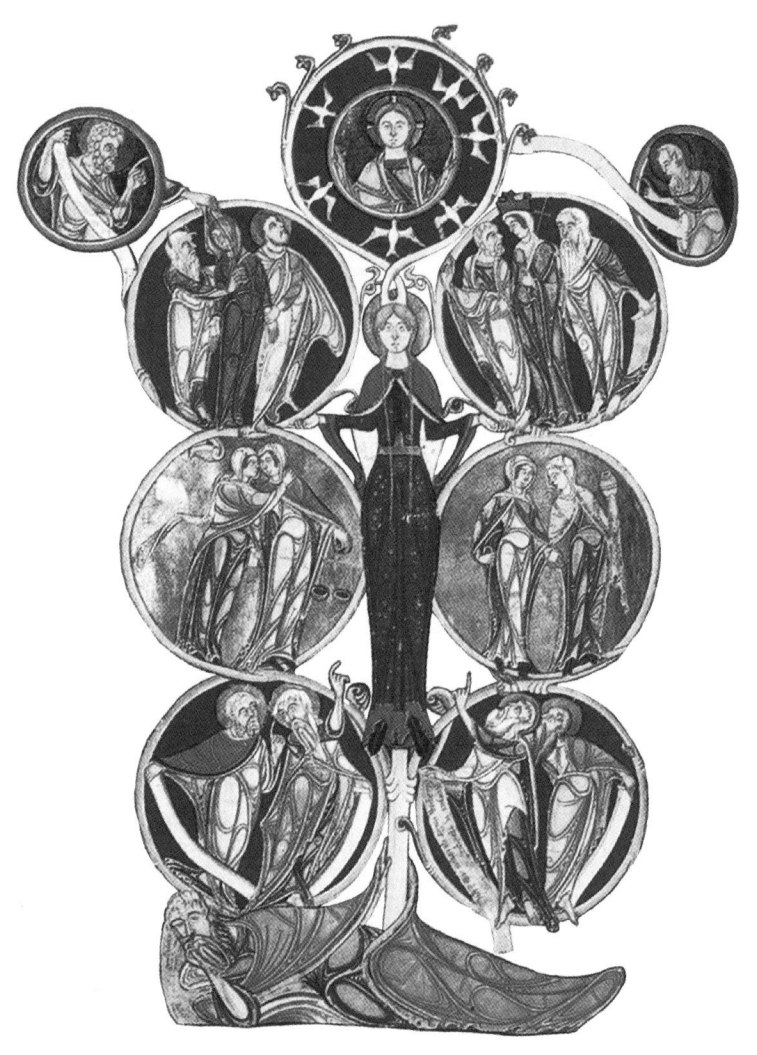

[그림 5] **이새의 나무** (램버스 성서, 12세기, 잉글랜드)

이새의 나무(Radix Iesse)는 예수의 계보를 나타낸 그림으로 「이사야서」 11장 1~3절과 「마태오복음서」 1장 1~16절을 근거로 중세에 폭넓게 유행했다. 누운 아브라함의 가랑이나 배꼽에 뿌리를 둔 나무가 위로 뻗어 있는 형상이다.

자에게는 정겨운 육신과의 접촉을 가져다주는 풍요로운 몸짓이다. 그들은 〔십자가에 매달린〕 예수 수난상을 껴안는 것에, 그리고 성체의 거룩한 형상에, 자신의 몸을 융화하고, 몰입하고, 일체화했다.

천지창조

기독교 작가들은 자연, 특히 인간 생리학에 관한 지식의 상당 부분을 성서, 무엇보다 「창세기」에서 끌어왔다. 창조의 6일, 특히 인간이 창조된 여섯째 날에 대한 신학적·과학적 주석은 '이교 학문과 거룩한 책의 최초의 종합'에 알맞은 공간이었다. 그들은 인체와 그것의 움직임, 나아가 몸짓의 묘사에도 시간을 할애했다.

379년 『인간창조론De Opificio Hominis』을 쓴 니사의 그레고리오스는 영혼과 인지 능력만 검토하려 하지 않았다. 인간의 존엄성이 그의 신체 구조와, 나아가 가장 고귀한 기능에서도 똑같이 드러난다고 확신하고 있었기 때문이다. 그의 표현에 따르면, 그는 뇌를 둘러싼 막에서 원인이 발견되는 움직임에 관심을 보인다. 고정성이 나무의 특성인 것처럼 '움직임kinesis'은 인간을 특징짓는다. 손의 움직임, "머리 숙이기와 들어 올리기", 턱의 움직임, 눈꺼풀의 신호, 아울러 "신경의 긴장과 이완으로 기계처럼 발생하는" 관절의 모든 움직임이다. (여기에서 이미 암암리에 전례의 몸짓이 엿보인다는 점에 주목하자.) 손의 가장 중요한 기능은 이른바 유사언어적 기능이다. "손으로 하는 활동은 표현법에 꼭 필요한 보조자이다. 그러므로 누군가 손이 언어의 본성을 가지고 있다고 말하더라도 실로 진리에서 벗어난 것은 아니다. … 인간은 문자로 말하지만, 어떤 면에서 그들 사이의 진짜 대화는 문자를 적는 것으로 목소리를 알아듣게 하는 손으로 이루어진다."[20] 이렇게 목소리와 일체가 된 손은 문자와 발화된 말을 넘어서서 가장 깊은 수준의 의미를 표현하는 것처럼 보인다. 말씀과 설교의 종교인 기독교는 손의 상징적인 가치와 의사소통 기능에 금세 민감해졌다.[21]

라틴 기독교 세계에서 '헥사메론', 곧 창조의 6일 이야기에 관한 주석은 키케로의 전통 안으로 스며들었다. 300년 무렵에 아프리카 속주 출신의 수사학자인 락탄티우스는 디오클레티아누스 황제의 박해 시기에 『신의 본성에 관하여』에서 영감을 얻고, 그것을 넘어서기 위해『신의 사업에 관하여 De Opificio Dei』를 썼다. 실제로 세계에 대한 묘사는 신의 섭리가 여섯째 날에 창조된 인간과 관련해 매우 특별한 방식으로 나타났음을 논증하는 구실을 해야 했다. 최고의 창조자 opifex는 키케로가 이미 표현한 '아름다움 speciosa'과 '유용성 utile'의 이중 명령에 따라 인간 팔다리의 움직임을 특히 가장 세심하게 규정한다. 예컨대 팔꿈치는 손과 달리 한쪽으로만 접힌다. 이 관절의 지나친 운동성은 사람을 코끼리, 나아가 끔찍한 뱀과 비슷하게 만들 것이다. 뼈와 연골의 형태마저도 사회적 신분에 걸맞은 움직임을 인간에게 보장한다.[22]

라틴어로 쓰인 헥사메론 장르의 진정한 창시자는 4세기 말 밀라노 주교를 지낸 암브로시우스였다. 그는 인간의 손이 지닌 전례적 기능을 언급하며 그에 관한 찬사를 풍부히 했다. 영성체 의식을 하는 신도의 손에 축성된 빵을 내려놓으며 "신비로운 거룩함을 행하고 제공하는" 것은 사제의 손이 아니던가? 아울러 다윗도 신의 아들이 올 것을 예언하며 "주님의 오른손"이라고 부르지 않았던가?[23]

이 문헌은 중세에 꾸준히 중시되었다. 이는 카시오도루스(485?~580?)에게서 뚜렷한데, 그의 저술인『영혼론 De anima』은 '신체의 자세'와 그 구성 요소들의 기능에 자리를 마련해 놓고 있다.[24] 아울러 표현 그대로를 가져와 되풀이한 이시도루스(560?~636)에게서도 분명히 나타난다.

이런 전통은 한참 뒤인 13세기에 아리스토텔레스의 작품이 재발견되면서 더 풍부해졌다. 토마스 아퀴나스는 (뿔도 없고, 날카로운 발톱도 없고, 깃털도 없고, 풍성한 털가죽도 없다고) 다른 동물들과 비교해 인간이 지니는 육체적 열등함을 눈에 띄게 즐겨 강조했다. 이는 '도구 중의 도구*organum organorum*'인 인간의 손이 지니는 유일성을 가장 잘 칭송하기 위해서 그런 것이었다. 서 있는 자세, 언어, 이성의 특권과 직접 연관된 손은 인체의 다른 모든 특성을 의미 있게 해주므로 참으로 인간의 가장 주목할 만한 신체적 특징이다. "만약 인간이 길게 늘어진 자세로 손을 앞발처럼 사용한다면 음식물을 입으로 잡아야 할 것이다. 그러면 다른 동물들에게서 볼 수 있듯이 길쭉한 입, 단단하고 두꺼운 입술, 외부의 것들에 상처를 입지 않는 단단한 혀를 똑같이 지니게 될 것이고, 이런 자질은 이성의 고유한 언어 활동을 완전히 방해할 것이다."[25]

신체 지체*membra corporis*에 관한 이러한 '해부학적' 묘사는 수많은 상징적 해석을 낳았다. 사실 그 둘은 서로 분리되지 않는다. 이는 이미 사도 바울의 편지에서도 그러한데, 거기에서 신체 지체는 근본적으로 죄악의 장소이자 도구로 매우 부정적인 의미를 지닌다. "내 지체 안에는 다른 법이 있어 내 이성의 법과 대결하고 있음을 나는 봅니다. 그 다른 법이 나를 내 지체 안에 있는 죄의 법에 사로잡히게 합니다."[26] 그러므로 육신과 정신의 대립은 몸짓 표현에 관한 기독교적 해석의 기초 가운데 하나이다.[27] 몸짓은 본성에 관한 고대의 관념과는 구분되는, 인간의 죄지은 본성이라는 기독교적 관념을 예증한다. 이러한 새로운 관념은 신체와 몸짓에 관해 오롯이 '객관화한' 해석을 가로막으며, 오히려 성서의 '권위'로 배양된 신체 '도덕화'의 출발점이 된다. 여기에서 사도 바울은 카시오도루스가 '세속적인 장소와 광경'을 특징지은 어릿광대의 '끔찍하게 무절제한 몸짓*gesticulatione nefandissima*'을 단죄할 수 있게 한다.[28] 아울러 사도 바울은 이렇게 권고한다. "그러므로 여러분 안에 있는 현세적인 것들, 곧 불륜, 더러움, 욕정, 나쁜 욕망, 탐욕을 죽이십시오. 탐욕은 우상숭배입니다."[29] 12세기의 『글로사 오르디나리아』에 따르면, 이는 '인간의 (타락한 본성에서 비롯된) 악습'과 '지체의 욕망'을 가리키는 것으로 받아들여진다. 하지만 13세기의 프란체스코회 수도사인 베르나르 드 베스는 신체 지체만이 아니라, 그것의 몸짓에도 '금욕'을 권하기 위해 이 구절을 사용한다.[30]

사도 바울에게 신체 지체가 긍정적인 의미로 나타나기도 한다. 인간 신체의 기능을 '그리스도의 몸', 곧 기독교 사회와 사도 교회에 관한 은유로 묘사하는 경우이다. "몸은 하나이지만 많은 지체를 가지고 있고 몸의 지체는 많지만 모두 한 몸인 것처럼, 그리스도께서도 그러하십니다."[31] 신체의 지체*membra*를 기독교 사회 내부의 다양한 '소질'과 '직무'에 빗댄 (코린토 신자들에게 보낸 첫째 서간 12장 27-28절의) 이러한 비유는 몸짓 표현에 관한 완전히 새로운 몸짓 이론에 봉사하며 12세기에 다시 시의성을 얻었다.

기독교 세계의 신체

기독교 문화에서 '신체'는 독립성을 인정받지 못하며, '영혼'과의 관계에서만 이해된다. 신체는 '밖*foris*', 영혼은 '안*intus*'이고, 그것들은 수많은 영향과 신호의 조직망으로 연결되어 있다. 이러한 관념은 고대에도 이미 친숙했으나, 교부들에게서 새로운 가치와 기능을 부여받았다. 영혼과 신체의 관계는 우선 유추의 표현 방식으로 사고되었다. 카시오도루스는 마치 신체의 부분들인 듯이 영혼의 병든 '지체'와 그것들에 필요한 치료법에 관해 말한다.[32] 건강한 영혼은 병든 신체에 살 수 없다. 교황 그레고리우스 1세(재위 590~604)에 따르면 (절름발이, 장님, 꼽추 등) 신체가 기형인 사람은 성직을 맡을 수 없다.[33] 교부들과 그 이후의 모든 기독교 작가들도 같은 표현 방식으로 '영혼의 움직임'과 그것을 '밖으로' 드러내는 '신체의 움직임'에 관해 이야기했다.

신체에 관한 기독교의 관념은 한쪽의 원죄 낙인이 찍힌 '살'의 관념과, 다른 한쪽의 육화와 대속의 신비한 교리에 동시에 지배되었다. 신체의 본성은 마니교 이단자들이 생각하는 것만큼 근본적으로 악하지는 않다. 하지만 신체는 전형적인 죄악의 장소였고, 계속 그렇게 남아있었다. 특히 기독교 전통에서 원죄와 동일시하는 경향이 점점 더 강해지던 색욕과 연결되었다.[34] 신체는 인간의 생식 기능을 통해 전해지는 선천적인 죄의 매개체이다. 색욕 이외에도, 탐식이나 분노처럼 격렬한 육체적 표현을 지닌 다른 악덕도 무엇보다 신체적인 악덕이다.

그러나 신체가 타락의 근원이라고 해도, 그것은 구원의 약속을 지니고 있어서 속죄의 수단이 될 수 있다. 신의 아들인 '말씀'은 '육화하여', 유혹과 고난, 죽음에 이르는 인성을 완전히 받아들였다. 그로부터 [예수의 몸과 피를 상징하는 빵과 포도주를 나누어 먹으며 수난을 기리는] 성찬식에서 이루어지는 '그리스도 신체'의 일상적인 희생은 육화와 수난의 신비를 끊임없이 재현한다. 그러므로 죄악에 빠진 인간은 완전한 부활과 [부활 후의 축복을 누리는] 영광의 신체에 대한 약속을 받는다. 마지막 날에 실현될 약속이다.[35] 따라서 신체(몸)와 육신(살)의 갈등은 전적으로 종말론적이다. 3세기 초에 테르툴리아누스가 썼듯이, 육신은 구원으로 향하는 인간 운명의 방향을 바꾸는 '관건'이었다 *caro salutis est cardo*.[36]

그러므로 영혼의 운명은 신체에서, 신체를 통해서, 나아가 몸짓을 통해서 준비되고 쟁취된다. 신체는 덕의 규율을 벗어나서는 안 된다. 이때 고대 윤리학의 오랜 전통은 기독교 도덕을 형성하는 데 관심을 가진 (알렉산드리아의 클레멘스나 오리게네스 같은) 그리스 교부들과 (테르툴리아누스, 락탄티우스, 히에로니무스, 암브로시우스 같은) 라틴 교부들 모두에게 강력하면서도 당장 사용할 수 있는 지적 도구를 가져다주었다.

그리스어권에서의 이른 시기의 예증은 (220년에 쓴) 클레멘스의 『교사 *Paidagogos*』에서 발견된다. (교육이 전적으로 로고스의 요구사항에 따르는)

플라톤주의 철학과 성서에서 동시에 영감을 받은 이 놀라운 작품은 '기독교인의 하루'에 관한 완전한 묘사를 그려낸다. ('식탁 예절'에 관한 본격적인 소논문과 함께) 식사, 취침, 출산, 사치스러운 의복과 장식, 목욕, 신체 단련, 웃음, 구경거리와 같은 구체적인 상황이 덕의 거울에 비추어 잇달아 검토된다. 여성에게 건네는 권고도 많다. 음료를 마실 때는 "노예처럼 … 머리를 뒤로 젖혀 목을 드러내지" 말고, "흰 물병 주둥이에 입술을 조심스레 붙이고 우아하게" 마셔야 한다.[37]

절도의 이상이 끊임없이 환기된다. 그것은 움직이는 신체에 음악 양식의 조화를 제공한다. 신체는 줄을 팽팽히 당기고 느슨히 푸는 악기와 같다. "우리는 자신을 절도 있게 이끌어야 한다. 불협화음이 될 때까지 느슨히 풀지 않고, 선한 의지의 긴장과 진지함에 조화로운 이완을 주어야 한다."[38] 그리스 기독교인은 고대의 방식대로 여전히 몸을 굽히고 식사하는데, "눈은 식탁에 고정하고, 몸은 단단히 팔꿈치로 받친다." (대체로 여성과 노예에게만 해당하는 자세이지만) 앉아 있을 때는 노예처럼 발을 꼬아서는 안 된다. 아울러 한쪽 허벅지 위에 다른 허벅지를 올리거나, 손으로 턱 밑을 받쳐서도 안 되며, 언제나 움직이지 않고 제자리에 잠자코 있어야 한다.[39] 목을 비트는 것은 대화하면서 손동작을 하는 것과 마찬가지로 특히 배격된다.[40] 어떤 경우든 남성의 몸짓은 여성·노예·광대의 그것과 혼동되지 않아야 한다. 여성의 경우에는 "무용수의 흐느적거리는 움직임을 본보기로 삼거나, 그윽한 움직임, 연약한 걸음걸이, 야릇한 목소리와 함께 욕망의 미끼가 될 마음을 먹고 아양 떠는 눈길을 던지며 모임에 나타나서는" 안 된다.[41] 서방에서 그 뒤에 나타난 도덕적 문헌들에 특별히 어떤 직접적인 영향을 끼쳤든, 이 작품은 명백히 그 말투와 주제, 표현 방식에서 다른 수많은 장소나 시대에서도 발견되는 매우 폭넓은 전통에 속해 있다.

한편, 라틴어를 사용한 교부들은 고대의 4대 덕목 체계의 이익을 곧

바로 이해했다. 가장 먼저 그것을 '추덕cardinales'이라고 부른 것은 암브로시우스였다.[42] 이교의 지혜에서 유래한 이 4대 덕목과, 사도 바울이 이미 언급하고[43] 뒷날 '신덕theologales'이라고 불린 믿음·희망·사랑이라는 3개의 순전히 기독교적인 덕의 결합이 교회 도덕 신학의 밑바탕이 되었다.

그 자체로 하나의 덕이면서 '절제temperantia'의 하위 범주이기도 한 '절도modestia'는 이런 체계 안에서 새로운 행운을 누렸다. 그것은 몸짓에 관한 기독교 도덕의 정의에 어떤 영향을 끼쳤을까?[44]

3세기 초부터 테르툴리아누스는 이 덕을 '정결pudicitia'과 연관시키며 여성 기독교인에게 권장했다.[45] 그러나 의심의 여지 없이 암브로시우스야말로 (389~390년에) 키케로의 『의무론De officiis』의 제목과 전체 구절을 명시적으로 계승한 자신의 저작 『성직자의 의무De officiis ministrorum』에서 절도와 절제, 특히 '조심성verecundia'이라는 용어로 기독교 몸짓의 덕목을 정의한 사람이었다.[46]

여러 측면에서 암브로시우스의 작품은 키케로의 작품을 각색한 것이다. 예컨대 그는 '규율'과 '성실'의 규칙을 찾기 위해 자연을 모방하도록 권장한다.[47] 그러나 적어도 두 가지 차이점이 감지된다. 암브로시우스가 고대의 어휘와 함께 공들여 만들어낸 도덕은 기독교 도덕이며, 그것은 오직 원죄의 속죄, 현세의 죄의 경계, 구원의 필요라는 관점에서만 의미가 있다. 따라서 '움직임에 형식을 가져다주는' 자연은 그 자체만으로 정당화되는 정치적 질서나 인간 이성과 더는 혼동되지 않는다. 존재론의 측면에서 죄 많은 인간에게 자연 이성은 그 자체로 도덕적 올바름을 보장하지 않는다. "자연에 악이 있다면 '생업'으로 그것을 고쳐라. 기예에 잘못이 있다면 적어도 바로잡는 것에는 결함이 없어야 한다."[48] 그리고 바로잡는 것 자체의 궁극적인 정당화를 사회적 도덕이 아니라, 구원의 역사와 종말론에서 찾는다.

육신이나 성적인 죄와 연관된 수치심의 감정을 뜻하는 것으로 받아들여지는 '조심성'이라는 개념도 매우 중요한 의미를 지닌다. 선택된 사례는 [창세기 9장 20~25절에서] 술에 취해 벌거벗고 잠자는 모습을 보고 아들인 함이 비웃었다는 사실을 알게 된 노아가 느낀 수치심이다. 암브로시우스와 아우구스티누스에게서 전형적인 죄, 곧 원죄는 성적 질서에 관한 것이라는 사고가 자리 잡았다.[49] 반대로 은총의 상태는 순결이고, 그 본보기는 동정녀 마리아이다. 암브로시우스는 성모 마리아에게서 모든 덕의 거울만이 아니라, 몸짓의 훌륭함도 찾아냈다.[50]

암브로시우스는 키케로처럼 로마 귀족의 도덕을 정의하는 것이 아니라, 교회의 성직을 위해 젊은 사제, 미래의 주교를 양성하는 것을 목표로 했다. 여기에서 젊은 성직자가 "움직임, 몸짓, 걸음걸이에서" 갖추어야 하는 것도 '조심성'이다. 그의 영적인 자질은 그의 신체의 몸짓으로 판단된다. "신체의 움직임은 영혼의 목소리이다."[51] 자신의 주교 경험을 직접 돌아보며, 암브로시우스는 언젠가 "예법에 어긋난 몸짓을 하는" 친구를 성직자로 받아들이기를 거부했다고 회상한다. 걸음걸이가 "눈에 거슬린다"는 이유로 어느 성직자가 자기 앞에 걷는 것을 금지하기도 했다. 그는 그들을 잘못 판단하지 않았다. 뒷날 한 사람은 아리우스파 이단에 빠졌고, 다른 한 사람은 돈의 유혹에 넘어갔기 때문이다. 거꾸로 "칭찬할 만한 걸음걸이"는 그 자체로 "정당한 권위의 반영, 위엄의 무게, 차분함의 표시"를 나타낸다.[52]

이렇게 사회적 본보기로서 주교가 로마 원로원 의원을 대체했다. 150년 뒤에 파비아 주교 엔노디우스(521년 사망)는 밀라노의 거룩한 주교 암브로시우스를 기리는 시에서 "몸짓, 성실함, 조심성으로" 신도들을 일깨웠다고 그를 칭송했다.[53]

그 시대에 몸짓의 도덕은 눈에 띄는 방식으로 전환되었다. '의무론 De officiis'이라는 제목의 작품은 본성을 바꾸어 전례의 책이 되었다. 거기에서는 키케로의 『의무론』에서처럼 더는 '의무' 자체가 문제가 되지 않는다. 그 대신 사제와 주교의 수많은 의례의 의무, '성직자의 직무'나 '신에 대한 직무'가 문제로 떠오르며, 교회에서의 성직자의 역할과 신에 대한 그들의 책무에 주의가 집중된다.[54]

물론 당연히 몸짓은 전례에서 중심적 역할을 맡고 있으며, 이런 작품들은 부분적으로는 전례의 행위와 대상을 규범화하는 기능을 지닌다. 하지만 [프랑크 제국의 고위 성직자이자 전례학자인] 아말라리우스(775?~850)와 카롤루스 왕조 시대 이전까지 진정한 전례의 몸짓 이론은 거의 제시되지 않았다. 동시에 우리는 '몸짓gestus'이라는 단어가 점점 더 드물어지고, 심지어 이런 전례 문헌만이 아니라 더 일반적으로는 중세 초기의 모든 교회 문헌에서 사라지는 경향을 보인다는 사실을 발견할 수 있다. 몇 세기 동안 고대 전통의 몸짓에 관한 사고는 잊혀가고 있었다.[55]

더 정확히 말하면, 이 시대 이후에는 두 개의 전통을 구별해야 한다.

하나는 기독교인 국왕이나 황제를 목표로 콘스탄티누스의 이름으로 기독교도가 된 고대 군주의 무척 위엄 있는 행동의 이상을 계속해서 형상화한 '군주의 귀감specula principum'의 정치적 윤리 전통이다.[56] 이러한 연속성은 왕실의 의례 자체에서도 흔적이 관찰된다. 투르 주교 그레고리우스(538~594)가 남긴 특별한 증언에 따르면, 6세기 메로베우스 왕조의 왕들은 세례, 결혼, 즉위, 왕실 연회의 의식과 마찬가지로 왕림 의식에도 계속해서 가치를 부여하고 있었다.[57] 동시에 왕권의 이데올로기는 몸짓에 관한 성찰에도 기여했다.

이 시기 최초의 '군주의 귀감'은 브라가 주교를 지낸 마르티누스가 [히스파니아 북서쪽에 있던] 수에비 왕국의 국왕 미로(재위 507~583)를 위해 쓴 것이다.[58] 이 작품은 현명함, 관대함이나 용기, 절제, 정의의 네 가지 주요 덕목에 관한 문헌으로 제시된다. 이러한 구상은 아직 전적으로 고대의 기법이다. 중세에 줄곧 세네카의 작품으로 여겨지던 이 작품은 매우 큰 성공을 거두었다.[59] 제3부는 '금욕*continentia*'에 관해 다룬다. 식사, 말, 웃음, '소란스럽지' 않게 해야 하는 걸음걸이에서도 금욕이 권장된다. 영혼의 움직임과 마찬가지로 신체의 움직임도 느슨해져서는 안 된다. "움직이되 가벼워서는 안 된다*Mobilis esto, non levis*."[60] 금욕의 덕을 준수하는 것은 '중용의 노선'을 지키는 것이다.[61]

똑같이 히스파니아에서 비롯된, 이시도루스의 작품으로 알려진 『규율 교육*Institutionum Disciplinae*』은 서고트 왕국의 젊은 귀족인 수신자에게 "허영심 가득한 경솔함과 무질서 없이 의연함과 근엄함으로 가득한 신체의 움직임, 그리고 무언극 배우의 옆구리를 뒤트는 불손한 태도와 여기저기 분주한 광대의 몸짓을 모방하지 않고 나타나는 걸음걸이"를 권장한다.[62] '군주의 귀감'의 이러한 전통은 특히 카롤루스 왕조 시대에 제국의 제도와 이데올로기가 복구된 덕분에 번성했다.

다른 하나는 수도원 제도를 선택된 장소로 삼은 금욕적인 몸짓인데, 이것은 더욱더 몸짓에 관한 고대의 사고와 멀어졌다.

수도원 금욕주의

(420~425년 무렵에 쓰인) 카시아누스의 『제도집*De Institutis Coenobiorum*』과 『담화집*Collationes*』, (490년 무렵에 쓰인) 포메리우스의 『관상의 삶*De Vita Contemplativa*』, (579~585년 무렵에 쓰인) 교황 그레고리우스 1세의 『욥기 주해*Moralium in Iob*』와 함께 '고대풍의' 전통과 확실히 단절된 수도원적이고 금욕적인 문학이 성행했다. 그것의 가장 두드러진 특징은 덕의 맞은편에 악덕을 격상시켜 놓은 것이다. 심지어 악덕에 대한 불안이 덕을 거의 가리는 경향마저 있었다. 그러나 도덕적인 삶과 관련해 나타난 더 커다란 균형 덕분에 12~13세기에서처럼 둘의 목록을 항목마다 마주 세우려 애쓰는 일은 아직 없었다.

6세기에 중시된 것은 악마의 유혹과 죄의 다양하고 기만적인 형태를 열거하는 일이었다. 20년 동안 이집트의 은둔 수도사들 곁에 머물며 교육을 받은 카시아누스는 그레고리우스 1세의 경쟁 목록으로 곧 퇴색될 여덟 가지 악덕의 목록을 가져왔다. 그레고리우스 1세의 목록은 '오만*superbia*'이라는 '어머니'로부터 일곱 악덕이 태어난다는 도식이었다. 이것은 기독교인의 반성과 고해의 실천에 완벽히 들어맞는 악덕의 계보를 제공했다.[63] 이런 흐름에서 신체의 움직임에는 어떤 자리가 주어졌을까?

중요한 것은 이 작가들이 모두 앞 시대의 작가들과 마찬가지로 절도나 절제, 조심성과 같은 덕에 관한 항목보다는 (포메리우스의 탐식, 카시아누스의 음행, 그레고리우스의 오만처럼) 악덕에 관한 설명에서 신체의 사용법을 더 폭넓게 언급했다는 점이다. 신체를 짓누르는 의심은 더 확고해졌다.[64] 예컨대 카시아누스가 '신체의 움직임*motus corporis*'에 관해 말할 때, 그것은 '살의 흥분*commotio carnis*', 곧 잠을 자는 동안의 몽정과 같은 경우를 가리켰다.[65]

더 나아가 이 영적인 작가들은 그 시대에 기독교 사회에 근본적으로 새롭고 고유한 어떤 제도의 기초를 세운 사람들이기도 했다. 수도원 제도이다. 우리는 여기에서 몸짓에 관한 새로운 이해의 가장 강렬한 표현을 찾아보아야 한다.

중세 초기인 5~8세기에 '속세를 벗어나' 살아가는 수도사와, '속세에서' 살아가는 속인과 재속 성직자가 대립하는 이중 사회가 형성되었다. 부분적으로 사막 고행자의 계승자이기를 염원하던 수도사는 기도와 궁핍의 공동생활로 더 빨리 구원을 다다른다고 주장했다. 이 공동체들이 부여한 얼마간 비공식적인 계율들은 4세기 말 기독교 세계를 가로질러 확산된 더 중요한 계율의 작성으로 귀결되었다.

중세 전체를 통틀어 가장 강한 영향을 끼친 것은 6세기 중엽 성 베네딕투스가 카시아누스의 『제도집』이나 [수도원 생활에 관한 가르침을 담은 6세기 초의 문헌인] 『교사의 계율-Regula Magistri』이라는 더 오래된 자료를 바탕으로 작성한 것이다.[66] 그리고 이런 문헌 가운데 가장 오래된 것 가운데 하나는 『성 아우구스티누스의 계율-Regula Sancti Augustini』이다. 사실 이것은 히포 주교이던 아우구스티누스가 타가스테의 수녀 공동체에 보낸 「편지 211」이다. 이것은 그 교훈이 매우 일반적일 뿐 아니라, 저자의 명성이 높았던 만큼 성공적으로 보급되었다. 12~13세기에 수도참사회원과 도미니쿠스회 수도사가 기본 계율로 삼은 것도 이 문헌이었다.[67]

수도원 계율에는 신체의 도덕과 관련된 문제가 많이 담겨 있다. 성욕이나 식욕이 영혼에 끼치는 위험이라든지, 성무의 요구사항을 충족시키기 위해 밤에 자주 잠을 빼앗기거나, 육체노동을 강요받거나, 큰 잘못을 속죄하기 위해 채찍질을 받거나 하는, 신체가 따라야 할 규칙들이다. 그러나 의무실에서 병자에게 제공되는 치료나 건강을 유지하게 하는 [환자의 피를 뽑아내는] 사혈과 같은 문제도 담겨 있다. 요컨대 수도원 계율은 수도사의 육체적 표현의 통제에 관해 이야기한다. 그는 침묵을 지켜야 하며, 아니면 적어도 조심스럽게 말해야 한다. 웃음을 삼가고, 반대로 자신의 죄 때문에 울어야 한다.

대부분의 계율들은 몸짓을 명확하게 묘사하는 데 주의를 기울이지 않은 꽤 간결한 문서로 이루어져 있다. 그것들은 오히려 막연한 용어로 '안'에서 나타난 영혼의 움직임을 '밖'에 알리는 '전달자'인 신체의 움직임을 그려낸다. 대체로 그것들은 신체의 기본적인 태도와 움직임만 언급한다. 서고, 걷고, 앉는 것이다. 그리고 그렇게 할 때 무질서하거나 절도 없는 움직임을 피하라는 것이다.[69]

성 아우구스티누스의 계율

아우구스티누스는 타가스테의 수녀들에게 공동체를 불안케 할 '소란'을 멎게 하기에 알맞은 '건강한 계율'을 부과했다. 그가 제시한 원칙은 공동의 청빈, 기도하는 삶, 금식, 조심성, 그리고 태도habitus의 '겸손함'이었다. 스승인 암브로시우스에게서 물려받은 '의무론'의 전통에 따라 어휘는 여전히 키케로의 그것이다. "걸음걸이, 선 자세, 태도, 모든 움직임에서" 저마다의 상황에 알맞은 계율을 따라야 한다.[70] 수녀들은 정숙한 시선을 유지하여 다른 이의 욕망libido을 불러일으키지 않게 주의해야 했다.

아우구스티누스는 수녀들이 함께 움직여야 할 필요성도 강조했다. 수도원 생활의 완성인 개인의 구원은 공동체의 움직임에 자신의 몸짓을 융합시키는 신체 양도의 단계를 거친다. 수녀들은 (아니면 수도사들은) 저마다 이중의 시선의 통제 아래에서 살아가기 때문이다. 하나는 모욕하지 말아야 할 공동체 자매들의 (아니면 형제들의) 시선이고, 또 하나는 모든 것을 보고 있는 신의 시선이다. 12~13세기 (프레몽트레회, 파리의 생빅토르회, 도미니쿠스회와 같은) 새로운 수도참사회원 수도회의 창설과 발전에서 『성 아우구스티누스의 계율』이 했던 역할은 이러한 모든 규정들에 역사적 중요성을 부여한다.

카시아누스

몸짓에 관한 설명은 카시아누스의 『제도집』, 530년 무렵의 『교사의 계율』, 6세기 중엽의 『베네딕투스의 계율Regula Benedicti』에서 더욱 명확해진다.

마르세유의 생빅토르 수도원장은 [곧 카시아누스는] 다뉴브강 하구에서 태어났다. 그는 동방 출신이지만 라틴어를 사용했다. 이집트, 팔레스타인, 콘스탄티노폴리스에서 오래 머물렀던 그는 성 빅토르*의 무덤 부근인 마르세유에 거처를 정한 뒤 433~434년 무렵에 그곳에서 죽었다. 그는 그곳에서 420~424년 즈음에 『제도집』을 썼다.[71]

그는 하이집트 은둔자들의 삶의 방식을 갈리아에 소개하고 도입하려 했다. 서방 수도사의 그것보다 훨씬 낫다고 판단했기 때문이다. 동방에서 다양한 행동을 목격한 일은 '다른 이의' 몸짓의 구체적이지만 익숙하지 않은 세부에 주의를 기울이게 했고, 이는 그의 묘사를 명확하고 가치 있게 만들었다.[72] 그가 이 작품에서 다룬 (몸짓을 하는 인간인) '외면적인 인간'과, 영혼과 관련해 검토되는 '내면적인 인간' 사이에 세워진 명확한 구분도 이런 주의력의 또 다른 이유가 되었다.

일종의 악덕과 미덕에 관한 개론을 이루고 있는 작품의 다른 여덟 권과, 특히 바로 뒤에 쓰인 『담화집』 24편을 차지하고 있는 것은 '내면적인 인간'이다.[73] 그러나 『제도집』의 처음 네 권에서 그는 이집트 수도사의 복장, 기도, 밤과 낮의 시편 낭송, "금욕의 삶을 선택한" 이들에 관한 제도들을 잇달아 다룬다. 두 가지 종류의 몸짓이 특히 상세한 방식으로 묘사된다. 기도의 몸짓과 참회의 몸짓이다. 이에 관해 카시아누스가 말한 내용은 뒷날 『베네딕투스의 계율』을 비롯한 서방의 수도원 계율들에 대부분 받아들여졌다.

카시아누스는 이집트인과 서구인의 관습을 비교한다. "그들의 나라에서는"[회합이라는 뜻의] '쉬낙시스 synaxis'라고 부르는 기도 모임에서 수도사는 서서 (오란스의 자세로 손을 뻗고) 애원하며, 기도한 뒤에 땅에 잠시 엎드렸다가 다시 일어서서 전처럼 손을 뻗는다. 반대로 "우리는" 더

---

* 이집트 출신의 4세기 순교자로, 막시미아누스 황제(재위 286~305) 때에 군인으로 마르세유의 주둔하다 우상숭배를 거부해서 롱기누스(Longinus), 알렉산데르(Alexander), 펠리키아누스(Felicianus)와 함께 참수형을 당했다고 전해진다. 415년 무렵에 마르세유로 온 카시아누스는 그들의 시신이 안치된 동굴 인근에 서유럽 최초의 수도원 가운데 하나인 생빅토르 수도원을 세웠다.

오랜 시간을 땅에 엎드린 채로 있는데, "기도하기 위해서라기보다는 쉬기 위해서이다."

이집트에서는 모든 수도사들이 수도원장의 모범을 철저히 따르며, 이런 움직임을 함께 수행한다.[74] 수도원장의 권위 있는 몸짓은 이 소중한 통일성을 상기시킨다. "어떤 젊은이가 영혼의 열정이나 미성숙함 때문에 찬송해야 할 범위를 넘어서면, 선임자는 그가 앉은 자리를 손으로 두드려 중단시키고, 기도하기 위해 모두 일으켜 세운다."[75] 기도 시간에 맞추어 도착하지 못한 사람은 기도실에 들어갈 수 없고, "문 근처에 서서 모임이 끝날 때까지 기다린다. 형제들이 나올 때 그는 참회를 위해 땅으로 몸을 숙이고 자신의 태만과 지각에 대해 용서를 빈다."[76]

카시아누스는 이성의 통제에서 벗어나 악의 도구가 될 때 손이 만들어내는 숨겨진 몸짓에도 주의를 기울인다. 이집트의 수도원에서는 "누구나 잠시라도 다른 사람과 함께 있거나, 그와 함께 따로 숨거나, 손을 잡지 않게 매우 주의 깊게 감시한다. 특히 젊은이는 더 그렇다."[77] 마찬가지로 수도사는 정원에서 땅에 떨어진 것이라도 과일을 먹거나 만져서는 안 된다. (에덴동산에서 심각한 결과를 빚어낸 몸짓과 닮은) 이 독특한 몸짓은 욕망을 불러일으킬 위험이 있기 때문이다.[78]

규정되거나 금지된 몸짓은 여전히 악마의 유혹에 노출된 육신을 지닌 인간 공동체의 결속을 유지한다. 그러나 이집트 사막에서 신체의 마지막 저항을 물리치고 기도에 전념하는 '신의 격투사'는 세 번 몸을 숙이며, 기도 모임을 마칠 때 더는 형제들의 "행동에 주의를 기울이지" 않는다. 궁극적으로 그에게는 이제 몸짓이 없다. 그는 "목소리, 혀의 움직임, 발음이 명확한 말"로는 맛볼 수 없는, 말로 표현할 수 없는 "불같은 기도*ignea oratio*"의 도취로 빠져든다.[79] 수도원 도덕이 신비주의와 합류하는 궁극의 지점에서 몸짓은 자신을 초월한 도취 속으로 사라진다.

교사와 성 베네딕투스

카시아누스가 사례로 언급한 많은 관습들은 6세기 초에 형성된 서방 수도원 제도에 받아들여졌다. 이는 특히 매우 방대함을 특징으로 하는 『교사의 계율』에서도 발견된다. 예컨대 기도를 위해 수도사는 밤에도 낮에도 12편의 시편을 낭송해야 했고, 시편들마다 무릎 꿇기를 곁들인 기도와 대영광송이 뒤따랐다. 그러므로 수도사는 낮에 24회, 밤에 24회 무릎을 꿇어야 했다.[80]

그러나 『교사의 계율』은 새로운 것도 도입했다. 수도원 생활의 제도적 발전과 함께, 새로운 수도원장의 서임은 무척 복합적인 의식이 되었다. 그 의식은 (식료품 저장실 열쇠, 수도원장 망토와 같은) 상징적인 사물과 (수도원의 규칙, 공동체의 재산 목록, 형제들이 기부한 재산을 적은 유언장 같은) 문서의 전달, 나아가 손에 하는 입맞춤, 무릎에 하는 입맞춤, 평화의 입맞춤처럼 세세하게 규정된 몸짓을 포함하고 있었다.[81]

이런 특별한 상황이 아니더라도 [예수가 제자들과 함께한] 성찬 의식과 동일시된 나날의 식사는 수도원장의 식탁부터 식당 한구석 맨 끝의 식탁까지, 수도원장에서 주무자로, 식료품 담당자에서 당번 수도사와 다른 수도사에게로, 수도사들이 손으로 서로 건네주는 빵과 음식, 입맞춤으로 이루어진 축복의 기다란 연쇄로 이루어진 듯이 보인다.[82]

『교사의 계율』보다 조금 뒤에 나타난 『베네딕투스의 계율』은 앞선 계율들의 기르침을 이탈리아와 다른 서방의 수도원 제도에 맞추어 간소화했다. 그것의 역사적 중요성은 크다. 중세의 수도원 제도는 모두 『베네딕투스의 계율』을 따르게 되었고, (카롤루스 왕조 시대의 아니안의 베네딕투스, 12세기의 성 베르나르처럼) 수도사들이 그것을 너무 잊은 듯이 보일 때마다 주기적으로 그 계율의 복구가 시도되었다. 전례 기도와 학습, 육체노동으로 나뉜 시간 관념, 성서로 양육되는 정신생활, 그리고 토지의 지배력과 함께 나타난 베네딕투스회의 수도원 제도는 중세 초기 문명에 가장 중요한 몇 가지 특징을 가져다주었다.

『베네딕투스의 계율』의 제7장은 수도사가 완전함을 향해 올라가야 할 겸손의 12계단을 열거한다. 이 영적인 상승은 처음부터 수도사가 배우이고, 신과 천사가 관객인 신체적 연극처럼 제시된다. "그리고 인간은 하늘 높은 곳에서 신이 언제나 끊임없이 지켜본다고 생각하고, 모든 순간마다 육신의 욕망에서 비롯된 죄와 악덕으로부터 자신의 생각과 혀, 손과 발, 본연의 의지를 지켜야 한다. 어디서 무엇을 하든지 그가 하는 것은 신의 시선 아래에 놓여 있고, 모든 순간을 천사들이 평가해서 그에게 되돌려준다."[83] 실제로 천사는 날마다 신에게 "낮이고 밤이고, 우리가 행한 일*opera*과 몸짓"을 알린다.[84]

다른 수도사들도 마찬가지로 자신들의 형제를 늘 관찰한다. "겸손의 열두 번째 계단은 수도사가 마음*corde*만이 아니라 신체 그 자체*sed etiam ipso corpore*의 변함없는 겸손으로 다른 이의 눈에 자신을 구별 짓는 것이다." 이는 전례를 행하는 동안만이 아니라, 다른 상황에서도 마찬가지이다. "교회에서든, 수도원에서든, 정원에서든, 길에서든, 들판에서든, [수도사가] 앉거나 걷거나 서 있는 어디에서나 늘 머리를 숙이고, 눈을 땅에 고정하고, 항상 자신의 죄로 고발되었다고 생각하고, 떨면서 심판받는 것을 상상한다."[85]

겸손*humiliatio*은 정신적인 자질이자, 신체적 태도*habitus*로 변화한 몸의 표현이다. 앞서 카시아누스에게서 보았듯이 가장 고조된 형태는 수도원장과 공동체 전체에 자신의 잘못에 대한 속죄를 청원하는 수도사의 참회 의식이다. 그는 먼저 아무 말도 하지 않고 땅에 머리를 대고 기도실 문 앞에 엎드리고는 밖으로 나오는 모든 이의 발 앞에 조아린다. 그리고 수도원장이 부르면 그의 발 앞에 몸을 던지고, 그러고 나서 자신을 위해 기도하는 모든 이의 발 앞에 몸을 던진다. 그런 뒤 매시간 일과

를 마칠 때마다 땅에 엎드린다.[86]

　죄와 참회가 개인의 일이라면, 반대로 공동체의 관례적인 행동과 전례는 집단의 움직임을 요구한다. 수도사들은 저녁 식사를 마치자마자 "그들 가운데 한 사람이 카시아누스의 『담화집』이나 교부들의 삶을 낭독하는 것을 듣기 위해 모두 한곳에 모여 앉는다 *sedeant omnes in unum*. 예배 시간을 알리는 신호가 들리면 모두 서두르면서도 엄숙하고 소란스럽지 않게 달려온다." 식사 시간에는 "모두 함께 성서 구절과 기도문을 읊고, 동시에 식탁에 앉는다."[87]

　요컨대 수도원에 들어갔을 때, 수련자는 형제들의 공동체와 신의 시선에서 한순간도 벗어날 수 없음을 깨닫고, 그들에게 자신의 신체를 바친다. 그는 개인적인 몸짓을 모두 포기하고, 집단의 규칙과 규정된 움직임에 융합한다. 이것이 자유인으로서의 그의 마지막 몸짓인 서원의 몸짓이 뜻하는 것이다. 그는 문서로 약속하고, 서명하고 "제대 위에 자기 손으로 놓는다." 그런 뒤 수련자는 이제부터 공동체의 형제로 받아들이고 자신을 위해 기도해 달라고 각자의 발 아래 엎드리며, "그날부터 더는 자기 신체에 대한 권한을 지니지 않는다는 것을 깨닫는다."[88]

　수도원 계율에 따라 수도사의 몸짓은 많든 적든 명확성을 지니고 묘사되고, 규정되거나 금지된다. 하지만 그렇다고 해서 고대의 윤리나 수사학 문헌들과 마찬가지로 몸짓이 성찰의 대상이었을까? 여기에서 다시 이 매우 방대한 작품에서 '몸짓*gestus*'이라는 낱말이 거의 완전히 부재한 것이 내게는 무척 중요해 보인다. 이 낱말은 『교사의 계율』에서 10명의 형제로 이루어진 집단을 저마다 감독하는 책임을 맡은 두 명의 주무자에게 "그들의 입과 몸짓을 죄에서 지켜라"라고 규정할 때만 한 차례 나타나는 것 같다.[89] 몸짓은 묘사되어 있지 않다. 『교사의 계율』은 "그들이 앉거나 걷거나 서 있을" 때에도 악마의 공격에 맞서라고 수도사들에게 경고할 뿐이다.

분명히 수도원 계율은 행동을 명확히 묘사하고 설명하기보다는 규정하는 것을 목표로 한 규범적인 문서이다. 하지만 이런 이유만으로는 충분치 않다. (중대한 죄가 아니라면 수도사가 자유롭게 선택해서 할 수 있던) 개별적인 몸짓이 적어도 이론체계에서는 수도원을 떠났다고 말하는 것이 더 정확할 것이다. 수도사의 몸짓은 모두 신의 전지전능한 시선 아래에서 경계를 게을리하지 않는 공동체의 통일된 움직임에 융합해야 했다. "온 힘을 다해 신을 섬기도록 모든 신체를 적응시켜야" 했으므로, 고대 '게스투스'의 의미에서 몸짓을 위한 장소는 실제로 이미 남아 있지 않았다.[90]

기독교 수사학

그러나 동시에 문법이나 더 높은 수준에서는 수사학에 대한 필수적인 고전 교육이 계속되었다. 자유학예의 4과, 특히 음악도 마찬가지였다. 4~5세기까지 전통적인 문법학자나 수사학자 말고 다른 학교는 존재하지 않았다. 그 뒤 조금씩 수도원이 이 변형된 고대 지식을 전달하는 역할을 맡았고, 학습 프로그램도 새로운 방향으로 전환되었다.[91]

서구에서 고대 라틴 문화와 기독교의 융합에 가장 많은 역할을 하고, 고유한 기독교 문화의 바탕을 마련한 것은 이론의 여지 없이 아우구스티누스였다. 그는 특히 언어의 문제에 주의를 기울였다.

놀랄 까닭이 있을까? 기독교는 전형적인 말씀의 종교이다. 그것은 신의 말씀이 구현되었다고 가르치며, 사제의 말이 성직의 으뜸 조건이라고 단언한다. 그래서 고전 문화를 기독교에 적응시키려 했던 아우구스티누스의 기획에서 고대 수사학은 직접적인 대상이 되었고, 아우구스티누스는 그렇게 몸짓의 문제를 마주했다. 그러나 거기에는 여러 단계가 있었다.

390년 무렵에 로마에서 아프리카의 타가스테로 돌아온 아우구스티누스는 그의 젊은 아들인 ('신께 바쳐진'이라는 뜻의) 아데오다투스를 위한 교육적 작품을 썼는데, 그것은 언어에 관한 논술이기도 했다. 바로 『지도론De magistro』이다. 플라톤의 전통에 따라 그는 언어를 기호에 관한 더 일반적인 이론 안으로 끌어들인다. 말은 기호이지만, 그것이 유일한 기호는 아니다. 말에 덧붙여 나타나거나 그것을 대체할 수 있는 몸짓도 있다. '벽'이라고 말할 수도 있지만, 벽을 가리킬 수도 있다. 몸짓은 청각·언어 장애인의 몸짓 언어나 어릿광대의 무언극이 보여주듯이, 가시적인 대상이 없는 것도 나타낼 수 있다. 예컨대 어떤 의지나 소리, 맛의 관념을 나타낼 수도 있다.[92]

몸짓으로의 우회는 아우구스티누스가 언어의 음성적 기능과 의미론적 기능을 구분할 수 있게 해주었다. 몸짓은 기호가 어떤 것인지 알려주기 때문이다. 몸짓은 대상이 낱말이든 다른 무엇이든, 그것의 직접적인 복제나 완벽한 모방이 아니라 어떤 의미의 표현이다. 아우구스티누스는 분명히 키케로의 계승자이다. 기호, 특히 기호로서의 몸짓은 [모양이나 동작을 흉내 내는] 의태적인 본성을 지니지 않는다.

하지만 아우구스티누스는 무엇보다 먼저 기독교인이다. 그래서 그에게 기호가 나타내는 의미는 기독교의 특징적인 의사소통의 조직망 안에서 존재를 드러낸다. 실제로 이 조직망은 세 주역을 연결한다. 나와 당신, 그리고 진리의 유일한 교사인 신이다.[93]

아우구스티누스의 기독교 기호학은 그의 주교 임기 초기인 396년에 시작되어 삶을 마감할 무렵인 426년에 완성한 『기독교의 가르침De doctrina christiana』에서 그 성과가 드러난다. 그의 목표는 고전 문화를 최대한 활용하여 성서 연구와 교육의 규칙을 명확히 하는 것이었다. 실제로 이 작품은 고대의 자유학예와 성서라는 두 기둥으로 라틴 기독교 문화의 기초를 세웠다.

제1권에서는 성서가 제시한 '사물*res*'에 관한 모든 백과사전적 지식의 목록이 작성된다. 제2권에서는 성서에서 찾고 해석되어야 할 '기호*signa*'들이 열거된다. 제3권에서는 해석의 규칙이 규정된다. 제4권에서는 키케로의 수사학을 거의 비슷하게 따르며 표현 방법을 가르친다. 그러나 기독교의 표현력은 이교도의 그것과는 완전히 다른 목적을 지닌다. 그것의 목적은 그리스도의 진리를 알리는 것이다. 게다가 기독교인은 "연설가이기 전에 기도하는 이여야 한다*Sit orator antequam dictor*." 그래서 형식은 부차적이다. 절제되고, 엄숙하고, 명확한 표현이 우선이다.[94)]

아우구스티누스는 우선 기호와 사물 사이의 근본적인 구별을 확립했다. 이 구별은 중세의 모든 상징주의 이론의 밑바탕으로 존속했다. 그것은 특히 성사 신학의 관념을 형성하는 데 필수적인 역할을 했다.[95)]

모든 기호는 사물이지만, 모든 사물이 기호인 것은 아니다. (운송이라는) 용도만으로 고려되는 배는 하나의 사물일 뿐이지만, 시선이 고향으로 돌아가려는 욕망을 불러일으킨다면 (더 나아가 기독교인에게 천상의 고향으로의 복귀를 상징한다면) 그것은 하나의 기호이다. "기호는 그것으로부터 다른 어떤 것이 생각으로 나오도록 하여, 겉모습 이외에도 의미를 가져오는 것이다."[96)] 덤으로 오는 이 '어떤 것'이 바로 의미이다.

매우 다양한 기호가 있다. (불을 알리는 연기와 같은) 자연의 기호도 있고, 아우구스티누스가 특히 의미를 부여한 관습의 기호도 있다. 모든 생명체는 "그들의 영혼의 움직임, 곧 그들이 지각하고 생각하는 모든 것을 최대한 보여주기 위해" 그런 기호를 사용한다. (수컷이 암컷에게 먹이를 찾았다고 신호를 보내듯이) 동물도 예외는 아니다. 신도 때때로 인간에게 기호를 사용한다. 경이와 기적은 기호이고, 모든 창조물은 인간에게 신의 위대함의 기호이어야 한다. 인간도 서로에게 기호를 사용한다. 대부분 말의 형태이지만, 사물을 사용하기도 한다. 마치 '눈에 보이는 말*verba visibilia*'인 듯이, 병사의 눈에 지휘관의 명령을 알리는 군사용 깃

발 같은 것이다.

바로 여기에서 일종의 '눈에 보이는 말'로 언어를 대체하는 기호인 몸짓이 문제로 제기된다. "우리는 머리를 움직이는, 우리의 의지를 알리는 이 기호로 우리가 원하는 것을 상대의 눈으로 신호를 보낸다. 어떤 사람들은 손의 움직임으로 그들의 대부분의 감정을 표현한다. 그리고 어릿광대는 그들의 지체의 모든 움직임으로 전문가인 양 신호를 보낸다. 이를테면 눈에 말하는 것이다."[97]

무언극은 아우구스티누스에게 자연의 기호와 관습의 기호 사이의 차이를 보여준다. 어릿광대가 춤추면서 자연의 기호를 나타내면 누구나 곧바로 이해할 수 있을 것이다. 그런데 "처음에는 무용수가 표현하려는 것을 변사가 카르타고 사람들에게 알렸다. 많은 노인이 아직도 상세히 기억하고 있고, 우리도 그들이 이야기하는 것을 들었다. 우리는 믿어야 한다. 오늘날에도 누군가 그와 같은 유치한 행동의 요령을 터득하지 않고 극장에 들어가면, 곧 배우가 하는 몸짓의 의미를 다른 사람에게 배우지 않으면, 그가 기울이는 모든 관심이 소용없게 된다. 하지만 모든 사람은 기호 자체가 의미하는 것을 되도록 되풀이해서 사용하기 위해 표시 방법에서 어떤 유사점을 찾는다. 그러나 어떤 것은 다른 어떤 것과 여러 방식으로 유사할 수 있다. 따라서 그런 기호는 모두의 동의가 있어야 사람들 사이에서 특정한 의미를 지닌다."[98] 어쨌든 의태의 기능이 기호의 사실성의 전부는 아니다.

아우구스티누스에게 몸짓 기호는 자연의 산물이 아니다. 퀸틸리아누스가 가정한 것처럼, 그것은 적어도 처음에는 모두에게 명백한 인류의 보편적이고 원초적인 '언어'를 이루고 있지 않았다. 오히려 아우구스티누스의 해석은 인간의 제도, 문화적 변화, 역사를 강조한다. 그리고 몸짓 기호를 구술 언어의 우월성에 종속시킨다.

수사학에서 전례로

아우구스티누스는 자신의 기호학이 무엇보다 기독교인의 것이라는 사실을 잊지 않았다. 그것은 인간의 [기호나 상징으로] 표시하는 능력을 그리스도가 지상에서 행한 역사적 사례와 연결해준다. 그리스도는 거듭해서 다양한 기호를 사용했다. (요한복음서 12장 3~7절에서) 마르타의 자매 마리아가 그리스도의 발에 바른 향유나 (루카복음서 22장 19~20절에서) 제자들에게 나누어준 예수의 몸과 피의 성사, 아울러 (마태오복음서 9장 21절에서) 자신의 옷을 만진 여자를 낫게 한 일처럼 그가 행한 기적과 같은 것들이다. 선택된 사례들은 모두 그리스도의 몸짓을 가리키고 있으나, 그것을 묘사하고 있지는 않다. 하지만 그 몸짓들은 중세를 가로지르며 성인이 그리스도를 본받아 이룬 기적이나, 성찬식을 비롯한 전례의 밑바탕이 되었다. 성사도 기호이기 때문이다. 중세의 모든 시기에 확실한 규준規準이 되었던 아우구스티누스의 정의에 따르면, 성사는 "거룩한 것의 기호 signum"이다.[99]

중세의 성사 신학은 모두 이 정의에 기초를 두고 있었다. 논쟁이 없지는 않았다. 기독교 성사가 하나의 기호라면, 기호에 관한 고전적 개념이 모두 무너지고 뒤떨어진 것이 된다. 기독교인에게 '거룩한 것의 기호'는 단지 '표시하는 것'만이 아니기 때문이다. 그것은 작용하고, 만드는 것이어야 한다. (세례식에서) 기독교도를 만들고, (서임식에서) 사제를 만들고, (성찬식에서) 그리스도의 몸을 만든다. 이것이 상징적 효력의 기독교적 의미이다. 그러나 모든 실제의 성사에서 몸짓은 혼자가 아니다. 그것은 말, 사물과 함께하며, 그것들은 신의 은총의 중재를 '표시한다'. 성사에서 주교나 사제의 몸짓은 어떤 역할을 할까? 뒤에서 다시 살펴보겠지만, 이 질문에 대한 답변이 제시된 것은 (아니면 그것이 시작된 것은) 12세기였다.

아우구스티누스는 궁극적으로 몸짓을 비롯한 기독교 기호를 진리의 명령, 곧 신과 기독교도를 연결하는 특정한 의미 작용의 관계에 종속시킨다. 그러나 모든 존재에 표시하는 능력이 있다면, (좋은 천사만이 아니라) 나쁜 천사와 악마, 마귀도 인간에게 신호를 한다. '미신'은 기호를 악마적으로 사용하는 것이다. 인간과 악마 사이의 낱말, 몸짓, 사물을 통한 의사소통은 고대 우상숭배의 '잔존'을 보여준다. 이교 관습에서 물려받은 몸짓이 거기에서 적절한 자리를 차지한다. "귀 끝마다 귀걸이를 달거나, 손가락에 타조 뼈로 만든 반지를 끼거나, 딸꾹질할 때 오른손으로 왼손 엄지손가락을 잡는 몸짓을 권하거나 하는 것이다." 마찬가지로 어떤 징조를 나타내거나 운명을 바꾼다고 해석되는 몸짓도 있다. 팔다리가 떨리는 것, 무심코 돌맹이·개·아이와 부딪치는 것, 집의 문지방을 밟는 풍습, 신을 신는 동안 재채기가 나면 침대로 돌아가는 것, 외출하다가 넘어지면 집으로 돌아가는 것 등이다.[100]

아우구스티누스 이후 고대 수사학 전통은 크게 바뀌었다. 이제 진리를 알고 전하는 것이 되었으므로 더는 목적성도 같지 않았다. 규범의 가치도 문제시되었다. 학문 문화가 모조리 성서 교육에 종속되었기 때문이다. 신의 말씀을 이해하려는 노력은 공적인 발언을 더 효과 있게 하기 위해 할당된 '악티오'의 중요성을 낮추었다. '연설가orator'는 이제 수사학자가 아니라 '기도하는 이orant'였다. 아우구스티누스에게는 그의 특징적인 몸짓도 이제 시민의 정치적 행위가 아니라 기도였다. 뒤에서 살펴보겠지만, 아우구스티누스는 기도에 관해서도 최초이자 가장 위대한 기독교 이론가 가운데 한 사람이었다.

아우구스티누스 이후에도 다른 작가들은 계속해서 수사학 전통을 내세웠다. 그러나 그들의 작품은 기독교 문화가 불러온 변화를 확인시켜 준다. 카시오도루스는 『거룩하고 세속적인 학문 교육Institutiones Divinarum et Saecularium Litterarum』이라는 의미심장한 제목을 지닌 자유학예 7학과 모음집을 썼다. 제2권은 수사학의 다섯 가지 고전적인 영역을 다룬다. 하지만 실제로는 구상inventio에만 의미를 부여하고, 키케로의 전통에서 원리를 상기시키기보다는 기독교 연설가가 이끌어야 하는 것만 강조한다. 성서를 큰 소리로 읽고, 시편을 낭송하는 것이다. 목소리와 태도에서 절도의 필요성을 애매한 말로 환기시키는 것 말고는 '악티오'는 이미 문제가 되지 않는다. '몸짓gestus'이라는 낱말 자체도 완전히 자취를 감춘다.[101]

같은 시대의 보이티우스와[102] 조금 뒤의 교황 그레고리우스 1세에 대해서도 똑같이 말할 수 있다. 그레고리우스 1세가 591년 무렵에 쓴 『목자의 계율Regula pastoralis』에는 주교의 설교를 위해 마련해 놓은 실천적인 권고가 많이 담겨 있다.[103] 그러나 그는 '선한 목자'에게 요구되는 도덕적 자질을 매우 강조하지만, 설교가의 구체적인 몸짓에 대해서는 아무런 말도 하지 않는다.[104]

음악에서 성가로

자유학예 4과 전통에서 파생된 음악이라는 '이과계' 학문은 기독교의 처음 몇 세기 동안 여러 측면에서 수사학과 유사한 변화를 겪었다.

한쪽에서는 피타고라스 학파까지 거슬러 올라가는 사변 전통이 이어지고 있었다. 기독교 문화에서 그 주요한 후계자는 보이티우스였다. 『음악 교육론De institutione musica』에서 그는 음악의 세 가지 유형에 위계를 세웠다. 가장 고귀하고 사변적인 '세계의mundana' 음악은 그 수리적 법칙으로 온 우주를 지배한다. '인간의humana' 음악은 마찬가지로 영혼과 육체의 관계를 지배하고, 신체의 조화로운 구조와 움직임을 설명한다. '기구의instrumentalis' 음악은 악기와 노래의 소리가 지각되는 양상보다는 소리와 음정의 수리적 관계와 더 관련이 있다. '음악가musicus'가 다루는 것은 바로 이런 '수리적' 학문이다. 그러나 이 학문은 기독교적 지식의 요구사항에 따른다. 음악은 영혼이 감각적인 현실에서 벗어나 신에 관한 지식에 이르고, 거기에서 위로와 덕, 끝내는 구원을 얻기 위한 방법이다.[105]

암브로시우스와 아우구스티누스가 한 역할도 보이티우스 못지않게 중요했다. 아우구스티누스는 『음악론De musica』의 처음 다섯 권에서 수리적 조화라는 고대의 관념을 자신의 것으로 했다. 그는 이를 주로 소리와 신체 전체의 규칙적인 움직임으로 이해된 운율에 적용했다. 아우구스티누스는 "움직임에는 소리가 나는 모든 것이 있다"고 말했다. 이렇게도 말했다. "소리의 변화에 관한 학문은 아마도 올바르게 움직이게 하는 학문일 것이다. 그것은 움직임을 식별케 하고, 그 자체로 즐거움을 느끼게 한다."[106]

문제가 되는 것은 전례의 거룩한 찬송을 뜻하는 '시'의 리듬이다. 인간을 거룩한 조화와 창조의 질서에 융합시키는 것은 소리와 신체의 움직임이다. 명료함의 원리인 수리적 사변은 신비주의 신학에서 정점에 이른다. 이것은 책의 마지막 권인 제6권에 표현되어 있다. 작가는 영원하고 변함없는 수, 곧 신과의 합일로 오르기 위해 감각적인 현실로부터 자신을 확실히 분리하도록 촉구한다.

아우구스티누스는 음악에 관한 이론적 지식과 기독교 예배의 요구사항을 화해시키기에 이르렀다. 그래서 예컨대 6세기에는 카시오도루스의 『시편 해설Expositio psalmorum』에,[107] 다음 세기에는 이시도루스에 큰 영향을 끼쳤다.

의미심장하게도 이시도루스는 『어원Etymologiae』의 서로 다른 두 부분에서 음악을 다룬다. 제3권에서는 고전적으로 자유학예 안에서 다룬다. 그러나 여기에서도 그는 수에 관해서는 더는 거의 말하지 않고, 주로 전례 성가에 관심을 보인다. 그에게 세상의 소리의 조화를 찬양하게 해주는 것은 수리적 사변보다는 전례였던 것이다.[108] '신, 천사, 성인'에 관한 제7권에서 그는 가창에서의 소리의 변화로 돌아간다. 하지만 그것은 예배 집전자의 위계에서 연주자와 선창자의 위치를 말하기 위해서였다. 여기에서 이론가, 곧 음악가*musicus*는 이미 전혀 문제가 되지 않는다.[109] 이는 음악에 바쳐진 문헌들에 전례 성가가 침입하고, 수리적 조화에 관한 사변이 (일시적으로) 어느 정도 배제되었음을 알려준다.

뒤이은 몇 세기에 이런 경향은 커져만 갔다. 9세기 중엽 프륌 대수도원장 레기노(915년 사망)는 『화성악 교육De harmonica institutione』에서 음악적 사변과 전례 성가를 명확히 구분했다. 11세기에 클뤼니 수도원장 오도의 이름을 빌린 작가의 『연주하고 노래하는 방법의 사제 교육Instituta patrum de modo psallendi sive cantandi』은 성가에 관해서만 이야기했다.[110]

다윗의 춤

음악에는 전통적으로 춤이 연결된다. 기독교에서 가장 강렬한 이미지는 성서에 있다. 특히 구약성서에는 랏바, 북, 심벌즈, 피리의 반주에 맞추어 노래와 박수를 곁들인 춤이 여러 차례 언급되어 있다.

이 춤은 불가타 성서에서는 명사 '코루스*chorus*'와 ('뛰다, 춤추다'라는 뜻의) 동사 '살타레*saltare*'라는 말로 나타난다. 그 가운데에는 (금송아지 앞에서 춤춘 히브리인에게서 전형적으로 나타나듯이)[111] 우상숭배와 (세례자 요한의 죽음을 가져온 살로메의 춤의 나쁜 사례처럼)[112] 육체의 쾌락과 연결되어 단죄되는 춤도 있다. 하지만 대부분의 경우에 춤은 (전쟁에서의 승리나 결혼처럼) 히브리인의 사회적 삶이나 종교적 삶의 중요한 순간을 축하하거나,[113] 특히 개인이나 집단의 이른바 거룩한 신들림으로 신을 기리는 데 쓰였다.[114]

예컨대 「사무엘기」에서 사무엘은 "사람들이 그들을 앞서가며 수금을

뜯고 손북을 치고 피리를 불고 비파를 타는 가운데" 황홀경에 빠져 예언하고 있는 무리에게 사울을 보낸다. 아울러 그는 이 예언자들의 춤의 효과를 예고하며 이렇게 말한다. "그때 주님의 영이 당신에게 들이닥쳐, 당신도 그들과 함께 황홀경에 빠져 예언하면서 딴사람으로 바뀔 것이오."[115]

「시편」의 마지막 두 편에는 특히 신을 향해 바치는 찬미의 노래와 음악, 춤이 결합해 나타난다.

> 주님께 노래하여라, 새로운 노래를. […]
> 춤추며 *in choro* 그분의 이름을 찬양하고
> 손북과 비파로 찬미 노래 드려라. (시편 149:1-3)

> 주님을 찬양하여라, 뿔 나팔 불며.
> 주님을 찬양하여라, 수금과 비파로.
> 주님을 찬양하여라, 손북과 춤으로. (시편 150:3-4)

이러한 춤에는 관능성이 배제되어 있지 않다. 「아가」는 전체에 걸쳐 처녀의 욕망, 그녀가 기대하는 입맞춤, 춤의 관능적인 우아함을 묘사하고 있다.

> 돌아와요, 돌아와요, 술람밋이여.
> 돌아와요, 돌아와요, 우리가 그대를 바라볼 수 있도록. […]
> 오, 귀족 집 따님이여
> 샌들 속의 그대의 발은 어여쁘기도 하구려.[116]

이처럼 성서에는 춤에 호의적인 논거가 없지 않다. ['전도서'라고도 불리는]「코헬렛」은 (3장 4절에서) "울 때"와 "웃을 때"가 있듯이, "슬퍼할 때"와 "기뻐 춤출 때"가 있다며, 시간을 구분해서 달리 해야 할 활동 가운데 춤의 필요성도 인정한다. 이 논거는 중세에 널리 보급되었으며, 이러한 단어의 구별은 정당성이 부족한 사회적 행위를 변호하기 위해 성직자들이 활발히 사용한 중요한 수법 가운데 하나였다. 성도덕에 관해서도 그러했고,[117] 노동과 웃음, 춤과 놀이도 예외는 아니었다.

'좋은' 춤에 관한 성서의 사례로는 특히 두 가지가 중세의 해석에서 인용되었다. 첫 번째 사례는 히브리인이 홍해를 건너고, 그들을 쫓던 파라오의 군세가 괴멸된 뒤에 아론의 누이인 미르얌이 추었던 춤이다. 미르얌은 신을 찬미하기 위해 손북 소리로 다른 여성들을 이끈 여성 선지자*prophetissa*처럼 묘사되어 있다.[118]

그보다 중요한 두 번째 사례는 다윗이 [앞치마처럼 생긴 전례복인] 에폿만 입고 성궤 앞에서 추었던 춤이다. 다윗은 이 때문에 사울의 딸 미칼의 비웃음을 받았다. 여종들 앞에서 거의 벌거벗고 춤을 춘 다윗을 미칼은 '광대의 하나*unus de scurris*'로 비유했다. 다윗은 신을 위해 자신을 낮추기를 꺼리지 않으면 신의 영광이 그만큼 커지기 때문이라고 답했고, 그에 대한 벌로 미칼은 아이를 갖지 못했다.[119]

교부들은 자주 다윗의 춤과 살로메의 춤을 비교했고, 후자와는 달리 전자를 정당화했다. 그리스 교부 가운데 요한네스 크리소스토모스는 분명히 구경거리와 춤을 격렬히 비난했다. (그의 논지는 서방에서 모든 신체적 오락의 형태에 적대하는 자들이 받아들였다.) 하지만 니사의 그레고리오스와 나지안조스의 그레고리오스는 다윗의 좋은 춤을 칭송했다.

마찬가지로 서방에서는 4세기 말 밀라노 주교를 지낸 암브로시우스와 그 뒤에 이어진 해석의 전통이 모두 다윗의 춤을 "우리가 피리를 불어 주어도 너희는 춤추지 않고, 우리가 곡을 하여도 너희는 울지 않았다"는「루카복음서」의 (7장 32절의) 한 구절과 연결시켰다. 이러한 연결은 다윗의 춤의 상징적인 승화를 가능케 했다. 암브로시우스는 주님은 우리에게 춤추기를 명하셨으나, "신체를 돌리는 움직임이 아니라, 경건한 믿음으로"라고 말했다. 아울러 그는 신앙의 신비로운 도취의 움직임으로 이루어져 기독교도를 '창조 전체의 원'으로 통합하는 영의 춤과, 신체의 움직임으로 이루어진 춤을 구별해야 한다고 지적했다. 이러한 영적인 춤은 신도들을 별로, 곧 천국으로 올려준다는 것이다.[120]

이 문제는 12세기의 지적 혁신에 힘입어 더 집중적으로 논의되었다. 『글로사 오르디나리아』는 성궤 앞에서 춤춘 다윗이 창조주 앞에서 지녀야 할 겸손의 본보기를 기독교인에게 보여준다고 나타냈다.[121] 리샤르 드 생빅토르(1173년 사망)은 '신체의 춤'과 신비로운 도취에 가까운 '영의 춤'을 구별했다.[122]

이러한 논의는 호노리우스 아우구스토두넨시스와 함께 더욱 확산되었다. 호노리우스는 1130년 무렵에 전례를 우의적 관점에서 해석하면서 [윤무·가무·합창·무리의 뜻을 나타내는] '코루스'라는 말을 두 가지 방식으로 풀이했다. 그는 아우구스티누스에게서 영향을 받아 조화와 공동성의 관념을 강조한다. 코루스는 '낭송하는 이들의 화합concordia canentium'을 표현하고, 코루스에서 두 부분이 번갈아 부르는 노래는 하늘에서 신의 영광을 찬미하는 천사와 선택된 이를 나타낸다. 코루스가 행렬을 이루어 제단으로 향할 때, 그것은 복 받은 영혼의 영원한 생명을 향한 걸음을 나타낸다.[123]

한편, 호노리우스는 '코루스'를 [춤이나 윤무를 뜻하는] '코레아chorea'에서 파생시킨다. 그에 따르면, 고대에 우상 숭배자는 하늘의 운행을 표현하기 위해 둥그렇게 둘러서서 춤을 추고, 자연 요소들의 통일을 나타내기 위해 손을 맞잡았다. 그리고 그들의 노래의 화음은 천체의 조화를 상징했다. '신체의 격렬한 움직임'에는 황도 12궁의 움직임이 대응했고, 손과 다리의 소리는 천둥이 치는 큰소리를 나타냈다. 그러나 (히브리인)

'신도'는 이 모든 것을 신을 위해 '개종'시켰다. 이집트에서 탈출할 때 히브리인은 감사하는 마음으로 춤을 추었다. 다윗은 성궤 앞에서 똑같은 일을 했고, 솔로몬은 종교를 위한 노래를 만들었다.[124]

12세기와 13세기의 전환기에 파리의 이름이 전해지지 않는 작가가 쓴 주석은 춤의 몸짓과, 춤추는 사람의 노래와 몸짓의 조화에도 관심을 보인다. 이 주석은 다윗의 춤에 대해 몸짓의 언어를 다시 끌어들이며, 성서 해석에 관한 수사학 전통의 영향을 드러낸다. 춤추는 사람의 몸짓은 모방하는 역할을 지니고, 노래와 조화를 이루어야 한다는 것이다.[125]

같은 시기에 영국의 시토회 수도사인 아담 도어가 쓴 것으로 추정되는 『예언을 향한 화가Pictor in Carmine』는 기독교 도상에 대한 〔신약성서의 내용을 구약성서의 예언이 성취된 것으로 해석하는〕 예형론적인 해석의 체계적 적용을 보여준다. 그래서 "두 손으로 몸을 떠받친" 광대와 같은 다윗의 춤과 "두 손으로" 자신의 몸을 제자들에게 주는 그리스도 사이에 놀라운 평행 관계가 성립된다. 이러한 연결은 캔터베리 대성당과 링컨 대성당의 스테인드글라스에 그대로 표현되었다.[126]

교회에서 춤을?

분명히 다윗의 모델과, 더 일반적으로는 「시편」의 춤에 관한 수많은 암시가 중세 교회에 진정한 '춤의' 전례를 탄생시키지는 못했다.[127] 그러나 무척 드물지만, 초기의 몇 세기에 특히 동방에서 종교적인 춤과 관련된 전례 형식이 엿보이는 증언도 있다.

〔2세기의〕 순교자 유스티노스는 노래를 부를 뿐 아니라 악기와 종소리를 사용하고, "교회에서 노래와 음악을 즐기는 것처럼" 춤추는 아이들에 관해 말한다. 요한네스 크리소스토모스는 동그랗게 모여 기도하는 이들을 하늘에 있는 천사의 춤에 비유하며, 콘스탄티노폴리스 기독교

인의 '겸손한 춤'을 칭송한다. 또 나지안조스의 그레고리오스는 율리아누스 황제(재위 361~363)에게 "이교도의 방탕한 춤을 버리고, 황제와 기독교인에게 합당한 방식으로 신을 기리는 춤을 추라"고 지시한다.[128]

훨씬 뒤에도 교회의 신성한 예식에 통합된 춤의 사례가 발견된다. 12세기 중반, 전례학자인 장 블레(1185년 사망)는 (1월 1일의) 그리스도 할례의 축일이나 (1월 6일의) [동방박사가 아기 예수에게 경배하러 찾아온 것을 기리는] 공현 대축일, 아니면 공현 대축일 뒤의 8일째에 행해진 미치광이들의 축제를 행하는 차부제의 춤에 관해 말했다.* 그에 따르면 "부제, 사제, 복사, 차부제 등" 다양한 위계의 성직자들이 성탄절 뒤에 네 가지 독특한 춤quatuor tripudia을 준비했다.[129]

한 세기 뒤에 [프랑스의 도미니쿠스회 신학자이자 주교인] 기욤 뒤랑도 여러 대성당들에서 나타난 춤을 언급했다.[130] 아미앵 대성당에서는 부활절에 '공을 주고받는pelota' 전례의 춤을 참사회가 전통적으로 준비했는데, 이는 후대의 다른 사료들로도 입증된다. 참사회의 수석 사제는 한 손에 공을 쥐고, 다른 손으로 참사회의 원무를 이끌었다. 참사회원들은 중앙홀의 바닥 포장에 표현된 미로의 윤곽을 따라서 갔던 것 같다.[131] 그들은 춤을 추며 부활절 찬가Victimi pascal laudes를 불렀고, 서로 공을 던졌다. 호노리우스와 마찬가지로, 공에 관해서는 상징적이고 우주적이며 장례적인 설명이 주어졌다. 끊임없이 튀어오르는 공은 매일 다시 떠올라 그 축일에 구세주의 부활을 상징하는 태양을 나타낸다는 것이다.

---

* 미치광이들의 축제(fête des Fous)는 12월에 행해지던 가장무도회로 '바보들의 축제(fête des Innocents)'라고도 한다. 12세기 초에 프랑스 북부의 도시들에서 시작되어 프랑스 전역으로 확산되어 17세기까지 지속되었다. 예수가 예루살렘에 입성했을 때 예수를 태운 당나귀를 기념한다고 해서 '당나귀 축제'라고도 불렸다. 축제 동안 매우 기괴한 의식이 행해졌는데, 어리석은 교황이 선출되거나, 가면을 쓰고 난폭하게 변장한 사제들이 교회에서 외설적인 노래를 부르며 춤을 추기도 했다. 이런 행동이 대성당과 대학 교회만이 아니라, 남녀 수도원에서도 행해져 '12월의 자유'라고도 불렸다.

[그림 6] 성궤 앞에서 춤추는 다윗 (시편 해설, 1180년 무렵)

루앙 대주교 외드 리고(재임 1248~1275)도 『목회 방문 기록부Registre de visites pastorales』에서 [헤롯왕에게 학살된 아이들을 기리는] 죄 없는 아이들의 순교 축일과 마리아 막달레나 축일에 춤을 추며 전례를 행하는 빌라르소의 수녀들을 언급하며, 다윗의 사례로 그러한 관습을 정당화했다.[132]

그렇지만 성궤 앞에서 춘 다윗의 춤에 관해서는 명확히 언급되지 않았고, 도상에서는 특히 그러했다. 도상에서 다윗은 결코 벌거벗은 것으로 묘사되어 있지 않을 뿐 아니라, 단순한 보행자와도 거의 구별되지 않는다. 때로는 한쪽 다리가 조금 높게 올라가 있을 뿐이다.[133] **그림 6**

아울러 교회의 고위 인사들은 춤에 대한 불신감을 점차 강하게 나타냈으며, 특히 평신도가 교회에서 추는 춤에 대해서는 적대감을 분명히 드러냈다. 중세에는 공회의마다 똑같은 처방이 지치지 않고 꾸준히 되풀이되어 내려졌다.[134] 성적인 일탈, 과음, 육체적 쾌락, 우상숭배의 '잔재'가 이러한 비난에서 특히 주된 대상이 되었다. 때로는 1021년 [독일 중동부 작센안할트 지역의] 쾰비히크의 춤추는 이들처럼 춤과 이교, 집단적 신들림이 동시에 고발되기도 했다. "손을 묶은 듯이 붙잡고 있던" 그들의 저주받은 원무는 쾰른 주교가 엄숙한 퇴마의식을 거행해 그들을 해방시킬 때까지 묘지에서 한 해 가까이 멈추지 않고 계속되었다.[135] 성직자들은 악담을 퍼부으며 그것의 종교적 가치를 부정하려고 노력했다. 실제로 그 춤과 가장행렬은 교회와 묘지의 거룩한 공간에 대한 세속적이고 야만적인 점유의 위험을 나타내고 있었다. 묘지에서 박자를 맞추어 무덤을 밟는 발과 신체의 리듬으로 그들은 교회의 승인 없이 (중세 말기의 죽음의 춤 도상처럼) 산 자와 죽은 자, 인간과 신 사이에 다른 관계를 형성했다.[136]*

이처럼 중세 기독교에서는 그 종교의 전통 전체에 강한 영향을 끼친 고행과 참회의 모델인, 신체·표정·손의 겸손한 자세를 바탕으로 한 더 개인적이고 정적인 절도 있는 몸짓과 함께, 일부에게 신성시된 '무절제한 몸짓'도 발견된다. 언제나 신체와 노래, 악기, 춤의 빠르고 풍부한 움직임을 고조시킨 그 몸짓은 일부 사람들의 눈에는 악마적으로 보였다. 이 다른 모델은 어떤 때는 정당한 전례와, 어떤 때는 악마적인 신들림과 연관된 것으로 여겨졌다. 12세기 이후 그것은 신비주의 전통

---

* 중세에는 '춤추는 전염병(Épidémie dansante)'이나 '춤추는 페스트(dancing plague)'라고 불리는 현상이 자주 보고되었다. 이를 라틴어로는 'Epilepsia saltatoria', 영어로는 'Dancing mania'나 'choreomania', 독일어로는 'Tanzwut'라고 한다. 한 무리의 사람들이 갑작스럽게 불규칙한 춤을 추는 것으로, 남자, 여자, 어린이를 가리지 않고 탈진해서 쓰러질 때까지 계속 춤을 추었다. 7세기에 발생한 사건이 가장 오랜 기록으로 전해지며, 11세기 작센의 쾰비히크에서 발생한 사건은 신들림이나 신의 심판의 결과로 여겨졌다. 1284년 독일의 '하멜른의 쥐잡이(Rattenfänger von Hameln)'라고 불리는 사건에서는 아이들이 에르푸르트에서 아른슈타트까지 춤을 추며 이동했다. 1278년에는 독일 뫼즈강의 다리 위에서 200명의 사람들이 춤을 추며 다리를 파괴했고, 1374년 독일의 아헨에서 발생한 사건은 쾰른이나 이탈리아, 룩셈부르크 일대까지 파급되었다. 1428년 스위스 샤프하우젠에서는 수도사들이 죽을 때까지 춤을 추었다. 1518년 7월부터 9월까지 알자스의 스트라스부르에서 발생한 사건에서는 가장 큰 규모의 피해가 발생했다. 프라우 트로페아(Frau Troffea)라는 이름의 여성이 춤을 추며 시작된 이 사건은 4일 후에는 33인, 1개월 뒤에는 400인이 참가하는 규모로 커졌고, 그 가운데 상당수가 심장발작으로 목숨을 잃었다.

안에서 새로운 숨결과 새로운 육신을 찾았다.

어휘에서 도덕에 이르는, 그리고 수사학에서 음악, 춤, (뒤에서 살펴볼) 형상 예술에 이르는 몸짓과 관련된 모든 영역에서, 중세 초기에는 문제제기와 함께 고대 몸짓*gestus*의 (일시적인) 상실이 확인된다. 단지 하나의 단어만이 아니라, 신체 · 인격 · 개인의 운명 · 공동체 · 저세상에 관한 관념 전체에서 그러했다. 다른 관념으로 대체되었다고 하는 것은 정확하지 않다. 그것은 오히려 내부에서 '다듬어지고', (내가 '게스타'라고 부른) 다른 원리에 의해 전복되었다. 신의 시선과 공동체에 굴복한 개인이 이미 자기 몸짓의 진정한 주인이 아니게 되었기 때문이다. 이러한 모순은 카롤루스 왕조 시대에 더욱 커졌다.

3
신의 손

 8세기 말에 시작된 시대의 역설은 사실상 완전히 다른 권력의 이데올로기와 관념의 이익을 위해 고대의 언어와 문화 모델이 부활했다는 데 있다. 일시적이지만 윤리학·수사학·음악·예술의 고대 전통이 눈부시게 부활한 것이 목격된다. 이 '카롤루스 르네상스'에서 고대의 몸짓*gestus*에는 어떤 몫이 주어졌을까? 이를 판단하려면 카롤루스 왕조의 교권정치가 몸짓에 관해 어떤 실천과 표현, 관념을 새로 낳았는지 알아보아야 한다. 카롤루스 왕조 시대의 몸짓은 종교 필사본의 채색 삽화, 전례와 그것의 규범화, 해석의 유례 없는 발전으로 살펴볼 수 있다.

카롤루스 르네상스

 8세기 후반 프랑크 제국의 건설과, 황제를 위한 이데올로기의 구상은 고대 모델에 큰 영향을 받은 '군주의 귀감'의 부활을 설명해준다. 그런데 이상적인 군주는 몸짓으로도 구별된다. 782년부터 804년까지 카롤루스 대제의 스승이자 자문이던 알퀴누스는 제목이 유독 시사적인 『수사학과 덕에 관한 논의*Disputatio de rhetorica et de virtutibus*』라는 작품을 썼다. (알퀴누스 자신을 뜻하는 알비누스라는 이름의) 어느 교사와 (카롤루스 대제를 뜻하는) 학생 사이에 이루어진 가상의 대화에서 알퀴누스는 그의 명성 높은 제자에게 도덕적 조언과 수사학 규칙이 뒤섞인 가르침을 준다. 학생이 〔연설가의 말투·몸짓을 가리키는〕 '프로눈티아티오'에 관해 묻자, 교사는 고대 말기의 이교 수사학자 가운데 하나인 율리우스 빅토르의 표현을 글자 그대로 되풀이하며 대답한다. 이런 식으로 키케로와 퀸틸리아누스를 비롯한 모든 고전 전통이 카롤루스 왕조 시대의 작품 안에서 자리를 잡는다. 알퀴누스는 자신이 본보기로 삼은 것에 매우 충실하다. 하지만 몸짓에 관해서는 몸짓 표현에 관한 고전적 성찰의 이론적 배경을 모두 복구하지 않고, 규범만 제시한다. 그래서 율리우스 빅토르의 말에는 여전히 존재하던 '몸짓gestus'이라는 어휘 자체가 사라진다.

신체의 움직임과 말의 상호보완성, 그에 필요한 절제moderatio를 모두 얻기 위해 신체를 꾸준히 단련시켜야 할 필요성이 강조된다. 알퀴누스는 '절제'를 세 가지 하위 구분인 금욕과 관용, 절도modestia로 구별하며, 그것을 "도덕적 아름다움을 위해 삶의 모든 영역에서 오롯이 지켜야 할 영혼과 신체의 절도"에 관한 덕이라고 정의한다. 그리고 몸짓과 신체의 행동에 관해 이렇게 말한다. "얼굴을 똑바로 유지하고, 입술을 비틀지 말고, 입을 벌리고 있지 말고, 거만한 시선을 보이지 말고, 땅만 쳐다보거나 고개를 갸웃거리지 말고, 눈썹을 위아래로 지나치게 움직이지 말아야 한다. 침착하게 걸어야 하며, 펄쩍 뛰거나 뻣뻣이 굳어 있지도 말아야 한다."[1] 하지만 〔그가 낭트 백작에게 헌정한〕『덕과 악덕De Virtutibus Et Vitiis』에서처럼 알퀴누스는 단순히 도덕적인 목적만이 아니라 정치적인 목적도 가지고 있었다. 품행mores과 몸짓으로도 올바른 왕의 길via regia을 정의한 '군주의 귀감'을 군주에게 제시하려 했던 것이다.[2]

이 시대에는 같은 장르의 다른 작품들도 출현했으나, 모두가 알퀴누스처럼 몸짓 문제에 관심을 보이지는 않았다. 생미엘 수도원장 스마라그두스의 『왕의 길Via regia』이나,³⁾ 오를레앙 주교 요나스가 쓴 두 편의 문헌, 곧 [오를레앙 백작] 마트프리두스 1세에게 바친 『평신도 교육De institutione laicali』과 [아키텐 군주] 피피누스 1세를 위해 쓴 『왕의 교육De institutione regia』도 올바른 행동을 권장하고, 때로는 왕의 정당한 말에 관해 언급한다.⁴⁾ 하지만 왕의 몸짓을 묘사하고, 규범을 명확히 제시하는 데에는 관심을 보이지 않는다.

셉티마니아 대공국 군주인 베르나르두스의 아내 두오다가 위제스에서 843~845년 무렵에 아들을 위해 쓴 『빌렐무스를 위한 지침서Liber manualis Wilhelmi』도 마찬가지이다. 이 작품의 장르는 여성이 "남편의 마음에 들려는 세속적 의도에서 더러워진 것을 깨끗이 씻어 내고, 화사함을 두드러지게 보이려고 얼굴을 살펴보는 습관을 지니고 있다"는 거울의 은유로 구별된다. 그러나 어린 빌렐무스가 어머니에게서 거울로 비추어 보도록 권유받은 것은 그의 신체가 아니다. 현세의 배우자가 신의 은유인 것처럼, 여성의 얼굴은 소년의 불안한 영혼을 상기시킨다. 따라서 관심은 몸짓으로 특별히 기울어지지 않고, 기껏해야 "바로잡아야 할 품행"으로만 향할 뿐이다.⁵⁾ 그 세부 사항들도 젊은이가 피해야 할 구체적인 행동을 열거하지 않고, 시기와 오만의 악덕, 악마의 유혹에 관해서만 다룬다. 어쩌다 완전함에 이르기 위해 명확한 몸짓이 권장되기도 하지만, 성서를 인용하는 방식이어서 실제적인 것으로는 거의 보이지 않는다. "흠 없이 걸어가고"(시편 15:2), "손이 깨끗하고 마음이 결백한 이, 옳지 않은 것에 정신을 쏟지 않는 이"(시편 24:4), "복이 완전해지도록 가난한 이에게 손길을 뻗는 이"(집회서 7:32)는 "신의 장막 높은 곳에 편안히 머물 수 있다"는 식이다.⁶⁾

이처럼 알퀴누스의 작품은 아직 수사학의 가르침과 도덕 교육 사이에서 일정한 균형을 유지하고 있었으나, 그 시대의 다른 '귀감'들은 모두 도덕 교육만을 독점적인 대상으로 삼고 있었다.

레미기우스의 정의

이와는 달리 수사학과 음악 전통에서는 레미기우스(908년 무렵 사망)에게서 몸짓에 관한 성찰이 정점에 이르렀다. 그는 오세르의 베네딕투스회 생제르맹 수도원의 수도사로, 랭스와 파리의 수도원 학교에서 교사로 있었다. 그는 이런 직위로 마르티아누스 카펠라의 『필롤로기아와 메르쿠리우스의 결혼』과 다시 관계를 맺었다.* 앞서 우리는 5세기의 이 방대한 우화에서 음악과 수, 운동에 관한 사변이 몸짓을 하나의 지적 범주이자 우주적 질서의 표현으로 부르며 중시하는 사고방식을 어떻게 낳았는지 살펴보았다.

레미기우스는 음악에 관한 주석인 제9권에서 마르티아누스 카펠라와 똑같은 표현을 사용해 '신체의 움직임*motus corporis*'의 의미를 규정한다. 그것은 "신체의 몸짓과 춤*gestus corporis et saltationes*"으로 명시적으로 해석된다.[7] 제1권에서 '게스티에바트*gestiebat*'라는 동사의 해석은 그에게 '몸짓*gestus*'을 정의할 기회마저 제공한다. 맥락은 다르지만 마르티아누스 카펠라는 유피테르 신을 수행한 행렬에서 젊은 여신 소르스가 보인 관능적인 행동을 묘사하고 있다. 관련된 부분 전체를 인용해서 살펴볼 필요가 있다. 레미기우스의 주석과 구분하기 위해 마르티아누스 카펠라의 말은 작은따옴표 안에 넣어 표시했다.

"'모든 아가씨 가운데 가장 수다스럽다*Tune etiam garrula...omnium puellarum*'는 것은 수다쟁이*loquacissima*를 뜻한다. '발랄함*Fluvibunda*'은 자유분방하고*lasciva* 향락적인*voluptuaria* 것이다. '어긋나고 방탕하며 곡예의 경박함과 같은 해로운 몸짓을 한다*Contrario luxu gestiebat pernix ipsa desultoria levitate*.' [여기에서] '몸짓을 한다*gestiebat*'는 것은 곧 움직인다

---

* 모두 9권으로 이루어진 레미기우스의 『마르티아누스 카펠라에 관한 주해Commentum in Martianum Capellam』는 『필롤로기아와 메르쿠리우스의 결혼』에 관한 주석서이다. 이 문헌은 이 작품을 중세에 전하고 알리는 데 중요한 역할을 했다.

*movebatur*는 것이고, '해로운*pernix*' 것은 곧 빠른*velox* 것이다. '곡예의 경박함*desultoria levitate*'은 광대의 움직임이다. '곡예의*desultoria*'를 주격으로 해석하는 사람도 있다. 움직임*motus*과 몸짓*gestus*의 차이는 움직임은 몸 전체*totius corporis*와 관련이 있으나, 몸짓은 손*manuum*과 다른 지체*ceterorum membrorum*하고만 관련이 있다는 것이다."[8]

이 주석은 신체 움직임의 분류법에서 서구 전통을 통틀어 처음 나타난 유형의 몸짓에 관한 정의를 보여준다. 맥락은 수사학의 그것이다. 그래서 춤이나 경멸스럽게 여겨지는 광대의 움직임과 대비되는 손동작과 연설가의 손에 대한 가치 부여가 강조된다. 확실히 이러한 논지와 가치 판단은 전통적이다. 그러나 (바로와 같은) 고대의 어휘학자나 로마의 수사학자도 낱말에 관한 체계적인 설명에서는 이만한 진전을 보이지 못했다. 이런 정의가 나타난 시기가 아마도 열쇠가 될 것이다. 고대 문화와 다시 관계를 맺고 자신들의 문명에 그것을 적응시키려 했던 카롤루스 왕조 시대의 작가들은 그들이 본보기로 삼은 것을 넘어서는 주석을 제시해야만 했다. 로마 시대에는 꼭 필요치 않았던 라틴어 어휘를 설명하려는 노력이 문화의 간격 때문에 필요해졌던 것이다.

주석의 제5권에서 레미기우스는 몸짓과 마찬가지로 '프로눈티아티오'에 대해서도 정의를 이어간다. "프로눈티아티오는 목소리의 움직임이자 몸짓의 절도이다*vocis motus et gestus moderatio*. 곧 프로눈티아티오는 움직임*in motu*과 몸짓*in gestu*에 동시에 존재한다. 목소리는 입에, 움직임은 몸 전체에, 몸짓은 손에 있다*gestus in manibus est*. 수사학자는 그가 말하는 사람의 목소리와 같게 하려고 자신의 목소리에 다른 움직임을 준다. 여자면 여자처럼, 부자면 부자처럼, 가난한 사람이면 가난한 사람처럼 다르게 말한다. 몸짓은 목소리의 '옷'으로*gestus autem vocis est habitus*, 그것은 강하거나 평범하거나 겸손한 목소리로 말해야 하는지에 따라 달라진다. 이러한 목소리의 프로눈티아티오는 신체의 특정한 몸짓의 도움을 받는다*gestu quodam corporis adjuvanda est*."⁹⁾ 이 마지막 문장은 고대 수사학의 전통에 따라 청중이나 다루는 주제와 관련지어 연설의 '양식'을 구별한다. 이런 내용은 마르티아누스 카펠라에 관해 같은 시대에 에리우게나가 남긴 또 다른 주석에서도 발견된다.¹⁰⁾

이처럼 문제로 되고 있는 것은 바로 언어수행의 한 기본단위로 인식되는 연설의 몸짓이다. 고대인이 이미 밝혔듯이, 목소리와 손, 몸 전체가 조화를 이룬다. 몸짓이 '목소리의 옷'인 것처럼, 목소리도 움직임을 지닌다. 그래서 생명력을 불어넣는 데 기여하고, 말로 나타내는 인물을 연설가가 충분히 구현할 수 있게 한다.

그런데 고대의 모든 말투가 발견되는 이 수사학 이론에 이어서 기독교 연설술의 실제 용도에 관해서도 생각해보아야 한다. 신체와 목소리가 뒤섞인 이러한 말이 그런 힘을 지닌다면, 그것의 임무는 더는 법정이나 극장에서처럼 단순히 논증하고 증거를 제시하는 것만이 아니기 때문이다. 이제 그러한 말이 증언하고, 진리를 증명해야 할 곳은 교회였다. 아울러 그것은 목소리, 몸짓과 함께 설교가가 몸 전체로 구현해야 하는 성사적 기호로서의 가치를 지녔다.

테렌티우스 사본

이 시대에 몸짓에 관한 수사학 전통은 여전히 다른 길로 접어들어 있었던 듯하다. 예컨대 가장 오래된 증언이 카롤루스 왕조 시기까지 거슬러 올라가는 [기원전 2세기 로마의 작가인] 테렌티우스의 희극 본문과 그 삽화의 전통을 살펴보자.* 이런 사본의 보급은 문법학교에서 테렌티우스

---

* 테렌티우스 사본은 두 유형이 전해진다. 4~5세기에 제작된 라틴어 필사본은 모두 대문자로 적혀 있고, 9세기 이후의 필사본은 소문자로 적혀 있다. 삽화는 이 9세기 이후의 필사본들에 실려 있다.

[그림 7] 맹세의 몸짓 (『헤키라』 삽화, 9세기)
매춘부 바키스는 늙은 라케스에게 팜필루스를 유혹하려 하지 않았다고 맹세한다. 오로지 기록된 설명을 통해서만 맹세의 몸짓과 단순한 연설의 몸짓을 구별할 수 있다.

의 작품과 (특히 도나투스의) 주석이 사용된 것으로 설명되지만, 삽화의 존재 이유는 그것을 꼭 필요로 하지 않는 주석서들 때문에 더 모호하다. 도상과 그것이 나타낸 수많은 몸짓 사이에는, 나아가 간혹 본문에 언급된 몸짓 사이에는 어떤 관계가 있는 것일까?

이 풍부한 도상의 기원에 관해 살펴보면, 그것이 실제의 연극 공연에서 영감을 얻은 고대의 모델로 거슬러 올라가는지는 확실치 않다.[11] 그것을 계승한 작품으로는 10세기에 간더스하임의 수녀인 흐로츠비타가 쓴 (실제로는 순결의 영광에 관한 교훈을 전하는 작품들인) '테렌티우스를 모방한 희극' 6편이 있다.* 이를 고려하면 그 도상들에 표현된 몸짓들이 실제의 '연극' 상연을 위한 본보기 구실을 했을 것 같지는 않다.[12]

---

* 작센의 수녀로 게르만 지역 최초의 여성 작가로 꼽히는 흐로츠비타 폰 간더스하임(935?~973)은 테렌티우스의 영향을 받아 「갈리카누스Gallicanus」, 「둘키티우스Dulcitius」, 「칼리마쿠스Calimachus」, 「아브라함Abraham」, 「파프누티우스Pafnutius」, 「사피엔티아Sapientia」 등 산문으로 된 여섯 편의 희극을 썼다.

희극의 본문을 읽으면 몸짓에 관한 언급이 거의 없다는 것에 강한 인상을 받게 된다.[13] 그에 반해 도상들에서는 모두 고대 희극배우의 방식으로 무척 강조된 몸짓을 하는 둘 이상의 인물이 가면을 쓰고 서로 마주 보고 있다. 그러나 그 이미지들은 모두 비슷하며, 그것을 해석하려면 각각의 장면에 해당하는 본문에 의지해야 한다. 때로는 여백 기록의 도움을 받기도 한다. 예컨대 9세기에 제작된 〔테렌티우스의 희극〕『헤키라 Hecyra』의 필사본에서 본문과 같은 필적으로 이미지 여백에 쓰인 기록은 매춘부 바키스가 노인 라케스에게 하는 몸짓을 해석해준다. 그림 7 그래서 집게손가락과 가운뎃손가락을 펴고 오른손을 들어 올린 몸짓이 맹세의 몸짓임을 알 수 있다.[14] 그러나 이렇게 명확한 것은 드물다.

퀸틸리아누스의 상세한 서술과 비교하는 것이 이런 이미지에 표현된 몸짓을 정확히 식별하기 위한 다른 방법일 수 있다. 그러나 그가 배우가 아니라 연설가에 관해 말하고 있다는 점은 제쳐 두더라도, 〔20세기 전반의 중세 도상 연구자들인〕 레슬리 웨버 존스와 찰스 루퍼스 모리의 체계적인 연구도 무척 모호한 연관에만 도달할 수 있었을 뿐이다.

물론 큰 틀에서는 고대의 영향을 이해할 수 있다. 하지만 몸짓과 그것의 의미는 바뀌어 있었다.[15] 아울러 세부의 정확성보다는 손의 풍부한 움직임과, 마주한 인물하고의 전체적인 표현이 더 중시되었던 것 같다. 이는 이 이미지들을 퀸틸리아누스의 〔'손의 움직임'을 뜻하는〕 키로노미아보다는 그 시대의 종교예술과 더 분명히 연결해주는 특징들이다.

카롤루스 왕조 시대의 도상

그 몸짓들은 대부분 손과 관련이 있다. 가장 형식화된 의례의 몸짓도 마찬가지이다. 어떤 힘이나 권력이 한 사람에게서 다른 사람으로, 어떤 신체에서 다른 신체로 전달될 수 있다면, 그것은 대체로 손의 접촉이나 신호를 통해 이루어진다.

모든 고대 문명, 특히 그 유산이 중세 문화에 가장 큰 영향을 끼친 히브리 문명, 그리스 · 로마 문명, 게르만 문명은 손의 이러한 중요성을 잘 알고 있었다. 로마법에서 '손*manus*'이라는 말은 '지배력'의 의미를 지니며, 그것에서 비롯된 말은 권한을 양도하거나 빼앗거나 인정하는 기능을 지닌 법적인 몸짓이나 권한 그 자체를 가리켰다. 예컨대 자신의 아이를 인정하기 위해 손으로 붙잡아 땅 위로 들어 올리는 아버지의 몸짓 같은 것이다. 남편의 '소유권에 예속된 *in manu mancipioque*' 아내에게 유지되는 남자의 권위, 더 나아가 소유주의 손에서 노예가 해방되는 것을 뜻하는 '마누미시오*manumissio*'나, 소유물의 법적 양도를 뜻하는 '망키파티오*mancipatio*'도 있다.[16]

게르만법에서도 그리 다르지 않았다. 자신의 땅과 집에 대한 권한을 뜻하는 '문데부르데*mundeburde*'라는 단어는 그러한 권한의 상징이자 중계자로 '손'을 뜻하는 말munt을 어근으로 하고 있다.[17] 옛 프랑스어의 〔재산관리인을 뜻하는〕 '맹부르*mainbour*'라는 말도 '손*main*'에서 비롯되었다.

유대 · 기독교 문명도 인간의 손에 큰 중요성을 부여했다. 그러나 그 상징적인 힘의 본보기와 근원은 신의 손, 곧 「시편」의 노래가 〔118편 15-16절에서〕 무한한 힘을 찬양하는 '주님의 오른손*dextera domini*'이다. 도상에서 신의 손은 보이지 않는 성부聖父를 나타낸다.[18] 사람들 사이로 온 신의 아들과 관련해서는 그의 축복과 치유의 몸짓이 중세에 사제와 성인, 더 나아가 국왕이 예식에서 하는 몸짓의 본보기가 되었다.

카롤루스 왕조와 오토 왕조의 예술은 신성한 몸짓의 힘을 유독 강조했다. 이를 가장 잘 보여주는 사례는 『위트레흐트 시편집*Utrecht Psalter*』이다. 이 필사본은 랭스 대주교 에보의 재임 기간인 816~835년에 북프랑스 지역의 생제르맹데프레나 랭스 인근 오빌레의 수도원에서 제작되었다. 오늘날 그것의 매우 풍부한 도상은 대체로 5세기의 고대 모델

[그림 8] 귀를 기울인 신 (위트레흐트 시편집, 9세기)

에서 비롯되었을 것으로 여겨진다.[19] 이 필사본은 오랫동안 몸짓에 관한 도상학 연구에서 훌륭한 자료로 인정받아왔다.[20]

이 필사본에는 「시편」과 그에 덧붙여진 다른 본문에 200점 가량의 풍부한 도상이 철필로 그린 소묘의 형태로 면마다 1~2점씩 삽입되어 있다. 그 소묘들은 면의 너비 전체에 걸쳐 펼쳐져 있고, 본문은 3단으로 배열되어 있다. 몸짓의 형상화를 연구하는 데 이 시편집이 지니는 이점 가운데 하나는 무엇보다 「시편」 본문을 글자 그대로 삽화로 나타내고 있다는 점이다. 본문은 글자 그대로 받아들여지고, 예술가는 흔히 그렇듯이 상징적인 의미나 신약성서와의 예형론적 일치를 나타내려 애쓰지 않는다. 그래서 이미지는 어떤 행동에 대한 단순한 언급이나 「시편」에 많이 나타나는 비유적인 표현도 구체적인 몸짓으로 바꾸어 놓는다. 예컨대 「시편」 작가가 신에게 "귀를 기울이기 inclinare aurem"를 간청할 때는 간청하는 사람 쪽으로 신이 몸을 기울여 실제로 귀를 내민 모습으로 표현된다.[21] **그림 8** 그리고 「시편」에서 "불경한 이들이 순회하며 돌아다닌다 In circuitu impii ambulant"고 말할 때는 회전하는 큰 바퀴와 (밧줄을 감아올리는) 권양기에 매달린 모습으로 그들의 이미지가 표현된다.[22] **그림 11**

[그림 9] 글 쓰는 다윗 (위트레흐트 시편집, 9세기)
글을 쓰는 다윗과 건물 위에 나타난 신 사이에서 천사가 중개자 역할을 한다.

이러한 이미지의 특징 가운데 하나는 인물의 형상화와 장면의 극적인 묘사이다. 신체의 과장된 태도와 팔의 움직임의 증폭으로 손은 고전적 균형에서 완전히 벗어나 지나치게 크게 나타난다. 때로는 일그러지고 힘찬 소묘로 표현된 팔다리와 의복의 흔들림으로 신체의 긴장이 강조되기도 한다. 이러한 형식의 특징은 단순히 작업장의 관습이 아니다. 예술가들은 인물들이 어떤 상위의 힘에 의해 살아 움직이고 있다고 표현하려 했던 것은 아닐까? 그들은 마치 그들의 몸짓을 증폭하고, 그들의 옷의 주름을 빛나게 하고, 그들의 시선에서 벗어나 있는 신성한 숨결에 사로잡힌 듯이 보인다. 도상 표현에 신의 초월성을 포함시킨 것에 기독교 예술의 독창성이 있다면,²³⁾ 이런 특징은 8세기와 11세기 사이에 특히 두드러지게 나타났다.

『위트레흐트 시편집』의 책머리에 실린 다윗의 이미지는 잘 알려져 있다.²⁴⁾ 언뜻 보기에 「시편」 작가는 책을 읽고 있는 것 같지만 그는 그 이상의 것을 한다. 그는 왼손으로 머리를 받치고 생각에 잠겨 있으며, 오른손을 뻗고 책을 응시한다. 이 손은 양피지 한가운데로 향한 갈대 펜을 쥐고 있다. 이 손과 도구가 글자를 쓰고 있다고 볼 수는 없다. 그는 양피지를 가리키는 것으로 거기에 기록된 듯한 신의 말씀을 찾아낸다. 더구나 양피지는 이미 글자로 완전히 뒤덮여 있다. 말씀의 계시는 인간 글쓰기의 제약을 벗어난다. 「시편」 작가 뒤에는 가볍게 흔들리는 천사가 두 손을 들고 서 있다. 천사는 증인이자 인도자이고, 특히 작은 신전 위의 후광에 그려진 신에게서 비롯된 긴장을 다윗에게 전달한다. **그림 9**

같은 시기에 같은 기원을 지닌 『에보 복음서 Évangéliaire d'Ebbon』의 복음사가들도 비슷한 특징을 보인다. 극도로 긴장된 시선과 몸짓은 의복과 배경, 어렴풋이 암시된 풍경의 선에 생기를 불어넣은 동일한 숨결의 효과인 듯하다. 의사소통은 여전히 복음사가의 신체와 그가 쥔 사물, 풍경 너머로 이어진 선을 매개로 이미지의 공간을 가로질러 이루어진다. 시선을 사로잡는 복음사가의 상징이기도 한 신의 사자는 복잡한 경로를 거쳐 책이나 두루마리에 기록된 글자에까지 계시를 전달할 수 있다. 그런 소통은 잉크병 안에 넣은 깃털 펜의 구부러진 선과, 다른 방향으로 구부러진 천사의 두루마리 사이에서 조심스레 이루어진다.²⁵⁾ **그림 10**

이러한 형상과 더 일반적인 다른 형상의 몸짓 표현을 이해하려면 공간의 문제, 더 정확히 말해 이미지가 삽입된 표면의 문제가 결정적이다. 신과 다른 형상들 사이의 의사소통이 매번 다른 방식으로 구성되는 것은 이 표면 위이기 때문이다. 이러한 점은 이미지에 「시편」 본문과 관련된 경계를 확실히 표시한 외부 가장자리 장식이나 내부 분할이 없

[그림 10] **글 쓰는 복음사가 마태오** (에보 복음서, 9세기)
이 흔들린 이미지에서 의사소통은 복음사가의 구부러진 깃털 펜과 천사의 두루마리를 통해 이루어진다.

는 『위트레흐트 시편집』에서 특히 중요하다. 이미지는 다양한 종류의 구름, 암석, 땅이나 물로 구체화되기보다는 구별되는 층만 보여줄 뿐이다. 이 층들 사이에는 꾸불꾸불하지만 자유로운 소통이 존재한다. 그것은 천상과 지상의 인물을 공동의 공간으로 연결하고, 이미지에 매우 강렬한 역동성을 부여하는 데 기여한다.

예컨대 「시편」 11편의 삽화는 그리스도-로고스가 후광에서 구름을 밟고 나와서 십자가 모양의 창을 천사에게 내미는 모습을 보여준다.[26] 천사는 바위를 벗어나지 않은 채 받으러 간다. 같은 천사가 그 바위 아래의 평평한 곳에 서서 불경한 자들의 입술을 그 창으로 찌른다.[27] 이미지 전체를 비스듬히 구성하는 이러한 움직임의 연쇄는 몸을 앞으로 숙이고, 한 발을 내딛고, 천사에게 창을 내미는 그리스도-로고스의 복잡한 몸짓에서 출발한다. **그림 11**

때로는 신의 손만 나타나고, 이 독특한 요소로부터 이미지가 구성되기도 한다. 「시편」 2편의 삽화에서처럼 신이 두 번 나타나기도 한다.[28] 한번은 왼쪽 위의 '하늘에서' 맨 아래 형상화된 이교도 민족*gentes*을 몰살하라고 (왼쪽 아래 다른 구름에 있는) 천사들에게 손으로 명령하는 반신상의 모습으로 나타난다. 그리고 한번은 이미지의 오른쪽 위에 '시온 산'에 세워진 그리스도-로고스에게 자신의 권능을 부여하려고 구름에서 나온 신의 손의 모습으로 나타난다. **그림 12** 그리스도-로고스는 오른손에 '쇠지팡이'를 들고 발아래의 '지상의 그릇'을 부순다(시편 2:9). 그쪽에서는 낙담과 불신에 빠진 사람들의 모습이 발견되는데, 이들은 주님의 가르침을 받아 희망에 차서 그를 향해 머리를 돌린 "왕들"의 태도와 대조된다(시편 2:10-12). 그래서 이미지는 신이 모습을 나타낸 두 곳, 아니 오히려 축복의 몸짓으로 나타난 두 곳에서 비롯된 이중의 하강 움직임으로 생동감을 얻는다. 신의 반신상에서 불경한 이들의 짓밟힌 신체까지 그 몸짓의 효력을 추적할 수도 있다. 신의 거대한 손가락을 수평으

[그림 11] 천사에게 창을 건네는 그리스도-로고스 (위트레흐트 시편집, 9세기)
창이 불경한 자의 입술을 찌른다.

[그림 12] 신(성부), 그리스도-로고스(성자), 신의 손(성령) (위트레흐트 시편집, 9세기)
성부의 이중 표현. 왼쪽에는 천사들에게 이교도들을 근절하라고 명령하는 반신상으로, 오른쪽에는 그리스도 로고스를 축복하는 손으로만 나타난다.

로 연장하면 그리스도-로고스에 이르고, 수직으로 선 그리스도-로고스의 자세는 왼쪽만이 아니라 오른쪽으로도 효력을 나누어준다.

『위트레흐트 시편집』의 거의 모든 삽화는 이렇게 흔히 후광 안에서 천사들에 둘러싸여 군림하는 상부의 신의 형상을 출발점으로 삼아 구성되어 있다.[29] 게다가 천상의 구름에서 나오는 신의 손만 형상화된 경우도 무척 자주 발견된다.[30] 손의 불균형하게 커다란 크기와 그 표현의 빈번함은 신성한 몸짓에 시선을 더 오래 머물게 한다. 그것은 일반적으로 축복의 몸짓이다. 그 이미지들이 보여주듯이 신은 이 세상에 자신의 권능을 드러내고 영향을 끼치려고 천지창조의 순간부터 끊임없이 같은 몸짓을 되풀이한다. 때로는 신의 몸짓이 '도구화'된다. 신이 왕관이나 창, 〔풍요를 상징하는 뿔 모양의 그릇인〕 풍요의 뿔을 건네거나, 「시편」 작가의 손을 잡기도 한다.

신의 손이 나타내는 몸짓의 이러한 반복은 이 필사본만의 특성이 아니다. 같은 시대에 아마도 동일한 작업장에서 제작되었을 『슈투트가르트 시편집Stuttgarter Psalter』에서도 똑같은 모습을 볼 수 있다.[31] 이 필사본은 166장의 양피지에 「시편」 본문 전체와, 면마다 1~2점씩 모두 312점의 삽화를 싣고 있다. 삽화는 직사각형 모양의 소묘로 『위트레흐트 시편집』과는 매우 다르다. 더 작고, 가장자리 장식으로 구획되어 있고, 무엇보다 제한된 수의 등장인물 사이의 (대화, 전투 등의) 상호작용을 나타낸 장면만 보여준다. 몸짓의 표현, 특히 손동작의 표현이 매우 중요해졌다고 할 수 있다. 손은 신체의 비율과는 어울리지 않는 크기, 자세의 다양성, 팔의 활발한 움직임으로 이미지에 내적 역동성을 부여하고, 표현된 동작의 의미를 암시하기 위한 가장 중요한 기능을 맡는다. 손가락을 사용한 몸짓 표현의 명확함과 다양성이 특히 눈길을 끈다. 예컨대 퀸틸리아누스가 말한 기본 몸짓gestus communis은 네 번 거듭 발견된다. 어떤 경우든 그것은 말하는 인물, 더 정확하게는 비난하고 고발하는 인물이 한다. 악인인 경우에는 위협하거나 비방하는 인물이다.[32] 그러므로 그것의 의미는 퀸틸리아누스가 부여한 의미와는 이미 완전히 같지 않다. 어쨌든 이 필사본에서 그것은 표현법으로서 그 본래 기능의 '중립성'과는 대조되는 도덕적, 종교적 가치를 지닌다. 축복의 몸짓과 마찬가지로 이 기본 몸짓도 중세 기독교 문화에서 새로운 이데올로기적 임무를 얻는다.[33] **도판 6**

하지만 같은 시대의 필사본이라 해도 그것의 의미는 맥락에 따라 달라진다. 퀸틸리아누스가 (『변론술 교육』 11권 3장 92절에서) 묘사한, 가운뎃손가락medius digitus과 엄지손가락 끝을 맞대는 몸짓은 『마르무티에 성사집Sacramentaire de Marmoutier』에 수록된, 정면으로 앉은 주교의 이미지에서는 위엄과 가르침을 나타낸다. **도판 7**

『위트레흐트 시편집』에서와 마찬가지로 『슈투트가르트 시편집』에서도 신은 거의 모든 이미지에 어떤 방식으로든 존재한다. 때로는 본문의 암시에 맞추어 얼굴이 나타난다. 더 많게는 천상의 광휘가 신의 존재와 활동을 나타낸다. 그러나 대부분의 경우에 이미지의 위나 옆에서 축복하고, 지시하기 위해, 아니면 단순히 그 전능함을 알리기 위해 표현된 장면에 불쑥 나타나는 것은 신의 손이다.

신의 두 손이 동시에 나타나기도 한다. 상반된 길을 가리키기 위해 집게손가락을 뻗은 똑같은 몸짓을 하는데, 한쪽에는 악인을 상징하는 나동그라진 전사가 있고, 다른 한쪽에는 주님의 영광을 위해 일어서서 악기를 연주하는 「시편」 작가가 있다.[34]

신의 손의 '도구적' 개입도 『위트레흐트 시편집』 못지않게 뚜렷하다. 다윗에게 기름을 바르는 것은 신의 손이고, 사무엘은 (또는 그리스도는) 그를 떠받치고만 있을 뿐이다.[35] 고통 속에서 주님께 간청하는 「시편」 작가를 들어 올리는 것도 신의 손이다.[36] 그가 간청할 때 신의 손이 그의 손이나 팔을 잡거나, 그와 악인 사이에 개입하거나, 심판의 표지로

[그림 13] 신의 손과 인간의 몸짓 (슈투트가르트 시편집, 9세기)
신의 손가락으로 지명된 「시편」 작가는 자기 얼굴을 향해 신의 몸짓을 재현한다. 이것은 「시편」 40편 3-4절의 삽화이다.

저울을 들고 있는 모습도 자주 나타난다.
  이미지에서 신의 손은 실질적으로 개입하는 것에 그치지 않는다. 다른 인물이 그것을 향해 호소하고, 손을 뻗고, 비슷한 방식으로 손가락을 배열함으로써 그들이 신을 향해 호소하고, 신과 대화를 나누고 있음을 나타내기도 한다.[37] 신의 손가락으로 지명된 「시편」 작가는 그 선택에 놀랐다는 듯이 자신의 얼굴을 향해 몸짓을 정확히 되풀이하기에 이른다.[38] **그림 13** 이렇게 『슈투트가르트 시편집』의 대부분의 이미지는 손동작을 잘 나타낸다. 그것은 의미를 생생하게 하고 연상시키는 데 크게 기여하지만, 무엇보다 원형적인 신의 몸짓으로서의 구실을 한다.

오토 왕조 시대의 필사본

카롤루스 왕조 시대 필사본의 채색 삽화와 오토 왕조 시대 필사본의 채색 삽화 사이의 연속성은 명백하다. 예컨대 (11세기 초의)『하인리히 2세의 성사집 Sakramentar Heinrichs II』은 카롤루스 2세(재위 875~877) 때에 제작된『황금 사본 Codex Aureus』을 바탕으로 레겐스부르크에서 직접 제작

[그림 14] 신의 손 (우타 사본, 11세기)

보는 사람을 향해 아래에서 위로 들어 올린 신성한 손바닥은 형상을 지탱하는 네 가지 주요한 덕을 통해 인간 사이에서 작용하는 신의 창조적인 힘을 나타낸다.

되었다. 그러나 차이도 적지 않는데, 무엇보다 움직임과 몸짓의 형상화와 관련해서 그렇다. 9세기 초 시편집의 소묘는 그 형상의 유동성과 흔들림마저 강한 인상을 준다. 그러나 금박과 채색된 표면을 지닌 오토 왕조 시대의 커다란 채색 삽화는 엄숙함으로 압도한다. 거기에서는 시간이 멈추어 나타나고, 몸짓은 영원을 위해 행해지는 듯이 보인다.

 11세기 중엽 레겐스부르크에서 제작된 [전례용 복음서 필사본인] 『우타 사본Uta Codex』의 도입부에서 신의 손이 표장처럼 표현된 것은 『위트레흐트 시편집』과 『슈투트가르트 시편집』에서 신의 손이 다양하게 역동적으로 사용된 것과 뚜렷이 대비된다.[39] **그림 14** 신의 오른손은 동심원에서 나온다. 그것은 아래에서 위로 세워져 있고, 그림을 바라보는 이를 향해 손바닥이 정면으로 돌려져 있다. 이 경우에는 신의 권능이 천상에서만이 아니라 지상에서도 작용하고 있음을 뜻하는 듯하다.[40] 그것은 신의 선함과 최고의 지혜를 기리는 세 개의 명문이 있는 정삼각형과[41] 빛나는 불꽃의 면류관으로 가장자리를 꾸민 원을 모두 덮고 있다. 그리고 신의 몸짓의 의미를 밝힌 명문이 이런 이미지 전체를 둘러싸고 있다.[42] 한가운데에 위치한 그것을 지혜, 정의, 절제, 용기의 네 가지 '거룩한 덕'을 우의적으로 나타낸 형상들이 떠받치는 모습으로 구성되어 있는데, 그 형상들은 저마다 다른 명문으로 특징을 나타낸다. 명문과 같은 이미지의 구성요소는 의미를 명확하게 해준다. 신의 손은 덕을 통해 작용하는 말씀의 창조하는 힘을 상징한다.[43] 그것은 전형적인 신의 몸짓이며, 상상하던 「창세기」의 몸짓이다. 그러나 이 손에는 신체가 없고, 만물과 존재를 창조하기 위해 집게손가락을 내밀고 있지도 않다. 신의 손에서 비롯된 창조하는 힘은 덕을 통해 언제나 작동하고, 마치 시간을 초월한 현현으로 고정된 듯하다.

 오토 왕조 시대의 복음서와 (성무일과에 읽기 위해 복음서에서 발췌한) 성구집은 그리스도의 삶의 장면도 보여준다. 그래서 그리스도의 삶에서 비롯된 몸짓의 형상화를 연구할 수 있게 해준다. 이 시대의 다양한 필사본 가운데 『오토 3세의 전례용 복음서Evangeliar Ottos III』를 살펴보자. 이 필사본은 10세기 막바지에 라이헤나우 수도원에서 제작되었고, 하인리히 2세(재위 1014~1024)가 밤베르크 대성당에 기증했다.⁴⁴⁾ 이 전례용 복음서의 도상에는 (11쪽의 뒷면과 12쪽의 앞면에 수록된) 4 복음서의 목록 뒤로 39점에 이르는 전면 채색 삽화가 포함되어 있다. 모든 이미지는 적갈색의 직사각형 가장자리 장식으로 구획되어 있고, 금색 바탕 위에서 모든 형상이 강조되어 있다. 어떤 이미지는 하나의 공간을 나타낸다. 하지만 대다수는 상단의 소용돌이 장식 모양의 바탕으로 구획된 상하 2단으로 나뉘어 있다. 그래서 성서가 묘사한 여러 연속된 장면이 이 영역들에 표현될 수 있다. 면 전체를 차지한 처음 두 개의 이미지는 마주 보는 두 쪽에 조공을 바치는 나라들과 위엄있게 왕좌에 앉은 황제를 나타내고 있다.⁴⁵⁾ **도판 2** 필사본에는 자신의 복음서 머리글자 장식을 마주하고 있는 네 복음서 작가들의 장엄한 이미지들도 포함되어 있다. 그리스도가 위엄 있게 앉아 있거나⁴⁶⁾ 엄숙한 자세로 서 있는⁴⁷⁾ 이미지들도 있다. **도판 3, 4**

복음서들은 저마다 (복음사가와 머리글자 이미지를 제외하고) 전면 삽화를 7점씩 곁들이고 있다. 「루카복음서」만 8점이다. 그런데 「마태오복음서」에서 「요한복음서」까지의 모든 이미지는 공적인 삶의 수많은 기적의 장면을 거치며 수태고지부터 부활한 뒤 도마의 불신까지 그리스도의 삶을 삽화로 표현한 연속물을 이룬다. 이 장면들의 중심적인 몸짓은 대부분 치유한 병자를 축복하는 그리스도의 몸짓이다.⁴⁸⁾ **그림 15** 그런데 이 일련의 이미지들은 단지 잇달아 나타난 일화와 같은 '이야기'의 삽화에 그치지 않는다. 그것은 서사적인 것에 중심을 두는 것이 아니라, 상징적 질서를 나타내기 위해 형상들 사이의 관계와 배경과의 관계를 조직하는 표현 양식에 해당한다. 그 질서는 육화의 신비의 질서이다.

'중세 예술의 표현 양식'에 관한 매우 풍부한 자료로 뒷받침된 선구적인 연구에서 [독일의 예술사학자] 베르너 바이스바흐는 오토 왕조 시대 채색 삽화의 이런 이미지에서 어떤 방식으로 '예시적' 차원이 (오히려 상징적이라고 할) '전형적' 차원으로 '다듬어지는지' 이미 보여주었다.[49] 예컨대 『하인리히 2세의 성구집 Perikopenbuch Heinrichs II』에서 마르타와 마리아의 대조적인 태도를 연구하며 그는 이렇게 말했다. "현세에서의 행동을 정확히 표현하는 것을 목표로 삼은 것이 아니라, 두 여성이 구현한 '활동적인 삶 vita activa'과 '관상적인 삶 vita contemplativa'의 유형을 영원으로 옮기는 구실을 한다."[50] 영원으로의 전환, 이것이야말로 틀림없이 이 필사본들에 표현된 몸짓의 참된 가치이자 의미이다.

이 개념은 그 뒤 [20세기 미국의 예술사학자] 마이어 샤피로가 '행동 주제'와 대비되는 '상태 주제'라는 이름으로 나타낸 것과 비슷하다.[51] 그는 논증을 뒷받침하기 위해 몸짓 표현의 역사를 되짚었다. (탈출기 17장 9~13절에 실린) 히브리인이 아말렉족에 맞서 싸운 전투에서 모세가 한 몸짓이다. 선지자가 팔을 들어올리면 히브리인이 이긴다. 그가 팔을 내리면 적이 다시 우세해진다. 그래서 중세의 수많은 이미지들에 나타나듯이, 아론과 후르는 결정적인 승리를 얻기 위해 모세의 팔을 떠받치기로 결정했다. 샤피로에게 이 이미지는 중세 초기에는 신의 권능을 구현하고 신의 이름으로 지배하는 군주 권력의 이미지이다. 모세의 이미지는 황제 하인리히 2세가 왕좌에 앉은 위엄 있는 도상의 밑그림 구실을 한다. 신의 손이 그의 머리 위에 왕관을 씌우는 동안, 두 명의 천사로부터 황제 권력의 표상인 칼과 창을 받은 두 명의 성자가 군주의 팔을 떠받친다.[52] **도판 10**

그러나 모세의 이미지와 그 의미도 시간이 지나면서 변화했다. 그래서 13세기에는 아말렉족에 맞선 전투에서 일어난 돌발적인 사건들에 더 민감해진 삽화가들이 행동에 대한 모세의 참여를 점점 더 강조하거

[그림 15] 치유한 병자를 축복하는 그리스도의 몸짓 (오토 3세의 전례용 복음서, 10세기)

나 다른 상징적 연관을 더 두드러지게 나타냈다. 그들은 특히 모세의 몸짓과 미사의 공물을 기리는 사제의 몸짓을 연결시켰다. 이렇게 '행동 주제'가 '상태 주제'를 대체한 것은 예술사만이 아니라, 이데올로기나 사회의 모든 문화와 관련된 역사적 변화를 나타낸다.[53] 이 경우 이러한 변화는 더 기본적이라고 판단되어 재발견될 몸짓, 곧 성찬 의식에서 사제가 하는 몸짓의 지위 상승을 반영한다.

새로운 전례 문화

전례의 유례없이 비약적인 발전도 카롤루스 왕조 시대의 특징이다. 그것은 서양에서 볼 수 없던 두 가지 특징으로 드러난다. 하나는 전례의 관습과 특히 몸짓에 대한 더 엄격한 규범화이다. 다른 하나는 뒷날 이루어질 방대한 종합의 기원이 되는 상징적 해석의 노력이다.

당시에 ['전례'를 뜻하는] '리투르기아*liturgia*'라는 말은 아직 사용되지 않았다. 이 말은 17세기가 되어서야 확산되었다. 오히려 중세 초기에는 성전에서 이스라엘의 사제들이 행한 섬김 의식에서 가져온 ['섬기다'라는 뜻의 '미니스테르*minister*'에서 비롯된] '미니스테리움*ministerium*'이나 ['직무'를 뜻하는] '오피키움*officium*'이라는 말을 사용했다. 이 말들에서는 신과 신도에 대한 성직자의 '의무'와 그들의 특수한 직무에 대한 엄격한 규정이 중시된다. ['신비'를 뜻하는] '미스테리움*mysterium*'이나 ['신에게 바치다'라는 뜻의 '사크로*sacro*'에서 비롯된] '사크라멘툼*sacramentum*'이라고 부르기도 했다. 이 말들은 모두 그러한 예식 행위 전체의 신성함과 상징적 효력을 강조한다.

전례와 특히 미사의 기도를 행하기 위해 사제는 아직 여러 종의 책을 사용했다. 그것들은 뒷날 '미사 경본'이라는 한 권의 책으로 묶이지만, 그때까지 미사를 집전하는 사제와 (부제, 성서 낭독자, 성가 지휘자처럼) 그를 보좌하는 이들은 기도문 본문을 위해서는 성사집, 낭독을 위해서는 전례용 복음서와 독송집, 찬송을 위해서는 교송 성가집과 미사 성가집 등을 이용했다.

예식의 몸짓은 가장 오래된 사본이 9세기까지 거슬러 올라가는 예식규정집ordines에서 가장 전형적으로 지시된다. 사실 성사집과 예식규정집이 늘 뚜렷이 구분되지는 않는다. 성사집의 본문을 그대로 되풀이한 예식규정집도 있고, 반대로 성사집이 그 항목이나 기도문에 몸짓에 관한 지시를 포함하기도 했다. 아울러 (오랫동안 드물게 남았지만) 삽화가 몸짓에 관한 정보를 제공해주는 것도 있다.

중세 초기에는 줄곧 전례의 관습이 지역마다 크게 달랐다. 로마의 관습은 (암브로시우스식 전례의) 밀라노, [이슬람 문화의 영향을 받아 이베리아 지역에 형성된] (모자랍식 전례의) 에스파냐, (켈트식 전례의) 아일랜드, (갈리아식 전례의) 갈리아와 달랐다. 그러나 (492~496년 교황으로 재임한 겔라시우스 1세의 이름을 딴)『겔라시우스 성사집Sacramentarium Gelasianum』과[54] (590~604년 교황으로 재임한 그레고리우스 1세의 이름을 딴)『그레고리우스 성사집Sacramentarium Gregorianum』에서 비롯된 로마의 영향은 카롤루스 대제가 제국의 모든 교회에『그레고리우스 성사집』을 강제하기로 결정하기 전부터 프랑크인의 지역들에서도 감지되고 있었다.

784~791년 무렵에 교황 하드리아누스 1세는 알퀴누스가 현지 관습에 알맞게 적응시키려 노력한『그레고리우스 성사집』의 사본을 보냈다. '하드리아누스의 그레고리우스Gregorianum Hadriani'라고 불린 이 성사집은 9~10세기에 널리 확산되었다. 이렇게 해서 950년 무렵에 마인츠에서 두 세기에 걸쳐 규범화된 로마-프랑크 전례 관습을 모두 계승한 방대한 편집물이 탄생했다. 오토 왕조의 황제와 주교들은 얼마 지나지 않아 로마에 이『로마-게르만 예전서Pontificale Romano-Germanicum』를 소개했다. 그리고 그것은 적어도 13세기까지 교황이 집전하는 전례의 기초로 존속했다.[55]

여기에서 예식규정집에 기록되어 발견되는 교회의 전례 의식을 모두 상세히 다룰 수는 없다. 그 의식들은 매우 다양하다. 미사, 세례, 사제와 주교의 서임식, 왕의 대관식, 교회의 봉헌, 다양한 축복이 저마다 고유한 몸짓과 함께한다. 일단은 8세기와 11세기 사이에 나타난 왕의 도유 의식의 사례를 살펴보자.

하나의 예 – 군주의 몸짓

왕과 황제의 축성식과 대관식 의전은 카롤루스 왕조와 오토 왕조의 규범화에서 유독 큰 영향을 받았다. 그것은 로마제국 후기 기독교도 황제의 왕림 의식, 성서에 기록된 왕들의 도유식, 게르만 국왕의 즉위식, (주교의 축성과 같은) 교회의 전례와 같은 다양한 원천에서 가져온 것을 결합해 8세기 말부터 굳어졌다.[56] 예식의 혁신에서도, 의전의 체계화에서도 프랑크 제국의 서쪽이 가장 빨랐다. 어떤 새로운 의식의 몸짓은 엄청난 중요성을 지닌 결과를 낳았다. 751년 성 보니파티우스가 국왕 피피누스 3세에게 행하고, 754년 교황 스테파누스 2세가 직접 생드니에서 재현한 도유식이다.

중세 군주제의 역사에서 처음 행해진 이 국왕의 도유식은 프랑스 왕에 대한 축성식의 중심 의식이 되었다. 군주제는 자신의 유일하고 신성한 성격을 강조한다. 축성식에서의 도유는 실제로 496년 클로도베쿠스 1세가 개종할 때에 랭스의 성 레미기우스가 해준 세례의 도유와 동일시되었다. 그 도유는 성령의 비둘기가 하늘에서 가져온 천상의 기름으로 이루어졌다. 그리고 이제 그 기적의 기름은 프랑스 왕의 축성식에 사용되는 성유병에 보관되어 있다고 여겨졌다.

9세기부터 축성과 대관의 의식은 먼저 (기도와 축복의 문구를 위해) 성사집에서, 다음에는 의례의 몸짓을 분명히 밝힌 특별한 예식규정집에서 고정되는 경향이 있었다. 후자 유형의 문헌 가운데 보존된 가장 오래된 사례는 869년 메스에서 이루어진 카롤루스 2세의 대관식과 877년 콩피에뉴에서 이루어진 그의 아들 루도비쿠스 2세의 서프랑크 국왕으로서의 축성식을 위해 제작된 것으로, 랭스 대주교 힝크마루스가 제작한 것으로 추정된다. 다른 두 종의 예식규정 ordo도 같은 문헌에 묶여 있다. 856년 (우아즈의) 베르메리에서 이루어진 황제의 딸 유디트와 〔웨식스 왕국의〕 앵글로·색슨인의 왕 애설울프의 결혼식, 그리고 866년 황제 자신과 에르멘트루데의 결혼을 위한 예식규정이다. 예식규정집의 항목들은 의식의 주요 행위와 일치하며, 몸짓 그 자체만으로 서술된 것도 있다. 예컨대 카롤루스 2세의 대관식과 도유식을 위한 예식규정은 랭스 대주교가 "주께서 당신에게 왕관을"이라고 말하며 "왕의 오른쪽 귀와 이마, 왼쪽 귀와 머리까지 성유를 바른다"고 명시하고 있다. 루도비쿠스 2세를 위한 예식규정은 기름을 바르고, 왕관을 씌우고, 〔왕권을 상징하는 지휘봉인〕 왕홀을 건네는 것을 잇달아 구별하며, 각각의 사물이 지니는 상징적인 의미를 밝히고 있다.[57]

카롤루스 제국에서 생겨난 다양한 군주제가 서로 구별되면서 왕실의 예식규정집은 특히 10세기에 이르러 체계화되었다. 이러한 변화는 서쪽의 카롤루스 왕조 최후의 왕들과 카페 왕조 초기의 왕들과 관련된 〔8세기 생드니 수도원장의 이름에서 비롯된〕 이른바 풀라두스의 예식규정을 낳았다.[58] 위그 카페가 즉위하기 조금 전인 980년 무렵에 '왕의 봉헌과 축복', '왕비의 축복'을 위해 만들어진 것이다. 앵글로·색슨인의 왕들과 관련해서는 973년 바스에서 이루어진 에드가 왕의 축성식과 대관식에 관한 묘사가 가장 명확하게 남아 있다. 예식규정이 제공하는 정보는 램지 수도원 수도사의 예식 견문기로도 확인된다. 풀라두스의 예식규정처럼 도유와 반지, 검, 왕관, 왕홀, 지팡이의 수여가 항목으로 구분되어 언급된다. 아울러 (제단 앞에서 엎드렸다가 일어서서 그때까지 쓰고 있던 왕관을 내려놓는) 국왕의 몸짓과 (미래의 왕의 손을 잡고, 그가 일어설 때 부축해주는 등의) 주교의 몸짓이 명확하게 묘사되어 있다.[59] 몸짓에 관한 관심이 얼마나 확산되고 더 세심해지고 있었는지를 보여준다. 끝으로 게르만 황제의 로마에서의 대관식에 관해서는 『로마-게르만 예전서』에 현전하는 가장 오랜 두 종의 예식규정이 실려 있다. 그것들에는 그 의전만의 고유한 몸짓이 강조되어 있다. 오스티아 주교가 군주의 오른팔과 어깨 사이에 퇴마의 기름을 바르는 몸짓이다.[60]

몇몇 희귀한 도상은 본문의 정보를 보충해주고, 그에 관한 우리의 인식을 더 낫게 바꾸어준다. 축성식에 관한 카롤루스 왕조 시대의 도상은 알려진 것이 전혀 없다. 축성식에 관한 종교의식적이지도 순수히 상징적이지도 않은 가장 최초의 표현 가운데 하나는 1000년 무렵의 것으로, 오토 왕조의 황제 오토 3세의 측근이던 『이브레아 주교 바르몬도의 성사집Sacramentarium Episcopi Warmundi』에서 발견된다. 이 필사본에는 62점의 세밀화가 실려 있는데, 그 가운데 "성직자와 인민이 왕으로 추대할 때 왕을 축복하기 위한" 예식규정에 덧붙여진 삽화는 주교와 다른 한 사람이 거행하는 국왕 대관식을 묘사하고 있다. 그리고 "왕들을 위한 미사"에 덧붙여진 삽화는 오토 3세 자신의 대관식을 나타내고 있다.[61]

첫 번째 세밀화에서 왕은 두 손을 벌리고 제단과 주교 앞에 몸을 굽힌다. 사제들은 마치 그의 겸손의 몸짓을 돕는 것처럼 왕의 어깨를 잡고 있으며, 앞에는 왕의 머리 위에 왕관을 씌우는 주교가 서 있다. 이미지는 새로운 주교의 축복을 표현한 것과 매우 유사하다. **그림 16-1**

그러나 황제 대관식의 이미지는 무척 다르다. 교회 공간을 암시하는 것이 모두 사라진다. 이미 왕관을 쓴 황제는 앞서의 왕과 마찬가지로 몸을 굽히고 두 손을 벌리고 있다. 하지만 그는 성모 앞에 서 있으며, 성모는 오른손으로는 왕관의 테두리를 만지고, 왼손에는 자신의 보호를 받는 이에게 건네려고 준비한 황제의 홀을 쥐고 있다. 여기에서는

[그림 16] 대관식 (이브레아 주교 바르몬도의 성사집, 11세기)
1. 사제의 부축을 받은 왕의 대관식을 거행하는 주교 (fol. 2r)
2. 황제 오토 3세에게 왕관과 홀을 건네는 성모 (fol. 160v)

이미 의식의 핵심 양상을 보여주는 예시가 아니라, 성모 출현의 특징으로 표현된 일종의 승화를 마주하게 된다. 이미지 곁에 적힌 명문은 오토 3세에게 전한 성모의 말을 재현하는 듯하다. 성모는 그에게 '카이사르의 왕관'을 주는데, 이는 경쟁자인 아르두이노를 제치고 바르몬도가 이브레아 주교 자리에 앉을 수 있게 해주었기 때문이다.[62] 하지만 이미지는 필사본 제작을 주문한 주교에게 중요했던 정치적 사정을 넘어서서, 교황이 주관하는 축성식과 대관식에서 군주에게 귀속되는 권력의 초자연적인 기원이 무엇인지를 보여준다. **그림 16-2**

  같은 시기에 다른 이미지들도 황제 권력의 기원에 관한 이러한 관념을 훨씬 더 웅장하게 확립한다. 황제가 위엄 있게 왕좌에 앉은 모습을 나타낸 그 이미지들은 오토 왕조의 신권 정치의 꿈을 표현한다. 이 귀중한 필사본들은 황제의 명령으로 라이헤나우와 레겐스부르크의 수도원에서 제작되어 밤베르크와 같은 제국의 대성당에 봉헌되었다. 황제 숭배가 가장 찬란하게 발견되고, 그런 이미지가 전례 자체에 관여하는 장소이다. 성무일과 찬송의 리듬에 맞추어 고위 성직자들이 그 필사본의 무거운 책장을 넘길 때, 그들이 손으로 하는 몸짓도 채색 삽화의 금빛과 선명한 색깔을 빛나게 한다.[63] 이 이미지들에서는 복음사가 같은 천상의 인물과, 지상에서의 신의 대리인인 황제를 형상화할 때 전통적 경직성hiératisme이 동일한 특징으로 나타난다. 때로는 위엄 있게 왕좌에 앉은 황제의 이미지가 책의 맨 앞에 놓이기도 한다. 어떤 것도 움직이지 않는다. 황제의 움직이지 않는 형상, 그의 확고부동한 몸짓은 내재된 힘을 나타내고 찬양한다. (공적인 권력의 행위를 승인하기 위한 대부분의 인장들이 채택한) 엄숙한 정면성에 고정된 황제의 위엄에 비추어 보면, 모든 움직임은 복종의 표지로 가치가 낮추어진다. 이 경우에 몸짓은 모두 '무절제한 몸짓'일 것이다.

  오토 2세와 오토 3세, 하인리히 2세를 나타낸, 왕좌에 앉은 황제의 이러한 형상들은 주목할 만한 연속물을 이룬다.[64] 그것들은 물질적인 기호로 군주의 신성한 선출을 강조한다. 이미 9세기부터 카롤루스 2세의 『황금 사본』에서는 왕좌에 앉은 황제를 굽어보는 아치형 천장 바로 아래의 구름에서 신의 손이 나온다. 군주는 옆으로 조금 몸을 돌리고 오른손을 들고 있다. 고관들이 그를 에워싸고 있는데, 무장을 한 두 사람은 양쪽에서 황제의 표장insignia인 칼과 창을 들고 있다.[65] **도판 8**

그러나 한 세기 가까이 지난 973년 무렵에 오토 2세를 위해 제작된 『리우타르 전례용 복음서Liuthar-Evangeliar』는 놀라운 변화를 보인다. 마치 그리스도의 화신인 양 황제 자신이 후광 안에 앉아 있기 때문이다.[66] 황제는 완벽히 정면을 향하고, 대칭을 이루는 방식으로 두 팔을 넓게 벌리고 있다. 오른손은 [권위를 상징하는] 둥근 공Globus을 쥐고, 왼손은 손바닥을 앞으로 향한 채 벌리고 있다. 황제의 후광은 군주 앞에 기다란 두루마리를 펼친 네 복음사가의 상징으로 둘러싸여 있다. 위에서는 십자가로 표시된 특유의 후광에서 신의 손이 황제의 머리 위에 왕관을 씌우러 온다. 황제의 왕좌는 보편적 통치권의 표지인 영토Tellus로 떠받쳐져 있다. 두 명의 병사가 양쪽에서 이 진정한 신의 현현 앞에 몸을 숙인다. 아랫부분에는 두 명의 전사와 두 명의 사제로 상징된 사회의 지배적 질서가 표현되어 있다. 여기에서 황제의 신권정치적인 권력의 표현은 정점에 이른다. 오토 2세가 본보기로 삼았던 비잔티움 황제조차도 후광 안에 앉은 모습으로는 결코 표현되지 않았다. 뒤이은 두 황제인 오토 3세와 하인리히 2세에게서도 이는 받아들여지지 않은 듯하다. **도판 9**

전례 몸짓의 상징적 해석

8세기부터 1000년까지 전례는 본문과 도상 표현에서 통일되고, 규범화되고, 명확해지는 경향만 보였던 것은 아니다. 그것은 '엑스포시티오

expositio'라는 말이 포괄하는 모든 개념인 성찰, 해석, 알레고리화의 대상도 되었다. 이를 위해 교부 철학 시대부터 잘 검증되어 카롤루스 왕조 시대에 완전히 부흥한 성서의 상징적 해석 기법이 전례를 대상으로 옮겨졌다.[67] 이런 해석의 노력은 특히 전례의 몸짓, 더 일반적으로는 교회에서 특별하게 규정된 모든 몸짓을 대상으로 했다.

당시 전례의 행위와 사물에 대한 상징적 해석은 완전히 새로운 것이 아니었다. 테르툴리아누스, (『신비론De mysteriis』을 쓴) 암브로시우스, 아우구스티누스, 뒤이어 이시도루스도 『성무일과론De ecclesiasticis officiis』에서 이미 부분적으로 시도했다. 동방 기독교에서는 오리게네스, (카롤루스 왕조 시대부터 서방에 영향을 끼친) 위-디오니시오스, 『전례 입문Mystagogie』을 쓴 증성자 막시모스(662년 사망), 715년부터 730년까지 콘스탄티노폴리스 총대주교를 지냈으며 오늘날 『교회사Historia ecclesiastica』의 저자로 인정받는 게르마노스 1세가 선구자로서의 역할을 했다. 『전례 입문』과 『교회사』는 870년 무렵에 아나스타시우스가 황제 카롤루스 2세를 위해 라틴어로 옮겼다.[68] 그러나 이미 그 이전에 알퀴누스의 제자인 메스의 아말라니우스가 823년 무렵에 『성무서Liber officialis』를 썼다. 이것은 그 규모와 체계적 성격에서 12세기 이전의 라틴 전례에 관한 가장 중요한 상징적 해석일 것이다.

두 주요한 원칙이 그 해석과, 그것이 예배의 각각의 행위·사물·몸짓·말에 관해 진술한 '의미'를 지배한다. 첫 번째는 환기rememoratio이다. 전례의 모든 국면들은 그리스도의 삶의 행위를 환기시키고 재현하는 것으로 정당화된다. 따라서 그리스도의 수난이 미사 전체, 특히 '미사 전문'* 뒤에서 암암리에 모습을 드러낸다. 예컨대 사제는 빵을 봉헌

---

* '로마 전문'이라고도 하는 '미사 전문(Canon Missae)'은 로마 전례에 따른 가톨릭 교회 미사의 일부이다. 미사 의식에서 사용된 가장 오래된 성체 기도문으로 1970년 이전까지는 예식에서 사용된 유일한 성체 기도문이었다. 하지만 그 뒤 3개의 다른 기도문이 포함

물로 바칠 때 두 번 성호를 긋고, 그것을 성작 옆에 먼저 내려놓는다. 이는 그리스도가 '두 민족'을 위해 십자가에 못 박히고, 그의 몸이 십자가에서 내려졌기 때문이다.[69]

두 번째 원칙은 도덕화 moralisatio로, 본문 곳곳에서 '도덕적 원칙에 따라 moraliter'라는 표제로 환기된다. 전례 행위는 저마다 도덕적 교화의 기능을 지닌다. 예컨대 [부제 아래의 직위인] 차부제는 사제 쪽으로 방향을 돌릴 때 자신의 얼굴이 죄에 대한 인식을 상징한다는 것을 명심하고, 자신의 고백을 신에게 전할 수 있게 사제에게 얼굴을 보여야 한다.[70]

같은 시대에 성서 해석에서 시작해 전례를 상징적으로 '설명'하려 했던 이런 노력은 수도원 계율에 대한 주석으로도 확대되었다. 이런 주석은 당시 대체로 새로운 것이었고, 아니안의 베네딕투스(750~821)가 앞장선 베네딕투스 수도회의 개혁과 부흥을 위한 커다란 계획의 일부였다. 그는 25개 이상의 수도원 계율을 모아 『계율집 Codex regularum』을 펴냈는데, 이는 적어도 그가 그것들을 꼼꼼히 비교했다는 것을 전제로 한다.

그 시대에 생미엘 수도원장 스마라그두스(830년 무렵 사망)가 『베네딕투스의 계율』에 가장 중요한 주석을 붙인 것도 이런 맥락에서였다. 그는 성서에 하던 것처럼, 계율의 모든 본문을 한 문장씩 되풀이하며 그것의 도덕적 의미와 성서에서의 본보기를 찾았다.* 겸손의 12단계에 관해 말할 때도 마찬가지였다. 성 베네딕투스에 따르면 걸음걸이, 앉거나 서 있는 태도, 머리와 눈을 숙이는 데에서 겸손한 행동을 보여야 한다. 스마라그두스는 여기에 겸손의 덕, 잘못을 저지른 뒤의 참회에 관한 발전을 모두 덧붙이고, 이 세상에 높아진 자는 심판의 순간에 낮아질 것임

되면서 현재의 로마 미사 경본에는 미사 통상문의 감사기도 제1양식으로 실려 있다.
* 스마라그두스는 수도원 개혁을 위해 『성 베네딕투스의 계율 해설 Commentaria in regulam Sancti Benedicti』 이외에도, 수도원 생활의 주요한 의무와 덕에 관한 규칙을 설명한 『수도사의 왕관 Diadema monachorum』 등을 썼다.

을 상기시킨다.[71]

그러나 그렇게 함으로써 스마라그두스의 주석은 수도원의 몸짓 개념이 지닌 한계를 잘 보여준다. 수도사는 자신의 행동으로 눈에 띄게 하려 애쓴다면 중대한 죄를 저지를 위험이 있다. 그는 오히려 경계를 게을리하지 않는 형제들의 눈과, 더 나아가 신의 전지전능한 시선 아래에서 공동체 전체의 움직임에 융합되어야 한다. 스마라그두스는 수도사로서 우리의 의무는 "지체의 모든 힘으로 신을 섬기기에 알맞게 온몸을 바치는 것"이라고 말한다.[72]

신체의 모든 움직임과 태도에 관한 이러한 도덕화는 알퀴누스의 제자이자 풀다 수도원장이던 라바누스 마우루스(856년 사망)에게서 가장 체계적으로 나타난다. 그는 백과사전적인 작품인『사물의 본성에 관하여 De rerum naturis』에서 신체의 모든 부분에 상징적인 의미를 제시한 뒤, 인간의 일곱 가지 '자세와 태도'가 무엇을 '의미'하는지 설명한다. 그것들은 모두 하나의 동사나 명사로 지시된다.[73] 그 의미들은 모두 기독교인의 도덕적 삶에 속하며, 저마다 관련된 낱말이 포함된 하나 이상의 성서 구절로 뒷받침된다. 그 구절에 그러한 낱말이 존재한다는 것만으로도 '권위'의 가치가 입증되기에 충분하다. 작가 자신의 말에 따르면, 그러한 자세와 움직임은 늘 똑같은 하나의 의미만 지니거나, 아니면 '좋은' 쪽이나 '나쁜' 쪽으로 이해할 수 있다. 따라서 궁극적으로 기독교인의 내적 준비에 오롯이 달려 있다.

— 늘 긍정적인 의미를 지니는 것 : [꼿꼿이] '서다*stare*'는 신앙의 단단함을 나타낸다. [행진하여] '걷다*ambulare*'는 신을 향해 나아가려는 노력을 뜻한다. [움직이지 않고] '앉다*sedere*'는 겸손하게 신에게 자신을 맡기는 것을 가리킨다.

— 반대로 늘 부정적인 것 : '눕다*jacere*'는 유혹에 굴복하는 것을 뜻한다. '하강*descensus*'은 신에게 버림받는 것을 나타낸다.

— 때에 따라 좋은 쪽으로도 나쁜 쪽으로도 될 수 있는 것 : '달리다 currere'는 선을 행하기 위해 서두르는 것을 뜻하지만, 때로는 악을 위해 분주히 행동하는 것을 뜻하기도 한다. '상승ascensus'은 신을 목표로 하는 경향을 뜻하지만, 오만으로 부풀어 오른 것을 나타내기도 한다.

이런 분류를 지나치게 헛된 언어유희의 방법으로만 보는 것은 잘못일 것이다. 이 목록에는 자의적인 것은 없고, 오히려 기독교인 신체의 겉모습을 평가할 수 있게 해주는 윤리적, 종교적 원칙이 명시되어 있다. 도덕적으로 뛰어나거나 뒤떨어진 것은 공간에서도 마찬가지이고, 반대의 경우도 같다. 따라서 (성가대의 수도사에 알맞은 자세인) '서다'와 '앉다'는 (잠과 꿈에 관한 수도원의 오래된 불신과 연관된) '눕다'와 대립한다. ('걷다'의) 절도는 ('달리다'의) 과잉과 대립하고, 마찬가지로 (신을 향한) '상승'은 (지옥으로의) '하강'과 대립한다. 그러나 ['달리다'의] 서두름이 고결한 것이 될 수도 있고, ['상승'도] 오만으로 부풀어 오르는 것은 단죄된다. 이 일곱 단어의 목록에는 ('일곱'이라는 숫자 자체도 우연이 아니겠지만) 수도사의 신체적 태도habitus가 모두 포함되어 있다.

이렇게 첫 번째 천년 동안 몸짓에 관한 고대의 관념은 어디에서나 똑같이 점진적인 쇠퇴를 겪었다. 몸짓gestus이라는 말이 드물어지거나, 인용할 때 더 잘 정의해야 할 필요성이 생겨난 것은 그리 특별하지 않은 징표였다. 그에 관해 도덕적 문학은 사회적 행동의 규칙을 정의하기보다는 오히려 신체의 굴레에서 영혼을 해방하는 것을 점점 더 목표로 삼고 있었다.

이런 방향 전환은 수도원 문학에서 가장 두드러졌다. 주교와 왕의 모델은 몸짓에 관한 고대 윤리의 전통에 더 충실히 머물러 있었으나, 거기에도 개인의 몸짓에 대한 윤리적 성찰의 여지는 거의 남아 있지 않았다. 몸짓은 주교·국왕·수도원의 전례 안으로 스며들었지만, 이유는 완전히 달랐다. 수도사의 목소리와 신체는 천사의 그것과 동일시되었고, 황제의 위엄은 신의 초월적인 영광이 투영된 모습이 되었다.

천사의 합창과 그리스도의 춤

예식규정집의 무미건조한 장식 문자나 중세 세밀화의 불가피하게 고정된 성격은 중세 전례에 대해 잘못된 인식을 가져다줄 위험이 있다. 역사가는 이런 이미지에 생명력을 불어넣고, 장엄한 의식의 목소리와 음악이 울려 퍼지게 하고, 예배행렬의 집단적인 움직임을 상상해야 한다. 이야기와 성인전 자료들은 예배행렬의 전개, 그것의 경로, 종교 건축물과의 관련을 더 잘 이해하는 데 도움이 될 수 있다. 이 모든 것이 몸짓을 그 의식 전체 안에 배치하고, 그것의 상징적 쟁점을 더 잘 이해하기 위해 필요한 조건들이다.

무엇보다 눈길을 끄는 것은 전례가 공간과 사람을 결합하는 방식이다. 그 모델은 오래되었다. 590년 페스트를 계기로 로마에서 교황 그레고리우스 1세가 제정한 주요 신도송에서 이미 발견되기 때문이다. 거기에서는 재앙에 맞서 신의 보호를 간청하기 위해 하나의 행렬에 일곱 '지역'이 모이도록 권유되어 있다.[74] 800년 무렵에 켄툴라의 (생리케) 수도원장 앙길베르투스가 작성한 예식규정에 따르면, 부활절 참배 *peregrinatio*는 수도원의 (성 베네딕투스와 성모 마리아, 성 리카리우스와 구세주의 이중 교회로 이루어진) 세 성소를 차례로 돌아다니며 행해졌고, 그 행렬은 수도사, 귀족과 함께 인접한 7개 소교구에서 온 혼합된 군중 *mixtus populus*이 각 교회의 십자가 뒤에 모여 이루어졌다.[75] 생리케의 예배행렬 모델은 1086년 무렵에 수도사 베르나르의 관례집으로 알려진 (내진의 모든 제단을 방문하고, 그 뒤 수도원 경내로 나와, 수도원의 다른 곳들을 가로지르는) 클뤼니의 일요일 참배 전례에 영향을 끼쳤을 것이다.[76]

12세기에도 건축가의 작품과 생드니 수도원장 쉬제르의 저술에서 유사한 특징을 찾아볼 수 있다. 이들은 위-디오니시오스의 신비주의에서 영감을 얻어 건축과 전례의 상징적 의미를 성찰하는 데 유례없는 노력을 기울였다. 쉬제르에게 이는 마치 성유물함 안에 담듯이, 전설에서 신의 손이 직접 기적으로 축성한 카롤루스 왕조 시대의 오랜 성소의 벽을 새로운 교회 안에 아우르는 일이었다. 나아가 (생드니는 왕실의 성소이므로) '현세'를 지향하는 서쪽의 [건물 출입구로 사용되는 정면의 외벽 부분인] 파사드와, 반대로 수도사의 신에 대한 명상을 상징하는 커다란 유리창이 뚫린 동쪽 [교회 건물의 뒤쪽 끝부분인] 슈베 사이에 [신도들의 자리가 있는] 널찍해진 중앙 홀을 넣는 일이기도 했다.

쉬제르 자신이 1140년 6월과 7월, 1144년 6월에 이루어진, 건물의 이 두 정반대 부분의 봉헌을 묘사해 놓았다. 그는 스테인드글라스의 다채로운 반사광과 성가대가 부르는 찬송가의 변화 속에서 수도사들이 질서 있게 산책하던 모습을 회상한다. 그리고 잘 알려진 구절에서 이 집단적인 전례가 어떻게 신체와 영혼, 물질과 비물질, 인간과 천사, 가시적인 것과 비가시적인 것의 '일치'를 보장하는지 설명한다.[77] 수도사 개개인이 문제가 되지 않는다. 공동체 전체가 천사들의 합창 안에 모두 결합된다. 전례는 수도사들의 몸짓이다.

천사들과 마찬가지로 인간에게도 신에 대한 찬양은 집단적인 춤으로 바뀐다. 「시편」(48편 3절)에서는 특별히 축복받은 도시이자 신의 도성인 시온을 찬양하기 위해 "아름답게 솟아오른 거룩한 산, 온 누리의 기쁨"이라고 나타낸다. 『위트레흐트 시편집』은 이를 둥근 성벽 안에서 신의 거처 주위를 돌며 손을 잡고 춤추는 사람들의 원무로 표현한다.[78] **그림 17**

이 시대부터 위-디오니시오스의 '천상위계론'의 재발견을 바탕으로 무용수 천사와 음악가 천사로 이루어진 천상의 합창단이라는 모델이 전례의 배경에 부과되었다. 신성함이 찬양되어야 할 때마다 그들의 교차하는 날개의 살랑대는 파동이, 열을 지어 나아가며 시편을 읊는 성직

[그림 17] **시온의 딸들의 춤** (위트레흐트 시편집, 9세기)
시온의 축복받은 도시는 성벽으로 둘러싸여 있고, 그 안에서는 시온의 딸들이 원무를 추며 돌고 있다. (시편 48:12)

자와 수도사의 영창에 박자를 맞추는 듯이 보인다. 더 뒷날의 이미지에서는 한자리에 모인 반투명한 천사의 합창단이 떨림으로 가득한 찬란함을 내뿜으며 (탄생, 수태고지, 승천과 같은) 종교의 주요한 신비에 생동감 넘치는 배경을 제공한다.

춤의 고양은 그리스도 자신에까지 이른다. 1100년 무렵에 제작된 작은 상아 상자의 덮개 한가운데에는 승천하는 그리스도의 후광을 팔을 뻗은 4명의 천사가 에워싼 모습이 나온다.[79] 하늘을 향해 손을 내민 다른 4명의 천사와 함께 그들은 이 후광과 그 소중한 내용물을 성부에게 바치는 듯이 보인다. 성부는 천상의 구름에서 아들을 맞이하기 위해 아래로 내민 손으로만 나타난다. 그런데 후광 안에서 그리스도는 보통 때처럼 위엄 있게 왕위에 앉은 모습이나, 영원으로 끌어올리기 위해 내밀어진 손을 잡으려고 작은 구름에 오른 모습을 하고 있지 않다. 여기에서 거의 옆모습으로 표현된 그리스도는 모든 무게에서 해방되어 뛰어오르는 듯이 비약하고, 아버지의 오른손을 맞잡으려고 팔을 뻗고 있다.

[그림 18] 그리스도의 승천
(상아장식함, 1100년 무렵)
네 명의 천사가 떠받친 후광 안에서 그리스도는 성부의 뻗은 손을 향해 들어 올려진다. 사도들은 그 장면을 목격한다.

그 한참 아래에는 이제 홀로 된 사도들이 얼굴을 하늘로 향한 채로 신의 아들의 춤을 깜짝 놀란 모습으로 바라본다. **그림 18**

악령 들린 자, 하나의 변종?

중세 사회가 광경을 제공한 모든 몸짓 가운데 귀신 들린 자의 그것은 그 시대의 사람들에게 가장 깊은 인상을 안겨주었다. 우리는 그들을 악령daemon에 '사로잡힌 자possédés'라고 말한다. 하지만 중세 문헌은 더 나아간다. '다이모니아쿠스daemoniacus'라고 즐겨 부르며, 그들을 사로잡은 힘으로 그들의 정체성을 환원시킨다. 아니면 군사 용어를 적용해 ('강박관념에 휩싸인 사람'을 뜻하는 말obsédés의 기원인) '포위된 사람obsessus'이라고도 부른다. 동사의 수동적인 형태에도 주목해야 할 것이다. 악령 들린 자는 그들의 의지나 몸짓의 주인이 아니다. 그들은 침입해온 적에 의해 움직여진다. 지옥에 떨어져 영벌을 받는 자들과 마찬가지로, 지상에 있는 그들도 악마의 노리개이다.

가장 이르게는 [5~6세기에] (술피키우스 세베루스와 투르 주교 그레고리우스가 쓴) 성인전, 그 뒤에는 순례지의 성소들에 관한 '기적서'와 (그리스도의 본보기를 따라 사제나 때로는 성인이 생존해 있을 적에 행한) 퇴마의식 이야기는 귀신 들린 자들에 관한 사실적이고 무시무시한 묘사를 풍부히 가져다준다.[80] 그들의 신체는 절도를 모두 잃은 듯하고, 야수나 괴물에 가깝다. (11세기에) 콩크의 성녀 피데스의 기적서를 쓴 수도사는 귀신 들린 자를 인간의 부르짖음을 내지르는 자, 사자처럼 울부짖는 자, 돼지처럼 꿀꿀거리는 자, 뱀처럼 쉭쉭 소리를 내는 자로 구분했다.[81] (12세기에는) 어느 날 [검은성모상으로 유명한] 노트르담 드 로카마두르에 한 젊은이가 끌려왔다. 신을 모독하는 말을 너무 자주 해서 "신체의 건강을 잃고, 언어와 이성을 사용할 수 없게" 되었기 때문이다.[82] 그의 무절

[그림 19] 게라사의 귀신 들린 자의 치유 (힐데가르트 폰 빙엔의 기도서, 12세기 말)

마치 돌아서듯이 예수는 날개 달린 악마가 입에서 빠져나가는 귀신 들린 사람을 축복하고 있다. (루카복음서 8:26-29)

제한 몸짓은 매우 강한 인상을 준다. "그들은 쇠사슬로 묶고, (미치광이나 난폭한 죄수 등에게 입히는 일종의 구속복이나 운반용 자루였을까?) 새 직물 안에 넣고 꿰매어야 했다. 하지만 이렇게 억제되고, 손에 쇠수갑이 채워졌는데도 그를 움직이지 못하게 하는 데에는 여러 사람이 필요했다." 의사들이 그를 위해 할 수 있는 일은 없었다. 그의 어머니는 성모의 자비를 구하려 애썼다. 젊은이는 신을 모독한 말이 분노를 사서 그런 벌을 받았기 때문이다. 그의 어머니는 툴루즈 지방의 기사들과 함께 젊은이를 로카마두르로 데려왔다. "그러나 그들은 젊은이를 교회 안으로 들여보내는 데 어려움을 겪었다. 그를 차지한 자가 격렬히 저항하는 것 같았기 때문이다." 그는 제단 앞으로 끌려갔고, 마침내 성모는 그에게 동정심이 생겼다. "성모는 젊은이의 손에서 쇠수갑을 벗기고, 말 못하게 그의 입을 막은 끈을 찢고, 사로잡혀 있던 몸에서 악령을 몰아내서 그에게 말을 되돌려주었다." 무척 많은 중세 세밀화, 특히 그리스도가 게라사인의 땅에서 귀신 들린 자를 치유한 기적이나 성인들이 행한 악령 들린 자의 퇴마의식을 나타낸 그림들은 몸부림치는 신체 밖으로 악마가 빠져나오는 그 극적인 순간을 강조해 표현했다.[83] **그림 19**

기적이 없을 때에는 관례적으로 교회의 퇴마의식에 의지했다. 제럴드 웨일스*는 '푸아티에의 귀신 들린 여인'에 관한 놀라운 이야기를 전해준다. 이 가련한 여인의 몸 위에는 복음서와 여러 성인의 성유물이 놓였다. 그러나 그녀의 피부 아래에서 악마가 미친 듯이 저항했다. 그 거룩한 사물들에 쫓겨 악마는 끊임없이 신체의 다른 부분으로 달아났고, 경련적인 움직임과 갑작스럽게 붓는 증상으로 그런 이동이 모든 이의 눈에 드러났다.[84]

귀신 들린 자는 기독교 사회에서 맡은 역할이 있었다. 그들은 자신

---

* 제럴드 웨일스(1146?~1223) : 영국 웨일스 출신의 사제이자 역사가로 『아일랜드 지리지Topographia Hibernica』, 『아일랜드 정복기Expugnatio Hibernica』 등의 작품을 남겼다.

들의 무절제한 몸짓으로 죄의 저주와 악마의 힘, 나아가 그들을 처벌한 뒤에 치유할 수도 있는 성인의 더 위대한 힘을 증언한다. 그들은 인간에 관해 모든 것을 알고 있는 타락한 천사인 악마의 대변인이다. 그런데 역설적이게도 귀신 들린 자의 입으로 악마는 (거짓말쟁이, 도둑, 방탕한 자와 같은) 그들의 가장 충실한 동료를 고발하거나, 그들의 주요한 맞수인 성인의 덕을 인정한다. 투르의 그레고리우스에 따르면, 그가 아는 어느 수도원에서는 귀신 들린 자들이 하나의 인정된 집단을 형성했다. 그들은 청소를 담당하고, 먹을 것을 받았다. 그들은 공공연히 진실을 말하고, 더 뒷날의 궁정 광대처럼 벌 받지 않고 왕에게 욕지거리를 할 수도 있었다.[85] 수도사 기베르 드 노장은 1115년 무렵에 쓴 자서전에서 순수하다고 여겨졌으나 실제로는 수치스러운 삶이 드러난 젊은 수도사를 어느 귀신 들린 자가 고발한 일을 이야기했다. 악마에 사로잡혀 귀머거리와 벙어리가 된 자가 점치는 재주를 받았다가 성모에게 치유된 일, 그리고 악령 들린 자가 작가의 어머니를 보고 "사제들이 그녀의 허리에 십자가를 놓았다"고 외치며 그녀의 종교적 사명을 알린 일도 이야기했다.[86] 한 세기 뒤의 시토회 수도사인 카이사리우스 폰 하이스터바흐*에게 모든 거짓말을 알아챌 수 있는 귀신 들린 자 앞에 출두하는 것은 고해로의 길에서 벗어날 수 없게 하는 일종의 신명재판이었다. 실제로 모든 기독교인에게 해마다 고해 성사의 의무가 강제되기 시작한 12~13세기에는 죄인이 자신의 모든 잘못을 고백하는 것은 악마가 그것을 잊게 할 만큼 충분히 효력이 있고, 그래서 악령 들린 자가 그것을 공공연히 폭로하지 못하게 한다는 믿음이 널리 퍼져 있었다.[87]

무절제한 몸짓의 눈길을 끄는 무질서, 아울러 퇴마의식이나 기적으로 몰아내야 할 낯선 힘이 침입한 신체의 완전한 소외에서, 악령 들린

---

* 카이사리우스 폰 하이스터바흐(1180?~1240?) : 쾰른 출신의 신학자로 기적에 관한 746편의 이야기가 담긴 『기적에 관한 대화Dialogus miraculorum』를 썼다.

자는 아마도 극단의 사례일 것이다. 그러나 선과 악이 충돌하는 그의 신체에서 징표는 흔히 뒤집힌다. 성인의 의지에 따라 악령 들린 자가 될 수도 있고, 때로는 진실을 공표하기 위해 악마가 악령 들린 자를 이용하기도 한다. 기독교 이데올로기에서는 악령 들린 자조차도 존재의 이유가 있다. 그는 신체에 자리 잡고서 그의 뜻에 반하여 움직이게 할 수 있는, 눈에 보이지 않고 다양한 기원을 지닌 힘의 가능성을 증명한다. 그래서 악령 들린 자와 그 못지않게 모순되고 신비한 성인의 형상 사이에는 하나 이상의 공통된 특성이 있다. 귀신 들림과 열을 지어 나아가며 전례 찬송을 부르는 수도사의 '울부짖음' 사이에는 정도의 차이와 징표의 대립은 있으나, 인간 신체를 근거지나 인질, 도구나 움직이는 형상으로 삼을 수 있는 외부의 전능한 힘에 대한 똑같은 믿음이 놓여 있다.

전례가 수도사의 업적이라면 악령 들린 자의 무절제한 몸짓도 그 나름의 방식으로 악마의 업적이지 않을까? 9~11세기 기간의 두드러진 특징으로 나타나는 몸짓의 유형을 더 잘 정의하기 위해 다시 어휘로 돌아갈 때가 되었다.

몸짓과 업적

'게스투스'와 마찬가지로 ('지니다', '실행하다'라는 뜻을 지닌) 동사 '게레레gerere'에서 파생된 중성 복수형 명사인 '게스타gesta'는 행적과 업적, 그것이 서술된 기록인 역사를 뜻했다. 역사를 가리키기 위해 고대 후기와 (에인하르두스와 같은) 카롤루스 왕조 시대의 작가들은 과거분사res gesta나 그 복수형res gestae을 사용했으나, 더 간단하게는 [프랑스어의] '라 제스트la geste'처럼 '게스타'를 여성 단수형 명사로 사용하기도 했다.*

---

* 프랑스어에서 'geste'는 남성형 명사(le geste)로 쓰일 때에는 '몸짓·행위·행동'을 나

'게스투스'와 '게스타'라는 두 낱말 사이에는 어원적인 친족관계만 있지 않다. 이시도루스는 (무언극 배우, 희극배우, 어릿광대를 뜻하는) '히스트리오네스*histriones*'라는 낱말을 정의하며 그것들을 연결한다. "그들은 여성스런 몸치장을 하고, 정숙치 못한 여성의 몸짓*gestus*을 흉내 내는 사람이다. 그들은 춤을 추면서 역사*historias*와 업적*res gestas*도 묘사한다. 그들이 '히스트리오*histrio*'라고 불리는 것은 이런 부류의 사람들이 (아드리아해의 반도인) 이스트리아*Istria*에서 왔기 때문이거나, 그들이 역사가*historiones*처럼 역사와 관련된 이야기를 표현하기 때문이다."[88] 곧 '어릿광대*histrio*'는 몸짓으로 '역사*historia*'를 이야기하는 사람이다.

그런데 중세 초기에 '역사*gesta*'는 무엇을 가리켰을까.[89] 역사는 『창세기』에 뿌리를 두고 있었고, 그 중심은 육화, 그 끝은 부활이었다. 그것은 무엇보다 구원의 역사였다. 모든 기독교 역사의 본보기는 에우세비우스가 325년에 완성한 『교회사*Historia Ecclesiastica*』였다. 중세 초기에 쓰인 역사는 규모는 모두 다르지만, 신의 숨겨진 의도와 징표에 복종하는 인간, 그리고 (수도원, 주교구, 혈통, 왕조, 국가와 같은) 인간집단이 나아가는 시간과 공동의 행동에 대해서는 모두 똑같은 관념을 드러냈다.[90]

8세기와 12세기 사이에 '게스타'라는 말은 대부분 이런 유형의 역사를 묘사한 작품을 가리키는 데 쓰였다. 예컨대 아주 오래전부터 로마에서 교황의 계승 순서로 각각의 교황 재임기의 주목할 만한 날짜와 사건을 기록한 『교황서*Liber pontificalis*』를 최초의 본보기로 삼아서, (역대 수도원장 재위기의 사건을 기록한) '게스타 아바툼*gesta abbatum*'과 (역대 주교 재위기의 사건을 기록한) '게스타 에피스코포룸*gesta episcoporum*'은 해당 수도원이나 교회의 기원부터 편찬된 순간까지 이어진 수도원장이나 주교의 계보를 중심으로 구성되었다.[91] 이 작품들은 어떤 이데올로기적 역할을 맡고 있

타내지만, 여성형 명사(la geste)로 쓰일 때에는 '무훈시·행적·업적'의 뜻을 나타낸다.

었다. (사도를 가장 좋은 것으로 하는) 기원의 거룩함과 (창설자인 성인과 관련된) 성유물 수장고로 특징지어지는 (수도원이나 주교의 근거지인) 어떤 특정한 장소에 정통성이 존재한다는 주장을 뒷받침하는 역할이다.

이런 관점에서 인간의 행동은 전제된 신의 의지를 기준으로 판단되고, 그래서 [프랑스의 중세사 학자] 미셸 소가 썼듯이 "인간 역사의 우연성에서"에서 벗어난다.[92] '역사가'가 단지 신의 신비한 심판이나 징표에 호소하는 것에서 벗어나서 '동기와 원인'을 찾으려 애쓰고, 오직 인간 행동의 영역에서 인과성의 관계를 세우기 시작한 것은 12세기부터였다.[93] 오토 폰 프라이징 주교는 (1157~1158년에 쓴)『프리드리히 황제의 업적Gesta Friderici imperatoris』에서 황제의 조카인 프리드리히 1세*가 10년 전에 이끈 [제2차] 십자군에 관한 이야기와, 인간사의 일시성과 대조되는 신성의 변함없는 본질에 관한 상념을 여전히 뒤섞는다.[94] 1104~1108년 무렵에 유명한『프랑크인을 통한 신의 업적Gesta Dei per Francos』의 서문을 쓴 수도사 기베르 드 노장은 제1차 십자군의 "동기와 상황을 밝히고", 원정의 "이유를 이야기한" 뒤에 사건의 서술로 들어가려 한다고 밝힌다. 그는 인간 행동의 세세한 부분에 주의를 기울이지만,[95] 다른 한편으로는 무엇보다도 신 자신이 가장 중요한 배우이자 작가인 이야기로 독자나 청중을 '교화'시키기를 바란다. 그래서 제목이 '신의 업적Gesta Dei'이다. 신이 역사의 진정한 주인공이고, 프랑크인의 십자군은 거룩한 의지의 도구per Francos일 뿐이다.[96]

이는 11세기와 12세기의 전환기에 속어 표기에 맡겨진 '업적'도 마찬가지였다.[97] 고프랑스어의 '제스트geste'는 출현했을 때부터 이미 역사와 '혈통', 곧 가계를 동시에 가리켰다.[98] 이 단어의 두 가지 의미는 무훈시에서 밀접히 연결되어 있다. [『롤랑의 노래』보다 앞서 1180년 무렵에 성

---

* 프리드리히 1세(재위 1155~1190)는 신성로마제국의 전임 황제인 콘라트 3세(Konrad III, 재위 1138~1152)의 조카이다.

립한 무훈시인] 『지라르 드 비엔Girart de Vienne』에 따르면, 프랑스는 세 서사시가 기리는 프랑스 국왕, 둔 드 마이앙스, 가랭 드 몽글란의 명망 높은 세 가계의 세 '업적들'로 '채워져' 있다. 결국 롤랑일지라도 서사시 영웅의 위업은 그의 가계의 역사보다는 덜 중요하다. '기사의 모험'의 고독한 주인공과 궁정풍 소설의 차이는 크다.[99]

언뜻 두 변화 사이에는 아무런 연관성도 없어 보인다. 하지만 이제 업적la geste, 곧 '게스타'가 승리를 거둔 순간에 몸짓le geste, 곧 '게스투스'가 거의 완전히 사라졌다는 사실이 더 잘 이해된다. 중세 초기에 점차 쇠퇴한 고대 전통에서 '게스투스' 개념은 몸짓에 대한 억제와 개인적 책임의 가능성을 전제로 했다. 반대로 '게스타'에서는 개인이 수도원이나 가계와 같은 집단에 전적으로 의존한다. 역사의 의미와 마찬가지로 그가 한 행동의 의미도 진정으로 그의 것이 아니다. 신의 손에 이끌린 중세 초기의 전례는 이러한 원리를 예시한다. 집단적인 목소리와 몸짓을 전개할 때 성직자와 수도사의 공동체는 춤추는 천사들의 합창단과 동일시된다. 그리고 노리개로 삼기 위해 악령 들린 자의 신체를 빼앗는 것도 비록 타락한 천사일지라도 천사이다. 그러나 11세기부터, 특히 12세기에는 어휘, 지적 범주, 상상에서 몸짓이 대대적으로 다시 돌아오고, 새로운 가치로 풍성해졌다.

4
구별

11세기, 특히 12세기가 시작되면서 문헌들에서 몸짓이 다시 거명되고, 서술되고, 지시되고, 단죄되는 모습이 확인된다. 명확한 몸짓들이 관찰되고 기록된다. 이런 변화를 가장 잘 보여주는 징표는 앞 시대에 거의 완전히 사라졌던 '몸짓gestus'이라는 말이 대대적으로 다시 돌아온 것이다.[1]

'몸짓'이라는 말의 복귀

중세 문화는 사물과 그것의 이름 사이에 필연적인 연관성을 설정한다. 이름은 그것이 가리키는 사물의 성질을 공유한다. 그래서 중세 학자들은 낱말에 그토록 많은 주의를 기울였다. 이는 어휘의 역사에 관심을 가질 다른 이유가 없더라도 똑같이 행동하도록 역사가를 이끌기에 충분하다. 어떤 낱말의 사용이 시간에 따라 변화하는 것은 사회적 관행의 더 일반적인 변화의 징표일 수 있다. '몸짓'이라는 말이 점점 더 대체로 긍정적인 의미로 대대적으로 돌아온 것도 그에 대한 시각에 훨씬 더 폭넓은 변화가 나타났다는 (수많은 것들 가운데) 하나의 징표이다. 12

세기에 몸짓은 다시금 성찰하기에 알맞은 것이 되었다. 무엇 때문이었을까?

문헌들에 '몸짓'이라는 낱말이 너무 자주 나타나므로, 그것의 출현을 모두 살피려는 것은 헛된 일이 될 것이다. 이는 11세기 이후 제작된 초기의 중세 라틴어 사전에서도 확인된다. 〔11세기 이탈리아의 라틴어 사전 편찬자인〕파피아스의 사전은 같은 친족관계의 모든 낱말을 제시한 뒤에 '몸짓'을 '신체의 움직임이나 신호'로 정의한다. 다음 세기에 〔이탈리아의 문법학자인〕우구초네 다 피사의『어원서 Liber derivationum』도 '신체의 행위나 움직임'이라고 정의한다. 13세기에 제노바의 조반니 발비는 같은 어근에서 비롯된 두 낱말의 구별에 관심을 보인다. 그가 죄악의 쪽으로 놓은 '욕망 gestire'과 좋은 쪽으로 해석한 '몸짓 gestus'이다.[2] 몸짓과 폭넓게 그것을 나타내는 명칭은 절도 있는 몸짓과 겸손한 말의 조화를 칭찬하거나, 몸짓이 영혼의 거울임을 강조하는 속담들에도 언급되어 있다.[3]

가장 자주 나타난 문헌에서 낱말의 가치와 다양한 함축된 의미를 분석하는 것도 흥미로운 일일 것이다. 대부분 자전적인 기록으로 전해지는 수많은 환시와 꿈의 이야기를 살펴보자. 환시자와 그에게 나타난 '인물'의 만남, 그 경험을 말과 기록으로 전환시킬 필요성, 그 경험의 의미에 관해 숙고하려는 의지는 추상적인 어휘의 탐구와, '페르소나 persona'나 '게스투스' 같은 보편적인 범주의 사용을 필요로 한다.[4] 이런 환시나 꿈에 등장하는 인물은 다양하다. 그리스도·성모·성인·천사처럼 긍정적인 경우도 있고, 악마처럼 부정적인 경우도 있다.

예컨대 수아송의 위그 파르시트는『성모의 기적 Miracula Sanctae Mariae』에서 성모의 출현으로 혜택을 입은 도시 거주자들에게 구전되던 이야기들을 재현한다. 그것들은 '몸짓과 태도, 금빛 가장자리 장식을 지닌 소매의 움직임'을 간직하고 있다. 이는 천상의 수사학의 〔청중에게 깊은 인상을 주기 위해 하는 인위적인 행동을 일컫는〕'소매 효과'로 이해할 수 있으나, 성모의 아름다움에 관한 전설과 상상을 장식하던 긴 옷과 망토의 유연한 형상으로도 볼 수 있을 것이다.[5] 천상의 위계에서 성모가 차지하는 위치는 그녀를 특징짓는 몸짓의 분류를 끌어낸다. 여기에서도 환시나 신비의 경험은 역설적으로 저 너머 세계의 지리학만이 아니라,[6] 신체와 몸짓의 유형에 관한 종교적 언어를 합리화하는 요인이 된다. 게다가 (뤼페르 드 되츠, 가경자 피에르, 힐데가르트 폰 빙엔과 같은) 당시의 많은 환시자들은 이성의 교묘함에 매우 정통한, 명성 높은 성서 주석가, 신학자, 학자이기도 했다.

다른 영역에서도 동일한 관찰이 확인된다. 몸짓이라는 말은 고대와 마찬가지로 동물에 관해서도 다시 사용되었다.[7] 11세기 초에 쓰인 (지금의 생브누아쉬르루아르인) 플뢰리의 수도원장이던 고즐랭의 전기에서 좋은 증거가 발견된다. 전기 작가인 수도사 앙드레에 따르면, 수도원장 고즐랭*은 계시록의 장면으로 교회를 장식했다. 그 뒤 그의 직계 후임인 수도원장 아르노는 이솝의 우화에서 가져온 매우 세속적인 장면을 수도사들의 식당에 표현했다. 이 그림들은 모두 전해지지 않는다. 그러나 전기 덕분에 그것들 각각에 붙여진 명문*tituli*은 알려져 있다. 여섯 번째 명문은 이렇다. "부적절한 웃음을 불러오는 이 찌푸린 얼굴. 몸짓도 부적절한 농담을 불러온다."[8]

이에 해당하는 이솝 우화는 아마도 [당나귀가 모욕적인 몸짓과 말로 멧돼지를 놀리는] '당나귀와 멧돼지'일 것이다. 어쨌든 이 두 구절에는 (우화라는 문학 장르에 걸맞게) '의인화한' 동물 세계의 몸짓이 담겨 있다. 그런데 여기서 그 몸짓은 가장 나쁜 '찌푸린 얼굴*cachinos*', 곧 악마의 얼굴과 연결

---

* 고즐랭 드 플뢰리(1030년 사망)는 프랑스 국왕 로베르 2세(재위 987~1031)의 이복형제이다. 1004년에 플뢰리 수도원의 원장이 되었고, 1013년에는 부르주의 대주교가 되었다. 고즐랭은 1026년 화재로 소실된 플뢰리 수도원 교회를 재건하는 사업을 시작했고, 교회는 1218년이 되어서야 완공되었다.

[그림 20] 곡예사의 몸짓을 흉내 내는 원숭이가 표현된 머리글자 H (욥기 주해, 1111년 무렵)
난쟁이의 머리에 올라앉은 원숭이는 젊은이 쪽을 돌아보며 그가 말하는 몸짓을 흉내 내는 듯이 보인다. 산토끼의 존재는 곡예사의 곡예나 동성애에 대한 암시일지도 모른다.

되어 있다.

몸짓을 하는 동물 가운데 특별한 위치를 차지하는 동물이 있다. 인간의 몸짓을 '흉내 내는' 원숭이이다. 원숭이는 어릿광대의 모방적인 '무절제한 몸짓'을 동물계로 옮겨놓는다.[9] 교황 그레고리우스 1세가 쓴 『욥기 주해』의 시토회 사본 머리글자 장식에는 두 명의 곡예사가 한창 연기하는 모습이 등장한다.[10] **그림 20** 그 글자는 등장인물의 신체로 이루어진 'H'이다. 한쪽에는 두 손을 써 가면서 활발히 말하는 몸짓을 하는 젊은이가 있다. 다른 한쪽에는 수염을 기른 늙은 난쟁이가 있다. 글자의 균형이 깨지지 않도록 그의 작은 키는 머리 위에 앉은 원숭이의 존재로 보완된다. 그리고 난쟁이가 잡고 있는 산토끼가 두 사람 사이에서 글자의 가로획 구실을 한다. 젊은 곡예사와 원숭이가 주고받는 시선은 글자의 형식적인 제약을 벗어나 이미지를 매우 생생한 곡예의 장면으로 만든다. 원숭이는 완전히 돌아서서, 앞발로 젊은이가 말하는 몸짓을 흉내 내고 있는 것처럼 보인다.

중세 문화에서 동물의 '몸짓'은 원칙적으로 인간의 몸짓과 동일한 가치를 지닐 수 없었다. 「창세기」의 전통에서 인간과 동물 사이에는 어떤 공통점도 없었다. 동물은 인간에게 도움이 되려고 창조되었고, 인간은 마음껏 동물을 이용했다.[11] 그러나 12세기 이후 고대로부터 전해진 자연철학을 재발견한 것의 영향으로 다른 감수성이 나타났고, 이는 동물 세계와 그 '습성', 곧 오늘날 동물행동학이라고 불리는 것의 재평가로 이끌었다. 기베르 드 노장은 「창세기」 주석에서 신이 인간에게만 언어를 주었다는 것은 인정하지만, 동물에 대한 인간의 우월성이 거기에 있다는 것은 부정한다. 대화를 나누는 인간과 거의 마찬가지로 동물도 "자신의 몸짓과 소리의 방식으로" 서로 의사소통을 하기 때문이다. 인간의 우월성은 그의 언어가 아니라, 그의 이성에, 나아가 신의 지혜와 천사의 선함과의 유사성에 있다.[12] 동물의 '몸짓'이 인용된 사례는 오로지 우화나 곡예와 같은 주제에만 속하며, 그것들은 매우 부정적이다. 하지만 그것이 앞으로 한 걸음 더 나아간 발걸음임은 분명하고, 이는 결국 인간과 동물, 인간과 자연 사이의 관계에 대한 재평가로 이끈다.

그러나 일단 몸짓은 무엇보다 인간과 관련된 문제였다. 몸짓이라는 용어의 일반화는 어떤 가치 판단도 없는 '행동과 몸짓', '품행과 몸짓'과 같은 표현의 증가를 가져왔다. 일반적으로 집단적인 몸짓과 관련된 이런 표현은 사회에 대한 새로운 시선을 나타낸다. 이미 심판, 곧 죄악의 징표를 추적하는 것이 핵심이 아니었다. 더 정확히 말해 도덕적 담론은 점점 더 개인과 그의 고유한 책임, 그의 개심의 독특한 길과 연관되었고, 반대로 집단과 관련된 경우에는 이제 다른 시선으로의 길이 더 자유롭게 열렸다. 군중의 태도, 국가의 관습, 평범한 사람들의 몸짓이 민족학적 연구로 이끌 수 있는 어떤 객관적 가치를 지니게 되었다.[13] '몸짓'이라는 단어 안에는 환희에 찬 군중의 움직임이나 마부들이 뒷걸음치는 말에게 가하는 매질 풍습도 포함되었다.[14] 그래서 관찰자가 자신에게 친숙하지 않은 몸짓에 놀라거나, 어떤 민족을 특징짓는 몇몇 몸짓을 평가하기도 했다. 예컨대 [12세기의] 윌리엄 맘즈베리는 예배행렬 때의 로마 군중의 박수갈채와 '다양한 몸짓'을 기록했고, [13세기의] 매튜 패리스는 '잉글랜드인의 관습과 몸짓'에 관해 이야기했다.[15]

그러나 대부분의 경우에 '몸짓'이라는 말은 특징이 잘 정의된 개인이나 집단에 적용되었고, 형용사나 관련된 인물의 품성으로 표현되는 어떤 도덕적인 함의에서 자유롭지 못했다. 그 함의는 매우 자주 부정적이었고, '게스티쿨라티오'라는 말이 사용될 때는 언제나 그랬다.

'게스티쿨라티오'는 '게스투스'의 과장되고 경멸스러운 뜻을 나타내는 파생어이다. 그것은 고대와 마찬가지로 절도 없고, 지나치고, 부도덕한 몸짓이라는 관념을 나타냈다. 그래서 거의 불가피하게 가장 악한 사회적 범주, 특히 어릿광대나 매춘부와 연관된 것으로 여겨졌다. 더 일반적으로는 신체적·도덕적 무질서의 관념, 주로 색욕·오만과 같은 악덕과 연관된 것으로도 여겨졌다.[16]

'게스투스' 자체도 이런 판단에서 자유롭지는 못했다. 비난받은 몸짓에서 가장 자주 질책된 것은 그것의 지나치고, 무질서하고, 교만하고, 선정적인 성격이었다.[17] 예컨대 [잉글랜드의 연대기 작가인] 오더릭 비탈리스는 1080년 무렵 앵글로노르만 궁정의 '여성스러운' 몸짓과 관습을 고대인의 도덕적 엄격함과 비교하며 언급했다.[18] 일반적으로 '몸짓'이라는 낱말은 나쁘게 해석될 때 자주 성적 질서와 관련된 함의를 지녔다. 그래서 대체로 난봉꾼, 매춘부, 동성애자와 관련된 문제가 되었다.

어릿광대 이외에 그들의 몸짓 때문에 흔히 고발된 다른 인물은 이단자였다. [13세기 시토회의 연대기 작가인] 오브리 드 트루아퐁텐에 따르면, 종교재판관 로베르 르 부그르는 말하고 몸짓하는 방식만으로도 이단자를 알아보았다.[19] 14세기의 몇몇 종교재판 기록은 하나같이 발도파가 손가락 신호로 서로 의사소통을 한다고 나타냈다.[20]

나쁜 몸짓의 예시는 악마와 악령들로 제시되는데, 그들의 몸짓은 상상할 수 있는 가장 교만하고, 방탕하고, 끔찍한 것으로 여겨졌다.[21] 악령은 원숭이나 어릿광대와 그들을 연결하는 놀라운 모방 능력도 지니고 있었다. 13세기 전반의 도미니쿠스회 설교가들은 설교단에서 이런 교훈예화*exemplum*를 청중에게 이야기했다. 악령의 실체를 궁금해하는 수도사에게 악령이 나타나서 대답한다. "내 이름은 '천 가지 술사*Mille artifex*'이다. 인간을 유혹하는 천 가지 술수를 알고 있기 때문이다." 실제로 이 악령은 "위대한 신학자, 교회법 학자와 로마법 학자, 의사, 제후, 기사, 관리, 상인"을 속일 수 있다. 그리고 수도사가 그것을 의심하지 않게 악령은 "그들 각각의 말과 몸짓, 태도와 직업, 심지어 침실에서 아첨과 지나친 칭송, 달콤한 말로 귀부인을 섬기는 하인의 그것까지도" 그가 보는 앞에서 흉내 내기 시작한다.[22]

모방의 몸짓이 다시 단죄되었다. 악마에 관한 것이므로 더 정확하게는 기만적인 모방의 몸짓이다. 인간을 더 잘 속이기 위해서 악마는 사회적 신분과 직업을 흉내 낸다. 좋은 몸짓의 기능이 인간의 숨겨진 내면을 몸 밖으로 드러내 사람들의 시선 앞에 내보이는 것이라면, 악마의 몸짓은 실제로는 그렇지 않으면서도 그런 척하는 시늉하는 몸짓의 전형이다. 이것은 위선자와 이단자의 몸짓이고, 기도의 영역에서는 바리새인의 그것이다. 흉내와 몸짓의 관계는 거짓말과 말의 관계와 같고, 어릿광대는 그런 몸짓을 직업으로 삼고 있다.

그러나 12세기에 그 중요성이 뚜렷하게 커진 다른 긍정적인 몸짓의 모델도 존재했다. 이에 관해서도 꿈과 환시는 무척 풍부한 정보를 가져다준다. 아들의 증언에 따르면 수도사 기베르 드 노장의 어머니는 매우 경건한 여성이다. 그녀는 꿈에서 성모를 보았는데, 성모의 말과 몸짓을 모두 정확하게 흉내 내는 고결한 처녀가 뒤따르고 있었다. 꿈속 장면의 배경은 젊은 기베르가 머물던 수도원의 황폐한 교회로 설정된다. 성모와 시녀는 제단 앞에 무릎을 꿇었다가 똑같은 움직임으로 일어서서는 '분노한 듯이' 폐허를 향해 손을 내민다. 끝으로 그의 운명을 알리기 위해 (어머니 꿈의 한가운데에 존재하던) 젊은 수도사 기베르를 손가락으로 가리킨다.[23] 이 꿈은 매우 흥미롭다. 그것은 성모 형상을 둘로 나누어 언제나 동반자*socia*가 성모를 뒤따르는, 하늘나라의 거룩한 '모방*imitatio*'

을 찬양한다. 이 경우에 그것은 기베르 어머니의 겸손한 영혼을 나타내는 듯하다. 그녀는 자신의 꿈에서 선택의 징표를 찾아낸다.

다른 환시에서 의인의 지극히 순수한 신체는 1189년 농민 고트샬크에게 나타났듯이 "태도와 발걸음, 자세와 모든 움직임에서 엄숙함과 절도"만 보인다.[24] 또 다른 환시자에게는 아무런 몸짓도 하지 않고, ('영적'이더라도) 신체의 무게에서 완전히 벗어난 것이 절대적으로 완벽한 상태를 나타내는 징표로 등장한다. 위그 당굴렘은 『은자 성 아만티우스의 환시Vision de saint Amant l'Ermite』에서 "발이 아니라 영혼으로, 손이 아니라 마음으로, 몸짓이 아니라 찬송으로, 영원한 기쁨으로 찬양한다"고 의인을 묘사했다.[25] 순수한 영혼은 '영혼의 감옥'이자 죄악의 도구인 신체를 경멸하는 모든 전통이 만들어낸 꿈이다. 그것은 몸짓의 긍정적인 가치에 대한 재발견으로도 곧바로 사라지지 않은 꿈이기도 하다.

그리스도는 모든 면에서 전형적인 본보기이다. 그래서 중세에는 질문이 끊이지 않았다. 그리스도가 웃은 적이 있을까? 그리스도가 구걸을 했을까? 그리스도가 자신의 손으로 일을 했을까? 사람들 사이의 한 사람이던 예수가 몸짓을 하는 것은 당연한 일이다. 복음서는 그것을 상기시키고 가끔 묘사하기도 한다. 하지만 결코 '몸짓'이라고 부르지는 않는다. 반대로 11~12세기에 어떤 교회 작가들은 그리스도와 관련해 그 단어를 사용하고, 그렇게 그것에 새로운 정당성을 부여한다. 베랑제 드 투르의 증언은 이 신학자가 성체에 그리스도가 현존한다는 것을 부정해 이단으로 고발되었기 때문에 더 흥미롭다. 그러나 그가 예수의 신체에 무관심했던 것은 아니다. 그는 [루카복음서 24장에 기록된] 부활한 그리스도와 엠마오 순례자들의 만남과 관련해서 그리스도의 '몸짓'을 이야기한다. 그 무렵 '상연되기' 시작한 전례극 「순례자Peregrinus」도 그 일화를 다룬다.[26] 12세기에 예수는 점점 더 자주 환시에 나타났다. 클뤼니 수도원장이던 가경자 피에르는 아기 예수가 "손뼉을 치며, 마음의 기쁨을 영광스런 신체의 몸짓으로 드러내며" 나타났다고 묘사한다.[27] 뤼페르 드 되츠와 같은 다른 이들도 자신의 환시를 언급하며, 그리스도가 보인 몸짓의 입체감, 활발함, 모범성을 강조했다.[28]

끝으로 속인의 몸짓과, 몸짓 표현에 부여된 세속적 가치도 함께 격상되었다는 사실에 유의하자. 여전히 사례는 위에서 온다. 본보기 구실을 하는 것은 좋은 왕들이다. 윌리엄 맘즈베리는 『잉글랜드 왕들의 업적 Gesta regum Anglorum』에서 알프레드 왕의 '몸짓의 우아함'을 칭찬한다.[29] 리처드 1세의 1191년의 '몸짓'도, 그의 군사적인 뛰어남을 증언한다.[30] 나아가 대다수 사람의 몸짓도 주의를 끌었다. 12세기에는 '기쁨의 몸짓gestus laetitiae'이라는 표현이 빠르게 상투어가 되어 퍼져갔다. 이 표현은 수도원의 영적 문학에서 나왔다. 신의 은총을 믿는 신의 사람은 몸과 마음의 기쁨 안에서 죽음을 기다린다는 의미였다.[31] 그 뒤 이 표현은 훨씬 더 세속적인 의미를 지니게 되었다. 예컨대 〔13세기 이탈리아의 프란체스코회 수도사이자 연대기 작가인〕 살림베네 데 아담에게 유모들의 얼굴과 몸짓은 그들의 삶의 기쁨을 증언했다.[32] 12세기와 13세기에 신체와 몸짓을 짓누르던 오랜 의심은 아직 사라지지 않았다. 그러나 기쁨에 대한 새로운 관념이 자라나고 있었다. 몸짓을 하는 기쁨이다.

로망스어와 게르만어와 같은 속어가 기록의 품격을 획득한 것도 이 시대였다. 옛 프랑스어에서 몸짓에 관해 말하려고 관례적으로 사용되던 단어는 '콩트낭스contenance'이다. 이 말은 행동거지, (자제하는) 조심스러운 태도와 몸가짐, 하인 등의 다양한 의미를 지닌다. 마찬가지로 〔손main과 관련된〕 같은 어근에서 만들어진 〔태도·몸가짐·예절의 뜻을 지닌〕 '맹티앵maintien'과 '마니에르manière'도 발견된다.[33] 독일어에서는 〔'몸짓'을 뜻하는〕 ('게베르데gebärde'를 낳는) '게바어gebaer'라는 낱말이 그에 해당한다. 그런데 두 언어에서는 동일한 의미론적 변화가 관찰되는 듯하다. 일반적인 의미에서 더 한정된 승인으로의 변화, 곧 팔다리와 특히 손을 사

용하는 몸짓을 위한 것으로의 변화이다.³⁴⁾

옛 프랑스어에서 '제스트gest'라는 낱말은 13세기 초에 등장한다. 『로마인의 업적Faits des Romains』(1213년)의 프랑스어 번역에서 처음 언급된 그 말은 명백하게 고전 라틴 문화를 기준으로 삼고 있다. 그러나 중세 말까지는 '콩트낭스'가 가장 많이 사용되는 단어로 남았다.³⁵⁾ 아마도 그 시대 사람들이 명료한 '몸짓'보다는 '태도'의 전체적인 인지에 더 얽매여 있었기 때문일 것이다.³⁶⁾

교회의 여러 수도회들

12세기에도 여전히 몸짓을 사고하고 그것의 의도에 관해 기록하는 것은 성직자의 몫이었다. 더구나 수도원 학교와 주교좌성당 참사회 부속 학교에서 교육이 부흥하면서 교양이 풍부한 성직자들은 고전 문헌과 다시 친숙해질 수 있었다. 키케로를 읽는 것으로 성직자들은 특히 몸짓에 관한 어휘와 양식, 도덕을 모두 다시 배웠다. 그러나 수도사와 성직자가 몸짓에 관심을 가진 데에는 다른 이유도 있었다.

매우 제한적인 의미에서 '그레고리우스 개혁'이라고 불리는 것이 11세기 후반 이후 낳은 주요한 결과는 기독교 사회에 성직자와 속인의 근본적인 구별을 봉헌한 일이었다. 사회적 조직체를 이루는 두 집단의 특성과 활동의 존엄성이 저마다 모두 인정되었다. 개혁의 주요 결정에서 직접 쟁점이 되지는 않았지만, 몸짓에 관한 태도도 사회적·이데올로기적 변화에 매우 중요한 흔적을 남겼다. 몸짓이 사회적 구별의 수단이자 표지가 되었기 때문이다.³⁷⁾

'그레고리우스 개혁'은 사회의 신분마다 특징적으로 여겨지는 몸짓을 부추겼다. (성직자 사회를 상징하는) 사제의 몸짓에는 (사회에서 지배적 역할을 놓고 고위 성직자와 경쟁한 세속 귀족계급을 대표하는) 기사의 몸짓이 대칭을 이루었다. 어느 무엇보다도 교회와 궁성에서의 의례의 몸짓이 이런 구별의 기능을 수행했다. 가장 일상적인 몸짓도 자신의 특수성을 분명히 드러낼 기회로 여겨졌다. 속인 쪽에서는 12세기부터 속어로 쓰인 허구 문학의 상당 부분이 세속 귀족계급의 가치관만이 아니라, 귀족과 기사의 신체와 몸짓의 태도*habitus*를 강조했다. 교회 문학의 일부는 그보다 더 일찍, 더 체계적으로, 매우 명확하게, 몸짓을 성직자가 속인과 자신들을 구별하고, 자신들의 고유한 우월성을 주장하기 위한 수단처럼 여기고 있었다. 그것은 수도원과 참사회를 기준으로 구상된 것이었으나, 일반적으로 몸짓에 관해 사고하는 방법이기도 했다.

몇몇 교구회의의 결정은 재속 성직자에게 특히 교회에서 '성숙하고 올바른 태도와 몸짓'을 지키고, 〔성직자와 성가대가 자리하는〕 내진에서는 웃음과 딸꾹질 같은 '부끄러운 몸짓'을 하거나, '몸짓, 태도, 말에서 오만함'을 보이지 말아야 한다고 지시했다.

몸짓으로 자신을 구별하려는 의지는 몹시 명확했다. 예컨대 1223년 솔즈베리의 주교는 교구의 사제와 성직자들에게 '그들의 신분에 걸맞은 태도'를 지키라고 지시했다. 마찬가지 이유에서 그들에게는 가장 비난 받을 만한 몸짓을 하는 무언극 배우와 어릿광대의 공연을 보는 것도 금지되었다.

대체로 부정적인 이런 규정들에는 교육적인 기획이 곁들여 있었다. 실제로 '청춘인' 젊은 성직자들은 그들의 스승과 선배들에게서 "겸손한 탄원과 마땅히 지켜야 할 신중함, 앉고 일어서는 순간과 시간, 내진으로 들어가고 나오는 방식에 관한 가르침*doctrinam*과 본보기*formam*"를 배우지 않고서는 내진에서 어떻게 행동해야 할지 알 수 없었다. 이런 젊은 신참자들은 특별히 주의해야 했다. 두 동료가 내진에서 말을 하거나, 신호를 보내거나, '그들의 신체로 어떤 몸짓'을 해서는 안 되었다.[38]

매우 가까이 있는 속인으로부터 몸짓으로 자신을 구별하려는 재속 성직자의 의지는 훨씬 앞서 나타난 수도 성직자의 비슷한 노력을 되풀이하는 데 그치지 않고, 여러 측면에서 그것을 확대했다. 실제로 11세기와 12세기의 전환기에 수도회의 수가 늘면서 경쟁과 대립이 생겨나고, 자신의 특성에 대한 예민한 감각도 생겨났다. 재속 성직자와 (수도회에 소속된) 수도 성직자, (클뤼니회의) 검은 수도사와 (새로 창설된 시토회의) 하얀 수도사, 나아가 그들 모두와 도시의 수도참사회원 사이에 갈등이 생겨났다.[39] 수도회마다 자신의 차이를 알리는 데 쓰인 의복이나 그것의 형태와 색 등의 온갖 상징을 놓고 자신의 우월성을 내세우는 논쟁이 벌어졌다. 몸짓도 예외는 아니었다.

　이는 경쟁 관계에 있던 수도회들의 풍부한 논쟁적인 문헌에서 잘 드러난다. 1144년 클뤼니 수도원장 가경자 피에르가 시토회의 클레르보 수도원장이던 성 베르나르에게 보낸 글은 두 수도회 사이에서 나타난 열여섯 항목 이상의 불일치에 관해 언급한다. 거기에는 몸짓도 있다. 물론 클뤼니 수도원장은 하얀 수도사들에게 고유한 환대의 몸짓을 그들의 장점으로 기록한다. 하지만 그는 자신의 수도회에 그것이 없는 것을 곧바로 정당화한다. 시토회 수도사가 모든 손님 앞에서 머리를 숙여 조아리고, 그들의 발을 씻는 것은 바람직하다. 그들 모두에게서 그리스도를 찾기 때문이다. 하지만 검은 수도사가 이 칭찬할 만한 관례를 따르지 않는 것은 그들의 수도원 문앞으로 몰려든 가난한 이의 수가 너무 많기 때문이다!

　두 수도회의 관계를 잘 보여주는 다른 몸짓도 있다. 검은 수도사가 우연히 하얀 수도사를 만나면 상대를 '삐딱하게 바라보고', 마치 '괴물, 키메라, 켄타우로스'가 그들 앞에 나타난 듯이 비웃고, 아니면 불길한 징조인 양 '목소리와 신체의 몸짓으로' 놀라움을 표현한다. 반대로 검은 수도사를 만난 하얀 수도사는 적과 마주친 것처럼 침묵하고, 오직 '몸짓의 웅변'으로만 서로에게 말한다. 그래서 자연의 질서가 깨진다고 클뤼니 수도원장은 한탄한다. 목소리는 벙어리가 되고, 말하는 것은 신체의 부분들이며, 길가의 돌 앞에서 말이 많던 사람이 다른 이 앞에서는 침묵한다고 말이다.[40]

수도원 관례집

수도회와 종교 시설이 늘고 다양성이 커지면서 수도사를 위한 『베네딕투스의 계율』이나 수도참사회원을 위한 『성 아우구스티누스의 계율』과 같은 초기의 계율을 지역 상황에 맞게 다듬을 필요가 생겨났다. 그래서 8세기 이후, 특히 12세기부터 '관례집'이라는 새로운 유형의 규범적 문학이 발달했다. 그것의 기능은 관례를 명확히 하고, 동시에 각 수도회의 특성을 강조하는 데 있었다. 관례집은 관련된 수도회가 그러한 '차이'를 옹호할수록 그만큼 더 규정적으로 되었다. 그래서 계율서보다 몸짓이 더 자세히 서술되어 있다.[41]

관례집은 신체와 의복의 연출에 관한 모든 것을 제시하기에 이른다. 예컨대 수도원 일과 시간에 클뤼니회 수도사는 두 손을 가슴 위에서가 아니라, 소매 안에서 맞잡도록 규정된다. 몸을 숙일 때 소매가 땅에 닿아서도 안 된다. 앉을 때는 '땅으로 아무렇게나 늘어지지' 않도록 소매를 가슴 위로 그러모아야 한다. 원하면 시편 두 편이 낭독되는 사이에 내진에서 앉아 있을 수 있으나, 바로 옆 사람이 이미 앉아 있지 않은 상태에서만 그렇다. 그래서 수도사들은 차례로 일어섰다가 앉으면서 번갈아 앉고 서는 규칙을 지켰다.[42]

이제 암묵적이던 것이 규정이 되었다. 방법에서는 질적인 변화가, 내용에서는 양적인 축적이 나타났다. 모방, 공동체로의 완전한 몰입, 리듬과 전례에의 참가로 점진적인 획득의 영역에 속하던 것이 각 개인을 개별적으로 얽어매는 상세한 수련의 대상이 되었다. 따라서 관례집이 교육을 위해 마련해 놓은 공간은 방대했다.

관례집에서 교육은 몸짓이 이야기되는 대표적인 장소이다. 그것은 수도원의 '아이들', 곧 어려서 부모에게서 공동체에 바쳐지고, 수도원 담장 안에서 성장했으며, 최종 서원을 준비해야 하는 봉헌자를 대상으로 하고 있었다. 그러나 점차 관례집의 교육적 가르침은 특히 수련자를 대상으로 하게 되었다. 그들은 아이가 아니고, (보통 18세 정도의) 이미 성숙한 나이에 공동체에 합류했다. 12세기에는 수련자의 모집이 표준이 되었고, 수도사가 되기를 확실히 선택하지 않은 봉헌자의 모집은 시토회와 같은 새로운 수도회에서는 삼가거나 금지되기도 했다.

수련자를 봉헌자와 똑같이 대할 수는 없었다. 수련자는 나이 많은 수도사들과의 접촉으로 수도원에 알맞은 행동을 무의식적으로 조금씩 습득하지 않았다. 그들은 나쁘거나, 적어도 적절치 않고 개선되어야 한다고 여겨지는 몸짓 표현을 바깥 세계에서 수도원으로 들여왔다. 그들에게 수도원은 '문화 적응'의 장소가 되어야 했다. 그래서 인내와 설득, 필요하다면 더 강제적인 방법으로라도 그런 직무에 특별히 헌신하는 수도사, 곧 수련자 교사의 지도와 명시적이고 정확한 교육이 필요했다.

수련자는 모든 것을 처음부터 배워야 했다. 예컨대 "한 손을 다른 손 위에 얹고" 걷는 방법, 제단 앞에서 절하는 방법, 앉고 서고 절할 때 소매를 정돈하는 경건한 *reverenter* 방법, "어떻게, 언제, 어디에서 내진에 들어가고 나와야 하는지" 같은 것들이다.[43] 그러나 관례집은 규정들을 모아 놓은 것에 그치지 않았다. 시간과 날에 따라, 교회나 수도원의 다른 장소에 따라 달라지는 몸짓 표현의 다양한 양식에 관한 일반적인 성찰도 포괄적으로 담고 있었다.[44]

관례집의 이러한 측면은 갈수록 더 진전된 듯하다. 13세기 영국 엔셤의 베네딕투스회 수도원 관례집은 "너무 빠르지 않은 걸음으로 규율 있게 걷도록" 수련자를 가르쳐야 한다고 말한다. "허리의 움직임은 방종함을 보여서는 안 되고, 어깨를 치켜세워 오만함을 보여서도 안 되며, … 목을 곧추세우거나, 시선을 이리저리 옮겨도 안 된다." 그리고 성 암브로시우스의 『성직자의 의무』를 인용해서 "신체의 움직임은 영혼의 목소리와 같다"고 말한다. 따라서 수련자는 "움직임, 몸짓, 발걸음을 완만히 절제하고, 어디에서나 모든 이에게 겸손의 표시를 보이고, 머리를 숙이고, 시선을 땅에 고정시키도록 길들여져야" 한다.[45]

수도참사회원들은 베네딕투스회의 경우보다 훨씬 더 몸짓의 문제와, 자신들의 수도원에서 도덕적 계율을 정의할 필요성에 민감했다. 거기에는 여러 이유가 있었다. (프레몽트레회, 생빅토르회와 같은) 이 수도회들의 새로운 관행은 몸짓 표현에 대한 관심의 증대가 성직자 문화 전체를 특징짓던 11세기와 12세기의 전환기에 나타났다. 이런 기관들은 수도자가 계율을 지키는 데 도전이 되는 관습을 지닌 세속 세계의 영향력 아래에 놓인 도시나 그 인근에 있었다. 그래서 수도참사회원들은 외부 세계를 배척할 수 없었다. 마찬가지로 새로 창설된 시토회를 비롯한 수도사들에 날을 세우던 수도참사회원은 그들이 설교를 하고, 사회적 변화가 그들의 지적 성찰을 자극하는 세속 세계를 무시할 수도 없었다.

게다가 그들은 『베네딕투스의 계율』이 아니라, 몸짓에 관한 고대의 관념과 어휘, 특히 교부들을 거쳐 전해진 키케로의 표현에 유독 충실한 『성 아우구스티누스의 계율』을 기본 문헌으로 삼고 있었다. 이 계율에 대한 주석은 자연스럽게 수도참사회원이 몸짓에 관한 고대의 성찰을 재발견하고 발전시킬 수 있게 해 주었다.

'외면과 내면의 태도'에 할당된 『성 아우구스티누스의 계율』 제6장은 "그대의 모든 움직임에서 다른 이의 눈을 찌푸리게 하는 어떤 일도 하지 말고, 오로지 그대 지위의 존엄함에 알맞은 일만 하라"고 규정한다. 『성 아우구스티누스의 계율 해설 Expositio in Regulam beati Augustini』은 12세기 참사회 운동이 낳은 주석 가운데 가장 오랜 것이다. 세기 초에 작성된 이 주석의 작가는 확인되지 않지만, 위그 드 생빅토르보다는 아비뇽의 생루프 수도원장이던 레베르*의 작품으로 보는 것이 더 정확할 것이다.[46] 그는 '움직임*motus*'이라는 단어에 집중하여, 수도참사회원에 알맞은 '좋은 움직임'을 정의하려 시도한다. "신앙심 깊은 삶을 살기 위해 우리는 음란함과 경박함에 빠지지 않고, 우리의 겉모습을 소박하고 겸손하게 유지하기 위해 '부정한' 움직임에 규율*disciplina*을 강제하고, 지체와 감각을 제어하려 노력해야 한다." 몸짓이라는 말은 나오지 않지만, 주석 전체는 키케로의 어휘와 스토아학파의 절도와 위엄의 이상이 매우 뚜렷이 회복된 모습을 보인다. 품격*gravitas*, 정결*pudicitia*, 원숙함*maturitas*이 신체의 겉모습과 모든 움직임을 특징지어야 한다. 동시에 특별한 규율의 굴레가 신체를 옭아맨다. ('억제되다'는 뜻의) '코이르케레*coercere*'나 '레스트링게레*restringere*'처럼 강제를 나타내는 어휘의 모든 변이형이 상기시키는 엄격한 규율이다.

아울러 수도참사회원의 새로운 수도회의 성립은 이러한 관념이 구체적인 규율을 결정하는 데에서 어떻게 계승되고 더 강해졌는지를 보여 준다. 프레몽트레회에서는 '몸짓에서 비난받아 마땅한 것'을 수도참사회원이 『시편』을 낭송하며 참회해야 할 '가장 가벼운 잘못' 가운데 하나로 언급한다.[47] 생빅토르회에서는 안*intus*과 밖*foris*의 대립에 기초한 무척 상세한 교육학을 규정으로 제시한다. 곧 수도자 공동체와 외부 세계의 대립, 아니면 각 수도참사회원의 영혼과 그의 신체·몸짓의 대립이다. 두 번째 경우에서는 (안의) 수도참사회원이 (밖의) 다른 기독교인과 접촉하는 장소와 시간이 언급될 때 주로 문제가 된다. 될 수 있으면 여흥이나 소란을 부추기지 않도록 '바깥의 종사자와 일꾼'은 수도참사회

---

* 1100년부터 1110년까지 아비뇽 교구의 생루프 대수도원 원장을 지낸 레베르 드 생루프는 『시편 주석*Flores Psalmorum*』과 수도사들을 위한 관례집인 『교회법과 수도원 계율서 Liber ecclesiastici et canonici ordinis』를 썼다.

원의 식탁에 들이지 말아야 한다. 어쩔 수 없는 경우라도 형제들은 침묵을 지키고 '웃음과 저속한 몸짓'을 삼가야 한다. 반대로 수도원의 '관리자'가 공동체의 곳간에서 바깥으로 가게 되면 '수확 때에 행해지는 여흥'을 삼가고, '어지럽지 않은 행동'을 해야 한다.

수련자 교육은 세속적인 몸짓의 '악습을 바로잡을' 전형적인 기회였다. 수업에서는 *in schola* "절하는 법, 걸음걸이, 서 있는 법, 각각의 몸짓, 의복을 활동에 알맞게 입는 법, 가지런히 팔다리를 모으는 법, 눈을 내리깔고 있는 법 등을" 열심히 가르쳤다. 수도원 경내에서 형제들은 "나란히 서서 침묵을 지키고, 신호를 주고받지 말고, 걸친 옷을 단단히 졸라매고, 무절제하게 다리를 뻗지 말고, 다리를 꼬지 말고, 수도원을 둘러싼 낮은 담장 위에 걸터앉지 말고, 두건으로 얼굴을 가리지 말아야" 했다. 수련자 교사나 그를 대신하도록 임명된 사감*custos*은 수련자의 교육과 감독을 한순간도 늦추지 않았다. 그러나 수련자는 단지 교사의 말에 귀를 기울이는 것만이 아니라, 그에게 배운 모든 것을 습관적으로 되풀이하는 것으로 익혔다.[48]

몸짓의 교육학

12세기에 '교육'이나 '수련자 교육'과 같은 새로운 장르의 종교 문학이 발전한 것은 수도회에서 수련자들과 그들의 신체적 행동에 대한 관심이 높아졌다는 뚜렷한 증거이다. 몸짓의 교육은 거기에서 눈에 띄는 자리를 차지한다.

이런 성격의 소책자는 11세기에 처음 등장했다.[49] 그리고 그것들의 수는 12세기에는 시토회에서, 13세기에는 특히 수도참사회와 탁발수도회에서 크게 증가했다.

많은 것들이 영적 교화 문학이라고 부를 만한 것에 속하고, 거기에서 수련자의 신체적 '외면'은 그다지 문제가 되지 않는다. 관심은 수도원 경내의 교육자에게 확실히 근본적이었던 '내면', 곧 영혼의 움직임에 우선 기울여졌다.[50] 그러나 여기에서도 몸짓이 언제나 침묵에 갇혀 있었던 것은 아니다.

전통적으로 베르나르 드 클레르보의 작품으로 여겨지던, 이름이 전해지지 않는 시토회 수도사가 젊은 수녀를 위해 쓴 소책자인 『무엇을 위해 왔는가Ad quid venisti』에는 '신체 훈련', 식탁 예절이나 잠자리에 눕는 방법에 관한 권고가 넘쳐난다.[51] 손은 몸에서 멀리 떨어뜨리고, 저속한 방식으로 젖가슴 위에 놓지 말아야 한다. 수도자는 맨몸 위로 손이 방황하지 않도록, 옷을 다 입고 허리띠를 동여맨 채로 잠자리에 든다고 강조되어 있다. 하나의 장 전체가 몸짓의 조심성verecundia과 절도modestia에 바쳐져 있다. 발걸음은 차분해야 하고, 얼굴은 조금 숙인 상태를 유지해야 하며, 눈은 너무 많이 움직이지 말아야 하고, 팔을 공중으로 휘저어서도 안 된다. 젊은 수녀는 특히 다른 사람들 앞에서는 옆으로 앉거나 다리를 뻗지 말아야 한다. 혼자 있는 것 같아도 수호천사가 그녀를 계속 지켜보고 있다. 그 밖에 몸짓 표현과 긴밀히 연결된 언어와 의복에 관한 권고도 있다.

실제로 의복은 몸짓을 감싸고, 그 효과를 증폭시킨다. 다시 말해 그것의 연출을 떠맡는다. 이는 마찬가지로 베르나르 드 클레르보의 작품으로 잘못 알려진 또 다른 문헌인 『좋은 삶의 방법에 관한 책Liber de modo bene vivendi』에서도 드러난다. 그것의 기원은 시토회인 것이 확실하고, 12세기 말로 연대가 추정된다.

이름이 전해지지 않는 작가는 73개의 장으로 나뉜 이 책에서 그의 '자매'인 수녀에게 이른바 기독교인다운 죽음과 영혼의 구원을 준비하기 위한 '좋은 삶의 방법'을 가르친다. 제9장은 '의복에 관해de habitu' 다룬다. 그러나 작가는 기껏해야 소박하고 절제된 옷차림의 필요성을 상기시키고는 '걸음걸이에 관해 de incessu' 이야기한다. 더 넓게 몸짓의 범주에 포함되는 그것은 이렇게 정의된다. "신체의 몸짓에서 나타나는 것은 영혼이다. 몸짓은 이성의 표지이다. 친애하는 자매여, 신체의 몸짓에서 영혼이 자신을 드러낸다. 그러므로 그대의 걸음걸이가 경솔한 모습을 보여서는 안 된다. 그대의 걸음걸이가 다른 이의 눈을 찌푸리게 해서는 안 된다. 그것이 그대를 구경거리로 만들거나, 다른 이가 그대를 헐뜯을 기회가 되어서는 안 된다."[52] 몸짓의 도덕에 근거를 제공하는 두 가지 관념이 특히 강조되어 있다. 하나는 영혼과 신체, 내면과 외면 사이의 연관성이고, 또 하나는 몸짓의 시각적이고 조형적인, 더 나아가 연극적인 측면이다. 몸짓이 영혼과 공연 사이에서, 신과 인간의 교차된 시선 아래에서 파악되고 있는 것이다.

이름이 전해지지 않는 또 다른 시토회 수도사가 수도원의 '청춘들'을 위해 쓴 『삶의 질서에 관한 논고 Tractatus de ordine vitae』는 암브로시우스의 『성직자의 의무』를 이용해 '마음속 숨겨진 사람'처럼 지칭된 영혼의 다양한 경향이 드러나는 것에 따라 몸짓을 분류한다.[53] 너무 경솔하고, 오만하거나 무절제한 영혼, 반대로 엄숙하고, 한결같고, 순수하고, 성숙한 영혼이다. 젊은 수도사는 어릿광대의 몸짓을 하지 말아야 하며, '신호를 보내는 조각상'처럼 되어서도 안 된다. 반대로 그는 '가장 좋은 몸짓의 질서 hic ordo gestorum optimus'를 따라야 한다. 각각의 행동에 걸맞고, '거칠거나 상스러운 본성'과는 무관하며, '품위의 초상'이라고 불리는 규율을 따르는, 요컨대 그들의 시대에 모범적인 청춘이었던 이사악과 요셉이라는 성서 인물의 본보기와 일치하는 몸짓이다. 여기에서 다시 '몸짓의 질서'의 조형적이고 심미적인 측면이 강조되고 있는 것에 주목하자. 몸짓은 움직이는 이미지이자 공연인 것이다.

성 베르나르

다른 글들에서도 신체와 몸짓의 규율에 훨씬 더 많은 공간이 할애된다. 베르나르 드 클레르보의 사례가 대표적이다. 시토회 수도사 출신으로 스승과 강한 유대를 유지하던 교황 에우게니우스 3세*에게 한 조언에서 그는 이상적인 행동의 규범을 정의하기 위해 간결하고 인상적인 표현을 찾아낸다. "꿋꿋한 자세를 유지하세요. 자신을 아래로 던지거나, 위로 올리거나, 세로로 뻗거나, 가로로 펼치거나 해서는 안 됩니다. 절도를 잃지 않으려면 중도를 지키세요. 중도의 지점은 믿을 만합니다. 중도는 절도의 근간이고, 절도는 덕의 근간입니다."[54]

그는 『겸손과 오만의 단계에 관한 책Liber de gradibus humilitatis et superbiae』에서 당시 매우 일반적이던 영적 위계의 형식에 따라 아래에서 위로 겸손의 12단계를, 위에서 아래로 오만의 12단계를 차례로 열거한다. 오만의 열 번째 단계인 '지식욕curiositas'에서 그는 그것을 찾아내는 '실마리'를 이렇게 묘사한다. "원래 믿고 있던 수도사가 서고 걷고 앉은 어디에서나 모든 방향으로 눈을 돌리고, 머리를 쳐들고, 귀를 쫑긋 세우기 시작하는 것을 보게 된다면, 그대는 인간의 외적인 움직임으로 그의 내적인 변화를 알게 될 것이다." 그리고 위그 드 생빅토르와 마찬가지로, 12세기 문학의 몸짓에 관한 상투적인 말을 인용하며 설명한다. "사악한 사람은 눈을 깜박이고, 발을 질질 끌며 걷고, 손가락으로 말한다."[55] "신체의 불손한 움직임으로 악이 영혼을 사로잡기에 이르렀다는 것을 알게 된다."

오만의 세 번째 단계는 '어리석은 기쁨에de inepta laetitia' 할당되는데, 이것은 참회의 눈물이 지배하고, 웃음이 추방된 수도원에서 특히 미심

---

* 최초의 시토회 출신 교황인 에우게니우스 3세(재위 1145~1153)는 베르나르 드 클레르보의 열렬한 추종자였다.

쩍게 여겨진다. "그가 하는 신호에서 내비치는 것은 우스꽝스러움이고, 얼굴에는 쾌활함, 걸음걸이에는 허영심이 드러난다. 농담을 몹시 좋아하고, 사소한 일에도 웃음을 터뜨린다. … 바람으로 부풀린 오줌보에 좁은 구멍 하나만 뚫고 꽉 죄면, 바람은 여기저기로 한꺼번에 빠져 나오지 못하고 구멍을 지나야 하므로 거듭해서 소리를 낸다. 마찬가지로 헛되고 익살맞은 생각으로 마음을 가득 채우고, 침묵의 규율 때문에 자신의 허영심의 바람을 완전히 내뿜지 못한 수도사는 목구멍의 좁은 길로 터져나오는 웃음소리로 흔들린다. 창피함에 그는 자주 얼굴을 가리고, 이를 악문다. 그러나 자신도 모르게 그는 웃고, 억눌러도 키득거리며 웃음을 터뜨린다. 주먹으로 입을 막아도 콧구멍으로 재채기하는 소리가 들린다."[56]

「아가」에 관한 유명한 설교에서 베르나르는 웃음의 문제로 돌아간다. 그러나 여기에서 그의 판단은 더 신중하다. 신체는 내면의 영적인 사랑 *charitas*의 찬란함으로 빛나야 한다고 말하며 그는 이렇게 덧붙인다. "신체는 지체와 감각으로 영혼의 빛을 받아들이고 퍼뜨린다. 그것은 하나하나의 행위, 말, 시선, 발걸음, (만약 웃는다면 *si tamen risus*) 근엄함이 뒤섞이고 정직함이 가득한 웃음 안에 빛난다." 그러나 "이 지체와 다른 기관의 움직임, 감각의 움직임, 몸짓 *gestus*과 사용 *usus*이 신중하고, 순수하고, 겸손하고, 불손함이나 음란함과는 완전히 거리가 멀고, 반대로 일정함을 갖추고, 경건함에 복종하는 것으로 나타날 때면 정신의 책략이 아니라면 영혼의 아름다움이 명백히 드러날 것이다."[57]

그러므로 웃음이 언제나 혐오스러운 것은 아니다. 베르나르는 오로지 (라틴어에서 좋은 의미와 나쁜 의미의 '웃음'을 모두 가리키는) '리수스 *risus*'라고만 하고, (악마의 비웃음을 가리키며) 악마적 의미를 강하게 지닌 (폭소'라는 뜻의) '카킨나티오 *cachinnatio*'라는 단어의 사용을 삼간다. '카킨나티오'와 '리수스'의 관계는 '게스티쿨라티오'와 '게스투스'의 관계와 같다. 언제나 크게 의심을 받는 관념과 행동의 부정적인 극단이지만, 어떤 조건에서는 긍정적인 가치를 지닐 수 있다.

지복과 저주의 도상

이런 모든 수도원 문학을 특징짓는 절도 있는 '좋은' 몸짓과 지나치다고 여겨진 '나쁜' 몸짓의 대립은 당시의 예술, 특히 같은 환경에서 제작된 동시대의 종교적·도덕적 작품의 채식필사본을 동일한 방식으로 살펴보게 이끈다. 신학적·도덕적 문학에서 12세기부터 성행하기 시작한 분류의 도식은 덕과 악덕을 비롯해 교회의 선교에 기본이 되는 관념들을 시각적으로 분류하는 (장미·나무·아기 천사 등) 다양한 기하학적·상징적 이미지에 영감을 주었다.[58]

오랫동안 위그 드 생빅토르의 것으로 여겨진 『육신과 영혼의 열매De fructibus carnis et spiritus』는 이를 잘 보여주는 작품 가운데 하나이다.[59] 다른 하나는 『다섯 가지 일곱De quinque septennis』이다. 이 작품은 확실히 그의 것으로 여겨지고, 어쩌면 그의 『수련자 교육De institutione novitiorum』의 제3부를 구성했을 수도 있다.[60] '다섯 가지 일곱'은 일곱 가지 악덕, 「주기도문」의 일곱 가지 탄원, 성령의 일곱 가지 선물, 일곱 가지 영적인 지복, 일곱 가지 미덕을 가리킨다. 이 문헌은 최고의 의사인 신에 의해 병든 자가 점차 치유되는 과정처럼 그것들을 묘사한다. 성령의 선물은 악덕의 해독제이고, 미덕은 영혼의 건강함의 으뜸가는 징표이며, 지복은 치유된 영혼의 기쁨이다. 몇몇 필사본에는 다섯 개의 동심원으로 이루어진 도형이 포함되어 있다. 그 동심원은 악덕이 기재되어 있는 바깥쪽 원에서 그리스도의 형상이 차지한 중심부까지 다섯 개의 층위와 진행 사이에서 다면적인 논리적 관계를 세울 수 있게 해준다.[61]

이런 유형의 이미지 집단 가운데 몸짓을 오롯이 하나의 분류 체계로 나타낸 것도 있을까? 드물기는 하지만 분명히 그런 이미지도 존재한다. 12세기 후반의 유명한 라인란트 지방의 수녀이자 환시자, 의사였던 힐데가르트 폰 빙엔의 기도서라고 불리는 문헌에 수록된 세밀화를 살펴보자.[62]

이 소책자의 필사본 전통의 역사는 정확히 알려져 있지 않다. 두 종의 필사본이 남아 있다. (뮌헨에 소장된) 하나는 라인강과 모젤강 사이의 지역에서 1180~1190년 무렵에 제작된 것이다. 그보다 더 일찍 제작되거나, 전해지는 것처럼 (1179년에 사망한) 힐데가르트 폰 빙엔이 기도에 실제로 사용할 수 있었던 것은 아니다. (빈에 소장된) 다른 하나는 그보다 뒤늦게 (1200년 무렵에) [오스트리아 동북부] 니더외스터라이히 지역에서 제작된 것이다. 표현 양식은 다르지만 두 필사본은 매우 닮았다. 독일어 기도문과 관련된 전면 세밀화가 72점과 73점씩 실려 있다. 이런 유형의 기도서는 12세기에는 아직 매우 드물었다. 개인의 기도용으로 제작된 것으로, 중세 말기 시도서의 조상 가운데 하나인 듯하다.[63]

세밀화들은 천지창조 이후의 구약성서와 신약성서의 장면들, 특히 그리스도의 기적을 나타낸다. 산상설교와 관련된 8점의 도상은 유독 흥미롭다.[64] **그림 21**

도상들은 저마다 상단과 하단의 두 영역으로 이루어져 있다. 상단은 「마태오복음서」 5장 3~11절에 따라 그리스도의 설교로 표현된 8개의 행복을 나타낸다. 라틴어로 이미지들에 곁들여진 설명문은 각각의 장면을 확인시켜준다. "행복하여라, 마음이 가난한 사람들", "행복하여라, 온유한 사람들", "행복하여라, 슬퍼하는 사람들", "행복하여라, 의로움에 주리고 목마른 사람들", "행복하여라, 자비로운 사람들", "행복하여라, 마음이 깨끗한 사람들", "행복하여라, 평화를 이루는 사람들", "행복하여라, 의로움 때문에 박해를 받는 사람들".

이 장면들의 하단에는 저마다 다른 8개의 이미지가 묶여 있다. 라틴

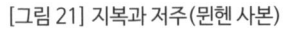

[그림 21] 지복과 저주 (뮌헨 사본)
(힐데가르트 폰 빙엔의 기도서, 12세기 말)

1. "행복하여라, 마음이 가난한 사람들 Beati pauperes spiritu" ↔ "불행하여라, 오만한 사람들 Male dicti superbi"

하늘의 구름에서 나타난 신의 손이 내려와서 십자가를 들고 있다. '마음이 가난한 사람들'은 비통의 징표로 얼굴을 손으로 감싸고 있다.

2. "행복하여라, 온유한 사람들 Beati mites" ↔ "불행하여라, 성내는 사람들 Male dicti iracundi"

'온유한 사람들'은 기도의 징표로 두 손을 모으고 있다. 악인의 입, 특히 머리카락을 움켜쥔 '성내는 사람들'의 입에서 악령의 피리가 나온다.

3. "행복하여라, 슬퍼하는 사람들 *Beati lugentes*" ↔ "불행하여라, 가장 나쁜 일로 기뻐하는 사람들*Male dicti qui exultant in rebus pessimis*"

상단에서는 신의 손이 축복을 하고 있다. '슬퍼하는 사람들' 가운데 한 명은 두 손을 맞잡고, 한 명은 머리카락을 잡아당기고 있다.

4. "행복하여라, 의로움에 주리고 목마른 사람들*Beati justiciam esurientes*" ↔ "불행하여라, 탐욕스러운 사람들*Male dicti avari*"

상단에서는 신의 손이 꽃으로 장식된 원을 들고 있다. '탐욕스러운 사람들'은 재산을 세고 있다.

5. "행복하여라, 자비로운 사람들Beati misericordes" ↔ "불행하여라, 이웃에 심술궂은 사람들Male dicti qui gloriantur in adversum proximi"

의인이 기리는 신의 손은 십자가를 쥐고 있으며, 불행한 사람들은 주먹으로 위협하고 있다.

6. "행복하여라, 마음이 깨끗한 사람들Beati mundo corde" ↔ "불행하여라, 악을 바라는 사람들Male dicti malivoli"

의인이 받드는 신의 손은 집게손가락을 뻗고 있다. 하단의 불행한 사람들은 무기를 들고 있다.

7. "행복하여라, 평화를 이루는 사람들Beati pacifici" ↔ "불행하여라, 불화를 일으키는 사람들Male dicti discordes"

'평화를 이루는 사람들'은 끌어안고, 옆에는 구름에서 나온 신의 손이 그것을 가리키고 있다. 하단의 악인들은 서로를 창으로 찌르고 있다.

8. "행복하여라, 의로움 때문에 박해를 받는 사람들Beati qui persecutionem patiuntur propter iustitiam" ↔ "불행하여라, 박해하는 사람들Male dicti persecutores"

악인은 서로 칼로 내리치려 하고 있다. 악인 가운데 한 명은 투구를 쓰고 있다.

어 설명문에 따르면 그것들은 저주를 나타낸다.[65] "불행하여라, 오만한 사람들", "불행하여라, 성내는 사람들", "불행하여라, 가장 나쁜 일로 기뻐하는 사람들", "불행하여라, 탐욕스러운 사람들", "불행하여라, 이웃에 심술궂은 사람들", "불행하여라, 악을 바라는 사람들", "불행하여라, 불화를 일으키는 사람들", "불행하여라, 박해하는 사람들".

이 두 번째 계열은 첫 번째 계열만큼 성서의 근거와 잘 연결되지 않는다. 「마태오복음서」는 불행에 관해 언급하고 있지 않기 때문이다. 「루카복음서」(6:20-22, 24-26)만이 「마태오복음서」의 첫째, 둘째, 넷째, 여덟째 행복에 해당하는 네 가지 행복과 네 가지 불행을 차례로 열거하고 있을 뿐이다. 「루카복음서」가 예술가에게 (혹은 그가 본받은 모본의 작가에게) 여덟 가지 행복에 여덟 가지 불행을 대응시키는 발상을 제공한 것은 분명해 보이지만, 기껏해야 절반의 이미지에 대해서만 지침을 제시할 뿐이다. 어쨌든 「루카복음서」 본문도, 「마태오복음서」 본문도 추상적인 개념을 나타내기 위해 선택된 이런 도상을 설명해주지는 못한다.[66]

예술가의 영감 가운데 일부는 어떤 불행을 (오만, 분노, 탐욕과 같은) 어떤 악덕과 동일시하는 것에서 왔을 수도 있다. 하지만 그것으로 모든 이미지를 설명할 수는 없다. 그러므로 이 이미지들이 어떤 가능한 본보기나 부분적인 본보기로 환원할 수 없는 참신한 체계를 이루고 있다는 사실을 인정해야 한다. 그것의 독창성은 인물들과 그들의 겉모습으로 체계적이고 완전하게 행복과 불행을 나타낸 선택에 있다.

뮌헨 사본에서는 모든 이미지가 같은 구조를 보인다. 모든 이미지가 똑같이 상단과 하단을 구분하는 이중의 빨강 테두리 선으로 둘러싸여 있다. 그리고 상단과 하단의 그림은 모두 똑같이 세 개의 작은 흰색 점이 흩뿌려지고 녹색 가장자리로 넓게 둘러싸인 파란색 배경 위에 그려져 있다. 상단에서는 늘 작은 산이나 나무의 양쪽에 두 명의 남자가 서 있는 모습으로 발견된다. 그들은 (동심원이나 파란색 바탕·흰색 작은 점위의 꽃을 소재로 한) 양식화된 후광에서 나온 신의 손으로 위에서 아래로 수직으로 나뉘어 있다. 이 8개의 이미지에는 모두 다음과 같은 세 명의 등장인물이 표현되어 있다.

1. 축복하는 손이나 벌린 손바닥으로 단순하게 자신을 드러내고 있는 신이다. 두 사례에서는 신의 손이 십자가를 들고 있고, 한 사례에서는 [교회의 장미창처럼 보이는] 십자 모양의 꽃으로 장식된 원형 장식을 들고 있다. (그림 21-7의) 오직 한 이미지에서만 신의 축복의 몸짓이 옆에서 나타난다. 신의 손이 가볍게 포옹한 두 남자를 서로를 향해 밀고 있고, 이 그림에서는 나무도 옆으로 옮겨져 있다.

2. 마주 보고 있는 두 남자이다. 그들은 때에 따라 길거나 짧은 튜닉을 입은 간소한 옷차림이고, 언제나 맨발이다. 긴 머리카락에 젊고 수염이 없다. 신이 그들의 포옹을 축복하는 경우를 제외하고 그들의 몸짓은 오직 신에게만 바쳐진다. 대부분 벌린 두 손을 어깨 정도의 높이로 들어 올리고 신의 존재가 나타난 쪽으로 가볍게 내민 모습이다.

몸짓은 두 사례에서만 정확하게 식별된다. (그림 21-2의) '온유한 사람들'의 두 손을 모은 기도의 몸짓과 (그림 21-3의) '슬퍼하는 사람들'의 비통의 몸짓이다. 비통의 몸짓을 표현한 이미지의 긴장된 얼굴은 슬픔을 표현한다. 아울러 한 사람은 머리카락을 쥐어뜯고, 다른 한 사람은 두 손을 모으고 손가락을 맞잡고 있다. 하지만 몸짓을 더 정확히 식별할 수 있을 때조차도, 그 몸짓들에서 '의미'를 찾으려 애쓰는 일이 가장 중요하지는 않은 듯하다. 각각의 이미지에서 그 몸짓들이 이렇게 설정되는 데 영향을 끼친 (두 사람과 신 사이의) 삼원적 관계에 초점을 맞추는 편이 더 낫다.

몸짓의 표현 양상도 중요하게 강조되어야 한다. 그것들은 신중하다. 팔은 몸에서 거의 떨어지지 않고, 팔꿈치가 몸에 달라붙은 채로 오직 팔뚝만 들려 있다. 포옹조차도 일부만 예외이다. 몸짓은 매우 부드럽지만, 얼굴이 닿는 것은 피한다. 거의 구부려지지 않은 다리는 대부분 평행을 이루고 있으며 (몸을 돌리고 선 그림 21-8을 제외하고는) 상체와 같은 방향이어서, 하나같이 질서와 절도의 인상을 준다.

하단의 이미지는 완전히 다르다. 상단에서의 삼원적 관계의 조화가 여기에서는 공격적으로 마주 선 두 남자의 이원적 관계의 난폭함으로 대조된다. 그들의 악한 본성은 옷의 색깔 같은 다양한 징표로 드러난다. 상단에서처럼 단색이 아니라, 어떤 것은 두 가지 색이다.[67] 그리고 모든 인물이 신발을 신고 있다. 그들은 맨발로 그려진 상단의 천사 같은 형상과는 대조적으로, 죄악으로 가득한 세상에서 육신과 지상에 확고히 자리 잡고 있다. 긴 머리카락은 거듭해서 짧고 곱슬곱슬한 머리카락으로 대체된다. 한 사람은 머리에 챙 없는 모자를 쓰고 있다. 여러 차례 얼굴이 [4분의 3쯤 보이는] 비스듬한 모습이 아니라 옆모습으로 나타난다. 이는 (매부리코, 찡그린 입, 찌푸린 눈썹과 같은) 거친 생김새를 두드러지게 한다. 팔다리는 격렬한 움직임으로 활기를 띤다. 팔은 몸통에서 크게 벗어나 벌어져 있고, 다리는 격하게 구부러지고, 때로는 직각으로까지 된다. 비틀어진 몸은 머리와 몸통이 발과 반대 방향으로 놓여 있다. (그림 21-4와 그림 21-5에서) 두 인물은 서로를 공격한다. 손을 꽉 쥐고, 주먹을 내밀고, 팔을 난폭한 몸짓으로 교차시킨다. 칼과 창으로 서로를 위협하거나 미친 듯이 찌른다. 끝으로 탐욕스러운 사람은 동전이 가득한 커다란 자루라는 속성으로 표현되어 있다.

하단 형상의 몸짓에는 (말 그대로 저주를 뜻하는) 불길한 목소리가 덧붙어 있다. 지복의 형상들이 신에게 침묵의 경배를 바칠 때, 저주의 울림은 이미지 안에서 육신을 갖춘다. 그것은 수염이 있고 찡그린 악마의 얼굴로 끝이 표현된, 구멍 뚫린 일종의 피리로 구현된다. (그림 21-8의) 한 사례에서는 두 인물 가운데 하나가 마치 악기처럼 자기 목소리의 구현물을 손으로 떠받치고 있다. 이러한 피리 *fistula*는 일반적으로 어릿광대와 연결되는 악마적인 도구이다.[68] 이런 이미지를 베르나르 드 클레르보가 말했던, 너무 오래 억눌러 입에서 요란스럽게 빠져나오는 웃음에 대한 수도원의 억압과 연결해 볼 수는 없을까? 이 모든 소음은 발작적이고 악마적인 숨결로 해방되는 신체 내부의 충동을 드러낸다.

조금 뒤에 나타난 빈 사본의 상응하는 이미지는 겉보기에는 덜 공들인 기법으로 제작된 것처럼 보인다. **그림 22** 하지만 비슷한 구조를 지니고 있으며, 흥미로운 혁신도 나타난다. 포개진 상단과 하단 사이에 이제는 명확한 구분이 없다. 상단에서 신의 손의 개입은 뮌헨 사본보다 훨씬 소박해지고, 두 이미지에서는 없어지기까지 한다. 하지만 등장인물의 움직임은 뮌헨 사본의 이미지보다 더 강조되어 있고, 더 역동적이다. 등장인물의 대칭도 더는 일관된 규칙이 아니다. 그래서 움직임의 다양성이 더 커지고, 다양한 역할을 표현한다. (그림 22-1의) 말하는 자와 듣는 자의 몸짓, (그림 22-4의) 공격하는 자와 공격받는 자의 몸짓, (그림 22-3의) 돈 자루를 빼앗으려는 자와 그것을 막으려는 자의 몸짓, (그림 22-7의) 위협하는 자와 공격을 피하려는 자의 몸짓처럼 말이다. 하지만 목소리의 물질성은 뮌헨 사본처럼 형상화되어 있지 않다.

어떤 몸짓은 필사본마다 명확히 다르다. (그림 22-2에서) 비통의 표현은 오른손으로 뺨을 받치고, 다리를 꼬고 앉은 생각에 잠긴 모습을 한 인물로 나타난다. 그들은 머리카락을 쥐어뜯지도, 두 손을 맞잡고 있지도 않다.

그러나 가장 주목할 만한 혁신은 등장인물의 '현실화'이다. (특히 하단에서) 그들은 더는 상징적인 몸짓을 하는 초시간적인 형상이 아니라, 현실의 행동을 보이는 동시대의 사회적 유형이다. (그림 22-6의) 자비로운 사람은 두 명의 가난한 이에게 옷 한 벌과 빵 반 덩이를 주는 고귀한 인물이다. 그 아래에는 악인들이 불쌍한 사람을 억압하고 있다. 한 사람이 그를 땅바닥에 짓누르고, 다른 한 사람이 그의 머리채를 잡고

[그림 22] 지복과 저주(빈 사본)
(힐데가르트 폰 빙엔의 기도서, 1200년무렵)

1. "행복하여라, 마음이 가난한 사람들 *Beati pauperes spiritu*" ↔ "불행하여라, 오만한 사람들 *Male dicti spiritus superbi*"
 (= 뮌헨 사본 1)

'마음이 가난한 사람들'은 거의 알몸인데, 한 사람은 그들을 축복하는 신의 손과 손을 맞대고 있다. '오만한 사람들'은 옷과 칼로 귀족이나 기사임을 알 수 있다.

2. "행복하여라, 슬퍼하는 사람들 *Beati, qui lugent*" ↔ "불행하여라, 가장 나쁜 일로 기뻐하는 사람들 *Male dicti qui gaudent in rebus pessimis*"
 (= 뮌헨 사본 3)

신의 손은 보이지 않는다. '슬퍼하는 사람들'은 비통의 징표로 주먹으로 머리를 받치고, 다리를 꼬고 앉아 있다. '가장 나쁜 일로 기뻐하는 사람들'에서는 머리를 민 성직자나 수도사 하나가 등장한다.

3. "행복하여라, 의로움에 주리고 목마른 사람들Beati, qui esuriunt et sitiunt iustitiam" ↔ "불행하여라, 탐욕스러운 사람들Male dicti avari"
(= 뮌헨 사본 4)

신의 손은 보이지 않는다. '탐욕스러운 사람들'은 하나가 다른 하나를 붙잡고 있고, 그들이 서로 가지려 다투는 자루에서는 금화가 땅으로 쏟아지고 있다.

4. "행복하여라, 온유한 사람들Beati mites" ↔ "불행하여라, 관대하지 못한 사람들Male dicti impatients"
(= 뮌헨 사본 2)

신의 손이 축복하는 '온유한 사람들' 가운데 하나는 (시토회의) 하얀 수도사이다. '관대하지 못한 사람'이 불쌍한 남자를 막대기로 때리고 있다.

5. "행복하여라, 평화를 이루는 사람들Beati pacifici" ↔ "불행하여라, 불화를 일으키는 사람들Male dicti discordes"
(= 뮌헨 사본 7)

신의 손이 서로 껴안은 '평화를 이루는 사람들'을 축복한다. 자신들의 신분을 보여주는 무장을 완전히 갖추고 싸우는 두 명의 기사는 저주받은 불화를 상징한다.

6. "행복하여라, 자비로운 사람들Beati misericordes" ↔ "불행하여라, 난폭한 사람들Male dicti feroces"
(= 뮌헨 사본 5)

자비는 강자의 덕이며, 신의 손이 축복하는 강자가 한가운데에 앉아서 두 가난한 이에게 빵과 옷을 준다. '난폭한 사람들'은 한 남자를 땅에 짓누르며 목을 자른다.

7. "행복하여라, 마음이 깨끗한 사람들Beati mundo corde" ↔ "불행하여라, 악을 바라는 사람들Male dicti malivoli"
　　　　　　　　(= 뮌헨 사본 6)

'마음이 깨끗한 사람들'의 온화한 대화를 신의 손이 관장하고 있다. '악을 바라는 사람들'은 창과 칼로 서로를 죽이려 한다.

8. "행복하여라, 의로움 때문에 박해를 받는 사람들Beati qui persecutionem patiuntur propter iustitiam" ↔ "불행하여라, 박해하는 사람들Male dicti persecutores"　　(= 뮌헨 사본 8)

이미지 하나로 사형 집행인과 희생자를 나타내고 있다. 죄수는 형구에 매달려 채찍질을 당하지만 신의 손에 축복을 받는다.

칼로 찌른다. (그림 22-8처럼) 상단과 하단이 하나로 합쳐진 이미지도 있는데, 박해하는 사람은 형틀에 매달린 두 명의 죄수를 채찍질하는 형리이다. (그림 22-1에서) 오만한 사람과 불화를 일으키는 사람은 동시대의 기사이다. (그림 22-4에서) 온유한 사람을 나타낸 두 사람 가운데 한 명은 수도사이고, (그림 22-2의) 불행에 기뻐하는 사람 가운데 하나는 성직자이다.

여기에서 사회의 다양한 신분에 악덕을 (때로는 덕을) 할당하는, 흔히 확인되는 모습이 발견된다. 오만이 기사를 특징짓고, 색욕이 성직자들에게 강한 유혹이었으며, 시기심이 농민을 고통스럽게 한다고 인정하고 있다. 그러나 여기에 표현된 몸짓이 이런 다양한 사회 집단을 절대적으로 특징짓는 것이라고 간주할 수는 없다. 오히려 이 모든 이미지를 지배하고 있는 것이 눈길을 끈다. 이미지의 상단과 하단으로 항목별로 대립시켜 몸짓을 분류하려는 의지이다.

그러나 상단과 하단의 대립이 그것들 각각의 특성을 완전히 설명해주지는 않는다. 상단에서 이미지의 수직축이자 '중용'의 전형, 유덕한 몸짓의 본보기인 신의 손이 맡은 역할에 주목해야 한다. 하단에서는 부정적인 인물과 몸짓이 가장 구체적이고 사실적이며 현실적으로 묘사되어 있지만, 그것들의 선한 대응물은 오히려 일반적으로 시간을 초월한 이상형으로 남아 있다는 사실을 알 수 있다. 글과 마찬가지로 이미지에서도 인간을 분류할 수 있게 해주는 것은 '좋은' 몸짓보다는 '나쁜' 몸짓인 것이다.

5
수련자 규율

12세기에 철학·과학의 가장 새로운 문화가 생겨난 곳은 수도사들의 수도원이 아니었다. 시토회처럼 가장 최근에 세워진 수도회도 마찬가지로 아니었다. 그곳은 13세기 초에 대학을 탄생시킨, 참사회나 주교좌성당에 부속된 도시 학교였다.

그런 '학교들' 가운데 가장 유명한 샤르트르의 학교를 예로 들어 보자. 그곳을 대표하는 사람 가운데 하나인 기욤 드 콩슈(1080~1145)는 오늘날 일반적으로 『도덕에 관한 철학자의 가르침Moralium Dogma Philosophorum』이라는 작품의 저자로 여겨진다.[1] 세네카의 『자선론De beneficiis』, 키케로의 『의무론』, 보이티우스의 『철학의 위안De consolatione philosophiae』에서 깊은 영향을 받은 이 방대한 철학적·도덕적 문헌은 키케로와 세네카가 작가에게 나타나 그의 성찰에 영감을 주는 꿈으로 시작된다. 이 작품은 고대의 방식으로 지혜·정의·용기·절제라는 네 가지 덕을 잇달아 다룬다.

마지막의 절제는 이제 키케로처럼 금욕continentia · 관용dementia · 절도modestia라는 3개의 하위 범주가 아니라, 절도·조심성verecundia·금욕

abstinentia · 품위*honestas* · 조절*moderantia* · 검약*parcitas* · 신중*sobrietas* · 정결 *pudicitia*이라는 8개의 하위 범주로 나뉜다. 여기에서 절도는 "품행과 각각의 움직임 · 활동을 부족함은 넘어서고 지나침에는 이르지 않게 유지하는 덕"으로 정의된다. 신체의 외적인 움직임이 영혼의 내적인 움직임을 나타낸다는 것을 상기시키기 위해 호라티우스 · 키케로 · 세네카에게서 가져온 세 개의 금언 뒤에『의무론』의 한 구절 전체가 똑같이 되풀이된다. 작가는 "몸짓, 말, 얼굴 표정에서의 품위의 의무"라고 정의된 '조심성'에 관해서도 같은 방식으로 조금 더 나아간다.

그러나 몸짓에 관한 12세기의 가장 중요한 이론적 문헌은 위그 드 생빅토르의『수련자 교육』일 것이다. 이 문헌은 1140년에 조금 못 미친 시기에 파리에서 쓰였다.

위그 드 생빅토르

위그 드 생빅토르는 1096년 무렵에 작센의 귀족 가문에서 태어났다. 그는 [독일 중동부] 하머스레벤의『성 아우구스티누스의 계율』을 따르는 종교 시설에서 최초의 교육을 받았다. 그리고 18세가 되던 해에 삼촌인 할버슈타트 주교에 의해 파리로 보내졌고, [파리 대성당 학교의 교수이던] 기욤 드 샹포가 새로 설립한 생빅토르 수도원에 1117년에 들어갔다. 그는 곧 학교의 교사가 되었고, 그가 죽은 1140년이나 1141년 2월 11일까지 그 직위를 유지했다.[2]

위그는 죽을 때까지 매우 다양하고 방대한 작품을 남겼고, 이 작품들은 뒷세대의 종교 문학에 큰 영향을 끼쳤다. 현전하는 필사본의 숫자로만 판단하면, 가장 높이 평가된 작품은 작가와 그의 영혼의 대화를 표현한『영혼의 보증금에 관한 독백*Soliloquium de arra anime*』이다. 이 작품은 323종의 필사본이 전해지는데, 이는 중세 문학을 통틀어 매우 보기 드

문 사례이다.³⁾ (226종의 필사본이 전해지는) 기도에 관한 『기도의 방법De modo orandi』, (224종의 필사본이 전해지는) 신학적·주석적 작품인 『성사론 De sacramentis』이 그 뒤를 잇는다. 172종의 필사본이 전해지는 『수련자 교육』은 네 번째를 차지하는데, 이는 플라톤만큼이나 아리스토텔레스의 전통에서 그 시대의 지식을 모두 종합한 '독서의 기술'인 (125종의 필사본이 전해지는) 『교육론Didascalicon』보다 많은 숫자이다.⁴⁾

『수련자 교육』은 모두 21개의 장으로 이루어져 있고, 앞에 작품의 목적을 밝힌 서론이 실려 있다.⁵⁾ 이 책은 몇 가지 조건을 전제로 하는 '영원한 지복의 길'을 수련자들에게 가르치는 문제를 다룬다. 첫 번째는 '참된 분별력의 지식'으로, 1장부터 9장까지가 그에 관한 설명으로 이루어져 있다. 두 번째는 '규율의 사용법'으로, 10장부터 21장까지 그에 관한 정의와 상세한 설명이 나온다. 세 번째는 '덕'인데, 작품에서 이 부분은 빠져 있다. 다른 작품으로 분리된 위그의 소책자 『다섯 가지 일곱』이 이 빠진 부분일 것이다.⁶⁾ 따라서 이 작품의 본래 계획된 구조는 「시편」 119편에서 신에게 보내는 호소에 맞추어 모두 3부로 이루어져 있다. "제게 선과 규율과 지식을 가르쳐 주세요."⁷⁾ 위그의 교육 프로그램은 그것들의 순서만 뒤바꿔 놓았을 뿐이다.

분별력의 지식은 (1장에서 다루는) '올바른 삶의 지식'이며, 그 조건은 (2~5장의) 이성과 (6장의) 교육doctrina, (7장의) 좋은 본보기와 (8장의) 성서의 묵상, 그리고 (9장의) 12세기 도덕 신학과 참회의 실천이 중요하게 쟁취해낸 자기 성찰이다. 행동으로 향하는 이성과 분별력discretio에 관한 주장을 눈여겨보자. 그것은 장소와 (밤과 낮, 식전과 식후, 휴일과 일하는 날과 같은) 시간, (윗사람과 동료, 아랫사람과 같은) 상대하는 사람에 따라 '무엇을 해야 하는지quid agendum'를 결정할 수 있게 해준다. 당시의 [사회 관습과 교회, 성서의 율법에 비추어 도덕적 판단을 내리려 했던] 사례윤리학과 지적인 틀을 특징짓는 이런 구분은 작품 전체에서 발견된다.

10장은 규율*disciplina*을 정의하는 것으로, 작품의 제2부이자 가장 긴 부분으로 들어간다. "규율은 사회에서 살아가는 바람직하고 올바른 방식이다. 그것을 위해서는 아무런 죄악을 저지르지 않는 것만으로는 충분치 않다. 그것은 알맞게 행동하는 것을 비롯해 모든 면에서 나무랄 데 없는 겉모습을 요구한다. 요컨대 규율은 모든 지체의 질서 있는 움직임이자 모든 태도와 행동의 적절한 배치이다."[8]

'디스키플리나*disciplina*'라는 단어의 이런 의미는 당시 어휘의 용법에서 유일한 것이 아니며, 당연히 위그 드 생빅토르에게도 마찬가지이다. 그는 『교육론』(3:13)에서 마르티아누스 카펠라와 보이티우스로 거슬러 올라가는 전통에 따라 이 단어에 학문 교육, 특히 수학과 같은 교육 과목의 의미를 부여한다.[9] 이런 의미에서 '디스키플리나'는 실천적 응용인 '아르스*ars*'와 대비된다. 그러나 도덕적인 의미에서 규율은 원칙과 이론을 규정하지만, 그것이 구체적인 행동으로 구현되는 방식과 무관하지만은 않다. 둘 모두를 포용하는 공통된 지점은 교육학이다. 그래서 『교육론』에서는 지적 교육으로 나아가고, 『수련자 교육』에서는 덕에 부합하는 신체적 행동의 도덕과 교육으로 나아간다. 그로부터 이 단어의 제3의 의미가 나온다. '디스키플리나'는 참회의 실천, 곧 고행과 매질의 도구인 '채찍'이라는 의미로 교육의 수단을 가리키기도 했다. 어떤 경우든 강제의 관념은 결코 빠지지 않는다. 수련자의 '지체의 움직임'에 관한 교육학, 그리고 위그가 곧 더욱 상세히 설명할 그들의 몸짓에 대한 교육학에서도 마찬가지이다.

규율을 정의한 위그는 그것이 "유용하고 필요하다"고 단언한다. 유용하다는 것은 되풀이해서 인용된 「잠언」 6장의 배교자인 '쓸모없는 사람*vir inutilis*'과 대조적으로 '구원에 도움이 된다'는 의미이다. 규율의 유용성과 필요성마저 다시금 안과 밖의 변증법으로 정당화된다. 신체의 외면은 '영혼의 움직임*mentis motus*'을 나타낼 뿐 아니라, 신체 지체의 규율은 "영혼의 무질서한 움직임과 부정한 욕구를 억누르고 … 영혼을 의연함으로 굳건히 해준다." 규율 잡힌 신체와 더 나아가 규율 잡힌 몸짓은 이제 단순히 고결한 영혼의 표현만이 아니라, 젊은 수련자에 대한 도덕 교육의 수단이 된다. 이런 관념은 음악에 성격 완화의 역할을 부여한 고대의 사고방식을 부활시킨다. 이 표현은 몸짓의 규율에 적용된 것이지만, 그 독특함에서 확실히 참신성을 드러낸다.

그렇지만 규율과 그것이 인간의 내면에 미치는 효과는 출발부터 영혼의 '내적 감독'을 전제로 한다. 곧 신체 지체들을 질서 있는 방식으로 통제하도록*ordinale reguntur* 이끌기 위해 규율의 훈련을 가져올 수 있는 이성과 의지의 행위이다. 영혼과 신체의 이러한 상호 병행적인 형성은 느리고 점진적이다*paulatim*. 아울러 그것은 습관에 관한*per consuetudinem* 문제이다. 규율은 네 영역에서 길러진다. (11장의) 의복*in habitu*, (12장의) 몸짓*in gestu*, (13~17장의) 언어*in locutione*, (18~21장의) 식탁*in mensa id est comestione*이다. 때와 장소, 사람과 상황에 대한 사례윤리학적인 구분 때문에 그는 언어와 식탁에 관해 여러 장에 걸쳐 언급한다. 그러나 가장 긴 설명의 혜택을 받는 것은 몸짓이다.[10] 이는 말하는 방식에 관한 17장과, 식탁 예절의 문제에 관한 18장에서도 몸짓이 다시 문제로 다루어지고 있어서 더욱 그렇다.

몸짓의 정의

12장은 '몸짓*gestus*'이라는 말의 정의로 시작된다. 나는 이 정의에 의도적으로 불명확한 번역을 제시한다. "몸짓은 모든 행위와 태도에서의 (눈에 띄는, 혹은 기준과 양식에 따른)* 신체 지체의 움직임과 조형이다

---

* 라틴어 원문의 '*ad omnem agendi et habendi modum*'이라는 구절의 해석에서 나타나는 다의적인 측면을 나타낸다.

Gestus est motus et figuratio membrorum corporis, ad omnem agendi et habendi modum."

몸짓에 관한 이러한 정의는 내가 서양의 고대와 중세 역사에서 만난 정의 가운데 가장 복잡한 것이다. 진술되자마자 그것은 12~13세기의 교회 작가들에게 되풀이된 규범적인 정의가 되었다. 하지만 여기에는 그 작가들이 늘 온전히 풀어내지는 못한 매우 풍부한 함축성이 있다.

각각의 단어와 그것들 사이에 맺어진 모든 관계가 무척 중요하다. 몸짓에 관한 이 정의는 '아드 모둠*ad modum*'이라는 다의적인 표현으로 연결된 두 쌍의 용어로 이루어져 있다. 한쪽에 '신체 지체*membrorum corporis*'의 '움직임*motus*'과 '조형*figuratio*'이 있고, 다른 쪽에 '행위*modus agendi*'와 '태도*modus habendi*'가 있다.

몸짓은 '움직임'이다. 고대의 음악과 수사학 이후 이러한 관념은 전통적이었다. 새로운 것은 움직임에 '행위'와 더 나아가 '태도'를 넣은 것이다. 이러한 포함의 핵심은 여러 방식으로 이해해야 할 '조형'에 있는 듯하다. 몸짓은 움직이는 것으로 자신의 '형태를 만든다'. 그렇게 해서 그것은 '신체 지체'의 전체적인 형태를 만든다. 무엇보다 그것은 숨겨져 있고 몸짓이 드러내는 영혼의 움직임에 외면적인 형상*figura*을 부여한다. 위그 드 생빅토르도 말했듯이 몸짓은 표시*indicium*이자 징표*signum*이기 때문이다.[11] 다시 말해 '조형'이라는 말은 몸짓의 상징적 가치를 나타내며, 그것의 원초적 중요성을 강조한다.

몸짓의 정의에서 이러한 중요성은 세 가지 방식으로 나타난다. 우선 몸짓이 행위에 도움이 될 수 있다면, 이 경우에도 (마르셀 모스의 표현을 가져오면) '신체 기술'로서 그것이 지닌 실용적인 목적성은 그것의 상징적 가치와 무관하지 않은 것으로 보인다. 위그가 명확하게 언급하지는 않았지만, 노동의 몸짓도 마찬가지로 생각할 수 있다. 그것의 상징적 가치가 그것의 실용적인 목적성과 구별되어서는 안 된다. 이에 관해서는 뒤에서 다시 살펴볼 것이다.

'태도'라는 개념도 마찬가지로 조형 개념에 묶여 있다. 태도는 어떤 움직임의 결과나 더 흔하게는 움직임 전후의 정지된 상태처럼 여겨진다. 곧 여기에서도 중세 문화에서 최고의 예증인 이상적인 '형상'은 그리스도나 국왕의 〔위엄 있게 왕좌에 앉은〕 마예스타스*majestas*이다. 이에 관해서도 뒤에서 다시 살펴볼 것이다.

끝으로 '조형'이라는 관념은 위그 드 생빅토르에게 매우 중요한 심미적 차원과 상징적 차원을 묶는다. 실제로 몸짓은 늘 누군가에게 인식된다. 곧 그것을 존재케 하는 것은 (그가 누구든) '다른 이'의 시선이다. 작품의 이어지는 부분에서는 이러한 관념이 폭넓게 펼쳐진다. 모든 사물과 마찬가지로 몸짓도 신의 시선 아래에 놓이며, 다른 이의 시선에 광경으로 주어진다.[12] 그래서 찬미와 감화를 불러일으키거나, 거꾸로 추문을 부추기기도 한다. 그러므로 '조형'이라는 말을 위그 드 생빅토르의 심미적 관념과, 더 넓게는 그 시대 예술의 변화의 맥락에서 다시 돌아볼 필요가 있다.[13]

『교육론』의 제7장은 "아름다움에 관한 최초의 완전한 개론"을 이루고 있으며, 작가는 "에리우게나 이후 중세 최초의 미학자"라고 할 수 있다.[14] 같은 시대의 생드니 수도원장 쉬제르와 마찬가지로, 위그 드 생빅토르는 위-디오니시오스의 신플라톤주의 교리에서 큰 영향을 받았다. 모든 사물은 신에게서 나온다. 그러므로 그것은 신의 끝없는 아름다움과 선함의 지각할 수 있는 반영이고, 거꾸로 지각할 수 있는 사물의 아름다움은 신에 대한 명상으로 끌어올린다. 위그는 지각할 수 있는 세계의 형성을 묘사하기 위해 신의 몸짓의 은유까지 사용한다. "만물의 우주는 신의 손가락으로 쓴 책과 같다. 그러므로 개개의 피조물은 인간의 일시적인 기분으로 고안된 것이 아니라, 신의 보이지 않는 지혜를 드러내기 위해 신의 의지로 정한 형상 같은 것이다."[15]

이렇게 선과 아름다움에 관한 총체적이고 우주적인 시각에서 상징적이면서도 실용적이고 심미적인 '움직임과 조형'으로 몸짓을 정의하는 것은 손과 같은 특정한 신체 부위가 아니라, 그것들의 총체로서 '신체 지체'를 고려한다. 물론 명확한 몸짓이 묘사될 수도 있다. 하지만 위그의 사변은 몸짓 표현에서 모든 부분이 유일한 질서에 따르고, 동시에 '조형'인 '움직임'의 전체성을 대상으로 한다.

'조형'과 마찬가지로 '아드 모둠ad modum'이라는 표현도 그 다의성에서 몸짓에 관한 위그 드 생빅토르의 정의에서 관건이 되는 요소이다. 거기에는 여러 관념이 겹쳐 있다.

— 의미하는 것에 대한 기호로서 몸짓의 (부당성이나) 타당성, (부적합성이나) 적합성의 관념.

— 몸짓이 태도나 행위를 낳는 것을 목표로 하는 목적성의 관념.

— 장의 나머지에서 모두 정확히 표현해 사용한 핵심적인 도덕 개념인 '모두스modus'의 관념.* 몸짓의 모두스는 한도라는 관점에서 이해할 수 있으며, '지나치고' 남용되는 무절제한 몸짓과 대립된다. 더 섬세하게 그것은 무엇보다 절도modestia와 중용의 의미로 이해해야 한다. 이런 전통적인 개념이 있었으나, 위그는 완전히 새롭게 사고하려 노력했다.

— 몸짓의 양식이라는 관념. 곧 몸짓이 움직임에 양상을 부여하고, (하나의 형상처럼) 타당성, 목적성, 기준을 드러내는 방식으로 행해진다는 관념이다.

몸짓의 분류

위그 드 생빅토르는 '비난받아 마땅한 여섯 가지 몸짓의 양식'을 서술하는 것으로 시작한다. 그 목적은 윤리적이며, 처음부터 부정적이다.

---

* 라틴어에서 'modum'은 ① 척도, 기준 ② 한도, 절도 ③ 양식, 방법의 뜻을 나타내는 'modus'의 직접 목적격 단수형이다.

이러한 이중적 지위로 그것은 하나의 필요에 부응한다. 실제로 몸짓은 자연스럽지 않고, 위그 드 생빅토르의 작품 제목도 가리키듯이 '교육*institutio*'이 이루어지기 전에는 그에 관해 말할 수 없다. 수련자 교육은 수련자의 신체와 영혼이 그 결과와 본보기가 되어야 하는 하나의 문화를 정의한다. 그 방법은 규범을 정하는 것을 목표로 하는 '규율'이다. 그러므로 먼저 그에 어긋난 것을 모두 배제해야 한다.

위그는 비난받아 마땅한 몸짓의 세 쌍을 제안한다. 그것들은 '유사성*similis*'으로 둘씩 짝을 이룬다. 유약한*mollis* 몸짓과 뻔뻔한*procax* 몸짓, 해이한*dissolutus* 몸짓과 우둔한*tardus* 몸짓, 조급한*citatus* 몸짓과 흥분된*turbidus* 몸짓이다.

이런 몸짓이 표현하는 내면의 악덕도 마찬가지로 그들 사이에 유사한 관계를 지닌다. 유약한 몸짓으로 표현되는 방탕*lascivia*은 뻔뻔한 몸짓으로 표현되는 오만*superbia*, 허영*Jactantia*, 건방짐*protervia*과 유사하다. 해이한 몸짓으로 표현되는 부주의*negligentia*는 우둔한 몸짓으로 표현되는 나태*pigritia*와 유사하다. 조급한 몸짓으로 표현되는 변덕*inconstantia*과 불안*inquietudo*은 흥분된 몸짓이 나타내는 분노*iracundia*, 성급함*impatientia*, 혼란*turbulentia*, 격정*furor*과 유사하다.

위그 드 생빅토르는 몸짓 양식의 세 쌍과 그에 해당하는 악덕의 이중 대칭에 알맞게 전통적인 일곱 악덕의 조합을 짝수로 바꿔 놓는다. 대칭을 찾으려는 이러한 의지는 중요하다. 때에 따라 경계에 분할선이나 '중용'의 축이 될 수 있는 중간선을 그릴 수 있기 때문이다. 얼핏 '유사성'의 체계가 동질적이지 않게 보일 수 있다. '해이한' 몸짓과 '우둔한' 몸짓은 공통된 활동 부족으로 유사하다. 반대로 '조급한' 몸짓과 '흥분된' 몸짓은 공통된 활동 과잉으로 유사하다. 그러나 활동이 저조한 '유약한' 몸짓이나 '방탕한' 몸짓은 반대로 지나친 '뻔뻔한' 몸짓이나 '오만한' 몸짓과 오히려 대립하는 것처럼 보인다. 그것들의 '유사성'의 근

방탕	⇨	유약한 몸짓	=	뻔뻔한 몸짓	⇦	오만
lascivia		mollis		procax		superbia
				protervus		Jactantia

| 부주의 | ⇨ | 해이한 몸짓 | = | 우둔한 몸짓 | ⇦ | 나태 |
| negligentia | | dissolutus | | tardus | | pigritia |

격정	⇨	흥분된 몸짓	=	조급한 몸짓	⇦	불안
impatientia		turbidus		citatus		inquietudo
iracundia						inconstantia

[표 1] 몸짓과 대응하는 악덕의 '유사' 관계 (= 는 유사성을 나타낸다)

거는 무엇일까? 위그는 그에 관해 설명하지 않았다. 하지만 그에게 그것은 악덕의 '어머니'로 여겨진 두 개의 주요한 악덕인 색욕과 오만의 전통적인 인접성에서 비롯되었을 것이다.

그러나 이 체계는 더 복잡해진다. 위그가 비난받아 마땅한 여섯 가지 몸짓 가운데 셋에 관해 인접성*affinitas*이나 친화성*concordia*이라고 부르는 또 다른 유형의 관계를 끌어들이기 때문이다. 흥분된 몸짓과 유사한 조급한 몸짓은 유약한 몸짓이나 뻔뻔한 몸짓과 '친화성'으로 연결할 수 있다. 그것을 특징짓는 '경박함*levitas*'은 (유사성의 관계에 따라) 격정과 어울리지만, 친화성의 관계에 따라 방탕·오만과도 어울리기 때문이다.[16] 그래서 [표 2]와 같이 부분적으로 재구성된다.

위그 드 생빅토르가 제시한 '유사성'과 '친화성'의 관계는 몸짓과 그것의 도덕적 가치를 여러 단계로 분류하려는 시도에서 비롯된 듯하다. 그것은 위그로 하여금 죄인에게서 서로 닮아가고, 결합하고, 되풀이되고, 뒤섞이는 악덕의 경향을 고발할 수 있게 해서 첫 번째 단계를 특징짓는다. 두 번째 단계에서 위그는 반대로 용어별로 악덕을 대립시키고,

```
방탕    ⇨  유약한 몸짓   =   뻔뻔한 몸짓   ⇦   오만
 ⋮                                
 ⋯⋯⋯⋯⋯⋯⋯⋯⋯⋯⋯⋯⋯⋯      조급한 몸짓   ⇦   불안
```

[표 2] 몸짓과 대응하는 악덕의 '인접' 관계 (= 는 유사성, , ⋯ 는 인접성)

그들 사이에 '중용'의 중간선을 그려서 서로의 차이를 강조한다.

이상적인 몸짓은 결코 명확하거나 결정적인 단언의 대상이 되지 않는다. 고결한 몸짓은 해서는 안 되는 것으로 정의된다. "이를 벌리지 말고 웃고, 눈을 고정시키지 말고 바라보고, 손을 내밀거나 손가락을 뻗지 말고 말하고, 입술을 비틀지 말고, 고개를 쳐들지 말고, 눈썹을 치켜세우지 말아야" 한다. '비뚤어진 발걸음sine modulatione gressum'을 하지 말아야 하며, '어깨의 무절제한 몸짓sine gesticulatione scapularum'도 없애야 한다. 앉을 때도 "다리를 꼬지 말고, 한 발을 다른 발 위에 놓지 말고, 정강이를 뻗치거나 흔들지 말고, 한 쪽씩 번갈아 쉬지 말고, 어울리지 않는 방식으로 팔다리를 내뻗지 말고 앉는 것이" 좋다.

위그가 제시한 '가르침'의 근본 원칙은 몸짓의 덕이 그 자체로 확인할 수 있는 단순한 성질이 아니라는 것이다. 그 자체에만 집중하면 각각의 성질은 지나친 형태를 띠고, 악덕으로 바뀌는 경향이 있기 때문이다. 거꾸로 그것이 상반된 악덕으로 향하는 경향이 있는 반대 방향의 성질로 억제되면 몸짓은 덕에 가까워진다. 덕을 정의하는 중용은 이러한 이중 부정에서 자신의 동력을 끌어낸다.

위그 드 생빅토르가 아리스토텔레스와 그의 중용 개념의 관점에서 뭔가를 빚지고 있더라도, 고결한 몸짓에 관한 그의 정의는 기원과 영향의 문제로 축소되지 않는다. 그것은 체계적인 성격으로 서양의 몸짓에 관한 도덕적 성찰에서 유례를 찾아볼 수 없는 정점을 이룬다.

나타내는 악덕	반대의 몸짓		고결한 몸짓 (동시에)		반대의 몸짓	나타내는 악덕
			−	+		
방탕 lascivia	⇨ 유약한 몸짓 mollis	← 친절한 몸짓 gratiosus	근엄한 몸짓 severus	→ 흥분된 몸짓 turbidus	⇦	격정 impatientia iracundia
부주의 negligentia	⇨ 해이한 몸짓 dissolutus	← 온화한 몸짓 quietus	원숙한 몸짓 maturus	→ 뻔뻔한 몸짓 procax protervus	⇦	오만 superbia Jactantia
나태 pigritia	⇨ 우둔한 몸짓 tardus	← 신중한 몸짓 gravis	활발한 몸짓 alacer	→ 조급한 몸짓 citatus	⇦	불안 inquietudo inconstantia

[표 3] 덕의 중간선과의 관계에서 몸짓의 분류

(+는 어떤 몸짓의 과잉으로의 경향, −는 어떤 몸짓의 결여로의 경향. → ←는 어떤 몸짓의 경향의 증폭, ⇨ ⇦는 어떤 악덕의 몸짓으로의 표현)

『수련자 교육』의 본문을 바탕으로 위그가 제시한 개념의 배치는 [표 3]과 같이 나타낼 수 있다. 한가운데의 수직축은 "상반된 악덕 사이의 중간선이 미덕 inter vitia contraria medius limes virtus est"임을 나타낸다. 이 축은 대립하는 성질을 지닌 세 쌍의 몸짓 한가운데를 가로지른다. 이 성질들 가운데 (+ 기호로 설명한) 세 가지는 근엄하고, 엄숙하고, 활발한 몸짓을 저마다 특징으로 하며, 과잉으로의 경향을 보인다. 반대로 (− 기호로 설명한) 친절하고, 온화하고, 신중한 다른 세 가지 몸짓은 결여로의 경향을 보인다. 이러한 대립된 기호는 적절한 몸짓이 "더도 아니고, 덜도 아니다 nec plus, nec minus"라고 분명히 밝히는 작가의 사고를 정확히 나타낸다. 그처럼 지칭된 각각의 몸짓은 성향을 함부로 증폭시킨 몸짓과 혼동되는 경향이 있다. 그로부터 반대 방향의 세 가지 몸짓으로 이루어진 두 개의 조합이 나온다. 한쪽에 유약하고, 해이하고, 우둔한 몸짓이 있고, 다른 쪽에 흥분되고, 뻔뻔하고, 조급한 몸짓이 있다. 이러한 나쁜 몸짓은 저마다 영혼의 악덕을 표현하는 것으로 여겨진다. 한쪽에 방탕, 부주의, 나태가 있고, 다른 쪽에 격정, 오만, 불안이 있다.

그러므로 고결한 몸짓은 언제나 적어도 두 가지 악한 몸짓의 유혹을 받는다. 그러나 이러한 대립된 징표의 존재는 그것의 사악한 효과를 상쇄하는 덕의 중간선을 낳는다. 고결하다고 판단되려면 몸짓은 친절하면서도 근엄해야 한다. 하지만 (지나치게 유약하면 방탕을 드러내므로) 유약하지 않게 친절해야 하고, (흥분에 빠져들면 성급함과 분노를 드러내므로) 흥분하지 않게 근엄해야 한다. 마찬가지로 (부주의의 표현인) 해이하지 않게 온화해야 하고, (오만의 표현인) 뻔뻔하지 않게 원숙해야 하며, (나태의 표현인) 우둔하지 않게 신중해야 하고, (불안정의 표현인) 조급하지 않게 활발해야 한다.[17]

위그 드 생빅토르의 방법에서 성서의 권위에 의지하는 것은 오히려 전통적이다. 대부분 구약성서, 특히 「시편」에서 가져온 구절은 우선 그가 추상적으로 배치한 부정의 극단적이고 구체적인 사례를 그에게 가져다준다. [잠언 6장의] "비뚤어지게 걷고, 눈을 찡긋대며, 발로 말하고, 손가락으로 신호를 하는"[18] 배교자의 형상은 여러 차례 거듭 언급된다. 이미 살펴보았듯이 이것은 몸짓에 관한 12세기 문학에서는 고전적인 성구이다. 나아가 위그는 [잠언 24장의] 지나치게 굼뜬 '게으름뱅이',[19] [이사야서 47장의] 바빌론의 딸과 그녀의 오만한 걸음걸이,[20] [이사야서 3장의] "목을 빼고 걸어 다니면서 호리는 눈짓을 하고 살랑살랑 걷는" 시온의 딸들에 대해서도 언급한다.[21] 이런 성서 구절들은 위그가 "악습에 젖은 무절제한 몸짓 vicia gesticulationum"이라고 부른, 규율이 개선의 사명을 맡은 것들을 상세히 예시해준다. 그러나 그는 이런 무절제한 몸짓이 너무 많아서 그것들 각각을 개별적으로 다룰 수는 없다고 말한다.

이처럼 위그 드 생빅토르는 (몸짓의 분류에서 작용을 살펴본) '이성'과 '권위'를 풍부히 사용해 그 방법과 추상화 정도가 신학적 사변 그 자체에 이른 이론적 설명을 제시한다. 이런 몸짓 이론의 영향은 주목할 만하다. 수련자의 규율*disciplina*이 이 작품의 첫째 목적이므로 그것은 무엇보다 먼저 윤리적이다. 그러나 '직무', '일치', '전체', '국가'라는 관념 주변에 형상화, 괴물, 가면, 정치의 관념을 배치하고 있으므로, 그것은 인류학적·미학적이기도 하다.

몸짓의 괴물

성서로부터 사변이나 인용을 끌어낸 뒤에 위그는 이름을 밝히지는 않았으나 현실의 인물처럼 보이는 이들을 생생하게 묘사하며 그들의 잘못된 행동을 열거한다. "어떠한 이가 있고, 어떠한 이도 있으며, 다른 어떠한 이도 있다*Sunt enim quidam, alii, alii autem*"는 식이다. 위그는 의복에 관한 장에서 이미 이런 유형의 열거를 한 차례 사용했으며, 식탁에 관한 장에서도 세 차례나 다시 거듭해서 사용한다.[22]

몸짓과 관련해서는 여덟 가지 유형의 나쁜 행동의 잘못을 저지른 사람이 언급된다. 첫째는 입을 열지 않고는 다른 사람의 말을 들을 수 없는 사람이다. 둘째는 (그가 이보다 더 나쁘다고 밝힌) 어떤 행위를 하거나 누군가의 말에 귀를 기울일 때 목마른 개처럼 혀를 내밀고 맷돌질하듯 입술 주위로 굴리는 사람이다. 셋째는 말하면서 손가락을 뻗고, 눈썹을 치켜올리고, 눈을 굴리고, 대단한 노력을 하는 척하는 사람이고, 넷째는 머리를 곧추세우고, 머리카락을 흔들며, 다리를 뻗고 옆으로 누워 무척 우스꽝스러운 광경을 보이는 사람이다. 다섯째는 마치 두 귀가 함께 듣지 못하는 것처럼 목소리가 들려오는 쪽으로 한쪽 귀를 내밀려고 목을 비트는 사람이다. 여섯째는 눈을 번갈아서 떴다 감았다 하며 '종잡을 수 없는' 모습을 보이는 사람이다. 일곱째는 입을 반쯤 벌리고 말하는 사람이고, 마지막 여덟째는 배의 노처럼 두 팔을 흔들며 걷는 사람이다.

"실제로 얼굴의 아름다움과 올바른 규율을 훼손하는 수많은 가면 *larvae*, 수많은 찌푸린 얼굴, 코를 찡긋하고 입술을 뒤집고 비트는 수많은 방법이 있다." 비록 여전히 손과 발에 관해 말하고 있더라도, 위그는 조금씩 일반적인 몸짓에서 도덕적 표현의 대표적인 부위이자 '규율의 거울*disciplinae speculum*'인 얼굴로 옮겨간다. 그의 성찰의 시각적·심미적 측면은 어느 때보다 더 뚜렷하다. 신체는 시선에 노출되어 상이나 형상으로도 나타낼 수 있는 단어인 '모양'을 이룬다. 그러한 행동이 추잡스럽다면, 그것은 '신의 형상으로 만들어진' 인간을 타락시키고, 거룩한 창조의 계획을 무너뜨리기 때문이다. 악마적인 겉모습 아래에 인간의 거룩한 얼굴을 감추는 가면이라는 관념이다.

한 가지 다른 비교가 필요하다. 팔로 노를 저으며 돌아다니는 사람은 발로 땅 위를 걸으면서 동시에 팔로 공중을 날아가는 듯한 '이중의 괴물' 같다. 이런 사람은 (배의 이미지인) 물과 (발로 밟는) 흙과 (팔로 휘젓는) 공기라는 세 요소를 뒤섞는다. 시인 호라티우스에 따르면, 그것은 세이렌을 나타내기 위해 물고기 꼬리 위에 여성의 상반신을 올려놓은 몸을 그린 화가의 허구적 작품과 유사하다.[23]

몸짓 표현에 관한 성찰에 괴물의 이미지를 적용한 것은 완전히 새로운 생각은 아니다. 이미 락탄티우스는 신의 의지로 할당된 직무를 수행해야 할 지체의 질서를, 그가 반대했던 에피쿠로스의 생각처럼 원자의 흐름이 우연이라면 출현할 수밖에 없었을 해부학적 괴물들과 대립시켰다.[24] 더 정확히 몸짓 표현에 한정하면, 위그 드 생빅토르와 같은 시대에 살았던 존 솔즈베리도 어릿광대를 '인간 괴물*monstra hominum*'이라

고 불렀다.[25]

몸짓 표현에 적용되어 여기에서 문제가 되는 것은 성직자 문화가 경계하던 뒤섞음, 혼종, 혼합의 관념이다. 그것은 천지창조의 질서를 훼손하기 때문이다. 아울러 산 자와 죽은 자의 두 세계 사이의 경계를 위반하는 것을 의례적으로 흉내 내는 가장무도회 같은, 큰 의심을 받던 민속문화에도 그런 괴물 같은 이미지가 폭넓게 존재한다.[26]

그러나 괴물은 양면성을 지닌다. 그것은 불안하게 만들지만, 동시에 기적과 예고로 보여주고 증언하고 일러준다. 이것이 중세 초기부터 (7~8세기의) 『다양한 종의 괴물지Liber monstrorum de diversis generibus』로 그것들의 목록이 작성된 이유였다. 이시도루스도 (『어원』 11권 3장에서) 이 문제를 검토했다. 그는 우화의 거짓된 괴물을 경계하지만, 중요한 사건이 임박했음을 알리는 현실의 괴물이 지닌 중요성은 인정한다. 12세기에는 괴물이 교회 문화의 여백으로 더 파고들었다. 문명 세계의 경계에 대한 상상에,[27] 필사본의 가장자리 장식에,[28] 대성당의 [벽이나 기둥 윗부분의] 돋을새김 장식이나 성직자석에, 심지어 수도원 경내의 조각품에도 스며들었다. 성직자들의 철학적·도덕적·심미적 성찰의 중심에 있던 자연과 문화의 질서에 대한 명백한 반전의 이미지인 괴물은 그 시대에 와서 그 어느 때보다 더 유용해졌다. 위반은 규범을 확인하는 데 도움이 되기 때문이다.

이미 살펴보았듯이 논쟁적인 문헌에서 검은 수도사는, 그들의 수도원장 가경자 피에르의 말에 따르면 하얀 수도사를 최고의 혼종인 '켄타우로스나 키메라'로 대했다. 12세기 말에 알랭 드 릴은 일반 미사와 죽은 자를 위한 미사를 같은 날에 집전하는 성직 매매 사제들의 잘못을 비난하기 위해 위그가 인용한 호라티우스의 시구를 되풀이해서 사용했다. 그러한 뒤섞음은 '이중 미사*missa bifaciata*'나 '삼중 미사*missa trifaciata*'처럼 시인이 묘사한 세이렌 못지않게 괴물 같은 광경을 불러온다.[29] 다른 곳에서 그는 색욕을 위는 (관능의 이미지인) 처녀의 얼굴, 가운데는 (성적 쾌락의 이미지인) 암염소의 상반신, 아래는 (타락한 처녀의 이미지인) 암늑대의 몸을 지닌 '영적 괴물 *spiritualia monstra*'로 묘사했다.[30]

그러나 괴물을 특징짓는 위반은 12세기에 필수적으로 생각하게 된 질서의 한 구성요소는 아니었을까? 본질적으로 갈등을 일으킬 역동적인 질서에서 괴물은 중심적인 위치를 차지하고 있지는 않았을까?

괴물에 관한 모든 부정적인 이미지는 클뤼니 수도원 경내의 어떤 조각상을 단죄한 베르나르 드 클레르보의 유명한 표현과 비슷하다. "수도원 경내에서 기도에 전념하는 형제들의 눈앞에 이 우스꽝스러운 괴물 수집품, 이 뒤섞인 기괴한 아름다움, 이 아름다운 기형이 웬 말이냐? … 여기에는 하나의 머리 아래 여러 몸뚱이가 있고, 저기에는 같은 몸통에 여러 개의 머리가 있다. 여기에는 뱀의 꼬리를 지닌 네발짐승이 있고, 저기에는 네발짐승의 머리를 지닌 물고기가 있다. 앞은 말, 뒤는 염소처럼 보이는 동물도 있다."[31] 확실히 이 돌로 만들어진 괴물들에 대한 단죄는 결정적이다. 그렇지만 역설적으로 그것은 이러한 이미지에 대한 시토회 수도원장의 관심을 드러내고, 당시의 예술에 대한 그의 예리한 지성을 보여준다. 요컨대 어긋난 형상의 생성은 대립하는 형상과 선 사이의 내적 긴장이 핵심적인 역할을 한 예술의 극단적인 표현이었을 뿐이다.

이러한 긴장은 기독교 예술의 중심부에서 로마네스크 양식의 [문 윗부분의 벽인] 팀파눔에 생기를 불어넣고, 최후의 심판 장면을 구성하고, 왕좌에 앉은 그리스도의 중심 형상으로 보는 이의 시선을 끌어들였다. [생라자르 대성당 팀파눔에 있는] 오툉의 그리스도는 이미 영원에 속한 세계 역사의 마지막 순간에 사로잡힌 듯하다. **그림 23** 그리스도가 재림하는 하강 운동은 이미 그의 최종적인 승천의 순간이다. 그러므로 그의 몸짓은 양면적이다. 구세주의 현현은 선택받은 이들과 저주받은 이들을 판별

[그림 23] **오툉의 그리스도** (오툉의 생라자르 대성당 팀파눔, 12세기)

하는 몸짓이기도 하다. 그러므로 이 유일한 형상을 특징짓는 군주의 정면성과 심판자의 중심성은 모이고, 교차되고, 다시 활기를 띠는 팀파눔의 상반된 힘의 선으로 수렴된다.[32]

이와는 다르지만 [생트푸아 수도원 교회 팀파눔에 있는] 콩크의 그리스도에도 비슷한 긴장이 자리 잡고 있다. **그림 24** 장클로드 본에 따르면, 그것은 마지막 날 그리스도 출현의 양면성을 나타낸다.[33] 그는 사람들 사이로 돌아와 선한 자와 악한 자를 판별하기 위해 교회 출입구에서 사람들을 내려다보는 심판자 *judex*이며, 팀파눔 중앙에서 영원토록 빛나는 왕*rex*이다.

이 돌로 된 그리스도의 태도와 오른팔을 든 그의 몸짓은 다른 지적 환경이지만 거의 같은 시기에 작성된 위그 드 생빅토르의 범주에 따라 분석할 수 있다. 그리스도의 몸짓은 목적성 *ad modum*을 지닌다. 선한 자와 악한 자를 구별하기 때문이다. 그것은 신의 권능을 보여주고 증명하는 조형 *figuratio*이다. 그것은 특유한 양식 *modus*을 지닌다. 그것의 '절제된

[그림 24] 콩크의 그리스도 (콩크의 생트푸아 수도원 교회 팀파눔, 12세기)

펼침'은 주위를 둘러싼 두 유형의 몸짓 사이의 중용처럼 보인다. 한쪽에는 나팔을 부는 천사들과 기도하는 성녀 피데스의 더 강렬한 몸짓이 있다. 반대로 다른 한쪽에는 행렬을 이룬 선택된 자들과 다른 천사들의 더 절제된 몸짓이 있다.

이 두 가지 대립하는 몸짓 표현의 유형은 경계를 넘어서지 않고 용납할 수 있는 한도로 향한다. 그 너머 지옥의 세계는 악마의 지나치게 무절제한 몸짓이나, 그들의 고문을 묵묵히 감내하는 저주받은 이들의 지나친 절제를 나타내고 있다.[34]

그런데 중심 위치에 있기 때문에 그리스도의 몸짓 표현은 이 대립하는 몸짓 표현들에 모두 참여한다. 이는 젊어서 기독교로 개종한 쾰른의 유대인인 프레몽트레회 수도사 헤르만(1173년 사망)의 자전적 기록에서 가져온, 그 시대의 다른 증언으로도 확인된다. 그는 개종하기 훨씬 전에 기독교 교회에 들어가서 예수 수난상을 처음 보았을 때 자신을 사로

203

잡은 혼란스럽고 모순된 감정을 묘사했다. 가장 비천한 형벌로 모욕당한, 스스로 신의 아들로 지칭한 이 이미지를 부르기 위해 그는 '괴물 같다'는 것보다 더 뚜렷한 수식어를 찾지 못했다. 물론 기독교로 개종해 사제가 된 헤르만은 나중에 자전적 기록을 쓰며 이러한 불경한 판단을 뉘우쳤다. 하지만 그때 그가 예수 수난상을 묘사한 방식은 여전히 베르나르 드 클레르보를 떠올리게 하는 길고 열정적인 관찰을 드러낸다. "모든 것을 더 주의 깊게 살펴보던 나는 조각품과 그림의 다양한 장식들 사이에서 괴물 같은 우상을 보았다. 실제로 나는 같은 사람이 모욕당하면서도 찬양되고, 낮추어지면서도 높여지고, 불명예스럽게 되면서도 명예롭게 되고, 십자가 위에서 아래로 완전히 매달려 있으면서도 그림이 주는 환상의 효과로 가장 아름답고 신이 된 인간처럼 높여지고 있는 것을 보았다."[35]

괴물은 일종의 양면적인 [다른 것을 돋보이게 하려고 짙고 강하게 표현하는 기법인] 르푸수아르이다. 그것은 배척되면서도 12세기의 심미적·사회적 질서의 관념을 이루던 긴장을 과격하고 극단적인 방식으로 구현한다. 질서는 이미 균일하고 정지된 방식으로는 정의할 수 없었다. 그것은 모순된 다양성의 산물이었고, 대립된 힘들의 결코 최종적이지 않으며 불안정한 균형이었다.

신체의 '국가'

위그가 신체 지체의 직분 officium이라고 부른 것에 대한 변론과 예증은 그가 행한 대부분의 비난을 정당화한다. 실제로 각각의 지체는 '자신의 직분을 지키면서', 동시에 그의 이웃을 '침해'하지 않고 품위와 절도로 자신의 의무를 정확히 수행해야 한다. 이런 규칙은 "규율을 지키지 않아 보는 이의 눈을 찌푸리게 하는" 몸짓을 피할 수 있게 해준다. 예컨대 입이나 혀가 아니라 손이나 눈이 말하는 것처럼 보이거나, 마치 청각 기관인 듯이 듣기 위해 입을 벌리는 것과 같은 몸짓이다.

모든 지체는 저마다 자신의 의무를 다하고, "품위와 질서로 협력해야" 한다. "인체는 각각의 지체가 고유한 직분을 부여받은 국가와 같기" 때문이다. 윤리학은 공동체의 정치적 은유 안에서 생물학과 발을 맞춘다.

그러므로 또 하나의 핵심 용어는 [일치·조화의 뜻을 지닌] '콩코르디아 concordia'이다. 위그는 정확히 같은 시기에 그라티아누스가 『교령집』에서 교회의 '불일치한 법령의 일치'를 이루어낸 것처럼, 신체의 '불일치한' 움직임을 모두 없애려 했다. 위그 자신도 『교육론』에서 학과들의 교육이 모두 보완적이고 필요한 통일된 전체를 이루고 있다고 생각했다.

일치를 위해서는 특히 신체 외부의 지체에서 무절제를 피해야 한다. 이는 오랫동안 존 솔즈베리의 작품으로 잘못 알려진 동시대의 문헌에서 내부 기관들을 위해 탄식했던 것이기도 하다. 이 작품과 위그의 작품의 비교는 당시의 사고에서 윤리학과 생물학의 대응 관계를 눈여겨보게 한다. 이 문헌에서는 혀가 위의 절대 권력에 문제를 제기한다. 그러자 위는 자신이 중간에 있는 것은 *a medio* 모든 신체의 절도를 결정하고*tenere modum*, 모든 해악을 낳는 과잉*a nimio*이나 지나친 결핍*a minimo*을 알리는 자격을 부여받았기 때문이라고 응답한다.[36]

그러나 애당초 '신체 지체의 공동체*universitas membrorum corporis*'라는 중요한 표현으로 강조되었듯이, 위그에게 신체 외부 지체의 일치라는 이 이상은 또 다른 은유적인 반향도 불러온다. [전체·만물·공동체를 뜻하는] '우니베르시타스*universitas*'라는 단어는 새로운 것이 아니었다. '게스투스'와 마찬가지로 키케로가 즐겨 사용했고, (아우구스티누스, 『유스티니아누스 법전』 등) 고대 후기에도 계승되었다. 그리고 12세기에 특히 생빅토르 학파의 작품들에서 매우 다양한 의미로 다시 등장했다. 그것은 온 세상, 신이 창조하고 다스리는 우주*cosmos*, 인류 전체, 아니면 기독교 교회만을 가리켰다. 요컨대 그 말은 더 제한된 공동체에 적합하지만, 유기적 총체성이라는 동일한 이상에 근거를 두고 있다. 수도원, 도시, 국가, 그리고 머지않아 나타날 '교사와 학생의 대학*université*'이다.³⁷⁾

따라서 신체 지체의 '일치'와 '공동체'에 관한 위그의 서술은 당시의 문화에서 근본적이던 세 가지 은유를 가리키고 있는 듯하다.

첫째, 다른 모든 것을 포괄하는 우주적 은유이다. 이것은 12세기의 철학적·과학적 성찰을 혁신하는 바탕이 되었다. 신체의 모든 부분을 갖춘 인간은 대우주의 축소된 이미지인 소우주이다. 이런 은유를 가장 명확히 설명해주는 표현 가운데 하나는 호노리우스 아우구스토두넨시스에게서 찾을 수 있다. 그는 자연의 요소들과 그것들의 다양한 특징을 인간의 머리, 일곱 구멍, 가슴, 배, 발, 오감, 뼈, 손톱, 머리카락에 견주었다.³⁸⁾ 이 주제는 [샤르트르 학파에서는] 기욤 드 콩슈와 베르나르 실베스트르,* 생빅토르 학파에서는 위그에게 직접 가르침을 받은 고드프루아 드 생빅토르(1125?~1194)가 똑같이 활용했다.³⁹⁾

둘째, 교회론적인 은유이다. 인간의 신체와 지체는 '그리스도의 몸'이라는 기독교 사회의 이미지를 형성한다. 바울에게서 시작되어⁴⁰⁾ 이미 중세 초기에 카시오도루스와 뒤이어 발라프리두스 스트라보가** 사용했던 이 관념은 12~13세기에 특히 큰 영향을 끼쳤다. 위그는 인간의 실제 신체를 묘사하기 위해 그것을 암묵적으로 참조하며, 지체에 강제하려는 질서에 강한 종교적 정당성을 부여한다.

남은 세 번째 은유는 본질적으로 더 정치적이다. 위그가 고전적인

---

* 베르나르 실베스트르(1085?~1160?) : 12세기의 철학자이자 시인으로 1141년 플라톤주의 관점에서 창조에 관해 서술한 『코스모그라피아*Cosmographia*』를 썼다.
** 발라프리두스 스트라보(808?~849) : 라이헤나우 수도원에서 활동한 베네딕투스회 작가. 32개의 장으로 이루어진 『교회 규범의 기원과 발달*De exordiis et incrementis quarundam in observationibus ecclesiasticis rerum*』에서 교회의 관습을 상세히 다루었다.

어휘로 말했듯이 인간의 신체와 그 부분들의 관계는 왕국이나 국가*res publica*와 다양한 사회 계층의 관계와 같다. 인간의 신체와 그 부분들의 문제에서 이 말은 커다란 중요성을 지닌다. 반대 방향이기는 하지만 똑같은 유기체론적 은유가 (12세기 초) 호노리우스 아우구스토두넨시스의 『엘루키다리움 Elucidarium』에서* '교회의 몸'으로, 그리고 특히 (1159년에 쓰인) 존 솔즈베리의 『폴리크라티쿠스 Policraticus』에서 신체로서의 왕국으로 마찬가지로 쓰이고 있었기 때문이다.

위그보다 나이 어린 잉글랜드 출신의 존 솔즈베리는 (생트주느비에브 수도원이 있던) 생트주느비에브 언덕에서 공부하기 위해 1136년에 파리로 왔고, 그곳에서 생빅토르 학파와 접촉했다. 인간 신체와 (이미 교회만이 아니라) 왕국의 구성이라는 이중적 의미에서의 비유는 1140년 무렵에, 젊은 카페 왕조의 권력과 바로 인접한 왕령과 왕국의 수도에서, 파리 학교의 이런 환경에서 생겨나고 명시되었다.

위그의 성찰은 존 솔즈베리의 그것과 정확히 어우러지며, 그들의 착상은 확실히 공통적이다. 그 자신의 말에 따르면, 존은 훨씬 더 오래된 '트라야누스의 가르침'이라는 문헌에서 '정치적 신체'라는 은유를 가져왔다. 그는 그 작품을 플루타르코스의 것으로 보았다. 하지만 5세기로 연대가 추정되거나, 아니면 12세기에 쓰인 것일 수도 있다. 심지어 존 솔즈베리 자신이 저자일 가능성도 배제되지 않는다.[41]

어쨌든 존 솔즈베리에 따르면, 왕국은 하나의 신체이다. 군주는 그것

---

* 중세 기독교 신학과 민속 신앙에 관한 백과사전적인 작품이다. '엘루키다리움(Elucidarium)'은 라틴어로 '빛의 전당', '빛의 전달자'라는 뜻으로 유사한 명칭이 중세의 백과사전적 작품들에 종종 사용되었다. 프랑스어를 비롯한 여러 속어로 번역되어 폭넓은 지역에 영향을 끼쳤다. 제자와 스승 사이의 대화 형식으로 이루어져 있으며, 3권의 책으로 나뉜다. 제1권인 '신성한 사항들에 대하여(De divinis rebus)'는 신, 창조, 천사, 그리스도의 수난과 부활, 구원 등을, 제2권 '교회의 문제들에 대하여(De regis ecclesiastics)'는 원죄와 영혼, 죄의 감면, 죽음 등을 다룬다. 제3권 '내세에 대하여(De futura vita)'는 최후의 심판, 연옥, 지옥의 고통, 천국의 기쁨 등 기독교 종말론에 대해 다루고 있다.

의 머리이고, 원로원은 심장, 재판관과 지방 장관은 눈·귀·혀, 관리와 기사는 손이다. 군주의 보좌관은 신체 옆구리이고, 재무관과 서기는 배와 내장이다. 끝으로 농민은 땅 위를 걸으며 노동으로 신체의 다른 모든 부분을 떠받치는 발이다. 이러한 국가res publica에서 각각의 직분을 지닌 이들에게 강제되는 규율은 '머리와 지체의 긴밀한 결합'을 가져와 일치와 사회적 평화를 보장한다.[42]

이것은 바로 호노리우스가 교황 그레고리우스 1세의 표현을 참조해서 '교회의 신체'에 관해 이미 말했던 것이다.[43] 『수련자 교육』에서 위그는 존 솔즈베리처럼 왕국에 관해 말하지만, 유기체론적인 은유의 용어를 뒤바꾼다. 그는 인간 신체의 실제 지체를 묘사하고, 왕국의 왕처럼 이성이 규율로 강제해야 할 '통치regere'에 관해 말한다. 왕국에 관한 유기체적이지만 정적인 모델을 바꿔서 위그는 이렇게 지체의 질서 있는 몸짓을 특징으로 하는 인간 신체의 역동적인 이미지를 만들어낸다. 그는 이성에 의한 신체의 통치를 강조해 국왕의 위상도 높인다.

그런데 이렇게 왕이 몸짓을 지배하는 이성과 동일시되면, 그는 완벽한 몸짓 표현의 본보기를 보여야 한다. 이는 실제로 다양한 '군주의 귀감'이 이 시대부터 프랑스 국왕을 위해 쓴 내용이었다. 1200년에 조금 못 미쳐서 미래의 루이 8세에게 『카롤리누스Carolinus』를 헌정한 질 드 파리는 카롤루스 대제를 예로 들었다.* 황제는 "먹고 마시는 일을 절제하고, 말로 결코 자만하지 않고, 몸짓이 결코 느슨해지지 않은 사람"의 본보기처럼 제시되었다. 1217년 무렵에 카페 왕조의 왕들을 매우 높게 평가했던 웨일스의 성직자 제럴드 웨일스는 그들이 "말과 모든 몸짓에

---

* 카롤리누스(Carolinus)는 라틴어로 '카롤루스에 대한'이라는 뜻으로, 카롤루스 대제의 행적을 본보기로 교훈을 전하는 내용의 시이다. 이 책이 헌정될 당시 루이 8세의 나이는 13세였다. 질 드 파리(1160?~1224?)는 군주가 지녀야 할 덕목을 '지혜(Prudentia)', '정의(justitia)', '용기(Fortitudo)', '절제(Temperancia)'라는 네 가지 덕에 맞추어 기술했다.

절도와 중용을 따른" 유일한 군주들이라고 말했다. 1259년 루이 9세를 위해 [『왕과 군주의 교육Eruditio regum et principum』의] 집필을 완성한 기베르 드 투르네*는 사냥의 향락, 주사위 놀이와 함께 "경박한 욕구를 부추길" 위험이 있는 '유치한 몸짓'을 군주나 왕에게 경고했다.[44]

개인 – 사회 유형과 12세기 '인문주의'

위그 드 생빅토르의 체계는 수련자 교육에 근거를 제공하는 하나의 '교리'이다. 작가가 '어깨의 무절제한 몸짓'을 경고하는 대상은 그들이다. 이러한 덕의 교육은 먼저 '자발적으로' 수행되어야 하는 지침과 경고로 이루어진다. 하지만 저항할 만큼 꽤 완고한 마음이 발견되면 강제로라도 좋은 몸짓을 가르쳐야 한다. '규율'이라는 말의 한 가지 의미에서 [징계, 채찍'이라는] 다른 의미로의 변화는 쉽게 이루어졌다. 이런 신체적인 강제를 말하기 위해 위그는 새로운 모양으로 만들려고 쇠를 하얗게 달구어 두드리는 대장장이의 거친 이미지도 서슴지 않고 사용했다.

그러나 필요하다고 해서 올바른 행동의 교육과 강압이 모두에게 일률적으로 실행되는 것은 아니다. 규율은 상황에 따라 변화하듯이 개개인에게 맞추어져야 한다. 위그가 식탁에 관한 장에서 썼듯이, "모든 배가 똑같이 먹지 않는다. 어떤 것은 이것, 어떤 것은 저것에 만족한다. 적은 것에 만족하는 이는 탐식의 부끄러움을 알기도 전에 과잉의 상태가 된다. 많은 것이 필요한 이는 과잉을 아랑곳하지 않고 수치스럽게 먹는다. 그러므로 더 빨리 충분해지는 이는 과잉을 더 경계하고, 많이 필요한 이는 예의를 지키려 노력해야 한다. 전자는 절제의 한도를 넘기

---

* 기베르 드 투르네(1200?~1284) : 설교와 저술로 널리 알려진 프랑스의 프란체스코회 수도사이다. 『일요일과 거룩한 날에 관한 설교Sermones domincales et de sanctis』, 『청중과 상황에 따른 다양한 설교Sermones ad varios status』 등 인기 있는 설교 모음집을 썼다.

전에 부끄러움을 덮어 숨기고, 후자는 예의의 규칙을 잊은 뒤에야 과잉의 상태가 되기 때문이다."[45]

그러므로 규율은 모두에게 똑같지 않다. 위그는 그의 교육 프로그램에서 12세기에 진행되던 '개인' 개념의 심화에 오롯이 참여한다.[46] 확실히 집단적인 몸짓에 관해서는 교회나 식당에서 하는 일률적이고 공통된 움직임에 관한 의무가 남아 있다. 전례는 자신을 하나의 몸으로 받아들이는 공동체를 의례로 묶는다. 그러나 이러한 명령은 이미 유일하지 않고, 개개인의 행동은 과거보다 더 인정되고 허용된다. 아직 각자의 심리학이 내세워지지는 않더라도, 개개인의 욕구를 결정하고, 개인에서 다른 개인으로 굽이치는 모습의 중용의 선을 제시하는 것은 이미 자연의 법칙이다.

같은 시기에 자리 잡은 참회의 도덕이 각 개인의 특수성을 인식하는 데 얼마나 기여했는지는 잘 알려져 있다. 이제는 개인적 의도가 판단되고, 언뜻 보기에 비견될 만한 모든 부정행위에 더는 똑같은 처벌이 일률적으로 내려지지 않는다. 고해 사제는 잘못을 평가하기 위해 위그 드 생빅토르도 열거한 질문을 던지며 "누가, 무엇을, 어디에서, 언제, 어떻게?"라고 행위의 사정을 따져 묻는다. 고해 사제에게는 고해자와 대화하는 것이 핵심이지만, 때로는 그의 가장 은밀한 생각을 알아내기 위해 몸짓을 관찰하는 것도 중요하다. 최초의 고해 사제 안내서 가운데 하나를 쓴 토머스 초범*에 따르면 색욕의 생각으로 흥분한 사람은 그의 '몸짓과 태도'로 알아볼 수 있다.[47]

1215년 제4회 라테라노 공회의에서 모든 신도에게 연례 의무로 부과된 고해는 고해자에게도, 그의 고백을 듣는 사제에게도 특별한 몸짓을 도입했다. 장면은 공적이고 '공동의' 장소이어야 하는 교회에서 펼

---

* 토머스 초범(1160~1230) : 영국의 신학자로 『고해 대전Summa confessorum』을 썼다.

쳐진다.⁴⁸⁾ (어둠 속에서 고통스럽게 무릎을 꿇는) 비좁은 공간이 강제하는 모든 몸짓과 함께 고해실에 고해 사제와 고해자를 가두는 것은 중세 이후의 현상이다. 13세기에는 모든 장면이 공개되었다. 멀리서 지켜보고 있다는 것을 아는 사제는 '절제된' 모습, 겸손한 얼굴, 내리깐 눈을 유지해야 한다. "특히 여성이라면 예의에 어긋나지 않게" 고해자의 얼굴을 바라보지 말아야 한다. 라이문도 데 페냐포르트*는 욕망을 불러일으키지 않게 여성 고해자는 사제를 마주 보지 말고 '옆으로' 무릎을 꿇으라고 규정했다. 아울러 몸짓의 은유를 사용해서 고해 사제는 "산파의 손으로" 고해자의 마음에서 죄악의 뱀을 끌어내야 한다고도 했다.⁴⁹⁾

위그 드 생빅토르의 작품에서 뒤에 이어지는 (13~17장의) 다섯 장은 언어에 관한 몸짓 규율의 설명에 집중되어 있다. 그것들은 어느 것이나 질문으로 연결되는데, 그 연속은 체계적인 교육 방법을 연상시키고, 앞서 보았던 고해 사제의 질문과도 일치한다. 무엇을 말해야 하는가? 누구에게 말해야 하는가? 어디서 말해야 하는가? 언제 침묵하고, 언제 말해야 하는가? 어떻게 말해야 하는가?⁵⁰⁾ 이 마지막 장은 몸짓·소리·의미의 세 요소가 '말하는 행위의 질이나 양식'를 구성한다고 처음부터 명확히 밝혀 몸짓의 문제로 명시적으로 되돌아간다. 이 세 요소는 수사학 교육에서 전통적이지만, 여기에서는 도덕적 맥락에서 쓰인다. 말하는 이의 몸짓은 '절제되고 겸손해야' 하고, 소리는 '낮고 그윽해야' 하며, 의미는 '진실되고 온화해야' 한다.

그러므로 몸짓에는 특별한 두 가지 덕이 할당되는 것이 확인된다. '절도*modestia*'는 무질서하고 단정치 못한 몸짓을 하며 말하거나, 팔다리를 무질서한 방식으로 흔들며 말하거나, 눈짓을 하며 말하거나, 얼굴에

----

* 라이문도 데 페냐포르트(1175?~1275) : 에스파냐 출신의 도미니쿠스회 수도사이자 교회법 학자로, 1917년까지 거의 700년 동안 교회법의 표준이 되었던 『그레고리우스 9세의 교령집』을 편찬했다.

저속한 표정을 짓거나 이야기의 공정함을 떨어뜨리는 (여기에서 여전히 가면의 이미지가 부과되는데) 어떤 '변환'을 주며 말하는 것을 금지한다. '겸손humilitas'은 오만과는 반대로 듣는 이의 호의를 얻을 수 있게 한다.

마지막 (18~21장의) 네 장은 식탁의 규율에 관한 것으로, 위그는 이것이 두 개의 다른 영역에 적용된다고 말한다. '태도habitus'와[51] (무엇을 먹어야 하는가, 얼마나 먹어야 하는가, 어떻게 먹어야 하는가 하는 엄격한 질문을 다시 불러오는) '음식cibus'이다.

태도의 규율은 그 자체로 세 측면을 포함한다. 그것은 식탁에서 침묵하고, 시선을 통제하고, 결국은 '몸가짐을 경계'하도록 권고한다. 여기에서 암암리에 라틴어의 '게스투스'에 해당하는 속어의 [프랑스어에서 태도, 몸가짐, 침착성을 뜻하는] '콩트낭스contenance'라는 낱말이 모습을 드러낸다. 위그는 몸짓만큼이나 태도에도 '몸가짐의 경계custodia continendi'가 필요하다고 말한다. 태도, 몸짓, 몸가짐의 경계라는 이러한 인접한 개념들은 서로를 함축한다.

위그는 자신이 비난하는 구체적인 사례를 열거해 지체의 몸가짐의 절도와 질서에 맞세운다. 그것은 수도원에 슬그머니 침입할 위험이 있는 세속적인 반대 사례들이다. 곧 "앉았을 때 그들의 지체의 불안한 동요와 혼란으로 영혼의 무절제를 보이는 이들이다. 그들은 머리를 흔들고, 팔을 뻗고, 손을 허공으로 치켜들고, 매우 수치스럽게도 마치 모든 음식을 집어삼키려는 듯한 엄청난 노력과 몹시 무례한 몸짓을 보인다. 그들의 허기진 위장을 만족시키기에 충분치 않은 목구멍의 비좁음 때문에 헐떡거리고 탄식하는 듯해서 울부짖는 배에 더 넓은 출입로를 만들려 애쓰고 있다고 여겨질 정도이다. 일단 자리에 앉으면 그들의 눈과 손은 식탁을 두루 돌아다니며, 가까운 곳에 있는 것과 먼 곳에 있는 것을 훑는다. 동시에 그들은 빵을 찢고, 잔에 포도주를 따르고, 접시를 돌린다. 그리고 한꺼번에 모든 쪽에 자신의 접시를 투입하기를 바라면서,

마치 포위한 도시를 공격하려는 왕처럼 어느 방향부터 공격할지 망설인다."52)

따르지 말아야 할 사례의 다른 열거는 이어지는 장에서 하나의 풍자화로까지 나아간다. 지나치게 고급스런 음식의 선택과 준비에 관한 것이다. 이 구절은 고대 문학을 무의식적으로 차용한 [조각조각 오려 붙여 만든] 콜라주처럼 보이지만, 그것의 구체적인 언급에서 위그는 현실적인 교훈을 끌어낸다. 그는 '새로운' 요리에 대한 '맹신적인' 미각, 곧 '과잉'을 규탄한다. 어떤 이들은 "제철도 아닌 때에 가장 희귀한 뿌리와 열매를 찾아서 사막과 산으로 그들의 하인 무리를 보낸다." 그들은 끊임없이 새로운 국물, 새로운 튀김, 새로운 조미료를 찾는다.

음식과 관련된 그러한 '풍조'는 앞서 나쁜 몸짓에 적용된 수식어의 일부와 조합 유형을 재현한다. 단단한 것이나 부드러운 것, 차가운 것이나 뜨거운 것, 삶은 것이나 구운 것, 후추나 마늘, [수프·스튜 등에 향신료로 쓰이는] 쿠민이나 소금, 이것들 가운데 어떤 것을 애호하든 그들의 변덕은 '임산부의 욕구'와 유사하다. 이런 고급스런 배는 물시계를 지켜보며 식욕을 자극하는 여관 주인에 비유되기도 한다.

수련자의 규율은 수도원의 문을 밀어붙이는 사치스러운 귀족, '맹신적인' 여성, 식도락과 자신의 장사에 얽매인 술집 주인과 같은 이러한 풍자적인 인물상과 모든 면에서 반대된다. 문학이 얼마나 영향을 끼쳤든, 이러한 풍부한 언급에서는 영주의 궁정이나 도시에서 새로운 생활양식, 특히 다른 '식탁 예절'이 끼친 유혹도 감지된다.

실제로 청결과 절제를 갖추고 먹는 방법을 다룬 21장에 나쁜 사례의 마지막 부류가 나온다.53) 위그는 이런 이들을 규탄한다. "접시에서 고기 기름을 없애려고 식탁 위로 쏟고는 기름이 빠진 것을 접시로 도로 가져다 놓는 이들이 있다. 어떤 이는 마시는 잔에 자기 손가락을 담근다. 어떤 이는 자기 옷에 손을 문지르고 음식을 다시 주무른다. 어떤 이는 채소를 집으려고 숟가락 대신 손가락을 사용하고, 손을 씻고 배를 채우는 데 같은 액체를 사용한다. 끝으로 어떤 이는 반쯤 먹은 조각, 물어뜯었던 과자, 이빨 사이에 남은 것, 음료에 섞은 것을 접시에 담긴 음식에 다시 놓는다."

이 문헌 전체에서 위그 드 생빅토르가 몸짓gestus이라고 부른 것에 대한 묘사는 수도원 관례집이 제공한 것을 훨씬 넘어선다. 더구나 무척 분명하고 생생한 양식으로 묘사된 나쁜 사례에 견주어 긍정적인 규정은 훨씬 드물고 모호하다. 여기에서 수도원 문헌은 문학 작품이 된다.

위그 드 생빅토르는 수련자들을 위해 썼다. 그는 최고의 선에 대한 앎으로 나아가야 할 길을 신체의 규율로 그들에게 보여주었다. 하지만 그러면서도 위그는 수신인을 거의 지정하지 않았다. 이 교육적 문헌에서 그는 대체로 자신의 형상으로 창조한 신의 시선과, 둘러싸고 관찰하는 다른 사람들의 시선 아래에 놓인 인간에게 원칙적으로 가치가 있는 행동의 이상을 정의한다.

불안정한 이상, 상반된 긴장으로 끊임없이 위협받는 역동적인 균형으로 정의되는 몸짓의 덕은 위그 자신과 생빅토르 학파를 넘어서 종교 예술의 원리, 특히 긴장마저 그 시대 조각의 원리와 부합하는 특정한 신체의 미학과 모두 일치한다. 실제로 몸짓의 이해하기 어려운 중용은 팀파눔에서의 구현과 무관하지 않다.『수련자 교육』에 따라 덕 있는 몸짓의 분류에 활기를 불어넣은 긴장은 콩크의 '거룩한 무절제한 몸짓'에서 그 반대편을 찾는다.[54]

하지만 위그 드 생빅토르의 윤리적 · 정치적 인문주의는 오히려 고딕 양식을 예고한다.[55] 이성의 통치에 따르고, 필요하면 외적 강제에 복종시키는, 움직이는 신체는 평화와 공동선의 확립을 위해 각 부분이 협력하는 유기체적인 집합처럼 이해된다. 그것은 바로 파리에서 세워지고 있던 왕국과 왕정의 축소된 이미지였다. 그러나 모두에게 도움이 되는 신체의 규율은 개개인의 고유한 욕구에 맞추어져야 했다.

모든 면에서 『수련자 교육』은 12세기 전반의 도덕적·심미적·정치적 인문주의에 대한 일종의 선언처럼 보인다. 그러므로 작가의 명성과 결합해 그것의 전반적인 영향력이 계속 성공을 거둔 것은 그리 놀라운 일이 아니었다.

『수련자 교육』의 보급과 번역

이러한 성공은 오늘날 전해지는 『수련자 교육』 필사본의 숫자로 확인되지만, 중세 말까지 매우 다양한 지역에서 이 작품을 복사해 보존했던 도서관의 다양성으로도 뒷받침된다.[56] 마찬가지로 문헌의 이용, 다른 작품에서의 인용도 이 작품이 얼마나 큰 호평을 받았는지 알려준다.

13세기에 이 작품은 프란체스코회 수도사 베르나르 드 베스가 쓴 『수련자 규율의 귀감Speculum disciplinae ad novitios』에서 명시적으로 인용되었고, 글자 그대로 똑같이 되풀이되기도 했다.[57] 도미니쿠스회 수도사 기욤 드 투르네도 대학 환경의 특징이 더 풍부한 그의 『어린이 교육론 De instructione puerorum』에서 규율의 정의를 『수련자 교육』에서 가져왔다.[58]

1254년부터 1263년까지 도미니쿠스 수도회의 수장을 지낸 윙베르 드 로망도 『성 아우구스티누스의 계율 주해Expositio regulae B. Augustini』에서 『수련자 교육』을 이용했다. 위그의 영향은 몸짓과 관련해서 특히 두드러진다. 『성 아우구스티누스의 계율』은 대체로 걸음걸이, 서 있는 자세, 태도와 움직임에 관해서만 이야기하고, 위그 드 생빅토르는 그의 주석에서 '몸짓'이라는 낱말조차 사용하지 않았다. 그러나 윙베르가 『성 아우구스티누스의 계율』에 차례대로 주석을 달기 위해 영향을 받은 것은 『수련자 교육』이었다. 그는 (몸짓을 '하나 이상의 지체의 행위'라고만 말해서) 몸짓에 관한 정의는 되풀이하지 않지만, 위그의 방식으로 각

각의 몸짓 표현의 양상을 명확하게 나타낸다.[59)]

위그 드 생빅토르의 몸짓 이론은 그때부터 (프란체스코회, 도미니쿠스회, 카르멜회, 아우구스티누스회와 같은) 탁발수도회의 규범적 문서 한가운데에 확고히 자리를 잡았다. 이들은 설교가들이었으므로 교회의 틀을 벗어나 속인에게 직접 권고되는 데에도 그리 오랜 시간이 걸리지 않았다. 같은 시기에 프란체스코회 수도사 기베르 드 투르네는 젊은 여성들에게 호소하며 "방탕으로 유약하지 않고, 부주의로 해이하지 않으며, 나태로 우둔하지 않고, 불안정으로 조급하지 않고, 오만으로 뻔뻔하지 않고, 분노로 무질서하지도 않은 몸짓"이라고 위그 드 생빅토르의 표현을 이름을 밝히지 않은 채로 거의 단순히 되풀이했다.[60)]

이런 영향력은 중세 말에 발견되는 속어 번역으로 더욱 커졌다.[61)] 한 종은 포르투갈어이고,[62)] 다른 한 종은 프랑스어이다.[63)]

프랑스어 번역본을 살펴보자. 이런 문헌이 가져다주는 이점은 위그가 사용한 라틴어 용어의 속어 동의어를 모두 제공한다는 점이다. '게스투스'라는 말은 당시의 관습에 따라 '신체와 지체의 몸가짐과 방식'이라는 이중 표현으로 옮겨졌다. '태도와 자세', '자세와 방식'이라는 표현이 동의어로 제시되는데,[64)] 늘 이중으로 나타나는 것은 수사학적인 효과일 뿐일 수도 있으나 몸짓 개념의 매우 풍부한 내용을 표현하고 있다고도 할 수 있을 것이다. 마찬가지로 '게스티클라티오'는 (지체의) "무질서하고 경박한 움직임"으로 옮겨졌다.[65)]

프랑스어 번역본은 위그 드 생빅토르가 제시한 몸짓의 정의를 이렇게 되풀이했다. "몸가짐은 모든 행위와 일에서 자신의 신분에 걸맞게 지녀야 할 신체 지체의 방식maniere과 형상화figuracion이다."[66)] 하지만 여기에는 두 가지 중요한 차이가 있다.

먼저 번역본은 정의에서 (움직임을 뜻하는) '모투스'라는 낱말을 없애고, 그 자리에 오히려 '모두스modus'에 해당하는 '방식'이라는 말을 넣었다.

두 라틴어 단어는 글자 하나만 다르므로 이러한 바꿔치기는 번역자가 사용한 필사본의 변이형에서 비롯되었을 수 있다. 그러나 '방식과 형상화'는 위그의 이론에서 가장 새롭고 강력한 두 개념인 양식과 조형을 프랑스어로 표현하고, 번역으로 보존하고, 더 나아가 강조하고 있다는 사실에 주목해야 한다.

다른 한편으로 프랑스어 번역본은 몸짓의 정의에 라틴어 본문에는 없던 사회학적 정확성을 덧붙였다. 그것이 언급한 '신분'은 조금 멀리 떨어진 본문에서 가리키듯이 성직자 신분이다.[67] 12세기에 위그 드 생 빅토르는 수련자에게 호소하면서도 (이미 환상에 지나지 않을지라도) 인류 전체를 위한 하나의 모델을 정의하려는 야망을 품고 있었다. 그러나 15세기에 이러한 환상은 어느덧 유지될 수 없었다. 성직자는 자신의 고유한 행동을 정의하는 것만 생각할 수 있었다. 속인의 행동은 이제 더는 거의 성직자의 권한이 아니었다.

학교에서 대학으로

위그 드 생빅토르는 12~13세기 성직자가 몸짓을 성찰하는 이론적 틀을 굳게 세웠다. 이러한 틀은 그 뒤 적어도 13세기 중반까지는 거의 바뀌지 않았다.

12세기 말 파리의 노트르담 대성당 학교는 피에르 르 샹트르(1197년 사망)라는 뛰어난 인물이 지배하고 있었다. 주석가로서 그는 『아벨 대전 Summa Abel』에서 처음으로 성서의 완전한 주석을 제시했다. 위대한 신학자로서 그는 후대의 스콜라 신학자들에게 큰 영향을 끼친 『성사 대전 Summa de sacramentis』을 썼다. 하지만 가장 널리 이용된 그의 작품은 길이가 다른 세 판본으로 전해지는 『말씀 개요 Verbum Abbreviatum』였다. 실천 도덕에 관한 이 작품에서는 외부 세계와 도시, 그것도 소도시가 아니라 수도 파리를 향해 과감히 기울어진 정신이 느껴진다. 새로운 경제적·사회적·정치적 상황들에 기독교 신앙과 교회를 적응시키면서 생겨난 무척 많은 문제들을 해결하는 데 관심을 지닌 정신도 확인된다.[68]

작품은 이 시대와 환경을 특징짓는 두 활동인 학교의 논쟁disputatio과 설교를 검토하는 것으로 시작한다. 피에르 르 샹트르는 성직 매매, 의복 양식, 건축업, 자선 등 변화하는 사회가 제기하고 이념적 정당화를 추구하는 다른 문제들도 이리저리 검토하고 해결한다. 파리의 거장이 전통에 남아 있는 어휘와 개념, '권위'로 어떻게 새로운 윤리를 만들어 내려 시도했는지 눈여겨볼 필요가 있다. 그가 인용한 작품은 다시 키케로의 『의무론』과, 그가 당연하다는 듯이 세네카의 작품으로 여긴 마르티누스 브라카렌시스*의 『사덕론De quatuor virtutibus』이다. 그것들은 전적으로 절제와 그것의 여덟 개의 하위 구분, '신체나 영혼'의 움직임에 강제되는 절도에 관한 내용으로 이끈다.[69]

몇 해 뒤 12세기 성직자들의 도덕 문학은 알랭 드 릴의 작품으로 정점에 이르렀다. 모든 흐름이 그에게 모여든 것처럼 보인다. 그는 플라톤주의 샤르트르 학파의 계승자였으나, 1203년에 죽은 곳은 시토였다. 그는 새로운 시대를 열었다. 고해 사제와 설교가들을 위한 설교와 실용적 작품의 작가이자 『가톨릭 신앙에 대해De Fide Catholica』에서 반박한 이단의 확산을 걱정했던 그는 탁발수도회의 독창성과 오래지 않아 성공을 거둘 모든 방침을 최초로 제시했다. 1160~1170년에 쓴 『자연의 통곡De planctu Naturae』과 1182~1183년에 [4세기 로마의] 시인 클라우디아누

---

* 마르티누스 브라카렌시스(520?~580) : 포르투갈 브라가의 주교를 지낸 신학자이자 수도원 설립자이다. 사막 교부들의 109개 격언을 모은 모음집을 그리스어에서 라틴어로 번역하여 『이집트 교부들의 금언집Sententiae patrum Aegyptiorum』으로 펴냈다. '정직한 삶을 위한 규칙Formula vitae honestae'이나 '사덕론'이라고 불리는 문헌은 수에비의 왕 미로에게 보낸 편지로, 고대 철학에서 유래한 네 가지 기본적인 덕에 관한 설명을 담고 있다. 12세기까지 이 작품은 마르티누스의 서문 없이 유포되어 세네카의 작품으로 잘못 알려졌다.

스를 반박하며 쓴 『안티클라우디아누스Anticlaudianus』에서 그는 보이티우스로까지 거슬러 올라가는 우의적인 시풍의 전통에 독특한 흔적을 남겼고, 그리하여 장 드 묑의 『장미 이야기Roman de la Rose』를 예고했다.[70]

산문으로 쓰인 『자연의 통곡』에서 '자연'과 '절제'라는 두 우의적 인물의 만남은 완전하다고 여겨지는 태도, 의복, 몸짓에 관한 설명을 가져다준다. "이 축제에서 이루어진 연설들에 자연이 갈채를 보내자, 발걸음에 절도의 규칙을 강제한 한 부인이 와서 그의 자취를 따라가는 듯이 보였다. … 그의 옷 위에 그려진 글자는 인간의 말의 절제, 행위의 신중함, 의복의 검소함, 몸짓의 근엄함in gestu severitas, 음식을 앞에 두고 입을 막는 억제, 마실 때 목구멍에 강제되는 규율이 어떠해야 하는지를 충실히 가르치고 있었다."

'절제temperantia'에 이어 '관대largitas'가 등장한다. "겸손히 머리를 숙이지 않고, 얼굴로 관계를 맺는" 오만한 여성이다. "목덜미를 꼿꼿이 세우고, 눈은 더 높은 현실로 고정되고, 얼굴은 드높이는 일로 그녀의 발을 묶고 있었다. … 그녀의 매우 독특한 아름다움의 주목할 만한 특징, 평범치 않게 의례적인 의상habitus specificati curialitas, 개성 있는 몸짓 gestus individualitas이 그녀의 성대한 왕림adventum을 알렸다."[71]

세련된 어휘를 사용하며 알랭 드 릴은 여기에서 예기치 못한 두 단어를 슬그머니 집어넣는다.

— 우선 ['예법'을 뜻하는] '쿠리알리타스curialitas'이다. 이것은 성직자 세계와는 다른 세계인, 자신들의 고유한 몸짓 규범을 지닌 호화롭고 정중한 궁정에서 온 것인데도 무척 좋은 방향으로 받아들여진다. 그것의 존재는 당시 세속 귀족이 점점 활발히 드러내던 행동과 가치가 도시 환경에서 성직자 이데올로기에 점차 스며들고 있었음을 증언한다.

— 다음으로 ['개성'을 뜻하는] '인디비두알리타스individualitas'이다. 몸짓과 관련해 다른 곳에서 나타난 사례는 찾지 못했다. (당시 '개성'의 근대

적인 의미와는 전혀 무관했던) 이 단어는 원자의 나눌 수 없는 성질과, 삼위일체의 세 위격의 일체성에 관한 그 시대의 과학적·신학적 논쟁을 반영한다. 여기에서는 분해할 수 없을 만큼 조화를 이룬 신체 움직임의 심미적 특성을 정의하고 있는 듯하다.

운문으로 쓰인 『안티클라우디아누스』에서는 '절도modestia'의 알레고리가 인간에게 전해준 선물이 언급된다. "전해줄 때에도 그녀에게는 절도가 없지 않다. … 모든 인간에게 자신의 몸가짐을 전해준다. 행동을 절제하고, 말을 신중히 뱉고, 침묵을 중시하고, 몸짓을 자제하고 gestus ponderat, 적절하게 입고, 감각을 억제한다. … 머리의 몸짓을 제한하고describit gestum capitis, 부드럽게 들어 올린 얼굴을 반듯하게 평형을 이루게 하고, 이마를 뒤로 젖히거나 위로 내밀어서 죽음을 벗어날 수 없는 자들을 무시하거나 지상을 바라보는 것을 경멸하는 모습을 하지 않는다. 땅으로 지나치게 숙인 얼굴은 한가하고 공허한 정신을 가리킨다. 그래서 그녀는 절도 있게 들어 올린다. 얼굴을 들어 올리든 숙이든 정도를 넘어서지 않는다면 이는 의연함이 정신에 흔적을 남긴 것이다. 그녀는 선정적인 걸음으로 광대를 상기시키거나, 지나친 엄격함으로 거만함을 내보이지 않게 하려고, 나아가 광대들처럼 타락한 근육으로 종사하거나 '추잡한 몸짓turpi gestu'이 팔을 상하지 않게 하려고, '광대의 몸짓scurriles gestus'을 배격하고, 너무 딱딱한 발걸음을 용납하지 않는다."[72]

모든 덕의 전형인 이 상상의 여인의 조화로운 연속 동작을 살펴보면 알랭 드 릴은 시적 기교의 유혹에 몰입해 있었던 것 같다. 그러나 이러한 알레고리가 구현한 도덕적 가치는 그의 작품에서 완전히 다른 담론을 만들어낸다. 신자들의 품행을 교화하는 데 관심을 둔 설교가의 담론이다. 그는 비슷한 용어로 자신의 설교에서 "부자연스런 의상, 어긋난 몸짓exorbitat gestus, 넘치는 말"과 "치켜올린 눈썹"이라고 표현하며 오만을 고발한다.[73] 『설교술 대전Summa de arte praedicatoria』에서는 색욕의 '괴물'을 정절의 '향기'와 대립시킨다. 그것의 향료는 "정신의 순수함, 신체의 순결함, 몸짓의 간결함*munditia in gestu*, 의복의 조심성, 음식의 절제, 언어활동에서의 존중이다. 그것들은, 정신을 물들이고, 신체를 모두 더럽히고, '몸짓을 해이하게*laxat gestum*' 하는 색욕과 싸운다."74)

몇 년 뒤인 1215년에 파리 대학이 탄생했다. 자신의 지식의 가치와 사회적 역할의 특수성을 자각한 (교사와 학생이 뒤섞인) 대학 환경은 성직자 세계로의 귀속과 도시 생활에의 통합을 절충한 고유한 윤리를 빠르게 갖추었다. 1230~1240년부터 이름이 알려지지 않은 작가가 아마도 파리에서 교사와 학생을 위해 쓴 안내서인『학교의 규율*Disciplina scolarium*』이 제작되었다. 이 작품은 생빅토르 학파부터 알랭 드 릴까지 나타났던 변화를 연장하고 완성했다. 오랫동안 전통은 거기에서 보이티우스 자신이 썼을 듯한 훨씬 오래된 작품을 보았다. 이러한 추정은 그것의 성공에 적지 않게 도움이 되었다. 그래서 이 책은 적어도 138종 이상의 필사본이 전해진다.

여기에서 '디스키플리나'라는 말은 매우 폭넓은 의미로 이해된다. 그것은 가르치는 '학과'만이 아니라, 학생의 삶에 대한 도덕적 '훈육' 등 모든 측면에서 학교생활을 규제하는 것과 관련된다. 따라서 한 세기의 간격이 있지만, 이 작품은 위그 드 생빅토르의『교육론』과『수련자 교육』에 한꺼번에 연결된다. 그동안 학교 교육의 상황이 얼마나 변화했는지 이해하기 위해서는 이 두 작품을 살펴보는 것만으로도 충분하다.

교육 과목에 할애된 제1부의 첫머리부터 학생의 신체적 조건이 문제로 나타난다. 정신을 풍요롭게 하려면 건강한 신체를 유지하고, 음식과 음료를 지나치게 섭취하지 않고, 겨울에는 충분히 열을 쬐고, "알맞은 방식으로 팔다리를 배치해야" 한다.

제2부의 대상인 학생의 도덕적 지도는 순종을 첫 번째 원칙으로 한다. '고약한 학생*discolus*'이 되는 것은 피해야 한다. "길거리, 광장, 술집,

사창가, 대중 공연, 축제와 춤, 잔치에서 불분명한 눈, 절제되지 않은 혀, 예민한 정신, 수척한 얼굴을 하고 학교가 마지막 관심사인" 노는 학생이다. 특히 세 가지 위험이 절제의 의무를 위협한다. 매춘부와의 교제, 음식과 술, 몸치장ornatus이다. 멋을 부리는 이들은 끊임없이 옷을 갈아입고, 머리를 말아 올리는 인두와 향수, 장신구를 사용한다. 아울러 "뾰족하고 굽 높은 신발, 치켜든 고개, 거들먹거리는 목, 다듬은 눈썹, 단정치 못한 눈을 하고 뽐내는 걸음으로 반원을 그리며 여왕처럼 걷는다."75) 판단컨대 이는 가장 격렬히 비난받던 동성애자와 여장 남자의 몸짓이다.

여기에서도 문학적 효과를 고려하자. 위그 드 생빅토르의 경우처럼 공부하는 학생들을 방해하기 위해 잘 꾸며진 화려한 몸짓의 매력이 사교계의 대립 모델의 노골적인 예시로 남겨졌다. 그리고 아마도 경멸적인 몸짓 표현의 전통적인 사례인 어릿광대를 대신해서 성적인 것을 비롯해 모든 규범을 뒤엎은 '부잣집 철부지jeunesse dorée'가 상대를 돋보이게 하는 역할로 새로 등장했다고도 할 수 있을 것이다.

그러므로 증언은 의심의 여지 없이 충분히 일치한다. 13세기 초, 성직자에 기원을 둔 도덕 문학의 갖가지 흐름은 주로 절도modestia, 때로는 조심성verecundia과 절제temperantia, 나아가 겸손humilitas과 정결pudicitia의 개념을 통해 내적 조화의 표현인 진정한 이상적인 몸짓의 덕을 권장했다. 이런 사고 방식은 토마스 아퀴나스와 피에르 베르쉬르*의 스콜라주의 도덕 신학에 직접 받아들여졌다.76) 그리고 이런 권고에서 위그 드 생빅토르는 가장 공들여 만들어진 체계를 일찌감치 제시했다.

'12세기의 지적 르네상스', (키케로나 세네카와 같은) 고대의 위대한 작가들과 다시 누리게 된 친밀함은 이렇듯 윤리적 사고와 성찰의 대상으

---

* 피에르 베르쉬르(1290?~1362) : 프랑스의 베네딕투스회 수도사로 『도덕화된 오비디우스Ovidius Moralizatus』 등의 작품을 썼다.

로 몸짓을 재발견하게 된 것을 이해하기 위한 핵심적인 열쇠가 된다. 그러나 사상은 그 자체만으로 역사의 이유를 알려주지 않는다. 새롭게 제공된 지적 도구에 대한 믿음은 그 자체가 이 시기에 핵심적 역할을 맡은 사회·문화적 변화의 결과였다. 도시의 부흥, 유례없는 성직자와 속인의 만남, 성직자 내부에서도 나타난 지위·직무·신분·행동에서의 차이의 확대, 선험적으로 경멸적으로 판단되고 성직자가 그들의 중용의 이상을 위해 과잉을 제물로 바치려 했던 '세속적'인 몸짓 표현을 수도원으로 들여온 비교적 나이 많은 수련자의 모집 같은 것들이다.

이미 '영혼의 감옥'으로 여기는 것이 당연하지 않게 된 신체에 대한 새로운 관심도 그에 해당한다. 신체는 잘 통제되면 인간 구원의 장소이자 하나의 수단이 될 수 있었고, 구원도 더는 육신의 고행을 요구하지 않았다. 아마도 수도사에게만 슬픔 속에서 살아갈 의무가 강제되었을 것이다. 그런 모델은 이미 보편적인 가치를 지닌다고 주장할 수 없었다. 도덕은 어느 때보다 더 사회의 신분들에 맞추어졌다. 더 정확하게는 직업화되었다. 자신의 직업 규칙에 따라 예의 바르고 올바르게 직무를 수행하면 누구나 영혼의 구원을 받을 수 있었다. 이는 속인에게도 적용되었다. 기사와 상인, 더 나아가 광대처럼 몸짓을 하는 직업을 가진 사람도 마찬가지였다.

＃ 6
속인과 성직자

퍼시벌

1181년 무렵에 쓰인 크레티앵 드 트루아의 『성배 이야기Conte du Graal』는 젊은 기사 퍼시벌의 진보적인 교육에 관한 이야기로 시작된다.[1] 그는 비교적 늦게 전사의 직무에 들어섰다. 그의 어머니는 전투에서 남편과 다른 두 아들을 잃었다. 그래서 남은 아들을 똑같이 잃지 않으려고 어렸을 때부터 줄곧 의도적으로 그를 그 일로부터 멀리 떼어 놓았다.* 기사의 실제 삶을 모르는 그는 이제 모든 것을 배워야 했다. 그는 '기사'라는 명칭조차 알지 못하는 '무지한 자', 전형적인 '어리석은 자'였다. 천막의 처녀를 껴안을 때도, 다른 사냥감들처럼 눈에 투창을 던져 죽인 '진홍빛 무구의 기사'의 갑옷을 입을 때도, 그의 몸짓은 거칠고

---

* 아버지가 죽자 어머니는 퍼시벌을 웨일스의 숲속으로 데려갔으며, 그는 그곳에서 15세가 될 때까지 자신의 출신에 대해 아무것도 모르고 살았다. 나무로 만든 투창을 유일한 장난감으로 여기던 그는 자신이 살던 나무집 근처로 한 무리의 기사들이 지나가는 것을 보고는 기사가 되겠다는 소망을 품게 되었다. 그리하여 아서왕의 궁전으로 갔고, 아서왕이 황금 술잔을 훔친 초원의 기사를 무찌르라는 조건을 내걸자 그와 싸우러 갔다. 그는 기사의 창을 피하다가 나무 투창을 던져 그를 죽이고 황금 술잔을 되찾았고, 아서왕에게 받아들여져 원탁의 기사가 되었다.

[그림 25] 퍼시벌의 작별과 기도의 몸짓 (퍼시벌 이야기, 14세기)

퍼시벌은 어머니에게 작별 인사를 하고, 그가 천사로 여긴 기사들 앞에서 무릎을 꿇고 두 손을 모아 기도를 한다.

어설프다.[2] 처녀는 그를 "불쾌하고, 상스럽고, 어리석은 웨일스 놈"(789~790행)이라고 부른다. 진정한 야인인 그는 털가죽과 투박한 옷을 걸치고, 모든 면에서 기사들의 창이나 칼과 상반된 무기인 3개의 투창으로 사냥을 한다. 이것이 퍼시벌 이야기의 어느 채식 필사본의 (진짜 첫 페이지의) 첫 번째 세밀화가 표현한 것이다.[3]

포개진 두 영역에 의지해 이미지는 이야기의 흐름을 따라간다. 그러나 표현의 제약으로 본문에 묘사되어 있지 않거나, 암묵적으로 넘어간 몸짓이 포함된다. 젊은 종자가 어머니에게 작별 인사를 할 때, 그녀는 자기 성의 문 앞에서 그를 축복한다. 그는 팔을 가볍게 벌려 뒤로 내밀고, 손바닥을 내보이는 몸짓으로 응답한다. 이것은 젊은이가 어머니의 세계에서 자신을 마지못해 억지로 떼어놓는 듯한 분리의 표지이다. 다음에는 곧바로 기사들과의 만남이 나온다. 퍼시벌은 두 손을 모으고 말 옆에 무릎을 꿇고 있다. **그림 25** 그가 천사라고 생각한 기사들 앞에서 기도하는 것 같다. 아울러 기사로 서임될 앞날의 자세를 미리 보여주는 것 같기도 하다. (1620행 이하에서) 그는 고난 끝에 기사 고르느망을* 만나, 세심한 교육을 받아 마침내 기사로 받아들여지기 때문이다.

세속 귀족을 대상으로 쓰인 이 운문 소설은 교회 문학에서 이미 만났던 몇 가지 주제를 나름의 방식으로 나타낸다. 문화 동화라는 주제가 가장 중요하다. 야만성에서 기사 신분으로의 이행은 '세상'의 무질서에서 규율을 준수하는 수도원의 절도로 성직자가 개심하는 것과 같다. 그리고 젊은 웨일스인과 기사 사회의 관계는 수련자와 생빅토르 수도원의 관계와 같다. 두 경우 모두 가장 일상적인 것을 비롯한 품행과 몸짓의 교육에 대한 요구, 나아가 집중적이고 지속적인 훈련과 오랜 습관화의 필요성이 뚜렷이 드러난다. 소설에 따르면, 배워야 할 특수한 몸짓은 (무기를 다루는 법부터 여성을 껴안는 법까지) 대부분 '신체의 기술'이다. 하지만 이것은 남성을 기사와 전사의 신분으로 옮겨 주는 것이므로 높은 상징적 가치를 지닌다.

그러므로 이러한 문학적 증언은 이와 같은 질문을 동시에 던지게 한다. 속인과 성직자의 몸짓을 구별하는 것은 무엇이고, 하나로 묶는 것은 무엇일까? 특히 문자에 관해 압도적으로 우위에 있던 성직자가 해석자가 된 상징적·윤리적 해석에서 그것은 어떻게 나타나고 있을까?

통과의례

마르크 블로크는 '피의 몸짓'이 봉건 귀족을 특징짓는다고 말했다. 이 표현은 이 사회 집단의 몸짓이 지니는 의미 작용 전체를 전사로서의 기능과 강하게 묶는다. 봉건사회의 세 위계 이데올로기에 따르면, (성직자나 기도하는 자의) '제1의 직무'의 몸짓과 뒤에서 살펴볼 (일하는 자의

---

* 크레티앵 드 트루아의 『성배 이야기』에서 퍼시벌의 스승으로 등장하는 기사이다. 그는 젊은 영웅에게 기사의 길을 가르치고, 퍼시벌은 그의 조카인 블랑슈플뢰르와 결혼한다.

육체노동의 몸짓인) '제3의 직무'의 몸짓이 있는 것처럼, (전사나 군인, 용사의) '제2의 직무'의 몸짓도 있다고 할 수 있다.

그러므로 세 '신분'의 구별은 대체로 이런 모든 몸짓의 차이에 대한 분석으로 우리를 이끌어줄 수 있다. 다만 그에 관한 정보를 제공해주는 문헌과 도상 자료, 아울러 존재한다면 이러한 몸짓을 해석한 중세의 논평도 세 위계 이데올로기의 도식과 마찬가지로 학식 있는 이, 성직자, 제1신분에 의해서만 작성되었다는 사실을 잊지 말아야 한다.

전사의 몸짓에서 정점을 이루는 것은 기사 서임식이다. 그것은 기사단에 들어가는 것을 신성하게 만드는 표장이자 조건이다. 퍼시벌의 기사 서임식은 상세히 묘사된다. 그것은 진정한 '착복식'으로 시작된다. 고르느망의 요구로 퍼시벌은 젊은 웨일스인의 야만적인 옷을 벗고, 스승이 내민 옷을 입는다. 고르느망은 그에게 '최고의 기사 신분'을 부여하는 칼을 착용시키고 끌어안는다. 그러고는 충성 서약과 (말 많은 것도 죄악이므로) 지나치게 말을 많이 하지 않고, 여성과 고아를 돕고, 기도하러 교회에 자주 가겠다는 맹세를 받는다. 끝으로 고르느망은 새로운 기사의 머리 위에 십자 성호를 긋는다.[4]

자크 르 고프가 상기시켰듯이, 성직자의 상징적 해석에 거의 영향을 받지 않은 봉건적인 신종 서약과는 달리 기사단에 들어가는 의식에는 일찍부터 교회 이데올로기의 흔적이 뚜렷했다. 세속 귀족이 행하는 도덕적인 명령과 축복의 몸짓이 이를 뒷받침한다. 기록으로 파악할 수 있는 그 예식은 전사 귀족 계급과 교회 계급 사이의 타협물이다. 이는 후대에도 마찬가지로 확인된다.

기사 서임식에 관한 최초의 완전한 전례 예식규정은 13세기 말 망드 주교 기욤 뒤랑이 쓴 『법의 귀감Speculum Juris』(II, IV, 3, 2)에서만 발견된다.[5] 이 규정에 따르면, 이제 남다른 역할을 맡은 이는 사제나 주교 pontifex 자신이다. 젊은 기사에게 칼을 건네고, 어깨끈을 둘러주고, 기사 신분으로 들어선다는 불멸의 낙인character인 평화의 입맞춤을 해주는 것은 그들이다. 끝으로 그들은 손으로 그에게 (기사로 서임되는 자의 목이나 어깨를 칼의 넓적한 면으로 치는) 콜레를 한다. 참석한 귀족들은 새로운 기사에게 (기마 무장을 할 때 신발 뒤축에 다는) 박차를 건네줄 뿐이다.*

이러한 의례의 타협은 같은 시기 왕권의 예식을 특징짓는 모든 것을 돌아보게 한다. 혈기 넘치는 왕정이 교회의 이데올로기적 감독에서 벗어나려 애쓰려면 고유한 신성함을 갖추어야 했다. 거기에 의례의 몸짓이 쓰였다. 프랑스 국왕의 '축성식'과 '대관식', 왕실의 장례식, 12~13세기 (결핵성 임프샘염으로 목이나 겨드랑이 주위에 생기는) 연주창을 만지는 왕의 '기적'의 출현과 같은 국왕 의례의 발전은 이렇게 해석되어야 한다. 이 시기부터 교회는 왕이 사제나 성인이 아니더라도 예외적으로 기적의 몸짓을 할 수 있다고 머뭇거리면서도 인정할 수밖에 없었다.[6]

그러나 더 평범한 몸짓에 주의를 집중해보자. 예컨대 장례식의 몸짓이다. 이것은 속인의 몸짓과 성직자의 몸짓 사이의, 나아가 속인의 몸짓을 통제하고 의미를 부여하려는 성직자의 노력 사이의 오랜 세월에 걸친 괴리와 반목을 가장 잘 보여주는 듯하다. 죽음은 특별한 쟁점을 드러내기 때문이다. 중요한 통과의 순간이 찾아온 영혼과 관련해서도 그렇지만, 죽어가는 자와 죽은 자의 신체, 나아가 그의 곁에서 바삐 움직이는 친족과 예식을 집행하는 사제들의 신체와 관련해서도 그렇다.

미셸 라우에르스는 중세 초기의 성인전에서 성직자와 속인의 태도 사이의 대립을 강조하며 기독교인의 공통된 죽음의 모델을 끌어내려 시도했다.[7] 한쪽에 영혼의 감옥ergastulum인 육신과, 평온함과 기쁨 안에서 실현되는 이상인 해방으로서의 죽음이라는 이원론적인 관념의 표현이 있었다. 반대로 다른 한쪽에는 "양치기와 농민, 노인과 병자, 가난

---

* 근대 이후에도 교황은 각국의 수반이나 왕족들에게 금 박차를 훈장으로 주었다.

한 자와 순례자" 무리의 무척 의례화되고 시끌벅적한 통곡이 있었다.⁸⁾

중세 중기 군주 죽음의 성대한 의식은 일종의 무용극 같다. 이는 조르주 뒤비가 그려낸, '지상 최고의 기사' 윌리엄 마셜의 1219년 죽음에서도 볼 수 있다.⁹⁾

친족 여성(아내와 딸)과 남성(아들), 충실한 동료들, 다양한 위계의 성직자와 수도사, 가난한 이들이 번갈아서 자신이 맡은 역할을 하러 온다. 그들은 울고, 위로하고, 축복하고, 주인의 후한 인심을 마지막으로 이용한다. 공연의 장엄함을 증폭시키려고 되도록 속도를 늦춘 의식에서 죽어가는 자를 비롯해 모두가 자신에게 기대된 몸짓을 실행한다.

어린 왕의 [열두 살이던 헨리 3세의] 후견인이던 윌리엄은 아이의 손을 교황 특사의 손에 놓는 것으로 그 직무의 계승자를 지정한다. 죽음을 결정한 그는 모든 재산을 분배하고는 성전기사단의 망토를 두른다. 눈물의 몸짓은 여성들의 몫이다. 허약해진 신체를 지탱해 공연의 끝을 늦추려고 죽어가는 이에게 줄곧 식사를 거의 강요하는 식사 관리인의 몸짓도 있다. 마침내 그가 죽으면 백 명 이상의 가난한 자가 식사에 초대되고, 죽은 자의 자선으로 식사가 제공된다. 그 대신 그의 구원도 그만큼 빨라진다.

전례에 관한 문헌도 이런 차이와 긴장의 흔적을 담고 있다.¹⁰⁾ 『이브레아 주교 바르몬도의 성사집Sacramentarium Episcopi Warmundi』의 세밀화에서 11세기 초부터 특별한 예시를 얻을 수 있다. 62점의 세밀화 가운데 10점이 죽음과 장례 의식에 관한 것이다. **그림 26** 의복의 성격과 여성의 존재는 예술가가 어느 속인의 임종 순간과 장례식, 그리고 어느 성직자의 명성을 표현했음을 알려준다. 확실히 이런 자료에서 흔히 그렇듯이 성직자가 모든 예식을 잘 이끄는 것처럼 보인다. 하지만 속인 몸짓의 중요성과 특수성도 확인된다.¹¹⁾

각각의 이미지는 그것을 둘러싼 명문으로 파악할 수 있다. 연속성이 충분히 드러나도록 이미지들을 의식의 다양한 국면에 맞추어 배열해서 살펴보자.

1. 죽음을 앞둔 자의 참회. 병자*infirmus*는 침대에 맨발로 누운 수염 난 남자이다. 그는 머리카락이 곤두서고, 팔은 비틀려 있다. 예술가는 발열과 육체적 고통의 결과를 나타내려 했던 것일까, 아니면 죽음이 다가오는 공포를 표현하려 했던 것일까? (아내인지 곡녀인지) 여자 하나가 침대 머리맡에 앉아서 왼손을 베개 위에 놓고, 비통의 표시로 오른손을 뺨에 대고 있다. 참석자 가운데 한 명도 서서 똑같은 몸짓을 한다.[12] 책을 든 사제 하나가 몸을 굽히며 죽음을 앞둔 이를 축복한다.

2. 죽음을 앞둔 자*moriturus*가 땅에 펼쳐진 [고행자가 두르는] 거친 모포 위에 알몸으로 눕혀진다. 이는 겸손과 고행의 의식이다. 모포에는 [회개와 육체 소멸의 상징인] 재로 십자가가 표시되고, 성수가 뿌려졌다는 사실도 알려져 있으나 이미지에는 보이지 않는다. 여자 하나와 아이 하나, 두 명의 남자가 죽음을 앞둔 자를 에워싸고 있다. 이번에는 사제가 참석하지 않는다. 여자는 가슴을 치거나 옷을 찢고 있는 것처럼 보인다. 앞의 이미지에 등장한 여자와 같은 여자라면 이제 너울은 쓰지 않고, 꽉 조이는 머리쓰개를 하고 있다.

3. 죽음의 순간이 오자, (알몸의 작은 아이 모습을 한) 영혼이 신체에서 빠져나온다*mens redit ad dominum*. 이번에는 성직자들이 참석해 있다. 예복을 입고, 죽은 자의 머리맡에서 무리를 이루고 있으며, 한 사람은 기도서를, 다른 한 사람은 임종 성체를 들고 있다.[13] 사제는 머리를 풀어 헤친 여자의 갑작스러운 움직임에 주의를 기울이고 있는 것 같다. 그 여자는 모포의 다른 쪽 끝에서 죽은 자 위로 몸을 던지려 하고, 한 남자가 그녀를 붙잡으며 말리고 있다. 언제나 같은 여자일까? 또 한 명의 여성은 가려진 손을 들어 올린다.

4. 이제 전문적인 세척인*lavatores*의 죽은 자 씻김 의식*more lavant solito*이

이루어진다. 시신은 알몸으로 큰 의자에 앉아 있고, 두 명의 세척인이 그를 지탱한다. 한 사람은 둥근 물그릇에 물방울을 떨구고 있다.[14]

5. 그런 뒤에 죽은 자*defunctus*는 가슴 높이에, 더 정확하게는 아마도 심장 높이에 십자가 표시가 있는 수의로 감싸인다. 시신은 들것*feretrum* 위에 놓이고, 두 명의 남자가 꽃이나 십자가로 장식된 천으로 덮을 준비를 한다.[15] 여자는 세차게 머리카락을 쥐어뜯는다.

6. 죽은 자*morturus*가 들것으로 옮겨진다. 무리*turba*에는 죽은 자의 권속*familia defuncti*이 포함되어 있다. 행렬은 [4세기에] 요한네스 크리소스토모스가 이미 증언한 관습에 따라서 가로대에 양초가 받쳐진 십자가를 든 성직자가 앞에서 이끈다. 다른 두 사람은 들것 버팀대와 양초를 들고 있다. 여자가 두 팔을 하늘로 치켜들고 통곡한다.

7. 일곱째 이미지는 유일하게 장면의 공간적인 배경을 표현하고 있다. 들것은 교회의 내진에*in choro* 내려 놓여 있다. 참석자들은 죽은 자의 시신을 축복하는 성직자와 함께 큰 소리로 죽은 자의 죄에 대해 용서를 빈다*viva voce petit veniam*. 성직자의 몸짓과 들것 위로 몸을 던지며 늘어진 여자의 몸짓이 뚜렷이 대조된다.

8. 교회에서 무덤으로*ad tumulum* 행렬이 새로 출발한다. 모두가 울고*a cunctis fletur*, 머리를 풀어 헤친 여자는 가슴을 치고 있다.

9. 무덤 파는 사람들*fossores*이 묘혈을 파고, 십자가 표시가 있는 묘석 *mosoleum*을 연다.

10. 매장*defunctus sepelitur*. 두 명의 성직자가 (관 없이) 염포로만 싸인 시신을 들것에서 들어서 무덤에 내려놓는다. 성직자가 다시 매우 활발히 역할을 하는데, 이미지의 명문은 장례의 기독교적 교훈을 분명히 알려준다. "죽은 자가 부활할 때 대지는 오늘 빼앗은 것을 돌려준다*Ut reddat rursum terra rapit proprium*." 우뚝 선 십자가 앞에서 한 명의 사제가 시신을 축복하고, 다른 한 사람은 향로를 흔든다. 그러나 이미지의 중심은 머

[그림 26] 장례 의식 (이브레아 주교 바르몬도의 성사집, 11세기)

1. 죽음을 앞둔 자의 참회. 죽음을 앞둔 자는 머리카락이 곤두선 채 침대에 누워 있고, 참석한 이들은 슬픔을 나타내는 몸짓을 한다. 남자 하나와 여자 하나는 자신의 뺨을 움켜쥐고, 사제는 축복을 하고 있다.
2. 죽음을 앞둔 자는 땅에 펼쳐진 거친 모포 위에 알몸으로 내려 놓인다. 여자는 가슴을 치며 옷을 찢는다.

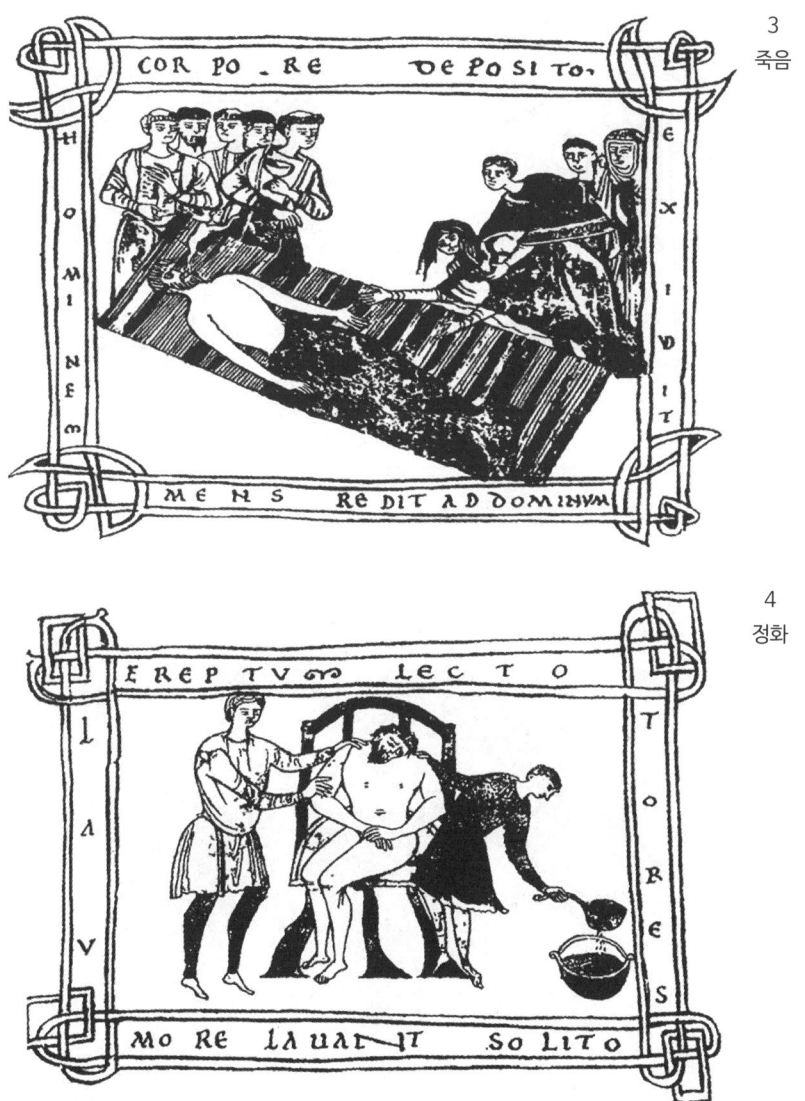

3 죽음

4 정화

3. 죽음. 영혼이 죽은 자의 입에서 빠져나온다. 성직자들을 이끈 사제가 성배를 들고 있다. 어떤 남자가 머리를 풀어 헤친 여자를 간신히 붙잡고, 다른 여자 하나는 울고 있다.

4. 시신 씻기기. 시신은 알몸으로 큰 의자에 두 손을 포개고 앉아 있다. 한 남자가 시신을 잡고 있고, 다른 남자 하나는 물을 뜨고 있다.

5

6
교회로

5. 시신은 심장 높이에 십자가가 표시된 염포에 싸여 들것 위에 놓이고, 십자형의 작은 꽃으로 장식된 천으로 덮인다. 여자가 머리를 쥐어뜯는다.

6. 교회로의 장례 행렬. 앞에는 삭발을 한 성직자가 십자가를 들고 있고, 사제가 뒤따라간다. 가운데에는 여자가 팔을 치켜들고 통곡하고 있다.

7 장례미사

8 묘지로

7. 교회에서의 전례. 아치형 궁륭으로 이곳이 교회인 것을 쉽게 알아볼 수 있다. 여자는 들것 위로 몸을 던지고, 남자 하나가 촛대를 곧추세우고 있다. 사제는 기도문을 읽는다.

8. 교회에서 묘지로의 행렬. 머리를 풀어 헤친 여자가 가슴을 친다. 성직자가 십자가를 들고 행렬에 참가한다.

9
매장

9. 무덤 파는 사람들의 작업. 무덤은 십자가 표시가 있는 진짜 석관이다.

10. 안장. 사제가 죽은 자를 축복한다. 성직자 한 명이 향을 피우고, 다른 한 명은 전례용 단지를 들고 있다. 죽은 자가 관 없이 무덤 안에 놓이고, 그 옆에는 머리를 풀어 헤친 여자가 간신히 붙잡혀 있다.

리를 풀어 헤친 여자가 차지한다. 그녀는 마지막으로 시신 위로 몸을 던지려 하고, 다른 여자 하나가 그녀를 간신히 붙잡고 있다.

이 열 점의 이미지는 그것이 이루는 연속으로 애도와 장례의 몸짓을 연구하는 데 매우 값진 자료가 된다. 비탄에 빠진 여성의 형상은 점차 강도를 높이며 의례에서 나타나는 애도의 몸짓 목록을 모두 명확히 보여준다. 그녀는 뺨을 움켜쥐고, 가슴을 치고, 머리카락을 쥐어뜯고, 팔을 하늘로 치켜들거나 죽은 자를 향해 뻗는다. 이런 여성의 몸짓은 더 기술적이거나 전례적인 남성의 몸짓과 구별된다. 무덤 파는 사람, 씻기는 사람, 특히 사제와 그를 보좌하는 이들의 몸짓이다. 의복, 신체의 겉모습, 물품과 함께 몸짓도 사회적 역할을 구별하는 데 도움이 된다. 성직자에게는 (축복하고, 영성체 의식을 하고, 찬송하는) 거룩한 몸짓, 속인 남자에게는 (죽은 자를 씻기고, 덮고, 옮기고, 매장하는) 기술적인 몸짓, (아내나 직업적인 곡녀 같은) 여성에게는 슬픔을 강렬히 표현하는 몸짓이다.

몸가짐

도덕 문학도 성직자와 속인의 몸짓이 지니는 차이를 뚜렷이 강조한다. 나아가 몸짓의 교육과 목적성의 차이도 강조한다. 위그 드 생빅토르는 수도참사회원이 되려고 마음먹고 수도원 문을 두드린 모든 젊은이의 교육에 관해 이야기한다. 하지만 크레티앵 드 트루아에게는, 기사가 되기 위해서는 그러고 싶다는 것만으로는 충분치 않다. 고귀한 혈통에서의 출생은 젊은이가 자신도 모르게 전사의 직무에 호감을 품게 한다. 그리고 그의 실질적인 신분을 드러내는 징표들인 힘과 몸짓은 그를 앞날의 기사로 여기게 한다.

그런데 기사도와 예법의 교육은 소설의 허구에서만 나타났던 것은 아니다. 세속 귀족들도 속어로 된 교육적이고 도덕적인 문헌을 가지고 있었다. 사실 이것은 소설이나 서정시보다 교회가 구상한 기독교 윤리와 더 일치하고, 전통의 영향도 더 많이 받았다. 아직 한참은 '성직자'여야 펜을 잡을 수 있었기 때문이다.[16]

12~13세기 사회에서 신분과 지위, 나이의 구별은 어느 때보다 뚜렷해졌다. 집단들은 저마다 서로 다른 몸짓을 지니고 익혀야 했다. 새로운 것은 어린이의 몸짓이 주의를 끌었다는 사실이다.[17] 프랑스어로 쓰인 진정한 최초의 교육학 작품은 『아들에 대한 아버지의 훈계 Chastoiement d'un père à son fils』라는 시사적인 제목을 가지고 있다.[18] (원래의 라틴어판 제목은 '성직자의 규율Discipline de clergie'인) 이 작품은 기독교로 개종한 에스파냐의 유대인 페드로 알폰소*가 1106년에 쓴 것이다. [13세기 이탈리아 출신의 연대기 작가인] 필리포 디 노바라도 어린이 교육을 자세히 다룬다. 그는 그들에게 놀 시간을 주라고 권한다. '여자아이'도 잊지 않는다. 그들은 너무 높지도 너무 낮지도 않은 시선과 함께, 곧고 '머리를 앞으로 내밀지 않은' 아름다운 몸가짐을 지켜야 한다.[19] 1275~1283년 무렵에 [마요르카 왕국의 신학자이자 작가인] 라몬 류이는 『어린이 교육Doctrina pueril』이라는 제목의 교육서를 썼고, 이 책은 그가 살아 있는 동안에 프랑스어로 번역되었다.[20] 이 작품도 어린이 교육과 그들의 신체적 행동에 대한 관심이 높아지고 있었음을 증언한다. 이런 변화는 16세기 초에 이 장르의 핵심적인 작품인 에라스뮈스의 『어린이 예절 Civilité puérile』(1530년)로까지 이어진다.[21]

모든 것을 총괄하는 개념은 이제 구원을 목적으로 신체와 영혼의 덕을 가르치는 규율disciplina이 아니라, 동료나 이성인 고귀한 사람들에게

---

* 페드로 알폰소(1062?~1140?)는 에스파냐 출신의 유대계 의사이자 작가로 원래 이름은 모세 세파르디(Moses Sephardi)이다. 1106년 기독교로 개종한 뒤에는 주로 영국과 프랑스에서 살았다. 그가 쓴 『성직자의 규율』은 아랍어에서 옮긴 도덕적 성격의 33편의 동양 이야기를 묶은 것이다. 라틴어로 쓰인 이 작품은 프랑스어, 스페인어, 독일어, 영어 등으로 번역되어 설교에 널리 이용되었다.

의젓하게 행동하는 방식인 '예법'이다. 그것은 사회적 행동의 이상이지, 구원과 관련된 개인적 프로그램이 아니다. 아울러 악덕의 무질서가 아니라, 귀족계급 사회관계의 규범을 위반하거나 뒤엎을 수 있는 모든 것과 대립한다. 노예 상태에 가깝고, 기사의 규범을 위협하거나 뒤엎을 것처럼 보이는 모든 것과 연결된, 노동으로 살아가는 세계의 야만성, '투박함', '천박함' 같은 것들이다.[22]

몸짓은 말과 함께 천박함을 드러내거나 예법을 증명한다. 키프로스 국왕의 조언자인 (1261년이나 1264년에 사망한) 필리포 디 노바라는 "말과 행동에 비열함이 포함된 이는 비열한 인간이다"라고 썼다.[23] 이러한 새로운 가치의 반향은 1241년 존 갈런드*가 쓴 라틴어 운문 작품인『학교의 도덕Morale scolarium』에서도 발견된다.『학교의 규율』을 떠올리게 하는 그 제목은 학교를 위한 윤리적 작품처럼 보인다. 하지만 실제는 다르다. 작가는 학생이 아니라 귀족에게 관심이 있다. '식탁 예법'에 할당된 장에서 그는 '촌스러움rustica'에 맞서 '세심함curia'을 옹호하며, 연회를 여는 귀족들을 위해 되풀이해서 충고한다. 먼저 모든 식기를 씻고, 소금으로 나이프를 깨끗이 하고, 반짝이는 잔을 제공하고, 숟가락을 확인하는 데 주의를 기울여야 한다. 손님은 너무 바짝 붙지 않게 둘씩 앉히고, 선정된 손님을 위해 더 좋은 부위를 남겨 두고, 입을 가득 채우며 마시지 말고, 여성을 보살피고, 그녀가 요청하면 방에서 포도주 한 잔을 제공해야 한다. 손님은 아침부터 초대해야 한다. 작가는 이런 규칙이 성직자에게도 적용된다고 지적한다. 하지만 그는 성직자에게도 하나의 장을 할애한다. 성직자는 자신들의 행동을 끌어가기 위해 '성전의 조각상이 좋은 품행의 형상'이고, 그것들이 '잊히지 말아야 할 생생한

---

* 존 갈런드(1190?~1270?)는 영국 출신의 문법학자이자 작가로,『교회의 승리De triumphis ecclesiae』 등의 작품을 썼다. 라틴어 어휘집인『딕티오나리우스Dictionarius』도 편찬했는데, 이 책의 제목이 '사전'을 뜻하는 낱말의 기원이 되었다.

묘사를 담고' 있다는 사실을 명심해야 한다. 한 세기 전의 위그 드 생빅토르와 마찬가지로 교육과 신체 미학은 하나가 된다.

그러나 교회와 그곳의 조각상은 더는 보편적인 본보기를 보여주지 않는다. 그것들은 성직자의 특별한 세계에 속한다. 그래서 성직자를 대상으로 마련된 것이 아닌 이 문헌에서 그것들은 이른바 참고 사항일 뿐이다. 존 갈런드가 곧바로 돌아온 본보기는 '예법courtoisie'의 번역인 '쿠리알리타스curialitas'이다. 이제 따라야 할 규칙은 수도사의 규칙이 아니라, 궁정의 예법aulica jura인 것이다. 작가의 권고 가운데 일부는 이미 낯익은 것이다. "그대의 몸짓에서 존경할 만한 태도를 유지하고, 입은 신중히 하라. … 시끄럽게 하지 말고, 조급히 행동하지 말고, 모욕으로 불쾌감을 주지 말고, 작은 일에 성내지 말라." 그러나 이런 규칙이 실천되어야 하는 공간적·사회적 배경은 완전히 달라진다. 그것의 배경은 이제 성무 일과의 기도나 수도원의 조용한 발걸음, 수도원 식당의 침묵이 아니라, 연회가 열리는 영주의 넓은 방이다.[24]

몸짓을 정의해야 할 이상적인 인간도 무훈시의 롤랑처럼 용감하지만, 올리비에처럼 현명하기도 한 속인인 프뤼돔*이다.[25] 필리포 디 노바라가 구별한 인간의 네 시기는 이 이상적인 형상에서 정점에 이른다. 젊음의 피할 수 없는 일탈을 (곧 '젊음의 어리석음'을) 뉘우치고, '분별 있게 자제할 줄' 아는 '현명한 프뤼돔'이다.[26] 이러한 복합적인 이상을 실현할 가장 좋은 기회는 십자군이다. 어느 날 기사는 마상창시합에서 벗어나, 신을 섬기는 일에 자신의 업적과 믿음을 바치는 프뤼돔이 된다.[27]

---

* '프뤼돔(prudhomme)'은 '용감한 사람'을 뜻하는 'preux d'homme'에서 비롯된 말이다. 처음에는 '완전한 기사'를 가리키는 말로 쓰였으나, 점차 '현명하고 신중하며 특정 분야에 유능한 전문가'를 가리키는 말로 의미가 확대되었다. 그래서 오늘날에는 분쟁의 심판이나 조정을 맡은 사람을 가리키는 말로도 쓰인다. 1830년 앙리 모니에(Henri Monnier)가 캐리커처로 창조해 여러 작품에 등장시킨 '무슈 프뤼돔(Monsieur Prudhomme)'은 파리의 중산층을 풍자하는 어리석고 순응적인 인물로 묘사되었다.

성적으로 획일화된 수도원의 작은 세계와 비교할 때, 이런 속인의 세계에는 두드러진 차이가 있다. 〔왕족이나 귀족의〕 대저택에서는 여성의 몸짓과 남성의 몸짓이 서로 대조되어 규정된다. 예법의 많은 규칙은 남자와 여자의 관계를 규정하는 목적만을 지닌다. 예컨대 귀부인에 대한 기사의 애매모호한 복종 의식이 그렇다. 아울러 여성이 남성보다 더 자주 더 명시적으로 말과 몸짓과 '몸가짐'에서 절도를 지키도록 요구받고 있다면, 이는 그녀가 아버지와 남편이 기대하는 역할을 완벽히 맡아서 해야 하기 때문이다.[28] 그리고 이를 위한 '절도'의 요구는 특히 교육가에 의해 강조되거나, 〔중세 남프랑스의 음유시인인〕 트루바두르에 의해 찬양되었다. 교회에 의해 전해진 고대 시민의 오랜 이상인 절도*mezura*가 이제 궁정과 성에서 사용되기 위해 세속화된 것이다.[29]

로베르 드 블루아*는 『여성을 위한 훈계Chastoiement des Dames』에서 이렇게 썼다. "절도가 모든 것이고, 절도를 지키는 이는 현명하다."[30] 여성은 남성의 손이 가슴에 닿게 하거나, 자신의 신체를 드러내서는 ('살을 내보여서는') 안 된다. 그리고 중요한 남성 앞에서 웃을 때는 입을 가려야 한다. (교회나 교회에서 돌아오는 길, 식탁과 같은) 모든 공공연한 상황에서 '아름다운 자제'를 유지해야 한다는 것을 명심해야 한다. 이러한 권고는 지리적·문화적 영역보다는 사회 환경과 연관되어 있다. 독일에서는 토마진 폰 치르클라에레(1186~1216)가 여성들에게 남자의 눈을 마주 보지 말고, 앉을 때 다리를 꼬지 말고, 걸을 때 너무 성큼성큼 걷지 말고, 식탁에서는 예의 바르게 행동해야 한다고 똑같이 권고한다. "모든 일에 절도를 유지하고, 몸짓과 말을 자제해야 한다. '아름다운 몸

---

* 로베르 드 블루아는 13세기 프랑스의 작가로, 귀족 남성과 여성을 위한 두 종의 교육서를 썼다. 『군주들을 위한 가르침Enseignement des princes』은 공공장소에서의 행동에 관한 도덕적, 종교적 의무를 전하고, '여성을 위한 교육(Enseignements des dames)'으로도 불리는 『여성을 위한 훈계』는 겸손에 중점을 두고 가정에서의 여성의 역할을 설명한다.

짓과 적절한 말'이 여성의 행동을 결정짓기 때문이다."[31]

하지만 『장미 이야기』에서는 단정하고 조심스러운 몸짓을 해야 하는 여성의 의무가 사랑의 유희의 필요성과 유혹의 술수로 완화된다. 가볍게 목・어깨・가슴을 드러내는 것이 권장되고, 여성이 연인의 눈길을 끌려고 예쁜 발을 살짝 드러내는 것도 용납된다.

>그녀가 완전히 채비를 갖추었다고 느낄 때,
>그리고 거리를 지날 때, 아름다운 모습을 지니기를.
>너무 나약하지도 너무 억세지도 않고,
>너무 뻣뻣하지도 너무 구부리지도 않고,
>모든 사람이 보기에 충분히 매력적이기를.
>그녀가 어깨와 허리에 주는
>볼 수 없던 너무나 고귀한 움직임.
>어떤 여성도 이보다 더 아름다운 자세를 가지고
>아름다운 작은 신발을 신고
>이토록 예쁘게 걷지 않는다. […]
>드레스 자락이 끌리거나
>포석에 닿으면
>그녀는 옆이나 앞으로 들어 올린다.
>더 자유로운 발걸음을 갖기 위해
>그녀가 높이 평가하는 습관에 따라
>바람을 조금 잡으려는 듯이 하거나
>옷자락을 걷어 올리려는 듯이 한다.
>그때 그녀는 지나는 모든 이들이
>아름다운 모습을 보도록
>자신의 발을 드러내는 데 신경을 쓴다.[32]

몸짓을 특별히 감독하고 가르치는 모든 경우 가운데 가장 중요한 것은 아마 식탁의 격식일 것이다. 외부 세계에 대해 귀족 사회를 응집하고 결합하는 요소로서, 나아가 집단 내부의 종주권과 종속 관계를 드러내는 요소로서 연회의 역할은 매우 중요했다. 식탁은 연회에 초대된 가신이나 경쟁 귀족의 눈앞에 집주인의 권력을 보여준다. 결핍된 사회에서 아낌없이 제공하고 소비하는 능력으로 영주는 자신의 부를 과시하고, 자신의 힘을 드러낼 수 있게 된다. 『성직자의 규율』에서 아들이 초대되었을 때 적게 먹어야 하는지 많이 먹어야 하는지를 묻자, 아버지는 이렇게 대답한다. "최대한 많이 *Tout corn tu oncques plus porras*. 집주인이 친구라면 그를 기쁘게 할 것이고, 집주인이 적이라면 그를 화나게 할 것이기 때문이다."

음식을 소비하는 것과 제공하는 것은 권력의 기능으로서의 성질을 지닌다. 그래서 '식탁 예절'이 중요하다. 이를 관리하기 위해 12세기부터 '식탁의 몸가짐'이라는 독특한 문학이 발전했다. 이는 (카토와 오비디우스를 계승하여) 라틴어로 된 ['훌륭한·세련된·품위있는'의 뜻을 지닌] '파케투스*facetus*'나 프랑스어로 된 ('예법'의 동의어인) '파세facet'의 전통에서 발견된다.[33] 모든 교육학 작품과 『장미 이야기』 같은 이야기에서도 마찬가지로 발견된다.[34] 이러한 모델은 귀족적이지만, 부르주아지를 위한 예절과 몸가짐 문학의 출현 덕분에 확산되었다. 그러한 사례는 『파리의 가정주부Le Ménagier de Paris』*에서도 발견할 수 있다.[35]

식탁에 걸맞지 않은 몸짓은 여성에게 주어진 가르침에서 큰 비중을

---

* 1393년 프랑스에서 제작된 책으로 결혼과 가정 생활에서 여성의 올바른 행동에 관한 안내서이다. 나이 많은 남편이 젊은 아내에게 말하는 형식으로 쓰인 이 문헌에는 성적 조언, 요리법, 정원 가꾸기 등의 내용이 담겨 있어서 가정과 결혼에 관한 중세의 사고를 엿볼 수 있다. 현재 15세기의 필사본 3종과 16세기의 필사본 1종이 전해지며, 1846년 제롬 피숑(Jérôme Pichon)이 『가정 경제와 도덕에 대한 논고traité de morale et d'économie domestique』라는 제목으로 인쇄본을 출간했다.

차지한다. 먹으려고 서두르지 말고, 입에 이미 넣었던 것을 접시 위에 놓지 말고, 소금단지에 음식물을 담그지 말고, 코와 귀를 만지지 말고, 나이프로 이를 쑤시지 말고, 식탁 위에 침을 뱉지 말고, 식탁 위에 팔꿈치를 괴지 말고, 입을 씻을 적에 대야에 침을 뱉지 말고, 손에 컵을 들고 말을 많이 하지 말고, 식탁보로 이를 문지르지 말라는 것 등이다. 이런 목록에서는 위그 드 생빅토르의 성직자 모델과 여러 가지 일치점이 발견된다.[36] 그렇지만 행동의 이상을 구현하는 것은 무엇보다도 왕의 일이다. 그래서 그의 일상적인 몸짓은 매우 꼼꼼하게 규정된다.

왕의 몸짓

고대와 중세 초기부터 '군주의 귀감'은 왕의 몸짓에 관해 끊임없이 이야기해 왔다. 12세기와 13세기에 프랑스와 잉글랜드의 군주제가 확립된 것은 '군주의 귀감'에 새로운 발전의 기회가 되었다. 1250년 무렵에 왕권의 관념이 새로운 모습을 갖추고, 근대국가의 제도적·이데올로기적 기초가 마련되면서 이 장르도 변모했다.

이런 새로운 윤리적·정치적 사고는 지적 변화에도 바탕을 두고 있었다. 실제로 13세기 후반에 몇 가지 요인으로 몸짓에 관한 사고가 인간의 가려진 신체적·정신적 실재성의 외적인 표현이라는 것으로 크게 바뀌었다. 그로부터 왕의 이상적인 이미지가 풍부해졌다.

먼저 전통적인 도덕적 성찰은 스콜라주의 도덕 신학의 기초가 된 아리스토텔레스 윤리학의 재발견으로 뿌리째 바뀌었다. 다음으로 의학은 아랍 과학을 거쳐 전해진 아리스토텔레스 자연학에 바탕을 둔 더 '경험적인' 방법을 위해 고대의 상징적인 사변에서 점차 벗어났다. 둘 다 몸짓에 대한 새로운 합리적 접근의 전제 조건으로 작용했고, 군주를 위한 '귀감'에 곧바로 받아들여졌다.

실제로 그때까지 중세 라틴 문화에 알려지지 않았던 아리스토텔레스 작품의 일부에 대한 (특히 『니코마코스 윤리학Ethika Nikomacheia』과 『정치학 Politika』에 대한) 아랍어 번역본과 그리스어 사본에 대한 번역과 주석은 1250년 이후 권력과 왕의 도덕적·정치적 소양에 관한 성찰에 영향을 끼쳤다.37) 중세 후기를 특징짓는 국가의 탄생과 같은 시대에 이루어진 그러한 번역과 주석은 특히 프랑스에서 왕의 교육과 의무에 관해 사고하는 방식을 꽤 근본적으로 변화시켰다.

두 종의 문헌이 무척 중요한 구실을 했다. 하나는 아리스토텔레스의 『정치학』에서 영향을 받아 (1274년에 죽은) 토마스 아퀴나스가 1260~1265년 사이에 키프로스 국왕을 위해 쓴 『통치론De regno』이다. 뒷날 (1327년에 죽은) 또 다른 도미니쿠스회 수도사인 톨로메오 피아도니*는 그것을 보완하여 '군주의 통치De regimine principum'라는 제목을 붙였고, 보통 그 이름으로 알려져 있다.38) 다른 하나는 (1316년에 죽은) 에지디오 로마노**가 그의 학생이자 미래의 프랑스 국왕 필리프 4세(재위 1285~1314)를 위해 쓴 『군주 통치론De regimine principum』이다. 그는 1292년 수도회의 수장 지위에 오른 아우구스티누스회에 속해 있었고, 토마스 아퀴나스의 제자로서 그의 시대에 최고의 아리스토텔레스 주석가 가운데 하나였다. 그는 1286년의 대관식 직후에 왕을 위해 자신의 라틴어 문헌을 번역이라기보다 더 정확하게는 프랑스어로 각색해 제작했다.39)

이 두 작품은 왕의 몸짓에 대한 교육을 어떻게 나타내고 있을까?

---

* 톨로메오 피아도니는 루카의 톨로메오나 프톨로메오(Tolomeo da Lucca, Ptolomeo da Lucca)로도 불리는 이탈리아의 역사가이자 정치 이론가이다. 도미니쿠스회 수도사이던 그는 토마스 아퀴나스가 끝맺지 못한 『통치론』을 제2권 6장 이후부터 써서 완성해 '군주의 통치'라는 이름으로 펴냈다. 그가 쓴 24권으로 된 『새 교회사Historia Ecclesiastica Nova』는 그리스도 탄생부터 1294년까지의 교회사를 다루고 있다.

** 이탈리아 출신의 신학자인 에지디오 로마노는 아리스토텔레스의 『오르가논』에 주석을 달았으며, 정치이론서인 『교회권력론De Ecclesiastica Potestate』과 『군주통치론』을 썼다.

토마스 아퀴나스는 신에 의한 온 우주의 통치와 왕에 의한 인간의 통치, 이성에 의한 신체와 영혼의 통치를 대등하게 놓는다.[40] 뒤이어 그는 '사회적 동물'인 인간, 특히 왕에게는 '사회적으로' 살아가는 동물에게서 신의 의지에 따르는 자연적 본능이 하는 역할을 이성이 맡는다고 주장한다. 예컨대 왕정의 모습이 발견되는 꿀벌과 같은 동물이다. 우주적 위계의 모든 계층은 조화를 이루고 있으나 다양한 조건에서 작동한다. 인간의 행동은 이성이 지배하지만, 동물의 행동은 본능이 주재한다.

똑같은 생각이 에지디오 로마노에게서도 발견된다. 그러나 해석의 체계는 더 복잡해 보인다. 작품의 제1권에서 그는 덕과 정념, 품행에 관한 아리스토텔레스의 개념을 자세히 검토한다. 제2권에서는 더 실천적인 도덕 교육의 문제를 다룬다. 여기에서 그는 딸의 교육을 더 간략히 다루기 전에 먼저 아들, 특히 왕의 아들에 대한 교육을 다룬다. 여기에 할당된 몇 개의 연속된 장들은 아리스토텔레스의 『정치학』 모델을 명시적으로 따르고 있다.[41] 거기에서는 (인용되어 있지는 않지만) 위그 드 생빅토르의 목록도 발견된다. 말의 교육에서 식탁 교육으로 옮겨가고, 사랑과 결혼에 관한 단락을 덧붙인 뒤에 같은 장에서 놀이, 몸짓, 의복에 관해 이야기한다.[42]

그는 먼저 몸짓에 관한 정의를 제시한다. "영혼의 움직임을 판단할 수 있게 해주는 지체의 모든 움직임을 몸짓이라고 한다."[43] 이런 정의는 12세기 위그 드 생빅토르의 그것과 비교하면 빈약해 보인다. 그는 윤리적 고찰로 넘어가지 않고, 몸짓에서 영혼의 표현만 본다. 무질서한 몸짓은 미친 사람, 오만한 사람, 무절제한 사람임을 나타내고, '질서 있고 올바른' 몸짓은 지혜로움과 선함을 반영한다.

그러나 에지디오 로마노는 토마스 아퀴나스보다 몸짓의 육체적 실재성을 무척 진지하게 받아들인다. 그는 인간을 동물과 비교한다. 그에 따르면, 새와 짐승은 그들의 '본능'과 '본성'에 따라 행동한다. 하지만 인간의 본성은 신체가 적절한 행동을 하기에 충분치 않다. 이것이 몸짓에 규율이 필요한 이유이다. 그것은 (인간만이 지닌) 이성과 지성의 통제 아래, 인간이 해야 할 행동에 맞추어 지체를 정돈할 수 있게 해준다. 규율 덕분에 인간은 듣기 위해 귀를 기울이면서 입을 벌리지 않고, 입으로 말하면서 발이나 손, 어깨를 움직이지 않는 법을 익힌다.

에지디오 로마노에게 신체의 통제는 '당연히' 부족함*non sufficienter*에 시달릴 수밖에 없다. 이러한 부족함은 규율로 개선해야 하는데, 신체의 본성은 이성의 명령에 저항한다. 요컨대 몸짓은 본성과 문화라는 두 가지 근원으로 나뉜다. 그것은 동물에게서처럼 완전히 본성도 아니고, 그가 같은 장에서 말한 놀이와 의복처럼 완전히 문화도 아니다.

그의 교육학의 모든 곤란함은 여기에서 비롯된다. 프랑스어 번역본에 몸짓의 자발적인 합리화의 한계를 명백히 강조한 이런 구절이 나타나 있지 않은 것은 눈여겨볼 만하다.[44)] 여기에서 '몸짓*gestus*'의 완전한 지배를 방해하는 것은 이미 '업적*gesta*'의 초자연적인 영감이 아니다.[*] 잘못은 인간의 정신적·육체적 본성의 어두운 부분에, 그의 충동에, 아니면 당시의 말처럼 그의 신체의 '식욕'에 있다. 예측할 수 없거나 지나치다고 판단되는 몸짓을 마주한, 합리적인 담론이 더는 존중되지 않는 이 사각지대에서 이성과 대립하는 또 다른 개념, 곧 광기의 근대적인 개념을 위한 공간이 열리는 것이다.

---

[*] 저자는 '게스투스(gestus)'를 개인의 충동과 의지에 따른 움직임인 몸짓으로, '게스타(gesta)'를 초자연적인 힘의 영감을 받아 일어난 행위, 곧 업적이자 역사로 설명한다. '게스타'의 관점에서 인간은 그의 세계를 지배하는 신비로운 힘과 그가 속한 공동체의 대리자이다. 따라서 그의 움직임은 신과 악마, 천사, 성인, 왕조, 수도원, 가문 등에서 비롯된다. 그러나 13세기 이후 몸짓은 더 '그의 것(개인의 책임)'이 된다. '게스투스'와 '게스타'의 구분에 대해서는 이 책 3장의 내용을 참고하라.

의학 담론

신체의 '본성'을 탐구하는 것은 의학의 임무이다. 그러나 중세의 의학 담론에는 오늘날 우리가 거기에서 볼 수 있는 것과 같은 독립성이 없었다. 그것은 신체의 상징적인 쟁점들을 앞에 두고 윤리의 성질을 띠고, 정치 이데올로기나 더 나아가 신체 기능에 대한 '기계론적' 관념을 내세워 기술의 세계로도 확장된다. 몸짓에 관해서는 두 가지 주요한 변화가 특히 관심을 끈다. 13세기에 이루어진 고대 관상학의 부흥과 세기 전환기에 나타난 외과학의 지위 상승이다.

기질과 체질의 옷을 입은 연금술은 영혼과 신체의 더 핵심적인 연관성을 드러내고, 도덕적 판단의 지배를 받는다. 질병과 죄, 의사와 고해사제는 단단히 묶여 있다.[45] 의학 처방은 도덕적 명령과 구분되지 않는다. 예컨대 이름 높은 수녀이자 의사였던 힐데가르트 폰 빙엔은 뼛속까지 지나치게 피로하지 않으려면 어떻게 (도덕적인 개념인) '절도 있게' 서고, 앉고, 눕고, 걷고, 말을 타야 하는지 가르친다. 1230~1240년 무렵에 『학교의 규율』은 반대로 파리 학생들에게 제시하는 윤리적 권고를 정당화하기 위해 네 가지 체질 이론을 사용한다. 품행의 개선은 신체 건강의 시녀이고, 거꾸로도 마찬가지이다.[46]

신체에 관한 이러한 상징적 해독은 고대에 뿌리를 둔 관상학이 13세기에 부흥한 것에서도 확인된다. 스콜라주의 시대에 알베르투스 마그누스나 토마스 아퀴누스 같은 가장 위대한 신학자들과 (『신체에 관한 규정Régime du corps』을 쓴) 알도브란디노 다 시에나*와 같은 의사들은 그 원리가 ('비밀 중의 비밀'이라는 제목으로 옮겨진) 위-아리스토텔레스와 폴

---

* 이탈리아 출신의 의사인 알도브란디노 다 시에나가 1256년에 펴낸 『신체에 관한 규정』은 히포크라테스와 갈레노스의 체액 이론, 이슬람 의학과 살레르노 의과대학의 규칙에 따라 위생과 영양학을 다룬다. 이것은 프랑스어로 쓰인 최초의 의학 문헌으로 라틴어, 이탈리아어, 카탈루냐어 등으로도 번역되었다.

레몬으로 거슬러 올라가는 문헌들, 특히 [10~11세기 페르시아의 의학자들인] 이븐 시나와 알라지와 같은 아랍인을 거쳐 전해진 문헌들을 손질하고, 주석을 붙이고, 풍부히 했다.[47]

관상학의 목적은 신체의 특성이나 겉모습, 특히 얼굴의 특징에 따라 (담즙질·다혈질·흑담즙질·점액질의) 개인의 '체질'이나 '사람들의 타고난 습성과 성향'을 판별하는 것이다. 그렇지만 이러한 신체의 정적인 신호에 대한 해석이 때로는 운동성과 몸짓에 대한 관심을 부추긴다. 『비밀 중의 비밀Secretum secretorum』*은 하나의 장을 모두 '움직임의 다양성'에 할애하고, 그 뒤에는 '목소리의 다양성'에 관한 장이 이어진다. 아첨하는 경향, 여성적이거나 겁많은 성격은 걸음걸이에서의 '몸가짐', 오른쪽으로 가려는 성향, 부산함, 자주 눈을 깜박거리는 것 등으로 가늠할 수 있다. 말하는 방식은 무척 중요하다. "말하면서 손짓을 많이 하는 자는 시기하고 기만하는 자이다."[48] 속어 문학은 얼굴색의 변화, 눈썹을 움찔거리는 것, 눈을 이리저리 굴리는 것, 머리를 숙이는 것이 지닐 수 있는 의미에 주목하는 관상학의 확산을 폭넓게 증언한다.[49]

관상학은 당시 중대한 사회적·지적 변화를 겪은 의학 지식의 가장 학문적인 전통과 긴밀히 관련되어 있었다. 중세 초기에 의학은 수도원 의무실의 전유물이었다. 하지만 이와 반대로 1215년 제4차 라테라노 공의회는 피를 뿌리지 말아야 할 성직자가 의학을 실천하는 것을 금지했다. 이러한 조치는 도시의 분업이 확대되는 환경에서 의학 업무의 세속화와 전문화를 촉진했다.

---

* 『비밀 중의 비밀』은 아리스토텔레스가 제자인 알렉산드로스 대왕에게 보낸 편지라고 주장하는 위-아리스토텔레스 문헌이다. 통치술, 윤리, 생리학, 점성술, 연금술, 마법, 의학 등 백과사전적인 주제를 다루고 있으며, 12세기 중반에 라틴어로 옮겨지면서 중세 유럽에 큰 영향을 끼쳤다. 현전하는 가장 오래된 사본에도 9세기에 그리스어에서 아랍어로 옮겨졌다고 서술되어 있다. 하지만 그리스어 사본은 발견되지 않았으며, 실제로는 10세기에 아랍어로 처음 쓰인 것으로 추정된다.

외과의라는 직업의 탄생은 (경험*experientia*인) 직접적인 관찰과 (실험 *experimentum*인) 해부학적 처치를 장려하는, 신체에 대한 다른 접근을 가능케 했다. 몇몇 외과의들은 14세기부터 자신들의 실천적 이론을 문서로 작성하는 데에도 관심을 보였다. 프랑스 왕 필리프 4세의 외과의였던 앙리 드 몽드빌*은 1306~1320년 무렵에 『외과학La Chirurgie』을 썼고, [교황 클레멘스 6세 등의 주치의로 활동했던] 기 드 숄리아크는 1363년에 『외과학 대전Chirurgia Magna』을 썼다.[50]

앙리 드 몽드빌은 자신의 생각을 일련의 은유로 표현했는데, 마리크리스틴 푸셸은 그 체계를 훌륭히 밝혀냈다.[51] 중요한 측면 가운데 하나는 신체의 유기체적 모델을 되풀이하고 있다는 점이다. 12세기에 그것을 왕국을 묘사하는 데 적용한 존 솔즈베리만이 아니라, 몸짓의 '통제'에 관해 말하려고 뒤집어 사용한 위그 드 생빅토르에게서도 나타났던 모델이다. 앙리 드 몽드빌에게도 지체는 서로의 봉사*servitium*에 얽매인 관리*officialia*와 같고, 신체의 움직임을 지휘하는 영혼은 '머리'부터 '발'까지 자기 신민의 피라미드 조직 전체를 지배하는 왕과 같다. 그러나 왕의 외과의이던 그는 동심원적인 새로운 모델도 퍼뜨린다. 그에 따르면 영혼은 중심, 곧 심장에서 지휘할 수도 있고, 신체는 경계가 더 잘 정해지고 지켜지는 닫힌 왕국의 모습이 된다.

이러한 원 모양 이미지의 성공과, 같은 시기에 에지디오 로마노가 표현한 이성과 본성의 변증법 사이에 관련은 없을까? 자기 폐쇄적이고, 영혼이 심장의 중앙 '권좌'에서 지휘하는 신체의 이미지는 이성의 지배를 벗어난 신체의 모든 '탈주'를 통제하려는 유례없는 시도에서 비롯된 것처럼 보인다. 이는 본성에서 비롯된, 상황에 걸맞지 않은 움직

---

* 앙리 드 몽드빌(1260?~1320)은 해부학과 수술에 많은 큰 영향을 끼친 프랑스 외과 의사로, 1315년 몽펠리에 대학교에서 처음으로 인체 해부를 실시했고, 그의 노력은 1340년부터 프랑스에서 인체 해부를 합법화하는 데 중요한 역할을 했다.

임의 위험에 대한 응답이다. 이러한 목적을 위해 원형의 닫힌 이미지는 피라미드의 위계적 이미지보다 더 나은 보장을 제공한다. 그런데 그런 이미지는 이해할 수 없고 '미친' 것일지라도, 모든 움직임이 각 존재의 가장 깊은 곳에 뿌리를 두고 있다는 것을 원칙적으로 받아들이게 한다. 그 뒤로는 미치광이가 신체 바깥의 어떤 초월적인 힘이 아니라, 그들의 '본성'의 불순함으로만 움직여진다고 인식하게 되었다.

이제 왕의 사법기관이 모든 범죄를 심리하는 것과 마찬가지로, 신체 '본성'의 예측할 수 없는 충동도 이성에 복종해야 한다. 외과학도 '군주의 귀감'이기 때문이다. 앙리 드 몽드빌은 에지디오 로마노와 같은 시대 사람이고, 둘 다 똑같이 필리프 4세를 위해 글을 썼다. 그들의 통치자가 중앙집권적인 제도와 국가 이성을 지닌 근대적 군주제의 기반을 마련한 바로 그때, 출발점은 서로 달랐으나 신체 지체의 통제는 그들에게 '좋은 통치'의 은유였다.

인간 기계론

이러한 모든 변화는 신체와 그것의 작용에 관한 다른 이해에 바탕을 두고 있었다. 12세기부터 '신체 기계machina corporea'라는 오랜 관념이 소우주와 대우주에 관한 사변의 중요한 주제가 되었다.[52] 13세기 이후 아리스토텔레스의 자연학에 관한 지식이 확산되고, 이븐 시나의 작품이 아랍어에서 라틴어로 번역되면서 인간 신체의 역학에 관해 더 깊이 파고들 수 있게 되었다. 알베르투스 마그누스는 '신체 발동기'의 작용을 연구한다. '심장'이 근육에 명령하여 팔다리를 당기거나 어느 한 방향으로 움직이도록 그것의 긴장을 완화한다. 아니면 움직이지 않고 똑바로 서 있도록 같은 팔다리에 두 개의 반대 방향으로 균등한 힘을 가한다.[53] 1306~1320년 무렵에 앙리 드 몽드빌의 은유는 앞으로 더 나아간다. 팔다리만이 아니라, (살·신경·근육·인대처럼) 물렁물렁하거나 (뼈처럼) 단단한 그것의 생리적 구성 요소는 움직임을 지휘하는 영혼의 '유기적 도구organica instrumenta'이다.[54] 그 형태에 따라 뼈는 (나사송곳·집게·갈퀴·바늘 손잡이와 같은) 공구나 기계 부품에, 인대는 밧줄에, 관절은 지레·도르래·바퀴에 비유된다. 이렇게 신체의 움직임은 기계적인 문제로 제한된다. 그것은 더해지거나 대조되는 힘, 끌어당기는 힘이나 지렛대 효과의 산물이다. 이러한 은유는 결코 새로운 것이 아니었다. 갈레노스도 이미 사용했다. 그러나 그것의 체계적인 사용은 13세기와 14세기의 전환기에 나타난, 그때까지는 볼 수 없던 현상이었다. 도시 작업장의 관계자인 외과의는 경제적·이데올로기적 중요성이 끊임없이 강조되던 '기예'의 하나를 구현한다고 의식하고 있었다. 앙리 드 몽드빌은 외과의의 실제 경험과 의학자의 이론적 과학을 동시에 주장하며, 자신을 건축가이기도 한 석공에 즐겨 비유하곤 했다.

이런 비유에 어찌 놀랄 수 있을까. 앙리 드 몽드빌이 글을 쓴 것은 대성당의 한없이 오래 지속되는 건설 현장에서 기술자의 전문적 위업과 과학자의 측량이 결합한 지 한 세기도 더 지나서의 일이었다. 게다가 이 돌로 된 귀부인들은 [독일 출신의 20세기 미술사학자인] 에르빈 파노프스키가 그 엄격한 구조를 스콜라주의 전서全書의 체계에 비유했던 몸체를 가지고 있었다.[55]

외과의 앙리 드 몽드빌과 반세기 전의 건축가 빌라르 드 오네쿠르*

---

* 빌라르 드 오네쿠르는 프랑스 북부 피카르디 출신의 13세기 예술가이다. 다양한 주제의 그림과 디자인이 포함된 스케치북으로만 알려져 있다. 1225~1235년 무렵에 그려진 그의 스케치북은 19세기 중반에 발견되었으며, 현재 파리의 프랑스 국립박물관에 소장되어 있다(MS Fr 19093). 대략 23.5×15.5cm 크기의 양피지 33장으로 이루어진 이 스케치북은 완전하지 않아 원래의 모습은 확인되지 않는다. 그리고 그림과 설명의 방향이 일관되지 않은 것으로 볼 때, 처음부터 책 형태로 함께 묶여 있던 것이 아니라 나중에 임의로 묶인 것으로 추정된다. 250점 가량의 그림에는 건축 디자인, 다양한 인간과 동물, 교회의 물품, 기계 장치 등이 설명과 함께 표현되어 있다.

[그림 27] **신체의 기하학적 구조** (빌라르 드 오네쿠르의 스케치북, 13세기)
조각가의 기술은 인간의 '신체 기계'에 대한 전문적 재평가에 한몫한다.

사이에는 몇 가지 공통점이 있었다. 빌라르는 유럽의 대성당들을 돌아보는 여행에 가지고 다니던 스케치북에 랑의 탑을 그렸고, 모의 생테티엔 대성당 후진 평면도와 시토회 교회 평면도, 랭스 대성당의 내·외부 입면도와 측면 벽과 반아치형 걸침벽의 단면도를 그렸다. 건축가의 이 스케치북에는 '생생히 모방된' 인간과 동물 조각상에 대한 소묘도 섞여 있다. 그것은 (예컨대 열두 사도를 구별하는) 움직임과 태도의 다양성, 의복의 주름, 나아가 형상의 기초가 되는 기하학적 구조에 대한 예술가의 관심을 증언한다. 이에 대해서는 그가 스스로 상세히 밝히고 있다. "여기서부터 기하학 기술로 간편히 작업하는 초상화 기법들이다." 기하학적 형상은 모델을 쉽게 재현할 수 있게 해준다. 예컨대 인간의 신체는 큰 어려움 없이 별 모양이나 원형, 사각형, 포개어 얹은 두 개의 뒤집힌 이등변 삼각형에 넣을 수 있다. 위 삼각형의 밑변이 어깨의 너비를 결정하고, 두 꼭지점의 접점이 날씬한 허리에 해당한다.[56] **그림 27** 길쭉한 윤곽, 어깨의 넓음, 허리의 날씬함과 (비틀기를 비롯한) 운동성, 세심히 연구된 몸짓에서 고딕풍 조각상의 모든 특징이 발견된다.

[그림 28] 인간 기계 (파리 성서, 13세기)

기계의 작동은 인체의 움직임에 대해 생각하는 데 도움이 된다. 사울의 시신은 야베스 길앗 사람들에 의해 벳 산 성벽 위의 공성 기계에 매달린 후 내려진다. 둘 다 지레의 한쪽을 당기고 다른 쪽은 눌러야 한다. (사무엘상 31:10-12)

끝으로 빌라르 드 오네쿠르는 거듭해서 기계를 설계한다. 작업장에서 사용하기 위한 나사와 지레로 된 기중기, 조준을 개선한 쇠뇌, 수력으로 작동하는 기계식 톱, 물속의 말뚝을 자르는 기계, 작가가 매우 세심하게 주의를 기울여 제조하고 사용해야 한다고 밝힌 저울 모양의 발사기, 기울어진 집을 바로 세우기 위한 받침대, 커다란 책 받침대를 위한 기계 천사와 움직이는 독수리 등이다.

피어폰트 모건 도서관에 소장된 (13세기의) 『파리 성서Bible parisienne』에 실린 3점의 세밀화는 동일한 증언을 제공한다. 그것들은 새롭게 발명된 기계에서처럼 일하는 신체에서도 힘이 똑같이 작용한다는 생각이 얼마나 중요한 관심사가 되었는지를 보여준다.[57]

구약성서의 전투 장면을 나타낸 이 세밀화들은 인간이 작동시키는 공성 기계를 묘사한다. 저마다 거대한 기구가 테두리를 벗어나 여백으로 삐져나온다. 두 점의 세밀화에서는 발사 장치의 힘을 키우려고 병사가 투석기에 매달려 있다. **도판 11** 공성 기계에 매달린 사울의 목 잘린 시신을 묘사한 세밀화에서 예술가는 지레를 올렸다가 내리는 데 필요한 물리적인 힘의 작용을 표현한다. 시신을 들어 올리려고 세 명의 병사가 온 힘을 다해 잡아당기고, 네 번째 병사는 창끝으로 투석기 막대의 앞쪽을 밀고 있다. 반대로 사울의 시신을 내리려고 투석기 막대를 낮출 때는 병사 하나가 온몸의 무게로 힘주어 누르고, 병사 하나는 지렛대 받침 부위를 창으로 밀고 있다. **그림 28** 어떤 경우든 시소와 같은 지렛대의 움직임은 한쪽에서는 당기고 한쪽에서는 미는 사람들의 이중의 추진력으로 작동된다. 하지만 그것들이 있어야 하는 장소와 힘, 방향, 몸짓의 강세를 결정하는 것은 기계이고, 그것의 형태와 관성이다. 그것들은 기계의 작동에 종속되고, 그것의 고유한 움직임에 융합된다.

이러한 도상과 당시의 의학 작품은 몸짓에 관한 서구의 사고가 왜 기술 발전이라는 유럽 역사의 주요한 현상의 일부인지를 알려준다. 그것은 비잔티움과 이슬람의 이웃 문명에 대해 서구의 우위가 인정된, 그때까지는 볼 수 없던 발전이었다. 중세 기술사의 최고 전문가 가운데 하나인 [20세기 미국의 역사학자] 린 화이트에 따르면 기술 혁신에 대한 중세 서구 기독교의 도덕적 승인과 이데올로기적 정당화는 그 자체만으로도 이러한 진보의 결정적인 요인이었다.

실제로 새로운 기술과 기독교 도덕은 몸짓의 도덕으로 귀착되는, '절제*temperantia*'의 덕에 대한 도상학적 표현의 진화 안에서 서로 만난다. 절제는 중세 후기에 '사랑*caritas*'의 자리를 빼앗고 손꼽히는 덕이 되었다. 그것은 모든 일에서 절도*modestia*를 구현하기 때문이다. 앞서 보았듯이 신체적·정신적 행동에서만이 아니라, 과학과 기술에서도 마찬가지이다. 그것의 오래된 상징인 물과 포도주가 고르게 섞이는 항아리는 그 시기의 위대한 기술 혁신을 예시하는 새로운 상징에 자리를 넘겨

주었다. 시간을 측정하는 기구인 모래시계나 특히 기계식 시계, 공간을 측정하는 데 쓰이는 걸음쇠, 지식과 농업의 진보와 관련된 새로운 기구인 안경과 풍차이다.[58] 이런 맥락에서 절제의 딸인 절도는 몸짓의 윤리에서 '신체의 기술'로, 나아가 기술적인 몸짓 자체로 옮겨가는 경향을 나타내고 있었다.

노동의 몸짓

대상을 가공하고, 소재를 변형시키는 것은 몸짓의 중요한 기능 가운데 하나이다. 이러한 몸짓은 맨손을 사용하든 손의 연장인 도구를 사용하든, 시대마다 인간이 보유한 기술 수단에 따라 역사에서 다양하게 나타난다.[59] 마찬가지로 노동에 부여된 상징적・이데올로기적 가치도 바뀐다. 처음에 중세는 고대와 성서라는 이중 유산에서 시작했다. 고대에 '일*negotium*'은 비천한 것이자 노예의 활동이었다. 성서에서 '노동-*labor*'은 원죄의 결과이자 징벌과 참회의 활동이었다. 어원학적으로도 '노동 travail'은 '참을 수 없는 고통'을 뜻하며, 오늘날에도 이 낱말은 중세에 죄의 결과로 여겨진 '출산의 고통'을 가리키는 말로도 쓰인다. 기독교 도상학이 전통적으로 아담(삽)과 이브(물렛가락)의 손에 배치한 도구는 실제로 기술적인 작업을 하기 위한 것으로는 보이지 않는다. 땅에 박힌 삽을 발로 밟는 아담의 이미지는 오랫동안 최초의 인간이 저지른 잘못을 상기시키고 참회를 예시하는 상징으로서의 구실만 했다.

이러한 부정적인 가치들은 전사와 사제라는, 일하지 않는 자들에게 지배되는 사회에 뿌리를 두고 있다. 수도사들은 자신들의 참회를 완성하고, 나태의 악마를 영혼에서 몰아내기 위해서만 일한다. 11세기에 북프랑스의 주교들에게 인기를 얻어 복원된 사회의 세 '신분'의 도식은 '기도하는 자'와 '싸우는 자'라는 상위의 두 신분을 먹여 살리는 '일하는 자'에게 세 번째 자리만 인정한다.

그러나 세 번째 자리라도 일하는 자*laboratores*를 사회의 작동에 유용한 집단으로 인정한 것은 그 자체만으로 이미 주목할 만한 사실이다. 이 '신분'이 모든 노동자가 아니라, 11~12세기에 농촌과 뒤이어 도시에서 이루어진 비약적인 경제 발전의 장본인인, 그들 가운데 가장 부유하고 역동적인 사람들만 묶어 놓은 것이기에 더욱 그렇다.[60] 그들의 이데올로기적 지위 상승은 그 시대의 매우 빠른 경제적·기술적·사회적 변화로 확보되었다. 실제로 뚜렷한 변화가 나타났다. (풍차나 보습 달린 쟁기와 같은) 새로운 기술의 발명과 보급은 인간이 도구와 기계, 나아가 자신의 신체나 노동력과 맺는 관계를 변화시켰다. 농촌보다 도시에서 더욱 육체노동의 (나아가 지적 노동의) 분업이 확대되면서 독특한 기술적 작업, 특히 장인의 특수한 몸짓에 대한 성찰이 부추겨졌다. 물질적 발전에 걸맞은 이데올로기를 사회에 제공하는 사명을 지닌 성직자들은 이런 현상과 관련해 기술적 몸짓을 관찰했으며, 일부는 전통적으로 부정적이던 상징적 가치에서 벗어나 노동에 대한 근대적인 관념을 만들어냈다.

수도원 문화에서 도구는 12세기에도 여전히 지옥의 무절제한 몸짓과 '노역'에 쓰이는 악마의 기구였다. 호노리우스 아우구스토두넨시스는 대장장이 악마에 관해 이렇게 말한다. "고뇌와 고난을 화덕으로, 유혹을 풀무로, 사형 집행인과 박해자를 망치와 집게로, 욕하는 자와 헐뜯는 자의 혀를 줄과 톱으로 삼는다."[61] 같은 시기에 떠도는 죽은 자의 무리인 헬레퀴누스 일당의 악마적인 출현에 관해 어떤 목격자는 "대장장이·판금공·목수·석공이 도끼와 망치로 두드리고, 구두장이·무두장이·직조공·축융공을 비롯한 수공 기술의 경쟁자들이 … 마치 꼭 그들의 작업장에 머물러 있는 것처럼 일하는*laborabant* 소리를 내는 무질서한 무리"를 얼핏 보았다고 말한다. 장클로드 본은 이런 문헌들을 콩크의 팀파눔과 비교하며, 로마네스크의 거대한 조각상에서 흔히 (망치·절굿공이·도르래·밧줄 등) 수공업 기구를 곁들인 (밟고, 당기고, 구부리고, 매달고, 옮기고, 박는) '실용적인' 몸짓 표현이 왜 무절제한 몸짓을 보이는지, 그것이 어떻게 지옥에 떨어진 자를 공격하고 고문하는 악마의 일을 나타내고 있는 것인지를 훌륭히 보여주었다.[62]

교회도 물질적 재화만 생산하는 노동이 영적인 공덕을 바라며 신에게 바치는 시간을 침범하지 않을까 우려했다. 기독교인은 일요일과 당시의 많은 축일들에 일하는 것이 금지되어 있었다. 노동의 시간과 기도의 시간 사이의 경계를 정하는 것은 중세에 줄곧 중요한 이데올로기적 충돌을 불러일으킨 쟁점이었다.[63] 기적 이야기, 설교, 참회 규정서, 고해 사제 지침서, 종교회의의 결정은 그에 관해 많은 이야기를 들려준다. 역설적으로 육체노동의 시간이 늘어나는 것을 제한하고, 이데올로기적 가치를 낮추려 애쓴 이런 문헌들이 간접적이나마 노동의 몸짓에 관해 가장 명확한 묘사를 전해준다고도 할 수 있을 것이다.

기베르 드 노장은 성 니카시우스의 축일에 바느질을 한 어느 가난한 아가씨가 겪은 재난에 관해 이야기했다. "그녀는 바느질하려는 것을 손에 준비하고, 이런 경우 습관인 듯이 혀와 입술 사이로 실을 펴기 시작했다. 하지만 매우 많이 엉킨 실이 뾰족한 물체처럼 혀끝을 뚫고 들어가 어떤 방법으로도 도무지 빼낼 수 없었다." 결국 젊은 아가씨의 말 없는 기도에 감동한 성모만이 빼낼 수 있게 해주었다.[64]

1188년 웨일스를 가로질러 여행하던 제럴드 웨일스는 성녀 알마*의 축일인 8월 1일에 성녀의 무덤으로 서둘러 달려온 순례자들이 했던 참

---

* 성녀 알마는 '알메다(Almedha, Almeda)'나 '엘레드(Eled)', '엘레베타(Elevetha)'라고도 불리며, 6세기 웨일스에서 청혼을 거부한 남자에게 살해되었다고 전해지는 인물이다. '알마'라는 이름은 고대에 여러 여신에게, 나중에는 성모 마리아에게 사용된 칭호인 '자비로운 어머니(alma mater)'에서 비롯된 것으로 추정된다.

회의 몸짓을 자신이 본 대로 적었다. 남자와 여자는 교회와 묘지에서 원을 그리며 춤을 추고, 도취된 상태가 되어서는 축일 동안 부당하게 했던 노동을 흉내 내려고 일어섰다. 어떤 이는 쟁기에 손을 얹은 것 같았고, 어떤 이는 채찍질을 하며 소를 모는 것 같았다. 구두장이나 목수 시늉을 하는 이도 있었다. 어떤 이는 멍에를 메고, 어떤 이는 실을 당기며 그물을 짜는 것처럼 보였다. 상상의 베틀 위에서 오른쪽 왼쪽으로 북을 던지는 이도 있었다. 마지막에 순례자들은 교회에 봉헌물을 바쳤고, 몇몇은 치유되었다.[65]

그러나 당시 노동에 대한 태도는 바뀌고 있었다. 시토회는 교회 안에서 이루어지는 수도사의 금욕적인 노고와, 곳간에 따로 얽매인 [수도원 살림에 종사하는] 보조 수도사의 생산적인 노동을 능숙하게 구별했다. 그들은 성 베네딕투스가 처음에 수도원에서 계율로 규정했던 육체노동에 대한 존중을 본래의 의미로 복원했다. 그들은 성서를 다시 읽으며 육체노동을 신성화할 수 있는 근거를 찾아냈다.

신을 향해 내민 손에 관한 성서의 수많은 언급에서 그들은 자신의 노고를 신에게 바치는 노동하는 이들의 손을 보았다. "예언자 예레미야가 '손과 함께 우리의 마음도 하늘에 계신 신께 들어 올리세'(애가 3:41)라고 말했다. 기도하고 일하는 자는 손과 함께 신에게 마음을 들어 올린다. 기도하고 일하지 않는 자는 신에게 마음은 들어 올리지만, 손은 들어 올리지 않는다. 기도하지 않고 일하는 자는 신에게 손은 들어 올리지만, 마음은 들어 올리지 않는다. 그러므로 사랑하는 자매여, 우리는 기도할 때 신에게 마음을 들어 올려야 하고, 마찬가지로 '일할 때*in operatione*' 신에게 손을 들어 올려야 한다. 왜 그럴까? 기도하는 것만이 아니라, 일하는 것으로도 구원을 얻어야 하는 우리의 의무를 소홀히 하지 않기 위해서이다." 아울러 이 이름이 전해지지 않는 시토회 수도사는 정화를 가져다주는 기도, 깨우침을 주는 성서 공부*lectio*, 그리고 악마의 유혹이 파고드는 나태함을 물리치고 영적인 지복을 보장하는 노동으로 자신의 시간을 나누어야 한다고 그의 '자매'에게 설명한다.[66]

그러나 노동에 이데올로기적인 정당성을 부여하는 것은 무엇보다 도시의 일이었다. 그곳에서는 12세기 전반부터 위그 드 생빅토르가 『교육론』에서 '기예artes mechanicae'를 기독교 문화의 다른 '학예'의 지위로 승격시키며, 이데올로기적으로 충분한 인정을 주고 있었다. 뒤에서 다시 살펴보겠지만, 12세기 말에 피에르 르 샹트르는 '기도하는 자'와 '장인' 사이에 매우 새로운 동등한 관계를 세웠다. 세기의 전환기에 고해사제 지침서의 사례윤리학은 (고리대금업자, 광대, 매춘부와 같은) 도시 현장의 가장 큰 골칫거리를 비롯한 모든 활동을 정당화하는 데 전념했다. 조금 뒤에 설교는 사회의 다양한 신분을 향해 ad status 그들의 생업을 두둔하며 이데올로기적인 인정을 주었다. 자크 드 비트리는 "농민, 포도 따는 사람, 그 밖의 노동자"에게 설교하며 이렇게 단언했다. 자신의 손으로 일하며 그들의 아내와 딸을 먹여 살리는 가난한 농민은 "수도원의 수도사나 교회의 성직자보다 더 위대한 노고를 한다." 참회의 정신으로 일하면 그들은 물질적인 이득에 영원한 생명을 더하게 될 것이다.[67] 이런 맥락에서 그 뒤로는 기술적인 몸짓과 그것의 형태, 효과가 관심의 대상이 되었고, 문헌에 묘사되었으며, 이미지로 표현되었다.

이러한 변화의 초기 신호 가운데 하나는 12세기에 예술가가 자신의 고유한 작업에 남긴 흔적이 늘어난다는 것이다. 처음으로 몇몇 사람이 자신의 작품에 주문자의 이름이나 어쩌면 자기 이름까지 남겼다. "기슬레베르두스 이를 만들다 Gislebertus hoc fecit"(오툉), "움베르투스 나를 만들다 Umbertus me fecit"(플뢰리쉬르루아르), "기랄두스 이 문을 만들다 Giraldus fecit has portas"(부르주), "길라베르투스 나를 만들다 Gilabertus me fecit"(툴루즈의 생테티엔 교회). 이러한 명문은 진정한 '서명'이 아니다. 게다가 작품들은 신의 시선 아래에 놓여 말하고 있으며, 익명을 벗어날 만큼 충분히 무모해진 조각가를 위해 신의 자비를 간청한다.

다른 필경사와 예술가들은 작품에서 자신의 기술적 활동의 다양한 양상을 보여준다. 확실히 작업 중인 필경사를 형상화하는 것은 새로운 기법이 아니다. 이는 성령이 전하는 말씀을 받아적는 복음사가나 교황 그레고리우스 1세의 전통적인 도상을 떠올리는 것으로도 충분히 확인된다. 그러나 이런 도상에서 중요하게 여겨지는 것은 기술적인 활동이 아니다. (카롤루스 왕조 시대의 『에보 복음서』에서 보았듯이) 필경사를 사로잡은 듯한 말씀을 재현하는 것이다.

하지만 12세기부터는 필사본에서 매우 다른 이미지를 만나게 된다. 복음사가는 열심히 글을 쓰고, 루카는 모델인 성모를 그리기 위해 작업대 앞에 앉아 있다. 어떤 세밀화에는 양피지, 줄긋기, 면 구성, 서체, 채색 장식의 모든 준비 작업을 수행하는 익명의 필경사가 등장한다. 거기에는 (상판이 비스듬한 책상, 자, 펜, 잉크병, 의자와 같은) 필요한 기구의 각각의 형태, 펜을 쥐고 글씨를 쓰는 손의 정확한 위치가 충실히 재현되어 있다. 이런 이미지는 일찍부터 전문화되고 대우받는 노동을 강조하는 데 관심을 지닌 필경사와 화가의 거울 역할을 했다. 12세기부터 필경사는 자신이 그린 대형 머리글자 장식에 이름을 쓰고 있는 모습을 표현할 수 있게 되었다. 14세기 말에 이러한 세밀화는 대부분 그것을 표현한 예술가의 자화상이었다.[68]

실제의 기술적 작업과 관련된 이러한 표현의 정확성은 독일의 수도사 테오필루스 프레스뷔테르*가 1122~1123년 무렵에 회화·유

---

* 테오필루스 프레스뷔테르는 12세기 독일의 베네딕투스회 수도사로 중세의 다양한 기술을 자세히 다룬 라틴어 문헌인 『다양한 기술에 관하여De diversis artibus』를 썼다. '다양한 기술의 일람(Schedula diversarum artium)'이라고도 불리는 이 문헌은 1100년에서 1120년 사이에 처음 편찬된 것으로 추정된다. 세 권으로 이루어져 있으며, 제1권은 안료 제조 방법에서 시작해 벽화와 필사본 삽화 등 회화의 이론에 관해, 제2권은 유리화를 만드는 방법에 관해, 3권은 금속 세공과 오르간 제작에 관해 설명한다.

리·금속 기술에 관해 쓴 유명한 문헌 덕분에 여러 사례에서 검증되었다.[69] 작가는 전제되는 명확한 몸짓을 묘사하는 것보다는 진짜로 사용하는 재료나 (색소를 빻고, 으깨고, 갈고, 깎고, 두드리고, 끼우고, 붙이고, 다듬는 등의) 기술적인 작업을 열거하는 데 더 관심을 기울인다. 실제로 젊은 장인은 그런 설명을 읽어도 아무런 이득도 얻지 못한다. 그는 스승을 끈기 있게 관찰하고, 귀 기울이고, 그런 식으로 조금씩 손에 익혀야 한다.[70] 따라서 테오필루스는 오히려 도제가 자기 것으로 해야 할 솜씨, 정성, 정확성의 자질을 상기시킨다. 그러나 그는 작업하는 예술가의 일반적인 자세에 관해 말하기도 한다. 예컨대 대장장이는 의자를 충분한 높이로 올리고 무릎을 덮어야 한다. 테오필루스는 전문가의 몇몇 '기교'에 관해 자세히 다루며 특징적인 몸짓을 묘사한다. 붉게 달궈진 쇠로 유리가 절단되지 않으면 손가락 끝으로 공구가 작용되는 곳에 침을 조금 바른다. 그러면 유리가 곧 갈라진다.[71]

노동의 몸짓에 관해 가장 명확히 서술한 문헌이 생겨난 곳도 마찬가지로 수도원이 아니라, 도시의 학교와 대학이었다. 12세기에 파리의 학풍에 친숙했던 잉글랜드의 알렉산더 네캄*은 집, 성, 농가, 다양한 유형의 장인의 가게, 필경사의 작업장 등에 저마다 존재하는 '도구 명칭'의 목록을 (몇몇 필사본에서는 프랑스어 주석과 함께 라틴어로) 작성했다. 그의 목적은 원래 사전을 편찬하는 데 있었다. 하지만 그 기획은 자신의 눈앞에서 변화하는 사회의 물질 문화와 기술의 다양성에 대한 지식인의 호기심도 표현한다. 그는 많은 경우에서 도구만이 아니라, 그것의 사용 방법까지 묘사한다. 예컨대 그는 한 손으로 베틀의 북을 던지고

---

* 알렉산더 네캄(1157~1217)은 영국의 신학자로, 자연과학과 논리학을 신학 연구에 적용하여 『사물의 본성De naturis rerum』, 『숙고의 거울Speculum speculationum』 등의 저술을 남겼다. 『사물의 본성』과 1190년 무렵에 선원에 대한 지침으로 쓴 『유용한 것들De utensilibus』에서는 유럽에서 최초로 나침반에 대한 기록을 남기기도 했다.

다른 손으로 다시 잡는 방직공의 몸짓이나, 왼손으로 화덕에서 불길이 치솟게 하는 풀무를 조작하면서 오른손으로 가공하는 금은 세공사의 몸짓에서 오래 멈칫거린다.[72]

13세기에 존 갈런드는 그의 [라틴어 어휘집]『딕티오나리우스Dictionarius』에서 신체 외부의 부위들을 아래에서 위로, 밖에서 안으로 열거하는 것으로 시작한 뒤에 몸을 가리는 의복, 그 옷을 만드는 데 필요한 일들을 열거한다. 마침내 그 목록은 '생라자르 문'이나 '노트르담 광장의 새로운 장소'에 있는 이들, 아니면 '내 이웃 기욤'이나 그가 툴루즈에서 '보았던' 이들처럼, 작가가 매우 잘 아는 파리의 장인과 상인의 모든 직업을 망라하기에 이른다. 특히 그는 빗질을 하고, 실을 타래에 감고, 직물을 짜는 양모 노동의 공정들에 큰 관심을 보인다.[73]

다달의 노동

노동의 몸짓을 향한 새로운 관심은 도시에서 전원으로도 옮겨졌다. 9세기 필사본의 도상에 '다달의 노동'이라는 주제가 나타났다. 이것은 12~13세기에 로마네스크·고딕 양식 교회의 조각상과 전례용 시편의 달력 삽화로도 확산되었다. 농촌 경제의 물질적 발전과 육체노동에 대한 태도의 변화로 등장한 이러한 달력 삽화는 시간에 관한 관념에서 진정한 단절을 뜻한다. 이제 노동이 한 해의 분할을 표시하는 구실을 하게 된 것이다.

이 시기 프랑스와 이탈리아의 달력을 연구한 [20세기 프랑스의 역사학자] 페린 만은 그 이미지들이 (실을 잣거나 천을 짜는 일처럼) 상대적으로 여성에게 맡겨진 가공 노동보다는 주로 남성이 맡던 생산 노동인 (밭을 갈고, 씨를 뿌리고, 쇠스랑으로 흙을 고르고, 수확하고, 타작하는) 곡물 재배나 포도 재배, 돼지 사육과 관련된 노동에 특별한 관심을 나타내고 있다는 사실을 찾아냈다.⁷⁴⁾ 몸짓과 그것의 표현이 어떻게 성의 차이와 사회적 위계를 강조하는 구실을 하는지 다시 한번 확인하게 된다.

나아가 페린 만은 달력을 풍부히 종합한 연구로 노동의 각 단계에 나타난 정적인 이미지를 이어 붙여서 통일된 연속 화면, 곧 각각의 기술적인 몸짓의 완전한 움직임을 재현할 수 있었다. 예컨대 풀 베는 사람의 몸짓이 담긴 '영화'를 관람해 보자. "농민은 어깨에 낫을 올리고, 손에 숫돌을 들고 그의 목초지로 간다. 노동이 시작된다. 그는 한쪽 발을 구부리고, 다른 한쪽 발은 뒤로 뺃고, 낫을 던져 쑤셔 넣는다. 그런 뒤에 강한 힘의 움직임으로 몸을 뻗고, 두 손으로 도구를 다시 가져온다. 이따금 땅에 날을 세우고, 낫자루에 기대어 멈추어 쉰다. 날을 갈기 위해 두 발 사이에 낫자루를 고정시키고, 왼손으로 붙잡은 낫날을 오른손의 숫돌로 간다."⁷⁵⁾

농업 노동의 이미지는 다른 맥락에서도 나타난다. (1111년 무렵에 제작된) 교황 그레고리우스 1세의 『욥기 주해』의 시토회 필사본에 수록된 머리글자 장식의 인물화가 유명하다. 나무를 베고, 줄기를 쪼개고, 곡물을 낫으로 수확하고 타작하는 수도사와 보조 수도사를 비롯한 노동하는 이의 신체와, (나무줄기, 곡물 다발, 타작하는 이의 도리깨와 같은) 노동 대상과 도구가 알파벳 'I', 'Q', 'S'의 형태를 이루고 있다.⁷⁶⁾ **도판 12**

타작하는 사람의 내뻗은 신체의 사례를 살펴보자. 펼쳐진 도리깨로 이어진 그의 몸은 비틀려 뒤집혀 있다. 그런데 이것이 정말로 곡물을 타작하는 사람의 '진짜' 몸짓일까? 'S'의 세로획을 완성하는 신체와 도구는 거의 갈고리 모양으로 구부러진 발까지도 글자의 모양을 만드는 것으로만 존재한다. **그림 29** 이 비틀린 신체는 기술의 강제가 아니라 글자, 곧 말씀에 복종하고 있다. 신체의 비틀림은 노동labor의 징벌과 속죄의 가치를 구현한다. 그러나 농민의 노동보다는 수도사의 노동, 그것도 들판의 힘겨운 노동에서 자신의 징벌의 은유를 찾아낸 '양피지 경작인'

인 필경사나 장식사의 노동일 것이다.[77] 나아가 이것이 타작하는 사람의 이미지가 '거룩하다Sancti'라는 단어의 머리글자로 선택된 이유 가운데 하나일 것이다. 신체 징벌의 유용성은 영혼의 구원을 돕는 데 있다.

한 세기가 지난 뒤에 제작된 피어폰트 모건 도서관의 『파리 성서』 세밀화는 매우 다르다.[78] 여기에서 아담과 이브는 '진짜로' 길쌈을 하고 밭을 간다. 그러는 동안 그들의 두 아들인 카인과 아벨은 집의 화덕에 쓸 작은 땔감을 모은다. 다른 이미지에서 노아는 방주를 만드는 데 필요한 널빤지를 더 힘 있고 나은 자세로 쪼갤 수 있게 하려고 작업대를 발로 누르고 있다. 바벨탑의 석공들은 돌의 무게에 시달리며, 건물 꼭대기로 올리려고 밧줄과 도르래를 조작한다. 돌을 깎는 사람들은 끌을 정밀하게 사용한다. 들판에서는 수확하는 사람들이 바삐 움직인다. 그들은 낫으로 다발을 자르고, 두드리고, 까부르고, 고르고, 커다란 짚 더미를 조심스럽게 들어 올린다. 그들이 지나간 뒤에 여자와 아이들은 들판에 떨어진 이삭을 줍는다. **도판 13**

이 필사본에 나오는 곡물 타작하는 사람과 한 세기 전 시토회 필사본의 그것을 비교해 보자.[79] 그들은 이제 지면의 여백에서 떠돌지 않고, 땅 위에 단단히 서 있다. 그들은 혼자서가 아니라, 둘이 박자를 맞추어 내리친다. 정적인 이미지는 이렇게 신체와 도리깨의 실제 움직임의 역동성과 리듬을 재현한다. 도리깨는 신체의 선을 연장하지 않는다. 땅에

[그림 29] 타작하는 사람 (욥기 주해, 1111년 무렵)
노동의 표현은 문자의 형태, 상징적 가치와 분리되지 않는다.

[그림 30] **타작하는 사람** (파리 성서, 13세기)

닿는 자루가 분명히 표현되거나, 팔이 머리 위에 멈추어 있을 때는 타작하는 사람의 등 뒤에서 자신의 움직임을 이어간다. 신체는 노동*labor*과 관련된 속죄와 종말의 상징적 가치를 구현하기 위해 비틀지지 않는다. 작업에 방해되지 않도록 옷은 걷어붙이고, 근육은 튀어나오고, 번갈아 상체를 숙이고 세운다. 노동이 탄생한 것이다. **그림 30**

육체노동의 정당화, 그것의 생산적 가치의 인정, 그리고 [20세기 영국의 중세 미술사 연구자인] 마이클 카밀이 보여주었듯이[80] 그것의 사회적 상태의 반영이라는 훨씬 폭넓은 흐름을 공유하는 기독교 도상학은 이렇게 13세기에 기술, 도구와 그것의 사용법, 노동하는 신체의 작업과 특징적인 몸짓을 명확하고 실증적으로 형상화하기에 이르렀다.

7
몸짓의 언어

12세기부터 몸짓*gestus*의 합리화는 윤리만이 아니라, 꽤 오래전부터 몸짓 표현에 할당되어왔던 모든 의사소통 기능과도 연관되었다. 거기에는 도시학교의 교육과 대학의 스콜라주의 프로그램에서 수사학이 부흥한 것이 큰 영향을 끼쳤다. 더 넓게는 (정통적이거나 이단적인) 종교, (시장의) 상업, (의회의) 정치, (광대의) 연희에서 훨씬 다양한 형태로 '새로운 말들'이 등장했고,[1] 이것들은 언제나 특수한 몸짓과 분리될 수 없었다. 이런 매우 중대한 사회적·이데올로기적 변화는 몸짓이 지니는 의사소통 기능의 문제를 그때까지 볼 수 없던 새로운 방식으로 제기했다. 상황은 몸짓이 그 자체만으로 '언어'를 이룬다고 주장하는지, 아니면 말에 곁들여지는 것이라고 주장하는지 둘로 구분되어 나타났다.

손가락셈과 수도원의 신호

16세기부터 오늘날까지 수화는 몸짓을 '언어'로 바라보는 모든 성찰에 본보기가 되어 주었다. 하지만 중세에는 그렇지 않았다. 물론 성인전을 비롯한 수많은 문헌이 청각·언어 장애인이 그들끼리 소통하거나 다른 이에게 자신을 이해시키려고 '신호*signa, nutus*'를 사용했다고 증언한다. 이런 신호는 드물게 묘사된다. 몽도르의 거룩한 수도원장 테오도리쿠스(533년 사망)의 무덤에서 일어난 기적에 관해 9세기에 편찬된 총람에는 다른 순례자들이 보낸 '신호를 해독하는 데 능숙한' 청각 장애인이 등장한다. 순례자들은 그가 그곳에서 치유를 구하게 하려고, 이미 얼마나 많은 병자가 치유되었는지 손가락으로 세어 알려 주었다.[2]

13세기에는 다른 모든 기독교인과 마찬가지로 청각·언어 장애인에게도 해마다 고해를 하는 것이 의무로 되었다. 토마스 아퀴나스는 『신학 대전Summa theologica』에서, 라이문도 데 페냐포르트는 『고해 대전 Summa de casibus poenitentiae』에서 "신호와 그들이 할 수 있는 다른 방법으로" 고해를 하라고 그들에게 권고한다.[3] 그 신호가 어떤 것이었는지는 알 수 없지만, 18세기 말 이후의 상황처럼 특수한 교육의 대상이 되는 일관되고 고정된 체계를 이루고 있지 않았던 것만큼은 분명하다.

이런 몇몇 증거들 가운데에서도 수도원에서 쓰이던 신호 체계는 매우 특별하다. 7세기부터 가경자 베다와 위-이시도루스[*]는 변동 축일 산정에 사용되던 두 가지 복잡한 손가락셈의 체계에 관해 언급했다. 부활절 날짜를 산정하는 데 도움이 되는 것이었다. 하나는 한 해의 달과 태양의 주기와 관련된 양손의 28개 손가락 마디에 바탕을 두고 있었다. 다른 하나는 손가락을 구부린 뒤에 (가슴, 배꼽, 넓적다리뼈, 성기와 같은) 신체의 다른 부위와 배합해 1부터 1백만까지 셀 수 있게 해주었다.

---

* 위-이시도루스(Pseudo-Isidorus)는 카롤루스 왕조 시대에 주요 문서를 다양한 가명으로 위조해 제작한 인물들을 통틀어 부르는 이름이다. 90건 이상의 위조된 교황 칙령이 수록된 『가짜 교령집』을 펴낸 이시도루스 메르카토르(Isidorus Mercator)나, 카롤루스 대제와 루도비쿠스 1세가 제정한 법으로 위조한 세속 법전을 펴낸 베네딕투스 레비타(Benedictus Levita)가 대표적이다. 문서들은 대부분 주교에게 면책특권을 부여하고, 그들의 법적 관할권과 교구에서의 자치권을 확대하고, 교회 재산의 완결성을 보호하기 위한 목적에서 제작되었다.

그러나 (지중해 유역 전체에 널리 알려져 있었으며, 원래는 점술 기법과 관련된) 이러한 계산 체계는 수판이 보급되면서 쇠퇴했다.[4]

물론 기초적인 숫자의 평범한 표현은 이런 매우 알기 어려운 방법들과 구분된다. 이를 위해서는 중세에도 지금처럼 한 손이나 두 손의 손가락을 하나 이상 들어 올리는 것만으로도 충분했다. 예컨대 필사본 여백에서는 손끝으로 논증이 이어지는 지점을 가리키는 작은 손 표시를 드물지 않게 발견할 수 있다. 1470년 무렵에 얕은 돋을새김으로 표현된 십계명은 글자를 모르는 대중을 위해서인지 숫자로 나타내지 않고, 열 손가락을 차례로 들어 올리는 것으로 번호를 표시했다.[5]

중세 중기까지 손으로 하는 계산 체계를 언급했던 교회 작가들은 이러한 신호의 상징적인 가치를 강조하는 데에도 주의를 기울였다. 손가락 이름의 상징성은 이시도루스 이후 잘 확립되었다. 가운뎃손가락 impudicus은 어떤 불신을 불러일으켰고, 권력의 관념은 오히려 엄지손가락과 연결되어 있었다. 하지만 때때로 상징은 뒤집히기도 했다. 13세기에 설교가 에티엔 드 부르봉*은 '악마의 손'을 묘사했는데, 엄지손가락은 '가장 큰 죄'인 '본성을 거스르는 죄'를 상징했다.[6]

손가락을 사용한 몸짓, 그것이 나타내는 숫자의 가치, 그것에 부여된 상징적 의미 사이에는 일종의 상응 관계가 존재한다. 배우자를 상징하는 숫자 30을 위해서는 집게손가락 끝이 엄지손가락 끝에 '부드러운 입맞춤을 하러' 온다. 홀아비·홀어미를 상징하는 60을 위해서는 '지나

---

* 에티엔 드 부르봉(1180~1261)은 프랑스의 도미니쿠스회 설교가로, 최초의 종교 재판관 가운데 하나이기도 하다. 1250년부터 설교가들을 위해 "주어진 주제에 대한 설교를 구성할 수 있는 권위, 논증 및 모범을 제시하는 형제들을 위한 지침서"인 『설교할 수 있는 다양한 자료에 대한 논고Tractatus de diversis materiis praedicabilibus』를 썼다. 13세기의 가장 방대한 교훈예화집인 이 작품은 '성령의 일곱 가지 선물에 관하여(De septem donis Spiritus Sancti)'라고도 불리는데, 이 일곱 가지 선물의 도식을 중심으로 구성되어 있기 때문이다. 하지만 죽기 전까지 다섯째 선물에만 도달해 미완성 상태로 남았다.

간 쾌락의 기억을 금욕이 억누르는' 것처럼 집게손가락이 엄지손가락 위로 구부러진다. 처녀를 상징하는 100을 위해서는 오른손과 왼손의 손가락으로 '처녀의 화관'을 만든다. 하지만 이 모든 것은 아마도 제한된 용도로만 쓰였을 것이다.

더 중요한 것은 (식당이나 숙소, 전례의 시간처럼) 침묵이 강제된 어떤 장소나 하루의 어떤 순간에 수도사들이 수도원 규칙을 존중하면서도 서로 소통할 수 있게 해주었던, 신호를 이용한 언어 활동이다.[7] 침묵을 지킬 필요성은 가장 오래된 수도원 계율에서도 이미 강조되었으나, 11세기 클뤼니 이전까지 이런 신호 체계는 언급되지 않았다. 클뤼니에는 10세기 중엽부터 이런 신호의 목록이 존재했을 수도 있으나, 보존된 가장 오랜 목록은 1075년 무렵의 것이다. 12세기에는 클뤼니 수도회만이 아니라 시토회, 생빅토르회, 그랑몽회에서도 목록이 확산되고, 길어지고, 주제별로 정리되었다.[8]

클뤼니 수도회의 최초 목록에는 118개의 신호가 담겨 있다. 그리고 그것은 359개가 소개된 빌헬름 폰 히르사우(1091년 사망)의 목록으로 이어지고 완성된다. 신호는 대개 (음식, 의복, 전례 용품과 같은) 사물이나 (천사에서 수련자 교사에 이르는) 인물을 가리키며, (말하고, 침묵하고, 모르고, 입고, 부정하고, 보고, 씻는 것과 같은) 행위를 가리키는 것도 있다. 심지어 (선·미·악과 같은) 추상적인 관념을 나타내기도 한다. 대체로 신호는 모방적이다. 물고기를 나타내기 위해 손을 구불거리며 그 동물의 꼬리를 흉내 낸다. 추상적인 개념을 나타내기 위해 신호는 예외적으로 구체적인 지시 대상을 잃는다. 선을 나타내기 위해 엄지손가락과 그 옆의 두 손가락을 턱에 가볍게 대고 문지르는 식이다. 그러나 악을 나타내기 위해 신호는 다시 모방적으로 된다. 수도사는 먹이를 움켜쥔 독수리의 발톱을 흉내 내듯이 손가락을 얼굴 위에 얹는다.

여러 신호의 조합은 몸짓의 '문장'을 만들지 못하고, 뜻을 명확히 할 뿐이다. 예컨대 수도사는 물에 익힌 빵을 가리키기 위해 빵을 나타내는 신호를 한 뒤에 물을 붓는 신호를 한다. 둥근 빵을 가리키기 위해서는 반대로 빵을 나타내는 신호에 손바닥 한가운데의 십자 신호를 덧붙인다. "그 빵은 그렇게 나누어지기 때문이다." 비슷한 방식으로 온갖 종류의 물고기나 수도원의 여러 전례를 구분할 수 있었다.

수도원 신호의 사용과 그것이 제기하는 표현과 이해의 문제는 규범적이거나 서사적인 문헌에서 이따금 확인된다. 공부하는 동안과 숙소, 특히 식당에서의 침묵의 규칙을 강조한 1152년의 시토회 규정은 "자신의 신호를 알 수 있게 응답하지 못한" 수도사나 보조 수도사가 그 자리에서 '물', '빵', '포도주' 같은 간단한 단어를 되도록 '짧고', '조용히' 사용하는 것을 예외적으로 허용한다.[9] 따라서 목록에 적힌 신호가 왜 완전한 언어를 제공하려 하지 않았는지를 알 수 있다. 그것의 유일한 기능은 의무적인 침묵의 시간에 고립된 단어에 해당하는 것을 제공하는 데 있었다. 나머지 시간에 수도사들은 더 평범한 방식으로 자기 생각을 나타낼 수 있었다.

그렇지만 몇몇 작가들은 지나친 신호의 사용을 우려했다. 그들에 따르면, 그것은 침묵을 지키는 수도원 규칙을 우회하는 위선적인 방법이었다. 1180년 캔터베리의 베네딕투스회 수도사들이 머무는 곳을 방문했던 제럴드 웨일스는 식당에서 수도사들이 손가락으로 나누는 활발한 '대화'에 격분하며, 그것을 무언극에 빗대었다. 그는 신이 말하도록 인간에게 준 혀를 사용하는 것이 손가락을 사용하는 것보다 더 커다란 신앙심을 가져다준다고 판단했다.[10] 여기에서는 어릿광대에 대한 부정적인 언급과, 신체의 다양한 부분이 맡은 '역할'이 뒤섞이는 것을 못마땅하게 여기는 사고가 동시에 발견된다.

13세기 초에 자크 드 비트리도 침묵의 규칙을 우회하기 위해 "무익하고 경망스러운 *vana et curiosa*" 것을 손으로 표현하는 데 그치지 않고,

"발로도 말하는" 수도사들을 격렬히 공격했다. 그들의 솜씨는 하찮지 않았다. 동료들에게 "왕들의 전투, 전사들의 행위, 더 나아가 온 세상의 거의 모든 소식과 소문"을 전했기 때문이다.[11]

이 시대부터 신호 signa는 방탕함과 그것이 불러일으키는 오해 때문에 문학에서 소극의 원동력이 되었다. 설교가들은 풍자극을 이루는 '깎인 목초지'를 연단에서 교훈예화로 이야기했다. 끊임없이 남편에게 말대꾸하며 싸우기 좋아하는 여자가 있었다. 그 여자는 목초지가 '베인' 것이 아니라 '깎인' 것이라고 고집스럽게 말했다. 남편은 화가 난 나머지 아내의 혀를 베었는데, 여자는 말할 수 없게 된 상태에서도 손가락으로 가위의 몸짓을 하며 목초지가 '깎인' 것이라고 계속 우겼다. 자크 드 비트리는 "어떤 수도사들은 침묵이 그들에게 강제될 때 이렇게 한다"고 논평했다.[12] [15세기의 프랑스 작가인] 라블레는 '신호만으로' 이루어진 팡타그뤼엘과 토마스트의 유명한 '논쟁'에서 이러한 상황의 우스꽝스러움을 최대로 끌어내는 방법을 잘 알고 있었다.[13]

중세에는 수사학 기술의 틀 안에서 신호의 유사 언어적 기능에 관해 추상적으로 성찰한 것을 볼 수 없다. 신호는 뒤에서 살펴볼 기도 몸짓의 양식처럼 체계적인 도상 표현의 대상도 아니었다. 신호는 익살스러운 소재가 되기 전까지 수도사들이 독점적으로 사용하는 한정되고 예외적인 소통의 도구 역할로 제한되었고, 12~13세기에는 새로운 지적 탐구, 특히 언어에 관한 사변과는 멀리 떨어져 있었다.

말과 몸짓

말이 없는 몸짓이 특이한 것이라면, 몸짓이 없는 말은 더욱 드물다. 여기에서 [그림이나 조각 등으로] 형상화된 표현은 중요한 관찰 영역을 제공한다. 12세기에 예술가들은 말과 몸짓의 결합을 어떻게 표현했을까?

몇몇 기법은 고대의 것이지만, 이 시대에는 새로운 발전을 받아들였다.[14] 그 가운데 하나는 고대의 에크프라시스*와 유사하게 이미지 자체에 말로 된 설명이나 등장 인물의 말이 명문으로 포함된 것이다. 중세 예술에서 펼쳐진 원통형 두루마리나 작은 두루마리 말풍선에 자주 등장하는 이런 명문은 몸짓의 표현과는 비교적 독립해 있으며, 그 역할은 말풍선 안의 메시지를 전달하는 데 그친다. 그러나 가끔은 작은 두루마리 말풍선 자체가 말하는 인물의 연장된 부분처럼 그것의 형태와 방향으로 듣는 이를 향해 '몸짓'을 한다. 수태고지의 몇몇 표현에서처럼 두 사람이 말할 때 작은 두루마리 말풍선이 교차하며 서로 주고받는 말이나 반박하는 논거를 나타내기도 한다. **도판 16**

그러나 대부분의 이미지에는 명문이 전혀 없다. 이때 몸짓은 말로 이루어지는 대화의 정확한 내용은 아니더라도 적어도 그 관념은 표현할 수 있다. 이미 고대에 증명된, 팔을 들고 집게손가락으로 찌르는 연설 *declamatio*의 몸짓처럼 말이다. 중세의 더 특징적인, 이따금 학교의 논쟁 *disputatio*과 연관되어 나타나는 몸짓도 있다. 어떤 인물이 왼손의 벌린 손가락 위에 오른손의 집게손가락으로 세는 듯한 모습을 하며 논거를 제시하는 것이다. 그러나 개별 예술 작품에서 이런 몸짓의 정확한 의미는 대체로 알기 어렵다. 특히 글이 결합해 있지 않으면 더욱 그렇다.

한 가지 사례를 살펴보자. (1080년 무렵에 제작된) 「바이외 태피스트리」의 몸짓은 오래전부터 역사가들을 곤란하게 했다. 윗부분에 괴물의 머리가 있는 두 기둥으로 된 문 아래에 여자가 서서 성직자를 향해 몸을 돌리고 있다. 성직자는 여유 있는 몸짓으로 그녀를 향해 오른손을

---

* 에크프라시스(ekphrasis)는 고대 그리스어에서 '밖으로'의 뜻을 나타내는 전치사 '에크(ek)'와 '선언하다, 말하다'의 뜻을 나타내는 동사 '프라제인(phrazein)'이 결합한 말이다. 수사학에서는 인물이나 사건, 사물 등을 문장으로 생생하게 묘사하는 행위를 나타냈으나, 오늘날에는 문학에서 회화나 조각 등의 시각적 예술 작품을 글로 묘사하는 것을 가리키는 말로 쓰인다.

[그림 31] 아일프기바에 대한 성직자의 유혹 (바이외 태피스트리, 11세기 말)
윌리엄 공작 앞에서 해럴드는 성직자가 아일프기바를 향해 보인 유혹의 몸짓을 지적한다. 테두리에는 작은 알몸의 남자가 성기를 선명하게 드러낸 채 반대 방향으로 간통의 몸짓을 하고 있다.

뻗고, 손끝으로 그녀의 얼굴을 어루만진다. 이 장면 위에는 미완성 문장의 시작부 같아서 그만큼 더 모호한 명문이 있다. "여기 한 성직자와 아일프기바는 Ubi unus clericus et Aelfgyva." **그림 31**

〔영국의 역사가〕존 바드 맥널티는 이 장면을 다른 이미지와 비교하며 성적인 몸짓을 하는 것이라는 가설을 제시했다. 성직자가 여성을 유혹하는 것을 더는 말하지 않으려고 문장이 중단되었다는 것이다. 특히 그는 이 장면을 「바이외 태피스트리」에서 바로 앞에 나오는 장면과 연결했다. 노르망디 공작 윌리엄이 자신의 궁정에 앉아 있는 장면이다. 그의 경쟁자인 해럴드가 앞에 서서 왼손 집게손가락으로 성직자와 아일프기바가 있는 다음 장면 쪽을 가리키며 말을 한다. 실제로 다른 자료들은 두 장면이 하나의 전체를 이룬다는 사실을 분명히 알려준다. 해럴드는 잉글랜드와 노르웨이의 왕인 크누트의 아내 아일프기바의 부정으로 태어난 아들이다. 해럴드의 몸짓은 30여 년 전에 그의 어머니가 저

지른 간음을 의미한다. 해럴드는 잉글랜드의 왕위에 대한 권리를 요구하면서, 자신의 정통성을 짓누르는 이러한 혐의를 부인하려 노력했을 것이다.[15] 그러나 문헌들을 참조해 역사적 맥락을 정확히 이해하지 않고서 도상 자료만으로 이 일화를 해석하기는 어렵다.

종교극의 무대 위에서나 중세 후기 제단화에서 특히 주목할 만한 몸짓의 표현은 그리스도의 수난에 대한 극적인 연출이다. 빌라도는 소리치는 유대인 군중 앞으로 가시나무 관을 쓰고 주홍색 망토를 걸친 예수를 데려온다. 다양한 유형의 몸짓이 뒤섞이고, 놀랍도록 정확하게 표현된다.[16] 빌라도는 권위의 지팡이 위에 왼손을 얹고, 오른손 집게손가락을 소리를 지르는 군중을 향해 수평으로 뻗으며 연설의 몸짓을 한다. 이 몸짓은 복음서의 유명한 구절을 표현한다. 가끔 그림의 표면에도 나타나는 "보라, 이 사람이다 *Ecce homo*"(요한복음서 19:4-5)라는 구절이다. 예수는 아직 묶여 있는 것처럼 두 손을 교차시켜 내리고 있다. 이런 형상의 독특한 몸짓이 따로 분리될 때, 그것은 중세 말에 숭배가 확산된 피에타상 *Imago Pietatis*이라는 예배의 이미지가 된다. 그리고 유대인은 [16세기 독일의 화가인] 한스 홀바인의 적어도 두 점의 그림이 보여주듯이 그 시대의 그림에서 관례적으로 음란하다고 여겨진 몸짓을 앞다투어 한다.[17] 집게손가락을 하늘을 향해 교차시키거나 엄지손가락을 입에 넣는다. 고대에도 이미 증언된 분명히 성적인 함의를 지닌 [엄지손가락을 집게손가락과 가운뎃손가락 사이에 끼워 넣는] 피그 신호를 하거나, 경멸의 의미로 손바닥을 땅으로 향한 채로 손을 아래로 내리기도 한다. **그림 32, 도판 14, 15**

이런 몸짓은 그림의 관례만이 아니라, 교회에서 이를 보는 신도들이 더 잘 식별할 수 있는 신호인 민간의 조롱 관습을 나타내고 있다.[18] 이런 이미지의 정확성과, 연극이 삶의 공적인 부분에서 맡은 역할의 증대 사이에 어떤 관련은 없을까? 이는 전례극의 발달과, 광대에 대한 태도가 더 관용적으로 바뀐 변화에서 관찰된다.

[그림 32] **그리스도에 대한 조롱** (알자스 제단화, 15세기 말)
유대인들의 음란한 몸짓들. 교차시킨 집게손가락, 입 안에 엄지손가락 넣기, 혀 내밀기

광대의 복권?

오늘날 전해지는 중세 문학작품의 글로 표현된 본문의 형태는 그 작품이 창작되고, 몸짓과 표정으로 표현되고, 수용되던 방식을 충분히 담아내지 못한다. 하지만 말투와 몸짓, 표정, 춤과 음악은 '본문' 못지않게 중요한 구실을 했다.

무훈시의 경우에 글은 본디 '공연'의 두 가지 고유한 특징을 간직하고 있다. 하나는 모두가 쉽게 알아볼 수 있는 풋말처럼, 되풀이되는 관례적인 문구로 이야기의 분절을 알리고 있는 것이다. 현악기의 반주에 맞추어 노래하던 광대는 이런 식으로 줄거리를 전환해서 청중이 이야기의 흐름을 더 잘 쫓아오게 했다. 다른 하나는 광대가 인물의 행위를 표현하거나 이야기를 하면서 함께 수행하도록 글 자체에 모방적이거나 지시적인 몸짓이 지정되어 있는 것이다.

[미국의 역사학자] 제라드 브롤트는 그런 몸짓 대본을 다루었다.[19] 그런 몸짓은 관례적인 문구처럼 같은 서사시에서만이 아니라 다른 서사시

에서도 비슷한 상황에 되풀이된다. 예컨대 『롤랑의 노래』와 『기욤의 노래Chanson de Guillaume』, 『루이의 대관식Couronnement de Louis』에서 칼을 칼집에서 손가락 두 개 너비만큼 빼내는 것은 분노나 위협, 도전의 몸짓이다. 아울러 광대는 청중과 관중에게 눈을 크게 뜨고 보라고 촉구한다. "프랑크인은 침묵한다. 그들이 얼마나 조용한지를 보라!"(263행) "프랑크인과 이교도가 충돌하는 모습을 보라!"(1187행) "말 위에서 정신을 잃은 롤랑을 보라!"(1989행) "이제 저 가혹하고 끔찍한 전투를 보라!"(3403행) 상상력을 발휘하라는 권유이겠지만, 분명히 주인공의 몸짓을 연기하는 자신을 바라보라는 권유이기도 할 것이다. 광대가 황제나 용사의 맹세를 이야기할 때는 "나의 이 수염을 걸고"(1719행), "너희에게는 온통 하얗게 보이는 이 수염에 걸고"(261행)라는 식으로 마치 그 자신이 맹세하고 있는 것처럼 보인다. 그가 휘두르는 척하는 것도 진짜 칼이다. "내가 아라비아로 가져갈 것은 이 칼이다."(2282행) 이런 모든 경우에 수염을 쥐고 있거나, 수염이 있는 척하는, 아니면 상상의 칼을 사방으로 내보이는 광대의 몸짓을 상상해야 한다.

그래서 [스위스 출신의 역사학자] 파울 춤토르는 이 '문학'의 연극성을 인정하라고 권유한다. 글로 기록되어 전해지기 전에는 노래와 무언극만 실제로 존재했으므로 아마 '문학'이라고 부르는 것도 매우 적절치 않을 것이다. (리에주에서 1200년 무렵에 제작된) 『도덕시Poème moral』 필사본은 연기자가 이야기의 리듬을 강조하는 손가락 동작까지 적어 놓았다.

광대와 시인은 '게스투스'의 세계, 곧 몸짓의 도덕적 규율이나 수사학의 고대 규칙, 수학적 사변으로서의 음악의 세계에 속해 있지 않았다. 오히려 그들은 '춤의 보편성'과 '우주의 의례성에 대한 막연한 감정'의 세계에 속해 있었다. 춤이 모든 예술을 지배하고, 동그랗게 둘러서서 추는 원무 안에 남자와 여자, 악마와 저주받은 자들, 심지어 중세 말기의 죽음의 춤에서는 죽음 그 자체마저도 끌어들이는 세계이다.[20]

[그림 33] 광대, 음악가 다윗, 곰 (삼단 시편집, 12세기)
상단과 하단 이미지는 음악 유형과 몸짓이 대립한다. (하단에서는) 곰 가면을 쓴 자가 북을 치고, 광대들이 다리를 교차시키거나 재주넘기를 한다.

그러나 몇 세기 동안 성직자의 지배적인 문화에서는 광대의 몸짓에 대한 이러한 긍정적이고 풍요로운 이미지에 맞서 다른 이미지가 중시되었다. 수사학의 영역에서든 윤리학의 영역에서든, 몸짓에 관한 고대와 중세의 이론적이고 규범적인 문헌의 모든 전통에서 어릿광대의 부정적이고 지나친 무절제한 몸짓gesticulatio은 좋은 연설가와 좋은 기독교인의 긍정적이고 절제된 몸짓gestus과 대립했다. 현실의 무언극 배우와 광대를 넘어서서, 어릿광대의 상징적 형상이 '나쁜' 몸짓에 대한 모든 비난에 제물로 바쳐졌기 때문이다. 하지만 12세기에 광대의 이미지는 그들의 무절제한 몸짓에 내려지는 판단이 변화하는 것에 발맞추어 함께 바뀌어 가고 있었다. 먼저 매우 놀라운 도상을 살펴보자.

음악가 다윗과 광대

아마 랭스에서 비롯되었을 12세기 초의 전례용 시편은 한 면 전체를 위아래의 두 영역으로 나눈 놀라운 삽화를 보여준다.[21] 상단에는 앉아서 하프를 연주하는 음악가 다윗 왕의 이미지가 등장한다. 그는 (파이프 오르간, 나팔과 같은) 다른 관악기나 (종과 같은) 타악기를 연주하는 인물들에 둘러싸여 있다. 그 가운데 한 명은 시편을 읽고 있다.

하단에는 남자 하나가 이미지 한가운데를 차지하고 있다. 그는 찌푸린 얼굴의 가면과 곰의 텁수룩한 털을 뒤집어쓰고, 북을 치며 서 있다. 그의 왼쪽에는 두 사람이 손가락을 내밀며 말하고 있고, 세 번째 사람은 허리를 잡고 발을 교차시키고 있다. 춤을 추는 것이다. 그의 오른쪽에는 두 사람이 (현악기와 뿔피리로) 음악을 연주하고, 다른 두 사람은 광대의 전통적인 표현에 따라 재주넘기를 하고 있다. **그림 33**

음악가 다윗의 이미지가 전례용 시편의 삽화에서 유독 매우 흔하다고는 해도, 이렇게 광대 이미지와 결합한 다른 사례가 있는지는 모르겠다. 위아래의 두 영역을 겹쳐 놓은 것은 오히려 해석하기 어렵지 않다. 상단의 구획이 조금 더 넓은 면적을 차지한다는 점, 나아가 긍정적인 성서의 인물과 교회가 전통적으로 비난해온 가면이나 광대의 대조로 이루어진 위아래의 상징적인 위계는 이 두 영역을 선과 악처럼 대립시키려 했던 예술가의 의지에 거의 의문의 여지를 남기지 않는다.

몸짓과 소리의 도상학적인 표현도 가치의 위계에 관한 관념을 암암리에 드러낸다. 파이프오르간 송풍장치의 율동적인 리듬, 종의 정돈된 배열과 팬플루트 소리는 곰이 격렬하게 두드리는 북과 대립한다. 마찬가지로 상단 음악가들의 거의 구부러지지 않고 평행을 이룬 다리는 하단 무용수의 엇갈린 두 다리, 특히 그의 두 동료의 재주넘기와 뚜렷이 대조된다.

그렇지만 몇몇 인물은 위아래 어느 영역에나 똑같이 나타날 수 있다. 예컨대 뿔피리를 부는 사람은 상단에서도 하단에서도 거의 같다. 다윗과 곰 사이에도 유사성이 없지 않다. 그러므로 이 이미지에는 양면성이 있다. 가면은 [사무엘기 하권 11장에서 우리야의 아내] 밧세바의 매력에 굴복한 음악가 왕의 동물적인 분신이 아닐까? 아울러 다윗이 필리스티아인 앞에서 내보인 광기의 이미지가 아닐까? 그는 "사람들 앞에서 태도를 바꾸고 그들에게 둘러싸여 있는 동안 미친 척하였다. 그는 성 문짝에 무엇인가를 긁적거리기도 하고, 수염에 침을 흘리기도 하였다."[22]

곰 가면은 중세 민속의 강렬한 형상이다. 이미 8세기에 랭스 대주교 힝크마루스는 '악마의 가면'과 '곰과의 부끄러운 놀이'를 동시에 단죄했다.[23] 10세기에 프로문두스는 테게른제의 수련자들에게 짧은 시를 보냈는데, 거기에서 그는 허리띠에 동물 꼬리를 매달고, "손으로 몸짓을 많이 하고", 늑대·곰·여우인 척하고, [악마의] 두 갈래로 갈라진 손으로 유령*larvas*을 부르는 광대와 자신을 동일시했다.[24] (1146년 로마에서 이루어진) 도시 사육제에 대한 가장 오래된 언급도 마찬가지로 곰의 살해를 묘사하고 있다. 아마 후대에 충분히 증명된, 곰의 가면과 털가죽을 뒤집어쓴 인간을 사냥하는 의식일 것이다.[25]

양면성을 지닌 이미지라는 가설은 흰옷을 입은 [시토회] 수도사를 광대에 비유한 베르나르 드 클레르보의 유명한 편지로도 뒷받침된다. 그는 세상 사람들의 눈에는 둘 다 일반적인 가치를 뒤집은 것처럼 보인다고 썼다. 클레르보 수도원장은 광대, 그들의 '공연', 그들이 감각적 쾌락을 불러일으키는 방식을 고집스럽게 부정적으로 여겼다. 그러나 그에게도 "머리를 아래로 하고, 발을 하늘로 향하고, 인간의 관습을 뒤집어 손으로 서고 걸어서 모두의 시선을 모으는" 광대의 이미지는 수도원의 은둔이 표현하는, 세상의 가치에 대한 또 다른 뒤집기의 은유로 나타난다. 그것도 일종의 '공연'이지만, "천상의 관객의 눈을 즐겁게 할 수 있는 우아하고 정직하고 엄숙하고 아름다운 공연"이다.[26]

베르나르의 글에서는 세상 사람들의 눈에 은유적으로 광대로 전환할 준비가 된 흰옷의 수도사들이 전례용 시편의 이미지에서 다윗이 차지하던 자리에 놓인다고 할 수 있다. 두 사례 모두 12세기 사회에서 광대가 지닌 지위의 양면성을 확인시켜준다.

광대의 역할

이 시대에 성직자 문화에서 생겨난 대부분의 자료들은 어릿광대의 무절제한 몸짓을 계속해서 격렬히 비난한다.[27] 존 솔즈베리에게도 그들의 '희극'은 은유적인 가치를 지닌다. 하지만 모든 '인간의 삶의 희극'과 인간의 이중성을 연상시키기 때문이지, 성 베르나르처럼 세상에서 벗어난 금욕주의를 연상시키기 때문은 아니다.[28] 호노리우스 아우구스토두넨시스는 느닷없이 의문을 제기한다. "광대에게 어떤 희망이 있을까? 전혀 없다. 그들은 온 마음으로 악마의 종복이기 때문이다."[29]

광대는 죽으면 곧바로 지옥으로 간다. 그들은 이제 막 탄생한 연옥에서도 원칙적으로 거부된다. 그렇지만 12세기에 연옥이 '창조된' 것은 광대나 고리대금업자 같은 이들을 위해서였다. 그러므로 고리대금업자와 마찬가지로 그들도 끝내는 이 고통스러우면서도 만족스러운 낙원의 대기실로 끼어들었다. 호노리우스의 비관적인 경구에 대한 반향처럼 당시 "연옥은 희망"이라고 했다.[30] 안드레아스 카펠라누스*에게서는 시인이 상상하는 새로운 '아름다운 장소locus amoenus'인, 천국 같은 '사랑의 왕국'으로 광대가 들어가는 것이 허용되기까지 한다.[31]

교회 고위 인사들의 전통적인 적대감은 특히 떠돌이 성직자clericus vagabundus,** 떠돌이 학자와 시인goliards,*** 그들이 교회 안에서도 하는 공연을 겨냥했다. 1207년 교황 인노켄티우스 3세는 "교회에서 하는 공연 놀이에 괴물의 가면을 받아들이고", "대중의 눈에 사제의 체면을 떨어뜨리는 음란한 몸짓의 방탕함"에 빠지는 것을 비난했다. 이러한 심판은 교회법에 곧 삽입되었다. 그것의 목적은 점점 더 민감해진 성과 속의 경계처럼, 인간의 신분이나 성직자와 속인의 차이를 '그레고리우스 개혁'의 방향에서 때와 장소마다 더 잘 드러내려는 데 있었다.[32]

광대 자신만이 아니라, 그들의 모방적인 몸짓에도 죄악의 낙인이 찍혔다. 알다시피 고대 이후 몸짓으로 모방한다는 생각은 커다란 불신을

---

* 안드레아스 카펠라누스(1150?~1220?)는 12세기의 작가로 '사랑론De amore'이라고도 불리는 『고귀한 사랑의 기술De arte honeste amandi』을 썼다. 마리 드 샹파뉴(Marie de Champagne)의 궁정에서 활동한 것으로 추정되지만, 삶에 대해 알려진 것은 거의 없다.
** 초기 교회법에서 소속된 교회를 떠나 방랑 생활을 한 성직자에게 적용되었으나, 방랑하는 학생, 교수 등을 가리키기도 했다. 중세 교회에서 비난의 표적이 되었으나, 이들에 대한 탄압은 1229년 파리대학의 파업 이후 교황 그레고리우스 9세가 칙령(Parens scientiarum)을 선포하면서 종결되었다.
*** 처음에는 '방랑자(vagantes)'나 '악당(ribaldi)'으로 불렸다가, 13세기 초부터는 '골리앗의 아들'을 뜻하는 '골리아르디(goliardi)'나 '골리아르덴세스(goliardenses)'라고 불렸다. 새로운 형식의 라틴어 시를 선보여 12세기 르네상스에서 중요한 구실을 했다.

불러일으켜 왔다. 그것은 광대에 대한 적대감과 관련된 모든 전통의 기초 가운데 하나였다. 기독교 문화에서는 모방*mimesis*이 왜곡된 거울의 가상 쪽으로 쉽게 타락하게 한다는 생각에서 그런 적대감이 더 강해졌다. 진리는 언제나 거울 저 너머에 숨겨져 있다. 거울은 자만심, 유혹, 색욕을 비출 뿐이다. 어릿광대의 특징으로 여겨진 모방의 몸짓은 악덕의 세계에 속한다. 그들에게는 지옥으로 떨어지는 것만이 아니라, 지옥의 무대에서 영원히 연기를 하는 것도 예정되어 있다.

1206년 산티아고데콤포스텔라를 순례하던 에섹스의 평범한 농민 투르킬은 저세상을 여행하는 환시를 보았다.[33] 그 뒤 그는 랄프 코게샬[*]로 추정되는 어느 연대기 작가가 이야기를 글로 남기기 전까지 잉글랜드 남부의 여러 교회에서 자신이 본 것을 이야기했다.

투르킬은 먼저 죄인의 영혼이 연옥의 불길을 참고 견디고 있는 곳에 도착했다. 그런 다음에 큰 산에서 내려와 지옥의 극장*in theatrali ludo*을 보았다. 그 극장은 어떤 집에 설치되어 있었다. 한가운데에 저주받은 이들이 끔찍한 고문을 받는, 불로 달궈진 쇠 의자가 있었다. 일종의 무대를 이루는 안뜰*plateae*도 있었고, 주변에는 악마들이 공연*spectaculum*을 즐기려고 원을 이루며 다른 의자에 앉아 있었다. 그 모든 것들은 5피트 높이의 벽으로 둘러싸여 있었는데, '외부'의 방문자는 그 뒤에서 저주받은 이들이 겪는 고통을 식별할 수 있었다. 그것은 범주별로 분류되어 있었다. 오만한 자, 자격 없는 사제, 기사, 나쁜 심판관, 간음한 자, 남을 헐뜯고 모략한 자, 도둑, 사악한 농민, 방앗간 주인, 정직하지 못한 상인이다. 저마다 자신이 저지른 죄의 몸짓을 영원히 모방하면서 맡은 역할을 연기하고 있었다. 가장 먼저 "서로 낄낄거리는 악마들 앞에서 터무니없는 오만함으로 부풀어 오른 남자의 몸짓*gestum hominis ultra modum*

---

[*] 코게샬 수도원의 수도원장(1207~1218)을 지냈으며, 노르만인의 잉글랜드 정복부터 헨리 3세 통치 초기까지의 사건들을 다룬 『잉글랜드 연대기*Chronicon Anglicanum*』를 썼다.

*superbientis*을 했다." 간음한 남자와 여자는 "어찌할 바 몰라 하면서도 악마들의 부추김을 받아" 그들이 저주를 받게 된 "사랑의 움직임과 음란한 몸짓*venereos motus et impudicos gestus*을 모두 앞에서 재현했다." 영주의 땅을 부당하게 경작한 농민들은 악마들에게 그들의 쟁기와 소를 가지고 공연*cumaratro et bobus coram eis repraesentant*을 했다.

모순된 것은 같은 시대에 광대가 번성하고 있었다는 점이다. (확실히 프랑스보다는 잉글랜드에서 더 그러했으나) 왕궁, 군주나 영주, 심지어 주교의 궁정에서도 광대는 환대받았고, 정기적으로 보수를 받았다. 구경거리에 대한 열광과 '어릿광대의 무절제한 몸짓'에 대한 감탄이 교회법학자와 신학자의 무뚝뚝한 판단을 이겨냈다. 이는 다양한 계기로 나타났다. 십자군이나 원거리 무역 덕분에 동양과 접촉해 다른 신체와 춤의 문화를 홀린 듯이 목격했을 때였고,[34] 유럽에서는 수도원 도덕에서 벗어난 도시문화가 형성되었을 때였다. 1243~1247년 무렵 피사의 거리에서 수도사 살림베네 데 아담은 "잘 어울리는 몸짓으로 표현하는" 한 무리의 젊은 남녀 음악가들을 보고 감탄의 외침을 억누를 수 없었다.[35] 이 수도사의 사례가 보여주듯이 성직자 자신도 그 시대 사람들의 관심사와 좀처럼 단절되지 않았고, 어릿광대의 이데올로기적 복권의 필요성을 느끼고 있었다. 그것은 주로 세 개의 경로로 이루어졌는데, 자유학예에 대한 새로운 교육, 교회법, 스콜라 신학이었다.

1. 『교육론』에서 위그 드 생빅토르는 당시 지식을 총괄하고 그것들의 일체성을 주장했다. 그는 전통적인 일곱 학과의 자유학예에 일곱 가지 기예*artes mecanicae*를 덧붙이기까지 했다. 직조술, 무기 제작술, 항해술, 농업 기술, 사냥 기술, 의학, 그리고 '연극학*theatrica*'도 있었다. 이러한 추가는 당시의 경제적·사회적 변화의 밑바탕에 있는 기술들을 이데올로기적으로 정당화하려는 주목할 만한 노력을 보여준다.

그것들 가운데 연극학에 주어진 자리는 이시도루스 전통의 부정적인 함의를 폭넓게 없앴다. 위그는 고대의 극장과 경기장·체육관의 경기에 관해 말하며, 그러한 여흥이 신체의 건강을 유지하고, 사람들이 범죄를 저지르지 않게 한다고 설명한다. 그는 "놀이는 정당한 행위에 해당한다"고 분명히 밝힌다. 과거에 대해 이야기하고 있더라도, 이런 판단은 현실, 곧 당시 사회에서의 광대의 실제 활동이나, 더 넓게는 전례·전례극·대중 설교에도 영향을 끼친 연극성의 발달과도 관련이 있다.[36] 이런 의미에서 『교육론』은 위그가 『수련자 교육』에서 몸짓과 그것의 도덕에 바친 발전을 완전히 포괄하고 있는 것으로 나타난다.

자유학예의 완전한 프로그램에 대한 이러한 재구성 이외에 어원학적 사변의 재개도 어릿광대의 이데올로기적 지위를 재평가하는 경향을 드러내고 있었다. (역사와 관련된 이야기를 표현하는 사람이라는) '히스트리오histrio'라는 낱말에 대한 이시도루스의 오래된 어원은 더 풍부해졌다.[37] 에티엔 드 투르네(1203년 사망)에 따르면, 역사를 뜻하는 '레스 게스타이res gestae'는 '게스투스'와 연결되어야 한다. '게레레gerere'라는 공통의 어근에서 비롯되었고, 어릿광대는 "그들의 신체의 움직임과 얼굴의 변화로 다른 사람의 몸짓을 표현하기" 때문이다.[38] 그리고 스티븐 랭턴(1228년 사망)은 "보거나 몸짓을 많이 하는 것을 뜻하는" 그리스어 '이스토론ystoron'을 어근으로 사용한다.[39] 어릿광대는 몸짓을 많이 하며 역사를 묘사하기 때문이다. 이로써 역사의 모든 위엄이 그때까지 가혹한 고발만 받았을 뿐인 어릿광대의 지위와 몸짓에까지 이르게 되었다.

2. 교회법의 논의도 마찬가지로 재평가에 기여했다. 심리의 출발점은 아우구스티누스에게서 요점을 가져온 『그라티아누스 교령집』의 법령이다. 그것은 배우에게 증여를 하는 것을 금지한다.[40] 이는 히에로니무스의 거의 속담 같은 경구로 확인된다. "어릿광대에게 주는 것은 악마에게 제물로 바치는 것이다." 볼로냐 대학의 루피누스(1190년 무렵 사망)와 그의 제자인 에티엔 드 투르네는 이 법령을 해석하며 먼저 엄격성을

누그러뜨린다. 배우는 재주 때문에 증여를 받지 못한다. 하지만 적어도 다른 모든 불우한 이들처럼 필요한 경우에 그들에게 자선을 베풀 수는 있다. 이런 구분은 중요하다. 교회법 학자는 배우의 이면에서 평범한 사람, 더 나아가 몸짓의 전문가인 직업인을 보도록 권고한다.

그렇지만 이러한 새로운 정당성은 몇 가지 보증, 곧 어떤 조건을 필요로 했다. 대체로 그렇듯이, 나쁜 어릿광대histrions와 좋은 광대jongleurs의 새로운 구분은 교회가 전통적인 교리의 겉모습만큼은 지킬 수 있게 해주었다.* 이는 가장 먼저 피에르 르 샹트르에게서 발견된다.⁴¹⁾

『말씀 개요』에서 피에르는 모든 어릿광대에 관한 매우 고유한 적대감으로 흥분한 듯이 보인다. 그는 주위에서 늘어나는 것이 목격되는 모든 직업을 유용성으로 정당화한다. 농민, 포도 재배자, 모피업자, 재단사, 무두장이, 목수, 대장장이, 직조공, 염색공, "적어도 헛된 것을 그리지 않는" 화가, 악기 제작자, 금은 세공사, 조각가, 심지어 주사위와 체스 제작자까지 정당화한다. 하지만 어릿광대만은 예외로 둔다.⁴²⁾ "그것은 어떤 유용성도 필요성도 없는 유일한 일이다. 아울러 악을 위해 만들어졌다고 말할 수 있는 유일한 일이다."⁴³⁾

그러나 광대가 자신의 직업에 종사하면서 영혼의 구원을 기대할 수 있는지 교황 알렉산데르(3세?)에게 물은 일화를 이야기할 때, 피에르 르 샹트르는 덜 단정적이다. 교황은 긍정도 부정도 하지 않았다. 그의 일을 계속하라고 광대를 부추기게 될 것을 우려했기 때문이다.⁴⁴⁾ 망설임은 태도의 전반적인 변화를 보여준다. 이미 돌이킬 수 없는 단죄의

---

* 여기에서 글쓴이는 프랑스어에서 '광대'를 뜻하는 '이스트리용(histrion)'과 '종글뢰르(jongleur)'라는 두 낱말을 엄격히 구분해서 사용한다. 종글뢰르는 10세기 이후 등장한 방랑 예인을 가리키는데, 이들은 마을이나 성을 떠돌아다니며 노래나 연주, 이야기 등을 들려주고, 요술과 곡예, 춤 등을 보여주었다. 종글뢰르는 세속음악과 파블리오(fabliau)와 같은 속어 문학의 발달과 전달에 큰 영향을 끼쳤다. 이 책에서는 두 낱말을 구분하기 위해 '이스트리용'은 '어릿광대', '종글뢰르'는 '광대'로 옮겼다.

시대는 아니지만, 아직 완전하고 전적인 인정의 시대도 아니다.

교황의 망설임을 극복하려면 기적이 필요했다. 일종의 기도로 승화된 어릿광대의 몸짓에 완전한 정당성을 부여하려고 초자연적인 개입을 보인 성모의 기적, 곧 '성모의 곡예사'의 기적이다. 이제 막 속세를 벗어나 클레르보 수도원에 들어간 광대는 다른 수도사들에게는 익숙한 기도문을 전혀 몰랐다. 자신의 무지가 부끄러웠으나 성모를 공경하려는 열망에 불타오른 그는 남몰래 성모상 앞으로 '그의 직무'를 하러 갔다. 다른 수도사들이 잠들었을 때, 그는 성모 앞에서 "발을 공중으로 향하고 춤을 추고, 두 손으로 나아가며" 자신이 알고 있는 모든 재주를 보였다. 어느 수도사가 이를 알고는 수도원장에게 고발했다. 그러나 성모는 자신의 환영으로 그 충실한 이를 격려하고, 그런 단순하지만 솔직한 공경의 형태가 완전히 정당하다고 수도원장을 설득했다.⁴⁵⁾

아울러 피에르 르 샹트르는 "그들의 리듬, 꾸며낸 이야기, 몸짓으로 부유한 고위 성직자를 기만하는" 나쁜 광대만 있지 않다는 것을 인정한다. 때로는 몸짓이 숭고함을 저버리지 않은 좋은 광대도 있다.⁴⁶⁾ 따라서 그는 『성사 대전』에서 배우의 두 가지 범주의 구분을 제시하며, 다르게 부르는 데 세심한 주의를 기울인다. 하나는 "마음에 연민을 불러일으키기 위해 옛이야기를 노래하는" 광대이고, 이들은 허용되어야 한다. 다른 하나는 "어릿광대, 줄타기꾼, 무언극 배우, 마술사"이고, 이들은 단호하게 배척되어야 한다.⁴⁷⁾

13세기 초에 토머스 초범은 어릿광대histrions를 세 가지 범주로 구분할 것을 제안했다. 하나는 "갑작스러운 움직임과 몸짓으로 자기 신체를 변화시키거나 변형시키고, 수치스럽게 벌거벗거나 끔찍한 가면을 뒤집어쓰는 이들이다." 이들은 반드시 단죄되어야 하며, 강제로라도 그들의 직무를 그만두게 해야 한다. 다른 하나는 "일하지 않고 범죄적인 방식으로 행동하고, 고정된 거처가 없이 귀족의 궁정을 쫓아다니며 그들의 즐거움을 위해 자리에 없는 사람을 헐뜯는 말을 하는 이들이다." 이들도 단죄되어야 한다. 끝으로 "사람들을 즐겁게 하려고 악기를 연주하는 이들이다." 이들은 두 종류로 나뉜다. 술집을 자주 드나들고 음탕한 노래를 부르는 이들은 앞서 말한 이들과 마찬가지로 단죄할 만하다. 그러나 군주들의 업적gesta principum과 성인들의 삶을 노래하고, 병자를 위로하고, 남녀 무용수의 모든 부끄러운 행위를 저지르지 않는 "광대jongleurs라고 불리는" 이들은 그들의 직무로 살아갈 수 있다.

더 나아가 토머스 초범은 광대와 교황 알렉산데르의 일화를 자신의 방식으로 이야기한다. 광대가 다른 생계 수단이 없다고 말하자, 교황은 활동을 계속하도록 허가한다.[48] 물질적·사회적 필요성이 마침내 법적·도덕적 전통의 마지막 저항을 이겨낸 것이다.

3. 광대의 적어도 일부라도 복권시키려는 이런 노력은 스콜라 철학 그 자체에서 정점에 이른다. 이는 1235~1245년 파리대학 최초의 (나아가 틀림없이 가장 위대한) 프란체스코회 총장이던 알렉산더 헤일스에게서 잘 나타난다. 알렉산더는 16세기까지 신학 연구의 기본 문헌이 된 작품인 피에르 롱바르의 『명제집Libri Quattuor Sententiarum』(1158년)을 주해한 파리대학 최초의 교사였다. 알렉산더 헤일스의 작품으로 여겨진 『보편신학대전Summa Universae Theologiae』은 오히려 그 자신이 썼거나 그의 제자들이 쓴 글들을 묶은 것이다. 이 문헌은 악의 기원과 그것의 여러 측면을 살피며 죄를 세 가지 범주로 구분한다. (생각의 죄라고도 하는) '마음의 죄peccati cordis'와 (죄를 저지르는 말의 모든 형태인) '입의 죄peccati oris', 그리고 '행위와 몸짓의 죄'라고 옮기도록 제안하고 싶은 '활동의 죄peccati operis'이다.[49] 스콜라 신학 논증의 매듭을 하나씩 풀어가 보자.

먼저 '활동의 죄'에는 두 종류가 있다. (필요 이상의 의복이나 장식과 같은) '몸치장ornatus'에 관한 죄와 '신체의 몸짓과 신호quae pertinent ad gestum vel nutum corporis'에 관한 죄이다. 두 번째 종류의 죄에서는 다시 조롱

*derisio*처럼 다른 사람에게 해를 끼치는 죄와 그 자체로서의*in se* 죄를 구별해야 한다.

그 자체로서의 죄는 두 가지 범주를 포함한다. 입의 움직임으로 정의되는 '웃음*risus*'과 몸 전체의 움직임인 '익살*joculatio*'이다. 두 경우 모두 움직임이 강조된다는 점에 주목해야 한다. [익살을 뜻하는] '요쿨라티오'라는 말도 범상치 않다. 그것은 (농담·희롱의 뜻인) '요카*joca*'나 (광대를 가리키는) '요쿨라토르*joculator*'와 뿌리가 같고,[50] '음란한 여성의 춤*joculatio chorealis mulierum lascivarum*'에서 '어릿광대의 익살*joculatio histrionica*'까지 신체의 모든 종류의 향락과 여흥을 포함한다.

알렉산더 헤일스는 그가 웃음을 위해 했던 것과 똑같이 익살을 복권시키려 시도한다.[51] 이를 위해 그는 모든 스콜라주의 논증의 기초인 찬반*pro et contra* 논법을 사용한다. 그는 먼저 [이의를 제기하는] 악마의 변호인 역할을 하며 고발을 되풀이한다. 여기에서는 요한네스 크리소스토모스를 인용한 것이 알맞은 자리에 놓인다. ("어릿광대에게 증여를 해서는 안 된다"는) 아우구스티누스도 『그라티아누스 교령집』을 거쳐서 인용된다. 그 뒤 무시할 수 없는 반대 논거가 나온다. ("춤추는 때가 있다"는) 구약의 「코헬렛」 구절과 다윗의 춤의 권위 있는 사례이다. 끝으로 이러한 반대 논거를 앞에 두고 더 큰 관용의 방향으로 나아가는 해결책이 제시된다. 상황에 따라 (참회의 사례윤리학에서 핵심 단어인) 의도가 좋고, (광대의 생계가 달린) '본성의 필요'가 요구하고, 그들의 기예의 실천이 무용수나 광대로 일할 수밖에 없게 한다면 큰 죄가 아닐 뿐 아니라, 가벼운 죄조차도 언제나 입증되는 것은 아니고, 대부분은 전혀 죄가 없다고 판단할 수 있다는 것이다. 엄격한 연역적 추론이 권위자들의 인용만큼이나 중요한 역할을 한 이 논증에서 알렉산더 헤일스는 유죄의 척도보다는 오히려 무죄의 척도를 제시한다. 매우 드물게 죄라고 할 수 있는 경우에도 관중은 배우보다, 배우는 공연의 주최자*mimstrantes*보다 죄가 가볍다.

이런 정당화에 13세기 중반 의기양양했던 스콜라주의의 위대한 교사들은 덧붙일 것이 별로 없었다. 다른 프란체스코회 교사인 보나벤투라는 '춤의 공연'은 '그 자체로는' 악하지 않고, 네 가지 경우에만 악하다고 선언했다. '선정적인 풍조'를 따르고, 쾌락을 목표로 하고, 슬픔의 시간에 이루어지고, 성직자가 하는 경우이다. 다른 모든 경우에는 춤이 허용된다.[52] 도미니쿠스회의 토마스 아퀴나스도 나름의 유사한 용어로 '어릿광대의 직무'가 '그 자체로 불법'은 아니라고 인정한다. 어릿광대가 그들의 놀이, 말, 행동에서 절도를 지키는 한 죄가 아니라는 것이다. 따라서 지나친 면이 없다면 그들에게 보수를 주는 것도 옳다.[53]

같은 시대 교황 인노켄티우스 4세(재위 1243~1254)의 명령에서도 똑같은 사례윤리학이 지배적이다. "병자를 위로하거나 그 밖의 정당한 동기의 필요성이 존재한다는 조건에서, 성직자가 그것을 습관으로 들이지 않는다면, 불명예를 초래하지 않고 죄를 짓지 않고, 어릿광대의 무절제한 몸짓을 하는 것이" 성직자에게 허용된다.[54] 이제 토머스 초범은 성직자에게 적용된 '병자를 위로한다'와 같은 말로 좋은 광대의 활동을 정당화한다. 교황은 성서의 권위로 이 자비로운 몸짓을 공인한다. 다윗은 하녀들 앞에서 벌거벗고 춤추는 것을 부끄러워하지 않았다. 그러므로 사제가 광대를 본떠서 하는 위로의 몸짓도 신의 마음에 들 것이다. 랭스의 전례용 시편 이미지의 하단이 상단에 포개진 것처럼 세상은 뒤집히고, 사제가 어릿광대의 자리에 놓인다.

전례극

10세기 후반부터 교회와 그 주변은 연극 공연의 배경이 되었다.[55] 이 종교극은 먼저 수도원에서, (성탄절, 주현절, 성주간과 같은) 중요한 종교 축일의 상황에서, 구세주의 탄생이나 부활을 경축하는 공동체의 교화와 여흥에 기여했다. 그 가운데 '목자의 직무', (동방 박사와) '별의 직무', '성묘 방문'은 여러 명의 수도사, 수녀, 성직자가 그리스도와 성모를 비롯한 모든 배역persona, figura을 맡아 공연하는, 대화와 노래로 이루어진 작은 연극이었다. 이런 공연은 미사의 전례 의식이나 복음서 본문에서 직접 생겨난 것 같지는 않다. 그것들은 오히려 전례문을 음악적으로 아름답게 꾸민 '트로푸스tropus'의 발전으로 나타났다. 그리고 점차 중요성이 커지면서 수도원에서 재속 교회로 옮겨가고, 지역 성직자와 모든 신도를 위한 교육적이면서도 유희적인 기능을 더 분명히 수행했다. 그것은 그날 교회가 축일로 기리는 거룩한 역사의 사건이 무엇인지를 관중과 청중에게 노래와 몸짓, 건물 내부 공간의 활용으로 보이고 알려주었다. 원래는 모든 글이 라틴어로 되어 있었다. 하지만 11세기부터 라틴어에서 속어로의 교체가 확인되고, 거의 규칙처럼 되었다.

그렇지만 전례극의 비약적인 발달은 저항도 불러왔다. 〔12세기 독일 지역의 가장 저명한 신학자 가운데 하나였던〕 수도사 게르호흐 폰 라이허스베르크는 1122년 아우크스부르크 수도원에서 신참자 교사로 있을 때, 축일에 식당에서 "거의 연극 같은 놀이와 공연"에 참여했던 일을 후회하며 떠올린다. 그는 심지어 그것을 지도했던 일을 고백하며 '헤롯의 극'을 언급한다. 또 하나의 좋은 증인인 호엔부르 수녀원장 헤라드 드 랑베르그(재임 1167~1195)*도 공연joci, ludi에 반대했다. 그녀는 그것을 방탕하다고 판단하고, 성목요일의 세족식 의식ritus을 하는 동안 성직자와 속인 사이의 구별을 모두 없앤다고 비난한다.

이러한 뒤늦은 후회는 무엇보다 수도원과 교회에서 종교극이 발달했다는 사실에 관한 증언으로 받아들여야 할 것이다. 거기에서 몸짓은 필

---

* 헤라드 드 랑베르그(1130?~1195)는 그림 백과사전인 『기쁨의 정원Hortus deliciarum』의 작가로 알려져 있다.

연적으로 매우 중요한 자리를 차지했다. 몸짓은 이따금 고유한 [붉은 글씨의] 지시문으로 적히고, 정확성이 높아졌다.⁵⁶⁾ 그래서 수도사나 수녀는 불러야 할 노랫말과 부르는 방법만이 아니라, 노래에 맞추어 움직이는 방법, 해야 할 정확한 몸짓도 배울 수 있었다. 예컨대 예수의 무덤으로 가는 세 명의 마리아는 "천천히, 겸손한 모습으로, 신중하게 *pedetemptim, lente, humiliter, paulatim*" 걸어야 한다. 그 뒤 비어 있는 무덤을 향해 손가락을 뻗은 천사가 부활을 알려주고, 그녀들은 반대로 달려서 돌아와야 한다*festmanter, velociter, celen gressu*.⁵⁷⁾ 이러한 '대본'을 짠 수도사와 성직자는 말의 의미만이 아니라, 노래와 음악의 리듬과도 일치시키는 데 특히 관심이 있었던 것 같다. 예컨대 마리아의 '몹시 슬퍼하는 발걸음'은 그녀의 '눈물 흘리는 노래'의 표현법이다.⁵⁸⁾ 몇몇 지시문은 몸짓과 목소리의 이러한 일치의 중요성을 강조하고, 연극의 몸짓 표현에 관한 일반적인 주석의 모습을 지닌다. 1146년부터 1174년 사이에 구성된 '아담의 극'에서 지시문은 "말하는 주제에 알맞은 몸짓을 한다"고 규정한다. 예컨대 "누구든 낙원을 말하는 사람은 어딘가를 바라보며 손으로 가리켜야 한다."⁵⁹⁾

그렇지만 매우 제한된 이러한 지시문은 즉흥으로 행동할 자유를 상당히 남기고 있었을 것이다. 따라서 마리아가 고통을 표현하는 방법은 한 가지가 아니었다. "머리를 이 때는 오른쪽, 저 때는 왼쪽으로 기울일" 수 있었다. "왼손으로 오른손을, 그 다음에는 오른손으로 왼손을, 다시 왼손으로 오른손을 잡으며 큰 슬픔을 나타낼" 수도 있었다. 아니면 "머리를 베일로 가리고 제단 앞에 수그릴" 수도 있었다.⁶⁰⁾ 무덤을 지키던 '병사들'이 비어 있는지 확인하려고 일어설 때는 "그들이 좋다고 생각하는 대로" 할 수 있었다. 그들에게는 어떠한 특별한 몸짓도 정해져 있지 않았다. 이런 보조적인 인물의 연기는 말이 없고, 그들의 몸짓이 주요한 인물의 몸짓보다 덜 중요했기 때문일 것이다.⁶¹⁾

그러므로 지시문만으로 극이 어떻게 전개되고, 거기에서 어떤 몸짓이 행해졌는지를 이해하기에는 매우 불충분하다. 도상학은 이러한 공백을 메워줄 수 있을까?

도상과 전례극

이미 오래전에 [프랑스의 미술사가인] 에밀 말은 전례극이 어떤 도상 프로그램에 끼친 영향에 관한 가설을 제시했다. 그는 특히 [루카복음서 24:13-49의] (엠마오로 가던 두 순례자가 순례자 복장을 한 그리스도를 만나서 아침까지 함께 있자고 붙들며 식사에 초대하는 내용의) '순례자의 극'과 푸아티에의 노트르담 대성당 조각상을 예로 들었다.[62] 이런 생각은 한때 반박되었으나, [오스트리아 출신의 미술사가인] 오토 페흐트가 12세기 잉글랜드 세밀화의 '서사 양식'의 발전에 관한 통찰력 있는 연구에서 설득력 있는 방식으로 다시 제기했다. 그는 특히 『세인트올번스 시편집 Saint-Alban Psalter』의 세밀화를 연구하면서, 도상학적으로 독특한 그것의 몇 가지 특징과 에밀 말이 이미 언급한 플뢰리쉬르루아르의 「순례자 Peregrinus」 문헌을 매우 정확히 연결했다.[63]

그리스도와 엠마오 순례자들이 만난 일화는 전례용 시편의 연속된 세 쪽에 표현되어 있다. **그림 34** 첫 번째 이미지에서 순례자 복장을 한 그리스도의 모습은 전례극 문헌의 서술과 완전히 일치한다. 그는 맨발이고, 튜닉과 모자를 걸치고, 극의 본문에서 "기다란 종려나무 가지를 들고 longa palma gestans"라고 말한 기다란 지팡이를 태양을 향해 들고 있다. 양쪽에서 두 명의 엠마오 순례자들이 해가 뜰 때까지 그들의 초대를 받아들여달라고 간청한다. 태양은 이미지 한구석에 표현되어 있고, 두 순례자 가운데 하나가 새벽까지 그리스도를 초대한다는 것을 알리기 위해 손가락으로 가리키고 있다. 순례자는 다른 손으로는 극에서처럼 떠

1. 그리스도와 순례자의 만남 (fol. 40r)

[그림 34] 그리스도와 엠마오 순례자 (세인트올번스 시편집, 12세기)

2. 빵을 나누는 그리스도 (fol. 40v)

3. 그리스도의 승천 (fol. 41r)

나려는 듯한 그리스도의 어깨를 붙잡는다. 여기에서도 이미지는 "떠나려는 모습을 한다. 그들은 붙잡는다fingatse velle discedere: ipsi autem retineant eum"라는 극의 지시와 완벽히 일치한다.

두 번째 이미지도 극의 본문을 똑같이 따르고 있는 것처럼 보인다. 예수는 두 순례자 사이의 식탁에 앉아 있다. 그리고 "거기에서 (순례자는) 빵을 들고 높이 올려 오른손으로 축복하고 노래 부르며 저마다의 몫으로 나눈다accipiens autem panem [Peregrinus] elevatum in altum dextra benedicat, frangatque singulis partibus cantando"고 본문이 강조하는, 거의 성찬의 몸짓으로 서로 빵을 나눈다.

세 번째 이미지에서 예수는 순례자들의 놀란 눈앞에서 사라진다. 승천ascensio의 어떤 장면에서처럼 이제 그의 발만 방의 천장을 나타내는 아케이드 모양의 장식 아래에서 얼핏 보인다.[64] 그러나 이와 유사한 잉글랜드의 다른 필사본에서는 "합창대 맞은편 출입구로 나온다exiensper hostium ex adverso chori"고 극에서 지시하는 것처럼 그리스도가 문으로 사라진다.[65]

도상과 전례극의 매우 밀접한 관계는 「성묘 방문Visitatio Sepulchri」의 극에서도 확인된다. 막달라 마리아가 사도들에게 그리스도의 부활을 알리러 왔을 때나, 그 말을 믿지 않은 도마가 그리스도의 상처에 손을 댈 때와 같은 경우에서 그렇다.[66]

그러나 이미지는 '배우'의 몸짓을 나타낼 뿐 아니라, 전례극이 '거룩한 재현', 생생한 기억으로 만든 그리스도 수난의 실제 몸짓을 더 강렬하게 환기시킬 수도 있다. 『세인트올번스 시편집』의 세밀화 가운데 하나는 그리스도를 유대인에게 넘길 때 그리스도의 운명에서 '손을 씻은' 빌라도의 유명한 몸짓을 표현하고 있다.[67]

빌라도는 자신에게 내밀어진 대야에 오른손을 담그고, (선험적으로 부정적인 기호인) 왼손은 유대인에게 뻗고 있다. 유대인들은 그의 앞에서

[그림 35] **저주의 몸짓** (세인트올번스 시편집, 12세기)

빌라도와 유대인. 빌라도는 오른손을 씻는다. 그는 왼손으로 유대인을 저주하며, 그리스도의 무고한 핏방울을 그들의 머리에 떨어뜨린다.

입을 벌리고 집게손가락을 세우며 끈질기게 주장한다. 그는 그들을 향해 손을 들고 있고, 물방울이 그들 쪽으로 튀어나와 떨어진다. 그것은 대야에서 손을 꺼낸 것에서 비롯된 물방울이 아니다. 더 정확히 「마태오복음서」(27:25)의 말에 따르면, 그것은 유대인이 스스로 불러들인 저주를 오롯이 구현한 핏방울이다. "그 사람의 피에 대한 책임은 우리와 우리 자손들이 질 것이오." **그림 35**

이렇게 이미지는 이중의 전이를 행한다. 유대인의 말이 빌라도의 몸짓이 되고, 동시에 머지않아 십자가에서 흘릴 그리스도의 피를 필사본 지면으로 분출한다. 기독교 예술에서 육화*Incarnatio*는 표현 대상에 그치지 않고, 하나의 원리로 이미지에 실제로 침입한다.[68] 빌라도의 몸짓은 기독교의 기호*signum*와 성사적 유효성이라는 가장 강렬한 의미에서 육화의 참혹한 상징이자, 다가올 수난의 사건을 예고하는 좋은 징표이다. 그것은 유대인이 내뱉은 저주의 말을 환기시키고, 나아가 기독교인이 말하는 유대인의 벗어날 수 없는 저주를 이미 실현하고 있다.

그러므로 표현된 몸짓을 전례극의 '영향'으로 축소하려는 것은 잘못된 일이다. 두 유형의 표현은 모두 고유한 논리와 의미, 기능을 지닌다. 저마다 자신의 표현 공간을 구성하는 독특한 방법도 가지고 있다.[69] 게다가 극이 도상학에 끼칠 수 있는 영향의 경로는 대체로 모호하게 남아 있다. 그 대신 전례극과 도상의 두 영역에서 확실한 것은 설득력 있는 힘, 움직이는 육체성, 상징적 유효성을 지닌 몸짓과 목소리의 새로운 의미이다.

설교가의 몸짓

12세기 이후 고전 문학, 특히 수사학 전통의 재발견과 함께, 더 다양해지고 더 세속화한 청중을 위한 새로운 설교의 필요성도 성직자들이 몸짓과 말의 관계에 관한 문제를 다시 생각하게끔 부추겼다.[70] 거기에 이론적이고 실천적인 목표를 동시에 지닌 설교술*artes predicandi*이 활용되었다. 이것은 설교가가 사용하기 위한 안내서이자, 설교가와 그의 학문, 그의 몸짓의 '귀감'이기도 했다.

키케로와 『헤렌니우스를 위한 수사학』이 다시 인기를 끈 덕분에[71] 수사학의 다섯째 영역인 행동*actio*이나 발화*pronuntiatio*가 새롭게 교육되고 설명되었다.[72] 고전 작품이 언급한 몸짓은 설교가의 행동에 중요했기 때문에 특별한 관심의 대상이 되었다. 14세기 초, 툴루즈의 프란체스코회 수도사인 제로 드 페셰의 설교 안내서에서 그에 관한 놀라운 증언이 발견된다. 그는 설교가가 설명에 끌어들일 수 있는 낱말의 목록을 알파벳 순서로 제공하고, 그것들에 저마다 다루어야 할 함축된 의미를 곁들였다. 예컨대 탁발수도회의 수도사를 가리키는 '렐리기오수스*religiosus*'라는 말은 화해*compositio* · 거룩함*sanctitas* · 정숙함*pudor* · 온유함*mansuetudo*과 같은 몇몇 도덕적인 덕과 함께, 설교가의 '직무'와 더 구체적으로 관련된 용어를 끌어낸다. 구성*compositio*과 연설*eloquentia*, 운율*mensura*, 그리고 몸짓*gestus*이다.[73]

13세기 초부터 설교가의 몸짓을 덕의 모범이자 효과적인 무기로 삼는 것은 성직자들의 주요한 관심사였다. 고대의 전통에서 가져온 기본 원칙은 목소리, 얼굴 표현, 몸짓의 조화였다. 〔13세기 잉글랜드의 작가인〕 제프리 빈소프는 이것들이 연설가의 세 가지 '언어'라고 말했다.[74] 이야기하는 말과 목소리가 (슬픈 일을 말하는 데는 슬픈 목소리, 즐거운 일을 말하는 데는 유쾌한 목소리, 힘든 일에는 엄정한 목소리, 겸손한 일에는 유순한 목소리로 하듯이) 연설가가 말하는 것의 '거울'이자 '표현'이어야 하는 것처럼,[75] 몸짓도 다루는 주제와 일치해야 한다. 설교가가 "온갖 범죄와 신의 복수, 지옥의 형벌"을 말한다면, 선지자 예레미야를 본받아 "고통받는 이의 몸짓과 목소리를" 해야 한다.[76]

키케로와 아리스토텔레스의 영향이 뚜렷한 브루네토 라티니의『보전Livres dou Tresor』*에 따르면, 연설가의 (라틴어의 '프로눈티아티오'에 해당하는) '연설parleure'은 "자신의 생각에서 찾아내고 확립한 것을 이야기하는 것"과 "사안과 비유의 위엄에 따라 신체·목소리·태도의 적절함"을 유지하는 것으로 이루어진다. 그는 이렇게 덧붙인다. "고통과 환희, 전쟁과 평화, 이런저런 장소마다 팔다리·얼굴·시선을 다르게 해야 한다. 이때 손과 눈, 이마를 비난받을 방법으로 올리지 않게 모두가 조심해야 한다." 그는 연설가에게 이렇게도 권고한다. "얼굴은 똑바로 하여 하늘이나 골짜기로 향하지 않고, 눈은 땅을 바라보고, 입술을 흉하게 구부리지 말고, 눈썹을 만지거나 손을 들지 말고, 어떠한 비난할 만한 태도도 없게 조심해야 한다."[77]

흔히 비난받는 몸짓 가운데 하나는 세네카에게서 빌려온 표현에 따르면 '손의 투척'이다.[78] 피에르 르 샹트르는 분명히 말한다. "머리를 움직이고, 팔을 비틀고, 손가락을 뻗고, 발을 구르고, 온몸을 심하게 움직이는 것은 어떤 광증을 흉내 내고, 싸움꾼처럼 보이는 것이 아니고 뭘까?"[79] 그 뒤 라몬 류이도 "손가락으로 말하는 것"을 금지했다.[80]

자크 드 비트리는 '인기 있는' 설교가 풀크 드 뇌이의 눈길을 끄는 설교를 회상한다. 그는 설교가의 몸짓은 거의 묘사하고 있지 않지만, 설교에 감동해 열광한 청중의 반응을 관찰해 보여준다. 어떤 사람은 신발을 벗고, 어떤 사람은 상반신이 벌거숭이가 되고, 어떤 사람은 회초리로 가슴을 치고, 어떤 사람은 죄를 고백하려고 설교가의 발 앞에 엎드린다.[81] 비슷한 군중이 뒷날 〔15세기의 유명한 설교가들인〕 베르나르디노 다 시에나나 올리비에 마야르, 빈센테 페레르, 미셸 메노, 지롤라모 사보

---

* 이탈리아의 브루네토 라티니(1220?~1294)가 당시의 백과사전적 지식을 요약하여 이탈리아어(Tesoretto)와 프랑스어(Li Livres dou Trésor)로 펴낸 문헌이다. 이 작품은 속어로 쓰인 최초의 백과사전으로 여겨진다.

나롤라의 부름을 받아 모여들었다.[82]

교회법 학자의 규정이나 연대기 작가의 우려 뒤에 어릿광대의 모순된 이미지가 다시금 그림자를 드리운다. 피에르 르 샹트르에 따르면 학교의 논쟁*disputatio*에서 몸짓을 많이 하는 어릿광대와 비교되는 것은 치욕적이다.[83] 알랭 드 릴은 "연극과 무언극의 설교"를 단죄할 만큼 강경한 말은 하지 않는다.[84] 알랭의 설교에서는 연극성이 모두 배제되지는 않는다. [예수가 예루살렘에 입성한 날을 기념해 신자들이 축성된 나뭇가지를 들고 기리는] 성지주일의 설교를 할 때, 그는 그리스도와 어둠의 세력이 충돌하는 우주적인 극을 (풍부한 몸짓으로?) 강조해서 이야기한다. [프랑스의 역사학자인] 마리테레즈 달베르니는 "이 설교가 예수 수난극의 초안으로 쓰일 수 있었을 것"이라고 논평했다.[85]

13세기 초부터 도시 군중을 개종시키고 이단의 위험을 물리치기 위해 교황권으로 속인에 대한 설교를 특별히 떠맡은 새로운 탁발수도회도 모방할 모범이나 제거할 경쟁자인 광대라는 인물상을 잇달아 마주하게 되었다. 더 '대중적인' 설교를 지지하던 프란체스코회는 성 프란체스코가 스스로 본보기를 보여준 '그리스도의 광대' 모델을 의식적으로 구현하려 애썼다.[86] 그러나 청중 앞에서 그들은 배제하려 애쓴 진짜 광대와의 경쟁에 부닥쳤다. 처음부터 더 지적인 전통을 대표하던 도미니쿠스회는 원리상으로는 프란체스코회보다 덜 가까웠다. 하지만 역설적이게도 문제를 곧바로 이론적인 수준으로 제기했기 때문에 (앞서 살펴본 알렉산더 헤일스 같은 몇몇 프란체스코회 수도사들도 있었으나) 토마스 아퀴나스나 윙베르 드 로망과 함께 그들은 광대와 그들의 몸짓에 완전한 이데올로기적 정당성을 부여하는 데 가장 기여했다.[87]

이렇듯 13~14세기 탁발수도회의 설교는 때에 따라 균형의 차이는 있었으나 두 전통의 종합을 이루었다. 하나는 12세기 이후 도시의 학교와 대학에서 연구가 재개된 고대 수사학의 전통이고, 다른 하나는 거리나 광장의 공연, 광대와 그들의 무절제한 몸짓의 전통이다.

14세기 초 잉글랜드의 두 명의 설교가인 로버트 베이스본*과 토머스 웨일리스**도 특히 이러한 점을 강조했다.[88]

토머스 웨일리스는 설교가가 '몸짓과 신체의 움직임'을 절도modestia 의 덕에 따라 하기를 바란다. 이상적인 것은 다시금 똑같이 '무질서한' 것으로 판단되고 배제해야 할 두 극단과 대조되는 중용에 있다. 그는 문장의 균형에서도 이를 드러낸다. 설교가는 움직이지 않는 조각상처럼 굳어 있어서는 안 된다.[89] (여기에서 여전히 몸짓을 '조형'처럼 언급하고 있다는 것에 주목하자.) 그의 움직임은 점잖아야 한다. 머리를 너무 급격하게 올리거나 내리지 말아야 하고, 거칠게 좌우로 돌리지도 말아야 한다. 동쪽과 서쪽을 한꺼번에 껴안으려는 듯이 두 팔을 일제히 벌리지 말아야 하고, 너무 갑자기 맞잡지도 말아야 한다. 팔을 너무 빨리 뻗거나 당기지도 말아야 한다.

토머스는 설교가가 결투를 좋아하는 사람이나 미치광이처럼 너무 심하게 움직이다가 설교단에서 떨어질 뻔한 일을 본 적이 있다고 말한다. 선량한 도미니쿠스회 수도사인 그는 자신이 몸담은 수도회의 오랜 본보기를 그것에 대립시킨다. 『성 아우구스티누스의 계율』, 특히 지난 세기에 이미 도미니쿠스회 총수도회장 욍베르 드 로망이 몸짓에 관한 위그 드 생빅토르의 문헌에서 영감을 받아 주석을 붙이면서 끌어낸 걸음걸이, 태도, 신체의 움직임에 관한 구절들이다.[90]

로버트 베이스본도 (설교가의 말에 대한 또 다른 대립 모델인) 변호사처럼 지나치게 팔을 뻗고, 미치광이처럼 머리를 흔들며, 위선자처럼 눈

---

* 『설교의 형태The Form of Preaching』의 작가인 로버트 베이스본의 삶에 관해서는 거의 알려진 것이 없다. 이 책의 사본은 가장 이른 것이 1322년으로 거슬러 올라가며, 설교를 잘하기 위해 갖추어야 할 수사학과 문체의 기술에 관한 지침을 제공한다.
** 도미니쿠스회 설교가인 토머스 웨일리스(1287~1350)는 고대의 설교 방식과 새로운 설교 방식을 구분한 『거룩한 풍습De divinis moribus』을 썼다.

을 돌리는 설교가들을 비판한다. 그것들에 어떤 모델을 대립시킬 수 있을까? 그는 위그의 『수련자 교육』에서 "입으로만 말하고", 특히 손으로 말하지 않아야 한다는 '몸짓의 적절함'이라는 생각을 끌어낸다.

설교와 설교가의 도상도 일치하는 증언을 가져다준다. 마리피에르 샹프티에는 13~15세기의 『교화 성서Bibles moralisées』와* 『교화 오비디우스Ovide moralisé』** 필사본으로 이를 연구했다.[91] 13세기에 (대체로 탁발 수도회의 구성원인) 설교가를 등장시킨 세밀화는 설교가와 청중, 신이나 그리스도를 연결한 삼원의 구조를 보인다. 설교가는 두 발을 땅에 굳건히 붙이고 서 있다. 그는 왼손에 든 책을 펴고 신자들 쪽을 향하고 있다. 그는 신의 말씀을 선언한다. 오른손은 절도 있게 청중을 향해 뻗고, (설교는 악과의 싸움이므로) 절도의 모범인 단호하면서도 신중해야 할 신체의 균형과 자세를 추구하려는 듯이 왼발은 앞으로 내밀고 있다. 이런 몸짓은 거짓 설교가의 몸짓과 대조된다. 이단자는 청중을 향해 두 손을 동시에 뻗는다. 이는 토머스 웨일리스가 그의 저작에서 분명하게 단죄했던 것이다.[92]

그 뒤 설교가의 이미지는 변화한다. 중세 말기에 설교가는 설교단에 올라 자신의 권위의 높이에서 (그에게 복종하는 신하인) 신도를 다스린다. 이 권위는 교회의 권위이고 허가된 계시의 권위이지만, 설교가의 개인적 권위이기도 하다. (늘 그런 것은 아니지만) 이따금 신의 형상이 사라지는 동안, 설교가는 책을 들고 있기를 멈춘다. 그래서 자유로워진

---

* 『교화 성서』는 '장식 성서(Bible Historiée)'나 '우화 성서(Bible Allégorisée)'라고도 불리는 13~15세기의 그림 성서(Biblia pauperum) 필사본이다. 성서 본문의 선택과 순서는 비슷하지만 끌어낸 우의적, 도덕적 추론이 다른 두 종의 판본이 전해진다. 쪽마다 구약과 신약의 일화를 짝지어 예형론의 관점에서 도덕적 의미를 설명하는 삽화가 곁들여 있다.
** 14세기 초에 오비디우스의 『변신이야기Metamorphoses』를 개작하여 고프랑스어로 제작된 필사본이다. 1317년에서 1328년 사이에 제작된 것으로 보이며, 르네상스 시대의 예술가들이 그리스 신화의 장면을 표현하는 데 큰 영향을 끼쳤다.

[그림 36] **설교가와 청중의 몸짓** (수난에 관한 설교, 1480년 무렵)
설교가는 강단에 서 있고, 그 뒤에 삼위일체가 나타난다. 그는 자신의 설교의 주장을 손가락으로 세고 있는 것 같다. 청중은 듣거나 기도한다.

두 손으로 그는 논증한다. 스콜라주의 설교의 연속된 부분들을 세려는 듯이, 한쪽 손의 집게손가락이 다른 손의 손바닥이나 손끝에 닿으러 온다. 청중은 앉거나 서서 귀를 기울이며 바라본다. 어떤 이는 손바닥을 펴서 메시지를 전달받는다는 의미를 나타낸다. 어떤 이는 손으로 뺨을 받치고, 이미 복음을 명상하고 있다. 다른 사람들, 특히 여성들은 설교를 하는 동안 두 손을 모으고 기도한다.[93] **그림 36**

　13세기 중반부터 설교가의 몸짓에 관한 성찰은 또 하나의 전통과도 다시 관계를 맺었다. 음악*musica*의 전통이다. 몸짓, 음악, 수사학의 이러한 새로운 만남은 (아리스토텔레스의 『신논리학logica nova』이나 알파라비와 이븐 시나의 과학 작품 같은) 그리스와 아랍의 철학과 과학, 아울러 [이과계 학과들인] 4과의 연구에 유난히 개방된 지적 환경을 지닌 옥스퍼드에서 나타났다.

이 옥스퍼드학파를 대표하는 가장 중요한 인물 가운데 하나는 (1292년 무렵에 사망한) 프란체스코회 수도사 로저 베이컨이다. 그의 『제3저작Opus tertium』은 다양한 학문에 대한 검토를 거쳐 마침내 음악에 이른다. 그는 마르티아누스 카펠라, 아우구스티누스, 카시오도루스, 보이티우스, 더 가까이는 리샤르 드 생빅토르와 같은 라틴 기독교의 모든 전통에서 음악에 관한 자신의 지식을 끌어낸다. 그는 수리적 학문인 음악이 소리와 목소리, 나아가 신체의 움직임 사이의 올바른 관계를 가르친다고 설명한다.

그것은 실제로 두 가지 표현 형태를 지닌다. 하나는 (악기와 노래 덕분에) 들을 수 있고, 다른 하나는 몸짓 덕분에 볼 수 있다. 몸짓은 운율·노래와 함께 '음악의 뿌리'이다.[94] 악기·노래·운율·리듬을 갖춘 음악은 "몸짓, 신체의 펴고 굽힘"이 동시에 존재하지 않으면 완전한 즐거움을 주지 못한다. 음악적 몸짓의 본보기는 춤의 조화이다. 옥스퍼드학파의 또 다른 저명한 인물인 로버트 그로스테스트도 "음악의 소리, [소리의] 변화, 무절제한 몸짓, 시간적 리듬에서 비율의 조화"라고 그와 똑같은 이상을 추구했다.

그러나 프란체스코회 지식인인 로저 베이컨은 설교가이기도 했다. 음악이 전례와 그것이 장려하는 신앙심에서 교회에 유용하다면, "처음에는 사리에 어긋나 보일 수도 있겠지만" 설교에도 유용하다.[95] 실제로 설교가는 설득하기 위해 설득 방법modus persuasionis을 알아야 한다. 그런데 그의 모든 신학 지식, 그의 설명의 진실과 아름다움만으로는 충분치 않다. 그는 목소리와 말에 알맞은 몸짓으로도, "팔다리의 어울리는 올바른 움직임"으로도 설득해야 한다.[96] 단순한 관습usus의 실천만으로는 이러한 요구를 따를 수 없다. 음악가, 과학자, 단순한 [고대 그리스의 현악기인] 키타라 연주자가 대비되듯이, 참된 연설가는 규칙의 '원인과 이유'를 알지 못한 채 그것을 적용하는 것에 만족할 수 없다. 그래서 설교가는 실천의 관습에 영감을 주고 영향을 끼치는 이론적 지식*ars*, 관계의 과학을 알기 위해 음악가도 되어야 한다.

14세기 초 프랑스 〔새로운 음악양식인〕 아르스 노바의 선구자 가운데 한 사람인 장 드 그루쉬*에게서도 똑같은 구분이 발견된다. 음악 이론 *theoria*의 창시자인 그는 조화로운 관계의 수리적 학문의 원리*ars*를 아는 음악가*musicus*를 목소리의 실천적인 숙달, 관습*usus*에 숙달되었을 뿐인 가수*cantor*와 구분한다. 장 드 그루쉬는 노래의 유형을 사회적으로도 구분한다. 그가 '왕관을 쓴 노래*cantus coronatus*'라고 부른 궁정의 노래와 장인의 노래인 '몸짓의 노래*cantus gestualis*'가 있다.[97] 이 '몸짓의*gestualis*'라는 낱말은 애매하다. 음악사가들은 그것을 작업장에서 부르는 이야기, '게스타'라는 단어와 연결시킨다. 그러나 왜 노동의 몸짓에 박자를 맞춘 노래는 생각지 않는 것일까?

속인의 수사학

같은 시기에 이탈리아의 도시와 그곳의 귀족·속인 문화의 다른 지적·사회적 환경에서 또 다른 변화가 모습을 드러냈다. 최고의 증인은 본콤파뇨 다 시냐이다. 그는 볼로냐에서 문법·수사학 교사를 지냈고, 1204년 로마에 자리를 잡은 뒤 1229~1234년에 교황의 특사를 지낸 유명한 연설가이자 장황한 문체로 글을 쓴 작가였다.[98] 그는 12종 정도의 작품을 남겼는데, 그 가운데 적어도 3종은 몸짓을 다루고 있다. 그것들은 때로는 완전한 민속학적인 정확성으로 몸짓을 묘사하고, 때로는 더 일반적이고 독창적인 견해를 제시한다.

---

* 장 드 그루쉬(1255?~1320?)는 14세기 프랑스의 음악 이론가로 『음악술*Ars musicae*』을 썼다. 여기에서 그는 보이티우스와는 달리 음악을 통속 음악(musica vulgaris), 절제된 음악(musica mensurabilis), 교회 음악(musica ecclesiastica)의 셋으로 나누었다.

1204년에 그는 『우정의 책Liber de amicitia』을 썼다. 정신적 우정과 이성의 중재를 바라는 '영혼과 신체의 논쟁'에 관한 문헌 전통을 이은 작품이다. 이 책의 제30장에는 작가와 '가짜 친구의De versipelli amico' 가상 대화가 나온다. 그는 본콤파뇨를 껴안고는 코를 찡그리고, 입술을 비틀며 웃고, 혀를 내밀고, 한쪽 눈을 감고, '어릿광대처럼' 머리와 손발을 흔든다. 그러나 그는 자신의 행동을 설명하지 않고, 본콤파뇨에게 이렇게 선언할 뿐이다. "그대는 이미 몸짓과 신체의 움직임에 관해 잘 알고 있다. 그대가 인간 지성을 뛰어넘어 속이는 몸짓과 인간 신체의 움직임에 관한 책을 썼으니 말이다. 기억하라, 그대를 속이려는 모든 것을."[99] 『고대 수사학Rhetorica antiqua』(1215년)에서 본콤파뇨는 "몸짓과 인간 신체의 움직임에 관해 내가 쓴 책"을 다시 언급한다.[100] 내가 알기에 이것은 서구 전통에서 몸짓에만 오롯이 할당되었다고 언급된 최초의 작품이다. 하지만 그가 언젠가 썼다고 해도 이 작품은 발견되지 않았다.

유감스럽게도 이 책에 관해 더 알려진 것은 없다. 하지만 몸짓에 대한 본콤파뇨의 관심은 그가 남긴 작품의 다른 측면으로도 확인된다. 『고대 수사학』(제26장)의 유명한 구절에서 본콤파뇨는 로마와 토스카나 지방의 애도 관습을 비교한다.[101] "토스카나에서는 사람들이 얼굴을 할퀴고, 옷을 찢고, 머리카락을 쥐어뜯는다." "로마 사람들은 손톱으로 얼굴의 일부를 쥐어뜯지 않고, 머리카락을 잡아당기지 않고, 옷을 배꼽이나 가슴까지 찢지 않으면 누군가의 죽음을 슬퍼한다는 평판을 얻지 못한다." 특히 로마에는 '셈하는 여자computatrices'라고 불리는 직업적인 곡녀가 있다. 그들이 '일종의 춤sub specie rithmica'을 추며 죽은 자의 재산을 '세고', 그에 대한 찬사를 노래해서 붙여진 이름이다. 이 춤은 재산을 열거하는 것에 맞추어 규칙적으로 교체되는 움직임으로 묘사된다. 곡녀는 어떤 때는 일어서고, 어떤 때는 절을 하며, 머리카락이 뺨 위로 흐트러지고, 말을 '호'와 '히'로 강조한다. 본콤파뇨는 곡녀의 탄식을 나지막하게 따라 하는 참석자들의 반응도 기록했다. 그러나 그녀들은 "고통이 아니라, 품삯의 눈물"을 흘릴 뿐이었다.

1235년에 본콤파뇨는 볼로냐에서『최후의 수사학Rhetorica novissima』을 펴냈다. 이 제목은 단지 그의 첫 번째 수사학 작품의 제목에 대한 응답이지만은 않다. 작가는 아리스토텔레스나 키케로와 같은 가장 저명한 선구자들에 대해 절대적인 독창성을 주장한다. 작가는 이미 르네상스에 속한 자신만만한 낙관주의로 "태양 아래 새로운 것은 없다"고 말하는 것은 잘못이라고 선언한다. 그는 수사학 전통을 식별하고 사용한다. 그러나 그것은 판사, 변호사, 도시의 전령관과 같은 공공의 말 전문가들과 기관을 갖춘, 자신을 둘러싼 도시 환경에 놓인다. 본콤파뇨가 쓴 것은 이들을 위한 것이지, 설교가를 위한 것이 아니다.

하나의 장 전체가 '말하는 이의 몸짓'을 다루고 있다.[102] 연설의 단계마다 피해야 하거나, 반대로 지켜야 하는 몇몇 몸짓에 관한 내용이다. 시작할 때는 변명하려 말하는 듯이 헛기침을 하지 말아야 한다. 말하려고 일어선 이는 머리카락을 귀 뒤로 넘기거나 코를 찌푸리는 (쓸데없는) '미신적인 몸짓'은 삼가는 것이 좋다. 오래 자신의 연설을 궁리하더라도 하늘을 바라보고 한숨을 쉬어 즉흥으로 생각해서 하는 듯한 모습을 보여서도 안 된다. 솔로몬의 충고에 따라 태도, 걸음걸이, 웃음에서 절도modestia를 지켜야 한다. 그래야 '몸짓의 품위'로 판사와 청중의 호의를 얻는다. 끝으로 존경의 표시로 판사 앞에서는 머리를 숙여야 한다. 한 세기 뒤의 로버트 베이스본은 여전히 설교가의 이상적인 몸짓을 변호사의 지나친 몸짓과 대립시킨다. 하지만 볼로냐의 법률가인 본콤파뇨는 법정의 [사람들의 눈길을 끌기 위한] 소매 효과만 인정할 뿐이다.

뒤이어 '연설의 장식'에 관해 말하면서, 그는 연설가가 사용하는 모든 태도와 은유를 묶은 환유transumptio나 표현이라는 개념을 정의한다. 그것들은 고대 기념물의 이미지와 조각상, 명문으로 알아볼 수 있는 깃

발과 인장의 초상을 모델로 한다. 몸짓도 같은 기능을 충족시킬 수 있다. "청각·언어 장애인, 해안이나 항구에서 멀리 떨어진 조난자, 말할 수 없는 병자, 감히 말하지 못하는 포로와 연인, 귀신 들린 자와 종교인은 몸짓, 기색이나 신호, 가벼운 헛기침, 머리 흔들기, 웃음 등으로 자신의 감정을 표현한다."[103]

여기에서 본콤파뇨는 이제 어떤 규범을 금지하거나 강제하려 애쓰지 않는다. 그는 일찍이 이런 맥락에서 비교되거나 언급조차 된 적이 없던 사람들의 범주를 일반화하고 묶어서 오늘날 '비언어 의사소통'이라고 불리는 것에 관해 성찰한다. 신체의 움직임이 표현하는 기호적 의미는 이제 윤리적 문학에서처럼 '영혼의 움직임'이 아니다. 종교적인 함의가 모두 벗겨지고, [기호와 지시대상 사이의 일반적인 의미작용을 연구하는] 의미론적·심리적 의도로 축소된 '감정*affectus*'이다. 신체의 표현은 위그 드 생 빅토르의 작품에서처럼 예술적 조형*figuratio*의 모델에 기초해 사고되지만, 본콤파뇨는 이미지와 그것을 식별해주는 명문에 관해 말하며 더 앞으로 나아간다. 몸짓은 '문자'처럼 곧바로 이해할 수 있고 모호하지 않다. 이렇게 17세기에 자신의 모든 힘을 발견하게 될 몸짓과 문자의 새로운 비교가 모습을 드러낸다.

이탈리아 자유도시의 공중을 위한 포고와 전령관은 본콤파뇨에게 환유가 무엇으로 이루어지는지를 구체적으로 나타낼 기회를 가져다주었다. 전쟁을 알리고, 무기를 들도록 참석자들을 부추겨야 하는 전령관은 자신의 몸짓으로 생각을 표현하고 더 설득력 있게 하기 위해 머릿속으로 전쟁의 이미지를 구성해야 한다.[104] 전령관의 말은 '기억술'에 기초한다.[105] 따라서 그것은 매우 의례화되어 있고, "그들의 신체적 몸짓의 재능을 보여주는 공연"을 이룬다.[106] 먼저 그들은 대중의 관심을 요청한다. "들으시오! 들으시오!" 그런 뒤에 그들은 성모와 도시의 수호성인에게 탄원하고, 도시의 유력자에 대한 찬사를 노래하듯이 말한다.

그러고 나서 포고의 이유를 설명한다. 군사 원정을 보내는 일이라면 전령관은 자신이 칼을 차고, 발굽으로 땅을 긁어대는 군마에 올라탄 모습을 상상해야 한다. 그러므로 사나운 얼굴을 내보이고, 눈썹을 치켜올리고, 발을 뻗고, 신발을 흔들고, 팔을 최대한 높이 올리고, 오른손으로 신호를 하고, 목소리로 부추기고, 고대인의 승리를 기억으로 불러와야 한다. 이런 광경에 자극받은 청중은 환성을 지르고 방패를 들어 올리며 한목소리로 외칠 것이다. "옳소!"

전령관의 직무는 수사학과 완전히 동일한 노련한 기술이다. 그러나 본콤파뇨는 아쉽게도 이탈리아에서는 학식 있는 사람이 전령관을 맡는 일이 드물다고 밝힌다. 그것은 모든 교육이 관습에만 의지하는, 속인에 맡겨진 평민 교육*doctrina plebeia*의 영역에 속한다. 따라서 본콤파뇨는 현실을 묘사하기보다는 희망을 제시한다. 하지만 그렇게 해서 그는 완전히 새로운 길을 연다. 성직자의 전통적인 교양과는 다른 법률적·도시적 문화를 지닌 그는 새로운 수사학적인 학문을 구상한다. 교회의 제도와 모델에서 벗어나고, 도시와 속인 사회의 의례적 몸짓에 완전한 정당성을 부여하는 학문이다.

8
기도에서 종교적 도취까지

아우구스티누스는 기호*signa*에 대해 말하면서 중세의 의사소통 문제에 관한 성찰의 기초를 마련했다. 그때 그는 인간이 마주하는 두 유형의 대화 상대를 구분했다. 하나는 (앞서 살펴보았던) 다른 인간이고, 다른 하나는 신을 비롯한 초자연적인 존재이다. 이러한 중세 의사소통의 다른 측면을 잊지 말아야 한다. 그것은 근본적이며, 무엇보다 의도·신앙·정신적 이미지·말·몸짓으로 이루어진 기도와 관련이 있다. 그런 몸짓 가운데 십자 성호를 비롯한 몇몇은 기독교에 고유한 것이지만, 대부분은 구약성서의 영향이 결정적으로 나타나는 훨씬 더 오랜 전통에 뿌리를 두고 있다.[1] 하지만 그것들도 역사가 있고, 과정에서 변화하며, 다양한 맥락에 삽입된다. 이는 개인적인 기도만이 아니라, 뒤에서 살펴볼 집단적이고 전례적인 기도도 마찬가지이다.

오란스

고대 기독교부터 중세 초기까지, 그리스도의 수난을 본보기로 삼아 새로워진 성서 전통에서 두 팔을 높이 들거나, 구세주의 몸짓을 모방해

두 팔을 십자가처럼 벌리고 서는 이른바 '오란스'의 자세는 주요한 기도의 몸짓 가운데 하나였다. 「에제키엘서」에서 "사람의 아들아, 일어서라. 내가 너에게 할 말이 있다"고 했듯이, 서서 기도하는 사람은 신의 목소리를 듣기 위해 하늘로 향한다.[2]

또 다른 주요한 몸짓은 땅에 완전히 엎드리는 것이었다. 그리스인의 '숭배proskynèse', 서구 수도사의 '겸손humiliatio'이다. 무릎을 꿇은 자세, 머리나 상반신을 완전히 숙이는 자세도 신을 마주한 피조물의 겸손이나, 자신이 저지른 잘못의 용서를 구하는 죄인의 부끄러움과 참회를 나타냈다. 이런 몸짓들은 모두 신의 시선 아래에서 행해졌으나, 사람들 앞에서도 행해질 수 있었다. 게다가 이런 기도는 특히 수도원 공동체 환경에서는 흔히 집단으로 이루어졌다.

테르툴리아누스는 [몬타누스가 주창한 열광적인 종말론적 사상인] 몬타누스주의로 옮겨가기 전에 쓴 『기도론De oratione』에서 주로 공적인 기도를 다루었으나, 사적인 기도에 관해서도 논했다. 그는 특히 공동체의 기도 뒤에 앉는 것을 금지한다. 기독교인은 기도로 지쳤다는 인상을 주어서는 안 되기 때문이다! 선 자세는 구세주의 부활을 기리는 데 알맞으므로 마땅히 일요일과 부활절 주간에 지켜져야 한다. (실제로 이러한 전례 관습은 4세기 초 니카이아 공의회에서 의무가 되었다.) 다른 때는 무릎을 꿇는 것이 죄인의 겸손의 표지이다. 두 팔을 십자가처럼 뻗는 것은 그리스도의 수난을 환기한다.[3] 보통날에 기독교인은 무릎을 꿇어야 하지만, 기쁨의 날들인 일요일, 축일, 부활절부터 성령강림절까지는 무릎을 꿇어서는 안 된다. 기도하기 위해 손을 들어 올려야 하지만, "절도와 겸손으로cum modestia et humilitate" 절제해서 올려야 한다.[4]

똑같은 권고가 다음 세기에 카르타고 주교 키프리아누스에게서도 발견된다.[5] 갈리아에서는 아를 주교 카이사리우스(재임 503~542)가 신도들에게 사제가 제단에서 기도할 때 몸을 굽히고, 기도하기 위해 무릎을 꿇고, 축복을 받기 위해 머리를 숙이라고 지시했다. 이런 몸짓들은 단지 참회의 표시가 아니라, 죄를 짓지 않았다고 생각하는 사람도 지켜야 하는 겸손의 표시였다. ("자신을 높이는 이는 낮아지고, 자신을 낮추는 이는 높아질 것"이라고)「루카복음서」(18:10-14)가 말한 사례를 따라야 했다. 자신만만한 바리새인은 꼿꼿이 서서 기도하며 자신의 공덕을 칭찬했다. 그러나 신은 세리의 기도를 들었다. 그가 완전히 숙이며 자신의 죄를 고백했기 때문이다. 이 사례는 중세에 자주 반복해서 언급되었다.[6]

몸짓, 그리고 기도하는 자의 의도와 그의 말과의 관계에 얼마간의 자리를 마련한, 기도에 관한 기독교의 이론적 성찰은 초기의 몇 세기부터 틀이 형성되었다. 그리스 기독교 세계에서 (6세기에 라틴어로 번역된) 교부들의 전기는 사막 수도사의 금욕적인 태도를 강조한다. "우리는 어떻게 기도해야 하는가?"라고 마카리우스는 묻는다. "많은 말을 사용할 필요는 없다. 들어 올린 손을 잡는 것으로 충분하다."[7] 오리게네스는 다른 어떤 것보다 손과 눈을 높이 올리는 것으로 이루어진 태도가 좋다고 밝힌다. "그러면 몸은 영혼에 알맞은 자질의 이미지를 기도에 담을 수 있다."[8] 그의 생각은 아우구스티누스를 거쳐 라틴 기독교 세계에 폭넓게 받아들여졌다.

아우구스티누스는『심플리키아누스를 향한 질문Questions à Simplicianus』에서 구약과 신약으로부터 끌어낸 성서의 권위에 의지해 기도에 관한 어떤 특정한 태도를 절대적으로 규정하기를 거부했다. 때마다 '영혼을 움직이게 하기에' 가장 알맞은 것을 선택해야 한다는 것이다.[9] 이런 몸짓의 효과는『죽은 자에게 가져야 할 관심De cura pro mortuis gerenda』에서 특히 명확히 밝혀진다. 아우구스티누스는 죽은 자를 위한 기도에 관해 후대에 널리 알려진 몇 구절로 자신의 생각을 간추려 나타낸다.

아우구스티누스는 기도하는 자는 무릎을 굽히고, 손을 벌리고, 조아리는 등 '눈에 띄는' 일을 한다고 밝힌다. 하지만 그것이 가장 중요한 것은 아니다. 그것은 '표시'일 뿐이다. 중요한 것은, 보이지는 않지만 신은 알고 있는 의도이다. 하지만 이런 신체의 움직임과 탄식은 기도하는 영혼이 신을 향해 상승하는 데에도 일정한 구실을 한다. 아우구스티누스는 "어떻게 그런지는 모른다*nescio quomodo*"고 고백하며 이렇게 말한다. "이런 신체의 움직임은 영혼의 움직임이 선행해야 일어날 수 있다. 하지만 반대로 그것을 일으키는 보이지 않는 내면의 움직임은 밖에서 눈에 띄게 행해지는 움직임으로 더 커진다. 곧 일으키기 위해 선행하는 마음의 감동은 행해진 사실로 더 커진다."[10] 이 구절은 기도에 관한 중세 주석의 고전이 되었다. 823년 아말라리우스는 전례에 관한 그의 주석에서 이 구절을 그대로 되풀이했고, 그 뒤로도 자주 인용되었다.[11]

기도하는 자의 의도나 (아우구스티누스가 탄식만 언급하고 있어서 확실치는 않지만) 말보다 덜 중요하더라도, 몸짓은 영혼을 그것의 움직임으로 끌어들이는 어떤 심리적인 효력을 지닌다. 그런데 아우구스티누스에게 '심리'와 관련된 것은 모두 매우 중요하다. 그는 중세 '심리학'의 진정한 창시자이다. 그 자신과 적어도 12세기까지 그의 가르침에서 비롯된 모든 전통으로 이루어진 그 심리학은 감각의 지각부터 신에 대한 지적인 명상까지 영혼의 의식과 관련된 원리를 세우기 위한 것이었다. 따라서 묘사에는 어려움을 겪었으나, 아우구스티누스는 기도의 몸짓이 물질적인 것에서 영적인 것으로의 이행*transitus*에서 어떤 구실을 한다는 점을 외면하지 않았다. 『고백록』에서 그는 영혼을 전하는 음악과 노래에 관해 말하면서, "감정을 … 어떻게 그런지는 모른다*affectus... nescio quomodo*"고 거의 똑같은 의심의 표현을 사용하며, 세속 음악의 경우에는 육신의 욕망을 불러일으킬 위험이 있다고 밝혔다.[12]

기도의 몸짓에 관한 논의는 카롤루스 왕조 시대에 카롤루스 대제의 측근이자 전기작가인 에인하르두스, 아말라리우스, 그리고 라바누스 마우루스의 제자인 라이헤나우 수도원장 발라프리두스 스트라보와 함께 전례의 테두리 안에서 다시 활기를 띠었다. 세 사람은 모두 기도에서 몸짓이 차지하는 지위를 인정했다. 하지만 몸짓을 매우 명확한 한계 안에 억제하고, 영적 차원과 기도의 음성 표현에 종속시키려고도 했다.

에인하르두스는 836년 3~4월에 페르예르 수도원장 루푸스 세르바투스에게 쓴 편지에서 '그의 작은 질문rogatiuncula tua'에 대한 응답으로 십자가 '숭배'의 정당성을 옹호한다. 그러나 그는 '숭배adoratio'와 '기도oratio'를 조심스럽게 구분한다. 기도는 하소연하고 간곡히 요구하기 위해 보이지 않는 신에게 바치는 것이다. 그것은 "정신과 목소리로 행하지, 신체의 몸짓으로는 행하지 않는다mente vel voce, vel mente pariter ac voce, sine corporis gestu." 반대로 숭배나 공경veneratio은 "머리를 숙이고, 몸 전체를 굽히거나 엎드리고, 팔을 뻗고, 두 손을 벌리는" 것처럼, 자기 앞에 가시적으로 존재하는 사람이나 사물을 향해 어떤 특수한 몸짓을 사용해서 신체의 직무officium corporale를 하는 것이다.[13]

이런 몸짓들은 구약에서 정당성을 얻는다. 에인하르두스는 ("당신의 거룩한 궁전을 향해 엎드려 당신의 이름을 찬송합니다"는) 「시편」(138:2)과 (다윗왕 앞에서 밧세바가 무릎 꿇거나 엎드리는 「열왕기상」 1장 16~31절, 예언자 나탄이 다윗 앞에서 얼굴을 땅에 대고 엎드려 절하는 「열왕기상」 1장 23절, 예언자 무리가 엘리사 앞에서 땅에 엎드려 절하는 「열왕기하」 2장 15절의) 「열왕기」에 근거해서 '숭배'는 (다윗왕이나 선지자 같은) 공경해야 할 사람, 천사, (성전이나 성유물 같은) 생명이 없는 사물에까지 바쳐질 수 있다고 주장한다. 성녀 파울라(347~404)의 금욕적인 신앙심을 묘사한 히에로니무스의 편지가 보여주듯이 십자가도 마찬가지이다. "십자가 앞에 엎드려서 마치 거기에 매달린 주님을 바라보듯이 경배했다." 에인하르두스는 '마치'라는 표현을 강조한다. 신체의 눈으로 이미지를 보는 것이 아니라, 영혼의 '내적인 눈'으로 관조한다는 것을 나타내기 때문이다.

실제로, 보이지 않는 신만이 정신·목소리의 기도와 몸짓의 숭배를 동시에 누릴 수 있다. 존경할 만한 존재와 사물은 몸짓 숭배의 대상이 될 수 있을 뿐이다. 요컨대 적어도 그의 편지에서 암암리에 확인할 수 있는 것은 그리스도 수난의 물질적인 이미지를 비롯해 이미지는 숭배받을 권리조차 없었다는 사실이다. 실제로 (787년) 제2차 니카이아 공의회는 교황 하드리아누스 1세의 권위 아래 비잔티움 제국에서 성화상 숭배를 복원했으나, 카롤루스 대제와 그의 측근들은 『카롤루스의 책 Libri carolini』과 794년에 열린 프랑크푸르트 공의회로 그 법령을 프랑크 제국에 적용하기를 단호히 거부했다.*

그리스인과의 논쟁이라는 이러한 배경은 에인하르두스의 편지에도 나타난다. 그는 자신이 구분한 기도와 숭배라는 라틴어 용어에 해당하는 그리스어 '프로세우케*proseuche*'와 '프로스키네시스*proskinesis*'를 제시할 필요를 느낀다. 그는 이러한 용어의 의미에 관해 전혀 머뭇거리지 않는다. 니카이아 공의회 법령에 관한 서방의 반응은 흔히 알려진 것과는 달랐다. 라틴 세계의 사람들은 그리스인의 성상 '숭배'를 규탄하면서, 그들이 무슨 말을 하는지 오롯이 알고 있었다. (그리스인이 나무판자를 숭배하지 않았듯이) 그들은 그 나라의 조잡한 우상 숭배가 아니라, 그들이 보기에 정당성을 지니지 않는 이미지에 대한 신앙심과 숭배를 규탄하려 했던 것이다. 서방 기독교가 이미지의 종교가 되는 데에는 두 세기가 더 필요했다. 아직은 아니었다.

---

* 『카롤루스의 책』은 성상 숭배의 전통을 복원한 제2차 니카이아 공의회의 결정을 반박하기 위해 카롤루스 대제의 명령으로 790년대 중반에 작성된 4권의 소책자로 '공의회에 반대하는 카롤루스의 법령집(Opus Caroli regis contra synodum)'이라고도 불린다. 책에서는 이미지가 교회에 놓이는 것은 숭배하기 위해서가 아니라 무지한 사람들을 교화하기 위해서라고 밝힌 그레고리우스 1세의 편지(Registrum XI. 10)를 근거로 성상 숭배와 성상 파괴를 모두 비판했다. 아울러 794년 6월 제국의 주요 성직자들을 소집해 개최한 프랑크푸르트 공의회는 성상이 교회의 장식과 과거의 사건을 환기하는 교육의 목적에서는 사용될 수 있으나, 숭배할 가치를 지니지 않는다고 결의하였다. 『카롤루스의 책』은 16세기 종교개혁기에 출판되어 널리 알려졌으며, 칼뱅 등에게도 영향을 끼쳤다.

발라프리두스 스트라보(849년 사망)는 처음으로 '기독교 예배 발전의 역사'를 쓴 작가이다. 그도 (구약의) 히브리인의 역사와 (복음서, 사도행전의) 기독교의 기원에서 기독교 기도의 본보기를 찾으려 애썼다. 그리고 그는 [사무엘기상 1장 12-17절에서] "마음을 털어놓으면서도 입술만 움직일 뿐 소리를 내지 않고" 기도한 예언자 사무엘의 어머니를 본보기로 삼아 신체 표현을 최대한 줄여야 한다는 결론을 끌어냈다. 무릎을 꿇는 숭배도 교회 '관습'의 특징을 이룬다.[14] 그것은 다니엘과 그리스도, 사도들의 사례로 정당화된다.

이러한 본보기들은 발라프리두스가 그의 시대에 관찰되었다고 말한 몸짓의 풍성함과는 뚜렷이 구분된다. 그러나 거기에도 좋은 풍성함과, "기도의 열매를 잃게" 하는 "나쁜 관습과 범죄적인 독창성"을 지닌 나쁜 풍성함이 있다. 나쁜 몸짓은 이런 이들에게서 관찰된다. "기도하면서 자기 가슴을 주먹으로 내리치고 머리를 두들겨 상처를 내고, 여성의 높은 목소리를 내고, 말과 행동으로 주변 사람을 방해하기를 서슴지 않고, 자신의 잘못을 드러내지 않으려 한다." 반대로 성 콜롬바누스처럼 중세 초기에 대륙 수도원 제도를 쇄신한 아일랜드인 *Scoti*의 열의는 칭찬할 만하다. "사람마다 차이는 있으나 그들은 매우 많은 횟수로 무릎을 굽힌다. 자신의 죄를 슬퍼하기 위해서가 아니라, 그저 날마다 자신의 신앙심의 의무를 다하기 위해서 그렇게 한다."

신앙심 실천의 다양성은 라틴 기독교 세계의 다른 한쪽 끝에서도 눈에 띄게 나타난다. 불가리아인의 군주인 보리스가 864~865년에 세례를 받고 그의 민족을 기독교로 개종시켰을 때, 새로운 성직자들은 적법한 관습과 옳지 않은 관습에 관해 교황에게 물었다. 유감스럽게도 866년 11월 13일에 교황 니콜라우스 1세(재임 858~867)가 106개 항목으로 답한 것만 전해진다. 이것은 교리 문제에 관한 논의와는 거리가 멀고, (로마의 권위 아래 불가리아 총대주교직이 설치된다는 것을 가정하여) 교회의 규율, 특히 결혼·성적 관계·식생활·육체노동 등 속인의 일상적인 삶의 가장 흔한 실천들과 관련이 있다.

라틴인과 그리스인 사이에 낀 불가리아인들은 특히 '가슴에 손을 모으지*constrictis ad pectus manibus*' 않고 교회에 들어가는 것이 큰 죄인지 교황에게 물었다. 그들에 따르면 이는 그리스인이 주장하는 것이었다.[15] 니콜라우스 1세는 성서에서 이런 주장을 뒷받침할 만한 것을 전혀 찾지 못했다. 반대로 그는 기도 몸짓의 다양성을 언급했는데, 아쉽게도 묘사하지는 않았다. 어떤 이는 '이렇게', 다른 이는 '저렇게' 한다고만 나타냈을 뿐이다. 다른 모든 이들처럼 하기를 고집스레 거부하는 것이 아니라면, 어느 특정한 기도 양식을 선택해도 죄가 되지 않는다. 중요한 것은 겸손이다. "자신을 낮추는 이는 높아질 것"이기 때문이다. 외적인 형태는 중요하지 않고, 새로운 형태를 만들어낼 수도 있다.

그러나 니콜라우스 1세의 관찰과 인용에서 엎드리기*proslinèse*와 두 손 모으기, 죄를 뉘우치며 가슴을 치는 것을 포함한 하나의 몸짓 모델이 도출된다. 필멸의 군주 앞에 존경과 두려움으로 서*stare* 있는데, 하물며 신 앞에서는 더 그래야 한다. (마태오복음서 22장 13절의) [혼인 잔치의] 비유에서 자기 아들을 결혼시킨 왕은 결혼식을 위한 채비를 갖추지 않은 이들의 손과 발을 묶어 바깥 어둠 속으로 내던져 버렸다. 그러므로 기독교인은 신의 징벌을 받지 않게 미리 '두 손을 묶어야' 한다. 끝으로 기독교인은 심판의 날에 신에 내쳐지지 않도록, 이제부터 참회의 표시로 가슴을 쳐야 한다.

무릎 꿇고, 두 손 모으기

11~12세기에 두 가지 기도의 몸짓이 지배적으로 되어 서방 기독교 기도의 특징이 되었다. 손가락을 편 두 손을 가슴 높이에서 모으고, (두

무릎을 땅에 대고) 무릎을 꿇는 것이다.

중세 초기에도 두 손을 모은 기도에 관한 몇 가지 언급이 있지만, 10세기 말까지는 매우 드물다.[16] 그것은 교황 그레고리우스 1세가 『대화록Dialogues』에서 성 베네딕투스의 누이인 성녀 스콜라스티카* 에 관해 묘사한 것 같은 매우 특별한 상황하고만 관련된 듯이 보인다. 성녀는 오빠와 온종일 영적인 대화를 나누었다. 밤이 되어서도 대화를 계속 이어가기를 바란 성녀는 그를 자기 곁에 머무르게 할 방법을 찾았다. "그녀는 깍지 낀 두 손을 탁자 위에 얹고, 신에게 기도하기 위해 자신의 손에 고개를 숙였다." 그녀가 고개를 들자 폭풍이 몰아닥쳐 베네딕투스는 수도원으로 돌아갈 수 없게 되었다.[17]

그레고리우스 1세는 스콜라스티카의 은밀한 기도의 내용에 관해서는 거의 언급하지 않았다. 언뜻 보기에도 전능한 이 기도의 몸짓은 본질적으로 기적의 몸짓이다. 그것은 관례적인 몸짓이 아니라, '신의 벗'의 독특한 몸짓으로 제시된다. 아울러 뒷날 일반적으로 증언된 기도의 몸짓처럼 손가락이 서로 나란하지 않고 '깍지 끼고' 있었다는 것도 눈여겨 두자.

일반적으로 받아들여지는 설명에 따르면, 두 손을 모으는 기도의 몸짓은 세속적인 신종 서약 의식에서 가져온 것이다.[18] 봉건시대에 귀족사회의 필수적인 몸짓이 되기 전인 7세기부터 확인되므로, 실제로 그런 기도의 몸짓이 폭넓게 보급된 것보다 앞선다. 종교적 몸짓과 세속적 몸짓 사이에는 몇 가지 공통점이 있다. '복종하는 이'의 손과 손가락

---

* 성녀 스콜라스티카(480~543)는 베네딕투스의 쌍둥이 누이이다. 오누이는 서로의 수도원과 수녀원 사이에 있는 집에서 정기적으로 만났다. 마지막 만남이 있던 날 스콜라스티카는 수도원으로 돌아가려는 오빠에게 밤새워 영적인 문제에 관해 이야기를 나누자고 했다. 베네딕투스는 규율을 어길 수 없다며 돌아가려 했으나, 스콜라스티카가 기도를 올리자 갑자기 폭풍이 매섭게 불어와 밤새 그곳에 머물 수밖에 없었다. 며칠 뒤에 베네딕투스는 스콜라스티카의 영혼이 비둘기의 모습으로 하늘로 올라가는 것을 보았다.

의 자세, 일반적으로 땅에 한쪽이나 두 무릎을 댄다는 점, 나아가 인간이든 신이든 '지배자'를 마주한 그의 열등함의 관념까지 같다. 퍼시벌의 이미지에서 이미 몸짓의 양면성을 보았듯이, 한쪽에서 다른 쪽으로의 변화는 흔한 일이다. 그러나 비교를 지나치게 밀어붙이면, 이 두 몸짓이 저마다 지니는 고유한 기능과 그것들이 속한 서로 다른 의례의 체계를 놓칠 위험이 있다.

첫째, 중요한 것은 기도하는 자의 모은 두 손은 이를테면 허공으로 들어 올려진다는 점이다. 상상에서도 진정한 '손의 결합*immixtio manuum*'은 없다. 신은 신도의 모은 두 손을 자신의 손으로 잡지 않는다. 게다가 '손을 모은다*iunctis manibus*'는 표현은 착각을 불러온다. 신종 의식에서 이것은 두 인물과 그들의 네 손과 관련이 있다. 기도에서처럼 한 인물과 그의 두 손이 아니다.

둘째, 기도는 숭배, 부끄러움, 참회, 때로는 신의 지배력에 대한 복종을 인정하는 행위이지, 어떤 개인이 어느 날 자신이 신의 '사람'임을 인정하는 특별한 예식 행위가 아니라는 점이다. 그러한 종교 예식은 어떤 성소와 그 수호성인에게 자신을 바쳐서 흔히 '성도*sainteurs*'라고 불리는 이들에게 분명히 존재한다. 그러나 그들의 인정은 다른 몸짓에 바탕을 두고 있다. 그들은 성유물에 맹세하고, 자신의 머리 위와 뒤이어 제단 위에 상징적인 돈을 놓고, 목 주위에 교회의 줄이나 사제의 영대를 묶는다.[19] 종교적인 몸짓에서 신종 서약의 몸짓과 유사한 것을 찾으려 한다면, 수도 서원의 몸짓을 생각하는 쪽이 더 낫다. 도미니쿠스회에서 소수도원 원장은 두 손으로 새로운 형제의 손을 잡는다.

게다가 형태의 유사성을 보이는 두 몸짓을 비교하려면, 그것들이 속해 있는 완전한 몸짓 체계를 제쳐두고 생각할 수 없다. 기도에 자신의 고유한 시간과 공간이 있듯이, 봉건적인 신종 서약은 (더 평등주의적 원리인 봉건적 입맞춤으로 이루어지는) 맹세와 뒤이어 (막대기와 흙덩이 등)

봉토를 상징하는 사물의 수여로 이어지는 훨씬 복잡한 의식의 서막일 뿐이다.[20] 기도에서는 이 모든 것이 당연히 문제가 되지 않는다.

두 손을 모은 기도는 분명히 신종 서약의 몸짓을 연상시킬 수 있는 것으로 신과의 새로운 관계를 나타낸다. 몸짓의 유사성으로 개인적·위계적이지만 서로의 '애정'으로도 이루어진 관계에 대한 유사한 관념이 표현된다. 봉신의 신종 서약을 구성하던 그 관계는 봉건시대에 새로운 헌신적 태도로 받아들여졌다. 아울러 모은 두 손은 지난날보다 더 사제의 손이 지닌 성사적 가치가 강조되고 있던 때에 그것만으로도 모든 기독교 기도의 상징이 되었다. 도상에서 애원의 표시로 내밀며 모은 두 손은 아무런 희망이 없는 저주받은 이들로부터 연옥의 영혼을 구별할 수 있게 해준다. 전기를 쓴 자크 드 비트리에 따르면, 베긴회 신도인 마리 두아니(1177~1213)는 환시에서 그녀를 향해 내민 수많은 손이 쫓아오는 것을 보았다. 그녀가 대신 기도를 해주기를 바라는, 연옥에서 고통 받던 죽은 이들의 손이었다.[21]

같은 시대에 두 손을 모아 기도하는 '신도'를 마주한 구세주의 보이지 않는 현존은 그러한 몸짓에 응답하는 듯한 (제단, 예수 수난상, 성체, 숭배의 이미지와 같은) 거룩한 사물로 더욱더 뚜렷이 선언되었다. 기도하는 개인을 마주 보고 있는 그것들은 기도의 수신자인 신이나 성인의 보이지 않는 현존을 물질적이고 가시적인 것으로 표현한다. 나아가 기도가 향하는 공간을 풍부히 장식한다.[22]

12세기 초에 수도사 뤼페르 드 되츠가 예수 수난상 앞에서 본 환시에 관해 이야기한 것은 그리스도와 기도하는 신도 사이를 잇는 개인적이고 다정하고 관능적이기도 한 관계에 대한 가장 놀라운 증언을 가져다준다. "나는 사랑하는 이를 내 마음에 붙잡고 오래 입맞춤을 했다. 나는 그가 이러한 친애의 몸짓에 얼마나 동의하는지 깨달았다. 그에게 입맞춤을 했을 때, 더 깊은 입맞춤을 하도록 그의 입이 열렸기 때문이다."[23]

신비로운 환상은 환시자 자신이 '몸짓'이라고 부른 것에 대한 유독 상세한 묘사를 낳았다. 이를 어떻게 해석해야 할까?

먼저 이 상상의 입맞춤이 수도사와 그리스도라는 두 남성을 연결한다는 점을 눈여겨보자. 더 정확하게 주도권을 쥔 것은 수도사이지만, 이 입맞춤으로 되살아난 듯한 그리스도는 동의를 알리고, 입을 열어 더 깊은 침투를 허락한다.

입맞춤이 봉건 사회에서 매우 폭넓은 상징적 가치와 기능을 지닌다는 사실은 잘 알려져 있다. 성직자끼리나 성직자와 신도 사이에 이루어지는 전례의 입맞춤과 평화의 입맞춤은 교회에 오래전부터 있었다. 하지만 이는 그것이 상징하는 평화와 일치를 이루는 공동체 전체와 관련된 것이다. 뤼페르가 말한 입맞춤에 더 가까운 것은 예수 수난상에 하는 입맞춤 osculando crucifixum이다. 하지만 이 몸짓은 보통 맹세를 곁들이는데, 여기에서는 그렇지 않다.[24]

봉건적인 입맞춤은 남성 사이의 입맞춤이고, (봉신에 대한 영주의 우월성을 확인하는 '손의 결합 immixtio manuum'과는 반대로) 평등주의적인 의미를 지닌다. 하지만 그것은 입 위에서의 os ad os 입맞춤이지, 입 안에서의 입맞춤은 아니다. 게다가 봉신의 신분으로 들어가는 특수한 의식에서 따로 떼어놓고 생각할 수도 없다.[25]

그에 반해 남성과 여성 사이의 입맞춤은 서로의 승낙을 상징하기 위해 약혼이나 결혼 예식, 곧 궁정문학으로 풍부히 묘사된 연인 관계에서 이루어진다. 그러나 연애의 (때로는 간음의) 입맞춤에 대한 문학적 묘사는 드물며, 문헌들은 오히려 서로 '입맞춤'을 하고 '끌어안는' 연인들의 잘 알려진 습성을 은근슬쩍 떠올리게 할 뿐이다.

> 입과 입을 붙이고, 끌어안고 누워 있었네,
> 서로를 무척 사랑하는 사람들처럼.[26]

너무 달라붙어 입맞춤하지 않도록
사랑의 신이 좋아하는 그 입맞춤으로.[27]

명확한 정보가 제시되지 않더라도, 이 글들은 사랑의 욕망을 이야기하는 뤼페르의 글과 공통점을 지닌다. 이런 분야에서 표현은 다의적이다. 그러나 뤼페르는 (거룩한 사랑의 영적인 덕인) '자애caritas'도 아니고, '사랑amor'도 아니고, 남성이 여성이나 다른 남성에게 느끼는 욕망을 일반적으로 가리키는 낱말인 '친애dilectio'라고 말한다. 12세기 라틴 문학, 특히 〔프랑스의 성직자이자 작가들인〕 마르보드 드 렌(1035?~1123), 일데베르 드 라바르뎅(1056~1133), 보드리 드 부르괴유(1050?~1130)의 시에서도 많이 발견되는 표현인데, 〔미국의 역사학자로 종교와 섹슈얼리티의 문제를 중심으로 소외된 집단의 역사를 주로 다룬〕 존 보즈웰은 거기에서 남성 동성애에 관한 대체로 이상화된 찬양을 찾아냈다.[28] 따라서 뤼페르가 말한 '친애의 몸짓'이 성적인 상징성을 지닌다는 점은 의문의 여지가 없다.

그러나 이를 충분히 이해하려면 그리스도의 형상이 상징 차원에서 지닌 성적 양면성을 고려해야 한다. 그는 (『아가』의 '신랑'과 동일시된) 교회의 '신랑'이지만, 십자가에서 흘린 피에서 교회가 태어났으므로 '어머니'이기도 하다. 마찬가지로 12세기 남자 수도원의 정신성은 때때로 예수를 수도사의 '어머니'로 보기도 했다.[29] 따라서 뤼페르의 '친애의 몸짓'은 동성애와 근친상간을 이중으로 위반하는 상징적 가치를 지닌다. 평범한 가치를 완전히 뒤엎는 것으로 정절을 서약한 수도사의 신비주의적인 친애를 다른 이들의 육체적인 사랑과 구분하는 것이다. 같은 '몸짓'으로 뤼페르는 그리스도와 그의 이미지에 대한 자신의 사랑의 강렬함을 표현하고, 교회의 수도사인 자신의 신분을 확인한다.

그러나 12세기의 더 일반적인 기도의 몸짓으로 돌아가 보자. 두 손을 모은 몸짓과는 반대로 무릎 꿇기는 이미 성서에서 확인되고, 중세 초기에도 특히 [그리스도의 수난을 기리는] 사순절과 [그리스도의 재림을 기다리는] 대림절 동안에는 숭배와 애원, 참회의 몸짓으로 결코 무시되지 않았다.[30] 그렇지만 악의 힘에 맞선 전투인 기도에 특히 알맞다고 여겨진 것은 선 자세였다. 전사는 언제나 서서 싸우기 때문이다.

하지만 중세 중기에는 무릎을 꿇는 것이 정상적인 기도의 자세가 되었다. 신의 현존을 물질화한 예수 수난상과 같은 대상 앞에서 더 자주 신에 바치는, 더 개인적인 기도였다. 그리고 13세기부터 이 몸짓은 성체 숭배를 특징짓게 되었다. 신도는 그것을 마주 보고 두 무릎을 땅에 대야 한다고 명시되었는데, 이는 한쪽 무릎만 굽히도록 규정된 두 가지 의례 행위의 몸짓과 구분되었다. 미사가 진행되는 동안 사제를 향한 몸짓과, 들어와서 군주를 마주한 신하의 몸짓이다.[31]

기묘한 의미의 반전으로 이제 기도에서 선 자세는 종교적으로 열의 없는 태도를 나타내는 징표로 해석되었다. 예컨대 제단으로 나아가지 않고 교회 문턱에서 서성이는 이들에게나 알맞은 자세이다. 동시에 교회의 전례에서 (일요일, 축일, 부활절에서 성령강림절까지의) 기쁨의 시기에 무릎 꿇는 것을 금지하던 전통도 점점 덜 따지게 되었다.[32] 형상 표현에서는 두 손을 모으고 무릎 꿇고 기도하는 옆모습을 나타낸 이미지가, 두 손을 십자가 모양으로 뻗거나 들어 올린 오란스의 몸짓으로 서 있는 전통적인 자세를 곳곳에서 대체했다.[33] 고대 오란스의 신체적인 '팽창'과 비교해 보면, 두 손을 모은 기도의 몸짓이 보급된 것과 함께 무릎 꿇은 기도가 일반화된 것은 기도하는 개인의 몸짓 표현의 축소와 신체를 웅크리는 일종의 '수축'을 특별히 강조하는 듯하다.

12~13세기에 뚜렷이 확인되는 이러한 변화를 적어도 종교적 실천의 진화 경향 가운데 하나와 연관시킬 필요도 있다. 더 지적이든 더 감정적이든, 개인의 내적인 신앙심을 추구하면서도 늘 그러한 경건한 마음의 외적인 형태를 억제하려 애쓴 경향이다. 중세 후기 시도서의 묵독

도 이에 해당한다.³⁴⁾

(앞서 보았듯이 몸짓의 규율에 관심을 보였던) 위그 드 생빅토르가 12세기부터 어떻게 기도에서 몸짓의 역할을 완전히 부정했는지를 살펴보는 것도 인상적이다. 그는 『기도의 방법』에서 신앙심을 품게 하는 외적인 '자극'이라는 아우구스티누스의 사고를 계승하면서도, 모든 공적을 몸짓이 아니라 목소리로 돌린다. 감정 affectus이 강렬할수록 목소리도 그만큼 그런 감정을 (명확한 발음의 언어 형태로 표현해) '설명할' 수 없게 된다. 기도의 가장 순수한 단계에서 목소리는 신과의 직접적인 접촉에 대한 일종의 환희의 외침인 환성 jubilum에 지나지 않는다.³⁵⁾ '목소리의 몸짓'이라고 할 수 있겠지만, 여기에서 경건한 척하며 주목받으려고 교회에 가는 가짜 독신자의 경우를 제외하고는 지체의 몸짓이 전혀 문제가 되고 있지 않다는 점에 주목해야 한다. "그들은 중요한 사람들에게 곧바로 가서 군중 앞에서 그들에게 의례적인 인사의 몸짓을 하고 … 한가운데에 중요한 사람들의 의자를 배치하고, 방석을 뒤집어 놓고, 그들의 발밑에서 몸을 웅크린다." 그러나 모든 것을 아는 신에게 이런 거짓된 '찬사'는 아무 소용이 없다.³⁶⁾ 한 가지 덧붙이자면, 의자에 대한 언급은 작가가 성직자를 생각하고 쓴 것임을 알려주는 듯하다. 그 시대에는 아직 교회에 신도를 위한 의자가 없었기 때문이다.

그러나 다음 세기에 토마스 아퀴나스는 기도의 '정신적' 부분과 '신체적' 부분을 더 균형 잡힌 방식으로 관찰하고, 신체적 부분에서 목소리에 속하는 것과 몸짓에 속하는 것을 검토한다. 그는 몸짓을 포함해 아우구스티누스와 요한네스 다마스케누스(676~749)의 성찰 전체를 스콜라주의적인 물음의 합리적인 형태로 계승한다. 숭배는 신체적 행위를 포함하고 있을까?

그는 먼저 아닌 것처럼 보일 수도 있다고 말한다. 기도는 영혼의 행위이며 감각과는 관계가 없기 때문이다. 그러나 숭배는 외적인 '표시'

도 포함한다. 목소리, 그리고 무릎 꿇기와 엎드려 절하기와 같은 '겸손의 신체적 표시'이다. 이러한 몸짓에는 두 가지 기능이 있다. 하나는 내면의 신앙심을 표현하는 것이고, 또 하나는 "신에 복종하려는 우리의 감정을 자극하는" 것이다.[37]

기도의 양식

도미니쿠스 수도회의 규약 *constitutio*에 관한 주석에서 총수도회장 욍베르 드 로망은 그가 '숙이기 *inclinatio*'라고 부른 것에 한 개의 장을 모두 할애한다. 이 말로 그는 먼저 넓은 의미에서 신체를 숙이는 모든 것을 가리키고, 그것의 명칭과 상황, 기능, 특히 (실제로는 5개로 줄지만) 6개의 형태를 구분한다.

용어의 엄격한 의미에서 '숙이기'는 허리부터 몸을 굽히는 것이다. 상체가 비스듬하면 반쯤 *semiplena* 숙이기, 수평이면 완전히 *plena* 숙이기라고 할 수 있다. '무릎 꿇기 *genuflexio*'는 상반신이 수직으로 있으면 곧은 *recta* 무릎 꿇기이고, 앞으로 내려가 있으면 기울어진 *proclivis* 무릎 꿇기가 된다. 기울어진 무릎 꿇기는 (무릎 위에 몸을 얹는) '무릎 꿇고 엎드리기 *prostratio super genua*'와 혼동되며, 몸을 완전히 땅 위로 누인 채로 팔을 신체와 나란히 두는 '속죄의 엎드리기 *venia prostratio*'와는 구분된다. 실제로 욍베르는 두 팔을 십자가 모양으로 하고, 땅에 입맞춤하며 엎드리는 '몇몇 속인'을 단죄한다.[38]

이러한 구분은 그것이 지닌 체계적인 성격과, 신체가 허리와 무릎이라는 두 개의 주요한 관절 주위에서 수행할 수 있는 의례의 움직임을 묘사하려는 의도 때문에 중요해 보인다. 그렇지만 (욍베르 드 로망이 성모의 새벽 기도 뒤에 제단 앞에서 하는 수도사의 숙이기에 관해 이야기하고 있듯이) 이것은 수도원에 한정될 뿐 아니라 전례의 맥락에만 머물러 있어

[표 4] 윙베르 드 로망의 겸손(또는 숙이기)

서, 모든 기도의 몸짓을 아우르는 것을 목표로 하고 있지는 않다.

그래서 다른 두 소책자의 매우 커다란 참신함이 더 두드러진다. 하나는 오늘날 파리의 신학자인 피에르 르 샹트르(1197년 사망)의 작품으로 여겨지는 것이고, 다른 하나는 13~14세기의 전환기에 다시 도미니쿠스회의 전통에 속한 것이다. 두 작품 모두 기독교인의 기도에 알맞은 다양한 몸짓의 양식을 본문과 형상으로 묘사하려 했다.

피에르 르 샹트르

피에르 르 샹트르의 작품으로 여겨지는, 기도에 관한 소책자는 그것이 제2부를 이루는 참회에 관한 문헌의 일부이다. 실제로는 독립된 작품을 이루고 있다가, 나중에 합쳐진 것 같다. 1220~1400년 무렵의 것으로 추정되는 8종의 필사본이 발견되었고, [미국의 역사학자인] 리처드 트렉슬러가 훌륭히 연구해냈다.[39] 여기에서는 우리의 논점과 관련해 중요한 몇 가지 측면만 살펴보자.

먼저 이 소책자는 기도의 신학만이 아니라, 작가가 일종의 정의마저 제시하고 있는 몸짓에 관한 이론적 목표에도 관심을 드러낸다. "신체의 몸짓은 영혼의 신앙심의 증언이자 증거이다. 인간의 외적인 태도는 인간의 내적인 겸손과 감정을 우리에게 알려준다."[40] 이러한 정의는 몸짓이 영혼의 거울이라는 전통적인 관념의 변형만 제공할 뿐이므로 그다지 독창적이지 않다. 하지만 그러한 도덕적 관점을 기도의 고유한 영역에 적용한다는 점에서 새롭다.

더 새로운 것은 기도의 몸짓에 관한 기술적인 인식이다. 작가는 기도하는 이를 기술자라고 나타낸다*artifex est orator*. 사람들이 땅을 일구거나 나무를 자르는 데 사용하는 '인공적인 도구'처럼, 그들은 '자연적인 도구'인 자기 신체의 팔다리를 정확히 다룰 줄 아는 기술자라는 것이다.[41] 이런 맥락에서 노동의 몸짓에 대한 작가의 관심이 놀라운 방식으로 드러나고 있다는 점에 주목하자. 기도하는 자와 기술자의 비교는 본보기처럼 내세운 기술적인 몸짓에 특별한 가치를 부여하는 경향을 드러내며, 기도의 몸짓에 관한 성찰을 뜻밖의 방식으로 풍성하게 해준다.

나아가 몸짓이 도구처럼 실천적인 유용성*utilitas*을 지닌 '신체의 기술'이라는 기본적인 사고는 기도의 몸짓을 저마다 상세히 설명하려는 정확성으로 이어진다. 그것은 영혼의 숨겨진 상태를 '표현'할 뿐 아니라, 아우구스티누스의 전통에 따르면 기도하는 신도의 감정을 더 강렬하게 해주기 때문이다.

이 소책자는 기도의 일곱 가지 양식을 구분하며, 그것들을 각각의 제목으로 소개한다. 때로는 성서의 한 구절로만 이루어진 그 제목들은 몸

[그림 37] 속인 남성 6명과 여성 1명이 나타낸 일곱 가지 기도 양식 (기도와 그 구성, 13세기)

1. 두 손 들어 올리기
2. 두 팔을 십자가 모양으로 벌리기
3. 얼굴 앞에 두 손 모으기
4. 두 손 모으고 무릎 꿇기
5. 두 손 모으고 엎드리기
6. 상반신 숙이기
7. 두 손 모은 '낙타 자세'

짓을 식별하고, 정당화하고, 어떤 경우에는 거의 언제나 몸짓에 곁들여지는 기도의 말소리 부분을 표현하는 구실을 한다.

아울러 본문에는 양식들이 저마다 주제를 이루며 서술되고, 일곱 양식 가운데 여섯 양식에 성서에 근거한 정당화와 삽화 작업이 덧붙여져 있다. 본문이 삽화를 참조하도록 구성되어 있는데, 이는 처음 문헌이 제작될 때부터 계획되어 있었던 듯하다.[42] 문헌 전체에는 기도 양식에 관한 58점 이상의 이미지가 포함되어 있다. 이 삽화들은 (읽을 수 없는 이들을 위해 글을 대신한다는) 도상에 대한 그레고리우스의 교리를 명시적으로 환기시키는 것 이상의 목적을 지닌다. 그것들은 글을 읽을 줄 아는 대중도 포함해서, 본문의 글과 함께 기도의 몸짓을 더 정확히 가르치려는 데 목적이 있었던 것 같다. 하지만 필사본마다 이미지가 본문보다 더 자주 변형이 이루어진다는 사실을 잊지 말아야 한다.[43] **그림 37**

처음 세 양식은 서 있는 신체와 관련이 있다. 작가는 이 자세의 특별한 성격을 강조한다. 그는 기도하는 자는 전사이므로 앉거나 누워서 기도할 수 없다고 강조한다. 마찬가지로 기도할 때도 기대지 말고 버티고 서 있어야 한다.

기도하는 몸짓의 첫째 양식은 몸을 똑바로 세우고, 모은 두 손을 머리 위로 수직으로 드는 [시편 141편 2절에서 가져온] '두 손 들어 올리기 *Elevatio manuum*'이다. 사도 바울과 선지자들, 성 마르티누스 전기의 여러 구절이 이를 정당화하는 데 쓰인다. 작가는 여자들이 이따금 교회에서만이 아니라 집이나 길, 들판이나 광장에서 이런 기도 양식을 선택한다고 적고 있다. 똑바로 세운 신체는 신을 향한 마음을 뜻한다.

둘째 양식은 두 팔을 십자가 모양으로 벌리는 '펼치기*Expandi*'이다. 이는 특히 '거룩한 장소'에서 기도하는 데 알맞다.

셋째 양식은 [성모나 천사, 성인을 통해 간접적으로 은혜를 구하는] 중재*intercessio*의 기도에 알맞은 [루카복음서 18장 13절에서 가져온] "이 죄인을 불쌍히 여기소서*Deus propitius esto*"이다. 본문에는 읽으려는 듯이 두 손을 눈앞에 벌린다고 적혀 있다. 하지만 이미지는 (두 손 사이에 일정한 간격이 나타나는) 이런 설명과, 두 손을 턱 높이에 모은 표현 사이에서 오락가락한다.

다음에 오는 두 양식은 '무릎 꿇기*genuflexio*'라는 공통의 명칭으로 묶여 있다. 하지만 엄밀히 말해 넷째 양식만 무릎 꿇기이다.[44] 그것은 (마르코복음서 1장 40절에 나오는) 치유를 위해 그리스도에게 간청한 나병환자의 말에 따라 "주께서 하고자 하시면 하실 수 있다*Domine, si vis, potes*"는 말로 설명된다. 이는 수십 년 뒤에 욍베르 드 로망이 묘사한 [상반신을 수직으로 세운] 곧은 무릎 꿇기*genuflexio recta*이다. 두 무릎은 땅에 대고, 팔은 몸에서 어느 정도 떨어져 있으며, 두 손은 모은다. 이것이 이제는 기독교인 기도의 고전적인 태도이다. 그래서 작가는 마지막 장에서 그것의 양상을 꼼꼼히 다룬다. 무릎을 돌이나 나무토막 같은 받침대 위에 올려놓지 말아야 한다. 발끝과 땅에서 같은 거리에 있어야 한다. 그러지 않으면 기도는 '기만적인 것'이자, '잘못된 것'이 된다.

그런데 무릎 꿇기가 더 '좋고', 더 '성실하고', 더 '유용한' 것이 되려면 같은 높이로 "입, 가슴, 배, 팔, 무릎, 허벅지, 발가락이 땅에 닿아야" 한다. 가장 좋은 무릎 꿇기는 욍베르 드 로망이 말한 속죄의 엎드리기*prostratio venia*인 셈이다. 그것은 이 소책자가 구분한 다섯째 기도 양식인 [시편 119편 25절에서 가져온] "제 영혼이 흙바닥에 붙어 있습니다*Adhaesit pavimento*"이다. 그러나 이와 관련된 도상은 매우 다양하다. 두 팔을 구부리고, 두 손을 모은 것이 가장 흔하다. 어떤 경우에는 두 손은 모으고 있으나 두 팔은 최대한 펴고 있다. 욍베르 드 로망이 단죄한 엎드리기 유형처럼 두 팔을 십자가 모양으로 벌린 것도 있다.

여섯째 양식은 (시편 38편 7절의) "저는 더없이 꺾이고 무너져*Incurvatus sum usquequaque*"이다. 이것은 욍베르 드 로망의 완전히 숙이기*inclinatio plena*에 해당하는데, 전례의 상황과 교회라는 공간에서 자주 나타난다.

기도하는 이는 서 있다. 하지만 제단 앞, 사도신경을 낭송하는 동안, 특히 빵과 포도주를 축성하는 동안과 그리스도나 성인의 이미지 앞에서는 머리를 숙인다. 작가는 커다란 종교적 열정과 '학예와 덕'의 학교를 지닌 갈리아인Galli을 칭송한다. 축성을 할 때 그들은 '머리와 허리'만 숙이는 것이 아니라, "머리에 쓴 두건과 모자를 벗고, 엎드려 바닥에 얼굴을 대기" 때문이다.[45]

이 여섯째 기도 양식을 나타낸 삽화의 변이형들은 이러한 다양한 양상을 반영한다. 여러 사례에서 기도하는 기독교인 앞에 제단이 등장한다. 하나의 사례에서만 몸은 똑바로 선 채로 머리만 숙이고, 모은 두 손의 세운 엄지손가락에 이마가 닿아 있다. 다섯 사례에서는 반쯤 숙이기 *inclinatio semi plena*나 완전히 숙이기*inclinatio plena*로 상반신은 뚜렷이 숙이고, 팔을 땅으로 뻗으며 두 손은 모으고 있다. 한 사례에서는 신체의 일반적인 자세는 비슷하지만, 고전적인 기도의 몸짓으로 두 팔을 들어 올린다. 또 하나의 사례에서는 제단 계단에 무릎 꿇고, 두 손을 모아 기도하는 모습이 나타난다. 하지만 작가가 갈리아인이 축성의 순간에 보인다고 말한 속죄의 엎드리기*prostratio venia*를 나타낸 이미지는 전혀 없다.

이런 구절들은 12~13세기의 전환기에 파리의 학교들과 대성당을 배경으로 피에르 르 샹트르가 가장 중요한 역할을 맡았던 격렬한 신학 논쟁을 반영한다. 속인의 종교적 실천과 사목 활동*cura animarum*에 과거보다 더 관심을 갖게 된 교회는 특히 비약적으로 발전하던 성찬 의식의 상황에서 속인이 교회에서 하는 몸짓을 중시했다.

13세기 말, 망드 주교 기욤 뒤랑은 미사가 진행되는 동안 신도들이 보이는 몸짓에 특별한 관심을 나타냈다.[46] 성직자는 예수와 마리아의 이름이 불릴 때 신도가 무릎을 꿇거나, 아니면 적어도 머리를 숙이도록 신경 써야 했다. 1274년 리옹 공의회의 제25조 법령은 예수의 이름이 불릴 때 독일의 유명한 설교자 베르톨트 폰 레겐스부르크(1210~1272)가 주장한 더 풍부한 몸짓인 무릎 꿇기가 아니라, 숙이기를 권했다.[47] 10여 년이 지난 뒤 기욤 뒤랑은 두 가지에서 선택하도록 권하면서 결정을 피했다. 오래전부터 성직자와 수도사에게 중시되던 전례의 전통에 따라 그는 부활절과 성령강림절 사이, 일요일과 축일의 예배에서 속인이 무릎 꿇는 것을 금지했다. 교회의 기쁨의 순간에 슬픔의 몸짓은 어울리지 않기 때문이다. 아울러 그는 당시의 관습에 따라 사제가 들어 올린 축성된 성체 앞에 무릎을 꿇도록 규정했으나, 피에르 르 샹트르가 아마 어느 정도 부풀려 말한 듯한 엎드리기에 관해서는 언급하지 않았다.

다양한 자료들이 관습의 다양성과, 나아가 신성한 사물을 공경하는데 속인에게 가장 알맞은 자세와 몸짓을 추구했다는 사실을 알려준다. 로베르 드 블루아는 『여성을 위한 훈계』에서[48] 복음서를 낭독할 때 일어서고, 성체 *Corpus Domini*를 들어 올릴 때 두 손을 모으고 고개를 숙이라고 속인 귀족 여성에게 권했다. 그러고 나서 그들은 무릎을 꿇고 모든 기독교인을 위해 기도한 뒤에 아프거나 임신하지 않은 한 다시 일어서야 했다. 그런 경우에만 앉아 있을 수 있었기 때문이다. 뒤이은 세기에 잉글랜드 성직자들이 일반 평신도의 교화를 위해 마련한 소책자는 축성하는 동안 무릎을 꿇지만 두 손은 들어 올리라고 규정했다.[49]

무릎을 꿇는 이런 숭배의 몸짓은 교회 공동체 안에 자리한 일체성의 표지가 되었고, 같은 시대에 이단자들은 이를 거부해 구별되었다. 그들은 미사에서 기이한 행동으로 자신을 드러냈다. 종교재판관 베르나르 기*는 성체를 들어 올리는 동안 이단자들은 성체가 아니라 벽 쪽을 바라본다고 적으며, 이렇게 덧붙였다. "그들이 다른 사람들처럼 기도하려고 무릎을 꿇거나, 두 손을 모으는 일은 드물었다." 심지어 이단자들

---

* 베르나르 기(1261?~1331) : 프랑스의 도미니쿠스회 수도사로 1307년부터 1323년까지 교황 클레멘스 5세와 요한네스 22세의 명령으로 툴루즈에서 종교 재판관으로 활동했다. 그의 재판소는 940건의 이단 혐의로 636명에게 유죄 판결을 내렸다.

이 축성하는 동안 불경한 몸짓을 한다고 주장하는 이도 있었다.[50]

기도의 마지막 양식인 〔「시편」 102편 2절에서 가져온〕 "주여 들으소서 Domine exaudi"는 유일하게 성서의 '권위'가 아니라, 숙모의 기도를 사례로 인용한 교황 그레고리우스 1세의 증언으로 정당화된다. 그녀는 무릎과 팔꿈치가 모두 땅에 닿는 '낙타 자세'로 기도하는 습관이 있었다. 그것은 그녀의 육신을 괴롭히는 일이었고, 여러 해 동안 거듭하며 그 부위에 욕창이 생겼다. 실제로 이런 기도 양식이 몇몇 수도원 규약에서 발견된다.[51] 여기에서 도상은 설명을 어느 정도 충실히 따른다. 등을 둥글게 하고, 무릎과 팔꿈치를 땅에 대고, 두 손은 모으고 있다.

이 소책자가 누구를 겨냥한 것인지는 아직 모른다. 본문에는 아무런 정보도 주어져 있지 않다. 피에르 르 샹트르를 작가로 보는 견해가 옳다면, 그가 지닌 개성은 학교의 성직자, 재속 성직자, 더 나아가 일반 평신도라는 독자를 생각할 수 있게 한다. 몇몇 필사본은 수도원 도서관에서 비롯되었으나, 13세기에 수도사들이 기도를 익히는 데 이런 안내서가 진짜로 필요했을 것 같지는 않다. 도상은 더 정확한 정보를 가져다준다. (오토보이렌 수도원에서 발견된) 한 종의 필사본만 기도하는 수도사가 꽤 착실히 표현되어 있다. 다른 도상들에는 대부분 성직자 신분을 알리는 징표가 전혀 없는 젊은이의 모습이 그려져 있다. 산타마리아 델라미세리코르디아 수도원에서 비롯된 베네치아 사본의 경우에 리처드 트렉슬러는 어느 평신도회의 구성원이 이 소책자를 사용했을 것이라는 가설을 제시했다. 일곱째 기도 양식에서만이 아니라, 기도하는 모습으로 표현된 이가 종교인이 아니라 일반 평신도 여성인 경우도 몇 개 있다. 직접적이든 간접적이든 이 작품은 속인 독자에 이르렀던 것 같다. 이런 유형의 작품이 지닌 형식적인 참신함은 그러한 새로운 수신자의 선택과 맞물려 있다.

성 도미니쿠스

기도의 신체적 양식을 일관된 연속물로 묘사하고 형상화한 두 번째 소책자는 아마도 1280년과 1288년 사이에 볼로냐의 이름이 전해지지 않는 도미니쿠스회 수도사가 쓴 듯하다. 제목은 『성 도미니쿠스의 신체적 기도의 방법De modo orandi corporaliter sancti Dominici』이다. 전체적인 구상이나 형식적 특징, 목적이 첫 번째 소책자와 비슷하다. 하지만 열거된 양식의 수, 수도회의 창설자인 성 도미니쿠스라는 특정한 개인에 배정되어 있다는 점에서 다르다.

이 작품은 이 성인의 전기와 연결되어 폭넓게 필사되어 보급되는 혜택을 누렸다. 하지만 삽화가 첨부된 필사본은 3종만 확인된다. 로마에 소장된, 13~14세기에 라틴어로 쓰인 필사본은 9개의 기도 양식을 구분한다. 이 숫자는 14세기에 카스티야어로 쓰이고, 마드리드의 도미니쿠스회 수녀원에 소장된 다른 필사본과 같다. 세 번째 필사본은 1470년 이전에 볼로냐의 도미니쿠스회 수도사가 제작한 것으로 14개의 기도 양식이 등장한다.[52]

서두에서 작가는 자신의 소책자를 기도에 관한 기독교의 오랜 작품 전통과 연결하며, 아우구스티누스, 그레고리우스 1세, 힐라리우스 픽타비엔시스, 이시도루스, 요한네스 크리소스토모스, 요한네스 다마스케노스, 베르나르 드 클레르보 같은 위대한 이름들을 줄줄이 언급한다. 그러고 나서 그는 자신을 동시대 스콜라주의의 맥락에 배치한다. 하지만 토마스 아퀴나스(1274년 사망), 알베르투스 마그누스(1280년 사망), 기욤 페로(1271년 사망)와 같은 도미니쿠스회 교사들에 한정되며, 자신의 작품과 가장 가까운 피에르 르 샹트르의 소책자는 모르는 체한다. 심지어 일반적인 몸짓이 아니라 기도의 몸짓을 다루면서도 위그 드 생빅토르의 『수련자 교육』도 인용하지 않는다.

성 도미니쿠스가 보인 기도의 '신체적 양식'은 소리와 몸짓이라는 이중의 실재성을 지닌다. 피에르 르 샹트르의 것으로 여겨지는 소책자와 마찬가지로 (대부분 구약, 특히 「시편」에서 가져온) 수많은 성서 인용문은 성인의 기도 양식을 정당화하는 것만이 아니라, 그가 한 기도의 말을 옮기는 구실도 한다. 「시편」 작가가 쓴 구절이 바로 도미니쿠스가 한 기도의 말인 것이다. 나아가 작가는 교부와 신학자들이 영혼과 신체의 움직임의 상호작용을 강조하는 데 의견이 일치했다고 말한다. "신체를 움직이는 영혼은 신체에 의해 움직여진다*anima movens corpus moveatur a corpore*." 아우구스티누스의 영향이 드러나는 표현이다. 하지만 그는 영혼과 신체의 이러한 경쟁이 열심히 기도하는 자를 사도 바울의 경우처럼 종교적 도취*in extasim*까지, 아니면 예언자 다니엘의 경우처럼 영혼의 이탈*in excessu mentis*로까지 이끌 수 있다고 덧붙인다.

따라서 성 도미니쿠스의 기도는 교부 철학과 스콜라 철학의 '합리주의' 흐름만이 아니라, 다윗·예언자·성인전의 신비주의 모델과도 연결된다. 그의 신앙심은 "구약과 신약의 성인들의 그것을" 재현한다. 그들과 마찬가지로 성 도미니쿠스는 생전에 그의 신체에서 눈물을 뽑아냈으며, 자신의 의지에서 벗어난 영적인 힘에 빠져 있었다.[53] 15세기 후반에 이탈리아어로 적힌 필사본에 따르면, 진짜 '울음소리'를 낸 성인의 영적·신체적 고양은 미사의 진행을 방해할 정도였다. 그렇지만 이 소책자는 수도원 전례의 순간에, 곧 미사를 드리거나 시편을 낭송할 때 이따금 성인의 넋을 빼앗았던 열광적인 움직임을 묘사하고 있지는 않다. 이 소책자는 성 도미니쿠스의 개인적이거나 '은밀한' 기도를 다룬다. 곧 그는 제단과 예수 수난상을 홀로 바라보며, "실질적이고 개인적으로 존재하는" 그리스도를 마주하고 있다.[54]

이러한 은밀한 기도가 우리에게 알려진 것은 (창설자의 시성식 심사에서 증언할 수 있게 해주었던) 칭찬할 만한 '호기심'에 이끌린 수도사들이

성인의 움직임을 엿보고, 은밀한 말과 탄식에 귀를 기울였기 때문이다. 아울러 도미니쿠스 자신도 적어도 중요한 4개의 기도 양식을 수도사들에게 가르쳤다. 뒷날 도미니쿠스 수도회가 평일에 수도사가 채찍질을 받는다고 규정했던 것은, (셋째 양식처럼) 자신을 채찍질한 창설자의 본보기를 따르기 위한 것이었다. 그러나 그 가르침은 그의 기도의 모든 양식과 관련된 것은 아니었다.

완전히 금지하지는 않았으나, 성 도미니쿠스는 기적의 상황에서 두 차례 사용했던 (서서 두 팔을 십자가 모양으로 벌리는) 여섯째 양식으로 기도하라고 수도사들에게 권하기를 꺼렸다. 그는 그것을 "위대하고 경이로운 일이 생길 것"을 알았을 때를 위해 남겨 두었다. 성인에게 알맞은 것이 평범한 수도사에게도 마냥 좋은 것은 아니었다.

이처럼 이 문헌에는 (수도사들에게 수도회 창설자가 한 기도의 몸짓을 본받게 하려는) 교육적 목표와 평범한 수도사의 능력을 벗어난 성인 기도의 특별한 성격 사이의 긴장이 가로놓여 있다. 이러한 긴장은 도상과 마찬가지로 본문에서도 뚜렷하다. 더 일반적으로 이 문헌은 중세 몸짓 표현의 모든 역사에서 작용이 목격되는 긴장을 나름의 방법으로 재현한다. 성찰과 교육의 대상인 '게스투스'의 절제된 몸짓과, (신성한 것이든 악마적인 것이든) 신들림과 비슷하고 신비주의에서 정점에 이르는 '게스타'의 거룩한 무절제한 몸짓 사이의 긴장이다.

로마 사본의 본문과 도상을 동시에 고려하면, 처음 두 양식은 직전에 도미니쿠스회 총수도회장 윙베르 르 로망이 권장했던 기도의 자세를 되풀이한 것임을 알 수 있다. 첫째 양식은 완전히 숙이기 *inclinatio plena*이고, 둘째 양식은 속죄의 엎드리기 *prostratio venia*이다.

이 둘째 양식과 뒤이은 두 가지 양식은 연속된 흐름에서 같은 몸짓의 다른 순간처럼 표현된다. 바닥에 얼굴을 대고 기도한 뒤 도미니쿠스는 (셋째 양식인) "자신을 채찍질하려고 일어선다." '그런 뒤에*post hec*' (넷째 양식인) 무릎을 꿇었다가 일어서기를 되풀이하며 기도한다.

다섯째 양식은 그 자체로 하나의 연속된 흐름을 이룬다. 성인은 기대지 않고 계속 똑바로 서 있으나, 손의 위치는 바뀐다. 어떤 때는 "벌어진 책처럼 가슴 앞에 펼치고", 어떤 때는 "감은 눈앞에서 모아 힘차게 맞잡고", 어떤 때는 "제단에서 들려오는 소리를 더 잘 들으려고 귀를 기울이듯이, 미사를 집전하는 사제처럼 어깨높이로 들어 올린다."

예외적인 것으로 제시된 여섯째 양식에서 성인은 몸을 똑바로 하고, 두 팔을 십자가 모양으로 벌리고, 서서 기도한다. 일곱째 양식은 그것의 연장 같다. 두 팔을 머리 위로 올리고, "하늘로부터 뭔가를 받으려는 듯이" 두 손을 모으거나 가볍게 벌린다. 신체의 수직적 뻗음은 '은총의 증대'를 나타내고, 영혼은 "환희의 절정에까지 이른다." 성인은 "정말로 선지자 같다." 하지만 오래 지속되지는 않는다*non diu stabat*.

성인의 고양은 여덟째 양식에서 여전히 나타난다. 성인은 이따금 "그의 앞에 펼쳐진 어떤 책을" 읽으려고 "작은 방이나 다른 곳에" 혼자 앉아 있다. 큰소리로 하는 활기찬 봉독은 그리스도와의 실제 대화이다. 그는 그리스도가 책을 통해 말하는 것을 듣는다고 믿었다. 성인은 "자신의 책을 숭배하고, 그것 앞에 몸을 숙이고, 사랑을 담아 입맞춤한다." "어떤 때에 그는 얼굴을 돌리고, 전례복으로 가리고, 손에 넣거나 두건으로 머리를 잠시 덮는다." 그러고는 "받은 은혜를 어느 위대한 인물에게 사례하려는 듯이 머리를 숙이며 조금 일어선다." 만족한 그는 다시 읽기 시작한다.[55]

마지막 아홉째 양식은 다른 모든 것들과 다르다. 동행자들과 떨어져 명상에 잠긴 성인의 여행을 위해 마련된 것이기 때문이다. 하지만 그는 경계를 게을리하지 않는다. 도미니쿠스는 야외에서 그를 향해 거세게 들고일어난 악마의 공격을 물리치려는 듯이 귀찮은 날벌레를 쫓는 것 같은 손짓을 하고, 십자 성호를 긋는다. **그림 38**

1. 예배당에서 십자가를 향해 상반신 숙이기

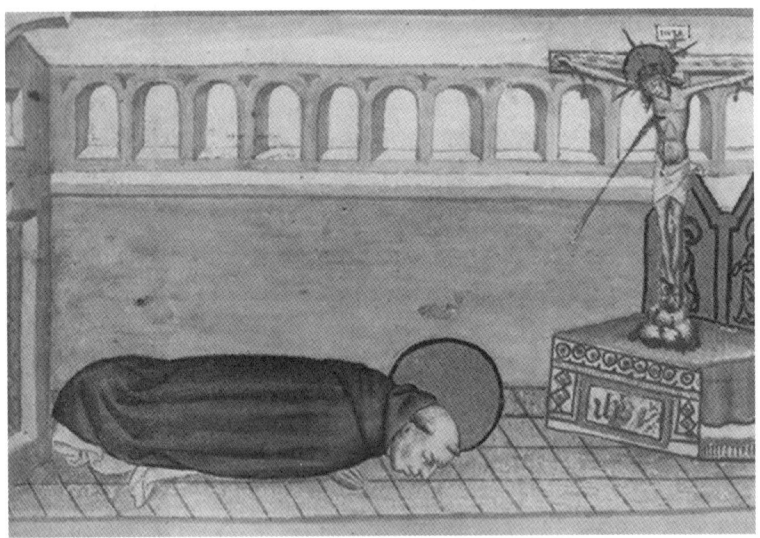

2. 두 손 모으고 엎드리기

[그림 38] 성 도미니쿠스의 아홉 가지 기도 양식 (13세기 말)

3. 무릎 꿇고 채찍질하기

4. 무릎을 꿇었다가 일어서는 것을 되풀이하는 움직임

5. 두 손을 벌리고, 깍지를 끼고, 두 손을 '책을 든 것처럼' 모으는 연속된 움직임

6. 두 팔을 벌리고 들어 올리는 오란스 자세

7. 몸을 곧추세우고, 팔을 들어 올리고, 두 손을 모으기

8. 회랑으로 문이 열린 곳에 앉아서 책 읽기

9. 여행하는 성인과 동행자

주목할 것은 이 소책자와 피에르 르 샹트르의 것으로 여겨지는 소책자는 많은 차이를 보이면서도, 여섯 가지 기도 양식을 공통으로 포함하고 있다는 사실이다. 더 정확하게 피에르 르 샹트르가 성서의 본보기와 연결한 몸짓은 도미니쿠스회 수도사의 작품에서도 그에 해당하는 것이 모두 발견된다. 그레고리우스 1세의 숙모가 했던 '낙타처럼' 기도하는 것만 예외이다.

성 도미니쿠스의 셋째(채찍질), 여덟째(봉독), 아홉째(여행) 양식도 피에르의 작품에서는 보이지 않는다. 그러나 도미니쿠스회 수도사의 소책자에서 성인의 신비로운 체험과 관련된 (여섯째와 일곱째 양식의) 기도의 몸짓은 그 형태에서 각각 피에르의 작품의 〔두 팔을 십자가 모양으로 벌리는〕 둘째 양식과 〔두 손을 들어 올리는〕 첫째 양식의 몸짓에 해당한다.

분명히 몸짓을 뒷받침하는 의도, 몸짓의 역동성과 기능은 형태가 같더라도 행하는 사람에 따라 달라진다. 그러나 두 작품의 비교는 13세기 기독교 기도의 기본적인 몸짓의 일람표를 가져다준다. (공통된 6개 양식 가운데 3~4개에서 나타나는) 선 자세가 여전히 지배적이었고, 완전히 숙이기와 엎드리기의 두 양식에서는 매우 오랜 겸손humiliatio의 관념이 강한 호소력을 지니고 있었다. 그리고 무릎 꿇고 두 손을 모으는 기도의 새로운 몸짓도 나타나고 있었음을 알 수 있다.

이처럼 오래된 수도원 모델의 영향력은 종교인이나 학교, 재속 교회의 주변에서 '고딕식' 경건함으로 공고히 되었다. 그 영향은 적어도 중세 말까지는 뚜렷이 유지되었다.

15세기 초, 라인란트의 도미니쿠스회 수도사인 요하네스 니더[*]는 (신

---

[*] 요하네스 니더(1380~1438) : 독일의 신학자로 교사와 제자의 대화 형식으로 당시의 신학적·사회적 문제들을 다룬 『포르미카리우스Formicarius』 등의 작품을 남겼다. 이 책은 베른 일대에서 활동한 종교 재판관의 경험을 근거로 마법과 악마 숭배에 관해서도 상세히 다루고 있는데, 이 내용은 뒷날 『마녀의 망치Malleus Maleficarum』에도 인용되었다.

에 대한 배타적 숭배를 나타낸) 첫 번째 십계명에 대한 주석을 계기로 영혼의 기도와 구분되는 '신체의 기도'를 체계적으로 다루었다.[56] 도미니쿠스회 수도사인 그는 수도회의 몇몇 형제들의 기도를 구체적인 사례로 인용하면서도, 성 도미니쿠스의 기도 양식에 관한 소책자는 모르는 것 같다. 그 대신 윙베르 드 로망과 토마스 아퀴나스는 인용한다.[57]

기도에서 '몸짓gestus'이라는 말에 관한 그의 이해는 매우 범위가 넓다. 그에게 이 말은 기도에서 몸을 사용하는 모든 것을 뜻한다. 아울러 그는 기도에서 몸을 사용하는 것에 완전한 이데올로기적 정당성을 제공한다. 이토록 명확한 방식으로는 아마 처음일 것이다. 신이 신체를 창조하고, 아들이 육화하고, 신체가 내세에서 구원과 '영광의 신체'의 지위를 약속받고 있으므로 신체는 기도에 쓰이기에 알맞다는 것이다. 끝으로 니더는 기도에서 나타나는 두 가지 유형의 몸짓을 구분한다. '공통의' 몸짓과 '특수한' 몸짓이다.

공통의 몸짓은 신도가 교회와 사람들 앞에서 일반적으로 하는 몸짓이다. 머리를 숙이고, 목소리로 신을 찬양하고, 가슴을 치고, 상체를 숙이고, 무릎을 꿇고, 순례를 하고, 교회가 규정한 금식으로 육신을 괴롭히고, 땅에 엎드리고, 두 팔을 십자가 모양으로 뻗고, 울고, 탄식하고, "그 밖의 비슷한 일"을 하는 것이다. 이러한 몸짓 가운데 몇 가지, 예컨대 두 팔을 십자가 모양으로 뻗거나 가슴을 치는 것은 사람들 앞에서 하기보다는 되도록 '남몰래in secreto' 해야 한다.

특수한 몸짓은 더 까다롭다. 머리를 깎고, 하늘을 우러러보고, 여섯 가지 자선misericordia의 과업을 하고, 신체의 감각을 괴롭히는 것이다. 치료감호소에서 병자의 역한 냄새를 맡는 고행이 권장되기도 한다.

같은 시대인 1440년 무렵에 이번에는 이탈리아에서 [르네상스 시기의 화가인] 프라 안젤리코가 피렌체의 산마르코 수도원 개인실에 그린 프레스코화에 '성 도미니쿠스의 아홉 가지 기도 양식'이 직접 영향을 끼쳤다. 도미니쿠스회 소책자에 나타난 모든 몸짓이 하나만 제외하고 수도사와 수도원장의 개인실 프레스코화에 등장한다.[58] 연관성이 특히 강해 보이는 것은 수도원의 수련자를 위한 개인실이다.[59] (수도사가 늘 예수 수난상 아래에서 기도하거나 자신을 채찍질하는 모습으로 나타난) 이 프레스코화와 필사본의 비교는 그 문헌의 기능을 분명히 돌아볼 수 있게 해준다. 그것은 수도원 내부에서 수련자들에게 제공된 교육에 쓰였을 것이다. 이미 12세기에 위그 드 생빅토르가 몸짓의 윤리를 구상한 것도 수련자를 위해서였다. 따라서 위그 드 생빅토르에서 피에르 르 샹트르까지, 그리고 성 도미니쿠스의 아홉 가지 기도 양식에서 프라 안젤리코까지, 참사회 수도원, 도시의 학교, 탁발수도회 수도원, 어쩌면 평신도회에서 이루어지던, 다시 말해 도시의 대대적인 부흥이 이루어지던 때에 수도원과 도시의 경계에서 이루어지던 도덕적·종교적 몸짓의 방대한 교육 프로그램을 모두 가늠해볼 수 있다.

움직임의 분해

그러므로 기도하는 신체의 움직임, 특히 도상 표현을 위한 관심이라는 도미니쿠스회 소책자의 가장 혁신적인 성격 가운데 하나도 이런 배경 안에 놓여야 한다.

서사적인 자료는 자주 기도하는 몸짓의 동작을 묘사한다. 예컨대 순례, 전투, 죽음의 순간과 같은 상황이다. 제럴드 웨일스는 [노르만인의 통치에 대한 12세기 웨일스 저항의 중심인물인] 그리피드 왕자가 자신이 나라의 지배자가 되어야 하는지 알려달라고 신에게 간청하는 모습을 묘사했다. 말에서 내린 그는 동쪽을 향해 무릎을 꿇고는 "전투에 뛰어들 듯이" 땅바닥으로 몸을 던지며 엎드렸다. 그러고는 눈과 손을 하늘을 향해 들고 헌신적으로 신에게 기도했다. 기도를 마친 뒤에는 일어서서 얼굴과 이

마에 십자 성호를 긋고, 큰소리로 신의 가호를 빌었다.[60]

피에르 르 샹트르와 윙베르 드 로망은 그들의 이론적인 저작에서 그저 고정된 자세를 분류했을 뿐이다. 하지만 성 도미니쿠스의 아홉 가지 기도 양식에 관한 문헌은 예술가가 같은 이미지 안에서 성인의 형상을 이중·삼중으로 여러 번 나타내고, 저마다 다른 자세를 표현하려 애쓰며 움직임을 묘사했다. 넷째 양식에서는 어떤 때는 팔을 내리며 몸을 일으키고, 어떤 때는 가슴 위로 손을 가져오며 무릎을 꿇는, 성인이 번갈아 가며 되풀이하는 움직임이 이중의 형상으로 표현된다. 심지어 다섯째 양식에서는 삼중으로 나타난다. 세 경우 모두 성인은 서 있는 모습으로 표현되어 있으나, 손의 자세와 (본문에서는 명확하지 않은) 머리의 기울기가 저마다 다르다.

움직임을 암시하기 위해 몸짓을 분해하는 이러한 능력은 12~13세기 이후 예술가들이 그와 같은 방향으로 추진한 탐구의 성과로 13~14세기에 나타났다. 잉글랜드와 파리에서 제작된 세밀화들이 그에 관한 최초의 증언을 제공한다.

그러나 성 도미니쿠스의 기도 양식의 경우에 예술가는 단지 신체 부위나 의복에 고딕 양식 세밀화를 특징짓는 생동감을 불어넣는 데 그치거나, 마이어 샤피로의 표현처럼 '상태 주제'를 '행동 주제'로 바꾸는 데 그치지 않았다.[61] 그는 합리적인 해결을 위해 움직임의 엄격한 분해를 선택했다. 이는 섬세한 관찰과, 몸짓에 대한 무척 새로운 분석 능력을 보여준다. 이런 유형의 형상화는 중세 중기에 나타난, 몸짓에 대한 태도의 합리화의 가장 인상적인 측면 가운데 하나이다.

앞서 보았듯이, 이러한 합리화는 몸짓의 윤리와 몸짓의 의사소통과도 관련이 있었다. 하지만 그것은 곧바로 같은 시대 신비주의의 비약적인 발전과 그것의 가장 특징적인 신체적 행동에 대한 가치 부여에서 새로운 도전을 맞닥뜨렸다.

신비주의의 몸짓

성직자이든 속인이든 남성과 여성들은 12세기부터, 그리고 뒤이은 세기에는 더욱더, 처음에는 전통적인 수도원 제도와, 나중에는 점차 (수도회와 수녀회, 베긴회, 경건한 속인 단체와 같은) 새로운 탁발수도회와 연결되었다. 아울러 혼자서나 작은 공동체 안에서, 고통받는 그리스도와의 직접적이고 열정적인 관계를 추구했다. 그들은 성체를 마주하는 것만으로 만족하지 못했다. 수난의 그리스도와의 완전한 일체화를 꿈꾸며 되도록 자주 그것을 먹을 수 있기를 바랐다. 신성한 힘을 내면화하고, 그것에 완전히 사로잡힌 신비주의자들은 그 힘으로 종교적 도취로 이끌리고, 고양되고, 때로는 옮겨졌다. (남성, 성직자, 스콜라주의의) '게스투스'의 이성에 맞서 신비주의자들, 특히 여성 신비주의자들은 중세 말기에 '게스타'의 초월적인 힘을 새로운 형태로 구체화했다.

그들의 본보기는 '새로운 그리스도'인 아시시의 성 프란체스코였다. 그는 1224년 9월 17일 자신의 육신에 십자가에 못 박힌 성흔Stigma의 은혜를 받은 서구 최초의 성인이었다. 그 뒤로는 남성보다 (카테리나 다 시에나, 마르게리타 다 파엔차, 도로테아 폰 몬타우 등과 같은)* 여성이 더 자주 이 신비로운 체험의 절정에 이르렀다. 하지만 언제나 성 프란체스코의 몸짓이 바탕이 되었다.

성흔은 몸짓의 정점이다. (프란체스코회의 굴곡진 역사에 따라 끊임없이 고쳐지거나 금지되기까지 했던) 성 프란체스코의 전기에서[62] 기본을 이루는 사건의 다양한 판본을 쫓아가 보자. 미래의 성인은 〔이탈리아 토스카나에

---

* 이탈리아 출신의 도미니쿠스회 수녀인 카테리나 다 시에나(1347~1380)는 그리스도와 '영적 혼인'을 하는 신비로운 체험을 했으며, 이탈리아 출신의 수녀원장인 마르게리타 다 파엔차(1330년 사망)는 신의 목소리로 계시를 받았다고 전해진다. 프로이센 출신의 도로테아 폰 몬타우(1347~1394)는 결혼 직후부터 환시를 경험하고 계시를 받았다고 하며, 고해신부가 그녀와의 대화를 기록한 라틴어 전기(Septililium)가 전해진다.

위치한] 베르나의 산에서 기도하고 있다. (꿈이라고 본 톰마소 다 첼라노에 맞서 성 보나벤투라는 분명히 깨어 있었다고 말한다.) 그는 무릎을 꿇고, 두 팔을 십자가 모양으로 뻗고, 눈을 동쪽을 향하며 예수에게 그의 수난의 고통을 느끼게 해 달라고 간청한다. 십자가에 못 박히고, 인간의 얼굴을 한 [구품천사 중에 가장 높은 위계의 천사인] 세라핌이 그를 덮친다. 그는 강렬한 기쁨으로 '녹아버리는' 것 같다고 생각했으나, 엄청난 고통도 느낀다. 그러고 나서 환시는 사라지고, 프란체스코는 손과 발에서 '못 자국 signa clavorum'을, 옆구리에서 창에 찔려 피가 흐르는 상처를 발견한다.

성 프란체스코의 체험은 십자가에 못 박힌 그리스도를 거울처럼 모방한 것이 아니다. "그의 육신에 징표의 상을 새긴다 incarne non minus mirabilem signorum impressit effigiem"라고 말한 본문은 성흔의 장면을 나타낸 수많은 표현들과 마찬가지로 명확하다. 종교적 도취에 든 성인의 태도가, 그가 마주한 십자가에 못 박힌 그리스도의 거울상으로 이해될 때 [프랑스의 미술사가인] 조르주 디디위베르망이 '빛과 피의 광선'이라고 부른 것이[63] 예수의 왼손과 그의 오른손을, 예수의 오른손과 그의 왼손을 잇는다. 발도 마찬가지이다. 성인의 위치에 따라 광선은 두 형상을 분리하는 그림의 공간에서 교차할 수도, 하지 않을 수도 있다. 그러나 14~15세기의 도상은 거의 언제나 다른 이미지를 보여준다. 그리스도의 팔다리는 성인의 팔다리와 오른쪽은 오른쪽, 왼쪽은 왼쪽으로 대응하게 되어, 두 형상 사이에서 광선의 교차가 더 필요해진다.

조토 디 본도네(1276?~1337)의 명성과, 그가 성 프란체스코의 성흔 장면을 여러 차례 그렸다는 사실은 그의 작품에서 나타나는 변화를 특별히 살펴보게 한다. 십자가에 못 박힌 특징들과 함께 세라핌이 성인 맞은편에 나타나는 루브르의 유명한 제단화는 '거울' 유형에 속한다. 그러나 그보다 늦은 시기에 그려진 피렌체의 산타크로체 성당 프레스코화에서 세라핌의 날개와 함께 나타난 것은 십자가에 못 박힌 그리스도

[그림 39] 조토의 두 작품에 나타난 성 프란체스코의 성흔
(왼쪽) 그리스도의 오른쪽이 성인의 왼쪽에 대응하는 '거울' 표현. (오른쪽) 그리스도와 성인의 왼쪽과 왼쪽, 오른쪽과 오른쪽이 대응하는 '동화' 표현

이고, 그의 팔다리는 성 프란체스코의 팔다리와 정확히 대응한다. 게다가 성인은 출현의 결과를 피해 도망치려는 듯이 몸을 돌리고 있고, 이는 그 장면에 놀라운 극적인 긴장감을 가져다준다.[64] **그림 39, 도판 17**

　이 두 번째 작품에는 몸짓에 관해 호의적이지 않은 함축된 의미를 지니는 용어의 통상적인 의미에서 '거울' 표현이나 모방은 없다. '그리스도의 모방*Imitatio Christi*'은 거울의 차원이 아니다. 그것은 완벽한 동화이고, 기독교가 이 말에 부여한 가장 강한 의미에서 진정한 '육화'이다. 그러므로 성흔은 성인 신체에 외부에서 주어진 표시로서가 아니라, 살아 있는 성체로 바뀐 프란체스코의 변형된 신체 밖으로 살과 피가 분출한 것으로 이해된다.

　성 프란체스코의 몸짓은 그의 생생한 이미지 안에 자신을 융합시키려 했던 이들에게 모든 신비주의적 몸짓의 모태와 같았다. 그러나 신비주의적이고 환시적인 체험에 관한 다수의 증가한 서술이 증언하는 모든 양식이 다 거기에서 비롯되었던 것은 아니다. 그 양식들은 두 개의 대립하는 극단 사이에 위치한다. 한쪽에는 몸이 느닷없이 굳어지고 모든 외부 감각이나 고통을 느낄 수 없게 되는 종교적 도취의 경직증이 있다. 다른 한쪽에는 되풀이되는 무릎 꿇기로 강조되고, 이따금 성 도미니쿠스의 가장 역동적인 기도 '양식' 가운데 하나에서처럼 눈길을 끄는 채찍질로 특징이 드러나기도 하는 극심한 운동성이 있다.

예컨대 루보강의 베긴회에 마르세유 군중을 모은 것은 두셀린 드 디뉴(1274년 사망)의 눈길을 끄는 공중 부양이었다.[65] 그녀의 신비로운 종교적 도취는 영성체를 하는 순간에 일어났다. 그녀의 의지와 무관하게 초자연적인 힘이 그녀를 황홀경에 들게 했고, 엄지발가락으로 균형을 잡고 서거나, 심지어 땅 위로 들어 올리기도 했다. 증인들은 그녀의 발바닥 아래의 빈 공간을 측정하고, 치유와 개심을 바라며 그녀의 발에 입을 맞추기 전에 그곳으로 머리를 통과시키기도 했다. 그녀의 신체를 '보고 만지려는 욕구'는 같은 시대에 신도들의 매혹된 시선이 성체로 집중되던 것과 완전히 일치한다.

시간이 조금 지난 뒤에 나타난 카테리나 다 시에나의 사례를 살펴보자. 천상의 배우자에 대한 생각이 그녀의 영혼에 파고들 때마다, 그녀는 곧 감각 기능을 잃고, 팔다리가 마비되었다. 그녀의 구부러진 손가락이 손바닥 안쪽을 매우 세게 눌러 못을 박은 것처럼 보였다. "힘을 써서 벌리는 것보다 부수는 것이 더 쉽게 보일 정도였다."[66]

어떤 때는 일종의 열광이 이 신체들을 점령한다. 가장 위대한 신비주의자 가운데 한 사람인 얀 반 뤼즈브룩(1293~1381)은 이렇게 묘사했다. "천상의 환시는 황홀감이 솟아나는 정신적 도취를 가져다준다. 그것은 인간이 마음에 품고 바랄 수 있는 것보다 더 민감한 기쁨과 감미로움을 받는 것으로 이루어진다. 아울러 인간에게 매우 기묘한 몸짓을 가져다준다. … 그것은 달리고 뛰어오르고 춤을 추도록 그의 모든 팔다리를

불안정하게 한다."⁶⁷⁾

도로테아 폰 몬타우나 줄리언 노리치* 같은 여성, 하인리히 조제(1295~1366)나 로베르토 다 살레(1271?~1341) 같은 남성은 완전한 모방*Imitatio*을 육신에 실현하기를 바라며, 그리스도의 채찍질에 대한 일종의 무언극으로 자신을 채찍으로 때렸다. 마리 두아니는 기도한 뒤에 전례용 시편을 읽으며 잇달아 600번이나 무릎을 꿇었다. 그녀는 각각의 시편 뒤에 [아베 마리아로 시작되는] 천사 축사를 암송하기 위해 무릎을 꿇었다. 그런 뒤에 300번 무릎 꿇기를 되풀이하고, 피가 나기를 바라며 세 번씩 자신을 내리쳤다.⁶⁸⁾ 몸을 완전히 동그랗게 말며, 머리와 발을 맞닿게 한 루카르디스 폰 오버바이마르**처럼 정말로 신들린 자들도 있었다.⁶⁹⁾

이들은 새로운 '신의 격투가'들이었다. 성직자들은 그들을 불신해서, 그들에 대한 시성 예우를 대부분 거부했다.⁷⁰⁾ 그러나 그들에게서 시선을 떼지는 못했고, 그들의 말에 귀를 기울였다. 몸짓에 관한 성직자의 '합리적인' 담론은 이러한 신체들로 궁지에 몰린 것 같다. 그러나 어떤 유사성이 있더라도 신비주의자의 사례는 악마에 씐 사람과 혼동되지 않는다. 기적 이야기에서 악마에 씐 사람은 모두 그들의 몸에 일시적으로 거처를 선택한 악마의 '실질적인' 힘에 똑같이 사로잡힌 것처럼 보인다. 그래서 그들의 고유한 이름은 그다지 중요하지 않으며, 그들의 경련, 무절제한 몸짓, 격앙된 외침은 이야기마다 거의 바뀌지 않는다.

마찬가지로 흑사병의 예고자나 징벌자인 그 시대 채찍고행자의 경우도 다르다. 누더기를 걸친 남성과 여성의 무리가 길거리에 출몰하고, 도시의 성벽으로 몰려들었다. 14세기의 어느 연대기는 그들이 저마다

---

* 줄리언 노리치(1343?~1416년 이후) : 영국의 은둔 수도자로 여성이 잉글랜드 언어로 쓴 현전하는 가장 오랜 작품인 『신성한 사랑의 계시*Revelations of Divine Love*』를 썼다.
** 루카르디스 폰 오버바이마르(1276?~1309) : 독일의 시토회 수녀이자 신비주의자. 그리스도의 수난에 몰두해 33년 동안 예수의 고통을 반복했으며, 그리스도의 잉태와 탄생을 묵상하는 동안 마리아의 임신을 육체적으로 경험했다고 전해진다.

지은 죄를 연상시키는 자세로 땅에 누운 모습을 묘사했다. 그들은 죄의 상징적인 연출을 자신에게 부과한 것이 죄를 갚기 위해서라고 말했다. 서약을 위반한 자는 손을 들었고, 음행을 한 자와 탐식을 한 자는 등이나 윗배로 누워 있었고, 그 밖의 이들은 진창이나 자갈밭을 가리지 않고 예수의 수난을 기리며 얼굴을 땅바닥으로 향한 채로 엎어졌다.[71]

이 이야기는 13세기 초 투르킬의 환시를 연상시키는 점이 없지 않다. 그러나 속죄를 위해 재현되는 죄의 몸짓이 여기에서는 실제의 몸짓이다. 상상계에 존재하는 투르킬의 지옥의 극장은 교회의 시각에서 도덕적 교훈으로 쓰일 수 있었다. 반대로 성직자와 세속의 권력자들은 채찍고행자의 참회의 연출법에 관해서는 그것이 지닌 무절제함을 걱정하지 않을 수 없었다. 그러므로 그들은 망설이지 않고 억눌렀다.

13~14세기에 신비주의자들은 그리스도와의 개인적인 관계를 추구했고, 그들의 신앙심은 개별적인 것을 요구했다. 그들이 생각하기에 예수는 그들 안에 있었고, 이제는 잘 알려진 신체의 중심인 그들의 심장에 실제로 존재했다. 심장은 수난의 도구들이 담긴 그들의 개인적인 성유물함이었다. 신비주의자는 이따금 남성, 특히 수도사나 성직자였고, 대부분은 수녀, 베긴회 여신도, 평범한 속인 여성과 같은 여성이었다. 그들은 사랑하는 이와의 대화에서 남성과 성직자의 강제적인 중재에서 벗어나 있었다. 남성들에게 이러한 여성들의 목소리와 몸짓은 불신과 매력이 뒤섞인 감정을 불러일으켰다. 정식으로 성인이 된 여성 신비주의자는 거의 없었다. 그러나 모든 기독교도, 심지어 국왕과 교황까지도 그들의 계시를 기다렸고, 그들의 기묘한 몸짓을 기웃댔다.

9
상징적 효력

몸짓의 '마법'

중세 사회에서는 많은 몸짓이 어떤 기술적 효과에 의해서가 아니라, 보이지 않는 힘의 작용을 지니고 전달하고 부추기는 어떤 내재된 힘으로 물질이나 존재를 변화시킨다고 여겨졌다. 이것이 가장 강한 의미에서 '상징적 효력'이라는 말이 나타내는 것이다.[1] 우리는 이미 이런 사례를 풍부히 살펴보았다. 해럴드의 맹세의 몸짓, 왕의 도유식, 신의 저주로 유대인들을 위협한 빌라도의 몸짓, 성녀 스콜라스티카의 폭풍을 불러온 기도의 몸짓 같은 것들이다. 일반적인 것이지만 십자 성호도 이런 종류의 몸짓으로 볼 수 있다.

예수의 수난이라는, 기독교를 대표하는 표상을 움직임으로 재현하는 이 몸짓은 두 가지 양상으로 나타난다. 먼저 그것은 축복의 몸짓일 수 있다. 3세기부터 이마에 십자 성호를 안수하는 것은 받는 이가 기독교 공동체에 속한다는 뜻을 나타냈다. 사제는 전례에 참석한 신도들을 축복하기 위해 손가락을 모은 오른손으로 그들 앞에 십자 성호를 그었다. 그는 밖에서도 수확을 축복하기 위해 똑같이 행동했다. 악령을 쫓아내

기 위해 개심자, 병자, 귀신 들린 자의 감각기관에 십자 성호를 그을 수도 있었다.[2]

이런 축복의 몸짓을 언급한 것은 무수히 많다. 사례 하나를 살펴보자. 대부분의 저승 여행 이야기들과 마찬가지로 『수도원장 브렌다누스 항해기 Navigatio sancti Brendani abbatis』도 잇달아 일어난 시련의 흐름에 따라 성인의 십자 성호로 온통 뒤덮여 있다. 그는 모험의 동료들을 지켜달라고 두 손을 하늘로 들고, 온몸으로 신에게 기도한다. 그리고 오른손을 들어 그들 위에 십자 성호를 긋는다.

> 수도원장 브렌다누스가 이런 말을 했을 때
> 그는 두 손을 높이 들고 그의 온 마음으로 신에게 기도했다.
> 그의 신도들을 시련에서 지켜 달라고.
> 그러고 나서 오른손을 들고
> 거룩한 사제는 그들 위에 십자 성호를 그으며 축복했다.[3]

하지만 기독교인은 직접 자기 몸에, 곧 자기 이마와 입술, 가슴 위에 십자 성호를 그을 수도 있었다. 이런 경우에 십자 성호는 영혼과 신체의 모든 위험에 맞서 '무장하는', 효력 있는 무기였다. 나아가 위기와 죽음을 마주한 상황에서 구원과 사면을 가져다주는 일종의 영성체이자 '마법의' 몸짓이었다. 십자 성호의 덕을 설파한 설교사들의 수많은 교훈예화에 귀를 기울여보자. 죽음을 앞둔 자는 악마를 쫓아내기 위해 임종 침상에서 십자 성호를 긋는다. 그것은 뱀을 쫓아내고, 폭풍우로부터도 지켜준다. 잠자리에 들 때와 일어날 때 십자 성호를 긋는 습관을 지니는 것이 중요하다. 그런 기계적인 몸짓은 땅거미가 지고 동이 트는 위험한 시간에 악마의 공격을 막아준다.[4]

13세기에 스콜라주의 신학자들은 성직자들인 '대인 *majores*'과 구분되는 '소인*minores*'인 평범한 속인들에게 필요한 최소한의 '명확한' 신앙을 정의하려 애썼다. 그런 최소치는 (주기도문·성모송·사도신경의) 세 가지 기도와 십자 성호라는 하나의 몸짓으로 구성되었고, 그 몸짓은 삼위일체의 교리에 대한 신도의 명확한 동의를 나타낸다고 여겨졌다.[5] 하지만 신학자들은 환상으로 자신을 달랬던 것은 아닐까? 대부분 기계적으로 행해지던 그 몸짓은 어떤 교리를 명시하거나, 가장 의식적이고 공들여 구상된 언어적 표현을 대체하는 것이 될 수는 없었다. 기껏해야 일반적이고 널리 퍼진 믿음에 대한 암묵적인 참여의 표시였을 뿐이다.

그렇다면 맹세의 몸짓 같은 다른 많은 몸짓과 마찬가지로, 십자 성호도 '마법의' 몸짓이었을까? 공유하는 실천과 믿음 안에서 직접적이고 필연적인 영적·물질적 효과를 기대한다는 의미에서 말이다. 그런 몸짓에 기대되는 효력은 대부분 그것을 행하는 형식주의에 달려 있고, 그만큼 더 사실처럼 보인다. 몸짓은 규정된 형식에 따라 행해져야 하고, 움직임의 순서는 (신성모독이 되므로) 뒤집히거나 뒤섞일 수 없고, 내용과 마찬가지로 시간에서도 내뱉는 말과 일치되어야 한다. 형식에서의 결함은 모두 몸짓의 효력을 훼손하거나, 더 나쁘게는 잘못을 저지른 이에게 돌아가는 역효과를 낳는다. 선서자가 자기가 하는 말의 내용과 겉모습이 일치하지 않는 몸짓으로 상대와 증인을 속이려 한 거짓 맹세의 사례에서도 이는 확인된다.

야코포 다 바라체의 『황금 전설*Legenda aurea*』(13세기 중엽)과 (특히 샤르트르의 스테인드글라스 같은) 도상으로 매우 널리 알려진 성 니콜라우스의 기적 이야기를 살펴보자.[6] 어느 기독교인이 유대인에게 돈을 빌리고, 되도록 빨리 그 돈을 갚겠다고 성 니콜라우스의 제단 앞에서 맹세했다. 하지만 돌아오는 것이 전혀 없자 유대인은 빚을 갚을 것을 요구하며 그를 법정에 세웠다. 기독교인은 지팡이로 쓰는 속이 빈 막대 안에 (빌린 돈과 그로부터 얻은 이익을 포함한) 자신의 모든 돈을 넣었다. 맹세를 요구받자 그는 유대인에게 막대를 들고 있어 달라고 부탁했다. 그러고는 자신이 빌린 것보다 더 많이 돌려주었다고 맹세한 뒤에 막대를 돌려받았다. 하지만 돌아오는 길에 그는 교차로에서 잠이 들었다가 짐을 실은 수레에 깔려 죽었고, 사고로 막대가 부러지면서 돈이 땅에 쏟아졌다. 유대인은 그제야 상황을 알아챘으나 성 니콜라우스가 죽은 이를 부활시키기 전까지 그 돈에 손대기를 거부했다. 기적은 이루어졌고, 유대인은 기독교로 개종했다.

맹세할 때 막대를 건넨 일화는 풍부한 가르침을 담고 있다. 기독교인은 자신의 술책이 성공하리라는 것을 전혀 의심하지 않았다. 그러므로 이 일화는 무엇보다 일반적인 믿음에서 몸짓의 형식주의가 지니는 중요성을 보여준다. 그는 말한 대로 하는 것으로 충분하다. 심지어 말한 것이 겉으로는 모두 옳지만 실제로는 현실과 일치하지 않음을 분명히 알고 있어도 그렇다. 마찬가지로 유대인의 선의를 그도 모르게 악용하더라도 자신이 한 일이 부정되지는 않는다고 생각한다.

그렇지만 기독교 성인전의 바탕을 이루는 진리에 대한 욕구는 이런 지나치게 단순한 결론에 반대한다. 다른 상황에서 행태가 도덕적 교훈에 걸맞지 않으면 정직한 선서자에게 보상을 주었던 것처럼, 기적으로 잘못을 저지른 이를 벌주어 문제를 해결한다. 이는 몸짓과 말의 형식주의를 갖추더라도, 궁극적으로 몸짓과 말에서 겉으로 드러난 것보다 더 중요한 것은 감추어진 (이 사례에서는 기만적인) 의도임을 알려준다.

몸짓의 '마법'은 많은 경우에, 심지어 (십자 성호와 같은) 교회가 권장한 몸짓에서도 의심의 여지가 없다. 하지만 실제 문제는 훨씬 복잡하다. 아울러 교회는 그런 태도에 관한 의구심을 자신의 논증이나, 앞서 보았듯이 기적을 불러와 끊임없이 드러냈다. 그러나 교회에게도 이 문제는 비판이 '미신적'이라고 판단되는 몸짓에 이루어진 경우와, (전례와 성사의 몸짓처럼) 적법한 몸짓에 이루어진 경우가 같지 않았다.

처음 몇 세기부터 교회와 세속권력은 주술사와 마법사의 악행 *maleficia* 을 규탄했다.[7] 저주와 부적, 주문과 몸짓으로 인간과 동물, 수확에 해를 끼치는, 마법사가 지닌 힘을 누구나 두려워했다. 예컨대 끈이나 나뭇가지를 묶어서 멀리 떨어진 곳에 있는 남자나 여자의 호흡이나 생식 능력을 '묶는' 힘 같은 것들이다.[8] 카롤루스 왕조 시대의 대주교 힝크마루스와 (여러 해 동안 아버지의 양기를 빼앗은 주술에 관해 이야기한) 12세기 수도사 기베르 드 노장, 13세기 중반 이후의 종교재판관 안내서는 이따금 이러한 의식 행위를 들추어내 묘사했다. 14세기 초에는 작은 밀랍 인형을 이용한 저주의 시도가 고위 성직자들에게도 자주 일어난다는 사실이 떠들썩한 재판으로 드러났다. '마법사'는 희생자를 표현한 인형을 바늘로 찔렀다.[9] 인류학자들은 몸짓, 사물, 말의 상징적 효력에 대한 은유적 관념에 바탕을 둔 이런 행위를 잘 알고 있다. 다른 사례에서는 옷의 일부나 (정액, 생리혈, 머리카락 같은) 신체 배출물을 조작하는 것이 저주의 성공을 가져다준다고 여겨졌다. 상징적 효력의 환유적 관념이라고 할 수 있다. 실제로 조작하는 사물은 목표로 한 인물의 표상이 아니라, 그 인물의 '전부로 평가되는 부분'이다.[10]

마법사와 주술사의 명확한 몸짓이 무릇 종교재판관처럼 억압적인 제도에서 생겨난 자료에만 상세히 묘사되어 있지는 않다.[11] 이따금 역사가는 뜻밖의 장소에서도 그런 이미지를 만난다. 밤베르크 대성당 군주의 문의 [팀파눔에 새겨진] (1228년 이전에 제작된) '최후의 심판'에서 악마가 지옥으로 끌고 가는 사슬에 묶인 왕은 허리띠 높이로 올린 오른손으로 이상한 신호를 한다. 집게손가락과 가운뎃손가락을 땅을 향해 'V'자 모양으로 벌리고, 접힌 끝의 두 손가락을 엄지손가락으로 손바닥에 고정시킨다.[12] 이것은 지옥에 떨어진 이 왕의 마지막 사악한 몸짓일까, 아니면 저주를 쫓아내려는 그의 마지막 시도일까? 이미 영원한 불에서 벗어날 수 없으므로 헛된 일이겠지만 말이다. **그림 40**

[그림 40] 지옥에 떨어진 왕의 주술의 몸짓
(밤베르크 대성당 팀파눔, 1228년 이전)
왕은 고리대금업자와 함께 쾌활하게 웃으며, 오른손 집게손가락과 가운뎃손가락을 벌려 땅을 향해 뒤집는다. 신을 향한 마지막 도전일까?.

교회의 전통적인 가르침에 반항한 르네상스와는 매우 다른 맥락에서 라인란트의 화가이자 판화가인 한스 발둥(1484?~1545)이 아기 예수의 성기를 향해 [성모 마리아의 친모인] 성녀 안나에게 하게 한 몸짓도 분명히 우려를 자아낸다. 이 할머니는 그리스도의 생식 능력에 주술을 거는 마녀일까?[13] **도판 18**

설교가나 종교재판관은 '마법의' 몸짓에 맞서 꽤 수수한 수준에서 권위의 논증을 사용하며 교회의 규율을 적용했다. 그러므로 그들이 보기에 십자 성호의 즉각적인 힘 *virtus*을 찬양하는 것과 사악한 몸짓의 힘을 (몹시 두려워하며) 단죄하는 것은 결코 모순되지 않는다. 먼저 것은 (행하는 이의 의도와 함께 십자의 형태도) 모두 선하지만, 나중 것은 모두 악마로부터 비롯된 것이기 때문이다.

그러나 더 박식한 수준에서 신학이나 교회법의 담론은 기호와 효력, 몸짓과 말, 인간의 이성과 악마나 신과 같은 초자연적인 힘에 대한 믿음을 분리하여 모든 몸짓에 인정되는 독립적인 힘을 축소하는 경향이 있었다. 이런 비판적인 접근법은 적법한 의식 자체와 관련이 있었다. 기독교의 초기 세기들과 교부들로 거슬러 올라가는 오랜 경향을 계승하고 발전시킨 그것은 12세기의 지적 변화를 거치며 자리를 잡았다. 법적 관행과 성사 신학이라는 두 영역에서 그 결과를 추적해보자.

신명재판 비판

중세 내내 사람들은 갈등을 해결하고 진실을 드러내는 일을 전통적으로 신의 심판에 맡겨 왔다. 어떤 때는 소송 당사자들의 결투 재판에 의지했고, (여성이나 성직자가 관련되었을 때처럼) 필요하면 대리인을 개입시키기도 했다. 어떤 때는 피고인이 불이나 물의 심판에 순응하여 재판관에게 자신의 진실성을 증명해야 하는 일방적인 신명재판으로 이루어지기도 했다. 교회의 축복을 받으며 완전히 체계화되고 승인된 의식에 따라 그는 붉게 달궈진 쇠를 쥐거나 팔다리가 묶인 채 물에 던져졌다. 영구적인 화상이 나타나지 않거나 (악마의 도움 없이는 떠오를 수 없으므로) 곧장 가라앉으면 그의 결백이 선언되었다.

그런데 12세기부터 이러한 의식의 몸짓은 신학자와 교회법 학자에게 모두 비판을 받았다. 이유는 다양했고, 오로지 몸짓의 문제만도 아니었다. 속인과 성직자를 분리하는 그레고리우스 개혁의 논리에서 교황권은 피를 흘리게 하는, 그것도 기독교인의 피를 흘리게 하는 결투로 이루어지는 신명재판에 성직자가 참여하는 것을 금지시키려 했다. 이러한 금지는 교황 인노켄티우스 3세의 주도 아래 1215년 제4차 라테라노 공의회의 제18조 법령으로 확정되었다. 피에르 르 샹트르와 같은 이들도 결국은 '신을 시험하는', 곧 신에게 사람들이 기대하는 진실을 선포하도록 강요하는 관행을 우려했다. 신의 의지는 불가사의한 것이 아닐까? 게다가 신명재판의 결과도 자주 의심스럽지 않던가? 결투 대리인의 우위와 붉게 달궈진 쇠의 흔적은 논란의 대상이 될 수 있었다. 때로는 시련을 극복한 것처럼 보였던 이가 얼마 지나지 않아 진짜 범인으로 밝혀지기도 했다.

그런데 같은 시대에 다른 형태의 심판이 자리 잡았다. 문서로 기록하는 소송 절차, 심문과 조사, 범죄 '징후'를 마주한 재판관의 합리적 추론, 그리고 용의자의 자백과 고문에 바탕을 둔 심판이다.[14]

물론 그렇다고 해서 불과 물의 신명재판이 없어지지는 않았다. 마법 재판은 그것의 지속적인 성공을 보장했다. 그러나 초자연적인 힘의 조작에 기초한 이러한 재판 의식의 형태는 12세기에 처음으로 체계적인 비판을 받았고, 부분적으로 굴복했다. 그리고 매우 다른 진리의 몸짓과 말에 자리를 내주었다. 실제로 이것들은 이제 인간의 제도 말고 어떤 것에도 속하지 않았다.

성사 신학과 몸짓

전례와 신학에서 12세기에는 (세례 · 견진 · 참회 · 성찬 · 서품 · 혼인 · 병자 도유) 7성사 체계가 확립되었다. 그리고 그것들에서 사제와 신도가 저마다 수행하는 특수한 몸짓은 상세한 규정의 대상이 되었고, 그것들의 역할과 고유한 효력도 마찬가지로 논의되었다. 세례를 비롯한 수많은 의식들에서 쓰인 [성직자가 신도의 머리 위에 손을 얹는] 안수를 먼저 살펴보자.

세례 의식은 실제로 삼위일체의 기원, 도유, 그리스도가 받은 세례를 본뜬 씻김, 새로운 기독교인의 머리 위에 사제가 하는 안수로 이루어진다. 중세 초기까지 그 대상이 된 것은 성인이었다. 그 뒤 물에 담그는 침례가 통용되지 않게 되면서 유아 세례가 널리 퍼졌다.[15]

3세기에 이미 카르타고 주교 성 키프리아누스는 이단자의 교회 복귀와 관련해 도유와 안수가 저마다 맡은 역할에 질문을 던졌다.* 회개한 이단자에게 세례를 완전히 새로 베풀어야 하는가, 아니면 안수만으로도 충분한가? 『재세례서Liber de rebaptismate』를 쓴 이름이 전해지지 않는 작가가 옹호한 두 번째 태도는 안수의 몸짓에 독점적 중요성을 부여하는 것처럼 보인다. 거꾸로 성 키프리아누스는 도유의 중요성을 강조했다. 그에 따르면 교회에 복귀한 이단자는 도유도 똑같이 받아야 한다.

아우구스티누스는 둘 다 배격했다. 그의 판단은 성사가 무엇인지에 관한 정의 자체에서 비롯된다. 라틴교회의 모든 신학 전통에서 그가 진정한 창시자인 그 정의는 12세기 신학자들에게 계승되었고, 피에르 롱바르(1160년 사망)가 다음 세기의 스콜라 철학에 물려주었다. "성사는 보이지 않는 은혜의 가시적인 형태"이자 "거룩한 것의 표상"이다.[16] 따라서 본성적으로 가시적이고 표상적인 몸짓은 성사의 일부이다. (『기독교의 가르침』에서 이를 논증한 것이 바로 아우구스티누스의 공적이다.) 하지만 아우구스티누스에게 몸짓은 의식을 행하는 이의 의도와 목적에 알맞게 말로 표현된 기도에 곁들여질 때만 가치를 지닌다. 이때 아우구스티누스는 (병자 도유를 제외하고) 성사를 되풀이하지 않는다는 규칙도 정했다.[17] 끝으로 그는 몸짓을 말로 환원하며, 안수를 기도와 동일시했다. "안수가 사람 위에 기도하는 것이 아니고 무엇일까?"[18] 아울러 몇몇 문헌에서 그는 안수가 성령의 활동에 필요치 않다거나, 예전에는*antea* 필

---

* 당시 이단 종파에서 세례를 받은 이가 가톨릭교회로 돌아왔을 때 다시 세례를 받아야 하는지가 쟁점이 되었다. 이에 대한 태도는 크게 셋으로 나뉘었다. 키프리아누스는 교회 바깥에는 구원이 없다며 다시 세례를 받아야 한다고 주장했으나, 로마 주교 스테파누스는 안수만 다시 해서 받아들여야 한다고 주장했다. 그리고 아우구스티누스는 삼위일체의 이름으로 세례를 받았다면 인정해야 한다고 주장했다.

요했으나 그의 시대에는 더는 그렇지 않다고 단언했다. 몸짓은 필요성이 암암리에 확인되지만, 모든 곳에서 중요성이 줄어든 것처럼 보인다.

질문은 12세기에 다시 나타났다. 특히 이단자에 맞선 신학자의 모든 논의는 그가 해야 하는 성사의 말을 대상으로 이루어졌다. 성 베르나르는 "신과 거룩한 십자가의 이름으로 세례를 합니다"라고 말하면 세례가 유효한지 물었다.[19] 교황 알렉산데르 3세(재위 1159~1181)와 파리 주교 모리스 드 쉴리(재임 1160~1196)는 아니라고 답했다. 유일하게 유효한 표현은 삼위일체였다. "성부와 성자와 성령의 이름으로 세례를 합니다." 이 논쟁에서 몸짓은 문제가 되지 않는다.

그러나 실제로 몸짓은 성사집이나 『그라티아누스 교령집』의 도상, 아니면 몇몇 서사 문헌이 보여주듯이 당연히 그 중요성을 잃지 않았다. 1130년 무렵에 쾰른의 젊은 유대인 개종자는 (성인이었기 때문에) 침례로 세례를 받았다. 개종에 관한 이야기인 자전적 기록에서 그는 이렇게 말했다. (그에 따르면 악마에게 속은) 사제가 그에게 세 번 물에 잠겨야 한다고 알려주는 것을 소홀히 했다. 그래서 그는 세례조洗禮槽에서 너무 일찍 나왔고, 두 번째와 세 번째에 그를 다시 물에 넣으려고 성직자들은 진땀을 빼야 했다.[20] 무척 생생한 이 이야기에 따르면, 물이 뚝뚝 떨어지고 추위에 떠는 세례받는 이에게 물로 다시 들어가라고 설득하려 했던 성직자들의 외침과 [지시하는] 몸짓nutus은 그들이 의식의 정확한 형식에 부여했던 중요성을 잘 보여준다. 이는 [그 젊은 유대인 개종자] 헤르만이 자신을 기독교인으로 만든 통과의례에서 받아들인 것이기도 하다.*

---

* 젊은 유대인 헤르만은 자신의 세례의 순간을 이렇게 묘사했다. "나는 정통 신앙에 관한 다른 문제들에 충분히 깊이 빠져 있었으나, 침례가 삼위일체의 이름으로 세 번 물에 잠기는 것을 포함한다는 사실을 알지 못했다. 이것은 사제들의 부주의 때문이거나, 나를 노리고 함정을 판 원수(악마)의 계략 때문이었을 것이다. 나는 생명을 주는 세례조의 물줄기 속으로 들어갔다. (세례조의) 동쪽에서 처음으로 침례를 받았을 때, 나는 한 번의 세례만으로도 태고의 상태를 회복하기에 충분하다고 믿었다. 그러나 세례조 주변에 서

사제의 서품식을 제외한 모든 성사는 신도들을 직접 끌어들였고, 이제 교회는 성사의 실천을 이용해 신도들을 전보다 훨씬 더 엄밀히 관리하려 애썼다.[21] 예컨대 교회법 학자, 신학자, 전례학자는 결혼 의식을 '에워싸려' 노력했다.[22] 예식이 신부의 집에서 교회의 입구로 옮겨가는 사이에 사제가 신부의 아버지를 대신한다. 로마 시대부터 거의 변하지 않은 기본적인 몸짓이 남아 있다. 부부의 '오른손 맞잡기*dextrarum iunctio*'이다. 그러나 부부에게 말로 하는 동의에 곁들여지는 이 화합의 몸짓을 요구하고, 자신의 두 손 사이로 맞아들이는 이는 이제 신부의 아버지가 아니라, 사제이다. 예컨대 『그라티아누스 교령집』의 매우 많은 필사본에서 결혼의 요건들에 관한 교회법의 주석에 곁들여진 도상은 사제의 이러한 중심적인 역할을 뒷받침하고, 손이 모이는 특징적인 몸짓을 강조한다.[23] **그림 41**

있던 성직자들이 내가 한 번 더 침례를 받아야 한다고 소리쳤다. 세례조에서 막 나온 나는 그들의 목소리를 또렷이 들을 수 없었고, 머리카락 사이로 물이 흘러내려 그들이 나에게 하는 몸짓도 제대로 볼 수도 없었다. 손으로 얼굴의 물을 닦아내는 와중에야 나는 그들이 원하는 것을 알아챘다. 처음에는 세례조의 매서운 차가움에 몸이 굳어 그들의 바람에 기꺼이 응하지 않았다. 그러나 세례자의 부드러운 훈계에 이끌려 구원을 위해 해야 할 일을 했다. 두 번째 세례로 신성한 신비를 충족시켰다고 생각한 나는 세례조에서 나가고 싶어졌다. 극심한 추위에 몸이 판자처럼 굳었다. 그러나 성직자들은 다시 한번 큰 소리로 외치며 성사를 완성하기 위해서는 내가 겸허히 구원의 물의 남쪽에서도 침례를 받아야 한다고 말했다. 악마의 농간에 시달리던 나는 그들이 나를 놀리고 있다고 의심했다. 그래서 시리아 사람 나아만이 선지자 엘리사의 명령에 따라 요르단강에 일곱 번 몸을 담그라는 말을 듣고 분개하여 떠나려 했던 것처럼(열왕기 하권 5:10-12), 나도 똑같이 격분하여 세례조에서 뛰쳐나가고 싶은 심정이었다. 그러나 원수가 나를 대적하여 일어섰을(시편 13:5) 때, 하느님께 감사하게도 그는 이기지 못했다. 동료들의 훈계에 마음이 흔들린 나아만이 선지자의 유익한 조언에 굴복했던 것처럼(열왕기 하권 5:13-14), 그 자리에 있던 종교 지도자들의 감미로운 권면도 신앙에 대한 나의 나약함을 더욱 굳건하게 해 주었고, 원수가 내 마음속에 불러일으킨 악이라는 의심의 전염병을 내쫓아 주었다." Jean-Claude Schmitt, translated by Alex J. Novikoff, The Conversion of Herman the Jew: Autobiography, History, and Fiction in the Twelfth Century(Philadelphia : University of Pennsylvania Press, 2013), p. 234.

[그림 41] 결혼의 몸짓

(그라티아누스 교령집, 14세기)

사제는 부부의 오른손을 모으며 축복한다.

그런데 교회법 학자인 이브 드 샤르트르(1126년 사망)에게 이런 몸짓은 부차적 중요성만 지닐 뿐이다. "(부부가) 손을 맞잡지 않더라도 (남자가 여자와) 결혼하겠다고 마음과 입으로 동의할 때 동의의 약속이 생긴다."[24] 성사를 '이루는' 것은 올바른 의도와 말로 행하는 동의의 표현이다. 교회법 학자와 신학자에게 몸짓은 표상일 뿐, 동인은 아니다.

이러한 판단에는 몸짓의 상징적 효력에 교회가 했던 비판의 핵심이 존재한다. 성찬 의식의 몸짓을 비롯한 모든 성사와 관련된 비판이다.

미사

기독교 전례 의식의 중심은 미사이다. 미사*missa*라는 말은 6세기에 도입되었는데, 한편으로는 단지 사제만의 '개인적'이거나 '은밀한' 예식의 발전과,[25] 다른 한편으로는 의식의 서로 다른 부분들의 구분이 뚜렷해진 것과 관련이 있었다. 미사의 전개에서 [시작할 때 사제가 외는 기도문인] 감사송*praefatio*이 차츰 뒤따르는 모든 것들과 분리되었고, 미사의 중심인 미사 전문이 명확히 개별화되기에 이르렀다. ["거룩하시도다"로 시작하는 기도문인] 상투스에서 주기도문 낭송까지의 미사 전문은 사제가 최후의 만찬에서 그리스도가 했던 말을 옮기고, 그 말이 가리키는 몸짓을 하는 순간을 삽입한다. "그의 거룩하고 존엄한 손에 빵을 쥐고", "하늘로 눈을 향하며", 빵 위에 십자 성호를 그어 "축성하고", 그것을 "찢어서" 그리스도의 제자들의 자리를 차지한 부제에게 나눈 것을 "준다".

그리하여 사제는 이중으로 그리스도의 자리를 차지한다. 그는 상징적으로 그리스도이고, 자신의 신체, 말, 몸짓으로 그 자리를 차지한다. 아울러 그는 빵과 포도주의 형질을 그리스도의 몸과 피로 변화시킨다. 당시 미사의 일반적인 명칭에 따르면 그는 '희생 행위*actio sacrificii*'와 '감사 행위*gratiarum actio*'를 한다. 신의 아들의 희생의 신비를 되풀이하는 행위이고, 이것이 전형적인 성사*sacramentum*이다. 사제의 말과 몸짓에서, 그리고 빵과 포도주의 신비한 실체 변화에서 그리스도는 날마다 자신의 육화와 수난, 육신을 얻은 것과 죽임을 받아들인 것을 되풀이한다.

12세기 말까지 사제들은 빵과 포도주가 그리스도의 몸과 피로 실체 변화가 이루어지는 정확한 순간을 분명히 밝히려 애쓰지 않았다.[26] 중세 초기에 빵과 포도주의 축성에는 아직 빵과 [포도주가 담긴 잔인] 성작 *Calix*을 들어 올리는 것이 곁들여지지 않았다. 성직자 가운데에는 예식에서 이미 축성되어 다른 예식까지 보존된 포도주에 빵을 담그는 단순한 접촉만으로도 실체 변화를 이룰 수 있다고 생각하는 이도 있었다.[27]

전해지는 가장 오래된 예식규정인, 8세기의 교황 미사를 묘사한『제1예식규정*Ordo I*』에 따르면, 미사 집전자인 교황은 부주교가 그의 앞에 들어 올린 성작에 (자신이 바친 빵인) 두 봉헌물*oblatae*을 가져다 대며 큰 소리로 전례문의 말을 읊는다. 이 몸짓은 미사 전문 끝마무리의 작은 성체 들어 올리기를 이룬다. 이 예식규정에서 독특한 발전이 확인되는 것은 축성 의식보다는 빵 분할 의식이다. 교황은 희생의 연속성을 확보하려고 다음 미사를 위해 두 봉헌물 가운데 하나를 남겨둔다. 그는 나머지 봉헌물을 직접 쪼개지 않는다. 교황은 성가대 *schola cantorum*가 ('하느님의 어린 양'으로 시작하는 기도문인) '아그누스 데이*Agnus Dei*'를 부르는 동안 의자에 앉아 있고, 그를 에워싼 사제와 주교들이 매우 엄숙하게 그의 앞에서 빵을 나눈다.

교황의 대규모 의식을 주교의 미사나 사제의 개인 미사에 적용하면서 자연히 예식에도 변화가 생겼다. 교황이 큰 소리로 말한 미사 전문의 말이 점차 낮은 소리로 읊어졌고, 몸짓도 간소해졌다. 사제가 그 말의 의미를 깊이 새겨야 하고, '마법적인' 관례적 문구와 몸짓을 단순히 되풀이하는 형식주의에서 벗어나야 한다는 생각 때문이었을 것이다.[28]

영성체의 몸짓도 변화했다. 전통적으로 신도는 축성된 빵을 손에 받았으나, 10세기부터는 사제가 신도의 입에 성체를 넣어 주었다. 이런 변화는 발효된 빵을 대신해 (누룩을 넣지 않은 빵인) 밀떡이 출현한 것과 같은 시대에 이루어졌다.* 그러나 이는 사제의 손이 지닌 신성함에 대해 높아진 의식이 더 반영된 것이었다.[29] 뒤이은 세기들에는 다른 두 개의 변화가 같은 방향으로 진행되었다. 하나는 가장 오랜 수도원 전통과는 반대로 재속 성직자와 엘리트 사제 집단이 교회에서 차지하는 몫이 커진 것이고,[30] 다른 하나는 중세 중기를 특징짓는 성찬 의식의 발달이다.

전례의 몸짓, 특히 미사의 몸짓이 예식규정집*ordines*에서 체계화되던 무렵에 전례의 도상도 발전했다. 그것은 수많은 특징들로 미사의 몸짓이 지닌 구조와 의미를 상기시킨다. 855년 무렵에 메스의 학교에서 제작된 (주교의 이름에서 비롯된) 『드로곤 성사집*Sacramentaire de Drogon*』의 세밀화와, 앞뒤 표지를 장식한 18개의 상아판이 좋은 사례이다.[31]

---

* 동방 교회는 누룩을 넣은 빵을 사용하지만, 서방 교회는 점차 누룩을 넣지 않은 밀떡을 사용하는 것으로 바뀌었다. 이는 최후의 만찬이 이루어진 날에 대한 해석의 차이에서 비롯되었다. 동방 교회는 파스카 축제가 시작되기 전이므로 평소처럼 발효된 빵을 사용해야 한다고 보았으나, 서방 교회는 파스카 축제 첫날이었으므로 유대 관습에 따라 누룩을 넣지 않은 빵을 사용해야 한다고 주장했다.

상아판 가운데 3개는 그리스도의 삶의 장면을 표현한다. 세례의 장면, 부활한 뒤에 사도들에게 처음 나타난 장면, 베타니아에서 사도들을 축복한 장면이다. 다른 것들은 모두 전례의 장면을 나타낸다. 그것들이 원래 배열되어 있던 순서는 분명히 밝혀져 있지 않다. 하지만 이 연속물은 그 시대 예식규정집 항목의 목록과 어떤 관련이 있는 것처럼 보인다. 전례의 공간적 배경과 용품, 몸짓을 정확히 표현하고 있어서, 그 이미지들은 (필사본의 몇몇 세밀화와 함께) 성사집에는 흔히 부족하게 마련인 몸짓의 측면을 더욱 구체화한다. **그림 42**

표현된 의식은 (안수에 의한) 성직자 서품, (성수를 뿌리는 것과 제단에 성유물을 넣는 두 단계로 이루어진) 주교의 교회 축성, (손을 가린 두 봉사자가 가져온) 성유의 축복, (봉사자가 성유병을 들고 있는 동안 촛대를 담그는) 세례조의 축복, (침례에 의한) 세례, 주교의 병든 아이에 대한 축복이다. (전체의 1/3에 가까운) 나머지 7개의 상아판은 모두 미사 예식의 어떤 양상을 보여준다.

1. '신앙고백*confessio*'의 끝마무리에 한 사제가 제단 위에서 복음서를 들고 있는 동안, 주교가 다른 한 사제에게 하는 평화의 입맞춤.

2. '영광송*Gloria patri*'의 끝마무리에 주교가 제단 앞에서 하는 절.

3. 사도 서한의 낭독. 주교와 일부 성직자는 앉아 있다.

4. 복음서 낭독. 주교와 참석자는 제단을 향해 몸을 돌리고 서 있다.

5. 봉헌. 같은 상아판 안에 주교의 두 가지 다른 행동이 표현되어 있다. 주교는 그의 손에 입맞춤하는 여성에게 봉헌물을 받고, 제단 위에 빵을 놓는다.

6. 빵의 축성이 아니라, 포도주의 축성이 표현되어 있다. 가시성이 더 좋기 때문일 것이다. 주교는 성작을 축성한다. 그 시대에 보통 그러했듯이 성체 들어 올리기는 보이지 않는다.

7. 영성체*Communio*를 할 때 주교는 그의 손에 입맞춤하는 사제에게

[그림 42] **전례의 장면** (드라곤 성사집 상아 표지, 855년 무렵)

1. 서품식. 주교가 절하는 두 부제의 머리에 손을 얹는다.
2. 교회 봉헌. 주교가 교회에 성수를 뿌리고, 제단에 성유물을 안치한다.
3. 주교의 성유 축복
4. 세례조 축복
5. 침례
6. 병든 아이 축복

1. 신앙고백을 끝마칠 때 주교가 사제에게 하는 평화의 입맞춤
2. 영광송이 끝나고, 주교가 제단 앞에 절을 한다.
3. 사도 서한 낭독이 진행되는 동안 주교는 자리에 앉아 있다.
4. 주교와 참석자들이 복음을 듣기 위해 동쪽으로 몸을 돌린다.
5. 주교가 한 여인에게 봉헌물을 받고, 빵을 제단에 올려놓는다.
6. 주교가 포도주를 축복한다.
7. 주교가 사제에게 빵을 건네고, 사제는 집전자의 손에 입을 맞춘다.
성가대는 영성체 찬송을 부른다.

3	2	1
	4	
5	6	7

빵을 준다. 그동안 성가대는 (입을 벌리고) 영성체 찬송을 부른다.

미사 예식의 발전은 11~13세기 전례에서 나타난 주요한 사건이었다.[32] 이는 먼저 성가대를 향한 공간에서 사제들의 복잡한 이동과 함께 종교의식의 연극화가 커지는 것으로 나타났다. 그 공간에서 모든 지점은 상징적 가치를 지녔다. 물론 그 공간의 상징체계에 대한 당시 전례학자들의 해석은 완전히 통일되어 있지 않았으므로, 그것을 너무 엄격한 체계처럼 나타내서는 안 된다. 하지만 대체로 (이교도에게 건물의 불길한 부분으로 여겨지는, 여성들이 차지하는 방향이자, 죄악으로 가장 위협을 받는 방향인 북쪽의) 복음서 방향과 (유대인에게는 오른쪽을 의미하며, 남성의 방향이기도 한 남쪽의)* 사도서한 방향으로 크게 나뉘었다. 이 두 방향을 가르는 건물의 중심축은 (해가 떠오르고 그리스도가 살았던 곳이며, 상징적으로는 교회가 지향하는 지복의 방향인 동쪽의) 성가대석과 제단에서 속세와 세상의 위험과 마주한 교회의 서쪽 입구로 이어져 있었다.[33]

또 다른 특징은 미사 진행의 규범화가 확대된 것이다. 그래서 〔미사를 시작하려고 사제가 들어올 때 부르는〕 입당송, 〔빵과 포도주의〕 봉헌, 미사 전문, 영성체, 영성체 이후로 나뉘는, 그것의 연속된 부분들 사이의 구분이 전보다 뚜렷해졌다.[34] 미사 전문의 핵심적인 중요성이 특히 강조되었으며, 미사 전문에서 빵과 포도주의 축성이 기독교 신비의 전형적인 순간, 미사의 중심 부분으로 인식되었다.

이처럼 의식의 더욱 뚜렷이 구분된 시간과 공간 안에서 사제의 몸짓

---

* '오른쪽'을 의미하는 히브리어 '야민(yamīn)'에는 '남쪽, 올바름, 풍요로움'이라는 뜻도 있다. 오른쪽과 남쪽을 동일시하는 이러한 유대 방위 개념의 유래에는 크게 두 가지 학설이 있다. 하나는 얼굴을 해가 뜨는 동쪽에 두면, 왼손은 북쪽, 오른손은 남쪽을 가리키는 것에서 비롯되었다는 주장이다. 다른 하나는 성서의 일부 구절들에서 남쪽을 오른쪽으로, 북쪽을 왼쪽으로 사용한 것에서 비롯되었다는 주장이다. 예컨대 "주님은 너를 지키시는 분, 주님은 너의 그늘, 네 오른쪽에 계시다"(시편 121:5)라는 구절에서 태양을 가려 그늘을 만든다면 '남쪽'에 있는 것이므로 남쪽과 오른쪽이 동일시되었다는 것이다.

이 증가하고 축적되어간 모습은 인상적이다. 십자 성호를 긋고, 제단에 입맞춤하고, 팔을 들어 올리고, 머리와 상반신을 숙이는 등의 몸짓이 〔20세기 오스트리아 출신의 예수회 사제이자 전례학자인〕 요제프 융만이 '고딕식'이라고 부른, "같은 단위의 반복과 축적, 장식의 발전"을 특징으로 하는 원리에 따라 이루어졌다.[35] 이러한 전례의 몸짓들은 12세기 말에 『미사예식규정Ordo missae』과 『제단의 신비De sacro altaris mysterio』에서 특별히 상세히 제시되고 설명되었다. 이것은 로타리오 추기경이 인노켄티우스 3세라는 이름으로 중세를 통틀어 가장 중요한 교황 가운데 한 사람이 되기 직전에 쓴 것이다.

예컨대 작가는 십자 성호의 형태와 의미를 상세히 설명한다. 삼위일체를 뜻하기 위해 세 손가락은 모은다. 처음에는 손을 내리는데, 이는 육화를 뜻한다. 그리고 나서 사제는 손을 (유대인의 방향인) 오른쪽에서 (이교도의 방향인) 왼쪽으로 옮긴다. 손의 움직임으로 그는 교회 공간을 말 그대로 모두 되찾는다.

작가는 몸짓의 형태와 의미에서 이러한 공간 방향 설정의 중요성을 알고 있었다. 실제로 그는 몇몇 사제들이 왼쪽에서 오른쪽으로 손을 움직인다고 썼다. 그들은 "그리스도가 죽음에서 삶으로, 지옥에서 천국으로 옮겨간 것처럼 우리도 비참함에서 영광으로 가야 하기" 때문이라고 말한다. 하지만 로타리오 추기경은 그들이 등을 돌리지 않고 마주한 다른 이들을 축복하는 것을 고려하면, 이 경우에도 결국은 오른쪽에서 왼쪽으로 축복을 받는 것이라고 덧붙였다.[36]

로타리오 추기경은 그 시대에 경제적이거나 재정적인 삶에서만이 아니라 종교적인 삶의 모든 측면에서도 끊임없이 높아지던 숫자에 대한 관심에 따라, 모든 몸짓, 특히 십자 성호를 헤아려 마침내 산술적인 합계를 확정하기에 이른다.[37] 사제는 〔상투스에서 주기도문까지의〕 미사 전문 동안 무려 25회나 십자 성호를 긋는다. 그는 이것이 완전한 숫자라고 말한다. 25는 그 자체로 (신이 인간에게 준 감각의 숫자인) 5의 제곱이고, 5는 (그리스도의 살과 피의 숫자인) 2와 (성체에 쓰이는 빵 · 포도주 · 물의 숫자인) 3의 합이기도 하기 때문이다.[38]

여기서도 볼 수 있듯이, 전례의 연극화는 상징적 해석의 주목할 만한 발전과, 이제껏 볼 수 없던 합리화의 노력을 동시에 낳았다. 12세기에는 이 두 측면이 모순되어 보이지 않았다. 실제로 '우의적 해석'은 의식의 모든 요소의 구분과 나열, 어쩌면 '객관화'까지 전제로 한다. 13세기에 스콜라 철학이 이러한 측면들 가운데 몇몇을 비판했으나, 우의적 해석의 원리 자체가 의문시되지는 않았다. 알베르투스 마그누스는 미사에 없는 말에 바탕을 둔 상징적 주석을 규탄했다. 봉헌물에 대한 두 차례의 십자 성호는 그리스도가 재판관 앞으로 끌려갔을 때 묶인 밧줄(결박)을 뜻한다고 여겨졌다. 하지만 이 도미니쿠스회 교사는 그 밧줄이 미사에서 전혀 언급되지 않는다고 지적한다. 곧 밧줄이라는 그런 상징적 설명은 "불경한 것이며, 모든 신도들에게서 완전히 배격되어야 한다*omnino profanum et ab omnibus fidelibus abominandum*"는 것이다.[39]

어쨌든 전례의 말과 사물들에는 저마다 하나의 상징적 의미, 많은 경우에는 여러 상징적 의미가 부여되었다. 이러한 상징화는 (전례의 모든 요소가 예수 수난의 사건을 상기시키듯이) 부분적으로는 기념적이었다. 하지만 그것은 구약과 신약 사이의 예형론적 일치를 이용해 도덕적 상징체계를 발전시켰다. 전례의 요소들은 저마다 기독교인을 위한 교훈이었다. 미사 전체도 재판이나 연극 공연이 아니었으나, 그 자체로 악의 세력에 맞선 전투로 은유적으로 비유되었다. 호노리우스 아우구스토두넨시스는 사제의 몸짓에 관해 말하며 "우리의 비극 배우*tragicus noster*"라고 나타내기를 서슴지 않았다.[40]

이러한 판단은 당시에 이루어진 어릿광대의 복권과 관련이 없지 않았다. 사제의 희생적인 몸짓이 배우들이 하는 몸짓이 더 높은 상태로 발전한 형태처럼 나타나자, 배우는 그가 그때까지는 결코 가져보지 못했던 정당성을 얻을 수밖에 없었다. 게다가 전례의 연극화는 실제 전례극과도 관계가 없지 않았다. 사제를 '비극 배우'와 동일시한 것도 그 시대에 미사 집전자가 신도들을 단지 '참석자'로서만이 아니라, 진정한 '관중'으로 탐구하기 시작했음을 알려준다. 1215년 제4차 라테라노 공회의는 기독교도 대중을 성사에, 특히 미사에 더 활발히 참여시키려 노력했다. 부활제 때에 1년에 한 번의 고해와 한 번의 영성체만이 의무로 규정되어 있었으나, 재속 교회의 선교에 대한 관심은 분명했다. 그러므로 미사의 '연극화'에 대한 비판이 신도에 대한 사목 활동cura animarum이 면제된 수도원 환경에서 생겨난 것은 결코 우연이 아니었다.

시토회 수도사 일레드 리보(1110~1167)는 교회가 악기organa, cymbala 소리로 가득한 '극장'으로 변모한 것을 격렬히 규탄했다. "각각의 음에 반응하여 몸을 흔들고, 입술을 비틀고, 어깨를 움직이고, 손가락을 구부리는 어릿광대의 몸짓histrionicis gestibus"과 "매춘부처럼 갑작스럽게 목소리를 바꾸고 킥킥거리는 성가대의 무절제한 몸짓lascivas cantantium gesticulationes"이 마치 "기도하기 위해서가 아니라 공연을 보기 위해 왔다고" 여기게끔 한다는 것이다.[41]

성찬 의식의 요소들

전례의 합리화는 그 시대 미사에 관한 주석에서 정의와 구분에 대한 스콜라 철학의 커다란 관심으로도 이미 나타났다. 이는 무엇보다 미사의 고유한 대상인 성체 성사와 관련이 있었다.

위그 드 생빅토르는 『성사론』에서 아우구스티누스의 전통에 기초해 성사를 엄밀히 정의하고, 동시에 교회의 모든 성사를 구분했다. '거룩한 것의 표상'인 성체는 유사성으로 예수 수난의 희생을 상기시키고,

동시에 은총의 작용으로 뭔가를 (곧 그리스도의 살과 피를) 만들어낸다. 그러므로 이 '표상'은 불가사의하지만 실제의 효력을 지닌다. 아울러 위그는 성사의 실현에 기여하는 세 가지 요소를 열거한다. (빵과 포도주인) 사물 res, (전례의 말인) 말 verba, 행위 facta이다.[42]

거의 반세기 뒤의 미사에 관한 글에서 로타리오 추기경은 이를 네 가지 요소로 구분했다. 앞의 셋에 사람 personne을 덧붙이고, '행위 facta'는 '일 opera'이라고 나타냈다.

위그와 로타리오 추기경은 모두 셋이나 넷으로 나뉜 성사 의식의 요소를 저마다 세 가지 범주로 다시 구분했다.

— 사람 안에서는 (사제인) 집전자와 (봉사자인) 수행자, (신도인) 참석자 circumstantes가 구분된다.
— 사물은 장식과 기구, 재료를 포함한다.
— 말은 기도와 노래 modulationes, 낭송으로 이루어진다.
— 행위는 몸짓 gestus과 움직임 motus, 행동 actus을 포함한다.

이런 마지막 구분은 앞서와 같이 무엇보다 포괄성과 균형에 대한 관심에 지배되고 있는 듯이 보인다. 하지만 그것은 주목할 만한 미묘한 차이를 끌어들인다. 요컨대 그것은 어떤 기억술의 받침대가 되고 있는 듯하다. 그 기억술은 인노켄티우스 3세가 쓴 작품의 필사본에 나중에 덧붙여진 기하학적 도식에 본문보다 더 잘 표현되어 있다.[43] **그림 43**

지면에서 각각의 범주들과 그 하위 구분의 배치는 그것들에 부수적인 힘을 부여한다. 형상화의 모든 효과를 동원한 그 도식은 의례의 합리화에 관한 중세의 노력에서 정점을 이룬다.

(첫 번째 원에서) 미사는 네 가지 구성요소를 지닌다. 사람, 사물, 말, 행위이다. (두 번째 원에서) 행위 opera는 다시 세 종류로 나뉜다. 움직임 motus, 몸짓 gestus, 행동 actus이다. 그것들도 모두 잇달아 다시 분할된다. 일찍이 이러한 구분이 이렇게 분명했던 적은 없었다. 이것들은 진정한

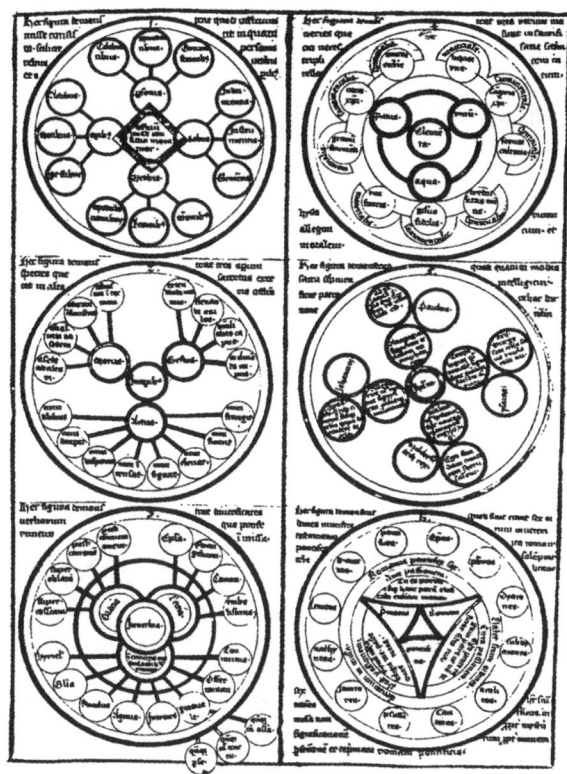

[그림 43] **미사의 기하학적 도식** (그림이 실린 빈자의 성서, 15세기)

여섯 개의 원은 위에서 아래로, 왼쪽에서 오른쪽으로 읽어야 한다.

1. "이 형상은 미사의 직무가 사람, 사물, 말, 행위의 네 가지 구성요소를 지닌다는 것을 보여준다."
2. "이 형상은 사제가 제단의 직무에서 수행하는 세 가지 행위의 종류를 보여준다."
3. "이 형상은 미사 동안에 하는 말의 다양함을 보여준다."
4. "이 형상은 삼중의 해석에 따라 희생에 필요한 (빵 · 포도주 · 물이라는 '요소'로 이루어진) 사물의 세 가지 방식을 보여준다."
5. "이 형상은 예루살렘이라는 말에 나타나듯이, 성서가 네 가지 의미로 이해된다는 것을 보여준다."
6. "이 형상은 구약에 여섯 계급의 사제가 있었던 것처럼, 격식을 갖추어 미사를 집전하는 교황은 신비의 의미 때문이든, 숫자의 완전함과 교황의 지상권 때문이든 여섯 계급의 성직자를 거느린다는 것을 보여준다."

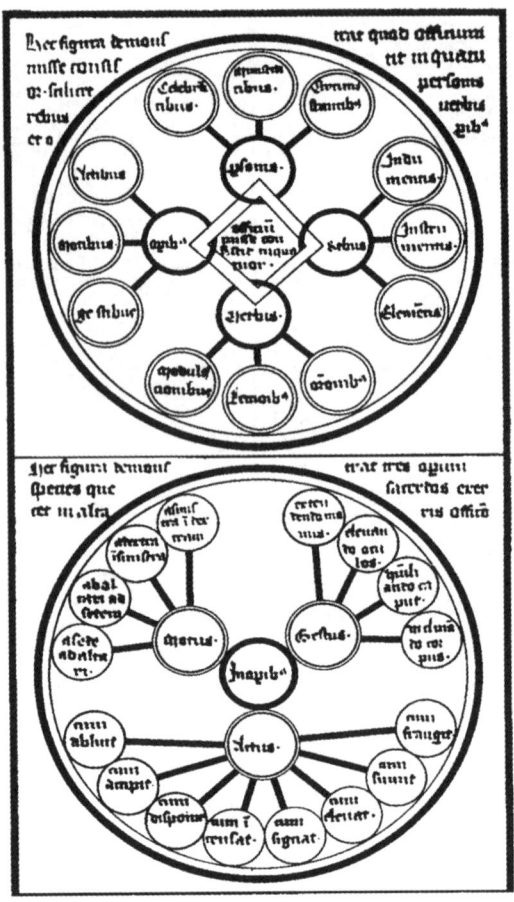

그림 43의 왼쪽 두 원 세부

1. "이 형상은 미사의 직무가 사람, 사물, 말, 행위의 네 가지 구성요소를 지닌다는 것을 보여준다." 왼쪽에서 '행위'는 '행동', '움직임', '몸짓'으로 이루어진다.
2. "이 형상은 사제가 제단의 직무에서 수행하는 세 가지 행위의 종류를 보여준다."
   - 네 가지 움직임 : 왼쪽에서 오른쪽으로, 오른쪽에서 왼쪽으로, 제단에서 좌석으로, 좌석에서 제단으로
   - 네 가지 몸짓 : 손 뻗기, 눈 들어 올리기, 머리 숙이기, 몸 굽히기
   - 여덟 가지 행동 : 씻기, 받기, 늘어놓기, 향 뿌리기, 십자 성호 긋기, 들어 올리기, 쥐기, 나누기

정의로서의 가치를 지닌다.

'움직임'은 몸 전체를 함축한다. 집전자가 교회 공간에서 '왼쪽에서 오른쪽으로', '오른쪽에서 왼쪽으로', '제단에서 좌석으로', '좌석에서 제단으로' 이동하는 것이다.

'몸짓'은 상반신, 손, 머리, 눈과 같은 신체의 한 부분만의 움직임이다. 곧 '손을 뻗고*extendo manus*', '눈을 들어 올리고*elevando oculos*', '머리를 숙이고*humiliando caput*', '몸을 굽히는*inclinando corpus*' 것이다. 이러한 설명은 우리가 이미 여러 번 만났고 위그 드 생빅토르의 것과는 다른, 몸짓에 대한 제한된 관념을 드러낸다. 실제로 '신체의 (전례의) 기법'에 관한 고려는 각각의 지체의 역할을 개별적으로 구분하도록 만들었다. 반대로 위그 드 생빅토르의 작품에서는 도덕적 관심이 신체에 대한 더 총체적인 설명을 중시하게 했다.

끝으로 '행동'은 손과 관련된 것으로서는 몸짓이다. 하지만 대부분 (빵과 포도주가 그리스도의 몸과 피로 바뀌는) 성사의 효력을 목적으로 (성체나 예배 용품과 같은) 신성한 사물을 다루는 것을 함축하는 (십자 성호를 긋는 등의) 규범화된 의식의 몸짓이다. '행동'은 이것을 의례의 노동으로 규정하려는 목적성을 지닌다.

13세기 스콜라 철학에서는 이 모든 구별이 두 개의 커다란 범주로 재편성된다. 미사에서 사제가 말해야 할 것*dicenda*과 해야 할 것*agenda*, 곧 몸짓이다. 〔13세기 영국의 스콜라주의자인〕 헤이모 패버셤은 의미를 잘 나타내는 방법으로 자신의 미사 예식규정*ordo missae*의 주요 항목에 몸짓의 이름을 부여한다. '손 모으기*De iunctione manuum*', '숙이기*De inclinationibus*', '제단에 입맞춤하기*De osculo altaris*', '입맞춤의 양식*De modo osculandi*', '손 들어 올리기와 뻗기*De elevatione manuum et extensione*' 등이다.[44]

토마스 아퀴나스도 사제가 '말해야 할 것'과 '해야 할 것'에 관한 논변을 선택한다. 더 정확하게 그는 사제가 하지 말아야 할 모든 몸짓을 먼저 열거한다. 옛 율법에만 속하는 몸짓이다. 예컨대 「탈출기」 30장에 따르면 아론과 그의 아들들은 손과 발을 씻었는데, 이는 제단에 오르는 사제에게는 적절하지 않다. 사제는 십자 성호와 같은 동일한 몸짓을 무분별하게 반복해서도 안 된다. 그는 팔을 헛되이 뻗고, 손을 모으고, 손가락을 한꺼번에 접고, 걸맞지 않은 때에 숙이는 것과 같은 '우스꽝스러운 무절제한 몸짓'도 피해야 한다. 그에 반해 입 밖에 내고 수행해야 할 말verba과 행위facta는 무엇보다 그리스도의 그것이고, 그 다음은 교회의 가르침에 따라 민중의 교화에 알맞은 것이다.[45]

그렇지만 본질적인 문제는 다른 곳에 있었다. 성사의 효력은 무엇에 있으며, 그것이 간혹 사제의 몸짓에 빚지고 있는 것은 무엇일까? 물론 그 시대의 전례학자들이 실제로 이런 문제를 제기하지는 않았다. 이해의 범주를 넘어서고, 신의 신비에 속하는 물음으로 받아들여졌기 때문이다. 이 문제와 관련해서 [교회의 권위를 비판한 기독교 합리주의의 선구자로 여겨지는] (베랑제 드 투르를 둘러싸고 벌어진) 11세기의 성찬 논쟁부터 피에르 롱바르와 그 뒤 13세기 초의 인노켄티우스 3세까지 무분별한 질문쟁이curiosi와 탐구자scrutatores는 꾸준히 경계되었다. 신앙의 신비는 탐구investigari가 아니라, 믿음credi을 요구했다.[46] 그래서 성사의 효력에 대한 물음은 제기되더라도 정면으로 나타나지는 않았다. 전례학자들은 성사가 신의 은총의 작용으로 실현되기 위해 필요한 조건을 열거하는 데 집중했다.

12세기 중반에 어느 이름이 전해지지 않는 작가는 세 가지 필요 조건을 구분했다.

— 신분 : 집전자는 사제이어야 한다.

— 행위 : 성사의 말verba로 축소된 개념이다.

— 의도 : 12세기의 핵심적인 낱말이다. 미사가 정해진 것과 다른 목적으로 집전되면, 그것은 가치가 없다.

12, 13세기의 전환기에 피에르 르 샹트르, 그 뒤의 로베르 드 쿠르송과[47] 토머스 초범은[48] 네 가지 조건의 구분으로 한 걸음 더 나아갔다.

- 재료의 순수함 : 빵을 만드는 데 쓰이는 밀가루와, 물을 너무 많이 섞거나 식초로 대신해서는 안 되는 포도주의 순수함이다.
- 신분 : 앞서와 똑같이 정의된다.
- 의도 : '놀이하듯이*ludendo*' 가볍게 성찬식을 해서는 안 된다.
- 성사의 말은 복음서의 신앙에 근거해 교회의 권위로 승인받은 대로 행해져야 한다. 어긋난 경우에는 "성체가 축성되지 않는다."

반대로 사제가 평소의 전례의 의복과 장신구를 걸치지 않았더라도 성사의 말을 정확하게 행하면 실체 변화는 이루어진다. "그리스도의 빵과 피의 축성의 '모든 본질이 말에 존재하기' 때문이다. 다른 모든 것은 성사의 본질이 아니라, 격식에 속한다."[49] 아우구스티누스의 것으로 잘못 여겨졌던 중세 초기의 설교는 이미 이렇게 말했다. "말이 빠지면 *tolle verbum* 그대는 빵과 포도주를 가진다. 말이 덧붙여지면 *adde verbum* 다른 것이 된다. 이 다른 것이 뭘까? 그리스도의 몸과 피이다. 말이 빠지면 빵과 포도주이고, 더해지면 성사*sacramentum*가 된다."[50]

이 모든 증언들은 공통으로 사제의 몸짓이 축성에서 하는 역할에 관해 전혀 말하고 있지 않다. 그것은 쓸모없는 것일까? 당시 사람들에게 몸짓이 행동*actio*의 일부인 것은 당연한 일이었다. 아마 그것은 그리스도가 자신의 몸과 피를 가리키며 했던 말*verba*의 본질적인 특질을 지니고 있지 않을 것이다. 그러나 그리스도가 직접 자신의 수난을 예견하며 했던 말을 한다고 해도, 성체 위에 십자 성호를 긋지 않고서 사제가 무슨 일이 일어나기를 기대한다고 생각조차 할 수 있을까?[51]

이따금 행간에서 의심이 드러난다. (성체 성사의 유효성 조건 가운데 하나인) 성직자 서품에 관한 〔글 가운데 덧붙여 넣은〕 삽입구에서 로베르 드 쿠르송은 서품이 주교에서 사제로 어떻게 전해지는지 정확히 알지 못한다고 시인한다. 주교의 성사의 말의 효과로 전해지는 것일까, 아니면 행위*factum*, 곧 성작의 전달과 사제 머리 위의 안수로 전해지는 것일까? 로베르는 단언하지 않는다. 그에게는 예식이 하나의 전체를 이루고, 그것의 효력이 결국 이러한 총체성에 달려 있다는 것이 명백했다.

그러나 어떤 경우에는 몸짓과 성사의 말이 저마다 맡은 역할이 더 잘 구분된다. 위그 드 생빅토르는 성사의 형질들과 사제의 말과 몸짓을 차례로 말한다. "성사는 이루어진다*conficmntur*."

— '사물' 안에서, 곧 세례는 물에서, 도유식은 성유에서, 성찬식은 빵과 포도주에서 이루어진다.

— 그것은 '행위'로도 이루어진다. "적대적인 힘에서 자신을 지키거나 어떤 사물을 거룩하게 하는 데 쓰이는 십자 성호, 기도할 때 손을 뻗거나 들어 올리고, 숙이고, 몸을 일으켜 세우고, 돌아서거나 하는 일, 아니면 어떤 거룩한 것과 거룩한 것의 징표를 우리가 표현하는 *exprimimus* 데 쓰이는 다른 모든 몸짓과 움직임과 행위"이다.

— 끝으로 삼위일체의 기도와 같은 '말' 안에서 "우리는 어떤 신성한 것과 성사를 표현하고*exprimimus* 드러낸다*significamus*."

따라서 말과 몸짓이 공통으로 가지고 있는 것은 '어떤 신성한 것'을 언어나 몸짓의 형태로 '표현하는' 것이다. 이러한 '표현'은 성사의 문제이므로 하나의 '행위'이기도 하다. 먼저 위그는 십자 성호의 악령에 맞선 효과적인 작용과, 그것이 지닌 신성화 능력을 언급한다. 아울러 몸짓의 경우에 '표현'은 위그 드 생빅토르가 유사성*similitudo*이라고 부른, 성사의 '상기' 기능도 한다. 사제의 몸짓은 그리스도의 몸짓을 연상시키고 모방한다. 그렇지만 (그리스도의 말씀 자체인) 성사의 말은 몸짓 이상의 어떤 것을 지닌다. 그것은 '표현'할 뿐 아니라, '드러낸다'. 곧 그것은 성사의 참된 본질, '신성한 것의 징표'이다. '말'의 경우에 '징표'와 그것이 뜻하는 보이지 않는 '어떤 것' 사이에는 적합성만이 아니라, 서로 실질적으로 공유하는 것이 있다. 신비주의의 경험에서는 사정이 다르지만, 신학자와 전례학자의 사고에서 몸짓은 이러한 존엄성을 주장할 수 없다.

12세기와 13세기의 전환기에 미사의 기호 signa와 말 verba의 구분은 집전자의 몸짓이 지닌 기능의 한계를 더 잘 이해하는 데 도움이 된다. 로타리오 추기경은 말이 "빵과 포도주를 그리스도의 몸과 피로" 만들기 위해 "성체를 축성하는 것을 주요 목표로 하고", 반면에 기호는 "그리스도가 수난을 앞둔 한 주 사이에 행한" (거룩한) "역사를 상기시키는 것을 주요 목표로 한다"고 말했다.

조금 뒤에 자크 드 비트리는 이렇게 말하며 (말만이 아니라) '기호'를 정당화한다. 기호도 "구세주의 수난에 관한 우리의 기억을 자극한다. 이것이 미사 전문 동안 십자 성호를 자주 긋고, 사제가 그 숫자를 정성껏 터득해야 하는 이유이다. 그가 세 번 십자 성호를 그을 때, 그는 그리스도가 (제자에게서, 아버지에게서, 유대인에게서 빌라도에게) 세 번 넘겨진 것을 자신의 기억에 상기시킨다. … 다섯 번 십자 성호를 그을 때, 그는 그리스도의 다섯 가지 상처를 자신의 기억에 상기시킨다. 두 번 십자 성호를 그을 때, 그는 영혼의 눈으로 밧줄과 채찍, 혹은 물과 피를 체험한다."[52]

그렇다면 사제의 몸짓은 미사의 신비를 상기시키기에 적합한 '기억의 기술'일 뿐이며, 그것의 실현에는 관여하지 않는 것일까?[53] 그는 자신의 몸짓으로 그리스도 수난의 장면을 "기억에 상기시키고", "영혼의 눈으로 체험한다." 이미지에 적합한 언어가 무척 인상적이며, 조형 figuratio으로 몸짓에 관해 말한 위그 드 생빅토르를 연상시킨다. 심지어 자크 드 비트리는 전통적으로 종교적 이미지의 사용을 정당화하기 위해 사용된 '기억의 자극'을 미사의 몸짓에 관한 논거로 계승한다.[54]

그런데 그의 시대에는 미사의 몸짓에 대해서도, 종교적 이미지에 대해서도 비슷하고 새로운 물음이 던져지고 있었다. 이미지는 숭배를 실현하는 매체로 쓰일 수 있을까? 사제의 몸짓은 신비의 실현에 관여할까? 이 두 번째 물음은 주로 미사 전문에, 더 정확하게는 축성과 실체 변화의 명확한 순간과 관련이 있었다. 12, 13세기의 전환기에 그에 관한 관심은 점점 더 커졌으며, 골치 아플 정도로 집중되고 있었다.

축성의 몸짓

로타리오 추기경에 따르면, 사제는 그리스도가 행동한 것과 완전히 똑같이 행동하고, 그의 말을 그대로 따라 한다. 그리스도는 "이는 내 몸이다. … 이는 내 피다"라고 말하며 최초의 성사를 '이루었다*confecit*'. 그러므로 성사를 '이루는' 것은 말, 바로 수난 전날에 예수 자신이 최초로 행한 축성의 말의 '발화*prolatio*'이다.[55]

로타리오 추기경은 이렇게 덧붙인다. "어떤 이들은 그리스도가 '축복으로 이루었다*confecit cum benedixit*'고 말한다." 문장을 이렇게 구성하기 때문이다. 그는 빵을 집어 들고, 축복하고, 그 자리에 있는 이들에게 말했다. "이는 내 몸이다." 이렇게 사도들에게 '이루는 효력*vim conficiendi*'을 가르쳤다. 하지만 로타리오 추기경은 이런 해석에 반대한다. 그에 따르면 이는 (문장에서 '축복했다'가 '말했다'보다 앞서는) 말이 이어지는 순서와 성사에 담긴 인과성의 순서를 혼동하고 있다. 축복의 몸짓이 먼저 언급되었다고 해서, 그것이 성사를 '이루는' 것은 아니다.

그래서 그는 자신이 다른 이의 의견으로 제시한 것에 동조한다. 그리스도가 먼저 (자신의 말로) 성사를 '이루고', 그런 뒤에 "이는 내 몸이다"라고 말하며 축복의 '형식'을 제정했다고 "다른 이들은 말한다*alii vero dixerunt*." 곧 몸짓은 인과관계의 순서에서 첫 번째가 아니다.

그리고 로타리오 추기경은 자신의 스콜라주의 논증의 세 번째 단계에서 이렇게 결론을 내린다. "그러므로 그리스도는 먼저 신의 덕으로 (성사를) 이루고, 뒤이어 (축복의) 형태를 표현했다고 이성적으로 주장할 수 있다. 그는 자신의 권능으로 그것들을 축복했다. 우리는 그가 말씀으로 부여한 이러한 권능으로 우리 자신을 축복한다."

사제는 축성의 순간에 빵과 포도주를 축복하지 않을 수 없다. 그 몸짓도 그리스도가 가르쳐주었다. 그러나 십자 성호가 그것이 '기리는' 의미와 의태적인 형태로 성사의 역사적 의미를 상징적으로 상기시킨다 해도, "이는 내 몸이다. … 이는 내 피다"라는 핵심적인 말처럼 신비를 구현하지는 않는다. 그래서 피에르 롱바르는 『명제집Sententiae』에서 "변화는 말이 행해질 때 일어난다"고 썼고, 〔12세기 프랑스의 신학자이자 교사인〕 피에르 르 망죄르도 〔성당학교의 교재로 사용된 성서 해설서로 성서의 이야기를 연대순으로 정리한〕 『학문적 역사Historia Scholastica』에서 "실체 변화는 말의 힘으로 일어난다"고 덧붙였다.[56]

하지만 말과 말씀의 전문가인 신학자들이 몸짓보다 말을 우선시한다는 것이 뭐가 놀라울까? 반대로 미사를 도상으로 표현한 쪽을 돌아보면 몸짓이 모든 능력에서 자연스럽게 무대 앞을 차지한다. 그런데 『드로곤 성사집』 이후 미사의 도상도 상당히 바뀌었다.

먼저 유명한 두 개의 상아 세공품으로 10세기부터 살펴보자. 동일한 양면 서판의 반쪽들로 추정되지만, 지금은 완전히 다른 장소에 나뉘어 보존되어 있는 것들이다.[57] **그림 44**

케임브리지에 보존된 부분은 주교가 정면을 향해 서서, 오른손으로 축복하고, 왼손에 전례용 시편을 들고 있는 것을 보여준다. 책에서 「시편」 25편의 첫 구절을 읽을 수 있을 만큼 조각의 새김이 무척 가늘고 정교하다. "주님, 당신께 제 영혼을 들어 올립니다. 당신께 의지하니 제가 수치를 당하지 않게 하소서. 제 원수들이 저를 두고 기뻐 날뛰지 못하게 하소서."[58]

[그림 44] 미사 전례 (상아 양면 서판, 10세기)

1. 성가대의 노래. 주교는 정면을 향해 서서, 오른손으로 축복하고, 왼손에는 전례용 시편을 들고 있다. 다섯 명의 부제가 보좌하고, 일곱 명의 사제가 그의 앞에서 노래를 부르고 있다.

2. 미사 전문의 시작. 같은 사람들이 발견된다. 하지만 이번에 사제는 성찬식을 집전한다. 제대 위에는 복음서와 성사집이 놓여 있는데, 성사집은 미사 전문에 펼쳐져 있다. 닫집 위에서 두 천사가 그 광경을 지켜본다.

주교 뒤에는 주교의 것과 닮은 조개껍질 모양의 둥근 천장 안에 다섯 명의 부제가 주교를 보좌하며, 두 손을 책을 향해 모으고 있다. 주교 앞에서는 반원을 이룬 일곱 명의 사제가 노래를 부른다. 그들은 두 손을 들어 올리고, 입을 크게 벌리고, 눈은 하늘을 향하고 있다. 그들 가운데 하나는 등만 보인다.

이 상아 세공품은 고대의 키로노미아가 중세 초기에 겪은 변화에 대한 가장 오랜 증언 가운데 하나이다. 퀸틸리아누스가 정의했던 연설가 손가락의 복잡한 움직임은 전례 성가의 박자를 맞추는 성가대원의 팔과 손의 움직임이 되었다.[59]

이 세 집단의 인물들은 두 명의 사제를 제외하고는 프랑크푸르트에 보존된 두 번째 상아 세공품에서도 발견된다. 이번에 주교는 미사를 집전하고 있다. 그는 여전히 정면을 향한다. 그의 전체적인 태도의 정면성은 손바닥을 바깥을 향해 돌린 손의 정면성으로 강화된다. 집전자는 제대 뒤에 서 있는데, 제대 위에서는 촛대 2개, 성작, 빵 봉헌물이 놓인 성반, 두 권의 책이 발견된다. 하나는 덮여 있는데, 이는 독송이 끝난 복음서이다. 다른 하나는 펼쳐져 있는데, 이는 미사 전문의 기도 시작부를 읽을 수 있는 성사집이다.[60] 그러므로 표현된 것은 미사와 기독교 예배의 중심인 미사 전문의 시간이다.

그런데 이때 주교와 그의 봉사자들만 있는 것이 아니다. 이 점에서 두 번째 양면 서판은 첫 번째 서판과 뚜렷이 다르다. 그들이 내려다보이는 호화로운 닫집과 둥근 천장 위에서 두 명의 천사가 자신들의 존재와 손의 호의적인 몸짓으로 인간과 신 사이의 중재를 약속한다. 따라서 이 이미지는 의식에 대한 묘사에 그치지 않고, 묘사하고 있는 전례의 몸짓이 지니는 초자연적인 가치를 가시적으로 나타내 의식을 되돌아보게 한다.[61]

실체 변화의 순간

사제는 아직 빵일 뿐인 성체에 축성의 말을 할 준비를 하는 순간부터 ("예수님께서 빵을 들고…"라고 표현된) 그리스도가 최후의 만찬에서 했던 몸짓을 떠올리며, 가슴 앞에 적당히 들어 올린다. 12세기 후반에 이 몸짓은 더 커지는 경향을 보였다. 그래서 아직 축성되지 않은 빵이 점점 더 높게 들어 올려졌다. 사제 뒤에 모여 그리스도의 몸을 숭배하는 대중들에게 보여주기 위해서였다.[62]

하지만 이런 몸짓이 신도들을 우상숭배라는 가장 나쁜 죄악에 빠뜨릴 위험을 지니고 있다는 것이 곧 분명해졌다. 실제로 아직 빵일 뿐인 것을 숭배하는 모습을 보는 일은 위험이 컸다. 그러므로 이런 몸짓을 몰아내고, 아직 축성되지 않은 빵을 장엄하게 들어 올리는 것은 용납되지 말아야 했다. 하지만 축성은 언제 이루어지는 것일까? 몸짓을 규정하기에 앞서, 빵에 대한 첫 번째 발화 *prolatio*부터 [빵과 포도주가 예수의 몸과 피로 바뀌는] 실체 변화가 완성되는 것인지 돌아보아야 했다.

논쟁에서 가장 먼저 전례의 평면에 선을 그은 것은 파리 주교 외드 드 쉴리(재임 1196~1208)였다. 그는 사제가 "이는 내 몸이다"라는 표현을 말할 때까지 신도의 시선에 보이지 않게 빵을 가리라고 교구회의에서 정리했다. 그 말을 한 뒤에야 사제는 모두가 볼 수 있도록 축성된 빵을 들어 올려야 한다는 것이다.[63] 13세기 초에 토머스 초범은 이런 결정에 화답했다. "제대에 있는 사제가 머리 위로 빵을 들어 올리고 민중에 보여줄 때, 그는 (그런 들어 올리기를) 하기 전에 '이는 내 몸이다'라는 말을 했는지 확인해야 한다. 그러지 않으면 민중은 단순한 빵을 숭배하고, 최고의 숭배, 곧 신에 대한 숭배를 한낱 피조물에 바치게 된다."[64]

이런 규정은 요컨대 최초의 발화부터 실체 변화가 완성된다는 주장을 인정한다. 그러나 이런 주장이 순순히 받아들여지지는 않았다.

12세기 후반 파리 학교에서는 실체 변화의 순간에 관한 신학적 논쟁이 격렬히 벌어졌다. 이는 기독교의 가장 중요한 의식이 지닌 핵심적인 난점을 드러낸다. 그것은 빵과 포도주의 형질이 그리스도의 몸과 피로 순식간에 변화한다고 가정한다. 하지만 모든 의식과 마찬가지로 이 의식도 시간 안에서 펼쳐지고, 거기에는 빵과 포도주에 쓰이는 서로 구분되고 연속된 두 개의 시간이 포함되어 있다. 모든 논쟁은 이러한 연속과 이원성 안에서 유일한 순간을 고정하는 것을 목표로 삼고 있었는데, 크게 세 가지 흐름이 부닥쳤다.[65]

— 피에르 르 망쥐르와 같은 이들은 문제를 명확히 제기하기를 꺼렸다. 그들은 단순하게 주장했다. "모든 것이 말해질 때 모든 것이 이루어진다 *quando totum dictum est, totum factum est*." 곧 (포도주에) 두 번째 발화가 이루어질 때 성사가 완성된다.

— 피에르 르 샹트르를 비롯한 몇몇 신학자들은 거기에서 출발해 성사의 일체성을 더욱 강조했다. 곧 (빵에 대한) 첫 번째 발화는 (포도주에 대한) 두 번째 발화가 행해질 때에야 효과가 완전히 나타난다.

— 이런 주장들에 맞선 제3의 태도는 이미 성 베르나르가 밝히고, 오늘날까지 교회에서 지배적으로 된 것이다. 이들은 첫 번째 발화의 효과로 성사가 완성되지만, 두 번째의 효과로도 완성된다고 주장한다. (아우구스티누스가 배척했듯이) 두 번째 발화는 첫 번째의 단순한 반복으로 볼 수 없다. 두 발화는 서로 구분되지만, 둘 다 필요하다. 사제가 축성한 뒤에 물에 포도주를 섞는 것을 잊었다는 사실을 알아차려도, 두 번째 가설 지지자들이 주장하듯이 의식 전체를 다시 해야 하는 것은 아니다. "같은 모양으로 *simili modo*"라는 말부터 두 번째 과정만 다시 한다.*

---

* 미사 전문은 사제가 축성된 빵을 들어 신도들에게 보이고 성반에 내려놓고는 깊은 절을 한 뒤 "저녁을 잡수시고 같은 모양으로(Simili modo, postquam cenatum est)"라는 말로 두 번째 과정을 이어서 하도록 규정하고 있다.

[그림 45] 성체의 축성 (12세기)

실체 변화의 순간에 성체는 그것을 낮게 들어 올린 사제와, 천사들의 합창의 도움을 받으며 천상의 구름에서 나온 그리스도에게 동시에 축복을 받는다.

이런 설명에 동조한 스티븐 랭턴은 어떤 몸짓을 언급하며 이를 정당화한다. 전통적으로 첫 번째 발화 뒤에 사제는 무릎을 꿇는다. 이는 그 순간부터 성사가 완성된다는 것을 알려주는 좋은 증거이다. 여기에는 빵이 아직 빵일 뿐이거나, 그리스도의 몸이 피를 잃은 육신, 다시 말해 불완전한 몸이라면 무릎을 꿇을 필요가 없다는 생각이 담겨 있다.[66] 이는 정확히 몇 해 뒤에 아직 축성되지 않은 빵을 들어 올리는 것을 몰아내고, 거꾸로 그리스도의 몸을 장엄하게 들어 올리는 것을 찬양하기 위해 쓰일 주장이었다.

도상과 그것의 변화는 여기에서도 다시 결정적인 증거를 가져다준다. 실체 변화의 정확한 순간에 관한 가장 오래된 형상화인 듯이 보이는 12세기 중반 독일의 세밀화를 살펴보자.[67] **그림 45**

물론 이를 파리의 성사 교리가 이미지로 표현된 것으로 볼 수는 없다. 그러기에는 날짜와 장소가 어긋난다. 오히려 거기에서는 (우세해 가는) 성 베르나르의 태도의 흔적이 엿보인다. 앞서 살펴본 프랑크푸르트 상아 세공품과 비교했을 때 가장 다른 점은 집전자가 이미 주교가 아니라 평범한 사제, 곧 삭발을 하고, 서품을 받고, 흰색 긴 옷과 영대, 제의를 걸친 수도사일 것이라는 사실이다. 그는 성작이 전례용 보자기인 성체포로 감싸여 놓인 제대 앞에 서 있다. 성작은 아직 사제의 몸짓과 관련이 없다. 이는 이미지로 고정된 첫 번째 발화의 순간이다. 사제는 집게손가락과 가운뎃손가락을 뻗은 오른손으로 축복하며, 왼손으로 빵을 가슴 높이로 들어 올린다. 이미지로는 사제가 어떻게 빵을 잡고 있는지 정확히 알 수 없다. 하지만 몇몇 글들은 더 분명하게 알려준다.[68] 1068년 수도사 베르나르 드 클뤼니는 "미리 씻어 둔 처음의 네 손가락으로"라고 말했다. 빵을 더 잘 잡기 위해 어떤 사제들은 조심스럽게 손가락을 꽉 모으기도 했다.

프랑크푸르트의 상아 세공품과 마찬가지로 사제는 혼자가 아니다.

[그림 46] 성체 들어 올리기 (안드레아 피사노, 14세기)
신도들에게 뒷모습이 보이는 사제가 성체를 높이 들어 올리고 있다. 무릎 꿇은 부제는 촛대와 사제의 제의를 들고 있다.

천사가 구름에서 나와, 집전자를 향해 내려온다. 장면을 둘러싼 아치에는 의식의 의미를 설명해주는 간단한 말이 적혀 있다. "제대 위에서 포도주와 빵과 물은 그리스도의 몸이 된다."

도상 가장자리에는 두 번째 명문이 있다. "그리스도는 그의 희생에서 성부와 순결한 종복들의 도움을 받는다." 삼위일체의 교리, [포도주, 빵, 물이라는] 성사에 쓰이는 형질들에 동시에 관련된 문구가 이어진다. "말씀으로 세 가지 것들이 하나가 된다."

그러므로 의심의 여지가 조금도 없다. 글과 이미지의 조합이 표현된 순간의 중요성을 강조하고 있기 때문이다. 수난을 받은 그리스도와 동화된 사제가 희생을 기리고, (의식에서 나타나는 모든 것이 이미지로 재현된) 그의 말과 몸짓으로 빵에서 그리스도의 몸으로의 변화가 완성되는 바로 그 순간이다.

일단 실체 변화의 정확한 순간에 관한 문제가 해결되고, 빵에 대한 너무 이른 숭배의 위험이 배제되자, 축성된 성체를 장엄하게 들어 올리는 것을 가로막는 장애물은 남지 않았다. 그래서 성체를 들어 올리는 몸짓이 미사의 모든 신비를 나타내는 표장이 되었다. 13세기 이후의 교황 예전서와 성사집에서 그것은 채색 머리글자나 세밀화로 미사 전문의 첫머리에 모습을 드러낸다. 사제는 제대 앞에 서서 팔을 뻗어 성체를 들어 올린다. 그의 뒤에는 부제가 (원래는 빵과 포도주에서 벌레를 쫓는 용도로 마련된 부채의 종류인) 성선*flabellum*을 부치거나, 무릎을 꿇고 서 큰 촛대를 들고 있다.[69] 피렌체 대성당 종탑의 마름모꼴 부조 장식에서 안드레아 피사노(1290~1345)는 성체 들어 올리기를 인상적인 이미지로 나타냈다. 사제의 신체와 팔, 부제가 들고 있는 커다란 촛대의 수직성은, 의식으로 완성되는 신비의 초월성을 표현하려는 듯이 이미지를 둘러싼 마름모꼴의 길쭉한 형태로 더욱 강조된다.[70] **그림 46**

이런 이미지는 미사의 핵심적인 순간을 포착한 것이지만 하나뿐이다. 그에 비해 14세기 초의 어느 앵글로 노르만 필사본은 매우 드물게도 라틴어 표제와 속어 본문에 덧붙인 12점의 이미지를 연속으로 싣고 있다. 이 소책자는 전례용 문헌이 아니라, 오히려 성직자나 속인을 위한 교육용 문헌이다. 하지만 이미지들은 성체 들어 올리기를 비롯한 미사의 여러 양상을 표현하고 있다.[71] **그림 47**

먼저 시작 예식이다.

1. 고백 기도*Confiteor*. 사제는 성작이 놓인 제대 앞에 서 있다. 그는 머리를 조금 숙이고, 손을 모으고 있다. 그의 뒤에는 속인 남녀 무리가 무릎을 꿇고 두 손을 모으고 있다.

2. 입당 기도*Introitus*. 사제의 태도는 같지만, 제대 위에 책이 펼쳐져 있는 모습이 발견된다. 사제 뒤에는 흰옷을 입은 봉사자와 동료가 똑같이 서 있다. 지옥의 아가리는 제대에 이르는 사제의 입장이 그리스도의 〔예수의 탄생 전에 죽은 착한 사람이나 세례를 받지 않은 어린아이의 영혼이 머무르는 장소이자 지옥의 경계인〕 림보 입장을 상징한다는 것을 상기시킨다. 그리스도가 림보에서 의로운 이를 방면해 주듯이, 미사는 죄인을 방면해 준다.

3. 〔'주여, 자비를 베푸소서'로 시작하는 기도문인〕 자비송*Kyrie eleison*. 사제, 봉사자, 사람들 무리의 자세는 같다. 책은 여전히 제대 위에 있다. 구름에서

그리스도의 머리가 나타난다.

4. 자비송의 상징적 의미. (아기 예수에게 젖을 먹이는 성모로 표현된) 육화, 십자가형, 부활이다. 이 이미지는 유일하게 미사 예식을 표현하지 않고 있다.

다음으로 미사 전문이 온다.

5. ['거룩하시도다'로 시작하는 기도문인] 상투스 Sanctus. 사제는 책이 놓인 제대 앞에 서서 두 손을 모으고 있다. 봉사자는 그의 뒤에 서 있다. 그 너머에 사람들의 무리가 이번에는 서 있다. 그들은 기도를 특징짓는 몸짓은 하지 않고, 노래를 부르고 있다.

6. 두 쪽에 걸쳐 성체 들어 올리기가 표현되어 있다. 이 이미지가 차지하는 공간은 미사의 핵심 부분에 인정되는 중요성을 잘 보여준다. 사제는 팔을 뻗어 성체를 들어 올린다. 성작은 성체포에 덮여 제대 위에 놓여 있다. 그 위에는 파란색 바탕의 중심 이미지의 테두리에 포개진 틀 안에 사제가 마주한 십자가가 아니라, 피를 흘리며 십자가에 못 박힌 그리스도가 형상화되어 있다. 이 이미지는 실체 변화의 바로 그 순간에 사제가 경험한 환시와 비슷하다. 그것은 어쨌든 수난의 희생을 재현하는 미사의 깊은 의미를 나타낸다.

사제 뒤에는 무릎을 꿇은 봉사자가 커다란 촛대를 들고 있다. 더 멀리 두 쪽이 접히는 곳에서 아이들이 종을 친다. 그리고 몇몇 남자와 여자들이 무릎을 꿇고, 두 손을 모으고, 들어 올린 성체를 바라본다.

7. 주기도문 Pater Noster. 미사 전문의 끝이다. 사제는 제대의 성체포로 덮인 성작 앞에 두 손을 들고 서 있다.

그 뒤 영성체 예식이 이어진다.

8. 첫 번째 ['하느님의 어린 양'으로 시작하는 기도문인] 아그누스 데이 Agnus Dei. 사제는 조금 숙이고, 두 손으로 그가 나눌 성체를 들고 있다. 성체가 세 조각으로 나뉜 것이 뚜렷이 보인다. 구름에서 그리스도의 머리가 나타

난다. 사람들 무리는 두 손을 모으고 무릎 꿇고 있다.

9. 두 번째 아그누스 데이. 이미지의 구성은 같지만, (성체의 일부가 없어져) 사제가 성작을 향해 내민 성체의 분할이 나타난다.

10. 세 번째 아그누스 데이. 구성은 똑같이 유지된다. 이번에는 성령이 비둘기의 모습으로 신도들을 향해 내려온다. 사제는 상체를 깊이 숙이고, 나눈 성체를 성작 위에서 들고 있다.

11. [마리아가 아기 예수를 신에게 봉헌할 때 시메온이 불렀다는] 시메온의 노래 합창 *Nunc dimittis*. 영성체를 집전하는 사제는 성작을 닦는다. 사람들 무리는 두 손을 모으고 무릎 꿇고서 삼위일체에 간청하는 기도를 한다.

12. 신도들의 영성체. 신도들은 무릎을 꿇고, 두 손을 모으고 있다. 성작과 성반을 지닌 사제만 성체를 만지고, 신도들의 혀 위에 직접 놓는다. 이 이미지는 사제가 신도 쪽으로 돌아선 유일한 것이다.

이 이미지들은 미사 예식에서 주로 성찬식의 장면들을 포착하고 있다. 성체 들어 올리기와 영성체가 가장 큰 그림을 비롯해 12개 가운데 7개의 이미지와 관련되어 있다. 그것들은 무엇보다 사제의 태도와 몸짓을 강조하고 있는데, 특히 성체를 들어 올리는 몸짓과 그것의 신비한 의미가 찬양된다. 그러나 신도들의 영성체도 표현되어 있는 것도 눈여겨볼 만하다. 그들의 경우에 당연히 그렇듯이, 사제의 경우에도 무엇보다 관심을 끄는 것은 성체, 곧 그것의 축성과 분할, 그것과의 일치이다. 대체로 예식에서도 상상에서도 성작을 들어 올리는 것은 성체를 들어 올리는 것만큼 중요한 위치를 차지하기 어려웠다고 지적할 수 있다. 이를 위해서는 다른 방향으로 예배가 전환하는 것이 필요하다. 중세 말과 근세에 나타난, 그리스도의 피에 대한 숭배의 비약적인 발전이다.

당장 시선과 영혼을 먼저 끌어당긴 것은 그리스도의 몸 *Corpus Christi*이었다. 그것은 특별한 숭배의 대상으로까지 되었고, 그 숭배는 13세기 전반에 리에주 지방에서 생겨났고, 1264년 무릎 꿇은 신도들 앞에

시작 예식

1. 고백 기도 (fol. 45r)

2. 입당 기도문 (fol. 45r)

사제는 제대에 놓인 잔 앞에 절을 한 뒤에 입당 기도문을 낭독한다. 그의 뒤에서 신도들이 무릎을 꿇고 기도한 뒤 일어선다.

[그림 47] 미사의 진행 (미사론, 14세기)

3. 자비송 (fol. 45v)

4. 자비송의 상징적 의미 (fol. 45v)
사제가 제대에 서 있다.
자비송의 상징적 의미는 어린 시절부터 수난과 부활까지의 그리스도의 삶이다.

미사 전문

5. 상투스 (fol. 46r)
사제는 제대에 서서 책을 펴고 기도한다.
신도들은 서 있다.

6. 성찬식 (fol. 46v – fol. 47r)
사제는 자신에게 나타난 십자가에 못 박힌 예수 앞에서 성체를 높이 들어 올린다.
무릎을 꿇은 부제가 촛불을 들고 있다.
뒤에서는 두 무리의 신자들이 무릎을 꿇고 기도하며, 시선을 성체에 고정시킨다.
필사본의 접힌 부분에서 어린아이가 종을 울린다.

7. 주기도문 (fol. 47r)
사제는 제대의 성작 앞에 서서 손을 벌린다. 신도들은 서 있다.

영성체 예식

8. 첫 번째 아그누스 데이 (fol. 47v)
사제가 빵을 나누는데, 빵의 세 조각이 뚜렷이 보인다.
신도들은 무릎을 꿇고 기도한다.

9. 두 번째 아그누스 데이 (fol. 47v)

10. 세 번째 아그누스 데이 (fol. 48r)
사제가 몸을 굽힌다. 그리스도가 구름 안에서 나타난다.
성령이 비둘기의 형상으로 무릎을 꿇은 신도들 위로 내려온다.

11. 시메온의 노래 합창 (fol. 48v)

사제가 성작을 닦는다.
그 뒤에서 삼위일체가 모습을 드러낸다.

12. 신도들의 영성체 (fol. 48v)

사제가 성체를 받을 신도들을 향해 성작을 들고 돌아선다.

서 성체의 행진과 '현시', 성체 축일이 제정되었을 때 모든 기독교 세계에서 교황권으로 공식화되었다.[72] 15세기 초, 기도의 몸짓에 대한 자신의 주석에서 요하네스 니더는 미사에서 성체를 들어 올리는 동안에도, "도시를 가로지르는*per civitatem*" 그리스도의 몸의 엄숙한 행진 동안에도, 성체 앞에서 '경건히 절'을 하도록 규정했다.[73]

그러나 13세기와 14세기의 전환기에 집중하자. 한 가지 결론은 분명히 피할 수 없다. 미사의 몸짓, 무엇보다 빵과 포도주로부터 성체의 변화를 약속하는 사제의 몸짓보다 더 강한 합리화 시도와 더 많은 주석의 대상이 된 몸짓 집합체는 없었다. 위그 드 생빅토르의 몸짓의 윤리마저도 적어도 양적으로는 전례에 대한 이러한 주석만큼 풍부함은 지니지 못했다. 물론 성직자와 기독교인이 보기에 성찬 의식이 지닌 근본적인 쟁점은 이렇게 많은 관심과 노력을 설명하기에 충분할 수 있다. 실체 변화의 교리는 모든 기독교 예배의 기둥이 아닌가? 게다가 여기서 문제가 되는 몸짓이 매우 특수하다는 것을 잊지 말아야 한다. 그러한 예식을 행하는 인물과 그들이 다루는 사물, 장소와 상황도 마찬가지이다.

출연자는 아무나가 아니라, 성직자 서품을 받지 않은 이는 할 수 없는 몸짓을 하는, 오로지 사제뿐이다. 그러므로 사제는 거룩한 형질을 다루는 것으로, 모든 사람들에게 자신의 견줄 수 없는 존엄성과 확고부동한 우월성을 선언한다.

그가 성체를 들어 올릴 때 지키는 정지의 시간은 아마도 신도들의 숭배에 제공된 그리스도의 몸에 대한 찬양일 것이다. 하지만 (안드레아 피사노가 잘 보여주었듯이) 하늘을 향해 손을 모두 뻗은 자신의 고유한 움직이지 않는 신체도 동시에 찬양한다. 사제만이 빵과 포도주를 축성하고, 나누고, 양형 영성체를 한다. 오직 그만이 성찬식의 모든 진행에 완전히 참여하는 것처럼 보인다. 그만이 신도들에게 음식을 주고, 그의 손만이 평신도의 입에 직접 내려놓을 성체를 만지기에 충분히 어울려 보인다. 요컨대 그리스도의 몸에 대한 찬양은 사제에 대한 찬양과 나란히 나타난다. 신도들의 눈에서 그도 상징적인 자리를 차지하고 있는 그리스도로 '변화'하는 것이다.

그런데 사제와 교회의 이러한 예식적 승화와, 당시 사회에서 그들의 실제 권력은 뚜렷이 대조된다. 미사의 몸짓이 그 시대에 그토록 많은 관심의 대상이 된 것은, 그것이 이미 매우 크게 위협을 받던 어떤 권력의 (12세기의 용어로) '극장'이었기 때문일 것이다. 미사 예식과 그에 대한 주석의 발전은 사회에서 자신의 전통적인 우위를 꾸준히 더 많이 잃어가던 교회가 쌓은 상징적 권력의 방벽은 아니었을까? 그것들은 적어도 독점권이라고 지키려는 듯이, 그리고 자신을 안심시키려는 듯이 말과 사물, 몸짓을 끝없이 열거한다. 하지만 후스파가, 뒤이어 신교도들이 성체 교리와 마찬가지로 그것들에 이의를 제기한다. 사실 이러한 몸짓 가운데 끝내 속인의 손으로 넘어가지 않은 것은 하나도 없었다.

맺음말

중세 몸짓의 다양한 얼굴

1천 년에 걸친 서구의 역사로 '몸짓의 이성'의 테두리와 미로를 살펴보았다. 이는 두 가지로 이루어졌다.

먼저 몸짓을 설명하고, 그것을 지적 범주, 의미 있는 가치, 어떤 문화의 규범으로 축소한 시도들을 추적해 보았다. 이런 것들 안에서 몸짓의 이성은 참으로 다양한 얼굴을 보여준다. 어떤 곳에서는 어릿광대, 여성, 충동적인 젊은이의 '무절제한 몸짓'을 자신의 도덕 규칙에 복종시킨다. 어떤 곳에서는 노래, 춤, 연극의 연기, 심지어 신들린 사람이나 신비주의자가 이성을 잃은 상태에서 표출한 진리의 신호마저 비난하거나 자신의 가치에 통합한다. 다른 어떤 곳에서는 '구별'과 우의적 해석을 공격하며 '마법의' 몸짓을 격렬히 비판한다. 하지만 성사의 몸짓조차 용납하지 않는 신학적 비판의 공격을 앞에 두고는 적법한 신앙과 문제 삼을 수 없는 교리로 방벽을 세우기도 한다.

그리고 이런 모든 주석과 형상화의 다양한 유형을 가로지르며 몸짓이 권력의 구조와 사회의 근본적인 위계를 어떻게 드러내는지도 살펴보았다. 사람들이 서로에게 하거나 보이지 않는 힘에 바치는 몸짓은 뒤집힌 의례에서조차도 인간에 대한 신의, 여성에 대한 남성의, 신하에 대한 왕의, 속인에 대한 성직자의 가정된 우월성을 드러낸다.

＊＊＊

그러므로 종합적인 평가는 간단치 않고, 우리가 중세에 관한 이야기를 시작하며 상정했던 ('몸짓의 문명'이라는) 표현은 다양한 방식으로 이해되어야 한다.

하지만 이 표현의 정당성은 중세 사회에서 몸짓이 지녔던 폭넓은 역할만이 아니라, 그러한 몸짓들이 문화의 몇몇 영역에서 그 시대에 이미 불러일으켰던 우려로도 뒷받침된다. 한쪽에서는 몸짓이 두루 존재하고 효력을 지녔다는 명백한 증거가 확인된다. 사제와 신도들의 십자성호, 성유물에 맹세하는 손, 기사의 머리 뒤를 가볍게 두드리는 기사서임식의 몸짓, 어릿광대와 설교가의 '무절제한 몸짓', 수도사·성직자·왕이 예식에서 보이는 몸짓, 무덤에서의 춤, 춤추는 그리스도의 이미지 같은 것들이다. 이런 몸짓들과 그에 대한 문헌의 묘사와 형상화의 목록은 끝없이 이어진다. 그렇지만 다른 한쪽에서 문자 문화는 장황한 주석 안에서 '영혼의 감옥'이자 죄악의 근원이라는, 신체에 대한 오래되고 끈질긴 경멸을 소환하고 가다듬고 정당화한다. 이런 경멸은 무엇보다 몸짓에 대한 매우 커다란 불신과, '무절제한 몸짓'이라고 불리는 그것의 '과잉'에 대한 증오를 불러일으켰다. 몸짓은 더 잘 내면화해야 할 도덕에 걸맞게 '절제되고' 순화되어야 했다.

그런데 사람들이 그들끼리, 나아가 신과 소통하는 생각들은 몸짓으로만 표현되지 않는다. 이와 관련해 몸짓은 순종적이고 필요한 하인일 뿐이라며, 말의 우위가 끊임없이 강조되었다. 고백, 동의, 신종 서약을 비롯해, 그리스도의 현존을 '알리는' 것은 물론이고, 성사를 '일으키는' 것도 말이었다. 분명히 몸짓은 어디에나 존재했으나, 말의 그늘 안에서 웅크리고 있는 듯했다. 몸짓을 무시하지는 않았으나, 그것의 역할을 완전히 규정하는 데에는 이르지 못했던 공식문화는 그것에 말과 똑같은 지위를 부여할 엄두도 내지 못했다. 사실 이는 죄악에 기울어진 듯이 신체의 압박을 강조한 것의 뒤집힌 결과로 나타났던, 말과 언어를 정신화한 오랜 전통의 논리적 귀결이었다.

몸짓은 글에게서도 도전을 받았다. 글은 구체적인 관행에서 갈수록 맡은 역할이 늘어났고, 신뢰성을 보증하는 것으로 지위가 뚜렷이 향상되었다. 13세기에 교회는 글쓰기의 독점권을 잃었다. 그와 함께 거의 종교적이고 다분히 상징적인 용도로만 배타적으로 사용되던 글쓰기는 (문학, 법률, 행정 등으로) 서술되는 내용이 다양해지면서 대체로 더 실용적인 용도를 지니게 되었다. 아울러 글쓰기에서도 속어가 점차 라틴어와 경쟁했다. 글쓰기가 대대적으로 확산되었고, 증거로서의 가치에서 글은 구술이나 몸짓에 의존하던 방식을 위협했다. 그래서 글쓰기의 독점권을 잃은 교회에게는 자신의 상징적인 힘을 주장하는 일이 그만큼 더 필요케 되었고, 이는 몸짓으로 표출되었다. 사제의 몸짓과 그의 손의 존엄성에 대한 찬양은 그의 인격과 지위가 지니는 특권을 끊임없이 강조하는 것으로 나타났다.

따라서 몸짓은 찬양되면서 동시에 강한 의심을 받았고, 두루 존재하면서도 종속되었다. 그렇지만 신체는 도덕이나 예식의 규범에 얽매이더라도 결코 패배를 인정하지 않았다. 규범과 이성이 신체와 몸짓을 더 옥죌수록 (어릿광대와 함께) 놀이의 몸짓, (사육제와 함께) 민속적이고 기괴한 몸짓, (중세 후기의 독신자와 채찍 고행자에게 나타난) 신비주의의 몸짓과 같은 몸짓 표현의 다른 형태가 더 활발해졌다. 이런 모습은 기독교 문화의 가장 깊은 밑바닥에도 흔적이 남아 있다. 신의 아들이 구현한 신체의 힘을 찬양하므로, 필요한 경우 사람들의 몸짓이나 적어도 성인, 신들린 자, 미치광이와 같은 그들 가운데 몇몇의 몸짓이 지닌 신성한 가치와 상징적 효력을 인정할 수밖에 없었던 것은 아닐까? 이를 거부했을 때는 스콜라 철학, 성직자, 남성의 틀에 맞서 신비주의의 몸짓이 여성을 중심으로 꽃을 피웠다.

그러므로 이성의 승리, 글쓰기의 확산과 함께 어떤 역사적 운명이 몸짓과 그것의 상징적 가치의 상실을 필연적으로 불러왔다는, 역사에 대한 단선적인 '진보'의 환상에서 벗어나야 한다.

역사에는 어느 시대든 하나의 이성이 아니라, 각각의 사회 유형에 고유한 여러 합리성의 형태들이 있다. 교회가 지배하던 중세 사회에서 '신학의 이성'은 이러한 합리성의 형태들 가운데 가장 위엄 있고 강력한 것이었으나, 유일한 것은 아니었다.[1] 그것은 교회에서도, 나아가 교회 밖에서는 더욱더 (전례의 우의적 해석, 의학, 이미지에 대한 조형의 논리, 법률적인 사례윤리학, 민속 문화 등과 같은) 다른 사고 양식들과 끊임없이 타협해야 했다. 그리고 (교회법 학자나 신학자의 합리성과 비교되는 외과 의사의 합리성처럼) 각각의 합리성의 형태에 따라 신체와 몸짓의 지위는 달라질 수밖에 없었다.

아울러 역사의 변화가 지속되는 일은 드물다. 이는 스콜라주의 시대에, 특히 몸짓에 관해 스스로의 모순에 사로잡힌 신학의 이성에서도 확인된다. 궁극적으로 주장하는 거룩한 원리를 부정하거나, 떠받치고 보호하는 교회 조직을 무너뜨리는 것이 아니라면, 그것의 비판적인 요구는 종교적 믿음의 명시적이고 벗어날 수 없는 우위를 앞에 두고 한계에 부닥쳤다. 지식욕*curiositas*은 여전히 뛰어넘을 수 없는 제한을 받았다.

성직자가 마법사의 '마법적인' 몸짓을 단죄하기는 쉬웠다. 그에 대해 자신들의 정당성을 드높이기에 알맞은 권위 있는 심판을 내리면 되었기 때문이다. 하지만 사제의 몸짓이 성사에서 지니는 영향력을 최소화하려면, 신학자들은 인간의 몸짓에는 허용되지 않은 효력을 신의 은총에 곧바로 할당해야 했다. 숭배하는 것 자체를 부정하지 않는다면, 그들은 신앙의 닫힌 영역에서 벗어나지 못하거나 아직은 그럴 수 없었다.

역설적으로 교회의 종교적 장치의 핵심 그 자체인 신학의 이성으로 인도된 파괴의 효과는 실질적이었다. 그리고 그것은 몸짓 이외에도 (신명재판, 성인 숭배의 어떤 측면, 성유물, 기적과 같은) 다른 많은 주제들과도 관련이 있었다. 후스파와 종교개혁은 이러한 비판을 앞당겼다. 양형 영성체나 실체 변화의 교리에서 그들은 사제의 몸짓을 용납하지 않았다. 하지만 이러한 비판은 진정한 무신론이 공공연히 모습을 드러낼 수 있게 된 18세기에야 실제로 결실을 맺었다.[2] (저마다 실체 변화를 믿거나 믿지 않을 자유를 지녀) 몸짓의 '상징적' 가치가 이미 성사의 '행위'로서가 아니라 언어 모델에 기초한 의사소통 행위로 사고될 때, 몸짓에 관한 완전히 다른 성찰의 여지가 생겨났다.

***

13세기 말에서 이야기를 마무리했으나, 끝난 것은 아무것도 없었다. 신체와 이성의 논쟁은 중세 도시의 사회적·지적 변화 덕분에 새롭게 다시 표현되며 매우 오래 지속되었다. 그렇지만 몇 가지 방향 전환이 점점 더 뚜렷해졌다. 이야기를 마무리한 이후에 나타난 몇 가지 주요한 측면을 간추려 살펴보자.

몸짓의 도덕은 근대에 근본적인 이데올로기적·사회적 변화를 나타냈다. 12세기부터 그것이 세속귀족의 문화와 속어의 출현과 함께 교회의 전통적인 문화에 맞서 어떻게 뚜렷이 다양해졌는지 살펴보았다. 그러나 예법은 중용과 절도에 관한 고대와 기독교의 이상을 물려받았더라도, 이데올로기적 목적성과 사회적 용법에서 수도원과 성직자의 규율*disciplina*과는 구분된다. 〔20세기 독일 출신의 사회학자인〕 노르베르트 엘리아스는 특히 1530년 에라스뮈스가 펴낸 교육학 작품인 『어린이 예절』에서 표현된 '예절civilité' 개념을 중심으로 예법 안에서 16세기에 전개된

'풍속의 문명화'의 결정적인 단계를 훌륭히 꿰뚫어 보았다.[3] 그러나 이 모델은 오래 영향을 끼쳤지만, 유일한 것은 아니었다. 같은 시대, 이탈리아 군주의 수업은 발다사레 카스틸리오네가 『궁정인의 책』(1528년)의 대화에서 가장 나은 표현을 제공한 귀족의 예법을 명확히 규정했다.[4] 그리고 17세기에는 완전히 다른 모델이 자리 잡았다. 태양왕 루이 14세(재위 1643~1715)의 절대왕정 시대에 베르사유가 전형이 된 '궁정 사회'이다.[5] 새로운 사상, 산업혁명, 정치혁명이 이 모델을 어떻게 했는지는 잘 알려져 있다. 18~19세기에는 완전히 다른 가치와 매우 다른 몸짓이 경제적 도덕, 사적인 것과 공적인 것의 구분과 함께 '부르주아 사회'를 특징지었다.[6]

동시에 과학·철학·의학 담론도 새로운 형태의 권력과 함께 신체를 '바로잡으려는' 의지를 정당화했다. 중세처럼 덕을 충족시키기 위해서만이 아니라, 위생학의 혜택에 복종시키거나, 병역 의무를 강요하거나, 더 교묘히 생산 기계로 만들기 위해서였다. 기계화의 비약적인 발전은 노동의 몸짓을 강제하는 교육학을 불러왔고,[7] 20세기에 이는 산업 공정에 대한 새로운 복종으로 연결되었다.[8]

중세 이후 신체 표현에 대한 심리·생리학적 해석의 쇄신으로 몸짓 문제에 대한 또 하나의 접근법이 가능해졌다. 16세기부터 18세기까지(특히 요한 카스파 라바터*에 이르러)[9] 관상학은 놀라운 부흥을 맛보았다. 이는 특히 데카르트의 '영혼의 정념'에 대한 분석과 신체에 대한 기계적 관념에 바탕을 두었으며, 화가들의 성격과 감정 표현에 관한 고전 예술 연구에 자양분이 되었다. 샤를 르 브룅**이 미술에서 나타난 이러

---

* 요한 카스파 라바터(1741~1801) : 스위스 출신의 생리학자로 1775년에서 1778년 사이에 출간된 『인간 이해와 인간애를 증진하기 위한 관상학Physiognomische Fragmente zur Beförderung der Menschenkenntnis und Menschenliebe』으로 관상학의 부흥에 영향을 끼쳤다.
** 샤를 르 브룅(1619~1690) : 프랑스의 화가이자 미술 이론가로 루이 14세의 궁정 화가로 일하며 베르사유 궁전의 배치와 장식을 담당했다. 회화에서 감정의 표현을 장려했

한 고전적 수사학의 가장 위대한 이론가였다.[10]

관상학 전통은 몽테뉴(1533~1592)에서 장자크 루소(1712~1778)에 이르는 자연주의 철학과도 접목되었다. 이 철학은 인간의 행동과 동물의 행동을 동일시는 아니더라도 비교하는 경향이 있었다. 이런 흐름은 19세기에는 다윈의 이론으로,[11] 20세기에는 동물행동학으로[12] 이어졌다.

「창세기」에 기초해 인간을 모든 동물의 위에 두었던 중세와의 단절은 완벽했다. 그러나 중세 문화는 인간 안에 동물이 잠들어 있다는 점을 인정하지 않았을까? 중세 성직자들은 그것을 신체의 자율적인 힘이자 인간의 이성과 신체를 장악해 미친 몸짓을 하게 만드는 적이라고 부르며, 악마의 가면으로 장식했다. 따라서 과학이 구성되려면 그 악마의 가면을 벗겨야 했다. 하지만 [현대 신경의학의 창시자로 불리는] 장마르탱 샤르코(1825~1893)가 살페트리예르 병원에서 히스테리 여성들을 관찰하거나, 근대의 퇴마사인 지그문트 프로이트(1856~1939)가 환자들의 충동을 분석할 때, 그것은 여전히 매우 가까이 있었다.[13]

앞선 것에서 곧바로 연결되는 세 번째 성찰의 축은 말과 몸짓의 관계라는 커다란 문제와 관련이 있다. 이 문제가 무척 오래된 것임은 이미 살펴보았다. 근대에 이 문제는 다시 제기되었다. 예수회와 의회 입법가들과 함께 웅변술의 발전과 다양화 덕분이었고,[14] 배우의 기술, 표정과 몸짓 표현, 무대 예절, 연극과 미술의 관계에 대한 뚜렷한 성찰과 함께 나타난 고전 연극의 비약적인 발전 덕분이기도 했다.[15]

17세기부터 이론의 수준에서 (1616년 조반니 보니파초[*]의 『신호의 기술 L'Arte de 'Cenni』과 함께) '기호'로서의 몸짓에 관한, 그리고 인류의 보편적

으며, 얼굴 표정이 영혼의 상태를 드러낸다고 믿었다. 당시 '정념'으로 불리던 감정에 대한 그의 사고는 데카르트에게서 영향을 받은 것이었고, 이는 18~19세기의 예술 이론에 큰 영향을 끼쳤다.

[*] 이탈리아의 법학자인 조반니 보니파초(1547~1635)는 『신호의 기술』에서 600가지가 넘는 신체 표현 방법을 구분해 비언어 의사소통을 연구했다.

[그림 48] **몸짓의 계통도** (백과전서, 1769)

이고 원초적인 자연 언어로서 '몸짓 언어'에 관한 성찰이 뚜렷이 발달했다.[16] 이런 성찰의 출발점 가운데 하나는 청각·언어 장애인의 의사소통 문제에 대한 고려였다. 중세에는 적어도 이런 방식으로는 거의 관심거리가 되지 않던 문제였다. 그것은 18세기에 디드로(1713~1784)의 『청각·언어 장애인에 관한 편지Lettre sur les sourds-muets』, 그리고 [프랑스어 수화 체계를 구상한] 샤를미셸 드 레페(1712~1789)의 이론 작업과 1791년 제헌의회의 최초의 국립 청각·언어 장애인 학교 설립에서 정점에 이르렀다.

17세기부터 몸짓을 통한 의사소통의 근원적 가치에 관한 사변은 문자의 기원에 관한 이론과도 연결되었다. 몸짓은 민족 언어들의 번성에 앞선 인류의 원초적이고 보편적인 언어로 여겨졌다. 몸짓의 가정된 보편성이 그 뒤에 나타난 언어들의 다양성으로 된 것은 이집트 상형문자나 중국의 표의문자가 더 최근의 알파벳 문자가 된 것과 같았다. 몸짓은 1620년 무렵에 프랜시스 베이컨(1561~1626)이 나타냈듯이 '순간적인 상형문자', 곧 동적이고 일시적인 신체의 상형문자로 정의되었다.[17]

***

따라서 몸짓의 문제가 근대의 모든 커다란 철학적·문화적 논쟁의 한가운데에 놓여 있는 것이 발견된다. 자연과 인간의 제도, 인간과 동물, 이성과 충동의 관계, 언어와 문자의 기원, 인류의 학예의 발전과 분류와 같은 것들이다.

『백과전서Encyclopédie』의 여러 항목에 언급된 '몸짓'은 '주요한 과학과 예술의 계통적 배치에 관한 에세이Essai d'une distribution généalogique des sciences et des arts principaux'라는 이름의 표제 판화에도 나타난다.[18] 이 판화는 '오성'과 '이성'에 뿌리를 두고, '논리학'과 '문법학', '기호'로 줄기가 뻗은 계통도를 보여준다. '기호'에서 두 개의 주요한 가지가 뻗어 나온다. 하나는 '문자'로 '상형문자'와 '문장紋章'이라는 다른 잔가지들로 뻗어간다. 다른 하나는 '몸짓'으로, '무언극'과 '웅변술'이라는 두 개의 최종적인 잔가지들로 뻗는다. **그림 48**

이렇게 계통도 꼭대기에 놓인 몸짓은 정의의 대상이 된다. 그것은 "신체와 얼굴의 외면적인 움직임이고, 자연이 인간에게 부여한 감정의 최초의 표현 가운데 하나이다. 그것은 모든 나라의 언어이고, 언제나 그럴 것이다. 그것은 어떤 날씨에도 들린다. 목소리의 의미, 얼굴과 신체의 다양한 움직임은 느낀 것의 표현이다. 그것들은 초기 우주의 원초적 언어이다."[19]

이러한 정의는 오늘날의 역사가들에게 9세기 오세르의 레미기우스나 12세기 위그 드 생빅토르가 했던 정의보다 더 좋지도 더 나쁘지도 않다. 그것들은 다른 역사적 순간에, 다른 사회·문화 환경에서, 다른 이데올로기 쟁점들에 반응했던 것이기에 서로 다를 뿐이다. 몸짓의 '언어적' 측면과 초역사적·초문화적 보편성을 가정하는 그것의 특징에 관한 주장은 이렇게 이해해야 한다.

역설적으로 이러한 정의는 위그 드 생빅토르보다는 더 오래된 (수사학에 주목하고, '목소리의 옷'처럼 몸짓을 말하는) 레미기우스의 정의에 더 가깝다. 도덕주의자인 위그에게 몸짓은 무엇보다 신과 인간의 이중 시선 아래에서 이루어지는 조형figuratio이었다.

그러나 계몽주의 시대의 언어에 대한 관념이 19세기의 기호학과 몸짓의 인류학 탄생에 큰 영향을 끼친 것이 사실이라면,[20] 더 멀리 떨어진 중세도 오늘날에도 여전히 깊이 돌아보게 하는 몸짓 해석의 모델을 제시한다. 이성과 신체, ('게스투스'의) 질서와 ('게스티쿨라티오'의) 위반, 언어와 비언어 의사소통, 기술적 효력과 상징적 효력의 논쟁은 지금도 여전히 계속되고 있지 않은가?

작가 원주

도판과 그림

찾아보기

ND# 작가원주

머리말

1. Richer, *Histoire de France (888-995)*, III, 85, éd. et trad. R. Latouche, Paris, Les Belles Lettres, 1937 (Les Classiques de l'Histoire de France au Moyen Âge), vol. II, pp. 108-109.
2. Richer, 같은 책, I, 15, 16, 47 (vol. I, pp. 39, 41, 95).
3. J. Le Goff, *La Civilisation de l'Occident médiéval*, Paris, Arthaud, 1964, p. 440.
4. M. Bloch, *La Société féodale*, 1939, rééd. Paris, Albin Michel, 1968, p. 171.
5. M. T. Clanchy, *From Memory to Written Record. England, 1066-1307*, Cambridge, Mass., Harvard University Press, 1979.
6. J. Le Goff, "Le rituel symbolique de la vassalité"(Spolète, 1976), rééd. in *Pour un autre Moyen Âge. Temps, travail et culture en Occident: 18 essais,* Paris, Gallimard, 1977, pp. 349-420.
7. 「바이외 태피스트리」에 관해서는 다음을 참조. D. J. Bernstein, *The Mystery of the Bayeux Tapestry*, Londres, G. Weidenfeld and Nicholson, 1986. 맹세의 몸짓에 관해서는 Philipp Hofmeister, *Die Christlichen Eidesformen. Eine Liturgie- und Rechtsgeschichtliche Untersuchung*, Munich, K. Zink Verlag, 1957. 성유물을 향한 맹세의 몸짓에 관해서는 N. Hermann-Mascard, *Les Reliques des saints. Formation coutumière d'un droit,* Paris, Klincksieck, 1975 (Société d'histoire du droit, Collection d'histoire institutionnelle et sociale, 6), pp. 261-263 참조.
8. Chanson de Roland, v. 771 이하. Gerard J. Brault, *The Song of Roland. An Analytical Edition*, University Park/Londres, The Pennsylvania State University Press, 1978 참조.
9. 이에 대한 전반적으로 훌륭한 설명은 Yves Winkin, *La Nouvelle Communication*, Paris, Le Seuil, 1981 참조. 사회과학에서 몸짓에 관한 상세한 문헌 목록은 Jean-Claude Schmitt(éd.), "Gestures", *History and Anthropology*, I, 1, 1984, pp. 18-23 참조.
10. 우리가 다른 사람들만큼 많은 몸짓을 한다는 것을 이해하려면 외부의 시선이 필요하다. 프랑스 사람은 미국 인류학자들에게 배울 점이 많다. Laurence W. Wylie, *Beaux gestes. A Guide to French Body Talk*, Cambridge Mass., The Undergraduate Press, New York, E. P. Dutton, 1977.
11. 윈스턴 처칠과 드골의 두 팔을 들어 올린 승리의 'V', 국제연합 연설대를 발로 두드린 소련의 니키타 흐루쇼프 서기장, 바르샤바에서 무릎을 꿇은 독일의 빌리 브란트 수상, 방문국의 땅에 입을 맞춘 교황 요한 바오로 2세와 같은 사례들을 떠올려보자.
12. Robert Marichal, "L'écriture latine et la civilisation occidentale du Ier au XVIe siècle", *L'Ecriture et la psychologie des peuples*, Paris, Centre international de synthèse, XII, 1963, pp. 199-247.
13. L. Buchet et C. Lorren, "Dans quelle mesure la nécropole du Haut Moyen Âge offre-t-elle une image fidèle de la société des vivants?", *La Mort au Moyen Âge, Colloque de la Société des historiens médiévistes de l'enseignement supérieur public(Juin 1975)*, Strasbourg, Istra(Publications de la Société savante d'Alsace et des régions de l'Est, coll. "Recherches et documents", XXV), 1977, p. 32.
14. J.-L. Durand, "Le dire et le faire. Vers une anthropologie des gestes iconiques", *History and

Anthropology, I, 1, nov. 1984, pp. 29-48.
15. 이러한 접근법은 문학사, 특히 독일 문헌학 전통의 성과로 볼 수 있다. 예컨대 다음과 같은 것들이다. Erhard Lommatsch, *System der Gebärden, dargestellt auf Grund der mittelal terhchen Literatur Frankreichs, Diss*, Berlin, 1910; Werner Habicht, *Die Gebärde in englischen Dichtungen des Mittelalters*(Bayerische Akademie der Wissenschaften, Phil. Hist. Klasse. Abhandlungen, Neue Folge, Helft, 46), Munich, 1959; Dietmar Peil, *Die Gebärde bei Chrétien, Hartmann und Wolfram. Erec-Iwein-Parzival*, Munich, Wilhelm Fink Verlag, 1975; Robert G. Benson, *Medieval Body Language. A Study of the Use of Gesture in Chaucer's Poetry*, Copenhague, Rosenkilde and Bagger (Anglistica, XXI), 1980.
16. 이런 종류의 시도는 더 드물다. 어느 정도의 규모를 지닌 것은 François Garnier, *Le Langage de l'image au Moyen Âge. Signification et symbolique,* Paris, Le Léopard d'or, 1982와 *Grammaire des gestes*, Paris, Le Léopard d'or, 1989 뿐이다.
17. Karl von Amira, "Die Handgebärden in den Bilderhandschriften des Sachsenspiegels", *Sitzungsberichte* (Abhandl.) der Akademie der Wissenschaften zu München, 23, 2, Munich, 1905, pp. 161-263. 최근에 이루어진 연구로는 Ruth Schmidt-Wiegand, "Gebärdensprache im mittelalterlichen Recht (Taf. LIII-LV)", *Frühmittelalterliche Studien*, 16, 1982, pp. 363-379. 이 특이한 사료에 관해서는 하이델베르크 사본을 소개한 다음 문헌을 참조할 것. Universitiitsbibliothek, *Codex Palatinus Germanicus 164* (v. 1330), par W. Koschorreck, Francfort, Insel Verlag (Taschenbuch 218), 1976.
18. Moshe Barasch, *Giotto and the Language of Gestures*, Cambridge, Cambridge University Press, 1987.
19. J.-L. Durand, "Le dire et le faire..." 참조.
20. Moshe Barasch, *Gestures of Despair in Medieval and Early Renaissance Art*, New York, New York University Press, 1976 ; S. Settis, "Images of meditation, uncertainty and repentance in ancient art", *History and Anthropology*, I, 1, 1984, pp. 193-237.
21. M. Bernard, *L'Expressivité du corps. Recherche sur les fondements de la théâtralité,* Paris, J.-P. Delarge, 1976.
22. 다음의 선구적 연구가 있다. Marcel Mauss, "Les techniques du corps"(1936), *Sociologie et anthropologie*, Paris, P.U.F., 1968, pp. 363-386.
23. Guibert de Nogent, *Autobiographie*, éd. E.-R. Labande, Paris, Les Belles Lettres, 1981, pp. 140-141.
24. 자크 르고프는 이미 1964년에 이 두 단어의 공통 어원을 지적했다. J. Le Goff, *La Civilisation*....
25. 자크 르고프가 만들어낸 아주 멋진 표현이다. Jacques Le Goff, "Les gestes du purgatoire", *L'imaginaire médiéval.Essais*, Paris, Gallimard, 1985, p. 131.

1장

1. 이 주제에 관한 기본적인 문헌은 Karl Sittl, *Die Gebärden der Griechen und Ramer*, Leipzig, 1890.
2. Platon, *République*, 376e, 403C-410.
3. 이 부분은 몇몇 내용을 다음에서 가져왔다. Jean-Claude Schmitt, "Gestus/gesticulatio. Contribution à l'étude du vocabulaire latin médiéval des gestes", *La Lexicographie du latin médiéval et ses rapparts avec les recherches actuelles sur la civilisation du Moyen Âge*, Paris, C.N.R.S., 1981, p. 377-390.
4. *Thesaurus linguae latinae*, VI, Leipzig, 1925-1934, col. 1969-1972.

5. 바로는 움직임*motus*의 의미를 상세히 서술하는데, 기간, 장소, 신체, 행위를 가정하고(*De lingua latina*, V, 12, éd. R. G. Kent, Londres et Cambridge, Mass., 1938, I, pp. 12-13), 특히 천체 운동과 연결시킨다.
6. Karl Sittl, *Die Gebärden...*, p. 1. 그렇지만 그리스어의 'Skhema(skhemata)'는 라틴어의 'habitus'와는 다르게 춤의 용어로 기술적인 의미를 지닌다.
7. 같은 책, p. 129 이하. 그리고 R. Brilliant, *Gesture and Rank in Roman Art. The Use of Gestures to Denote Status in Roman Sculpture and Coinage*, New Haven, Conn. (Memoirs of the Connecticut Academy of Arts and Sciences, XIV), 1963, pp. 215-216.
8. Platon, *Timée*, éd. et trad. A. Rivaud, Paris, Les Belles Lettres, 1970, p. 202.
9. Aristoteles, *Du mouvement des animaux*, éd. P. Louis, Paris, Les Belles Lettres, 1973, p. 53; *De la marche des animaux*, 같은 책, p. 31; *Histoire des animaux*, 같은 책, p. 23; Les Parties des animaux, 같은 책, 1956. 『박물지*Histoire naturelle*』는 종의 묘사일 뿐이므로 관련이 적다.
10. Galenos, *Œuvres anatomiques, physiologiques et médicales*, éd. Ch. Daremberg, Paris, 1854, vol I, pp. 113-117.
11. 이 희귀한 '동적' 관상학은 위-아리스토텔레스에게서 입증되었다(7 : 806a). 다음을 참조. B. P. Reardon, *Courants littéraires grecs des II et III siècles après J.-C.*, Paris, Les Belles Lettres, 1971 (Annales littéraires de l'Université de Nantes, 3), pp. 243-247. 그리고 다음의 출판된 문헌. R. Foerster, *Scriptores Physiognomici Graeci et Latini*, Leipzig, 1893, vol. I.
12. Seneque, *De Ira*, dans Dialogues, I, éd. A. Bourgery, Paris, Les Belles Lettres, 1922. 갈레노스가 그리스어로 쓴 문헌도 참조할 것. Galien, *Quod animi mores corporis sequuntur temperantia* (*Que les mœurs de l'âme suyvent la temperature du corps*, trad. I. Le Bon, Paris, 1557, p. 20).
13. Ciceron, *De natura deorum*, éd. et trad. angl. H. Rackham, Cambridge, Mass., 1961.
14. P. Courcelle, *Connais-toi toi-même, de Socrate à saint Bernard*, Paris, Études augustiniennes, 1974-1975, 3 vol. (I, p. 12). 이 계율과 ("너 자신을 알라"와 "너 자신이 신이라고 믿지 말라"라는) 다른 두 계율은 일찍이 에우리피데스 때부터 통합된 것 같다.
15. Juvenal, *Saturnales*, XI, 27 ; Térence, *Andria*, I, 1 ; Macrobe, *Songe de Scipion*, I, 9, 2.
16. Augustin, *De beata vita*, P.L. 32, 975 ; Alcuin, *De rhetorica et virtutibus*, P.L. 101, col. 943C.
17. Aristoteles, *Éthique à Nicomaque*, 제3권이 덕과 용기, 절제, 제5권이 정의이다.
18. Ciceron, *Des devoirs*, éd. M. Testard, Paris, Les Belles Lettres, 1974, I, V, 15 (pp. 111-112).
19. J. Hellegouarch, *Le Vocabulaire latin des relations et des partis politiques sous la République*, Paris, Les Belles Lettres, 1972, pp. 259-265. 참조.
20. 같은 책, I, V, XXXV-XXXVI, 129-130 (pp. 171-172).
21. 같은 책, p. 173.
22. Seneque, *Lettres à Lucilius*, 66, 5 (éd. F. Préchac, H. Noblot, Paris, Les Belles Lettres, 1947, pp. 116-117). 세네카는 절도(modus)가 반드시 조화(mensura)를 전제로 한다고 덧붙였다.
23. Macrobe, *Commentaire du Songe de Scipion*, éd. et trad. M. Nisard, Paris, 1875, I, 1, p. 10. "지혜와 정의와 용기와 절제를 가지고 국가를 운영했다*qui rempublicam cum prudentia, justifia, fortitudine ac moderentia tractaverunt*" 다음도 참조. I, 8, p. 32.
24. Lucrèce, *Dererum natura*, V, 1011-1115, éd. A. Ernout, 2 éd., Paris, Les Belles Lettres, 1971.
25. B. P. Reardon, *Courants littéraires grecs des II et III siècles après J.-C.*, p. 65s.
26. Aristoteles, *Rhétorique*, III, 1404b.

27. 이런 구별에 대해서는 『변론술 교육』의 제11권에 수록된, 발행인 J. Cousin이 쓴 퀸틸리아누스의 '악티오'에 관한 해설을 참조할 것. (Paris, Les Belles Lettres, t. VI, 1979, p. 164 이하).
28. 같은 책, 1403b-1404a.
29. A. Lienhard-Lukinovich, "La voce e il gesto nella retorica di Aristotele. Note sulla hypocrisis", *Società di linguistica italiana*, 14, Rome, 1979, p. 90.
30. Aristoteles, *Poétique*, 1462a, 5-6, cap. 26 (éd. J. Hardy, Paris, Les Belles Lettres, 1979, p. 74).
31. Ciceron, *De l'orateur*, Ill, ux, 221(éd. H. Bornecque, E. Courbaud, Paris, Les Belles Lettres, 1956, p. 93).
32. 같은 책, III, LIX, 220 (pp. 92-93).
33. Quintilien, *Institution oratoire*, XI, 3, 89 (éd. cit., vol. VI, 1979, p. 247).
34. 같은 책, I, 11 (éd. cit., vol. I, 1975, p. 144).
35. Ciceron, *De l'orateur*, III, LIX, 222 (éd. cit., p. 294).
36. Quintilien, *Institution oratoire*, XI, 3, 87 (éd. cit., VI, p. 246) : "*Ut in tantaper omnes gentes nationesque linguae diversitate hic mihi omnium hominum communis sermo videatur.*"
37. 도나투스의 해석에 따르면 Barthélemy-A. Taladoire, *Commentaires sur la mimique et l'expression corporelle du comédien romain,* Montpellier, Ch. Déhan, 1951, p. 92 : K. Sittl, Die Gebärden...,, pp. 199-211도 보라.
38. Ciceron, *Brutus*, § 225 (éd. J. Martha, Paris, Les Belles Lettres, 1931, p. 80) : 나쁜 연설가 섹스투스 티투스(Sextus Titius)의 모방을 비판한다.
39. 그에 반해 아리스토텔레스에게서 본 것처럼, 어린이 교육과 웅변가의 뛰어난 기술 사이에는 어떤 유사성이 있다.
40. 같은 책, III, LVI, 214 (p. 89).
41. Quintilien, I, 11 (éd. citée, vol. I, p. 143), XI, 3, 90 (같은 책, vol. VI, p. 247).
42. Ciceron, *De l'orateur,* Ill, LIX, 220 (éd. cit., pp. 92-93).
43. Quintilien, *Institution oratoire*, I, 11 (같은 책, p. 143).
44. Ciceron, *De officiis*, XXXV-XXXVI, 129-130 (éd. cit., p. 172).
45. *Rhétorique à Herennius*, III, xv, 26 (éd. H. Bornecque, Paris, Garnier, 1932, pp. 132-133).
46. A. Lienhard-Lukinovich, "La voce e il gesto..." p. 91.
47. Ciceron, *De l'orateur*, III, LIX, 20 (éd. cit., p. 93).
48. Ciceron, *Orator,* XVIII, 59 (éd. A. Yon, Paris, Les Belles Lettres, p. 21).
49. *Rhétorique à Herennius*, III, xv, 26-27 (éd. H. Bornecque, Paris, Garnier, 1932, pp. 132-135).
50. Quintilien, *Institution oratoire*, I, 11, 17 (éd. cit., vol. I, p. 146) : "이름 자체가 보여주듯이 키로노미아는 몸짓 규칙이다*Haec chironomia quae est (ut nomine ipso declaratur) lex gestus.*" 이 가르침은 체육 훈련을 위한 특별한 장소를 요구한다. 역설적이게도 퀸틸리아누스는 책의 1권과 11권에서 더는 '키로노미아'라는 단어를 사용하지 않는다. 얼마 뒤에 유베날리스(42~125)는 잔치 중에 고기를 자르는 사람이나 무용수들이 하는 '무절제한 몸짓'을 언급하면서 나쁜 의미로 같은 계통의 단어(chironomon, chironomunta)를 사용한다. (Satires, V, 121 et VI, 63, éd. G. G. Ramsay, *Juvenal and Persius*, Londres et Cambridge, Mass., Loeb Classical Library, 1940, pp. 78, 88). 기독교 시대에 이 단어는 오직 시도니우스 아폴리나리스(Sidonius Apollinaris, 430~489)의 문헌에만 등장한다. Sidoine Apollinaire, *Epistolae*, IV, 7, éd. B. Krusch, MGH Auct. Antiq., VIII, 1887, p. 59, 8, '비잔티움(Byzantins)'과 관련. 그러므로 이 단어는 존 불워(John Bulwer, 1606~1656)가

자신의 작품(*Chironomia et Chirologia*, London, 1644)의 제목으로 삼으면서 현대 수사학에 널리 퍼졌다. 이에 관해 친절히 알려준 Zeph Stewart 교수에게 진심으로 감사함을 전한다.
51. Quintilien, 같은 책, XI, 3, 107-111 (éd. cit., pp. 251-253).
52. 이는 다음에서 강조되고 있다. Louis Marin, "Corps(Sémiotique du)", *Encyclopoedia Universalis*, Suppl., Paris, 1980, pp. 413-416.
53. 그러나 제86절에 이렇게 나열한다. 소환하다, 배제하다, 위협하다, 간청하다, 공포 · 경외 · 의문 · 부정 · 기쁨 · 슬픔 · 의심 · 고백 · 후회 · 절도 · 수량 · 운율 · 시간을 나타낸다.
54. 본문(제11권 3장 92-129절) 전반에 걸쳐 이러한 의미를 언급하여 우리는 퀸틸리아누스 자신이 만든 것보다 훨씬 길고, 부분적으로만 겹치는 목록에 이르게 된다. 곧 비난, 지시, 확인, 강조, 제한, 논증, 판별, 놀람, 의문, 동의, 약속, 찬성, 부정, 격려, 칭찬, 격분, 공포, 탄원, 부탁, 후회, 분노, 혐오, 반대, 열거, 변명, 숭배, 기원.
55. 이전과 같은 유형의 진술 : 서두, 서술부, 논증, 논쟁부, 추론, 결론.
56. XI, 3, 105 (éd. cit., p. 251).
57. 잘못된 몸짓에 관한 어휘도 매우 풍부하다. 방탕한, 꼴사나운, 무절제한, 극단적인, 유약한, 불쾌한, 걸맞지 않은, 모욕적인, 조심성 없는, 음란한. 이를 담당하는 사람은 어릿광대*histrio*, 배우*scaenicus*, 희극배우*comicus*, 심지어 숙련된 낭독자*etiam exercitati actores*까지 지칭된다. B.-A. Taladoire, *Commentaires sur la mimique...*, 참고.
58. James H. Murphy, *Rhetoric in the Middle Ages. A History of Rhetorical Theories from Saint Augustine to the Renaissance*, Berkeley, Los Angeles et Londres, University of California Press, 1974, pp. 358-360. 퀸틸리아누스의 불완전한 판본은 9세기에 루푸스 세르바투스가 주로 사용했다. 1416년 장크트갈렌에서 포지오 브라촐리니(Poggio Bracciolini)가 완전한 사본을 발견했고, 그것의 보급은 15~16세기에 곧바로 상당한 영향을 끼쳤다.
59. C. Halm, *Rhetores Latini Minores*, Leipzig, 1863, 특히 pp. 133-134.
60. 같은 책, 특히 pp. 442-443. 사용된 퀸틸리아누스의 구절은 『변론술 교육』 제11권 3장 85절 이하에서 가져온 것이다. 키케로의 작품(*Pro Milone, De oratore*)도 인용되고 있다.
61. Martianus Capella, *De nuptiis Philologiae et Mercurri*, éd. J. Willis, Leipzig, 1983, p. 149, 190-191.
62. K. Sittl, *Die Gebärden...*, pp. 262-315 ; Gerhard Neumann, *Gesten und Gebürden in der Grieschischen Kunst*, Berlin, W. De Gruyter, 1965. 어떤 고유한 몸짓(무용)에 대해서는 I. Jucker, *Der Gestus des Aposkopeien. Ein Beitrag zur Gebürdensprache in der antiken Kunst*, Zurich, Juris Verlag, 1956.
63. R. Brilliant, *Gesture and Rank...*, p. 10.
64. S. Settis, "La colonne trajane : invention, composition, disposition", *Annales E.S.C.*, 1985, 5, pp. 1151-1194.
65. R. Brilliant, *Gesture and Rank...*, pp. 204-209.
66. D. H. Wright, *Vergilius Vaticanus. Vollständige Faksimile Ausgabe im Original Format des Codex Vaticanus Latinus 3225*, Graz, 1984 : 이것은 4세기 말이나 5세기 초의 사본으로, 산타마리아 마조레 대성당(Basilica di Santa Maria Maggiore)의 모자이크(432~440년)와 거의 같은 시대의 것이다. E. Rosenthal, *The Illuminations of the Vergilius Romanus (Cod. Lat. 3867). A Stylistic and Iconographical Analysis*, Zurich, Uris Graf Verlag, 1972 : 500년 무렵에 제작된 이 사본은, 300년 무렵의 베르길리우스의 두루마리에서 파생된 것 같은데, 이 두루마리는 6세기의 기독교 상아

예술과 투르뉘의 깃털부채(le Flabellum de Tournus)에도 영향을 끼친 것으로 보인다. 『빈 창세기』(éd. fac. similé H. Gerstinger, Vienne, 1931, 2 vol.)와 『코덱스 로사넨시스』(éd. fac. similé A. Haseloff, Berlin et Leipzig, 1898)는 6세기의 그리스어 사본이다. 이교와 기독교를 막론하고 삽화가 포함된 가장 오래된 라틴어 사본은 4세기의 작품이다. 이 사본 유형이 형식에 끼친 영향은, 카롤루스 시대의 예를 들면 프랑스 국립도서관에 소장된 [카롤루스 2세의 첫 번째 성서로 불리는] 『비비앵 성서Bible Vivien』, 투르 화파(école de Tours)의 『무티에그랑발 성서Bible de Moutier-Grandval』(Londres, British Museum, ms. Add. 10546, éd. fac. similé J. Duft et alii, Berne, 1971)까지 추적해 볼 수 있다.

67. Platon, *République*, III, 398c ; Phédon, 85e.
68. Théodore Gérold, *Histoire de la musique des origines à la fin du XIVe siècle*, Paris, 1936 ; 같은 저자, *Les Pères de l'Église et la musique*, Paris, 1931.
69. Platon, *Lois*, II, 654a, Œuvres complètes, t. XI, éd. E. des Places, introd. A. Diès et L. Gernet, Paris, Les Belles Lettres, 1969.
70. Martianus Capella, *livre IX*, De harmonia (éd. cit., pp. 372-373) : "*Sed (numerus) in verbis per syllabam, in modulatione per sonum aut spatium quod fuerit singulare, in gestu per incipientem corporis motum, quod schema diximus, invenitur.*"

2장

1. M. Foucault, *Histoire de la sexualité*, Paris, Gallimard, t. II와 III, 1984; P. Veyne, "La famille et l'amour sous le Haut-Empire romain", *Annales E.S.C.*, 1978, pp. 35-68; *Histoire de la vie privée*, Ph. Aries et G. Duby (éd.), t. I, Paris, Le Seuil, 1985 (특히 P. Veyne과 P. Brown의 기여); J. Le Goff, "Le refus du plaisir"(1984), *L'imaginaire médiéval...*, pp. 136-148에 재수록.
2. M. Simon, *La Civilisation de l'Antiquité et le christianisme*, Paris, Arthaud, 1972, p. 341 이하. 그 뒤 출판된 피터 브라운의 놀라운 성과에서도 다음 두 문헌을 참조할 것. Peter Brown, *The Making of Late Antiquity*(1978); *Society & the Holy in Late Antiquity*(1982).
3. Sabine G. MacCormack, "Change and Continuity in Late Antiquity: The Ceremony of Adventus", *Historia*, 31, 1972, pp. 721-752; Michael MacCormack, *Eternal Victory. Triumphal Rulership in Late Antiquity, Byzantlum and the Barly Medieval West,* Cambridge, Cambridge University Press/ Paris, Maison des sciences de l'homme, 1986, pp. 328-334.
4. Cesaire d'Arles, *Sermons au peuple*, éd. M.-J. Delage, III, Paris, 1986 (Sources chrétiennes 330). 제76 설교와 제77 설교. 특히 p. 229.
5. Éd. Ch. De Clercq, *Concilia Galliae*, A. 511-A. 695, Turnholt, Brepols, 1963 (Corpus Christianorum, Series Latina, CXLVIII A), p. 246.
6. 구약에서 '움직임*motus*'은 「유딧기」 13장 6절(*labiorum motu*), 14장 14절(*nullum motum jacentis*). '움직이다*se movere*'는 「창세기」 1장 26절과 28장 30절(*animaux*)이나 「욥기」 15장 23절(*cum se moverit ad quaerendam panem*). '움직이게 하다*movere*'는 입술·머리·발·손과 관련해 많이 발견된다. 신약에서는 「마태오복음서」 21장 29절, 「루카복음서」 7장 13절; 10장 33절 등.
7. Erich Bienheim, *Die Gebürden im Allen Testament, Diss.*, Wurtzbourg, 1924.
8. 이사야서 47:1-2. "처녀 딸 바빌론아 내려와 먼지 위에 앉아라. 딸 칼데아야 왕좌가 없으니, 땅바닥에 앉아라. 사람들이 너를 더 이상 부드러운 여인이라고, 상냥한 여인이라고 부르지 않으리라. 맷돌을 돌려 가루를 내어라. 너울을 벗고 치맛자락을 걷어 올려 다리를 드러낸 채 강을

건너라." 위그 드 생빅토르가 몸짓과 관련해서 다루었다. Hugues de Saint-Victor, *Opera Omnia*, *P. L.*, 176, col. 938D.

9. 이사야서 3:16-24(예루살렘 여인들에 대한 경고). "주님께서 말씀하셨다. '시온의 딸들이 교만을 부리고 목을 빼고 걸어 다니면서 호리는 눈짓을 하고 살랑살랑 걸으며 발찌를 잘랑거린다.' 그러므로 주님께서는 시온의 딸들의 정수리를 드러내시고 그들의 이마를 벗겨 보이시리라. 그 날에 주님께서는 패물들을 없애 버리시리라. 발찌와 태양 목걸이와 반달 목걸이, 귀걸이와 팔찌와 머리쓰개, 모자와 발목 걸이와 가슴 띠, 향수병과 부적, 인장 가락지와 코걸이, 예복과 덧옷, 장옷과 손지갑, 망사 옷과 아마 속옷, 머릿수건과 너울을 없애 버리시리라. 향수 내음 대신 썩은 내가 나고 허리띠 대신 밧줄이 감기리라. 곱게 땋았던 머리가 대머리가 되고 호사로운 옷 대신 자루 조각이 감기리라. 정녕 아름다움 대신 수치가 자리 잡으리라." 위그 드 생빅토르(같은 책, col. 939)와 13세기에는 윙베르 드 로망이 『성 아우구스티누스의 계율』 주해 82장에서 인용하고 있다. 이 여인들은 「아가」 1장 15절의 '비둘기와 같은 눈'을 가진 여인과 대비된다.

10. 잠언 24:30-34. "내가 게으른 사람의 밭과 지각없는 자의 포도원을 지나갔는데 보아라, 온통 엉겅퀴가 우거지고 전부 쐐기풀이 뒤덮였으며 돌담이 무너져 있었다. 나는 그것을 바라보며 깊이 생각하고 그것을 보며 교훈을 얻었다. '조금만 더 자자. 조금만 더 눈을 붙이자. 손을 놓고 조금만 더 누워 있자!' 하면 가난이 부랑자처럼, 빈곤이 무장한 군사처럼 너에게 들이닥친다." 위그 드 생빅토르(같은 책, col. 939-940)가 인용하고 있다.

11. 잠언 6:12-14. "쓸모없는 인간과 간악한 사람은 입에 거짓을 담고 돌아다닌다. 눈을 찡긋대며 발로 말하고 손가락으로 신호를 한다. 그의 마음에는 사악이 자리 잡아 악을 꾸미고 언제나 싸움만 일으킨다."

12. *Glosa ordinaria*, P.L. 113, col. 1089; Bernard, *Lib. de gradibus humilitatis et superbiae*, X, 28 (éd. J. Leclercq et H.-M. Rochais, *S. Bernardi Opera omnia*, III, Rome, 1963, p. 38); Hugues de Saint-Victor, *Opera Omnia, P.L.*, col. 935C, 938C, 940C, 942D; Humbert de Romans, *Expositio in Regulam Sancti Augustini*, éd. J. J. Berthier, *Opera*, Rome, 1888, p. 257.

13. 이사야서 58:9-10. "그때 네가 부르면 주님께서 대답해 주시고 네가 부르짖으면 '나 여기 있다' 하고 말씀해 주시리라. 네가 네 가운데에서 멍에와 삿대질과 나쁜 말을 치워 버린다면 굶주린 이에게 네 양식을 내어 주고 고생하는 이의 넋을 흡족하게 해 준다면 네 빛이 어둠 속에서 솟아오르고 암흑이 너에게는 대낮처럼 되리라." Pierre le Chantre, *Verbum abreviatum*, P.L. 205, col. 35.

14. 예컨대 「집회서」 50장 14-21절에서 제단에 바쳐진 제물, 사제의 손의 역할, 포도주의 봉납, 신도의 환성과 평복. "시몬은 제단 위에서 경신례를 드리면서 지극히 높으시고 전능하신 분께 바치는 제물을 준비하였다. 그가 손을 내밀어 술잔을 들고 포도즙을 따라 바친 다음 제단 아래에 그것을 쏟아붓자 향기가 만물의 임금이신 지극히 높으신 분께 올라갔다. 그때에 아론의 자손들이 함성을 지르고 두드려 만든 쇠 나팔을 불며 그 소리를 우렁차게 울려 지극히 높으신 분 앞에서 기념이 되게 하였다. 그러자 온 백성이 서둘러 다 함께 얼굴을 땅에 대고 엎드려 전능하시고 지극히 높으신 하느님이신 그들의 주님께 경배하였다. 성가대원들은 자신들의 목소리로 그분을 찬양하였는데 노랫가락이 우렁찬 소리로 아름답게 울려 퍼졌다. 지극히 높으신 주님의 백성은 자비하신 그분 앞에서 기도를 올렸고 이 기도는 주님에 대한 경신례 절차가 끝나고 예절을 마무리할 때까지 계속되었다. 그런 다음 시몬이 내려와 이스라엘 자손들의 온 회중을 향하여 손을 쳐들고 입술로 주님의 복을 빌어 주며 그분의 이름을 현양하였다. 사람들은 지극히 높으신 분께 복을 받기 위하여 두 번째로 땅에 엎드려 경배하였다."

15. 예컨대 「시편」 63장 5절의 "당신 이름 부르며 저의 두 손 들어 올리오리다"와 「시편」 95장 6절의 "몸을 굽혀 경배드리세."
16. 창세기 24:2-4. "아브라함은 자기의 모든 재산을 맡아보는, 집안의 가장 늙은 종에게 말하였다. '네 손을 내 샅에 넣어라. 나는 네가 하늘의 하느님이시며 땅의 하느님이신 주님을 두고 맹세하게 하겠다. 내가 살고 있는 이곳 가나안족의 딸들 가운데에서 내 아들의 아내가 될 여자를 데려오지 않고, 내 고향, 내 친족에게 가서 내 아들 이사악의 아내가 될 여자를 데려오겠다고 하여라.'"; 창세기 47:29. "죽을 때가 다가오자 이스라엘은 자기 아들 요셉을 불러 말하였다. '네가 나에게 호의를 보여 준다면, 나에게 효성과 신의를 지켜 나를 이집트 땅에 묻지 않겠다고, 네 손을 내 샅에 넣고 맹세해다오.'"
17. Ruth Schmidt-Wiegand, Dagmar Hlipper, Ulrike Lade(éd.), *Text-Bild-Interpretation. Untersuchungen zu den Bilderhandschriften des Sachsenspiegels*, Munich, Wilhelm Fink Verlag, 1986, I, p. 68; II, pl. LX.
18. 예컨대 Hildegarde de Bingen, *Triginta octo quaestionum solutiones*, Qu. IX, *P.L.* 197, col. 1043D.
19. 마태오복음서 23:1-7. "그때에 예수님께서 군중과 제자들에게 말씀하셨다. '율법 학자들과 바리사이들은 모세의 자리에 앉아 있다. 그러니 그들이 너희에게 말하는 것은 다 실행하고 지켜라. 그러나 그들의 행실은 따라 하지 마라. 그들은 말만 하고 실행하지는 않는다. 또 그들은 무겁고 힘겨운 짐을 묶어 다른 사람들 어깨에 올려놓고, 자기들은 그것을 나르는 일에 손가락 하나 까딱하려고 하지 않는다. 그들이 하는 일이란 모두 다른 사람들에게 보이기 위한 것이다. 그래서 성구 갑을 넓게 만들고 옷자락 술을 길게 늘인다. 잔칫집에서는 윗자리를, 회당에서는 높은 자리를 좋아하고, 장터에서 인사받기를, 사람들에게 스승이라고 불리기를 좋아한다.'"
20. Gregoire de Nysse, *De hominis opificio*, *P.G.* 44, col. 143C. "Homines per lifteras loqui ac prope modo quodam manibus inter se disserere, litterarum notis voces ipsas comprehendentibus."
21. 20년 정도 뒤의 저작으로 네메시우스(Nemesius Emesenus)의 『인간의 본성에 관하여*De natura hominis*』를 꼽을 수 있다. 네메시우스는 (갈레노스의 전통을 계승한) 의학자였는데, 나중에 개종하여 주교가 되었다. Cf. éd. G. Verbeke et J. R. Moncho, Leyde, 1976(Corpus Lat. Comment. in Aristotelem Graecorum, Suppl. 1).
22. Lactance, *L'Ouvrage du Dieu créateur*, éd. et trad. M. Perrin, Paris, Cerf, 1974 (Sources chrétiennes, 213-214), spécialement V, 11-12 (pp. 136-139).
23. 시편 118:16. "주님의 오른손이 드높이 들리시고, 주님의 오른손이 위업을 이루셨다!" Ambroise, *Exameron*, éd. C. Schenkl, Prague, Vienne, Leipzig, 1897 (C.S.E.L. 32, 1) p. 257.
24. Cassiodore, *De anima*, cap. IX: *De positione corporis*, *P.L.* 70, col. 1295-1298.
25. Isidore de Seville, *Étymologies*, XI, 1: *De homine et partibus ejus*, *P.L.* 82, col. 65.
26. 로마 신자들에게 보낸 서간 7:23.
27. 예컨대 12세기 *Glossa Ordinaria*(*P.L.* 114, col. 494 A.)에서도 유지된 해석.
28. Cassiodore, *In psalm.* 136, 5, *P.L.* 70, col. 976 A.
29. 콜로새 신자들에게 보낸 서간 3:5.
30. Bernard de Besse, *Speculum Disciplinae ad novitios*, I, 19, dans: Bonaventure, *Opera omnia*, XII, Paris, 1868, p. 468. "*Mortijicata secundum Apostolum super terram membra, gestus debent mortificatos habere.*" 이 구절은 베르나르 드 베스가 모범으로 여기고 따른 위그 드 생빅토르에게서는 발견되지 않는다.
31. 코린토 신자들에게 보낸 첫째 서간 12:12.

32. Cassien, *Conférences*, XXIV, éd. E. Pichery, Paris, 1958 (Sources chrétiennes 64), pp. 186-188.
33. Gregoire le Grand, *Regula pastoralis*, I, 11 (éd. J. Boutel, Paris et Maredsous, 1928).
34. Elaine Pagels, *Adam, Ève et le serpent* (1988), trad. franç., Paris, Flammarion, 1989.
35. Jacques Le Goff, "Corps et idéologie dans l'Occident médiéval", *L'imaginaire médiéval...*, pp. 123-126에 재수록.
36. Tertullien, *De resurrectione*, 8, 10. 다음에서 인용. Joseph Moingt, *Polymorphisme du corps du Christ*, dans Corps des dieux sous la dir. de Ch. Malamoud et J.-P. Vernant, *Le Temps de la réflexion*, VII, 1986, pp. 47-62(p. 59). 이 표현의 신학적 가치에 대해서는 다음을 참조. C. Vagaggini, "Caro salutis est cardo. Corporeità, eucarestia e liturgla", *Miscellanea liturgica in onore(...) Card. Giacomo Lercaro*, I, Rome, Paris, Tournai et New York, Desclée et Editori Pontifici, 1966, pp. 73-209.
37. Clement d'Alexandrie, *Le Pédagogue*, éd. et trad. Cl. Montdésert et H.-I. Marrou, Paris, 1965 (Sources chrétiennes 108), p. 70.
38. 같은 책, p. 101.
39. 같은 책, p. 114.
40. 같은 책, p. 123.
41. 같은 책, p. 136.
42. R. Thamin, *Saint Ambroise et la morale chrétienne au IVe siècle. Étude comparée des traités 'Des devoirs' de Cicéron et de saint Ambroise*, Paris, 1895, p. 227. '주덕vertus cardinales'이라는 표현은 『루카복음서 강해*Expositio in Ev. sec. Lucam*』(5, 49 et 62, P.L. 15, col. 1649; 1653)에 맨 처음 등장한다.
43. 코린토 신자들에게 보낸 첫째 서간 13:13. "그러므로 이제 믿음과 희망과 사랑 이 세 가지는 계속됩니다. 그 가운데에서 으뜸은 사랑입니다."
44. W. Hemanns, *Ueber den Begriff der Miissigung in der patristischsch-olastischen Ethik von Clemens von Alexandrien bis Albertus Magnus*, Bonn, Diss., 1913.
45. Tertullien, *La Toilette des femmes (De cultu feminarum)*, éd. M. Turcan, Paris, 1971 (Sources chrétiennes 173), pp. 138-139 (ce traité date de 202).
46. Ambroise, *De officiis ministrorum libri tres*, I, cap. XVIII-XX; XLIII, P.L. 16, col. 46-53; 86-87.
47. 같은 책, col. 50C. "*Nonne igitur ipsa natura est magistra verecundiae?*"
48. 같은 책. "*Motum natura informel. Si quid sane in natura vitii est, industria emendet; ut ars desit, non desit correctio.*"
49. J. Bugge, *Virginitas. An Essay in the History of a Medieval Ideal*, La Haye, M. Nijhoff, 1975.
50. Ambroise, *De virginibus*, II, 2, 7, P.L. 16, col. 209. "*Virgo erat non solum corpore, sed etiam mente ... Nihil torvum in oculis, nihil in verbis procax, nihil in actu mverecundum : non gestus fractior, non incessus solutior, non vox petulantior; ut ipsa corporis species simulacrum fuerit mentis, figura probitatis.*" 여성의 조심성*verecundia*에 관한 같은 서술은 다음에도 나타난다. *De penitentia* I, XIV, §69, éd. R. Gryson, Paris, 1971 (Sources chrétiennes 179), p. 110. 다음을 참고. P. Brown, *The Body and Society : Men, Women and Sexual Renunciation in Early Christianity*, New York, Columbia University Press, 1988, p. 341s.
51. P.L. 16, col. 48-49.
52. 같은 책, col. 49C. "*Est etiam gressus probabilis, in quo sit species auctoritatis, gravitatisque pondus, tranquillitatis vestigium.*"

53. Ennodius, *Carmina*, II, LXXVII, *De vita et actibus S. Ambrosii ep.*, *P.L.* 63, col. 348C. "*Instituit populos gestu, probitate, pudore...*"
54. 이러한 작품의 전통은 7세기 이시도루스의 『성무일과론*De ecclesiasticis officiis*』부터 13세기 망드 주교인 기욤 뒤랑(1230-1296)의 『성무일과표*Rationale divinorum officiorum*』까지 오래 이어졌다. 여기에는 카롤루스 시대에 알퀴누스가 쓴 『성무일과론*De divinis officiis*』도 포함된다.
55. 출현 빈도는 적다. 656년에 쓴 수도원장 발레리우스의 자전적 기록(*P.L.* 87, col. 457-458)에서는 아우구스티누스에게서 가져온 이 단어가 좋은 의미로 쓰이고 있다. "*Professionem tuam non in habitu sed in incessu demonstra. Sit in ingressu tuo simplicitas, in modo puritas, in gestu gravitas, et in incessu honestas appareat, nihilque levitatis. Gressus tui alterius occulos non offendant...*" 이 단어의 의미는 대체로 부정적이다. 예컨대 9세기 코르도바의 파울루스 알바루스(Paulus Alvarus Cordubensis, 800?-861)는 교회의 적, 적그리스도의 신봉자들의 태도를 묘사할 때에 '비열한 몸짓*olidi gestu*'이라고 한다. Cordouan Paul Alvares, *Indiculus luminosus*, *P.L.* 121, col. 515C. 그러나 본문은 확실하지 않고, 이본에서는 '게스투스'라는 단어가 완전히 생략되어 있다.
56. 이 저작들에 관해서는 다음을 참조. W. Berges, *Die Fürstenspiegel des hohen und spiiteren Mittelal-ters*, Leipzig, 1938; H. H. Anton, *Fürstenspiegel und Herrscherethos in der Karolingerzeit*, Bonn (Bonner Historische Forschungen 32), 1968; P. Riche, *Écoles et enseignement dans le Haut Moyen Age, de la fin du Ve siècle au milieu du XIe siècle*, Paris, Aubier, 1979, p. 288 이하; P. Hadot, "Fürstenspiegel", *Reallexikonfür Antike und Christentum* 8, 1972, p. 555 이하; M. Reydellet, *La Royauté dans la littérature latine de Sidoine Apollinaire à Isidore de Séville*, Rome, École française de Rome, 1981.
57. Michael McCormick, *Eternal Victory...*, pp. 332-334.
58. Martin de Braga, *Formula honestae vitae, in Opera omnia*, éd. C. W. Barlow, New Haven, Yale Univ. Press, 1950, pp. 204-250.
59. 예컨대 힐데베르 뒤 망(Hildebert du Mans, 1056~1133)은 12세기에 운문 형식으로 계승한다 (*P.L.* 171, col. 1055-1064). 13세기에는 브루네토 라티니의 『보감』이나 다른 도덕적인 시 작품들에 영향을 끼쳤다. A. Stickney, *The Romance of Daude de Pradas on the Four Cardinal Virtues*, Florence, 1879 참조. 특히 다음을 참조할 것. H. Haselbach (éd.), *Seneque des IIII vertus. La Formula Honestae Vitae de Martin de Braga (Pseudo-Sénèque) traduite et glosée par Jean Courtecuisse(1403)*, Berne et Francfort, Lang, 1975.
60. Martin de Braga, *Formula honestae vitae...*, pp. 243-245 : "*Mobilis esto, non levis.*"
61. 같은 책, p. 249 : "*Hac ergo mediocritatis linea continentiam observabis, ut nec voluptati deditus, prodigus aut luxuriosus appareas, nec avara tenacitate sordidus aut obscurus existas.*" 여기에서도 '성적' 편견이 명확히 드러난다.
62. P. Paseal, "'The Institutionum Disciplinae' of Isidore of Seville", *Traditio*, XIII, 1957, pp. 425-431; P. Riche, 같은 책, pp. 390-391.
63. Gregoire le Grand, *Morales sur Job*, 31, 87 (éd. R. Gillet-A. de Gaudemaris Sources chrétiennes 32, Paris, 1952, p. 90). 이 목록의 기원과 역사에 관해서는 다음을 참조. M. W. Bloomfield, *The Seven Deadly Sins*, Michigan State College Press, 1952.
64. Aline Rousselle, *Porneia. De la maîtrise du corps à la privation sensorielle. IIe-IVe siècles de l'ère chrétienne*, Paris, P.U.F., 1983.
65. Cassien, *Cotlationes*, XII, *De castitate*, cap. IX : 잠자는 동안 순결을 지키는 것은 가능한가

(*Interrogatio an corporis motus etiam dormientes possimus evadere*), P.L. 49, col. 887-888.
66. A. de Vogüe, *Les Règles monastiques anciennes (400-700)*, Turnholt, Brepols, 1985 (Typologie des sources du Moyen Âge occidental, 46).
67. Augustin, *Epistula* 211, §10, *P.L.* 33, col. 958-965 (col. 961). 아우구스티누스는 이 계율을 수도사용으로 바꾸었다(*P.L.* 32, col. 1449-1452). 6세기에 이 문헌이 갈리아 동남부 지역에서 『타르나트 계율*Regula Tarnatensis*』(*P.L.* 66, col. 977-986, 특히 17장)의 바탕이 되었다. 아우구스티누스는 395년 이전에 『수도회*Ordo monasterii*』(*P.L.* 66, col. 995-998)를 쓴 것으로 추정되고, 397년 무렵에는 히포의 수도원을 위해 『수도 규칙*Praeceptum*』을 썼다. 9세기에 아니안의 베네딕투스는 이를 『계율집*Codex regularum*』(*P.L.* 32, col. 1377-1384)에 다시 수록했다. 아우구스티누스에 관해서는 다음을 참조. Peter Brown, *La Vie de saint Augustin* (1967), trad. franç., Paris, Le Seuil, 1971). 『성 아우구스티누스의 계율』의 한국어 번역은 다음을 참조할 것. 이형우 옮김, 『아우구스티누스 규칙서』(칠곡: 분도출판사, 2006).
68. J. M. Clement, *Lexique des anciennes règles monastiques occidentales*, Steenbruges-La Haye(Instrumenta Patristica, VII, A-B), 1978, 2 vol., s. v. motus. 다음도 참조. s. v. oculus(nuntius est oculus, nutibus oculorum).
69. 예컨대 615~619년 무렵의 이시도루스의 『수도자 계율*Regula monachorum*』(P.L. 83, col. 879)이나 다음 세기 크로도강구스(Chrodogangus, 712?~766)의 『참사회 계율*Regula Canonicorum*』(*P.L.* 89, col. 1069-1070, 과장되게*pompatice* 걷는 참사회원 비판)
70. 이런 유형의 열거는 카시아누스의 『공동생활 규정*De institutis coenobiorum*』 XI, 3, 앞의 책, pp. 428-429)이나 『교사의 계율』과 같은 다른 규칙들에도 나타난다. Cassien, *Institutions*, XI, 3, 앞의 책, pp. 428-429; *Règle du Maître*, éd. et trad. A. de Vogüé, Paris, Cerf, 1964 (Sources chrétiennes 106), 11, 40 (vol. 11, p. 13).
71. Jean Cassien, *Institutions cénobitiques*, éd. et trad. J .-Cl. Guy, Paris, Cerf (Sources chrétiennes 109), 1965.
72. 따라서 이는 애초부터 수도원 계율은 아니었다. 단지 나중에 7세기 중반 스페인 등지에서 처음 네 권이 문맥에서 벗어나 계율로 사용되거나 필사되었을 뿐이다. H. Ledoyen, "La Regula Cassiani du Clm. 28 118 et la règle anonyme de l'Escorial A. I.13", *Revue bénédictine*, 94, 1984, pp. 154-184 참조.
73. Jean Cassien, *Conférences*, éd. et trad. E. Pichery, Paris, Cerf, 1955, 1958, 1959, 3 vol. (Sources chrétiennes 42, 54, 64).
74. *Institutions*, 같은 책, II, 10, 2, pp. 72-73.
75. 같은 책, II, 11, 2, pp. 78-79.
76. 같은 책, III, 7, 1, pp. 108-109 그리고 IV, 3, 1, pp. 124-125.
77. 같은 책, II, 15, 2, pp. 86-87.
78. 같은 책, IV, 18, pp. 146-147.
79. *Conférences*, 같은 책, IX, 25; 34 (vol. II, pp. 61; 71).
80. *La Règle du Maître*, éd. et trad. A. de Vogüé, Paris, Cerf, 1964 (Sources chrétiennes 105), I, 50, p. 50.
81. 같은 책, 93, 11-55, vol. II, pp. 426-431.
82. 같은 책, 23, vol. II, pp. 110-111.
83. *La Règle de saint Benoît*, éd H. Rochais, Paris, Desclée de Brouwer, 1980, VII, §12, pp. 34-35.
84. 같은 책, VII, §28, pp. 36-37. (편집자의 번역).

85. 같은 책, VII, §63-64, pp. 42-43.
86. 같은 책, XLIV, §1-7, pp. 98-99.
87. 같은 책, XLII, §3; XLIII, §1-2, §13, pp. 94-99 (강조는 인용자).
88. 같은 책, LVIII, 25. "*Quippe qui ex illo die nec proprii corporis potestatem se habiturum scit.*" 이 표현은 카시아누스에게서 비롯되었다. Cassien, *Institutions*, II, 3, 앞의 책, pp. 60-61. 미래의 수도원장은 먼저 "자신이 더는 자신에 대한 통제권이나 권력을 가질 수 없다는 것을 깨달아야 한다 *sed ne sui quidem ipsius esse se dominum vel potestatem habere cognoscat*."
89. *La Règle du Maître*, 11, 40, éd. citée, vol. II, p. 17. "*Qui ergo praepositi, propter quod omni hora fratribus praesentes sunt, os eorum vel gestum a peccato custodiant et diversa in eis vitia vel prava conpescant...*" 그러나 다음의 사례들, 곧 말하는 방식, 웃고, 거짓말하고, 욕하는 방식, 분노에 휩싸여 하는 말은 입의 죄하고 관련되어 있을 뿐이지, 몸짓은 아니다. 아울러 J. M. Clément(같은 책)은 '게스투스'가 7세기 이름이 알려지지 않은 작가가 쓴 『어느 교부의 계율*Regula cujusdam patris*』(XIX, P.L. 66, col. 991D)에도 언급되어 있다고 밝혔으나 이는 오류이다. 그 문헌은 '*factorum gestis*'의 형태로 '게스타'라는 단어만 언급되어 있기 때문이다.
90. Smaragde, *Expositio in regulam sancti Benedicti*, hrsg. A. Spannage-P. Engelbert, Siegburg, 1974 (Corpus Consuetudinum Monasticorum 8), VII, 12, p. 169. "*Sic nos ergo omni corpore oportet aptare, ut creatori nostro totis membrorum viribus obsequium valeamus praebere.*"
91. Henri-Irénée Marrou, *Histoire de l'éducation dans l'Antiquité*, Paris, Le Seuil, 1948(rééd. 1965), p. 467.
92. Augustin, *De magistro*, OEuvres de saint Augustin 6, Paris, Desclée de Brouwer, 1976, §§3-4. "*Numquamne vidisti ut homines cum surdis gestu quasi sermonicentur, ipsique surdi non minus gestu quaerant vel respondeant vel doceant vel indicent aut omnia quae volunt, aut certe plurima? Quod cum fit, non utique sola visibilia sine verbis ostenduntur, sed et soni et sapores et cetera huiusmodi; nam et histriones totas in theatris fabulas sine verbis saltando plerumque aperiunt et exponunt.*"
93. 같은 책, §§38-46.
94. Augustin, *De doctrina christiana*, IV, XXVI, 56 (*Œuvres de saint Augustin* 11, Paris, Bibliothèque augustinienne, 1949, pp. 474-475).
95. 특히 다음을 참조. Johan Chydenius, *The Theory of Medieval Symbolism*, Helsingfors, 1960.
96. *De doctrina christiana*, I, 1, 1 (Œuvres de saint Augustin, p. 238).
97. *De doctrina christiana*, II, III, 4 (같은 책, p. 241).
98. *De doctrina christiana*, II, XXV, 38 (같은 책, pp. 298-299).
99. "*Sacramentum est sacrae rei signum*", 성사는 영혼을 눈에 보이는 현실에서 보이지 않는 거룩한 현실로 인도한다*transitus*. Augustin, *Cité de Dieu*, X, 5.
100. De doctrina christiana, II, XVI, 30-31(*Œuvres de saint Augustin*, pp. 286-289).
101. Cassiodore, *De institutione divinarum litterarum*, P.L. 70, col. 1161. "프로눈티아티오는 사실과 언어를 인상 깊게 하려고 소리와 신체를 아름답게 제어하는 것이다*Pronuntiatio est ex rerum et verborum dignitate vocis et corporis decora moderatio.*"
102. Boéce, *Speculatio de rhetorica cognatione*, P.L. 64, col. 1217-1224. 보이티우스는 수사학의 아리스토텔레스적인 세 가지 형식과 악티오를 비롯한 고전적인 다섯 부문을 구별하는데, 몸짓에 관해서는 이미 말하지 않는다.
103. Gregoire le Grand, *Regulae pastoralis liber*, P.L. 77, col. 13s; III, 1. "*Quanta debet esse diversitas in*

arte predicationis." 모든 종류의 청중에게 설교가 같아서는 안 된다는 이 원칙은 13세기에 다시 주목을 받았다.

104. 같은 책, I, 11.
105. Boéce, *De musica*, I, 1, *P.L.* 63, col. 1168D-1170D. 보이티우스는 『철학의 위안*Consolation de la philosophie*』에서 이에 관해 다시 언급한다. 다음을 참조. David S. Chamberlain, "Philosophy of Music in the 'Consolatio' of Boetius", *Speculum* 45, 1970, pp. 80-97. 다음에 다시 수록. M. Fuhrmann-J. Gruber (éd.), *Boethius*, Darmstadt, 1984, pp. 377-406. 보이티우스 저작에서 음악의 역할을 더 폭넓게 살펴보려면 다음을 참조. H. Chadwick, Boethius. *The Consolation of Music, Logic, Theology and Philosophy*, Oxford, Clarendon Press, 1981. 다음의 개관도 참조. E. de Bruyne, *Études d'esthétique médiévale*, 1946, I, p. 3 이하.
106. Augustin, *De musica*, II, 3 ; I, 2, *P.L.* 32, col. 1083-1084.
107. Cassiodore, *Expositio in Psalterium*; *De artibus ac disciplinis liberalium litterarum*, V; *De musica*, *P.L.* 70., col. 1208-1212.
108. Isidore de Seville, *Etymologiarum sive originum libri XX*, III, 17, éd. W. M. Lindsay, Oxford, 1911, vol. I.
109. 같은 책, VII, 12, 26-28.
110. Reinhold Hammerstein, *Die Musik der Engel. Untersuchungen zur Musikanscha-uungen des Mittelalters*, Berne et Munich, Francke Verlag, 1962, pp. 125-127.
111. 탈출기 32:19. "모세는 진영에 가까이 와 사람들이 춤추는 모습과 수송아지를 보자 화가 나서, 손에 들었던 돌판들을 산 밑에 내던져 깨 버렸다."
112. 마태오복음서 14:6, 마르코복음서 6:22.
113. (필리스티아인에게 승리하고 돌아온) 사무엘기 상권 18:6-7, (홀로페르네스에게 승리하고 돌아온) 유딧기 15:12, (승리하고 돌아온 입타를 그의 딸이 춤을 추며 맞이한) 판관기 11:34, (벤야민의 자손들이 실로의 여자들을 납치해 아내로 삼은) 판관기 21:21.
114. "주님을 찬양하여라, 손북과 춤으로. 주님을 찬양하여라, 현악기와 피리로." 시편 150:4, "모든 민족들아, 손뼉을 쳐라. 기뻐 소리치며 하느님께 환호하여라." 시편 47:2. 이 춤들에 관해서는 다음을 참조. W. O. E. Oesterley, *The Sacred Dance*, Cambridge, Mass., Cambridge University Press, 1923; E. L. Backman, *Religious Dances in the Christian Churches and in Popular Medicine*(1883). 제2회 바티칸 공의회의 전례 개혁의 맥락 안에서 여러 연구가 이루어졌다. 예컨대 다음의 유익한 연구를 참조. C. Deitering, *The Liturgy as Dance and the Liturgical Dancer*, New York, Crossroad, 1984.
115. 사무엘기 상권 10:5-6.
116. 아가 6:12, 7:1-2.
117. Jean-Louis Flandrin, *Un temps pour embrasser. Aux origines de la morale sexuelle occidentale (VIe-XIe siècle)*, Paris, Le Seuil, 1983.
118. 탈출기 15:20. "예언자이며 아론의 누이인 미르얌이 손북을 들자, 여자들이 모두 그 뒤를 따라 손북을 들고 춤을 추었다."
119. 사무엘기 하권 6:14-23. "다윗은 아마포 에폿을 입고, 온 힘을 다하여 주님 앞에서 춤을 추었다. 주님의 궤가 다윗성으로 들어갈 때, 다윗 임금이 주님 앞에서 뛰며 춤추는 것을 사울의 딸 미칼이 창문으로 내려다보고, 속으로 그를 비웃었다. 다윗이 자기 집안을 축복하러 돌아오니, 사울의 딸 미칼이 다윗을 맞이하러 나와서 말하였다. '오늘 이스라엘의 임금님이 건달패 가운

데 하나가 알몸을 드러내듯이, 자기 신하들의 여종들이 보는 앞에서 벗고 나서니, 그 모습이 참 볼 만하더군요!' 다윗이 미칼에게 대답하였다. '주님께서는 당신 아버지와 그 집안 대신 나를 뽑으시고, 나를 주님의 백성 이스라엘의 영도자로 세우셨소. 바로 그 주님 앞에서 내가 흥겨워 한 것이오. 나는 이보다 더 자신을 낮추고, 내가 보기에도 천하게 될 것이오. 그러나 당신이 말하는 저 여종들에게는 존경을 받게 될 것이오.' 그 뒤 사울의 딸 미칼에게는 죽는 날까지 아이가 없었다."

120. 암브로시우스는 다윗의 '종교적인 춤*pro religione saltavit*'을 '광대의 움직임*mouvements des histrions*'과 대비하고 있다. *Expositiones in Lucam*, VI, v. 32, P.L. 15, col. 1755C. 「시편」에 대한 그의 해석도 참조하라. *Expositio in Psalmum CXVIII*, P.L. 15, col. 1358B. 다음을 참조. E. L. Backman, *Religious Dances*..., p. 29; C. Deitering, *The Liturgy*..., p. 36.

121. *Glose ordinaire*, P.L. 113, col. 568B(교황 그레고리우스 1세와 라바누스 마우루스에 의한). 1182~1184년 무렵에 피에르 르 샹트르는 「4복음서 조화론*Super unum ex quatuor*」에서 다윗의 춤과 「루카복음서」의 이 구절의 연관을 다루고 있다. (이에 관해 알려준 Philippe Buc에게 고마움을 전한다.)

122. Richard de Saint-Victor, *Adnotatio in Psalmum CXIII*, P.L. 196, col. 338BC. 그는 '마음의 춤*cordis tripudia*'도 말한다.

123. Honorius Augustodunensis, *Gemma Animae I*, cap. 140, P.L. 172, col. 588. 다음도 참조. Augustin, *Enarratio in Psalmum CXLIX*, v. 3, P.L. 37, col. 1953.

124. Honorius Augustodunensis, *Gemma Animae I*, cap. 139, P.L. 172, col. 587.

125. 파리 국립도서관에 소장된 ms. lat. 15074, fol 107v와 ms. lat. 17204, fol 22v. "*quia gestus corporis ad vocem pertinebat cantantis, quod adhuc Gothi faciunt dum voce contant, corporis gestu rem imitantur.*" (이에 관해 친절히 알려준 Philippe Buc에게 감사의 뜻을 전한다.) 여기에 나타난 '고트인*Gothi*'이라는 표현이 무엇을 나타내는지는 명확하지 않다.

126. M. R. James, "Pictor in carmine", *Archaeologia or Miscellaneous Tracts relating to Antiquity, The Society of Antiquaries of London*, vol. XCIV (Second Series, XLIV), Oxford, 1951, pp. 147-148.

127. Louis Gougaud, "La danse dans les églises", *Revue d'histoire ecclésiastique*, 15, 1914, pp. 6-7.

128. E. L. Backman, *Religious Dances*... pp. 20, 22.

129. J. Beleth, *Summa de ecclesiasticis officiis*, cap. 72 *De festo subdiaconorum*, éd. H. Douteil, Turnholt, Brepols, 1976, XLI A, pp. 133-134.

130. Guillaume Durand, *Rationale divinorum officiorum*, VII, 42, Paris, 1614.

131. 이러한 미로 모양 돌바닥(labyrinthe)은 오늘날에도 여전히 샤르트르 대성당에 존재한다. 다음 연구는 그것에 장례의 의미를 부여한다. E. L. Backman, *Religious Dances*..., pp. 70-73.

132. Éd. Bonnin, Rouen, 1852, p. 471. 다음에서 인용. L. Gougaud, *La danse*..., p. 232.

133. 12~13세기 사본의 예는 다음과 같다. Bamberg, Staatsbibl. ms. 59, fol 4 (Pierre Lombard, *Comment. in Psalmos*); Erlangen, Univ. bibl., ms. 121 (*Gumbertsbibel*), fol 161v; Amiens, Bibl. mun., ms. 108, fol 93v(*Vitae sanctorum*); New York, Pierpont Morgan Lib., ms. 638, fol 39v.

134. 예컨대 589년의 제3차 톨레도 공의회, 573년과 603년의 오세르 공의회 등. 특히 다음을 참조. L. Gougaud, *La danse*..., pp. 10-14; D. Harmening, *Superstitio. Ueberlieferungs- und theoriegeschichtliche Untersuchungen zur kirchlichtheologischen Aberglaubensliteratur des Mittelalters*, Berlin, E. Schmidt, 1979.

135. E. Schröder, "Die Tänzer von Kölbigk. Ein Mirakel des 11. Jahrhunderts", *Zeitschrift für*

Kirchengeschichte, 17, 1897, pp. 94-164; E. L. Backman, 같은 책, p. 172. 채찍 고행자나 이단과 흔히 연결된 중세 말기의 '무용 중독(dansomanie)'의 경우도 참조할 것. M. Brackman, "La dansomanie de 1374: hérésie ou maladie?", *Revue du Nord*, LXIII(249), 1981, pp. 339-355.

136. J.-Cl. Schmitt, "Jeuries et danse des chevaux de bois. Le folklore méridional dans la littérature des exempta (XIIIe-XIVe siècles), La Religion populaire en Languedoc du XIIIe siècle à la moitié du XIVe siècle, Cahiers de Fanjeaux", *La Religion populaire en Languedoc du XIIIe siècle à la moitié du XIVe siècle, Cahiers de Fanjeaux, 11, Privat*, Toulouse, 1976, pp. 127-158.

3장

1. Alcuin, *Disputatio de rhetorica et de virtutibus*, éd. C. Halm, Rhetores Latini Minores, Leipzig, 1863, pp. 547-549.
2. L. Wallach, *Alcuin and Charlemagne. Studies in Carolingian History and Literature*, Ithaca, Cornell Univ. Press, 1959, pp. 69-70.
3. *P.L.* 102, col. 945-946.
4. *P.L.* 106, col. 258.
5. Dhuoda, *Manuel pour mon fils*, éd. P. Riché, B. de Vregille, Cl. Mondésert, Paris, Cerf, 1975 (Sources chrétiennes 225), p. 198.
6. 같은 책, p. 291.
7. Remi d'Auxerre, *Commentarium in Martianum Capellam*, IX, 516, 17, éd. Cora E. Lutz, Leide, Brill, 1965, vol. II, p. 352.
8. "*Tunc etiam garrula* id est loquacissima, *omnium puellarum. Fluvibunda* id est lasciva et voluptuaria. Contrario luxu gestiebat pernix ipsa desultoria levitate. Gestiebat id est movebatur, pernix id est velox, *desultoria levitate* id est mobili vel ioculari. Quidam nominativum accipiunt *desultoria*. Inter motum et gestum hoc distal quod motus est totius corporis, gestus proprie manuum vel ceterorum membrorum." 같은 책, 1., 37, 7, vol. I, p. 136. 주석이 덧붙여진 부분은 Martianus Capella, *Noces*, livre I, 88 (éd. cit., p. 24, 1. 21-23)
9. 같은 책, V, 218, 5, éd. cit., vol. II, p. 75.
10. Jean Scot Érigène, *Annotationes in Marcianum*, 218, 5, éd. Cora E. Lutz, Cambridge, Mass., 1939, p. 111. "Vocis motus. Movet enim rhetor vocem suam prout fuerit persona de qua loquitur, id est si de femina quasi femina loquitur, et reliqua. Gestus vero est habitus vocis, id est utrum magna, an mediocris an humilis."
11. 테렌티우스의 희곡에 관해서는 다음을 참조. J. Maromeau, Paris, Les Belles Lettres, 1947. 필사본 삽화의 중세 전통에 관해서는 L. W. Jones and C. R. Morey, *The Illustrated Mss. of Terenceprior to saec. XIII*, Princeton Univ. Press, 1931. 이에 따르면 450점의 사본 가운데 대부분이 15세기에 만들어졌고, 9세기 3점, 10세기 6점, 11세기 2점, 12세기 2점이다. ms. Paris, B.N., Lat. 7899에 관해서는 다음 복제본을 참조. H. Omont(ed.), *Comédies de Térence. Reproduction des 151 dessins du ms. lat. 7899 de la B.N.*, Paris, Bibliothèque nationale. Département des manuscrits, 1907.
12. C. Magnin, *Théâtre de Hroswita, Paris, 1845. M. M. Butler, Hrotsvitha. The Theatricality ofher Plays*, New York, 1960과 J. J. Tikkanen, *Zwei Gebürden mit dem Zeigefinger*, Helsingfors, 1913 (Acta Societatis Scientiarum Fennicae XLIII, 2), pp. 9-10. 이 문헌들은 문법 전통의 자율성을 강조하는 L. W. Jones와 C. R. Morey와는 달리 테렌티우스의 실제 표현에 오히려 더 역점을 두고 있다.

13. 예외는 *Phormio*, v. 890(éd. cit., II, p. 185)에서 장황한 말 끝에 포리니온(Phorinion)은 "이제는 몸짓과 표정을 바꿔야 할 때*Nunc gestus mihi vultus que est capiundus novos*"라고 말한다. 하지만 그것이 어떤 몸짓인지는 밝혀져 있지 않다.
14. *Hécyre*, acte V, scène 1: Paris, B.N. Lat. 7899, fol 143v (L. W. Jones and C.R. Morey, *The Illustrated Mss. of Terenceprior to saec. XIII*, fig. 658): 바키스는 팜필루스가 결혼한 뒤에는 그를 유혹하려고 시도한 적이 없다고 맹세한다*juramento confirmat*.
15. 같은 책, I, pp. 206-210. 저자들은 이 주장을 바탕으로 비교적 최근의 도상학 전통에 대한 가설을 이 비교적 새롭다는 가설을 공식화했다.
16. K. Sitil, *Die Gebärden...*, p. 129 이하; R. Brilliant, *Gesture and Rank...*, p. 215-216.
17. J. Grimm, *Deutsche Rechtsaltertümer*, 4éd. 1899, réed. Darmstadt, 1955; R. Schmidt-Wiegand, art. *Gebärden, Handworterbuch der deutschen Rechtsgeschichte*, I, Berlin, 1971, col. 1411-1419.
18. M. Kirigin, *La mano divina nell'iconograjia cristiana*, Vatican (Studi di Antichita Cristiana XXXI), 1976.
19. *Utrecht-Psalter*, éd. fac-similé par K. Van der Horst, J. H. A. Engelbert, J. Rathofer, Graz, 1984, 2 vol.; S. Dufrenne, *Les Illustrations du psautier d'Utrecht. Sources et apport carolingien*, Paris, 1978, pp. 216-217.
20. 이 도상은 S. Dufrenne(pl. LXXI)이 선택한 '기도와 상징적 몸짓'의 세부 사항에 국한되지 않고 필사본 전반에 걸쳐 나타난다.
21. "주님, 귀를 기울이시어 제게 응답하소서. 가련하고 불쌍한 이 몸입니다." 시편 86:1 (fol 50r), 88:12 (fol 51r), 101:3 (fol 58r), 113:2 (fol 67r).
22. "악인들이 사방으로 쏘다니고 사람들 사이에서 야비함이 판을 칠지라도." 시편 12:9, fol 6v.
23. W. Weisbach, *Ausdrucksgestaltung in mittelalterlicher Kunst*, Zurich, 1948, p. 10.
24. fol. 1v, 「시편」 1편.
25. *Évangéliaire d'Ebbon*, Épernay, Bibliothèque municipale, ms. 1, fol 18v : 성 마태오.
26. *Évangéliaire d'Ebbon*, Épernay, Bibliothèque municipale, ms. 1, fol 6v. 시편 12:6의 "'이제 내가 일어서리라.' 주님께서 이르신다*Nunc consurgam dicit Dominus*"의 삽화.
27. 「시편」 12:4. "주님께서는 간사한 모든 입술을 … 잘라 버리시리라*Disperdat dominus omnia labia dolosa*…."
28. *Évangéliaire d'Ebbon*, Épernay, Bibliothèque municipale, ms. 1, fol 2r.
29. 신의 형상은 13점의 도상에만 빠져 있다. 반신상이나 서 있는 자세, 가장 많게는 후광 안에 152점의 삽화에 신이 묘사되어 있다.
30. 35점의 삽화의 경우이다.
31. 복각판은 E. de Wald(ed.), *The Stuttgarter Psalter, Biblia Folio 23. Württembergische Landesbibliothek, Stuttgart*, Princeton, 1930. 다음도 참조. H. Meyer, "Metaphem des Psaltertextes in den Illustrationen des Stuttgarter Bilderpsalters", Ch. Meyer und U. Ruberg, *Text und Bild. Aspekte des Zusammenwirkens zweier Künste in Mittelalter und früher Neuzeit*, Wiesbaden, L. Reichert Verlag, 1980, pp. 175-208.
32. Stuttgart, Württembergische Landesbibliothek, ms. Biblia Folio 23, fol 62, 시편 49:7("자기 재산을 믿으며 재물이 많음을 자랑하는 그들"); fol 64v, 시편 21:2-4("에돔 사람 도엑이 사울에게 와서 '다윗이 아히멜렉의 집에 들어 갔습니다'하고 알렸을 때, 하느님의 자애가 한결같은데 권세가야, 너는 어찌하여 악을 자랑하느냐? 거짓을 일삼는 자야 너는 파멸을 꾸미고 네 혀는 날카로

운 칼과 같구나"). 나쁜 지도자에게 말하는 나쁜 조언자(아마도 도엑이 사울에게 아히멜렉을 비난했을 것임)는 오른손을 들고 약지와 엄지손가락 끝을 맞댄다. 다른 세 가지 경우에는 가운뎃손가락 끝이 엄지손가락 끝과 닿기 때문에 몸짓이 약간 다르다. 1) fol 1v, 시편 12:2-3, "저마다 제 이웃에게 거짓을 말한다*Vana locuti sunt unusquisque ad proximum suum*." 악인들은 시편 작가를 비방하기 위해 오른손이나 왼손으로 이런 동작을 취한다. 2) fol 44v, 시편 36:4-5, "그 입에서 나오는 말은 죄와 간계*Verba oris ejus iniquitas et dolus*." 아마도 오른손을 내리고 이 몸짓을 하는 사람은 나쁜 사람을 고발하는 선한 사람일 것이다. 3) fol 62, 시편 50:7, "내 백성아, 들어라. 내가 말하노라. 이스라엘아, 나 너를 거슬러 증언하노라. 나는 하느님, 너의 하느님이다 *Audi populus meus et loquar: Israel, et testificabor tibi: Deus, Deus tuus ego sum*." 앉은 신(그리스도)은 모세에게 말을 걸고, 모세는 신의 말을 오른손을 활짝 편 몸짓으로 받아들인다. 신은 오른손을 들고 선지자의 주의를 환기시키려고 집게손가락을 세운다. 왼손은 수평으로 '기본 몸짓*gestus ille communis*'을 하는데, 이는 "이스라엘아, 나 너를 거슬러 증언하노라"라는 신의 말을 나타내기 위한 것으로 보인다.

33. Autun, Bibl. mun., ms. 19 bis, 다음에 재수록. Meyer Schapiro, *Words and Pictures. On the Literal and the Symbolic in the Illustration of a Text*, La Haye et Paris, Mouton, 1973, p. 87, fig. 26. 손짓이 약간 다르지만 성 베르나르의 위엄 있는 이미지에 대한 의미는 같을 것이다. 엄지손가락 끝에 닿는 것은 약지 끝이다. CT. British Museum, ms. Arundel 155, r10, 다음에 재수록. F. Wormald, *English Drawings of the Tenth and Eleventh Centuries*, Londres, Faber and Faber, s.d., fig. 24b. 두 경우 모두 앞서 말한 『슈투트가르트 시편집』의 도상에서 이 몸짓이 지닌 의미와는 다른 의미가 신체 전체의 위치로 이 몸짓에 부여되고 있다.
34. Stuttgart, Württembergische Landesbibliothek, ms. Biblia Folio 23, fol 161r, 시편 147:6-7.
35. Stuttgart, Württembergische Landesbibliothek, ms. Biblia Folio 23, fol 104r, 시편 89:21-22. "내 팔도 그를 굳세게 하리니*Et bracchium meum confirmavit eum*" 이 표현은 의도적으로 다윗의 도유와 세례자 요한의 그리스도 세례를 혼동하고 있는 것이 분명하다.
36. Stuttgart, Württembergische Landesbibliothek, ms. Biblia Folio 23, fol 52v, 시편 41:4. 시편 작가는 울기 위해 옷자락에 얼굴을 숨긴다.
37. 예컨대 fol. 53v, 95v, 100r, 101r, 108v.
38. Stuttgart, Württembergische Landesbibliothek, ms. Biblia Folio 23, fol 51r, 시편 40:3-4. "반석 위에 내 발을 세우시고 … 많은 이들은 보고 두려워하며*Et statuit suprapetrampedes meos. ... Videbunt multi et timebant*" 관객들은 두려움에 얼굴을 가린다.
39. Munich, Staatsbibliothek, Clm. 13 601, fol 1v; G. Swarzenski, *Die Regensburger Buchmalerei*, I, Leipzig, 1901, planche XII, ill. 28; p. 91-92의 주석.
40. 이 표현 방식은 이미 『황금 사본』(Munich, Staatsbibliothek Clm. 14000, éd. facksimilé G. von Leidinger, Munich, 1922-1925)에 사용되었다. 『우타 사본』보다 조금 앞선 『하인리히 2세의 성사집』(Munich, Staatsbibliothek, Clm. 4456)에는 구름 위에서 아래로 나오는 손이 손등이 보는 사람을 향한 모습으로 묘사되어 있다. (G. Swarzenski, 같은 책, planche V, ill. 13 et 14)
41. "최고로 선하고, 최고로 어질고, 최고로…*Qui summe bonus est/qui summe sapiens est/qui summe... est*." 세 번째 행은 완전히 확인되지 않는다.
42. "신은 이러한 원형적 미덕으로 자신의 작품의 형태를 장식한다*His operum formas deus exemplaribus hornat*." 이것들은 구성을 뒷받침하고 신성한 현현을 기리는 네 가지 '거룩한 덕*vertus divines*'이다.

43. G. Swarzenski, 같은 책, p. 92. 삼각형의 존재에서도 알 수 있듯이 삼위일체의 의미는 멀리 있지 않다. 그러나 G. Swarzenski는 이러한 해석을 결코 받아들이려 하지 않는다.
44. Munich, Staatsbibliothek, Clm. 4453, éd. facsimilé F. Dresseler, F. Mütherich, H. Beumann, Francfort, Munich et Stuttgart, 1978, 2 vol. 이 사본의 도상은 조금 앞서 같은 공방에서 제작한 『에그베르트의 사본 Codex Egberti』(Trèves, Stadtbibliothek, ms. 24, éd. fac-similé H. Schiel, Trèves, 1970)와 1014년 이전에 제작된 『하인리히 2세의 전례용 복음서』(Munich, Staatsbibl., Clm. 4452)에 거의 가깝다.
45. 신의 손이 나타나지 않은 채.
46. Munich, Staatsbibliothek, Clm. 4453, fol 192r, 과부의 봉헌물. fol 157v, 시몬 집의 그리스도.
47. Munich, Staatsbibliothek, Clm. 4453, fol 113r. 변모 Transfiguration. fol 163r, 빵의 증식. fol 116r, 어린아이의 축복.
48. 이 몸짓은 늘 거리를 두고 행해진다. 그리스도는 결코 병자나 되살리는 죽은 이에게 손을 대지 않는다. 신체적 접촉은 가나안의 여인에게 나타나는데, 바로 그리스도의 옷자락을 만진 여인이다. Munich, Staatsbibliothek, Clm. 4453, fol 44r.
49. W. Weisbach, *Ausdrucksgestaltung...*, p. 39 (illustratif et repräsentatif).
50. 같은 책, p. 46, ill. 21.
51. M. Schapiro, *Words and Pictures...*, p. 17 이하. "Themes of State and Themes of Action" (chapitres II와 III).
52. M. Schapiro, *Words and Pictures...*, p. 24-26, ill. 10 (Munich, Staatsbibliothek, Clm. 4456, Sacramentaire d'Henri II, fol 11r; 다음을 참고. Percy E. Schramm, "Die Krönung bei den Westfranken und Angelsachsen von 878 bis zum 1000", *Zeitschrift der Savigny-Stiftungfür Rechtsgeschichte. Kanonistische Abteilung XXIII*, 1934, ill. 20과 p. 209; G. Swarzenski, *Die Regensburger...*, planche VIII, ill. 19).
53. M. Schapiro의 사고에서 이것은 실로 역사적인 변화이다. 이 연구에 기초해 Fr. Garnier가 제시하고 있는 것처럼 단지 두 가지 표현 방식 중 하나를 선택하는 것이 아니다. François Garnier, *Le Langage de l'image au Moyen Age...*, 1982, p. 41.
54. 현존하는 가장 오랜 사본(Vat. Reg. 316 de la Bibliothèque vaticane)이 8세기에 쉘르 수도원(abbaye de Chelles)을 위해 제작되었다고 여겨지는 것은 주목할 만하다.
55. Cyrille Vogel et Reinhard Elze, *Le Pontifical romano-germanique du Xe siècle*, Cité du Vatican (Studi e Testi 226, 227 et 269), 1963-1972, 3 vol.
56. 황제 의례의 개관은 다음을 참조. Ernst H. Kanrorowicz, *Laudes regiae. A Study in Liturgical Acclamations and Medieval Ruler Worship*, Berkeley, Los Angeles, University of Califomia Press, 1946. 그러나 이것은 주로 몸짓이 아니라 행해진 언어에 관심을 두고 있다.
57. Cornelius A. Bouman, *Sacring and Crowning. The Developmenl of the Latin Ritual for the Anointing of Kings and the Coronation of an Emperor before the Eleventh Century*, Groningue et Djakarta, J. B. Wolters, 1957. 특히 p. 164 이하.
58. 이 사료는 다음에서 볼 수 있다. P. E. Schramm, "Die Krönung...", pp. 235-242. 같은 저자의 *Der Konig von Frankreich. Das Wesen der Monarchie vom 9. bis zum 16. Jahrhundert. Ein Kapitel aus der Geschichte des abendliindischen Staates*, 1939 (rééd. 1960)도 참고.
59. 이 사료는 다음에 출간되어 있다. P. E. Schramm, "Die Krönung...", pp. 221-233. P. L. Ward, "The Coronation Ceremony in Medieval England", *Speculum*, XIV, 2, 1939, pp. 160-178도 참조.

60. Ordo XL V : 이 사료는 다음에서 볼 수 있다. Michel Andrieu, *Les Ordines romani du Haut Moyen Âge*, Louvain, Spicilegium Sacrum Lovaniense, 1931-1961, IV, pp. 445-471; C. Vogel et R. Elze, *Le fontifical...*, I, p. 263-269.
61. Bibliothèque capitulaire d'Ivrea, ms. 86, éd. facsimilé L. Magnani, Cité du Vatican, 1934, fol 2 (pl. I) et fol 160v (pl. XXXV).
62. "*Pro bene dejenso Warmundo presulefacto/Munere te dono caesar diadematis Otto.*"
63. 전례의 이러한 측면에 관해서는 J.-Cl. Bonne, "Rituel de la couleur. Fonctionnement et usage des images dans le Sacramentaire de Saint-Étienne de Limoges", *Images et significations*, Rencontres de l'École du Louvre, Paris, La Documentation française, 1983, pp. 129-139.
64. P. E. Schramm, "Das Herrscherbild in der Kunst des frühen Mittelalters", *Vorträge der Bibliothek Wartburg II*, 1922-1923, 1. Teil, pp. 145-224.
65. Munich, Staatsbibliothek, Clm. 14000, Bildnr. 14; 같은 책, ill. 7; p. 196.
66. Aix-la-Chapelle, Trésor dela cathédrale, *Évangéliaire d'Aix-la-Chapelle*, fol 16r. (라이헤나우 수도원에서 제작); 같은 책, ill. 12; p. 197.
67. 다음 고전적 저작을 참조. Henri de Lubac, *Exégèse médiévale. Les quatre sens de l'Écriture*, Paris, Aubier, 1959, 2 vol. 전례의 몸짓의 알레고리적 의미는 다음에 체계적으로 연구되어 있다. Rudolf Suntrup, *Die Bedeutung der liturgischen Gebärden und Bewegungen in lateinischen und deutschen Auslegungen des 9. bis 13. Jahrhunderts*, Munich, Wilhelm Fink Verlag (Münstersche-Mittelalter-Schriften 37), 1978.
68. R. Bornert, *Les Commentaires byzantins de la divine liturgie du VIIe au XVe siècle*, Paris, Institut français d'études byzantines (Archives de l'Orient chrétien 9), 1966. 라틴 교부들에 관해서는 다음을 참조. Joseph Andreas Jungmann, *Missarum sollemnia. Eine genetische Erkliirung der romischen Messe*, Vienne, 1948, pp. 110-118; R. Suntrup, *Die Bedeutung...*, p. 35 이하.
69. Amalaire de Metz, *Liber officialis*, éd. J. M. Hanssens, Cité du Vatican (Studi e Testi, 138-139-140), 1948-1950, 3 vol. 특히 II, p. 346, §10.
70. 같은 책, p. 350, § 20.
71. Smaragde, *Expositio in regulam sancti Benedicti*, VII, 64-66, éd. A. Spannage - P. Engelbert (Corpus Consuetudinum Monasticorum 8), Siegburg, 1974, pp. 190-191.
72. 같은 책, VII, 12, p. 169. "*Sic nos ergo omni corpore oportet aptare, ut creatori nostro totis membrorum viribus obsequium valeamus praebere.*"
73. Raban Maur, *De universo*, VI, II, *De situ et habitu humani corporis*, P.L. 110, col. 190D.
74. 특히 동시대 기록은 다음을 보라. Grégoire de Tours(538?~594), *Historia Francorum*, X, 1, P.L. 11, col. 527-529.
75. E. Bishop, *Liturgica Historica. Papers on the Liturgy and Religious Life of the Western Church*, Oxford, 1918, pp. 314-332. 다음도 참조. C. Heitz, *L'Architecture religieuse carolingienne. Les formes etleursfonctions*, Paris, Picard, 1980, p. 61; 같은 저자, "De Chrodegang à Cluny II. Cadre de vie, organisation monastique, splendeur liturgique", *Sous la Règle de saint Benoît. Structures monastiques et sociétés en France du Moyen Âge à l'époque moderne*, Genève et Paris, Droz, 1982 (Hautes Études médiévales et modernes 47), pp. 491-497.
76. K. J. Conant, *Cluny*, Mâcon, 1968, pp. 59-60.
77. Suger, *De consecratione*, dans *Œuvres complètes*, éd. A. Lecoy de la Marche, Paris, 1867, p. 238.

1140년 6월 9일의 건물 전면의 축성은 1140-1141년의 『서임Ordinatio』(éd. E. Panofsky, Ahbot Suger on the Abbey Church of Saint-Denis and its Art Tresures, Princeton, Princeton Univ. Press, 1946)과 『축성De consecratione』, 『지도De administratione』(éd. A. Lecoy de La Marche, Œuvres complètes de Suger, Paris, 1867)라는 3종의 문헌으로 보고되어 있다. 『지도』만이 1141년 10월 9일의 성유물 행렬에 관해 이야기하고 있다. 1144년 6월의 수도원 성당의 마지막 축성 의식은 『축성』만 서술한다. (마찬가지로 A. Lecoy de la Marche가 교정판을 출간한) 『루이 6세의 생애 La Vie de Louis VI le Gros』는 전례의 역사에 관해서는 동일한 관심을 나타내지 않는다.

78. *Psautier d'Utrecht,* psaume XL VII, 48, fol 27v. 다음도 참고. *Lexikon der Christlichen Ikonographie,* IV, 1972, art. "Tanz", col. 239-241, ill.
79. Berlin, Staatliche Museen Preussischer Kulturbesitz, Coffret d'ivoire, Vie du Christ, Franconie(?), vers 1100 (Inv. 616). Cf. W. Föge, *Die Elfenbeinbildwerke. Königliche Museen zu Berlin. Beschreibung der Bildwerke der Christlichen Epochen,* 2éd., Berlin, 1900 (texte) et 1902 (planches in folio), n° 64.
80. Pierre-André Sigal, *L'Homme et le miracle dans la France médiévale (XIe-XIIe siècles),* Paris, Cerf, 1985, p. 236 이하.
81. *Liber miraculorum sanctae Fidis,* III, 8, éd. A. Bouillet, Paris, 1897.
82. *Les Miracles de Rocamadour au XIIe siècle,* éd. E. Albe, Paris, 1906, pp. 130-132.
83. Munich, Staatsbibliothek, Clm. 935 (*Livre de prière dit de Hildegarde de Bingen,* 12세기말), fol 31v. 이 이야기는 루카복음서 8:26-39, 마태오복음서 8:28-34, 마르코복음서 5:1-20에 실려 있다. 귀신 들린 자의 도상에 관해서는 다음을 참조. *Lexikon der Christlichen Ikonographie,* I, 273-277. 특히 *Vie de Saint Guthlac,* Londres, British Museum, Harley Roll Y. 6 (1210년 무렵?). 지옥으로 인도된 성 구틀락(Guthlac)은 그의 허리띠를 대어 에크가(Ecga)의 몸에서 악령을 쫓아냈다. N. Morgan, *Early Gothie Manuscripts. 1190-1250,* Oxford, 1982, I, ill. 72. 이에 관해서는 다음에 서술되어 있다. B. Colgrave(éd.), *Felix's Life of Saint Guthlac,* Cambridge, Cambridge Univ. Press, 1956 (rééd. 1985), chap. XLII, pp. 130-131.
84. '푸아티에의 신들린 여인'의 놀라운 이야기를 참조. Giraud de Cambrie, *Itinerarium Cambriae,* I, 12 (trad. angl. L. Thorpe, Harmondsworth et New York, Penguin Books, rééd. 1978, p. 152).
85. P. Brown, *Le Culte des saints. Son essor et sa fonction dans la chrétienté latine* (1981), trad. franç., Paris, Cerf, 1984, p. 141에서 인용.
86. Guibert de Nogent, *Autobiographie,* éd. E.-R. Labande, Paris, Les Belles Lettres, 1981, pp. 99, 201, 385.
87. Césaire de Heisterbach, *Dialogus miraculorum,* III, 2, 3, 6, éd. J. Strange, vol. I, Cologne, 1840, pp. 112-114, 116-120.
88. Isidore de Séville, *Etymologiae,* XVIII, 48, De histrionibus. '어릿광대'가 이스트라 반도 출신이라는 사고는 페스투스에게서 가져온 것이다. '역사가*Historiones*'는 매우 늦게 나타난다.
89. 이 시대의 '역사가'에 관해서는 최근의 다음 저작을 참조. W. Goff Art, *The Narrators of Barbarian History (A.D. 550-800). Jordanes, Gregory of Tours, Bede, and Paul the Deacon,* Princeton, Princeton University Press, 1988.
90. M. Sot, "Historiographie épiscopale et modèle familial en Occident au IXe siècle", *Annales E.S.C.,* 1978, pp. 433-449.
91. M. Sot, *Gesta episcoporum, gesta abbatum,* Turnholt, Brepols (Typologie des Sources du Moyen

Âge occidental, fasc. 37), 1981, p. 7. 윌리엄 맘즈베리의『잉글랜드 왕들의 업적*Gesta regum Anglorum*』이나『잉글랜드 교황들의 업적*Gesta pontificum Anglorum*』(1120~1125년 무렵)이 그런 사례이다.

92. 같은 책, p. 16.
93. Bernard Guenée, "Histoire, annales, chroniques. Essai sur les genres historiques au Haut Moyen Âge", *Annales E.S.C.*, 1973, 4, pp. 997-1016 (특히 pp. 1009-1111) 참조.
94. Guibert de Nogent, *Gesta Dei per Francos*, P.L. 156, col. 682: "사람들을 타락시키기 위해서라고 여겨질지도 모르겠지만, 이 이야기*histoire*로 사람들을 개혁하는 본보기를 제시하고 싶어서 나는 이러한 원정을 긴급하게 한 이유와 상황을 제시해야만 한다고 생각했고, … 그것들을 전한 뒤에 사건의 서술로 들어갔다." (Bernard Guenée, 같은 논문, p. 1009의 번역).
95. 이것이 바로 Bernard Guenée가 특히 강조하는 부분이다.
96. 기베르는 자신이 쓴 '영적인 역사의 권위'를 신에게서 받고 있다고 말한다(*historiae spiritualis auctoritas quam enim certum semper tenui solo Dei numine*). 교황 우르바누스 2세의 클레르몽 설교(II, 2)에 따르면, 십자군의 길은 '신의 길*Via Dei*'이다. 숫자로는 열세이지만 십자군은 앞서 기적을 통해 의도를 나타낸 신 덕분에 승리했다(VIII, 3-4). 나아가 작가는 '신의 도움*Deo favente*'으로 이 역사를 썼다(VIII, 14).
97. 예컨대 고프랑스어에서는『브르타뉴의 업적*Geste des Bretons*』과『노르만인의 업적*Geste des Normands*』, 또는 와스(Wace)의『루 이야기*Roman de Rou*』(1160?~1174)는 제프리 몬머스와 두동 드 생캉탱(Dudon de Saint-Quentin)의 라틴어 작품에서 영감을 얻었다.
98. K. Keuck, *Historia. Geschichte des Wortes und seiner Bedeutungen in der Antike und in den romanischen Sprachen*, Munster, Diss., 1934. 특히 51쪽에서는 '가족, 인종, 민족'의 의미가 이차적이었다고 주장한다. 반대로 W. G. van Emden에 따르면 무훈과 가족의 의미가 최초이고, 무훈의 '순환'의 의미는 뒤에(1180년) 온다. W. G. van Emden, "Contribution à l'étude de l'évolution sémantique du mot 'geste' en ancien français", *Romania*, 96, 1975, pp. 105-122.
99. E. Köhler, *L'A venture chevaleresque. Idéal et réalité dans le roman courtois. Étude sur la forme des plus ancieanciens poèmes d'Arthur et du Graal* (1956), trad. franç., Paris, Gallimard, 1974.

4장

1. J.-Cl. Schmitt, "Gestus/Gesticulatio...", 1981, pp. 377-390.
2. Papias, *Vocabulista*, Turin, Bottesga d'Erasmo, 1966; Huguccio, *Liber derivationum*(Arras, Bibl. mun., Ms. 634); Jean Balbi, *Catholicon*, Strasbourg, [1485], gestire 항목.
3. Othlo de Saint-Emmeran, *Liber proverbiorum*, P.L. 146, col. 312C: "*Gestu corporis habitus demonstretur mentis.*" 다음도 참조. H. Walther, *Lateinische Sprichwörter und Sentenzen des Mittelalters*, Göttingen, 1964-1967, II, 2, Nr 12017; II, 3, Nr 16248; II, 5, Nr 32414; Neue Reihe, 7, 1982, Nr 114b.
4. '페르소나*persona*'라는 말은 일반적으로 환시자가 아직 식별하지 못한 인물을 나타냈다.
5. Hugues de Soissons, *De miraculis beate Virginis in urbe Suessionensi*, P.L. 179, col. 1791A(*ut intuentes... et gestum et habitum et linteamina manicarum aura agente ventilari memoriter narrarent*).
6. Jacques Le Goff, *La Naissance du purgatoire*, Paris, Gallimard, 1981.
7. G. Servois, "Notices et extraits du recueil des Miracles de Rocamadour", *Bibliothèque de l'École des*

chartes, 18, 1857, pp. 228-240 (II, 14 : '찌르레기*sturnellum*'가 '광대와 곡예사의 몸짓'을 흉내 내다.) ; Arnulphe d'Orleans, *Glosule super Lucanum*, éd. B. M. Marti, Rome, American Academy, 1968, p. 314 : '죽어가는 말의 몸짓', Lucain, *La Pharsale*, VI, 87; Pierre le Mangeur, *Historia scholastica*, c. 8, P.L. 198, col. 1253 : 미래를 예언하기 위해 점술사가 관찰하는 '새들의 몸짓'

8. Andre de Fleury, *Vie de Gauzlin, abbé de Fleury*, éd., trad. et notes de R.-H. Bautier et G. Labory, Paris, C.N.R.S., 1969, pp. 130-131 : "*Corripit inlicitos presens sana cachinos/Gestus et ludos corripit inlicitos.*" 교정판 편자들의 번역을 인용하지만, 원문은 '웃음*risus*'이 아니라 '악마의 찡 그린 얼굴*cachinos, cachinatio*'로 되어 있는 것을 지적해 둔다.

9. Alexander Neckam, *De naturis rerum*, II, 128-129, éd. Th. Wright, Londres (Rer. Brit. Med. Aevi Script. 34), 1863. 인간을 모방하는 원숭이의 '몸짓'과 '무절제한 몸짓'.

10. Dijon, Bibliothèque publique, ms. 173, fol 66(vers 1111). 다음을 참조. Ch. Oursel, *La Miniature du XIIe siècle à l'abbaye de Cîteaux d'après les manuscrits de la Bibliothèque de Dijon*, Dijon, 1926, pl. XXVIII. 원숭이에 대해서는 H. W. Janson, *Apes and Ape Lore in the Middle Ages and the Renaissance*, Londres, The Warburg Institute et The University of London, 1952, p. 50과 pl. VII, C를 참조. . 이 저자는 이 원숭이의 '악마 같은 겉모습'을 언급하고, 베르나르 드 클레르보가 비난한 클뤼니 수도원의 기둥머리 원숭이와 비교하고 있다. 이것은 베르나르 드 클레르보의 『기욤 드 생 티에리에게 보내는 변론*Apologie à Guillaume de Saint Thierry*』에 나오는 유명한 구절이다. 나이가 다른 두 사람 사이의 산토끼 선물(?)은 고대 전통에 나타나는 동성애적인 함의를 이 장면에 부여하는 것일까? K. J. Dover, *Homosexualité grecque* (1978), trad. franç., Grenoble, La Pensée sauvage, 1982, ill. 502. 그리고 J. Boswell, *Christianisme, tolérance sociale et homosexualité...* (1980), pp. 385-386을 참조. 특히 A. Neckam에 관해서.

11. K. Thomas, *Dans le jardin de la nature. La mutation des sensibilités en Angleterre à l'époque moderne (1500-1800)*, trad. franç., Paris, Gallimard, 1985.

12. Guibert de Nogent, *Moralium in Genesim*, 1, 31, P.L. 156, col. 59D: "*secundum suum modum gestu ac vocibus.*"

13. 특히 제럴드 웨일스의 경우를 참조. R. Bartlett, *Gerald of Wales. 1146-1223*, Oxford, Clarendon Press, 1982.

14. *Les Miracles de saint Benoît*, éd. E. de Certain, Paris, 1958, p. 173 이하. 요크의 Jean de Beverley 의 기적도 참조. éd. J. Raine, *The Historians of the Church of York*, I, Londres, 1879, p. 328. "*personarum et habitus et gestus*" ; 자크 드 비트리는 어떤 전설적인 왕이 보인 항상적인 슬픔의 표현을 '몸짓'이라고 언급하고 있다. Jacques de Vitry, *Sermones Vulgares*, éd. T. H. Crane, Folk-Lore Society, XXVI, 1890, rééd. Nendeln/Liechtenstein, 1967, p. 16, Nr XLII.

15. Guillaume de Malmesbury, *Gesta regum Anglorum*, éd. W. Stubbs, Londres, 1887, p. 336; Matthieu Paris, *Chronica Maiora*, éd. H. R. Luard, V, Londres, 1880, p. 573 (mores et gestus Anglorum).

16. 수많은 사례 가운데, "어릿광대의 무절제한 몸짓*Histrionum gesticulationes*"(기욤 드 티레 Guillaume de Tyr), "매춘부의 무절제한 몸짓, 음탕한 무절제한 몸짓*gesticulationes meretriciae, lasciviae gesticulationes*"(일레드 리보), "무질서한 무절제한 몸짓*inordinatae gesticulationes*"(위 그 드 생빅토르), "음탕한 무절제한 몸짓*gesticulatio libidinosa*"(보나벤투라).

17. 무질서한 몸짓은 "*inordinato gestu corporis*", A. Bierbach, *Urkundenbuch der Stadt Halle*, I, Magdebourg, 1930, p. 100 (a. 1185). 오만한 몸짓은 Guillaume de Malmesbury, *Gesta regum Anglorum*, pp. 377-378 (superbo gestu et insolenti); Roger de Wendover, *Flores Historiarum*, II, p.

158 (gestuque superbo et insolenti); W. Rich Jones, *Charters and Documents... of Salisbury,* Londres, 1891, n°141, pp. 133-134 (superbiam in gestu, habitu et verbisprohibemus). Dom J. Mabillon, *Acta Sanctorum Ordinis S. Benedicti*, 1677, p. 568 이하: *Vita Aldrici archiepiscopi Senonensis* (Erat incessus vagus, gestus pomposus, oervix erecta). 부정한 몸짓은 Andre de Fleury, *Vita Gauzlini*, éd. R. H. Bautier-G. Labory, Paris, 1969 (gestus et ludos corripit inlicitos). 음탕한 몸짓은 Yves de Chartres가 생트아비Saint-Avit 수녀원의 수녀들에게 주의를 호소하고 있다. Yves de Chartres, Correspondance, éd. J. Leclercq, Paris, 1949, p. 46. 순결한 어린 소녀의 가냘고 관능적인 몸짓은 Cesaire de Heisterbach, *Dialogus Miraculorum*, X, 55, éd. J. Strange, Cologne, 1840, vol. Il, p. 255.

18. Orderic Vital, *Historia Ecclesiastica*, VIII, 10, éd. A. Le Prévost, Paris, 1845, vol. III, p. 323. "*exterius itaque habitu gestuque monstrant quales interius conscientias habeant*" 여성화한 자들*effeminati*의 '여성적인 연약함*feminea mollities*'이 '옛 선조들의 풍속*patrum mos antiquorum*'과 대비되어 있다. 그는 다른 부분에서 화를 잘 내는 사람의 격한 몸짓에 대해서도 말하고 있다. "*in muftis indiscretus, tenax et iracundus, vultu gestuque severus.*"(XII, 25, vol. IV, p. 407)

19. 다음에서 인용. Aubry de Trois-Fontaines에 대해서는 Dom Bouquet, *Recueil des historiens des Gaules et de la France*, Paris, 1855, XXI, p. 618. 아울러 Henri de Lausanne(1116)라는 이단의 '초상'도 참조. "*corpore procerus, pernix incessu*" (같은 책, Paris, 1877, XII, p. 547)

20. G. Merlo, *Eretici et inquisitori nella società piemontese del trecento*, Turin, 1977, p. 150.

21. Honorius Augustodunensis, *Elucidarium*, éd. Y. Lefèvre, Paris, 1954, p. 447 (gestus terribiles) ; Roger de Wendover, *Flores Historiarum*, I, p. 287(daemon gestu arroganti)과 III, p. 203. 지옥에서의 「투르킬의 환시Vision de Thurkill」(turpissimos motus venereos gestusque impudicos) ; 수녀 엘리자베트 폰 쇠나우(Elisabeth von Schönau, 1129?~1164)는 어느 밤, 음탕한 몸짓*turpi gestu*을 하는 악마의 환시를 보았는데, 삼위일체에 기도하는 것으로 그 몸짓을 중지시켰다. 신학자 뤼페르 드 되츠는 그의 환시에서 '더러운 영혼*esprits immondes*'의 몸짓이라고 말했다. Rupert de Deutz, *Super Mattheum*, éd. H. Haacke, Turnholt, 1979 (Corpus Christ. Contin. Med. 29), p. 376.

22. Etienne de Bourbon, *Anecdotes historiques*, éd. A. Lecoy de la Marche, Paris, 1871, p. 197, n° 229: "*Et incepit singulorum verba, gestus et modos et officia ei representare, usque ad domicellas dominarum que serviunt in cameris earum, blandiendo eis et adulando et molliter loquendo.*" 악마의 모방 능력은 다음 문헌에서도 언급되고 있다. Guillaume de Newburg, *Historia regum Anglorum*, Il, 21, éd. Howlett, 1884 (petulanti gestu); Cesaire de Heisterbach, *Dialogus Miraculorum*, V, 50, vol. I, p. 334.

23. Guibert de Nogent, *Autobiographie*, éd. E.-R. Labande, Paris, Les Belles Lettres, 1981, pp. 129-131.

24. *Visio Godescalci* (éd. E. Assmann, Neumünster, 1979), p. 188. "*gravitas et modestia.*"

25. Hugues d'Angouleme, *Vita S. Amanti Eremitae*, éd, Analecta Bollandiana, VIII, 1889, p. 346.

26. Berenger, *De sacra coena adversus Lanfrancum*, éd. W. H. Beeckenkamp, S'Gravenhage, 1941, p. 111.

27. Pierre le Vénérable, *De miraculis*, I, 15, *P.L.* 189, col. 880D : "*cordis laetitiam gestu gloriosi corporis et ipsarum plausu manuum demonstrabat.*"

28. 제8장을 참조할 것.

29. Guillaume de Malmesbury, *Gesta regum Anglorum*, p. 145. "*gestuum elegantium.*"

30. *Itinerarium peregrinorum et gesta regis Ricardi(a. 1189-1199)*. 다음에서 참조. W. Stubbs, *Chronicles and Memorials of the Reign of Richard I*, vol. I, Londres, 1864 (Script. Rer. Bnt.), pp.

197-198 : "*in gestu militem exhibens eximium.*" 다음 문헌에 따르면 몸짓의 아름다움은 군주에서 시종으로 확산된다. Pierre Bersuire(1290-1362), *Repertorium vulgo Dictionarium Morale secundum ordinem alphabeti distinctum, Opera omnia*, Anvers, 1609, p. 1482. servire, servus 항목.

31. Pierre le Vénérable, *De miraculis*, col. 934. 여기에서 '환희의 몸짓*gestu laetitiae*'은 어느 클뤼니 성인이 임종을 앞두고 "눈을 위로 향하고, 두 손을 하늘로 들고" 부른 성가를 가리킨다. Matthieu Paris, *Chronica Maiora*, vol. II, pp. 430-431. 'ineffabili gestu laetitiae'도 참조.
32. Salimbene de Adam. 유모에 관한 다음 문헌에서 인용. A. Schultz, *Das höffische Leben zur Zeit der Minnesänger*, Leipzig, 1889, I, p. 150, n. 3. (Non enim vivere possent sine applausu et gestu et laetitia faciei et blanditis...)
33. F. Godefroy, *Dictionnaire de l'ancienne langue française*, contenement 항목. Tobler-Lommatzsch, *Altfranzösisches Wörterbuch*, contenance(다음에 이미 나타난다. *Chanson de Roland*, v. 830), maintien, manière, port 항목.
34. 다음 연구들은 전례극의 대본에서 13세기 이후 'gebaere'와 'gebaerde'가 빈도를 늘리고 있다고 지적한다. D. Peil, *Die Gebärde*..., 1975; David A. Wells, "Gesture in Hartmann's Gregorius", *Gesture in Hartmann's Gregorius, Hartmann von Aue. Changing Perspectives*, Göppingen, Kümmerle Verlag, 1988, pp. 159-186; Anke Roeder, *Die Gebärde im Drama des Mittelalters. Osterfeiern. Osterspiele*, Munich, C. H. Beck (Münchener Texte und Untersuchungen zur deutschen Literatur des Mittelalters, 49), 1974, p. 144-147. 중세 영어에는 역사의 의미로 'gest(es)'가 있는데, 15세기 초부터 16세기 이전까지는 'gesture'와, 같은 의미의 'gest(e)'는 나타나지 않는 것 같다. J. A. Murray(éd.), *A New English Dictionnary on Historical Principles*, Oxford, 1901. 'gesture' 항목 참조. 『요정의 여왕*Faërie Queene*』(VI, IV, 11-14)은 말하지 못하고, "손짓과 얼굴 표정, 그 밖의 모든 몸짓으로만by signes, by lookes, and ail his other gestes 나타내는" 야만인을 언급하고 있다.
35. "카이사르는 엄숙하고 높은 목소리, 열정적인 움직임, 신체와 사지의 알맞은 몸짓으로 회의장에서 발언했다." L. F. Flutre, *Le vocabulaire des Faits des Romains*, Romania, LXV, 527, n° 493.
36. 이는 다음에서 제시된 가설이다. G. Matore, *Le Vocabulaire et la société médiévale*, Paris, P.U.F., 1985, pp. 119-120.
37. 나는 피에르 부르디외가 사회학 영역에서 제시한 것에서 착상했다. Pierre Bourdieu, *La Distinction*, Paris, Minuit, 1979.
38. 다음도 참조. 리옹 대주교 Guichard de Lyon의 규칙(1165년 이후), *P.L.* 199, col. 1103, 1111, 1116-1117; 링컨 대성당cathédrale de Lincoln 규칙(éd. Ch. Wordsworth, vol. II, Cambridge, 1897, p. 150); Richard de Salisbury의 규칙(1223년 무렵), *Charters and Documents illustrating the history of Salisbury*, n° 141, pp. 133-134; 윈체스터 주교 Jean de Winchester의 교구회의 결의(1295년), éd. C. Deedes, Londres, 1915, vol. I, p. 224-225.
39. 12세기 초부터 13세기 초까지 교회와 기독교 사회에서의 계급과 신분의 차이에 관한 이런 의식을 보여주는 주요한 문헌은 이름이 전해지지 않는 작가의 『교회 안의 다양한 계층과 직업에 대해서*Libellus de diversis ordinibus et professionibus qui sunt in aecclesia*』(éd. G. Constable-B. Smith, Oxford, Clarendon Press, 1972)부터 일리 주교 윌리엄 드 롱샹(William de Longchamp, 재임 1189~1197)에 종사했던 수도사 니겔 롱샹(Nigel Longchamp)이 수도회를 대상으로 쓴 풍자작품인 『어리석은 자의 귀감*Speculum stultorum*』, 수도사와 성직자의 의복 차이를 강조한 『궁정 신하와 성직자의 비판*Contra curiales et officiates clericos*』(éd. Th. Wright, *The Anglo-Latin Satirical Poets and Epigrammatists of the Twelfth Century*, I, Londres, 1872 [Rer. Brit. Medii

Aevi Script. 59, 1], pp. 82-96 ; 210), 자크 드 비트리의 『서방사Historia Occidentalis』(éd. J. F. Hinnebusch, Fribourg, 1972)까지 이어진다. 일부는 더 구체적으로 수도사와 재속 성직자 사이의 논쟁만 다루고 있다. Rupert de Deutz, *Altercatio monachi et clerici quod liceat monacho praedicare* (v. 1119-1120). 다음도 참조. J. H. van Engen, *Rupert of Deutz* (Berkeley, Los Angeles et Londres, Univ. of California Press, 1983) : 클뤼니회와 시토회 수도사 사이의 논쟁만 다룬 『클뤼니회 수도사와 시토회 수도사의 대화*Dialogus inter Cluniacensem inonachum et Cisterciensem*』 (A. H. Bredero, *Cluny et Cîteaux au douzième siècle. L'histoire d'une controverse monastique*, Amsterdam/Maarsen, Holland University Press, 1985를 참조), 베르나르 드 클레르보의 『기욤 드 생티에리에게 보내는 변론*Apologie à Guillaume de Saint Thierry*』(éd. J. Leclercq-H. Rochais, *S. Bernardi Opera*, vol. III, Rome, 1963), 가경자 피에르의 서한(Pierre le Vénérable, *Lettres*, 28 et 111, éd. G. Constable, Cambridge, Mass., Harvard University Press, 1967)도 있다. 이것들은 구별 수단으로서의 몸짓이라는 문제의 맥락에 놓여 있고, 몇몇 문헌은 이를 더 명시적으로 다룬다.

40. Pierre le Vénérable, *De miraculis*, pp. 283-284 ; pp. 285-286.
41. B. Albers, *Consuetudines monasticae*(5 vol.)의 옛 판본은 현재 점차 교체되고 있다. K. Hallinger, *Corpus consuetudinum monasticorum*, Siegburg, 1963-1983. 7권까지 출간.
42. 클뤼니회의 지부, 아플리젬 수도원의 관례(K. Hallinger, 같은 책, VI, 1975, p. 124).
43. 같은 책, pp. 176-178.
44. D. Knowles, *The Monastic Constitutions of Lanfranc*, Londres, 1951, p. 136.
45. K. Hallinger(ed), 앞의 책, II, Siegburg, 1963, p. 44. 강조는 인용자, 후대의 다른 중요한 문헌 중에서는 트리어의 Saint-Matthias과 Saint-Maximin 수도원 규약(1435-1436)도 참조할 것. K. Hallinger, *Corpus consuetudinum monasticorum*, V, Siegburg, 1968, p. 176 이하.
46. *Expositio in Regulam S. Augustini, P.L.* 176, col. 881-924. 특히 col. 898. 위그 드 생빅토르의 작품으로 잘못 알려져 있다. Caroline W. Bynum, *Docere verbo et exemplo. An Aspect of Twelth-Century-Spirituality*, Cambridge, Mass., Harvard Theological Studies XXXI, 1979, p. 11, 41 이하, 205-206 참고. 이 주석은 '일련의 계열의 선두'에 해당한다. 뒤이어 나타난 주석들(리샤르 드 생빅토르와 잉글랜드의 수도참사회원 Robert de Bridlington, 그리고 프레몽트레회 수도사 Adam Scot와 1214∼1226년의 Eustache de Lens, 후술한 도미니쿠스회 수도사 욍베르 드 로망)에 관해서는 R. Creytens, "Les commentaires dominicains de la règle de saint Augustin", *Archivum Fratrum Praedicatorum*, 33, 1963, p. 121 이하를 참조.
47. *Les Statuts de Prémontré au milieu du XIIe siècle*, éd. Pl. F. Lefèvre, W. M. Grauwen, *Averbode, Praemonstratensia*, 1978 (Bibliotheca Analectorum Praemonstratensium, 12), III, 1.
48. E. Martene, *Antiqua statuta S. Vietoris et Antiquae consuetudines canonicorum... S. Vietoris, in De antiquis Ecclesiae ritibus*, III, Anvers, 1764, pp. 292-293, 252-320 (특히 p. 266-267).
49. P. Riche, "L'enfant dans la société monastique du XII siècle", *Pierre Abélard-Pierre le Vénérable*, Paris, C.N.R.S., 1975, pp. 689-726. 곧 츠비팔텐Zwiefalten 수도원의 『아동교육론*De institutione puerorum*』, 뒤이은 캔터베리의 베네딕투스회 그리스도교회 수도원monastère bénédictin de Christ Church의 『수련자 교육*Instruction des novices*』(éd. D. Knowles, *The Monastic Constitutions of Lanfranc*, p. 133-149)이다.
50. J. Leclercq, "Deux opuscules sur la formation des jeunes moines", *Revue d'ascétique et de mystique*, 132, 1957, pp. 387-399; C. W. Bynum, *Docere verbo et exemplo...*, 특히 시토회 기원의 영적 교

육의 서한과 저작으로는 아당 드 페르세니흐Adam de Perseigne의 『수련자 교육에 대한 서한 Epistola de institutione novitiorum』, 기욤 드 생티에리Guillaume de Saint-Thierry의 『몽디외 수도사들에게 보내는 편지Lettre aux frères du Mont-Dieu』, 베르나르 드 클레르보의 『수련자 위그에게Ad Hugonem novitium』, 고쉬앙 당신Gossuin D'Anchin의 『수련자 교육De novitiis instruendis』, 피에르 드 셀Pierre de Celle의 『수도원 규율De Disciplina claustralis』(éd. G. de Martel, Paris, Cerf, 1977. Sources chrétiennes 240), 위그 드 생빅토르의 『영혼의 보증De arrha animae』이 있다. 잉글랜드의 수도원 세계는 특히 풍부해서 이름이 전해지지 않는 작가의 『은수녀 교육Ancren Riwle』, 그리고 시토회 수도사 일레드 리보의 (성 베르나르의 의뢰로 수련자 교재로 쓴) 『사랑의 귀감Speculum Charitatis』과 『은수녀 교육De institutis inclusarum』(ed. Ch. Dumont, Paris, Cerf, 1961. Sources chretiennes 76) 등의 작품이 있다. C. H. Talbot, "The De institutis inclusarum of Aelred of Rielvaux", Analecta Sacri Ordinis Cisterciensum, 6, 1950, pp. 167-217 참조. 독일 지역에서는 시토회 수련장이던 카이사리우스 폰 헤이스터바흐의 『기적에 관한 대화Dialogus Miraculorum』(1220년 무렵)와 13세기 중엽 스티븐 소울리Stephen of Sawley의 『수련자 귀감 Speculum novitii』(ed. E. Mikkers, Collectanea Ordinis Cistercensium Reformatorum, 1946, I, pp. 17-68 참조), 탁발수도회에서는 13세기 초 프란체스코회의 『신참 수도사Monachellus』(Jean Leclercq, "Ioculator et saltator..." 참조)가 있다.

51. Ad quid venisti, P.L. 184, col. 1189 이하. 특히 col. 1193C (취침), 1194C와 1196A (수호천사), 1196B-D와 1215C (몸짓). 이 문헌이 쓰인 대상은 "그리스도 안의 사랑하는 자매soror in Christo amabilis", "존경하는 자매soror venerabilis", "그리스도의 아내sponsa Christi"(col. 1213)라고 불리고 있다.
52. Liber de modo bene vivendi, P.L. 184, col. 1215C.
53. P.L. 184, col. 559 이하. 특히 col. 564-566. 베르나르의 작품으로 보는 학설은 배제해야 한다.
54. Bernard, De consideratione ad Eugenium papam, Opera, III, éd. J. Leclercq-H. M. Rochais, Rome, 1963, p. 426.
55. 잠언 6:12-13. "간악한 사람은 눈을 찡긋대며 발로 말하고 손가락으로 신호를 한다Perversus nuit oculo, terit pede, digito loquitur." 그러나 불가타 성서에는 "배교자, 간악한 사람Homo apostata, vir inutilis"으로 되어 있고, 위그 드 생빅토르는 『수련자 교육』에서 이 형태로 네 차례 이 구절을 인용한다. Hugues de Saint-Victor, De institutione novitiorum, P.L. 176, col. 935C, 938C, 940C, 942D.
56. Bernard, Liber de gradibus humilitatis et superbiae, Opera, III, éd. cit., pp. 38 ; 47.
57. Bernard, Sermones in Cantica canticorum, 85, 11, P.L. 183, col. 1193.
58. A. Katzenellenbogen, Allegories of the Virtues and Vices in Medieval Art(1939), 2° éd., Londres, 1964; A. C. Esmeijer, Divina Quaternitas. A Preliminary Study in the Method and Application of Visual Exegesis, Assen et Amsterdam, 1978; M. Evans, "The Geometry of the Mind", The Architectural Association Quaterly, 12, 4, 1980.
59. 사실 이 저작은 이 영역에서 하나의 모범인 『동정녀의 귀감Speculum virginum』의 작가이기도 한 콘라트 폰 히르사우(Konrad von Hirsau, 1070?~1150?)의 작품이다.
60. R. Baron, Hugues de Saint-Victor. Six opuscules spirituels, Paris, éd. du Cerf, 1969 (Sources clirétiennes 155), p. 30 이하.
61. Oxford, Bodleian Libr. Lyell 84 (북프랑스, 13세기 초). 그 밖의 사본은 다음을 참조. A. Katzenellenbogen, Allegories of the Virtues and Vices in Medieval Art, p. 63-64, n° 2.

62. Munich, Bayerische Staatsbibliothek, Clm. 935(éd. facsimilé E. Klemm, Wiesbaden, 1982)와 Vienne, Oestereicbische Nationalbibliothek, Cod. 2739. 다음도 참조. E. Klemm, "Das sogennante Gebetbuch der Hildegard von Bingen", *Jahrbuch der Kunsthistorischen Sammlungen in Wien*, 74, N.F. XXXVIII, 1978, pp. 29-78.
63. 뮌헨 사본을 힐데가르트 자신의 것으로 보는 전통은 본문 중의 '죄 많은 불행한 여자*misera peccatrix*'라는 표현으로만 뒷받침될 뿐이다. 그러나 남성형인 '불행한 죄 많은 나*ego miser et peccator*'라는 표현도 나타난다.
64. fol 32v-39v. 엘리자베트 클렘(Elizabeth Klemm)은 이 면이 옮겨졌다는 것을 증명했다. 본래는 산상 설교의 표상(fol 23v) 뒤에 놓여 있었다. 앞서 말한 빈 사본의 대응하는 도상은 fol 19v-26v에 있다. 이에 관해 친절히 알려준 클렘 부인에게 진심으로 감사함을 전한다.
65. 이러한 도상 가운데 한 점을 수록한 문헌(M. Barasch, *Gestures of Despair...*, 1976, pp. 10-11, fig. 7)은 최후의 심판의 표상에서 저주받은 자들이 선택된 자들의 (측면이 아니라) 아래에 놓인다고 간주한다. 이 해석은 분명히 잘못이다.
66. 내가 알기에 이런 도상 프로그램은 이것 말고는 없다. 그러나 베네치아 산마르코 성당의 12세기 모자이크에 있는, 8개의 행복과 8개의 덕의 알레고리적 표상의 결합은 지적해 둔다. 아울러 『동정녀의 귀감』은 7개의 행복과 성령의 7개의 선물을 관련시키고 있다. 내가 관심을 갖는 이 주제는 '천상의 지복'(신체의 7개 선물과 영혼의 7개 선물)의 병행 관계와도 구별된다. *Lexikon der Christlichen Iconographie*, IV, 1972. Seligpreisung과 Seligkeiten(Himmlische) 항목 참조.
67. 색의 상징성, 특히 중세에서의 얼룩덜룩한 색의 부정적 함의에 관해서는 다음을 참조. M. Pastoureau, *Figures et couleurs. Étude sur la symbolique et la sensibilité médiévales*, Paris, Le Léopard d'or, 1986.
68. Elizabeth Klemm, "Das sogennante Gebetbuch der Hildegard von Bingen"; R. Hammerstein, *Diabolus in musica. Studien zur Ikonographie der Musik im Mittelalter*, Heidelberg (Neue Heidelberger Studien zur Musikwissenschaft 6), 1974, p. 26을 참조. 특히 광대의 표상.

5장

1. *Moralium Dogma Philosophorum. Florileg des Wilhelm von Conches*, éd. J. Holmberg, Uppsala, 1929. 이 판본이 힐드베르 드 라바르댕(Hildebert de Lavardun, ?~1133)의 작품으로 잘못 알려진 다음 문헌보다는 낫다. *Moralis philosophia de honesto et utili, attribué à tort à Hildebert de Lavardun*, P.L. 171. 특히 col. 1034-1035, 1039. 기욤 드 콩슈의 작품으로 보는 학설은 다음에서 옹호되었다. Ph. Delhaye, "Une adaptation du De officiis au XIIe siècle", *Recherches de théologie ancienne et médiévale*, XVI, 1949, pp. 227-258. 그것은 다음에서 주장된 고티에 드 샤티용(Gauthier de Châtillon)이나 알랭 드 릴의 작품으로 보는 학설과 대립된다. P. Glorieux, "Le Moralium Dogma Philosophorum et son auteur", *Recherches de théologie ancienne et médiévale*, XV, 1948. 논쟁의 요지는 다음에 정리되어 있다. M. Th. D'Alverny, *Alain de Lille. Textes inédits, avec une introduction sur sa vie et ses oeuvres*, Paris, Vrin, 1965, p. 65.
2. J. Taylor, *The Didascalicon of Hugh of St. Victor. A Medieval Guide to the Arts*, New York et Londres, Columbia University Press, 1961, p. 38.
3. R. Goy, *Die Ueberlieferung der Werke Hugos von St. Viktor. Ein Beitrag zur Kommunikationsgeschichte des Mittelalters*, Stuttgart, A. Hiersemann, 1976, pp. 340-367.
4. Ch. H. Buttimer, *Hugonis de Sancto Victore. Didascalicon. De studio legendi. A critical text*, Washingt-

on D. C., The Catholic University of America Press, 1939 (Studies in Medieval and Renaissance Latin, X)와 J. Taylor, *The Didascalicon of Hugh of St. Victor*.
5. *P.L.* 176, col. 925-952.
6. 이 책의 4장 참조.
7. 시편 119:66. "*Bonitatem et disciplinam et scientiam doce me.*" 〔현행 시편의 구절은 이렇게 되어 있다. "당신의 계명을 믿으니 올바른 깨달음과 지식을 제게 가르치소서*Bonitatem et prudentiam et scientiam doce me, quia praeceptis tuis credidi.*"〕
8. *P.L.* 176, col. 935 B: "Cap. X: *Quid sit disciplina et quantum valeat? Disciplina est conversatio bona et honesta, cui parum est mala non facere, sed studet etiam in iis quae bene agit per cuncta irreprehensibilis apparere. Item disciplina est membrorum omnium motus ordinatus et dispositio decens in omni habitu et actione.*" 아당 드 페르세뉴(Adam de Perseigne)는 거의 글자 그대로 이러한 정의를 되풀이하고 있다. Adam de Perseigne, *Epistola prima ad Osmundum monachum... de institutione novitiorum, P.L.* 211, col. 587. "*Maturum quippe reddit hominem disciplina quae est membrorum omnium motus ordinatus et compositio decens in omni habitu et actione.*" 세 가지 규율 *triplex disciplina*을 말한 기욤 드 투르네(1293년 사망)의 『어린이 교육론』에서는 위그 드 생빅토르의 『수련자 교육』에서 가져왔다고 밝혀져 있다.
9. M.-D. Chenu, "Notes de lexicographie philosophique médiévale: Disciplina", *Revue des sciences philosophiques et théologiques*, 25, 1936, pp. 686-692.
10. *Patrologie latine*의 6개의 단락을 차지한다. 그에 비해 언어는 5개, 식탁은 2개 반, 의복은 2개가 조금 넘는 단락을 차지한다.
11. Col. 940D.
12. Col. 957 : "*non solum coram Deo, sed etiam coram hominibus...*"
13. 이런 관점에서 콩크의 생트푸아 수도원 교회 팀파눔의 사례에 관한 다음 연구의 방법을 참조할 것. Jean-Claude Bonne, *L'Art roman de face et de profil : le tympan de Conques*, Paris, Le Sycomore, 1984, pp. 259-261.
14. Edgar de Bruyne, *Études d'esthétique médiévale*, Bruges, Tempel, 1946, vol. 11, pp. 203-254.
15. *Didascalicon*, VII, c. 814. 다음에서 인용. Edgar de Bruyne, 같은 책, p. 209.
16. Col. 940D.
17. 위그 드 생빅토르의 분류 노력의 마지막 지점에서 몸짓의 악덕은 그가 장의 첫머리에 제시한 '유사성*similitudines*'과는 조금 다른 방식으로 연결되어 있다.
18. "쓸모없는 인간과 간악한 사람은 입에 거짓을 담고 돌아다닌다. 눈을 찡긋대며 발로 말하고 손가락으로 신호를 한다." 잠언 6:12-13. col. 935C, 938C, 940C, 942D에 인용.
19. "내가 게으른 사람의 밭과 지각없는 자의 포도원을 지나갔는데 보아라, 온통 엉겅퀴가 우거지고 전부 쐐기풀이 뒤덮였으며 돌담이 무너져 있었다. 나는 그것을 바라보며 깊이 생각하고 그것을 보며 교훈을 얻었다. '조금만 더 자자. 조금만 더 눈을 붙이자. 손을 놓고 조금만 더 누워 있자!' 하면 가난이 부랑자처럼, 빈곤이 무장한 군사처럼 너에게 들이닥친다." 잠언 24:30-34. col. 939-940에 인용.
20. "처녀 딸 바빌론아 내려와 먼지 위에 앉아라. 딸 칼데아야 왕좌가 없으니, 땅바닥에 앉아라. 사람들이 너를 더 이상 부드러운 여인이라고, 상냥한 여인이라고 부르지 않으리라. 맷돌을 돌려 가루를 내어라. 너울을 벗고 치맛자락을 걷어 올려 다리를 드러낸 채 강을 건너라. 네 알몸이 드러나고 네 치부까지 보이게 하여라. 나는 복수하리라. 어떤 인간도 그냥 두지 않으리라." 이

사야서 47:1-3. col. 938D에 인용.
21. "주님께서 말씀하셨다. '시온의 딸들이 교만을 부리고 목을 빼고 걸어 다니면서 흘리는 눈짓을 하고 살랑살랑 걸으며 발찌를 짤랑거린다.' 그러므로 주님께서는 시온의 딸들의 정수리를 드러내시고 그들의 이마를 벗겨 보이시리라. 그날에 주님께서는 패물들을 없애 버리시리라. 발찌와 태양 목걸이와 반달 목걸이, 귀걸이와 팔찌와 머리쓰개, 모자와 발목 걸이와 가슴 띠, 향수병과 부적, 인장 가락지와 코걸이, 예복과 덧옷, 장옷과 손지갑, 망사 옷과 아마 속옷, 머릿수건과 너울을 없애 버리시리라. 향수 내음 대신 썩은 내가 나고 허리띠 대신 밧줄이 감기리라. 곱게 땋았던 머리가 대머리가 되고 호사로운 옷 대신 자루 조각이 감기리라. 정녕 아름다움 대신 수치가 자리 잡으리라." 이사야서 3:16-24. col. 939에 인용,
22. 의복에 관해서는 col. 936BD. 식탁에 관해서는 col. 949CD, 950BD, 951B-952A.
23. 위그 드 생빅토르(col. 942B)는 『시작법*Art poétique*』(cf. éd. H. R. Fairclough, Cambridge, Mss., Harvard Univ. Press, 1939, pp. 450-451)의 맨 처음 시구를 인용하고 있다.
24. Lactance, *De opificio Dei, P.L.* 7, col. 29-30.
25. Jean de Salisbury, *Policraticus*, VIII, 12, éd. C. Webb, vol. II, 1909.
26. J.-Cl. Schmitt, "Les masques, Le diable, Les morts dans l'Occident médiéval", *Razo* (Cahiers du Centre d'études médiévales de Nice), 6, 1986, pp. 87-119.
27. J. Le Goff, "L'Occident médiéval et l'océan Indien: un horizon onirique(1970)", *Pour un autre Moyen Age. Temps, travail et culture en Occident: 18 essais*, Paris, Gallimard, 1977, pp. 280-298에 재수록.
28. L. Randall, *Images in the Morgins of Gothic Manuscripts*, Berkeley, University of California Press, 1966. 찾아보기의 monster, siren, mermaid 등의 항목을 참조.
29. 다음을 참조. M.-Th. D'Alverny, *Alain de Lille*, p. 151.
30. Alain de Lille, *Summa de arte praedicatoria, P.L.* 210, col. 121-122.
31. Bernard, *Opera*, III, éd. cit., p. 106.
32. Jean-Claude Bonne, "Depicted Gesture, Named Gesture : Postures of the Christ on the Autun Tympanum", *History and Anthropology*, I, l, 1984, pp. 77-96.
33. Jean-Claude Bonne, *L'Art roman*....
34. Jean-Claude Bonne, 같은 책. 특히 위그 드 생빅토리와의 비교에 관해서는 pp. 259-263. 악마의 능동적인 몸짓과, '몸짓하기'보다는 '몸짓하게 되는' 악인들의 수동적인 몸짓의 대립에 관해서는 다음도 참조. J. Le Goff, "Les gestes du purgatoire", *L'Imaginaire médiéval*, pp. 127-135에 재수록.
35. Hermanus Judaeus, *Opusculum de sua conversione, P.L.* 170, col. 809C. (강조는 인용자)
36. pseudo-Jean de Salisbury, *De membris conspirantibus, P.L.* 199, col. 1005-1008 (1008B).
37. P. Michaud-Quantin, *Universitas. Expressions du mouvement communautaire dans le Moyen Âge latin*, Paris, Vrin, 1970.
38. Honorius Augustodunensis, *Elucidarium*, I, 58 (P.L. 172). 다음을 참조. Y. Lefèvre, *L'«Elucidarium» et Les lucidaires*, Paris, 1954.
39. Ph. Delhaye, *Le Microcosmus de Godefroy de Saint-Victor. Étude théologique*, Lille et Gembloux, 1951. 다음도 참조. Guillaume de Conches, *Moralium Dogma Philosophorum. Florileg des Wilhelm von Conches*; Bernard Silvester, *De mundi universitate*, éd. C. S. Barac-J. Wrobel Innsbruck Bibliotheca Philosophorum, 1876. 같은 저자의 *Cosmographia;* B. Stock, *Myth and Science in the Twelfth Century*, Princeton, 1972. 더 넓게는 M.-D. Chenu, *La Théologie au XIIe siècle*, 1957.
40. 코린토 신자들에게 보낸 첫째 서간 12:12-31.

41. W. Berges, *Die Fürstenspiegel...*, 1938, pp. 42-43. 존 솔즈베리에 관해서는 *Dictionnaire de théologie catholique*, 8, 716-721. Jean de Salisbury 항목(D. E. Luscombe, 1974) 참조. 『폴리크라티쿠스*Policraticus*』에 관해서는 J. Dickinson, "The Mediaeval Conception of Kingship and Some of its Limitations, as Developped in the Policraticus of John of Salisbury", *Speculum*, I, 1926, pp. 308-337 참조. 다음 연구에 따르면 왕국의 유기체적 은유는 뒤이어 13세기의 '군주의 귀감', 특히 존 솔즈베리로부터 구상을 가져온 제럴드 웨일스와 토마스 아퀴나스에게도 받아들여졌다. L. K. Born, "The Perfect-Prince: A Study in Thirteenth and Fourteenth Century Ideals", *Speculum*, III, 1928, pp. 470-504.
42. Jean de Salisbury, *Policraticus*, V, 2, éd. cit., vol. 1, pp. 282-283과 여러 곳. 발에 관해서는 VI, 20, vol. II, p. 58.
43. *Elucidarium*, éd. Y. Lefèvre, *L'«Elucidarium» et Les lucidaires*, I, 177D, p. 393, p. 135, n. 2, 3.
44. H. F. Delaborde, "Note sur le Carolinus de Gilles de Paris", *Mélanges offerts à M. Émile Chatelain*, Paris, 1910, pp. 195-203. 다만 절제의 덕에 관해 카롤루스 대제의 몸짓을 언급하는 명문을 담고 있는 사주덕*quatre vertus*의 도상은 1216~1223년에 제작되었다. 다음을 참조. R. Branner, *Manuscript Painting in Paris during the Reign of Saint Louis. A Study of Styles*, Berkeley et Los Angeles, Univ. of California Press, 1977, ill. 22. Giraud de Cambrie, *Liber de principis instructione*, III, cap. XXX, éd. G. F. Warner, *Opera*, VIII, Londres, 1891, pp. 320-321. Guibert de Tournai, *Eruditio regum et principum*, éd. A. de Poorter, Louvain, 1914, p. 10.
45. Col. 950D-951A.
46. M.-D. Chenu, *L'Éveil de la conscience dans la civilisation médiévale*, Paris et Montréal, 1969; W. Ullmann, *The Individual and Society in the Middle Ages*, Baltimore, 1966; C. Morris, *The Discovery of the Individual 1050-1200*, Londres, 1972; C. W. Bynum, "Did the Twelfth Century Discover the Individual?"(1980), rééd. *Jesus as Mother. Studies in the Spirituality of the High Middle Ages*, Berkeley, Los Angeles, Londres, University of California Press, 1982, pp. 82-109.
47. Thomas de Chobham, *Summa confessorum*, éd. F. Broomfield, Louvain et Paris, 1968, p. 478.
48. *Statuts synodaux d'Eudes de Sully, évêque de Paris*, art. 26-39, éd. O. Pontal, *Les Statuts synodaux français précédés de l'historique du synode diocésain depuis ses origines*, t. I: *Les Statuts de Paris et Le synodal de l'Ouest (XIII siècle)*, Paris, Bibliothèque nationale, 1971, p. 63.
49. R. de Peñafort, *Summa de poenitentia*, éd. X. Ochoa-A. Diez, 1976, III, 34, pp. 590-591.
50. Carla Casagrande-Silvana Vecchio, *I peccati della lingua. Disciplina ed etica della parola nella cultura medievale*, Rome, Istituto della Enciclopedia italiana, 1987, p. 77 이하.
51. 저자는 같은 단어를 이 작품의 앞선 장에서는 의복의 의미로 사용하고 있다.
52. Col. 949D.
53. Col. 951B-952A.
54. Jean-Claude Bonne, *L'Art roman...*, p. 262.
55. Jean-Claude Schmitt, "Le geste, la cathédrale et le roi", *L'Arc*, 12 (Georges Duby), 1978, p. 11. 여기에서 나는 아마도 '로마네스크'와 '고딕'의 범주를 너무 명확하게 사용했을 것이다.
56. R. Goy, *Die Ueberlieferung der Werke Hugos von St. Viktor*. 이 책은 172종의 사본을 꼽고 있다. 필사본의 수는 12세기(29종)부터 15세기(57종)까지 꾸준히 늘어난다. 94종의 사본은 수도회 도서관, 특히 베네딕투스회(27종), 시토회(17종), 참사회(15종), 탁발수도회(프란체스코회 6종, 도미니쿠스회 5종)에서 비롯되었다. 재속 도서관(대학, 주교좌 성당)은 18종이다. 대부분

프랑스(57종)에서 제작되었으나, 중남부 유럽(35종), 북유럽(22종), 잉글랜드(22종), 남유럽(15종)도 있다. 제목의 다양성은 이 작품의 용법이 다양했다는 것을 얼마간 반영한다.

57. Bernard de Besse, *Speculum disciplinae ad novitios*, in Bonaventure, *Opera omnia*, XII, Paris, 1868, pp. 467-468 (cap. XIX, De disciplina in gestu).
58. James A. Corbet, "The 'De instructione puerorum' of William of Tournai O.P.", Notre Dame, Ind., 1955 (Texts and Studies in the History of Mediaeval Education III), pp. 48-49. 이 문헌은 1249~1264년에 쓰였다.
59. Humbert de Romans, *Expositio regulae B. Augustini*, in *Opera omnia*, éd. J. J. Berthier, Rome, 1888, I, p. 256 (그리고 p. 248 이하).
60. Gilbert de Tournai, *Sermones ad status*, Lyon, 1511, fol 146v: Ad virgines et puellas sermo primus. 같은 청중을 향한 다른 설교에 대해서는 다음을 참조. fol 147v, 155b, 158r.
61. David d'Augsbourg의 『구성에 대해 I *De compositione I*』의 독일어판 사본(abbaye de Melk, ms. 235, fol 73r-81r)은 여백 메모에 위그 드 생빅토르의 『수련자 교육』을 번역한 것으로 잘못 표시되어 있다(R. Goy, *Die Ueberlieferung der Werke Hugos von St. Viktor*, p. 501). 이것은 『수련자 교육』의 명성을 알려준다.
62. *Disciplina dos Monges*(Lisbonne, Bibl. Nac., cod. alc. 200, fol. 148-180). 이것은 다음에 주석이 붙여져 있다. M. Martins, *Broteria*, LXXII, 1961, 6, pp. 633-644. 특히 p. 639. "*disciplina no vestido e no gesto e em affala e em o corner.*" 이 문헌에 관해 알려준 Carla Casagrande와 Silvana Vecchio에게 고마움을 전한다.
63. Paris, B.N., Ms. fr. 24863. 일찍이 생빅토르 수도원에 소장되어 있던, 15세기의 운문·산문 교화 작품집. fol 124-148이 *Ci commence le traictié de Hue de Saint Victor de Institucion des novices et de la discipline de moines*이다. 이것은 Migne가 펴낸 라틴어판의 장 구분을 매우 충실하게 따르고 있다. 아울러 『수련자 교육』의 프랑스어 번역판인 다음도 참조. Jean de Vignay, *Miroir Hystorial*, Paris, 1621, tome IV, livre XXVII, chap. LXI, fol 183.
64. fol. 148v.
65. fol. 145r.
66. "*Contenance est maniere et figuracion des membres corporels si comme len se doit avoir en tout fait et en toutes choses ainsi que il appartient en son estat.*" fol. 141r.
67. fol. 141v, 148v 등.
68. J. W. Baldwin, *Masters, Princes and Merchants: the social views of Peter the Chanter and his circle*, Princeton, 1970, 2 vol; 같은 저자, "Pierre le Chantre (Petrus Cantor)", *Dictionnaire de spiritualité*, 1986, col. 1533-1538.
69. Pierre le Chantre, *Verbum abbreviatum*, cap. CXVIII, *De temperantia*, *P.L.* 205, col. 501-502.
70. J.-M. Canivez, "Alain de Lille", *Dictionnaire de spiritualité*, I, 1937, col. 270-272; M.-Th. D'Alverny, *Alain de Lille*, pp. 32-35. Alain de Lille, *Liber poenitentialis*, t. I, éd. J. Longère, Louvain-Lille, 1965.
71. Alain de Lille, *De planctu naturae*, *P.L.* 210, col. 473D-475A도 참조.
72. Alain de Lille, *Anticlaudianus*, éd. R. Bossuat, Paris (Textes philosophiques du Moyen Âge, I), 1955; *P.L.* 210, col. 551-552.
73. Alain de Lille, *Sermones diversi*, éd. M. Th. d'Alverny, *Alain de Lille*, p. 260.
74. Alain de Lille, *Summa de arte praedicatoria*, cap. V, *Contra luxuriam*, *P.L.* 210, col. 122C. 절도 *modestia*에 관해서는 다음을 참조. cap. XXV, col. 161-162.

75. Pseudo-Boèce, *De disciplina scolarium,* éd. O. Weijers, Leyde et Cologne, E. J. Brill, 1976. 특히 pp. 100-103.
76. Thomas d'Aquin, *Summa theologica,* II a II e, Qu. 143, art. unie., 2123 ab; Pierre Bersuire (Poitiers, 1290-1362), *Repertorium morale,* II, Anvers, 1609, p. 1028. modestia 항목.

6장

1. *Le Conte du Graal(Perceval),* éd. Pʹ. Lecoy, Les Romans de Chrétien de Troyes, vol. V, t. 1, Paris, H. Champion (CFMA 100), 1972, pp. 5-56.
2. P. Le Rider, *Le Chevalier dans Le Conte du Graal de Chrétien de Troyes,* Paris, S.E.D.E.S., 1978.
3. Paris, B.N., fr. 12577, fol 1r(14세기). 고맙게도 Sylvie Chossat이 이 그림에 관심을 갖게 해주었다.
4. 다음을 참조. J. Flori, "Pour une histoire de la chevalerie : l'adoubement chez Chrétien de Troyes", *Romania*, 100, 1979, pp. 21-53.
5. Jean Flori, *L'Essor de la chevalerie. XIe-XIIe siècles,* Genève, Droz, 1986, p. 319 이하. Guillaume Durand의 저작에 관해서는 이 책의 pp. 384-386과 그 주석, 같은 책의 "Chevalerie et liturgie. Reinise des armes et vocabulaire chevaleresque dans les sources liturgiques du IXe au XIVe siècle", *Le Moyen Age*, 1978, pp. 247-278, 3-4, pp. 409-442, 특히 pp. 414-417을 참조. 아울러 J. Le Goff, "le rituel symbolique de la vassalité", *Pour un autre Moyen âge,* p. 351, n. 5도 참조.
6. Marc Bloch, *Les Rois thaumaturges. Étude sur le caractère surnaturel attribué à la puissance royale particulièrement en France et en Angleterre,* Strasbourg, 1924. J. Le Goff와 J.-Cl. Bonne는 13세기 중엽의 프랑스 국왕의 축성식과 대관식 예식규정*ordo*의 본문과 사본을 연구했다(Paris, B.N. lat. 1246). 이 사료는 의례의 몸짓, 특히 교회와 국왕, 귀족의 이러한 '화해*compromis*'를 보여주는 몸짓을 연구하기 위한 귀중한 자료이다.
7. M. Lauwers, "La mort et le corps des saints. La scène de la mort dans les Vitae du Haut Moyen Âge", *Le Moyen Âge*, 1988, pp. 21-50.
8. M. Lauwers, 같은 책, p. 38, n. 110.
9. Georges Duby, *Guillaume le Maréchal ou le meilleur chevalier du monde,* Paris, Fayard, 1984.
10. J. Ntedika, *L'Évocation de l'au-delà dans la prière pour les morts. Étude de patristique et de liturgie latines IV-VIII siècles,* Louvain et Paris, Nauwelaerts, 1971.
11. Bibliothèque capitulaire d'Ivrea, ms. 86, éd. L. Magnani, Cité du Vatican, 1934, fol 191-206v, pl. XXXV-XL.
12. 이런 애도의 몸짓에 관해서는 다음을 참조. M. Barasch, *Gestures of Despair...,* 1976. 이 사료를 누가 무시할 수 있을까.
13. G. Duby(앞의 책, p. 29)는 『윌리엄 마셜의 역사*Histoire de Guillaume le Maréchal*』가 임종의 성체에 관해 언급하고 있지 않다고 지적한다. 이런 침묵은 성사서만큼 성직자의 강한 감독 아래에 놓이지 않은 사료의 성질에서 비롯된 것일 수도 있다.
14. 이 도상과 중세 말기 (무덤에서 갓 나온 몸통을 가진, 죽은 그리스도는 두 손을 모으고 머리를 어깨에 기대고 있는) 그리스도의 죽음의 피에타상*Imago Pietatis*과의 유사성은 지적해 두고 싶다. 이 그리스도의 도상은 적어도 부분적으로는 이러한 장례 의식의 도상에서 파생된 것이 아닐까? 그리스도의 도상에 관해서는 다음을 참조. E. Panofsky, "Imago Pietatis", *Festschrift jür M. J. Friedliinder zum 60. Geburtstag,* Leipzig, 1927, p. 261 이하; H. Belting, *Das Bild und sein Publikum im Mittelalter. Form und Funktionfrüher Bildtafeln der Passion,* Berlin, Gebr. Mann

Verlag, 1981.
15. 윌리엄 마셜은 장례식 때에 관을 덮기 위해 성지에서 가져온 두 장의 귀한 비단 천을 주문했다. 그리고 아직 살아 있는 동안에 그 천을 성당기사단에 전달해야 했다. G. Duby, *Guillaume le Maréchal...*, pp. 16-17.
16. Charles-Victor Langlois, *La Vie en France au Moyen Âge de la fin du XIIe siècle au milieu du XIVe siècle*, t. I(D'après les romans mondains du temps), t. II(D'après les moralistes du temps), Paris, 1926.
17. Ph. Aries, *L'Enfant et la vie familiale sous l'Ancien Régime*, Paris, Le Seuil, rééd. 1973.
18. Pierre Alfonse, *Disciplina clericalis*, éd. A. Hilka - W. Sôderhjelm, Helsingfors, 1911.
19. Pierre Alfonse, 같은 책, p. 18.
20. Raymond Lulle, *Doctrine d'enfant*, éd. A. Llinarès, Paris, Klincksieck, 1968. P.-A. Sigal, "Raymond Lulle et l'éducation des enfants d'après la Doctrina Pueril", *Raymond Lulle et Le pays d'Oc, Cahiers de Fanjeaux 22*, Toulouse, Privat, 1987, pp. 117-139 참조. 여자 교육에 관해서는 C. Opitz, *Frauenalltag im Mittelalter. Biographien des 13. und 14. Jahrhunderts*, Weinheim et Bâle, Beltz, 1985 참조.
21. Norbert Elias, *Ueber den Prozess der Zivilisation. Soziogenetische und Psychogene-tische Untersuchungen. II. Wandlungen der Gesellschaft. Entwurf zu einer Theorieder Zivilisation*, 1éd. 1939, 4éd. Francfort, Suhrkamp, 1977.
22. 예컨대 "De courtoisie. Li respit del curtis et del vilain", éd. E. Stengel, *Zeitschriftfür Franzosische Sprache und Literatur*, XIV, 1892, pp. 151-153. 다음 학위 논문을 참조. R. Valery, *L'Enseignement du comportement social (courtoisie et bonnes manières) en Europe occidentale aux XII et XIII siècles*, Thèse de III cycle, Paris-V, 1985.
23. Philippe de Novare, *Les Quatre Âges de l'homme*, éd. M. de Fréville, Paris, 1888(S.A.T.F. 26), p. 112.
24. *Morale scolarium of John of Garland, Johannes de Garlandia. A professor in the Universities of Paris and Toulouse in the Thirteenth Century*, éd. L. Paetow, Berkeley, Univ. of California Press, 1927. 특히 pp. 202-206, pp. 251-252. 또 하나의 저작(*Exempla honestae vitae*, éd. E. Habel, *Romanische Forschungen*, 29, 1911, pp. 140-143)에서 존 갈런드는 '영혼의 질을 드러내는' 몸짓의 문제로 돌아가고 있다.
25. *Chanson de Roland*, v. 1093: "롤랑은 용맹히, 올리비에는 지혜롭게Rollanz est pruz e Oliviers est sages"
26. Philippe de Novare, *Les Quatre Âges de l'homme*, p. 53.
27. 예컨대 보두앵 드 콩데(Baudoin de Condé, 13세기 후반)의 『무장을 한 기사 지망자*Bachelier d'armes*』에서. éd. A. Scheler, Bruxelles, 1866, vers 409-431.
28. Georges Duby, *Le Chevalier, la femme et le prêtre. Le mariage dans la France médiévale*, Paris, Hachette, 1981. 그리고 *Mâle Moyen Âge. De l'amour et autres essais*, Paris, Flammarion, 1988.
29. J. Wettstein, "Mezura", *l'idéal des troubadours, son essence et ses aspects*, Zurich, 1945.
30. J. H. Fox, *Robert de Blois, son oeuvre didactique et narrative*, s. 1., 1948, p. 455.
31. Thomasin von Zerklaere, *Der welsche Gast*, 203. 4., éd. H. Ruckert, Berlin, 1965 (1215-1216년 작품). 다음을 참조하라. J. Bunke, *Höfische Kultur, Literatur und Gesellschaft im hohen Mittelalter*, Munich, DTV, 1986, II, p. 477-481. 이 '여성을 위한' 문학은 중세 말기에 더욱 확산되었다. 특히 *le Livre du chevalier de la tour Landry pour l'enseignement de ses filles*, éd. A. de Montaiglon, Paris, 1854. 예컨대 미혼의 여자 머리의 자세와 시선에 관한 pp. 24-27을 참조.

32. Jean de Meung, *Le Roman de la Rose, adapté en français moderne*, Paris, H. Champion, II, 1976, pp. 40-41, v. 13501 이하.
33. Glixelli, "Les èontenances de table", *Romania*, 47, 1921; J. Morawski, *Le Facet en Françoys. Édition critique de cinq traductions des deux facets latins avec introducfion, note et glossaire*, Poznan, 1923. 'facetus'라는 말은 1192년 우구초네 다 피사에 의해 (오늘날에는 집단, 곧 '사교성'이라고 할) "집단에 알맞은, 파케투스*facetus quasi favens coetus*"라는 어원으로 설명되었다.
34. Jean de Meung, *Le Roman de la Rose*, v. 13355 이하. 다른 많은 사례에서 Jean Renard, *Le Roman de la Rose ou de Guillaume de Dole*, éd. F. Lecoy, Paris, Champion, 1962, v. 472 이하도 참조.
35. *Le Ménagier de Paris*, éd. G. E. Brereton and J. M. Ferrier, Oxford, Clarendon Press, 1981.
36. 아울러 1323-1347년 무렵에 도미니쿠스회 수도사가 쓴 저작에서 식탁의 예법이 차지하는 비중(60개의 항목을 지닌 Liber mensalis)도 참조. R. Creytens, "Le Manuel de conversation de Philippe de Ferrare OP(1350?)", *Archivum Fratrum Praedicatorum*, XVI, pp. 107-135.
37. 12세기 말까지는 『니코마코스 윤리학』 10권 가운데 2권과 3권만 알려져 있었다. R. A. Gauthier, *Magnanimité. L'idéal de la grandeur dans la philosophie païenne et dans la théologie chrétienne*, Paris, Vrin (Biblioihèque thomiste XXVIII), 1951, pp. 295-301; A. Pelzer, *Études d'histoire littéraire sur la scolastique médiévale*, Louvain et Paris, 1964, pp. 120-187, 272-335 참조.
38. Thomas d'Aquin, *De regimine principum ad regem Cypri et de regimine judaeorum ad ducissam Brabantiae, politica opuscula duo*, éd. J. Mathis, Taurini, 1924. 다음 영어 번역본과 서문도 참조. St. Thomas d'Aquinas, *On Kingship. To the King of Cyprus*, trad. angl. et introd. par G. B. Phelan et I. Th. Eschmann, Toronto, The Pontifical Institute of Mediaeval Studies, 1949. 르네상스 시기까지의 '군주의 귀감'에 관해서는 다음을 참조. L. K. Born, *The Education of a Christian Prince by Desiderius Erasmus. Transl. with an Introd. on Erasmus and on Ancient and Medieval Political Thought,* New York, Columbia Univ. Press, 1936.
39. Aegidius Romanus, *De regimine principum libri III*, Rome, 1556. 그리고 같은 저자, *Li Livres du Gouvernement des Rois. A XIIIth Century French Version of Egido Colonna's Treatise De Regimine Principum*, éd. S. P. Molenaer, New York et Londres, 1899.
40. Thomas d'Aquin, *De regimine principum*, I, XII, pp. 18-19 (원전의 II, I. 앞의 영역본 p. 54 참조.)
41. Aristote, *Politique*, VII, 17.
42. Livre II, pars II, cap. XIII : "젊은이는 놀이, 몸짓, 의복에 관해 어떻게 해야 하는가*Qualiter iuvenes se habere debeant in ludis et in gestibus et in vestitu*"
43. Aegidius Romanus, *Li Livres du Gouvernement des Rois...*, p. 192. "*Gestus autem dicuntur quilibet motus membrorum ex quibus iudicari possunt motus animae.*" 프랑스어 번역은 이 정의에 해당하는 것을 제시하지 않고, 직접 도덕적 규칙으로 옮겨간다.
44. Aegidius Romanus, *Li Livres du Gouvernement des Rois...*, p. 213.
45. J.-Cl. Schmitt, "Religion et guérison dans l'Occident médiéval", *Historiens et sociologues aujourd'hui*, Journées d'études annuelles de la Société française de sociologie (Université de Lille-III, 14-15 juin 1984), Paris, C.N.R.S., 1986, pp. 135-150.
46. Hildegarde de Bingen, *Causae et curae*, éd. P. Kaiser, Leipzig, 1903, pp. 81 et 86-87. pseudo-Boèce, *De disciplina scolarium*, éd. O. Weijers, leyde et Cologne, 1976.
47. 개관으로는 다음을 참조. J. Schmidt, "Physiognomik", dans Paulys, Realen: *zyclopedie der classischen Altertumswissenschaft*, XX, 1, 1941, col. 1064-1074; Elizabeth C. Evans,

"Physiognomics in the Ancient World", *Transactions of the American Philosophical Society*, New Series, vol. 59, Part 5, 1969, pp. 3-101. 더 구체적으로는 다음을 참조. F. M. Barbado, "La physionomie, Le tempérament etle caractère d'après Albert Le Grand et la science moderne", *Revue thomiste*, 36, 1931, pp. 314-351. Aldebrandin de Sienne, *Le Régime du corps. Texte français du XIII siècle*, éd. L. Landouzy et R. Pépin, Paris, 1911.

48. L. Jordan, "Physiognomische Abhandlungen", *Romanische Forschungen*, XXIX, 1, 1910, pp. 703-704. 인용문은 Charles-Victor Langlois, *La Vie en France au Moyen Âge...*, t. III(La Connaissance de la nature et du monde d'après les écrits français à l'usage des laïcs), Paris, 1927, p. 120.

49. F. Neubert, "Die volkstümlichen Anschauungen über Physiognomonik in Frankreich bis zum Ausgang des Mittelalters", *Romanische Forschungen*, XXIX, 1910, pp. 557-679.

50. A. Nicaise, *La Grande Chirurgie de Guy de Chauliac composée en l'an 1363*, Paris, 1890.

51. Marie-Christine Pouchelle, *Corps et chirurgie à l'apogée du Moyen Âge. Savoir et imaginaire du corps chez Henri de Mondeville, chirurgien de Philippe le Bel*, Paris, Flammarion, 1983.

52. W. J. Courtenay, *Covenant and Causality in Medieval Thought. Studies in Philosophy, Theology and Economie Practice*, Londres, Varioryum Reprints, 1984, III, p. 7, 22. (n. 14) 우주의 '기계' 이미지에 호응하는 이미지.

53. Albert Le Grand, *De animalibus*, éd. H. Stadler, Münster, 1916, vol. I, pp. 106-107 이하.

54. Marie-Christine Pouchelle, *Corps et chirurgie à l'apogée du Moyen Âge*.

55. E. Panofsky, *Architecture gothique et pensée scolastique* (1951), trad. franç. Paris, Éd. de Minuit, 1967.

56. A. Erlandebrandenburg-R. Pernoud -J. Gimpel- R. Bechmann, *Carnets de Villard de Honnecourt, d'après le ms. conservé à la Bibliothèque nationale de Paris (N° 19093)*, Paris, Stock, 1986, pl. XXXVII (fol 19).

57. *Old Testament Miniatures. A Medieval Picture Book with 283 Paintings from the Creation ta the Story of David*, ed. M. S. C. Cockerell-J. Plummer, New York, G. Braziller, 1969, fol 23v(사무엘기 상권 11:11), fol 46v(사무엘기 하권 20:15-22), fol 35v(사무엘기 상권 31:10-12).

58. L. White, "The Iconography of Temperantia and the Virtuousness of Technology"(1969). *Medieval Religion and Technology*, Los Angeles, University of California Press, 1986, pp. 188-201에 재수록.

59. André Leroi-Gourhan, *Le Geste et la Parole*, t. I(Technique et langage), t. II(La Mémoire et les rythmes), Paris, Albin Michel, 1964-1965, 2 vol.

60. J. Le Goff, "Les trois fonctions indo-européennes, l'historien et l'Europe féodale", *Annales E.S.C.*, 1979, 6, pp. 1187-1215. 다음에 주석을 붙이고 있다. G. Duby, *Les Trois Ordres ou l'imaginaire du féodalisme*, Paris, Gallimard, 1978.

61. Honorius Augustodunensis, *Elucidarium*, II, 9, P.L. 172.

62. J.-Cl. Bonne, *L'Art roman de face et de profil...*, 1984, pp. 268-273.

63. J. Le Goff, "Au Moyen Âge: temps de l'Église et temps du marchand"(1960). *Pour un autre Moyen Âge*, pp. 46-65에 재수록.

64. Guibert de Nogent, *Autobiographie*, éd. et trad. E.-R. Labande, Paris, Les Belles Lettres, 1981, pp. 434-437.

65. Giraud de Cambrie, *ltinerarium Cambriae*, VI, 2. 영어 번역본은 L. Thorpe, Harmondsworth-New York, Penguin Books, 1978, pp. 92-93.

66. *De modo bene vivendi*, cap. LI, *De operatione*, *P.L.* 84, col. 1273 A.
67. Éd. par J.-Th. Welter, *L'Exemplum dans la littérature religieuse et didactique du Moyen Âge*, Paris et Toulouse, 1927, rééd. Genève, Slatkine, 1973, p. 458.
68. Virginia W. Egbert, *The Mediaeval Artist at Work*, Princeton, Princeton University Press, 1967. 그 중에서도 ill. IV, X, XI, XIII, 특히 VI(장식문자 안에 자기 이름을 써 넣은 수도사 Rufilus, 12세기)와 XXX(한창 필사하고 있는 Pietro di Pavia의 자화상, 1389).
69. Theophilus, *De diversis artibus*, éd. C. R. Dodwell, Londres, 1961. 영어 번역본은 J. G. Hawthome-C. S. Smith, New York, 1963(rééd. 1979). 정확한 연대 설정에 관해서는 L. White, "Theophilus Redivivus"(1964)을 참조. *Medieval Religion and Technology*, Los Angeles, 1986, pp. 93-103에 재수록.
70. 예술가와 직공의 지식의 말과 시각에 의한 전승의 중요성에 대해서는 다음을 참조. L. R. Shelby, "The Education of Medieval English Master Masons", *Mediaeval Studies*, XXXII, 1970, pp. 1-26. 특히 pp. 22-26.
71. Theophilus, *De diversis artibus*, pp. 81, 62-63.
72. A. Scheler, "Trois traités de lexicographie latine du XII et du XIII siècle", *Jahrbuch für Romanische und Englische Literatur*, VI, 1865, p. 43 이하.
73. *Morale scolarium of John of Garland, Johannes de Garlandia*, p. 142 이하. 파리 학생의 은어에서 '실 잣는 여성devacuatrices, devoyderesses'이라는 호칭은 학생을 '녹초로 만드는' 매춘부를 가리키는 이중의 의미를 지니고 있었다.
74. Perrine Mane, *Calendriers et techniques agricoles (France, Italie, XIIe et XIIIe siècles)*, Paris, Le Sycomore, 1983. 다음도 참조. J. Le Goff, "Il tempo del lavoro. Agricoltura e segni dello zodiaco nei calendari medievali", *Storia e dossier*, 22, 1988, p. 50.
75. Perrine Mane, *Calendriers et techniques agricoles...*, p. 273.
76. Dijon, Bibliothèque municipale, ms. 170, fol 59r, 75v; ms. 173, fol 41r, 49v, 148r. 다음 문헌을 참조. Ch. Oursel, *La Miniature du XIIe siècle à l'abbaye de Cîteaux d'après les manuscrits de la bibliothèque de Dijon*, Dijon, 1926, pl. XXV-XXVI; A. Scolbetzine, *L'Art féodal et son enjeu social*, Paris, Gallimard, 1973, p. 31, pl. V, b.
77. 경작자*arator*로서의 필경사에 관해서는 다음을 참조. Michael Camille, "Labour-ing for the Lord : the Ploughrnan and the Social Ortler in the Luttrell Psalter", *Art History*, 10, 4, 1987, pp. 423-451.
78. New York, The Pierpont Morgan Library, Ms. 638, fol. 2r, 2v, 3r, 7r, 17v.
79. New York, The Pierpont Morgan Library, Ms. 638, fol. 18r(하단). 이것은 잠자는 보아즈의 발치에 룻이 누운 「룻기」(3:7)의 내용을 묘사한 삽화이다. 탈곡하는 룻을 묘사한 fol 12v와 똑같이 탈곡하는 자를 묘사한 fol 18r 상단의 도상도 참조할 것.
80. M. Camille, "Labouring for the Lord...". 저자는 제프리 루트렐(Geoffrey Lutrell)을 위해 1320-1345년 무렵에 그려진 전례용 시편의 도상, 특히 농경의 도상에서 필사본을 주문한 영주의 소작인 지배를 정당화하려는 시편 해석이 어떻게 시각적으로 표현되어 있는지를 제시했다.

7장

1. J. Le Goff et J.-Cl. Schmitt, "Au XIII siècle, une parole nouvelle", J. de Lumeau(éd.), *Histoire vécue du peuple chrétien*, Toulouse, 1972, pp. 257-279. 그리고 Carla Casagrande e Silvana Vecchio, *I peccati della lingua...*, 1987.

2. *Acta Sanctorum*, juillet I, p. 76, VIII. "*doctus in talia capere signa ... digitis numerum dispositis innuebant.*" 이 사료를 알려준 오드 드 생루-Aude de Saint-Loup에게 고마움을 전한다.
3. Thomas D'Aquin, *Summa theologica. De poenitentia*, Suppl. Qu. 9, art. 3, 2. "*Sufficit quod per scriptum aut per nutum vel interpretem conjiteatur.*" Raymond de Penafort, *Summa de poenitentia*, III, 34, 50. "*nutibus et signis et aliis modis quibus possit.*"
4. Jean-Gabriel Lemoine, "Les anciens procédés de calcul sur les doigts en Orient et en Occident", *Revue des études islamiques*, 1932, p. 1-60; G. Beaujouan, "Le symbolisme des nombres à l'époque romane", *Cahiers de civilisation médiévale*, 1961, IV, pp. 159-169.
5. Francfort-sur-Le-Main, *Historisches Museum*.
6. Isidore, *Étymologies*, XI ; Bède, *P.L.* 90, col. 692. 다음을 참조. G. Beaujouan, "Le symbolisme des nombres à l'époque romane", p. 164; Etienne de Bourbon, *Anecdotes historiques, légendes et apologues*, éd. A. Lecoy de la Marche, Paris, 1977, p. 400, n° 464.
7. G. Mensching, *Das heilige Schweigen. Eine religionsgeschichtliche Untersuchung*, Giessen, 1926. 특히 『베네딕투스의 계율』 34장 6절 참조.
8. G. Van Rijnberck, *Le Langage par signes chez Les moines*, Amsterdam, 1954. 클뤼니회와 관련된 신호 목록은 다음 문헌으로 출간·비교되었다. W. Jareckj, *Signa loquendi...*, 1981. 다음도 참조. A. Davril, "Le langage par signes chez Les moines. Un catalogue des signes de l'abbaye de Fleury", *Sous la règle de saint Benoît. Structures monastiques et sociétés en France du Moyen Âge à l'époque moderne*, Genève et Paris, Droz, 1982(E.P.H.E., IV section, 47), pp. 51-74. 주요한 사료와 옛 연구는 다음 문헌으로 다시 출간되었다. J. Ümiker-Sebeok and Th.-A. Sebeok(éd.), *Monastic Sign Languages*, Berlin, New York et Amsterdam, Mouton et De Gruyter, 1987(Approaches to Semiotic 76). Drid Williams, "The Arms and Hands, with Special Reference to an Anglo-Saxon Sign System", *Semiotica*, 21, 1/2, 1977, pp. 23-73도 참조.
9. J. M. Canivez, *Statuta capitulorum generalium ordinis cisterciensis ab anno 1116 ad annum 1786*, I, Louvain, 1933, p. 46.
10. 다음에서 인용. G. van Rijnberk, *Le Langage par signes chez Les moines*, p. 21. 예컨대 Cesaire de Heisterbach, *Dialogus Miraculorum*, éd. J. Strange, Cologne, 1841, vol. I, pp. 90-91(II, 21); vol. II, pp. 162-163 (VIII, 96).
11. Jacques de Vitry, *The Exempla or illustrative Stories from the Sermones vulgares*, éd. T. F. Crane (1890), rééd. Nendeln et Liechtenstein, 1967, p. 19, n° XLVIII.
12. Jacques de Vitry, 같은 책, p. 92, n° CCXXII.
13. Rabelais, *Pantagruel*, chap. XVIII, XIX. 이미 중세에 Nigellus, *Speculum Stultorum*, éd. Th. Wrighf, *The Anglo Latin Satirical Poets and Epigrammatists of the Tweljth Century*, I, Londres, 1872 (Rer. Brit. Med. Aevi 59, 1), p. 79. (당나귀 브루노는 어떻게 침묵의 규칙을 어겼는가)
14. M. Camille, "Seeing and reading: Some Visual Implications of Medieval Literacy and Illiteracy", *Art History*, 8, 1, 1985, pp. 26-49. 이러한 몸짓의 목록에 관해서는 다음을 참조. François Garnier, *Le Langage de l'image au Moyen Âge...*, 1982, 특히 p. 209 이하. (찾아보기의 argumentation, communication, délibération, enseignement, ordre, prédication, récit 항목).
15. J. Bard Mcnulty, "The Lady Aelfgyva in the Bayeux Tapestry", *Speculum*, 55, 4, 1980, pp. 659-668. 이 해석은 다음 문헌에서도 받아들여진다. David J. Bernstein, *The Mystery of the Bayeux Tapestry*, Londres, G. Weidenfeld and Nicholson, 1986.

16. 「보라, 이 사람이다*Ecce homo*」, 알자스의 이름이 전해지지 않은 작가의 제단화, 15세기. 「가시관*Couronnement d'épines*」 옛 도미니쿠스회 성당 제단화, 마르틴 숀가우어(Martin Schongauer, 1480~1490)의 작업장. Colmar, Musée d'Unterlinden.
17. L. Réau, *Iconographie de l'art chrétien*, II, 2, Paris, P.U.F., 1957, pp. 459-461. 다음을 참조하라. *Lexikon der christlichen Ikonographie*, dir. E. Kirschbaum, Rome, Fribourg, Bâle et Vienne, Herder, 1968, s. v. *Ecce Homo*, I, col. 557-561; G. Schjller, *Ikonographie der christlichen Kunst*, II: *Die Passion Jesu Christi*, Gütersloh, 2 éd., 1983, p. 84, ill. 265, 268: 도나우에싱겐(Donaueschingen, 1496~1498년 무렵)과 뮌헨(Munich, Kaisheimer Altar, 1502)에 있는 한스 홀바인의 제단화들.
18. 알자스의 지방어 주석이 붙은 외설적인 몸짓에 관해서는 이런 용도가 오늘날에도 여전히 입증되고 있다.
19. Gerard J. Brault, *The Song of Roland*..., 1978, pp. 111-115. 아래의 사례는 이 문헌에서 인용했다.
20. Paul Zumthor, *La Lettre et la voix. De la 'litterature' médiévale*, Paris, Le Seuil, 1987, p. 269 이하.
21. Cambridge, St. John's College, Ms. B.18, fol. 1r, *Psalterium triplex* (12세기 초, 랭스의 기도문). 이 삽화는 「시편」 1편 '행복하여라*Beatus*'에 첨부되어 있다. 이 사본에는 fol. 31r에도 면 전체에 똑같이 2단으로 된 도상이 그려져 있다. 상단은 그리스도의 책형, 하단은 열린 성묘의 도상이다. 곰의 가면에 대해서는 다음을 참조. J.-Cl. Schmitt, "Les masques, Le diable, Les morts dans l'Occident médiéval", *Razo*, 6, 1986, pp. 87-119.
22. 사무엘기 상권 21:14.
23. *P.L.* 125, col. 776.
24. Edgar de Bruyne, *Études d'esthétique médiéval*, 1946, I, p. 163.
25. *Mirabilia Urbis Romae* (1146). 다음에서 인용. W. Lrungman, *Traditionwanderungen. Euphrat-Rhein Studien zur Geschichte der Volksbräuche*, Helsinki, Folklore Fellows Communications 118-119, 1937-1938, II, pp. 967, 1056. 의례로 보는 해석을 옹호하는 연구는 R. Bernheimer, *Wild Men in the Middle Ages. A Study in Art, Sentiment and Demonology*, Cambridge, Harvard Univ. Press, 1952, p. 55. 하지만 다음 연구는 진짜 곰이라고 본다. A. Boureau, *La Papesse Jeanne*, Paris, Aubier, 1988, p. 83 이하.
26. Bernard, *Epist*. 87 *Ad Ogerium canonicum regularem*, *P.L.* 182, col. 217D. 다음도 참조. Jean Leclercq, "Ioculator et saltator. Saint Bernard et l'image du jongleur dans les manuscrits", *Translatio Studii. Manuscripts and Library Studies honoring O.L. Kapsner*, O.S.B., éd. J. G. Plante, Collegeville, Minn., St. John's University Press, 1973, pp. 124-148; M. Schapiro, "On the Aesthetic Attitudes in Romanesque Art", *Art Bulletin*, XXI, 1939, p. 339 이하. 곡예의 도상은 다음을 참조. L. Randall, *Images in the Margins of Gothie Manuscripts*, Berkeley, University of Califomia Press, 1966, nn. 323-332, 410-418.
27. Edmond Faral, *Les Jongleurs en France au Moyen Âge*, Paris, 1910; Luigi Allegri, *Teatro e spettacolo nel medioevo*, Rome et Bari, Laterza, 1988, pp. 59-109.
28. Jean de Salisbury, *Policraticus*, III, VIII, *P.L.* 199, col. 488. 어릿광대와 그들의 무절제한 몸짓의 단죄에 관해서는 다음을 참조. 같은 책, I, VIII, col. 405-406; VII, XII, col. 665; VIII, XII, col. 759-761; XIV, col. 768-769. 같은 맥락에서 Aelred de Rielvaux, *Speculum Charitatis, P.L.* 195, col. 171; Alexander Neckam, *De naturis rerum*, Londres, 1863, p. 327; Abélard, *Theologia christiana*, II, *P.L.* 178, col. 1211(어릿광대는 입과 몸짓으로 영혼을 빼앗는 일을 결코 멈추지 않는 '악마의 사도'이다); 다음 문헌에서는 귀를 즐겁게 하는 경박한 언어를, 곡예를 하고 경박한 몸짓을 하는

ioculateurs vel gesticulateurs 여성의 유혹에 비유한다. Matthieu de Vendôme, *Ars Versijicatoria*, II, 43, éd. Edmond Faral, *Les Arts poétiques du XIIe et XIIIe siècle. Recherches et documents sur la technique littéraire du Moyen Âge*, Paris, 1924, p. 166. 길베르 드 투르네는 어릿광대의 몸짓과 매춘부의 몸짓을 비교한다. Gilbert de Tournai, *Sermones ad omnes status*, Lyon, 1511, sermon I, Ad monachos nigros.

29. "*Habent spem ioculatores? Nullam. Tota intentione ministri sunt Satanae.*" éd. Y. Lefèvre, *L'Elucidarium et Les lucidaires,* Paris, 1954, p. 428. 다음 연구는 이 구절을 인용하며 Guillaume d'Auvergne가 광대를 악마적인 존재로 분류했다는 점을 지적한다. D. Ruhe, "Intertextuelle Spiele bei Andreas Capellanus", *Germanische-Romanische Monatschrift,* N.F., 37, 1987, 3, pp. 264-279(p. 272).
30. 이 표현은 다음에 즐겨 인용되었다. J. Le Goff, *La Naissance du purgatoire*, 1981, p. 410 이하. 고리대금업자에 관해서는 같은 저자의 *La Bourse et la vie. Économie et religion au Moyen Âge*, Paris, Hachette, 1986.
31. D. Ruhe, "Intertextuelle Spiele bei Andreas Capellanus."
32. Innocent III, *Décrétales*(Gniezno 대주교에게 보낸 1207년 1월의 편지), *P.L.* 215, col. 1070-1071. "*per gesticulationum suarum debachationes obscenas.*" Cf. H. J. Waddell, *The Wandering Scholars*, New York, 1934 (3 éd.), p. 258. 1215년 교황은 제4회 라테라노 공의회(제16조)로 무언극 배우, 광대, 어릿광대의 구경거리에, 나아가 주사위 놀이와 선술집 연회에 성직자가 참가하는 것을 금지했다. J. D. Mansi, *Sacrorum Conciliorum Nova et Amplissima Collectio*, Venise, 1778, 22, col. 1003-1006.
33. P. G. Schmidt, "The Vision of Thurkill", *Journal of the Warburg and Courtauld Institutes*, 41, 1978, pp. 50-64. 문헌은 다음으로 출판되어 있다. H. L. D. Ward, "The Vision of Thurkill, probably by Ralph of Coggeshall", *Journal of the British Archaeological Association*, XXXI, 1875, pp. 420-459; P. G. Schmidt, *Visio Thurkilli,* Leipzig, G. Teubner, 1978. 연극의 역사에서 이 환시의 중요성에 관해서는 다음을 참조. Henri Rey-Flaud, *Pour une dramaturgie du Moyen Âge*, Paris, P.U.F., 1980, pp. 32-33.
34. Guillaume de Tyr, *Historia rerum in partibus transmarinis*, XX, cap. XXV, P.L. 201, col. 804D(12세기 후반). 이 문헌은 콘스탄티노폴리스 궁정에서 '예의'도 '도덕적 규율'도 금지하지 않은 '어릿광대의 몸짓'에 십자군이 감탄했던 일을 기록하고 있다. 조금 뒤의 Anselme Adorno, *Itinéraire en Terre sainte (1470-1471)*, éd. J. Heers et G. de Roer, Paris, C.N.R.S., 1978, pp. 72-73도 참조.
35. Fra Salimbene de Adam, *Chronica*, éd. O. Holder Egger, *MGH Scriptorum*, XXXII, Hanovre et Leipzig, 1905-1913, p. 44. "*gestus representabant ydoneos.*"
36. Ch. H. Buttimer, *Hugonis de Sancto Victore. Didascalicon. De Studio Legendi. A Critical Text*, Washington D.C., The Catholic University of America Press (Studies in Medieval and Renaissance Latin, X), 1939, p. 44. 당시의 사회적·문화적 맥락에서 이 중요한 저작의 의의에 관해서는 M.-D. Chenu, "Civilisation urbaine et théologie: l'école de Saint-Victor de Paris au XII siècle", *Annales E.S.C.*, 1974, pp. 1253-1263을 참조. 위그의 '연극술*theatrica*'에 관한 판단은 기욤 드 콩슈 (Guillaume de Conches)가 받아들였는데, 13세기에는 위그의 가르침에 대체로 충실한 로베르 킬워드비(Robert Kilwardby)에게 공격을 받았다. Ch. Buttimer, pp. 44, 206, n. 79; J. Taylor, *The Didascalicon of Hughes of St. Victor*, New York, 1961.
37. 이 책의 3장 참조.

38. Etienne de Tournai, *Summa*, Dist. LXXXVI, c. 7, éd. J. F. von Schulte, Giessen, 1891. 그는 확실히 '게스타'가 아니라 '다른 사람의 몸짓을 표현한다*aliorum gestus representabant*'고 쓰고 있다.
39. 스티븐 랭턴의 『대중 성서*Historia Scholastica*』 해설, 창세기 2:10-15.
40. Gratien, *Decretum*, la Pars, Dist. LXXXVI, c. 7, éd. A. Friedberg, Leipzig, 1879, col. 299-300. 다음에 의거. Augustin, *Super Johannem*, P.L. 35, col. 1891.
41. J. W. Baldwin, *Masters, Princes and Merchants. The Social Views of Peter the Chanter and his Circle*, Princeton, 1970, vol. I, pp. 198-204.
42. *Verbum Abbreviatum*, P.L. 205, col. 253.
43. 같은 책, col. 155C. 다음에서 인용. J. W. Baldwin, *Masters, Princes and Merchants...*, II, p. 140, n. 196. 다음도 참조. J. Le Goff, "Métiers licites et métiers illicites dans l'Occident médiéval"(1963). *Pour un autre Moyen Âge...*, pp. 91-107에 재수록.
44. *Verbum abbreviatum*, P.L. 205, col. 253C; *Summa de sacramentis et animae consiliis*, par. 211 : III, 2a, éd. J.-A. Dugauquier, Louvain, 1963, p. 177. 다음에서 인용. J. W. Baldwin, *Masters, Princes and Merchants...*, I, p. 203.
45. Vierge et merveille. *Les miracles de Notre-Dame narratifs au Moyen Âge*, textes établis, traduits et présentés par P. Kunstmann, Paris, U.G.E., 10/18, 1981, pp. 142-177.
46. Pierre le Chantre, *Summa de sacramentis*, II, p. 140, nn. 204, 205.
47. *Summa de sacramentis*, par. 211, 343, III, 2a, pp. 176, 427. 다음에서 인용. J. W. Baldwin, *Masters, Princes and Merchants...*, II, p. 142, n. 219.
48. Thomas de Chobham, *Summa confessorum*, éd. F. Broomfield, Paris et Louvain, 1968, pp. 291-293.
49. Alexandre de Halès, *Summa theologica*, III, Ad Claras Aquas(Quaracchi), Collegium S. Bonaventurii, 1930, pp. 470-476. '입의 죄'에 관해서는 C. Casagrande e S. Vecchio, *I peccati della lingua...*, 특히 p. 391을 참조.
50. 11세기 초 『콩크의 성녀 피데스의 기적*Livre des miracles de sainte Foy de Conques*』을 쓴 수도사 베르나르 당제(Bernard d'Angers)는 성녀를 '광대*joculatrix*'라고 불렀다. 성녀는 성유물함의 마에스타상에 충분한 숭배를 보이지 않는 자에게 속임수도 쓴다. J. Wirth, *L'Image médiévale. Naissance et développement (VI-XV siècle)*, Paris, Méridiens-Klincksieck, 1989, p. 171 이하 참조.
51. 이후의 작업에서 자크 르 고프는 웃음의 문제로 다시 돌아온다.
52. Bonaventure, *Commentaria in quattuor libros sententiarum*, d. XIII, in *Opera omnia*, 1889, p. 401. 다음에서 인용. Luigi Allegri, *Teatro e spettacolo...*, p. 67.
53. Thomas D'Aquin, *Summa theologica*, IIa-IIe, Qu. 168, art. 3, ad 3, 2252a.
54. H. J. Waddell, *The Wandering Scholars...*, pp. 260-261에서 인용.
55. 현전하는 문헌은 모두 다음에 출간되어 있다. Karl Young, *The Drama of the Medieval Church*, 2 vol, Oxford, Clarendon Press, 1933(2 éd. 1967) 다른 종합적 문헌은 Georges Cohen, *Histoire de la niise en scêné dans le théâtre religieux français du Moyen Âge*, Paris, 1926; 같은 저자, *Anthologie du drame liturgique en France au Moyen Âge*, Paris, 1955; Osborne Benett Hardison, *Christian Rite and Christian Drama in the Middle Ages. Essays in the Origin and Early History of Modem Drama*, Baltimore, Johns Hopkins University Press, 1965(2éd. Wesport, Greenwood Press, 1983).
56. 적어도 부활절에 관해서는 다음 종합적인 연구를 참조. Anke Roeder, *Die Gebürde im Drama...*, 1974. 예외적으로 보존된 사료에 가사 문장, 악보와 몸짓을 나타내는 부분이 동시에 제공되는

경우가 있다. 예컨대 『세 마리아의 탄식 Complainte des trois Marie』이 그러한데, 이를 출간한 다음 연구는 이 희곡의 특이성을 강조하고 있다. Karl Young, *The Drama of the Medieval Church...*, I, pp. 506-513.

57. Karl Young, *The Drama of the Medieval Church...*, pp. 41-43, 53.
58. Karl Young, 같은 책, p. 81. "*supplex eat ad sepulchrum lacrimabiliter cantet.*"
59. K. Grass(éd.), *Das Adamsspiel, Anglo-normannisches Mysterium des XII. Jahrhundefts*, 3 éd., Halle, 1928, p. 1. "*et gestum faciant convenientem rei de qua loquuntur ... Quicumque nominaverit paradisum, respiciat eum et manu demonstrat.*" '낙원 *paradis*'이란 전례극 안에서 이 역할을 맡은 성당의 부분이다. '아담의 극 *Ordo representationis Adae*'에 관해서는 A. M. Nagler, *The Medieval Religious Stage. Shapes and Phantoms*, New Haven et Londres, Yale University Press, 1976도 참조.
60. Karl Young, *The Drama of the Medieval Church...*, p. 69. 예술에서의 이런 종류의 몸짓에 관해서는 다음을 참조. Moshe Barasch, *Gestures of Despair...*, 1976.
61. *Jeu de la Sainte-Chapelle*(14세기). "*surgant milites, si ibidem fuerint, et faciant quod eis bonum viderint faciendum.*" Anke Roeder, *Die Gebürde im Drama...*, p. 92.
62. É. Mâle, *L'Art religieux du XII siècle en France*, Paris, 1940, p. 143 이하.
63. Otto Pächt, *The Rise of Picturial Narrative in the 12th Century England*, Oxford, 1962. 특히 pp. 33-44. 플뢰리쉬르루아르(지금의 Saint-Benoît-sur-Loire)의 '순례자 *Peregrinus*' 문헌은 다음에 출간되었다. Karl Young, *The Drama of the Medieval Church...*, I, pp. 471-475. 이 극은 부활제 뒤의 목요일, 저녁 예배 때에 상연되었다.
64. 이 사본은 현재 힐데스하임에 보존되어 있다. 복사본은 O. Pächt, C. R. Dodwell, F. Wormald, *The St. Albans Psalter (Albani Psalter)*, Londres, 1960, pl. XXXVIII, XXXIX, XL.
65. 엠마오의 장면. Londres, Victoria and Albert Museum. 도판은 O. Pächt, *The St. Albans Psalter (Albani Psalter)*, pl. VIII, ill. 29.
66. Otto Pächt, *The Rise of Picturial...*, pp. 45-46, ill. 30, 33(fac-similé, pl. XXXI b, XXXII a). 그리고 Karl Young, *The Drama of the Medieval Church...*, I, p. 479. Otto Pächt에 따르면, '성묘 방문 *Visitatio Sepulchri*'과 『세인트올번스 시편집』에 수록된 도마가 믿지 못하는 장면은 "연극적 부활절의 현존하는 가장 완전한 삽화이는."(p. 50)
67. Otto Pächt, 같은 책, p. 57. ill. 39 참조. 그는 예술가가 중세 예술에서 예외적인 이 '진짜 말하는 몸짓'의 표상에 열중한 나머지, 그리스도를 등장시키는 것을 잊었다고까지 지적하고 있다.
68. 다음도 참조. Georges Didi-Huberman, "Un sang d'images", *Nouvelle Revue de psychanalyse*, XXXII, 1985, pp. 123-153.
69. 그것은 이 점에 관해 매우 간략히 다룬 다음 연구가 고려하지 않은 것이다. F. Collins, *The Production of Medieval Church Music-Drama*, Charlottesvil!e, Univ. Press of Virginia, 1972. 특히 p.29에서는 13세기의 어떤 사본화의 건물의 틀이 성사극의 한 장면의 정확한 도상으로 해석되고, 도상의 바탕이 무대의 범주로까지 여겨지고 있다! 그러나 이 문헌은 전례극과 그 몸짓에서의 음악의 중요성은 정확히 강조하고 있다. '순례자 *Peregrinus*'에 관해서는 p. 102, ill. 21에 다른 사본의 삽화가 발견된다. Cambridge, Library of Pembroke College, Ms. 120, fol. 4v.
70. J. Longère, *La Prédication médiévale*, Paris, Études augustiniennes, 1983. 특히 pp. 195-202; G. R. Owst, *Literature and Pulpit in Mediaeval England. A Neglected Chapter in the History of English Letters and of the English People*, Cambridge, 1933; C. S. Baldwin, *Medieval. Rhetoric and Poetic (to 1400) Interpreted from Representative Works*, New York, 1928; James Murphy, *Rhetoric in the*

Middle Ages..., 1974.
71. 키케로의 『구상론 De inventione』과 퀸틸리아누스의 저작은 당시 그리 알려지지 않았으나, 그것들도 어느 정도 영향을 끼쳤다.
72. J. O. Ward, "From Antiquity to the Renaissance : Glosses and Commentaries on Cicero's Rhetorica", James Murphy, *Medieval Eloquence. Studies in the Theory and Practice of Medieval Rhetoric*, Berkeley, Los Angeles et Londres, Univ. of California Press. 1978, pp. 25-67.
73. F. M. Delorme, "L'Ars faciendi sermones de Géraud de Pescher", *Antonianum*, XIX, 1944, p. 188 (169-198).
74. Geoffroy de Vinsauf, *Poetria nova*(vers 1210), éd. Edmond Faral, *Les Arts poétiques du XII et du XIII siècle*..., 1924, p. 259. "*In recitante sonent tres linguae : prima sit oris, altera rhetorici vultus, et tertia gestus.*" *Documentum de arte versificandi*, 170, Geoffroy de Vinsauf, 같은 책, p. 318도 참조.
75. Honorius Augustodunensis, *Speculum ecclesie, P.L.* 172, col. 861-862.
76. A. de Porter, "Un manuel de prédication médiévale. Le manuscrit 97 de Bruges", *Revue néoscolastique de philosophie*, 25, 1923, p. 201 (pp. 192-209).
77. Brunetio Latini, *Li Livres dou Tresor*, éd. F. J. Carmody, Berkeley et Los Angeles, 1948 (reprint Genève, Slatkine, 1975), pp. 321, 244 (III, 3 ; II, 66).
78. Pierre le Chantre, *Verbum abbreviatum, P.L.* 205, col. 35. 다음도 참조. Sénèque, *Epist.* 75 ad Lucilium, éd. F. Préchac et H. Noblat, III, Paris, Les Belles Lettres, 1957, p. 50.
79. Pierre le Chantre, 같은 책, col. 35. 손가락의 몸짓에 관해서는 「이사야서」 58장에서 가져옴. "네가 네 가운데에서 멍에와 삿대질과 나쁜 말을 치워 버린다면 … 네 넋을 흡족하게 하시리라." (이사야서 58:9-11)
80. Ramon Lull, *Liber de praedicatione*, IIa, 8 *De ornatione*, 4, éd. A. Soria Flores, *Opera latina*, 118, Palma de Mallorca, 1961, p. 406. "*Quartus modus consideratur in gestu et motu sermocinatoris qui non debet digito loqui neque caput movere, sua verba discontinuare et sic de aliis similibus istis.*" 이 문헌은 1304년에 쓰였다.
81. 예컨대 이미 이 시대부터. 다음의 묘사를 참조. Jacques de Vitry, *Historia Occidentalis*, éd. J.F. Hinnebusch, Fribourg, 1972, p. 96-97.
82. 프랑스에 관해서는 다음을 참조. Hervé Martin, *Le Métier de prédicateur à la fin du Moyen Âge*. 1350-1520, Paris, Cerf, 1988, pp. 579-584.
83. Pierre le Chantre, *Verbum abbreviatum*, col. 35.
84. Alain de Lille, *Summa de arte praedicatoria, P.L.* 210, col. 112C. 그리고 114, 122C도 참조.
85. M. Th. D'Alverny, *Alain de Lille...*, p. 141.
86. 성 프란체스코의 『첫 번째 생애 *Vita prima*』(37장)와 『성 프란체스코의 작은 꽃들 *Fioretti de saint François*』에서의 수도사 질(Gilles)과 주니에브르(Gennièvre)의 경우를 참조. 앞에 인용한 살림베네 데 아담도 프란체스코회 수도사이다.
87. 매우 명쾌한 다음 글을 참조. Carla Casagrande et Silvana Vecchio, "Clercs et jongleurs dans la société médiévale (XIIe-XIIIe siècles)", *Annales E.S.C.*, 1979, 5, pp. 913-928.
88. Éd. Th. Charland, *Artes praedicanti. Contribution à l'histoire de la rhétorique au Moyen Âge*, Paris et Ottawa, 1936, pp. 320; 332.
89. Michael Baxandall, *L'Oeil du Quattrocento. L'image de la peinture dans l'Italie de la Renaissance*, trad. franç., Paris, Gallimard, 1985, pp. 99-103. 이 글은 이 설교 안내서와 15세기 예술에서의 몸

짓의 도상 표현을 정확하게 비교하고 있다.
90. 제5장에 서술한 내용 참조.
91. M.-P. Champetier, *Le Prédicateur et son image en France aux XIII et XIV siècles*, Mémoire de maîtrise d'histoire, dir. par Le professeur P. Toubert, université de Paris-I, 1988, 2 vol. dactyl. 이 미출간된 연구를 사용할 수 있게 허락해준 저자에게 고마움을 전한다.
92. *Bible moralisée*, Paris, B.N., fr. 167, fol. 167. 도판은 M.-P. Champetier, 같은 책, II, p. 173, A2.
93. Jean Gerson, *Sermons sur la Passion*, Bibliothèque municipale de Valenciennes, ms. 230, fol 57. 1480년 무렵.
94. Roger Bacon, *Opus tertium*, cap. LIX, De musica, éd. J. S. Brewer, Londres, 1859, p. 232. "*gestus est radix musicae sicut metrum et sicut melos id est cantus.*" Al-Farabi에게서 가져옴.
95. Roger Bacon, *Opus tertium*, LXXV, De praedicatione, pp. 303-308.
96. 14세기 초 교황 요한네스 22세의 '아르스 노바' 단죄(*Docta sanctorum patrum*)는 가사를 모방하며 보완하는 몸짓의 과잉과 확실히 관련되어 있었다. Paul Zumthor, *La Lettre et la voix...*, p. 276.
97. E. Rohloff, *Die Quellenhandschrijten zum Musiktraktat des Johannes de Grocheio*, Leipzig, 1967.
98. V. Pini, *Dizionario biografico degli Italiani*, XI, Rome, 1969, pp. 720-725.
99. S. Nathan(éd.), '*Amicitia' di Maestro Boncompago da Signa*, Miscellanea di Letteratura del Medio Evo, III, Rome, Società Filologica Romana, 1909, pp. 68-69. "*Super huiusmodi enim te non proposui amplius edocere quia corporeorum gestium et motuum notitiam iam habes, quoniamfecisti librum de gestibus et motibus corporum humanorum...*" 안드레아스 카펠라누스의 전통에 따른 '연애술'이다. 사랑을 다룬 다른 저작(*Rota Veneris*, 1215)에서도 그는 "연인들의 몸짓과 음란성"을 언급하고 있다. F. Baethgen, *Magister Boncompagno. Rota Veneris, ein Liebesschriftsteller des 13. Jahrhunderts, Texte zur Kulturgeschichte des Mittelalters*, Heft 2, Rome, 1927.
100. 『고대 수사학*Rhetorica antiqua*』은 아직 출간되지 않았으며, 리처드 트렉슬러가 필사한 다음 구절에 기초한다. ms. Vat. Bibl. Apost., Arch. San Pietro, H 13, fol. 10a : "*Gestus autem illarum qui subsannant et yronias proponunt subtiliter et utiliter in libro quem feci de gestibus et motibus corporum humanorum notavi.*"
101. 이 문헌은 다음에 인용되어 있다. L. Rockinger, *BriefstelLer und Formelbücher des eljten bis vierzelwten Jahrhunderts*, I, Munich, 1863, p. 117 이하. 그리고 다음에도 이용되고 있다. Moshe Barasch, *Gestures of Despair...*, p. 88.
102. *Rhetorica novissima*, éd. A. Gaudenzi, *Bibliotheca Iuridica Medii Aevi*, t. II, Bologne, 1892, p. 261(De gestibus prolocutorum).
103. *Rhetorica novissima*, p. 284(De transumptionibus que fiunt per gestus vel nutus).
104. *Rhetorica novissima*, pp. 296-297 (Lib. XIII, De contionibus). 저자는 이런 주석을 덧붙이고 있다. "*consuetudo contionandi viget in civitatibus et oppidis Italiae propter eximiam libertatem.*" 『설교술대전*Summa de arte praedicatoria*』에서 알랭 드 릴은 "국가의 강화를 위해 행하는 도시의 포고 *civilis admonitio quae fit ad reipublicae confirmationem*"인 연설*concionatio*과 설교*praedicatio*를 대비시키고 있다.
105. 다음도 참조. Fr. Yates, *L'Art de la mémoire* (1966), trad. franç., Paris, Gallimard, 1975.
106. *Rhetorica novissima*, p. 297. "*Mas contionatorum est ascendere in spectaculum et in gestibus corporum ostendere venustatem.*"

8장

1. Aimé-Georges Martimort, *L'Église en prière. Introduction à la liturgie nouvelle édition*, Paris, Desclée, 1983, t. I, p. 185 이하.
2. 에제키엘서 2:1. "그분께서 나에게 말씀하셨다. "사람의 아들아, 일어서라. 내가 너에게 할 말이 있다." 다음에서 인용. Michel de Certeau, "L'homme en prière, cet 'arbre de gestes'", *La Faiblesse de croire*, Paris, Le Seuil, 1987, pp. 13-24.
3. W. Rordorf, "Les gestes accompagnant la prière d'après Tertullien et Origène", *Gestes et paroles dans Les diverses familles liturgiques*, Conférences Saint-Serge, XXIV semaine d'études liturgiques (1977), Rome, Centro Liturgico Vincenziano, 1978, pp. 191-204; Aimé-Georges Martimort, *L'Église en prière...*, t. I, p. 194.
4. Tertullien, *De oratione*, éd. E. Evans, Londres, 1953.
5. Cyprien, *L'Oraison dominicale*, éd. M. Réveillaud, Paris, P.U.F., 1964, pp. 81-86.
6. Cesaire D'Arles, *Sermons au peuple*, éd. M.-J. Delage, III, Paris, Cerf, 1986 (Sources chrétiennes 330), Sermons 76, 77, pp. 218-237. 좋은 기도와 나쁜 기도의 모범인 세리와 바리새인에 관해서는 예컨대 다음을 참조. *Liber de modo bene vivendi*, chap. IL, *De oratione*, *P.L.* 184, col. 1271.
7. Macaire, *P.G.* 34, 249-250. 다음에서 인용. Michel de Certeau, "L'homme en prière...", p. 17.
8. Origene, *De oratione*, XXXI, 2-3. 다음을 참조. Thomas T. Ohm, *Die Gebetsgebürden der Volker und des Christentums*, Leyde, E. J. Brill, 1948.
9. Augustin, *Quaestiones ad Simplicianum*, II, Qu. IV. "*ad movendum animum*"
10. Augustin, *De cura pro mortuis gerenda*, V, P.L. 40, col. 597.
11. Amalaire de Metz, *Liber officialis*, éd. J. M. Hanssens, Cité du Vatican (Studi e testi, 138-139-140), 1948-1950, 3 vol. 특히 II, p. 354.
12. Augustin, *Confessions*, x, 33, 49. 이 구절은 이시도루스의 『음악론Sententiae de musica』에 인용되었다. "*musica movet affectus.*"
13. Eginhard, *Quaestio de adoranda cruce*, éd. K. Hampe, MGH, Epistolae, T.V. Karoli aevi III, Berlin, 1899, pp. 146-149. "*Adorare vero rei visibili et coram posite ac presenti vel inclinatione capitis vel incurvatione vel prostratione totius corporis vel protensione brachiorum atque expansione manuum vel alio quolibet modo ad corporis tamen gestum pertinente venerationem exhibere.*" 이 문헌에 주목하도록 알려준 Jochen Zwick에게 고마움을 전한다.
14. Walafrid Strabo, *Liber de ecclesiasticarum rerum exordiis et incrementis*, *P.L.* 114, col. 919-966 ; éd. A. Knôpfler, Munich, 2 éd., 1899. 주로 12장(기도), 25장(무릎꿇기), 36장(교회의 위엄); col. 952 '무릎 꿇는 습관*geniculationis morem*'이라는 말은 드물고 기독교에 고유하다. 그것은 테르툴리아누스에게서 맨 처음 발견된다.
15. *Nicolaus capitulis 106 ad Bulgarorum consulta respondet* (866년 11월 13일), cap. IC, éd. E. Perels, *MGH Epist. Karoli Aevi* VI, Berlin, 1902, p. 587.
16. Albert Blaise, *Le Vocabulaire latin des principaux thèmes liturgiques*, Turnhout, Brepols, 1966, p. 201. 여기에는 3세기 '페르페투아의 수난'(*et ego accepi junctis manibus*)과 성녀 스콜라스티카의 예화가 인용되어 있다. 알베르가 정확히 주석을 붙인 대로 이것은 사적인 기도이고, 이 몸짓이 불가능했을 전례의 몸짓은 아니다.
17. Grégoire Le Grand, *Dialogues*, II, 34, éd. A. de Vogüé et P. Antin, Paris, Cerf, 1979 (Sources

chrétiennes 160), pp. 232-233.
18. Louis Gougaud, *Dévotions et pratiques ascétiques au Moyen Âge*, Paris, 1925, p. 20 이하(그리고 p. 41, n. 95) ; Gerhart Burian Ladner, "The Gestures of Prayer in papal Iconography of the Thirteenth and Barly Fourteenth Centuries", *Didascaliae. Studies in Honor of Anselm M. Albareda*, New York, 1961, pp. 245-275(p. 274).
19. Pierre-André Sigal, *L'Homme et le miracle...*, 1985, pp. 107-116.
20. J. Le Goff, "Le rituel symbolique...", pp. 349-420.
21. Jacques de Vitry, *Vita Mariae Oigniacensis*, éd. D. Papebroeck, *Acta Sanctorum*, juin, 5, Paris, 1867, p. 553. 다음에서 인용. M. Lauwers, "Expérience béguinale et récit hagiographique. À propos de la Vita Mariae Oigniacensis de Jacques de Vitry (vers 1215)", *Journal des savants*, janvier-juin 1989, pp. 61-103.
22. 미셸 드 세르토는 다른 시대에 관해 기도대와 묵주도 언급하고 있다. Michel de Certeau, "L'homme en prière...".
23. Rupert de Deutz, *De gloria et honore filii hominis super Matthaeum*, éd. H. Haacke, Turnholt, Brepols, 1979 (Corpus Christianorum. Continuatio Mediaevalis XXIX), pp. 383-384. "*Quod cumfestinus introissem, apprehendi quem diligit anima mea, tenui ilium, amplexatus sum eum, diutius exosculatus sum eum. Sensi quam gratanter hunc gestum dilectionis admitteret, cum inter osculandum suum ipse os aperiret ut profundius oscularer.*"
24. 다음도 참조. Ch. Du Cange, *Glossarium mediae et infimae latinitatis*, s.v. osculum, VI, pp. 72-74.
25. E. Chenon, "Le rôle juridique de l'osculum dans l'ancien droit français", *Mémoires de la Société des antiquaires de France*, 8 série, 6, 1919-1923. 이 문제는 다음 연구에서 완전히 해결되었다. J. Le Goff, "Le rituel symbolique...", 앞의 인용 문헌 곳곳.
26. Chrétien de Troyes, *Érec et Énide*, éd. M. Roques, Paris, H. Champion, CFMA 80, 1963, v. 2473. 1726행, 2295행, 2436행, 6305행, 6310행, 6401행 등도 참조.
27. Chrétien de Troyes, *Cligès*, éd. A. Micha, Paris, H. Champion, CFMA 84, v. 5073. 1612행, 2302행, 6127행 등도 참조.
28. John Boswell, *Christianisme, tolérance sociale et homosexualité. Les homosexuels en Europe occidentale des débuts de l'ère chrétienne au XIVe siècle*(1980), trad. franç., Paris, Gallimard, 1985, pp. 296-299. p. 296 각주 1의 Philippe Auguste와 사자심왕 리차드의 관계를 가리키는 말인 "*dilexit eum rex Franciae quasi-animam suam*", "*se mutuo diligebant*", "*propter vehementem dilectionem*" 등에 주목할 것. 궁정문학에서 동성애 주제의 기능, 특히 게일호트(Galehot)와 란슬롯(Lancelot)의 관계에 관해서는 다음을 참조할 것. Ch. Marchello-Nizia, "Amour courtois, société masculine et figures du pouvoir", *Annales E.S.C.*, 1981, 6, pp. 969-982.
29. Caroline W. Bynum, "Jesus as Mother and Abbot as Mother", *Jesus as Mother...*, 1982, pp. 110-169. 뤼페르 드 되츠에 관해서는 p. 161.
30. E. Bertaud, "Génuflexions et métanies", *Dictionnaire de spiritualité*, VI, Paris, 1965, col. 213-226.
31. Peter Browe, "L'atteggiamento del corpo durante la messa", *Ephemerides Liturgicae*, 50, 1936, pp. 402-414.
32. Buckhard Neunheuser, "Les gestes de la prière à genoux et de la génuflexion dans les églises du rite roman", *Gestes et paroles dans les diverses familles liturgiques*, 1978, pp. 153-165.
33. Meyer Schapiro, *Words and Pictures...*, p. 29, ill. 17 (Psautier de Saint Louis, 13세기 중엽). 이러한

대체는 그레고리우스 9세(1227-1241) 이후 교황들의 일련의 '초상'에서 필수적이다. Gerhart Burian Ladner, "The Gestures of Prayer...", pp. 245-275 참조.
34. Paul Saenger, "Silent Reading: Its Impact on Late Medieval Script and Society", *Viator*, 13, 1982, pp. 367-414; 같은 저자의 "Books of Hours and the Reading Habits of the Later Middle Ages", *Scrittura e Civiltà*, 9, 1985, pp. 239-269. *Time Sanctified. The Book of Hours in Medieval Art and Life*, éd. R. S. Wieck, New York, G. Braziliier, Baltimore, The Walters Art Gallery, 1988도 참조할 것.
35. Hugues de Saint-Victor, *De modo orandi, P.L.* 176, col. 978B, 980B, 982D.
36. Hugues de Saint-Victor, 같은 책, col. 984 BC.
37. Thomas D'Aquin, *Summa theologiae*, II-II, 84, II, *Utrum adoratio importet actum corporalem; Contra Gentiles*, III, 119. "인간은 신을 깨우기 위해서가 아니라 신의 일을 향해 자신을 자극하기 위해 엎드리기, 무릎 꿇기, 소리 내어 부르짖기, 노래 부르기와 같은 감성적인 행동을 한다." E. Bertaud, "Génuflexions et métanies...", col. 216에서 인용.
38. Humbert de Romans, *Expositio super constitutiones fratrum praedicatorum, Opera omnia*, éd. J.-J. Berthier, Rome, 1888-1889, II, pp. 160-171, 167.
39. 이 문헌을 출간하고, 그것을 처음으로 피에르 르 샹트르의 작품으로 귀속시킨 것은 다음 연구의 공적이다. Richard C. Trexler, *The Christian at Prayer. An Illustrated Prayer Manuel attributed to Peter the Chanter (d. 1197)*, Binghampton, Medieval and Renaissance Texts and Studies, vol. 44, 1987. 피에르 르 샹트르의 작품으로 보는 학설은 리처드 트렉슬러 자신이 지적한 것처럼 이 작품의 확산을 입증하는 사본이 프랑스, 특히 파리에서는 발견되지 않는다는 점을 제외하면 설득력이 있다. 모든 사본은 다뉴브강, 아드리아해, 보헤미아 사이의 지역과 관련된 것이다.
40. Richard C. Trexler, 같은 책, p. 208.
41. Richard C. Trexler, 같은 책, pp. 178-179.
42. 예컨대 Richard C. Trexler, 같은 책, p. 191, "이 도상이 알려주듯이*sicut docet hec ymago*"라는 말.
43. Richard C. Trexler, 같은 책, pp. 182-191.
44. Richard C. Trexler, 같은 책, p. 233.
45. Richard C. Trexler, 같은 책, p. 190.
46. Guillaume Durand, *Instructions et Constitutions*, Montpellier, 1900, p. 79.
47. F. Rapp, "Le concile et la piété", *1274 - année charnière – Mutations et continuités*, Paris, C.N.R.S. (Colloques internationaux du C.N.R.S., n° 558), 1977, p. 562.
48. Robert de Blois, *Le Chastoiement des dames*, éd. J. H. Fox, 1948, p. 145.
49. "Knelande holde up bothe the bandes". 다음을 참고. John Mirk, *Instructions for Parish Priests*, éd. E. Peacock, Londres, EETS XXXI, 1868(rééd. 1902); *The Lay Folk's Mass Book*, Londres, EETS LXXI, 1879, p. 36.
50. P. Browe, "L'attegiamento del corpo...", pp. 50-51; J.-Cl. Schmitt, *Mort d'une hérésie. L'Église et Les clercs face aux béguines et aux béghards du Rhin supérieur du XIVe au XVe siècle*, Paris, La Haye, New York, Mouton-E.H.E.S.S., 1978.
51. 13세기 아플리겜Afflighem 수도원의 베네딕투스회 규칙을 참조. "*Procumbes ad orationem super cubitos et genua, froccum retrorsum attrahit ne pendeat super pedes ad terram.*" *Consuetudines Benedictae Variae (Saec. XI-Saec. XIV)*, Corpus Consuetudinum Monasticorum, éd. K. Hallinger, t. VI, Siegburg, 1975, p. 123. 강조는 인용자.
52. 여기서 나는 이 사료에 대한 다음 연구를 간략히 되풀이한다. Jean-Claude Schmitt, "Between

Text and Image: The Prayer Gestures of Saint Dominic", *History and Anthropology* I, 1, 1984, pp. 127-162. 이후 사료의 교정판이 S. Tugwell, "The Nine Ways of Prayer of St. Dominic: A Textual Study and Critical Edition", *Medieval Studies*, XL VII, 1985, pp. 1-124에 출간되었다. 논문에는 필사본(Le Codex Rossianus 3, Bibliothèque vaticane)에 도상이 있다는 사실은 언급되어 있지 않다.

53. "*In tantum ut in eo cohiberi non posset quin devotionem membra corporis manifestarent certis indiciis.*"
54. "*Ac si Christus per altare significatus, realiter et personaliter esset ibi, non tantum in signo.*"
55. 낭독과 그 몸짓에 관해서는 앞의 '주 34'에서 언급한 Paul Saenger의 연구를 참조.
56. Johannes Nider, *Preceptorium Legis*, I, c. 6, Augsbourg, 1475. 이에 관해 알려준 John van Engen과 시카고 뉴베리 도서관 사본의 복사물을 제공해준 Paul Saenger에게 고마움을 전한다.
57. 그는 토마스 아퀴나스의 『신학대전』(IIa IIe, Qu. 85)을 명시해 언급하고 있다. 하지만 욍베르 르 로망은 이름만 언급하고 있다.
58. 여행에 알맞은 아홉 번째 양식이 수도원 개인실에 없는 것은 쉽게 이해된다.
59. William Hood, "Saint Dominic's Manners of Praying : Gestures in Fra Angelico's Cell Frescoes at S. Marco", *The Art Bulletin*, LXVIII, 2, June 1986, pp. 195-206.
60. Giraud de Cambrie, *Itinerarium Cambriae*, I, 2 (trad. L. Thorpe, Harmondsworth et New York, Penguin Books, 1978, p. 95).
61. Meyer Schapiro, *Words and Pictures...*, 1973. 다음도 참조할 것. Otto Pacht, *The Rise of Pictorial Narrative...*, 1962 ; S. G. Nichols, *Romanesque Signs. Early Medieval Narrative and Iconography*, Yale University Press, 1983.
62. André Vauchez, "Les stigmates de saint François et Leurs détracteurs aux derniers siècles du Moyen Âge", *Mélanges de l'École française de Rome*, 80, 1968, pp. 595-625.
63. Georges Didi-Huberman, "Un sang d'images...", 1985, pp. 123-153. 특히 p. 138. 이러한 측면은 Chiara Frugoni의 성 프란체스코의 도상학에 대한 연구를 참조할 것.
64. Ambrogio Bondone, dit Giotto, Paris, musée du Louvre, 목제 제단화, 3,13 × 1,65m (제단화의 밑부분은 교황 인노켄티우스 3세의 꿈, 교황의 수도회 인가, 새들에 대한 설교를 묘사하고 있다.); Florence, Basilique de Santa Croce, Chapelle Bardi, 프레스코화.
65. C. Carozzi, "Douceline et Les autres", *La Religion populaire en Languedoc du XIIIe siècle à la moitié du XIVe siècle, Cahiers de Fanjeaux* 11, 1976, pp. 251-267 ; André Vauchez, *Les Laïcs au Moyen Âge. Pratiques et expériences religieuses*, Paris, Cerf, 1987, p. 189 이하.
66. Richard Kieckheffer, *Unquiet Souls. Fourteenth-Century Saints and their Religious Milieu*, Chicago et Londres, The University of Chicago Press, 1984, p. 153.
67. J. Ruysbroeck, *The Adornment of the Spiritual Marriage*, II, 19. 다음에 인용된 영어 번역본에 의거. J. G. Davies, *Liturgical Dance. An Historical, Theological and Practical Handbook*, Londres, SCM, 1984, p. 47.
68. Jacques de Vitry, *Vie de Marie d'Oignies*. 다음에서 인용. M. Parisse, *Les Nonnes au Moyen Âge*, Le Puy, Christine Bonneton, 1983, p. 234.
69. Caroline W. Bynum, *Holy Feast and Holy Fast. The Religious Significance of Food to Medieval Women*, Berkeley, Los Angeles, Londres, University of California Press, 1987. 특히 p. 251 이하.
70. André Vauchez, *La Sainteté en Occident aux derniers siècles du Moyen Âge d'après les procès de canonisation et les documents hagiographiques*, École française de Rome, BEFAR 241, 1981.

71. Richard Kieckheffer, *Unquiet Souls...*, p. 139. 채찍고행자와, 흑사병과 그들의 참회의 태도의 관계에 관해서는 같은 저자의 다음 연구를 참조할 것. "Radical Tendencies in the Flagellant Movement of the Mid-Fourteenth Century", *Journal of Medieval and Renaissance Studies*, 4, 1974, pp. 157-176.

9장

1. 이 개념은 다음을 참조. François Isambert, *Rite et efficacité symbolique. Essai d'anthropologie sociologique,* Paris, Cerf, 1979.
2. A. Franz, *Die kirchlichen Benediktionen im Mittelalter*, Fribourg-en-Brisgau, 1909, I, p. 107 이하; Aimé-Georges Martimort, *L'Église en prière...*, 1983, vol. III. 초기 기독교에 대해서는 다음 일련의 연구를 참조. Franz-Joseph Dölger, "Beitriige zur Geschichte des Kreuzzeichens", *Jahrbuch für Antike und Christentum*, 1-10, 1958-1967.
3. Benedeit, *Le Voyage de saint Brendan*, vv. 203-208, éd. E. Ruhe, Munich, W. Fink Verlag (Klassische Texte des Romanischen Mittelalters, 16), 1977, p. 50. (12세기 초의 판본)
4. F. C. Tubach, *Index exemplorum*, Helsinki, 1969 (Folklore Fellow Communications 204). nos 1345 à 1353. 특히 A. Lecoy de Lamarche, *Anecdotes historiques, légendes et apologues... d'Étienne de Bourbon*, Paris, 1877, n° 32, pp. 41-42.
5. Bonaventure, *In III Sent.*, D. 25, art. 1, q. 3 : "… *sicut est de Unitate et Trinitate, quam possunt nosse ex ipso actu consignationis : consignant enim se in nomine Patris et Filii et Spiritus Sancti.*" 다음에서 인용. Pierre-Marie Gy, "Évangélisation et sacrements au Moyen Âge", Ch. Annengiesser et Y. Marchasson, *Humanisme et foi chrétienne*, Paris, Beauchesne, 1976, pp. 565-572(p. 568, n. 23). 다음도 참조. Jean-Claude Schmitt. *Du bon usage du Credo, Faire croire. Modalités de la diffusion et de la réception des messages religieux du XII au XV siècle*, Rome, École française de Rome, 1981, pp. 337-361.
6. Jacques de Voragine, *La Légende dorée*, trad. franç. J.-B. Roze, Paris, Garnier-Flammarion, 1967, I, pp. 51-52 ; J.-P. Deremble et C. Manhes, *Les Vitraux légendaires de Chartres. Des récits en images*, Paris, Desclée de Brouwer, pp. 46-47, il. 36-38.
7. Jean-Claude Schmitt, "Les 'superstitions'", J. Le Goff et R. Rémond(dir), *Histoire de la France religieuse*, t. I, Paris, Le Seuil, 1988, pp. 417-551; D. Harmening, *Superstitio. Üeberlieferungs- und theoriegeschichtliche Untersuchungen zur kirchlichtheologischen Aberglaubensliteratur des Mittelalters*, Berlin, Erich Schmidt Verlag, 1979.
8. Jean-Claude Schmitt, *Le Saint Lévrier. Guinejort, guérisseur d'enfants depuis Le XIII siècle*, Paris, Flammarion, 1979, p. 102 이하.
9. N. Cohn, *Démonolâtrie et sorcellerie au Moyen Âge. Fantasmes et réalités*, Paris, Payot, 1982 (영어판 1975).
10. N. Belmont, "Superstition et religion populaire dans Les sociétés occidentales", M. Izard et P. Smith(dir), *La Fonction symbolique. Essais d'anthropologie*, Paris, Gallimard, 1979, pp. 53-70.
11. Emmanuel Le Roy Ladurie, *Montaillou, village occitan de 1294 à 1324*, Paris, Gallimard, 1975, p. 465 이하.
12. W. Steinert, *Der Bamberger Dom*, Königstein-im-Taunus, 1986, pp. 17-21, ill. p. 9.
13. Jean Wirth, "Sainte Anne est une sorcière", *Bibliothèque d'humanisme et de Renaissance*, 40, 1978,

pp. 449-480.
14. 최근의 연구로는 R. Bartlett, *Trial by Fire and Water. The Medieval Judicial Ordeal*, Oxford, Clarendon Press, 1986. 새로운 사법 절차에 관해서는 다음을 참조. *L'Aveu. Antiquité et Moyen Âge*, Rome, École française de Rome, 1986.
15. Pierre-Marie Gy, "Collectaire, rituel, processionnel", *Revue des sciences philosophiques et théologiques*, 44, 1960, 3, pp. 441-469 (462).
16. Augustin, *Civitas Dei*, X, 5. "*Sacramentum est sacrae rei signum.*" ; Quaestiones in Pentateuch, 84. "*Sacramentum est invisibilis gratiae visibilis forma.*" 이것은 특히 다음에서 되풀이되었다. Pierre Lombard, *Libri IV Sententiarum*, IV, Dist. I, cap. 11, *Quid sit sacramentum*.
17. Paul Galtier, "Imposition des mains et bénédictions au baptême", *Recherches de science religieuse*, 25, 1937, pp. 464-466.
18. Augustin, *De baptismo*, III, 16, 21 (*P.L.* 43, col. 14) : "*Manus impositio ... quid est aliud nisi oratio super hominem?*" 세례 지원자의 세례에 관해 같은 표현(*orationem manus impositionis*)이 다른 곳에서도 나타난다. *De peccatorum meritis et remissione*, II, 26 (*P.L.* 44, col. 176).
19. *P. L.* 182, col. 614.
20. Hermann le Juif, *Opusculum de conversione sua*, cap. XIX, *P.L.* 170, col. 831-832. 다음의 교정판과 해설도 참조. G. Niemeyer, MGH, *Quellen zur Geistesgeschichte des Mittelalters* IV, 1963.
21. 파리 주교 오동 드 쉴리Odon de Sully의 교구회의 규정은 일곱 성사에 따라 정해졌다. O. Pontal, *Les Statuts synodaux français du XIII siècle, précédés de l'historique du synode diocésain depuis ses origines*, t. I, *Les Statuts de Paris et Le synodal de l'Ouest*, Paris, Bibliothèque nationale, 1971.
22. Jean-Baptiste Molin et Protais Mutembé, *Le Rituel du mariage en France du XIIe au XVIe siècle*, Paris, Beauchesne, 1973. 이탈리아에서도 똑같은 변화가 뚜렷하게 나타나지만, 시기는 늦다. Christiane Klapisch-Zuber, "Zacharie ou Le père évincé. Les rites nuptiaux toscans entre Giotto et le concile de Trente", *Annales E.S.C.*, 1979, 6, pp. 1216-1243.
23. Paris, B. N., ms. lat. 3898, fol 293 (*Décret*, Pars II, Causa XXVIII). 다음을 참조. A. Melnikas, *The Corpus of the Miniatures in the Manuscripts of Decretum Gratiani*, Rome (Studia Gratiana, XVI-XVIII), 1975, 3 vol. (vol. III, pl. II).
24. "*Fides autem consensus est quando, etsi non constringant manum, corde et ore consentit ducere.*" 다음에서 인용. Karl Gross, "Menschenhand und Gotteshand in Antike und Christentum", *Mélanges Speyer*, Stuttgart, Anton Hiersemann, 1985, pp. 209-210.
25. Cyrille Vogel, "Une mutation culturelle inexpliquée: Le passage de l'eucharistie communautaire à la messe privée", *Revue des sciences religieuses*, 1980, 3, pp. 231-250.
26. Joseph Andreas Jungmann, *Missarum Sollemnia...*, 1948, II, p. 247.
27. Michel Andrieu, *Immixtio et consecratio. La consécration par contact dans les documents liturgiques du Moyen Âge*, Paris, A. Picard, 1924.
28. 『제1 예식규정*Ordo I*』은 교정판이 출간되어 있다. Michel Andrieu, *Les Ordines romani...*, t. II, 1948, pp. 65-108 (p. 96, §§ 89-90 봉헌에 관해). 다음도 참조. P. Batiffol, *Leçons sur la messe*, Paris, 1947, pp. 67-99.
29. Pierre-Marie Gy, "Quand et pourquoi la communion dans la bouche a-t-elle remplacé la communion dans la main dans l'Église latine?", *Gestes et paroles dans les diverses familles liturgiques*, 1978, p. 117-122.

30. Y. Congar, "Modèle monastique et modèle sacerdotal en Occident de Grégoire VII (1073-1085) à Innocent III (1198)", *Études de civilisation médiévale (IX-XII siècles)*, Mélanges offerts à E.-R. Labande, Poitiers, C.E.S.C.M., 1974, pp. 153-160.
31. *Sacramentaire de Dragon*, évêque de Metz (855), Paris, B.N., ms. lat. 9428, éd. facsimilé W. Koehler et Fl. Mütherich, Graz, 1974, 2 vol. 다음도 참조. A. Goldschmidt, *Die Elfenbeinssckulpturen aus der Zeit der Karolingischen und Süchsischen Kaiser, VIII-XI Jahrhundert*, I, Berlin, 1914, n° 74 a-b, pp. 41-42. 다음 연구는 특이하게도 제본된 이미지를 무시하고 사본 장식만을 다룬다. F. Unterkircher, *Zur Ikonographie und Liturgie des Drogo-Sacramentars Paris (B.N, lat. 9428)*, Graz, 1977. 다음도 참조할 것. R. E. Reynolds, "Image and Text. A Carolingian Illustration of Modifications in the Early Roman Eucharistie Ordines", *Viator*, 14, 1983, pp. 59-75.
32. Joseph Andreas Jungmann, *Missarum Sollemnia*.... 이 시기의 수많은 전례서 가운데 나는 주로 다음의 문헌들을 사용했다. Jean d'Avranches(루앙 대주교, 재임 1067-1079), *Liber de officiis ecclesiasticis*, *P.L.* 147, col. 27-62. 이 문헌은 다음 교정본을 즐겨 사용했다. R. Delamare, Paris, A. Picard, 1923; Bernold de Constance, *Micrologus de ecclesiasticis observationibus*(1085년 무렵), *P.L.* 151, col. 973-1022; Honorius Augustodunensis(1125), *Gemma animae et Speculum ecclesie*, *P.L.* 172, col. 543-738, 813-1108; Rupert de Deutz(1135), *De divinis officiis*, éd. H. Haacke, Turnholt, 1967 (Corpus Christianorum. Continuatio Mediaevalis, VII); Hogues de Saint-Victor(1145), *De Sacramentis*, *P.L.* 176, col. 117 이하; Jean Beileth(1165), *Summa de ecclesiasticis officiis*, éd. H. Douteil, Turnholt, 1976(Corp. Chris. Contin. Mediaev. XLI A), 2 vol; Le cardinal Lothaire (미래의 교황 인노켄티우스 3세), *De sacro altaris mysterio*(1198년 이전), *P.L.* 217, col. 763-916; Sicard de Crémone(1215), *Mitrale sive Summa de officiis ecclesiasticis*, *P.L.* 213, col. 13A-434A; Haymon de Faversham, *Ordo missae*(1243), éd. S. J. P. Vandijk, *Sources of the Modern Liturgy. The ordinals by Haymo of Faversham and related documents(1243-1307)*, Leiden, E. J. Brill, 1963 (Studia et Documenta Franciscana, 1-11), 2 vol. (vol. II, p. 3 이하); Guillaume Durand(1296), *Rationale divinorum officiorum*, Lyon, 1612, *Instructions et constitutions*, éd. J. Berthelé et M. Valmary, Montpellier, 1900.
33. 이러한 원리의 적용은 힐데가르트 폰 빙엔의 우주론적 환시에서와 같이 생드니 수도원 교회 건설에 관한 쉬제르의 저술에서 명백히 드러난다.
34. 특히 로타리오 추기경의 『미사 예식 규정*Ordo missae*』(*De sacro altaris mysterio*, col. 763-774)의 표제를 참조.
35. Joseph Andreas Jungmann, *Missarum Sollemnia*..., p. 136. 다음도 참조할 것. Rudolf Suntrup, *Die Bedeutung der liturgischen Gebürden*..., 1978.
36. *P. L.* 217, col. 825D. 그가 비판한 관습은 오늘날에는 보편적으로 인정되고 있다.
37. A. Murray, *Reason and Society in the Middle Ages*, Oxford, Clarendon Press, 1978, pp. 141-210.
38. *P. L.* 217, col. 895D-897A.
39. Joseph Andreas Jungmann, *Missarum Sollemnia*..., I, p. 144.
40. Honorius Augustodunensis, *Gemma animae et Speculum ecclesie*, I, 83, *P.L.* 172, col. 570A-B. 이것은 다음에 되풀이되고 있다. Sicard de Crémone, *Mitrale sive Summa de officiis ecclesiasticis*, *P.L.* 213, col. 146B.
41. Aelred de Rievaulx, *Speculum charitatis*, I, XXIII, P.L. 195, col. 571.
42. Hugues de Saint-Victor, *De Sacramentis*, *P.L.* 176, col. 118C, 321D, 326D. 같은 구별은 다음

에 인용된 이름이 전해지지 않는 인물의 1300년 무렵의 주석에도 나타난다. Joseph Andreas Jungmann, *Missarum Sollemnia...*, I, p. 138, n. 26. "*In tribus comprehenduntur, videlicet in rebus, in gestibus - ut sunt VII oscula, V versiones, XXV cruces sive benedictiones, locorum mutationes, manuum extensiones - In verborum prolationibus.*"

43. Munich, Bayerische Staatsbibliothek, Clm 8201, fol. 90r. 이것은 1414년 메텐Metten 베네딕트회 수도원의 사본이다.
44. Haymon de Faversham, *Ordo missae* (1243).
45. Thomas d'Aquin, *Summa theologiae*, IIIa Pars, Qu. 83, art. V.
46. Peter Browe, *Die Verehrung der Eucharistie im Mittelalter*, Rome, 1933, p. 27. 라티우스(Ratherius Veronensis, 974년 사망)의 문헌, 베랑제 드 투르(1088년 사망)와의 논쟁에서 아델마누스(Adelmannus), 피에르 롱바르(1160년 사망), 인노켄티우스 3세(1216 사망)의 문헌.
47. Édouard Dumoutet, "La théologie de l'Eucharistie à la fin du XII siècle. Le témoignage de Pierre Le Chantre d'après la Summa de sacramentis", *Archives d'histoire doctrinale et littéraire du Moyen Âge*, Paris, 1943, XVIII, pp. 181-261 (pp. 220, 255-256).
48. Thomas de Chobham, *Summa confessorum*, éd. F. Broomfield, Louvain et Paris, 1968, pp. 100-101.
49. Thomas de Chobham, 같은 책, p. 143. 강조는 인용자.
50. J. R. Geiselmann, *Die Abendmahllehre...*, Munich, 1933, p. 208.
51. Édouard Dumoutet, "La théologie de l'Eucharistie...", p. 221.
52. Jacques de Vitry, *The Historia Occidentalis*, éd. J. F. Hinnebusch, Fribourg, 1972, pp. 179-180.
53. 다음도 참조. Fr. A. Yates, *L'Art de la mémoire*.
54. J.-Cl. Schmitt, "L'Occident, Nicée II et Les images du VIII au XIII siècle", F. Boespflug et N. Lossky(éd.), *Nicée II, 787-1987. Douze siècles d'images religieuses*, Paris, Ed. du Cerf, 1987, pp. 271-301.
55. *P.L.* 217, col. 859A.
56. Pierre Lombard, "*Cum verbaproferuntur, conversiofit.*"; Pierre Le Mangeur, "*ex virtute horum verborum fit transsubstantiatio*". 다음에서 인용. E. Dumoutet, "La non-réitération des sacrements et Le problème précis de la transsubstantiation. A propos du De sacramentis attribué à Pierre le Mangeur", *Recherches de sciences religieuses*, XXVIII, 5, 1938, pp. 580-585.
57. Cambridge, Fitzwilliam Museum. 그리고 Francfort-sur-le-Main, Stadtbibliothek. 다음도 참조. A. Goldschmidt, *Die Elfenbeinsskulpturen aus der Zeit der Karolingischen und Süchsischen Kaiser, VIII-XI Jahrhundert*, pl. LIII, ill. 120, 121, pp. 61-62.
58. 불가타가 아니라 로마 번역본으로 인용되었다. "*Ad te Levavi animam meam deus meus, in te conjido non erubescam neque irrideant me inimici mei, etenim universi qui te expectant non confundentur.*"
59. Michel Huglo, "La cheironomie médiévale", *Revue de musicologie*, 49, 1963, pp. 155-171(p. 157); Karl Gross, "Menschenhand und Gotteshand...", pp. 197-198.
60. "*Te igitur clementissime...*"에서 "*benedicas hec dona*"까지. 다음도 참조. J. A. Jungmann, *Missarum Sollemnia...*, II, p. 125.
61. W. Weisbach, *Ausdrucksgestaltung...*, 1948, p. 33 (ill. 11 a-b).
62. Édouard Dumoutet, *Le Désir de voir l'hostie*, Paris, 1926; Peter Browe, *Die Verehrung der Eucharistie...*.

63. *Statuts du synode de Paris*, art. 79, 80, éd. O. Pontal, *Les Statuts synodaux français du XIII siècle*,..., pp. 79-83.
64. *Summa confessorum*, éd. cit., pp. 122-123.
65. 두 번째는 첫 번째의 단순한 발전으로 볼 수 있다. 다음을 참조할 것. V. L. Kennedy, "The moment of consecration and the Elevation of the Host", *Mediaeval Studies*, VI, 1944, pp. 121-150.
66. Édouard Dumoutet, "La non-réitération...", p. 581.
67. F. Steebock, "Eine Miniatur zu Messfeier im Berliner Kupferstichkabinet", *Festschrift P. Metz*, Berlin, 1965, pp. 135-147(p. 137, ill. 1), Berlin, Dahlem Museum, catalogue Paul Wescher, n° 637. 서문 첫머리의 분리된 면. 아치 명문은 "*Vinu(m). panis. aqua fit XPI corpus. in ara.*" 가장자리 명문은 "*Martyrio Christi. Pater angeliciq(u)e ministri assistunt. Ergo fiunt unum tria verbo.*"
68. J. A. Jungmann, *Missarum Sollemnia*..., II, p. 249.
69. Victor Leroquais, *Les Sacramentaires et Les missels manuscrits des bibliothèques publiques de France*, Paris, 1924-1941, pl. LXXIV(프란체스코회 미사경본, 1380년. Paris, B.N. lat. 757, fol 322); LXVII (로마 미사경본, B.N. 848, fol 194).
70. M. Vloberg, *L'Eucharistie dans l'art*, Paris et Grenoble, G. Arthaud, 1946, pp. 63-64.『랭스 주교 예전서*Pontifical de Reims*』(13세기 말), Bibl. mun. Rouen, ms. 370, fol 36;『콩피에뉴의 성 코르네유 미사경본*Missel de Saint-Corneille de Compiègne*』, B.N., lat. 17318, fol 173;『상리스 성사서*Sacramentaire de Senlis*』(14세기 초), Paris, bibl. Sainte-Geneviève, ms. 103, fol 121r.
71. Paris, B.N. fr. 13342, ff 45-48v. 다음을 참조. F. Wormald, "A short tract on the Mass with Pictures by the Master of Queen Mary Psalter", *The Walpole Society*, 41, 1966-1968, pp. 39-45.
72. M. Rubin, "Corpus Christi Fraternities and Late Medieval Piety", W. J. Sheils-D. Wood(éd.), *Voluntary Religion*, Oxford, Blackwell, 1986, pp. 97-109.
73. J. Nider, *Preceptorium Legis*, I, cap. VI, Augsbourg, 1475.

맺음말

1. 다음을 참조. Marie-Dominique Chenu, *La Théologie au XIIe siècle*, Paris, Vrin, 1957, 3 éd. 1976.
2. M. Gauchet, *Le Désenchantement du monde. Une histoire politique de la religion*, Paris, Gallimard, 1985.
3. Norbert Elias, *Ueber den Prozess der Zivilisation*...(1939), 4 éd., 1977, pp. 88-122.
4. 프랑스어 번역, Baldassare Castiglione, *Il Cortegiano*, Alain Pons(éd. et tr.), *Le Courtisan*, Paris, Éditions Lebovici, 1987.
5. 『궁정 사회*Die Hofische Gesellschaft*』는 1930년에 발표된 논문으로 1969년에야 비로소 출간되었다. 프랑스어 번역본(*La Société de cour*, Paris, Flammarion, Champs, 1985)의 제2판 책머리에 실린 로제 샤르티에(Roger Chartier)의 긴 서문을 참조할 것.
6. Philippe Ariès et Georges Duby(éd.), *Histoire de la vie privée*, Paris, Le Seuil, 1985, 4 vol.
7. Michel Foucault, *Surveiller et punir. Naissance de la prison*, Paris, Gallimard, 1975; Georges Vigarello, *Le Corps redressé*, Paris, J.-P. Delarge, 1978. 체조의 탄생은 이러한 변화의 좋은 본보기이다. P. Bouissac, "Un traité acrobatique du XVIe siècle. Essai sur la paradigmatique des modèles de la description", *Ethnologie française*, 1, 1971, pp. 11-28.
8. S. Wood and J. Kelly, "Taylorism, responsible autonomy and management strategy", S. Wood (éd.), *The Degradation of Work? Skill, Deskilling and the Labour Process*, Londres, Hutchinson, 1982, pp.

74-89.
9. 관상학에 관한 이 문헌(*Physiognomische Fragmente zur Beförderung der Menschenk-enntnis und liebe*)은 1775~1778년에 출간되었다.
10. 『정념의 일반적이고 개별적인 표현*Expression générale et particulière des passions*』(1686년)과 『관상학*Physiognomonie*』(1671년)에 관한 미술 아카데미의 유명한 강연에서. Hubert Damisch, "L'alphabet des masques", *Nouvelle Revue de psychanalyse*, XXI, 1980, pp. 123-131; Y. Hersant, "Figures des passions : la pathognomonie de Charles Le Brun", *History and Anthropology*, I, 1, 1984, pp. 163-173 참조.
11. Charles Darwin, *The Expression of Emotions in Man and Animals*, Londres, 1872. 다음도 참조. P. Eckman et al., *Darwin and Facial Expression. A Century of Research in Review*, New York et Londres, Academic Press, 1973.
12. Irenäus Eibl-Eibesfeldt, *Éthologie. Biologie du comportement*, Paris, Stock, 1972.
13. J. M. Charcot et P. Richer, *Les Démoniaques dans l'art, suivi de «La foi qui guérit»*, présenté par P. Fédida et G. Didi-Huberman, Paris, Macula, 1984; Georges Didi-Huberman, *Charcot et l'iconographie de la Salpêtrière*, Paris, Macula, 1982; S. Freud, *Psychologie de la vie quotidienne*, Paris, Payot, 1967, les chap. VIII ("Méprises et maladr-esses"), IX ("Actes symboliques et accidentels") et X("Association de plusieurs actes manqués").
14. Marc Fumaroli, *L'Âge de l'éloquence. Rhétorique et 'res litteraria' de la Renaissance au seuil de l'époque classique*, Genève, Droz, Hautes Études médiévales et modernes, 43, 1980. 그리고 같은 저자의 "Rhétorique du geste et de la voix à l'âge classique", *XVIIe siècle*, 132, 3, 1981, pp. 237-264.
15. J.-J. Engel, *Ideen zur einer Mimik*, Berlin, 1785-1786, 2 vol.
16. J. R. Knowlson, "The Idea of Gesture as a Universal Language in the XIIth and XVIIIth centuries", *Journal of the History of Ideas*, XXVI, 1965, pp. 495-508; Dilwyn Knox, "Ideas on gesture and universal languages c. 1550-1650", *New Perspectives in Renaissance Thought. Studies in Intellectual History in memory of Charles B. Schmidt*, Londres, Duckworth, 1989.
17. M. V. David, *Le Débat sur les écritures et l'hiéroglyphe aux XVIIe et XVIIIe siècles et l'application de la notion de déchiffrement aux écritures mortes*, Paris, S.E.V.P.E.N., 1965, p. 39.
18. 1769년 바이마르에서 Ch. Fred. Guill. Roth가 묘사했다.
19. *L'Encyclopédie*, sous la dir. de Diderot et d'Alembert, Paris, 1752, VII, p. 651. 계통도를 감싼 테두리 안에 제시된 이 정의의 방법이 Louis de Cahusac(1706~1759)이 '몸짓Geste' 항목에서 제시한 "몸짓 - 자연이 인간에게 부여한 최초의 감정표현의 하나. 몸짓은 무용의 최초의 원천이었다"(위의 책, VII, p. 960)라는 정의보다 상세하다. 고대 윤리의 전통에 따라 혹평한 '무절제한 몸짓을 하다Gesticuler' 항목도 참조할 것.
20. 두 명의 선구자. Andrea De Jorio, *La mimica degli Antichi, investigata nel gestire napoletano*, Naples, 1832; Garrick Mallery, *Sign Language among the North American Indians compared with that among other People and deafmutes*, Washington, 1881.

도판과 그림

원색 도판

도판 1. 성직자와 악마의 몸짓 *Moralia in Job*, Dijon, Bibliothèque municipale, Ms. 173. fol 80r(머리글자 I), 103v(머리글자 P).

도판 2. 황제에게 조공을 바치는 나라들 *Evangeliar Ottos III*, München, Bayerische Staatsbibliothek, Clm 4453, fol 23v-24r.

도판 3. 위엄있게 앉은 그리스도 *Evangeliar Ottos III*, München, Bayerische Staatsbibliothek, Clm 4453, fol 157v.

도판 4. 위엄있게 선 그리스도 *Evangeliar Ottos III*, München, Bayerische Staatsbibliothek, Clm 4453, fol 163r.

도판 5. 이새의 나무 *Capuchin's Bible*, Paris, Bibliothèque nationale de France, latin 16746, fol 7v.

도판 6. 손가락 동작 표현 *Stuttgarter Psalter*, Stuttgart, Württembergische Landesbibliothek, ms. Biblia Folio 23, fol 64v.

도판 7. 투르 주교 그레고리우스의 초상 *Sacramentaire de Marmoutier*, Autun, Bibl. Mun., ms. 19bis, fol 1v.

도판 8. 황제와 구름에서 나오는 신의 손 *Codex Aureus*, München, Bayerische Staatsbibliothek, Clm 14000, fol 5v.

도판 9. 오토 2세와 신의 손 *Aachener Liuthar-Evangeliar*, Aachen, Aachener Domschatzkammer, fol 16r.

도판 10. 황제의 팔을 떠받치는 성자들 *Sakramentar Heinrichs II*, München, Bayerische Staatsbibliothek, clm 4456, fol 11r.

도판 11. 인간 기계 *Bible parisienne*, New York, The Pierpont Morgan Library, Ms. 638, fol 23v.

도판 12. 수도사의 노동 *Moralia in Job*, Dijon, Bibliothèque municipale, Ms. 170, fol 32r(머리글자 E, 포도를 수확하는 사람들), 59r(머리글자 Q, 나무줄기를 가르는 두 명의 수도사), 75v(머리글자 Q, 수확하는 수도사); Ms. 173, fol 41r(머리글자 I, 나무를 베는 수도사와 농민), 92v(머리글자 Q, 직물을 짜는 사람들).

도판 13. 노동의 몸짓 *Bible parisienne*, New York, The Pierpont Morgan Library, Ms. 638, fol 2v(노아), 3r (바벨탑)

도판 14. 그리스도를 조롱하는 유대인 Retables alsaciens, Colmar, Unterlinden Museum.

도판 15. 유대인의 음란한 몸짓 Retables alsaciens, Colmar, Unterlinden Museum.

도판 16. 두루마리 말풍선 *Missal*, New York, The Morgan Library, Ms. 374, fol 123v.

도판 17. 성 프란체스코의 성흔 Giotto, Les Stigmates de saint François, (위) Retable, Paris, Musée du Louvre. (아래) Fresque, Firenze, église Santa Croce, chapelle Bardi.

도판 18. 성녀 안나의 몸짓 Hans Baldung, Nativity, altar, Freiburger Münster.

본문 그림

그림 1. 해럴드 2세의 맹세 Tapisserie de Bayeux, Musée de la Tapisserie de Bayeux, scène 23.

그림 2. 마에스타상 Cimabue, La Vierge et l'Enfant en majesté entourés de six anges, Paris, Musée du Louvre.

그림 3. 성녀 피데스의 성유물함상 La Majesté de sainte Foy, Abbatiale Sainte-Foy de Conques.

그림 4. 황제 연설의 몸짓 Columna Traiana, Rome. 다음에서 가져옴. Filippo Coarelli, *Guida archeologica di Roma*, Arnoldo Mondadori Editore, Milan, 1974, p. 119.

그림 5. 이새의 나무 *Lambeth Bible*, London, Lambeth Palace Library, MS. 3, fol 198r.

그림 6. 성궤 앞에서 춤추는 다윗 Pierre Lombard, *Comment. in Psalmos*, Bamberg, Staatsbibl. Msc. Bibl. 59, fol 4r.

그림 7. 맹세의 몸짓 Terentius, *Hecyra*, Paris, Bibliothèque nationale, Lat. 7899, fol 143v.

그림 8. 귀를 기울인 신 *Utrecht Psalter*, Utrecht, Universiteitsbibliotheek, MS Bibl. Rhenotraiectinae I Nr 32. fol 50r.

그림 9. 글 쓰는 다윗 *Utrecht Psalter*, Utrecht, Universiteitsbibliotheek, MS Bibl. Rhenotraiectinae I Nr 32, fol 1v.

그림 10. 글 쓰는 복음사가 마태오 *Évangéliaire d'Ebbon*, Épernay, Bibliothèque municipale, ms. 1, fol 18v.

그림 11. 천사에게 창을 건네는 그리스도 *Utrecht Psalter*, Utrecht, Universiteitsbibliotheek, MS Bibl. Rhenotraiectinae I Nr 32, fol 6v.

그림 12. 신, 그리스도, 신의 손 *Utrecht Psalter*, Utrecht, Universiteitsbibliotheek, MS Bibl. Rhenotraiectinae I Nr 32, fol 2r.

그림 13. 신의 손과 인간의 몸짓 *Stuttgarter Psalter*, Stuttgart, Württembergische Landesbibliothek, ms. Biblia Folio 23, fol 51r.

그림 14. 신의 손 *Uta Codex*, München, Bayerischen Staatsbibliothek, Clm 13601, fol 1v.

그림 15. 치유한 병자를 축복하는 그리스도의 몸짓 *Evangeliar Ottos III*, München, Bayerische Staatsbibliothek, Clm 4453, fol 44r.

그림 16. 대관식. *Sacramentarium Episcopi Warmundi*, Ivrea, Bibliothèque capitulaire, ms. 86. fol 2r, 160v.

그림 17. 시온의 딸들의 춤 *Utrecht Psalter*, Utrecht, Universiteitsbibliotheek, MS Bibl. Rhenotraiectinae I Nr 32, fol 27v.

그림 18. 그리스도의 승천 Coffret, Berlin, Staatliche Museen. Inv. 616.

그림 19. 게라사의 귀신 들린 자의 치유 *Gebetbuch der Hildegard von Bingen*, München, Bayerische Staatsbibliothek, Clm. 935, fol 31v.

그림 20. 곡예사의 몸짓을 흉내 내는 원숭이로 표현된 머리글자 *Moralium in Iob*, Dijon, Bibliotheque municipale, ms. 173, fol 66r.

그림 21. 지복과 저주 *Gebetbuch der Hildegard von Bingen*, München, Bayerische Staatsbibliothek, Clm. 935, fol 32v-39v.

그림 22. 지복과 저주 *Gebetbuch der Hildegard von Bingen*, Wien, Österreichische Nationalbibliothek, Cod. 2739, fol 19v-26v.

그림 23. 오툉의 그리스도 Tympan, Cathédrale Saint-Lazare d'Autun.

그림 24. 콩크의 그리스도 Tympan, Abbatiale Sainte-Foy de Conques
그림 25. 퍼시벌의 작별과 기도의 몸짓 Roman de Perceval, Paris, Bibliothèque nationale, ms. fr. 12577, fol 1r.
그림 26. 장례 의식 Sacramentarium Episcopi Warmundi, Ivrea, Biblioteca Capitolare di Ivrea, ms. 86, fol 191r-206v.
그림 27. 신체의 기하학적 구조 Villard de Honnecourt, Carnets, Paris, Bibliotheque Nationale, Ms. Fr. 19093, fol 19r.
그림 28. 인간 기계 Bible parisienne, New York, The Pierpont Morgan Library, Ms. 638, fol 35v.
그림 29. 타작하는 사람 Moralia in Job, Dijon, Bibliothèque municipale, Ms. 173, fol 148r.
그림 30. 타작하는 사람 Bible parisienne, New York, The Pierpont Morgan Library, Ms. 638, fol 18r.
그림 31. 아일프기바에 대한 성직자의 유혹 Tapisserie de Bayeux, Bayeux, Musée de la Tapisserie de Bayeux, scène 14, 15.
그림 32. 그리스도에 대한 조롱 Retables alsaciens, Colmar, Musée d'Unterlinden.
그림 33. 광대, 음악가 다윗, 곰 Psalterium Triplex, Cambridge, St. John College, ms. B18, fol 1r.
그림 34. 그리스도와 엠마오 순례자의 만남 Albani Psalter, Hildesheim, Dombibliothek Hildesheim, fol 40r, 41v, 41r.
그림 35. 저주의 몸짓 Albani Psalter, Hildesheim, Dombibliothek Hildesheim, fol 28v.
그림 36. 설교자와 청중의 몸짓 Jean Gerson, Sermons sur la Passion, Valenciennes, Bibliothèque municipale, ms. 230, fol 57.
그림 37. 속인 남성 6명과 여성 1명이 나타내는 일곱 가지 기도 양식 Pierre le Chantre(?), De oratione et partibus eius, Venezia, Archivio dello Stato, Scuola Grande Santa Maria della Misericordia in Valverde, b. 1.
그림 39. 성 도미니쿠스의 아홉 가지 기도 양식 De Modo Orandi, Rome, Bibliothèque Vaticane, ms. Rossianus 3.
그림 39. 조토의 두 작품에 나타난 성 프란체스코의 성흔 Giotto, Les Stigmates de saint François, (거울) 제단화, Paris, Musée du Louvre (동화) 프레스코화, Firenze, église Santa Croce, chapelle Bardi.
그림 40. 지옥에 떨어진 왕의 주술의 몸짓 Weltgericht, Bamberg, Dom Fürstenportal Tympanon.
그림 41. 결혼의 몸짓 Decretum Gratiani, Paris, Bibliothèque nationale, Lat. 3898, II, XXVIII, fol 293.
그림 42. 전례의 장면 Sacramentaire de Dragon, reliure d'ivoire, Paris, B.N., Lat. 9428.
그림 43. 미사의 기하학적 도식 Biblia pauperum cum permultis delineationibus, München, Bayerische Staatsbibliothek, Clm. 8201, fol 90r.
그림 44. 미사 전례 ivory Diptych, (왼쪽) Cambridge, Fitzwilliam Muséum (오른쪽) Frankfurt am Main, Liebieghaus Museum.
그림 45. 성체의 축성 Berlin, Dahlem Museum, Kupferstichkabinett, Catalogue Paul Wescher n° 637.
그림 46. 성체 들어 올리기 Andrea Pisano, Firenze, Campanile du Duomo.
그림 47. 미사의 진행 Traité de la messe, Paris, Bibliothèque nationale, Fr. 13342, fol 45r-48v.
그림 48. 몸짓의 계통도 "Essai d'une distribution généalogique des Sciences et des Arts principaux", L'Encyclopédie, sous la dir. de Diderot et d'Alembert, Paris, 1752, VII, p. 651.

찾아보기

사항

게스타 gesta 30, 101, 146-148, 307, 338, 349
게스투스 gestus 25, 27, 29-34, 63, 85, 146, 148, 150, 154, 169, 205, 212, 277, 285, 338, 349, 414
게스티쿨라티오 gesticulatio 29-30, 63, 169, 414
겸손의 12단계 douzième degré de l'humilité 135
곡녀 pleureuse 230, 237, 308
공간관계학 proxemics 17
관례집 coutumiers 22, 138, 161-162, 214
관상학 physiognomonie 36-37, 49, 248-249, 409-410
교권정치 théocratie 102
교훈예화 exemplum 154, 272, 356
국가의 탄생 naissance de l'État 245
군주의 귀감 specula principum 22, 75-76, 102-103, 244
궁정 사회 societe de cour 409
규범화 codification 45, 75, 102, 125, 127, 372, 379
규율 disciplina 15, 24, 38-39, 48, 58, 71, 73, 164, 167-169, 187-189, 193, 197-199, 205, 208-215, 219, 226, 238, 247, 277, 319, 326, 360, 408
그랑몽회 Grandmont 270
그레고리우스 개혁 réforme grégorienne 158, 361
그리스도-로고스 Christ Logos 115-117
글쓰기 écriture 12-13, 113, 406-407
기독교 기호학 sémiologie chrétienne 86
기독교 도상학 iconographie chrétienne 65, 256, 266
기독교 수사학 rhétorique chrétienne 85
기본 몸짓 gestus communis 50-51, 118
기억술 art de la mémoire 310, 376
기예 artes mechanicae 252, 260, 284
기이한 이야기 mirabilia 30
깎인 목초지 pré tondu 272
누투스 nutus 31, 35
니카이아 공의회 concile de Nicée 313, 317
다윗의 춤 danse de David 93-97, 99, 289

대중 설교 prédication publique 285
도덕 신학 théologie morale 73, 187, 222, 244
도유 onction 64, 127-129, 355, 362-363, 382
동물행동학 éthologie 153, 410
동작학 kinesics 17
떠돌이 성직자 clericus vagabundus 282
떠돌이 학자와 시인 goliards 282
라테라노 공의회 concile de Latran 361
로베르 왕가 Robertiens 9
르푸수아르 repoussoir 204
림보 limbes 393
마콩 공의회 synode de Mâcon 61
메로베우스 왕조 Merovingi 75
모데스티아 modestia 38, 73, 103, 166, 185, 192, 212, 220, 222, 256, 303, 309
모투스 motus 27, 34, 63, 106, 164, 190, 217, 376
몸가짐 contenances 39, 157, 212, 216, 220, 237-238, 241, 243, 249
몸짓 공동체 communautés gestuelles 16
몸짓(금욕적인) geste ascétique 76
몸짓(기쁨의) gestus laetitiae 157
몸짓(노동의) gestes du travail 24-25, 190, 227, 258, 262-263, 307, 329, 409
몸짓(맹세의) gestes du serment 109, 355, 357
몸짓(모방의) geste d'imitation 155, 283
몸짓(성사의) gestes sacramentels 358, 404
몸짓(애도의) gestes de deuil 237
몸짓(참회의) gestes de pénitence 15, 80, 325
몸짓(축복의) geste de bénédiction 29, 117, 177, 227, 355-356, 384
몸짓의 기술 art des gestes 24, 43
몸짓의 도덕 morale du geste 37, 74, 167, 255, 277, 408
몸짓의 문명 civilisation du geste 11-12, 405
몸짓의 문화 culture du geste 12
몸짓의 이성 raison des gestes 25-27, 29, 404
몸짓의 형식주의 formalisme des gestes 357-358, 368

무릎 꿇기 genuflexio 82, 324, 327, 332, 334, 352-353
문서 문화 culture de l'écrit 12
문자 문화 culture lettrée 12, 60, 405
미사 전문 canon 134, 367-368, 372-373, 383-384, 387, 394
발도파 Vaudois 154
변론술 art oratoire 41-42, 44
부동성 immobilité 24, 27-28
비언어 의사소통 communication non verbale 17, 24, 310, 414
사례윤리학 casuistique 187, 189, 260, 289-290, 407
상징적 효력 efficacité symbolique 25, 31, 89, 126, 355, 359, 366, 407, 414
상태 주제 thème d'état 123, 125, 348
상호작용 의례 Interaction Ritual 17,
생빅토르회 Saint-Victor 79, 163-164, 270
설교술 artes predicandi 300
성모의 곡예사 Tombeur de Notre Dame 287
성사 신학 théologie sacramentaire 87, 89, 361-362
성사집 sacramentaire 126, 364, 369, 387, 392
성체 들어 올리기 élévation 367, 369, 393-395
성체 축일 Fête-Dieu 402
성화상 숭배 culte des icônes 317
성흔 Stigma 349-351
세 위계 trois ordres 226-227
소매 효과 effets de manche 151, 309
수에비 왕국 Suevi 75
수화 signe des sourdsmuets 267
숙이기 inclinatio 327, 332-334, 338, 345, 379
스키피오의 꿈 Somnium Scipionis 40
시그눔 signum 31, 35, 65, 87, 89, 190, 268, 272, 299, 312, 383
식탁 예절 manières de table 72, 166, 189, 213, 243
식탁의 몸가짐 contenances de table 243
신명재판 ordalie 145, 361-362
신의 격투사 athlète de Dieu 81
신의 손 main de Dieu 56, 110, 115, 117-122, 125, 132, 138, 148, 156, 177, 179, 184
신종 서약 hommage 227, 320-322, 405
신체 기계 machina corporea 251
신체로서의 왕국 royaume comme corps 207
신체의 움직임 motus corporis 34, 77, 105

십자 성호 signe de croix 16, 227, 312, 339, 348, 355-358, 360, 367, 373-374, 379-385, 405
싸우는 교회 Église militante 15
아르스 노바 Ars nova 307
악티오 actio 39, 41-48, 53, 90-91, 300, 381
안수 imposition des mains 64, 355, 362-363, 369, 382
에르 신화 mythe d'Er 40
에크프라시스 ekphrasis 273
예법 courtoisie 11, 62, 219, 237, 239-241, 408-409
예식규정 ordo 16, 22, 128-129, 138, 227, 367-368
예절 civilité 409-410
오란스 orans 64, 80, 312-313, 325,
오만의 12단계 douze degrés de l'orgueil 168
오툉의 그리스도 Christ d'Autun 201
왕림 adventus 60, 75, 127, 219
외과학 chirurgie 248, 251
유동성 mobilité 27, 121
육화 Incarnatio 15, 65, 71, 123, 146, 299, 346, 351, 367, 373
음악 musica 33, 41, 57-58, 72, 85, 91-93, 97, 101-102, 105, 137, 189-190, 276-279, 292, 305-307, 315
이새의 나무 arbre de Jessé 65
자기 성찰 introspection 59, 187
자유학예 artes liberales 40, 51-52, 57, 85-86, 91-92, 284-285
전례극 drames liturgiques 22, 156, 275, 285, 290-291, 293-299
정면성 frontalité 28, 132, 387
조형 figuratio 22, 53, 167, 190-192, 203, 217, 303, 310, 383, 407, 413
종교적 도취 extase 30, 81, 96, 259, 337, 349-350, 352
죽음의 춤 Danse macabre 100, 277
중용 juste milieu 33, 39, 45, 76, 184, 192-193, 195, 203, 209-210, 214, 223, 303, 408
지시문 rubriques 292-293
지식욕 curiositas 168, 407
채찍고행자 flagellants 353
천 가지 술사 Mille artifex 155
천상위계론 Hiérarchies célestes 139
천상의 수사학 rhétorique céleste 150
카롤루스 르네상스 renaissance carolingienne 102

콜레 colée 228
콩코르디아 concordia 194, 205
콩크의 그리스도 Christ de Conques 202
쿠리알리타스 curialitas 219, 240
키로노미아 chironomia 48, 55, 387
태도 habitus 35, 45, 79, 83, 136, 159, 212
템페란티아 temperantia 38-39, 73, 219, 222, 255
통과의례 rite de passage 226, 364
트루바두르 troubadours 241
평화의 입맞춤 baiser de paix 82, 228, 323, 369
표장 emblèmes 15, 24, 31, 121, 132, 227, 392
풍속의 문명화 civilisation des moeurs 409
풍요의 뿔 corne d'abondance 117
풍자극 fabliau 272
프랑크푸르트 공의회 concile de Francfort 317
프레몽트레회 Prémontré 79, 163-164, 203
프로눈티아티오 pronuntiatio 41, 53, 103, 106, 300-301
프뤼돔 prudhomme 240
피그 신호 figue 275
피의 몸짓 gestes de sang 226
행동 주제 thème d'action 123, 125, 348
헥사메론 Hexameron 37, 68
헬레퀴누스 일당 Mesnie Hellequin 257
환유 transumptio 309, 359

인명

가랭 드 몽글란 Garin de Monglane 148
갈레노스 Claudios Galenos 36, 252
게르마노스 1세 Germanos I 133
게르호흐 폰 라이허스베르크 Gerhoch von Reichersberg 291
겔라시우스 1세(교황) Gelasius I 126
고드프루아 드 생빅토르 Godefroy de Saint-Victor 206
고르느망 Gornemanz de Goorz 226-227
고즐랭 Gauzlin de Fleury 151
고트샬크 Gottschalk 156
그라티아누스 Gratianus 23, 205, 285, 289, 364-365
그레고리오스(나지안조스) Gregorius Nazianzenus 95, 98
그레고리오스(니사) Gregorius Nyssenus 67
그레고리오스 1세(교황) Gregorius I 70-77, 91, 126, 152, 208, 261, 264, 320, 335-336, 345,
그레고리오스(투르) Gregorius Turonensis 141, 144
그리피드 Gruffydd 347
기 드 숄리아크 Guy de Chauliac 250
기베르 드 노장 Guibert de Nogent 26, 144, 147, 153, 155, 258, 359
기베르 드 투르네 Guibert de Tournai 209, 216
기욤 뒤랑 Guillaume Durand de Saint-Pourçain 98, 227, 333-334
기욤 드 샹포 Guillaume de Champeaux 186
기욤 드 콩슈 Guillaume de Conches 185. 206
기욤 드 투르네 Guillaume de Tournai 215
기욤 페로 Guillaume Peyraud 336
노르베르트 엘리아스 Norbert Elias 408
니카시우스(성인) Nicasius 258
니콜라우스 1세(교황) Nicolaus I 318-319
니콜라우스(성인) Nicolaus de Myra 357-358
데모스테네스 Demosthenes 41, 48
데카르트 René Descartes 409
도나투스 Aelius Donatus 51, 108
도로테아 폰 몬타우 Dorothea von Montau 349, 353
두셀린 드 디뉴 Douceline de Digne 352
두오다 Dhuoda 104
둔 드 마이앙스 Doon de Mayence 148
디드로 Denis Diderot 411
디오클레티아누스(황제) Diocletianus 68
라몬 류이 Ramon Llull 238, 301
라바누스 마우루스 Rabanus Maurus 135, 315
라블레 François Rabelais 272
라이문도 데 페냐포르 Raimundo de Peñafort 211, 268
라케스 Lachès 108
락탄티우스 Lactantius 68, 71, 199
랄프 코게샬 Ralph of Coggeshall 283
레기노 Regino Prumiensis 93
레미기우스(랭스) Remigius 128
레미기우스(오세르) Remigius Autissiodorensis 105-106, 413
레베르 Letbert de Saint-Ruf 164
레슬리 웨버 존스 Leslie Webber Jones 109
레이 버드휘스텔 Ray Birdwhistell 17
로버트 그로스테스트 Robert Grosseteste 306

로버트 베이스본 Robert of Basevorn 303, 309
로베르 1세 Robert I 10
로베르 드 블루아 Robert de Blois 241, 334
로베르 드 쿠르송 Robert de Courçon 381-382
로베르 르 부그르 Robert le Bougre 154
로베르토 다 살레 Roberto da Salle 353
로저 베이컨 Roger Bacon 306
롤랑 Roland 148, 240, 277
루도비쿠스 2세 Ludovicus II Balbus 128
루이 14세 Louis XIV 409
루이 8세 Louis VIII 208
루이 9세 Louis IX 209
루카르디스 폰 오버바이마르 Lukardis von Ober-weimar 353
루크레티우스 Titus Lucretius Carus 36, 40
루푸스 세르바투스 Lupus Servatus 316
루피누스 Rufinus di Bologna 285
뤼페르 드 되츠 Rupert de Deutz 151, 157, 322-324
리샤르 드 생빅토르 Richard de Saint-Victor 306
리셰 드 랭스 Richer de Reims 9-12, 19
리처드 1세 Richard Coeur de Lion 157
리처드 브릴리언트 Richard Brilliant 55
리처드 트렉슬러 Richard C. Trexler 329
리카리우스(성인) Ricarius 138
린 화이트 Lynn White 255
마르게리타 다 파엔차 Margherita da Faenza 349
마르보드 드 렌 Marbode de Rennes 324
마르셀 모스 Marcel Mauss 190
마르크 블로크 Marc Bloch 11, 226
마르티누스 브라카렌시스 Martinus Bracarensis 75, 218
마르티누스(성인) Martinus 331
마르티아누스 카펠라 Martianus Capella 52, 58, 105, 107, 188, 306
마리 두아니 Marie d'Oignies 353
마리크리스틴 푸셸 Marie-Christine Pouchelle 250
마리테레즈 달베르니 Marie-Thérèse d'Alverny 302
마리피에르 샹프티에 Marie-Pierre Champetier 304
마이어 샤피로 Meyer Schapiro 123, 348
마이클 카밀 Michael Camille 266

마카리우스 Macarius Magnus 314
마크로비우스 Macrobius 38, 40, 57
마트프리두스 1세 Matfridus Aurelianensis 104
막시모스(증성자) Maximus Confessor 133
매튜 패리스 Matthieu Paris 153
모리스 드 쉴리 Maurice de Sully 364
몽테뉴 Michel Eyquem de Montaigne 410
미로(왕) Miro 75
미셸 라우에르스 Michel Lauwers 228
미셸 메노 Michel Menot 301
미셸 소 Michel Sot 147
바로 Marcus Terentius Varro 34
발다사레 카스틸리오네 Baldassare Castiglione 409
발라프리두스 스트라보 Walafridus Strabo 206, 318
밧세바 Bethsabée 280, 316
베네딕투스(누르시아) Benedictus Nursiae 79, 135, 259, 320
베네딕투스(아니안) Benedictus Anianensis 134, 138
베다(가경자) Beda Venerabilis 268
베랑제 드 투르 Bérenger de Tours 156, 380
베르나르 기 Bernard Gui 334
베르나르 드 베스 Bernard de Besse 70, 215
베르나르 드 클레르보 Bernard de Clairvaux 63, 82, 160, 166. 168-169, 179, 201, 281, 336, 364, 389, 391
베르나르 드 클뤼니 Bernard de Cluny 391
베르나르 실베스트르 Bernard Silvestre 206
베르나르두스(대공) Bernardus Dux Septimania 104
베르나르디노 다 시에나 Bernardino da Siena 301
베르너 바이스바흐 Werner Weisbach 123
베르톨트 폰 레겐스부르크 Berthold von Regensburg 333
보나벤투라 Bonaventura 350
보니파티우스 Bonifatius 127
보드리 드 부르괴유 Baudri de Bourgueil 324
보리스 Boris 318
보이티우스 Boethius 91-92, 185, 188
본콤파뇨 다 시냐 Boncompagno da Signa 307-311
브루네토 라티니 Brunetto Latini 301

빈센테 페레르 Vicente Ferrer 301
빌라르 드 오네쿠르 Villard de Honnecourt 252-254
빌렐무스 Wilhelmus Septimania 104
빌헬름 폰 히르사우 Wilhelm von Hirsau 270
살림베네 데 아담 Salimbene de Adam 157, 284
샤를 르 브룅 Charles Le Brun 410
샤를미셸 드 레페 Charles-Michel de l'Épée 411
세네카 Seneca 36, 39, 75, 185-186, 218, 223, 301
세라핌(천사) Seraphim 350
소르스(여신) Sors 105
술피키우스 세베루스 Sulpicius Severus 141
쉬제르 Suger 138, 191
스마라그두스 Smaragdus 134-135
스콜라스티카 Scholastica de Nursia 320, 355
스테파누스 2세(교황) Stephanus II 127
스티븐 랭턴 Stephen Langton 285, 391
실베스테르 2세(교황) Silvester II 9
아나스타시우스 Anastasius Bibliothecarius 133
아낙사고라스 Anaxagoras 36
아담 도어 Adam of Dore 97
아데오다투스 Adeodatus 86
아르노(수도원장) Arnaud 151
아르눌프 Arnulf d'Orléans 10
아르두이노 Arduino d'Ivrea 131
아리스토텔레스 Aristoteles 35-38, 41-42, 68, 187, 195, 244-246, 251, 301, 305, 309
아말라리우스 Amalarius Symphosius 75, 315
아우구스티누스 Aurelius Augustinus 38, 59-60, 74, 78-79, 86-90, 92, 96, 161, 205, 289, 306, 312, 314, 315, 326, 329, 337, 363, 375, 381
아일프기바 Aelfgyva de Northampton 274
안나(성녀) Anne 360
안드레아 피사노 Andrea Pisano 393, 403
안드레아스 카펠라누스 Andreas Capellanus 282
안셀무스 Anselmus Cantuariensis 26
알도브란디노 다 시에나 Aldobrandino da Siena 248
알라지 al-Razi 249
알랭 드 릴 Alain de Lille 200, 218-221, 302
알렉산더 네캄 Alexander Neckam 262
알렉산더 헤일스 Alexander of Hales 288-289, 302
알렉산데르 3세(교황) Alexander III 286, 364

알마(성녀) Alma 258
알베르투스 마그누스 Albertus Magnus 248, 251, 336, 374
알비누스 Albinus 103
알퀴누스 Flaccus Albinus Alcuinus 38, 102-104, 126, 133, 135
알파라비 Al-Farabi 305
알프레드(왕) Alfred 157
암브로시우스 Aurelius Ambrosius 68, 71, 73-74, 79, 92, 95-96, 126, 133, 163, 167
앙길베르투스 Angilbert de Centula 138
앙드레(수도사) André 151
앙리 드 몽드빌 Henri de Mondeville 250-252
애셜울프(왕) Aethelwulf 128
야코포 다 바라체 Jacopo da Varazze 357
얀 반 뤼즈브룩 Jan van Ruusbroec 352
어빙 고프먼 Erving Goffman 17
에드가(왕) Edgar the Peacemaker 129
에드워드 홀 Edward T. Hall 17
에라스뮈스 Desiderius Erasmus 238, 409
에르멘트루데 Ermentrude d'Orléans 128
에르빈 파노프스키 Erwin Panofsky 252
에리우게나 Johannes Scotus Eriugena 107, 191
에밀 말 Émile Mâle 293
에보(주교) Ebbo 110
에우게니우스 3세(교황) Eugenius III 168
에우세비우스 Eusebius Caesariensis 146
에이케 폰 렙고 Eike von Repgow 21
에인하르두스 Einhardus 146, 315-317
에지디오 로마노 Egidio Romano 246-247, 250-251
에티엔 드 부르봉 Étienne de Bourbon 269
에티엔 드 투르네 Étienne de Tournai 285
엔노디우스(주교) Magnus Felix Ennodius 74
오더릭 비탈리스 Orderic Vitalis 154
오도(클뤼니) Odon de Cluny 93
오리게네스 Origenes Adamantius 71, 133, 314
오브리 드 트루아퐁텐 Aubry de Trois-Fontaines 154
오비디우스 Publius Ovidius Naso 243
오토 2세 Otto II 9, 12, 132-133
오토 3세 Otto III 129, 131
오토 페흐트 Otto Pächt 293
오토 폰 프라이징 Otto von Freising 147

올리비에 Olivier 240
올리비에 마야르 Olivier Maillard 301
외드 드 쉴리 Eudes de Sully 388
외드 리고 Eudes Rigaud 99
욍베르 드 로망 Humbert de Romans 63, 215, 302-303, 327, 332, 338, 346
요나스(주교) Ionas Aurelianensis 104
요제프 융만 Josef Jungmann 373
요하네스 니더 Johannes Nider 345, 402
요한 카스파 라바터 Johann Kaspar Lavater 409
요하네스 다마스케누스 Iohannes Damascenus 326, 336
요하네스 크리소스토모스 Ioannes Chrysostomos 95, 97, 231, 289
우구초네 다 피사 Uguccione da Pisa 150
위그 당굴렘 Hugues d'Angoulême 156
위그 드 생빅토르 Hugues de Saint-Victor 63, 164, 168, 170, 186-217, 221-222, 237, 240, 244, 246, 250, 260, 284-285, 303-304, 310, 326, 336, 347, 375-376, 379, 382-383, 402, 413
위그 카페 Hugues Capet 9-12, 128
위그 파르시트 Hugues Farsit 150
위-디오니시우스 Pseudo-Dionysius Areopagita 133, 138-139, 191
위-아리스토텔레스 Pseudo-Aristote 248
위-이시도루스 Pseudo-Isidore de Séville 268
윌리엄 1세 William I the Conqueror 14, 274
윌리엄 마셜 William Marshal 229
윌리엄 맘즈베리 William of Malmesbury 153, 157
유디트 Judith 128
유베날리스 Decimus Iunius Iuvenalis 38
유스티노스(순교자) Iustinus Martyr 97
유피테르(신) Jupiter 105
율리아누스(황제) Flavius Claudius Iulianus 98
율리우스 빅토르 Gaius Julius Victor 52, 103
이브 드 샤르트르 Yves de Chartres 366
이븐 시나 Ibn Sina 249, 251, 305
이시도루스 Isidorus Hispalensis 68, 76, 92, 133, 146, 200, 269, 284-285, 336
인노켄티우스 3세(교황) Innocent III 282, 361, 373, 376, 380
인노켄티우스 4세(교황) Innocent IV 290
일데베르 드 라바르댕 Hildebert de Lavardun 324

일레드 리보 Aelred of Rievaulx 375
자크 드 비트리 Jacques de Vitry 260, 271-272, 301, 322, 383
자크 르 고프 Jacques Le Goff 227
장 드 그루쉬 Jean de Grouchy 307
장 드 묑 Jean de Meung 219
장 블레 Jean Beleth 98
장마르탱 샤르코 Jean-Martin Charcot 410
장자크 루소 Jean-Jacques Rousseau 410
장클로드 본 Jean-Claude Bonne 202, 258
제라드 브롤트 Gerard J. Brault 276
제럴드 웨일스 Gerald of Wales 209, 258, 271, 347
제로 드 페셰 Géraud de Pescher 300
제르베르 도리악 Gerbert d'Aurillac 9
제프리 빈소프 Geoffrey of Vinsauf 300
조르주 뒤비 Georges Duby 229
조르주 디디위베르망 Georges Didi-Huberman 350
조반니 발비 Giovanni Balbi 150
조반니 보니파초 Giovanni Bonifacio 411
조토 디 본도네 Giotto di Bondone 350
존 갈런드 John of Garland 239-240, 263
존 바드 맥널티 John Bard McNulty 274
존 보즈웰 John Boswell 324
존 솔즈베리 John of Salisbury 200, 205, 207-208, 250, 281
줄리언 노리치 Julian of Norwich 353
지그문트 프로이트 Sigmund Freud 410
지롤라모 사보나롤라 Girolamo Savonarola 301
질 드 파리 Gilles de Paris 208
찰스 루퍼스 모리 Charles Rufus Morey 109
카롤루스 2세 Carolus II Calvus 121, 128, 132-133,
카롤루스 3세 Charles le Simple 10
카롤루스 대제 Charlemagne 14, 103, 126, 208, 315, 317
카를 폰 아미라 Karl von Amira 21
카시아누스 Ioannes Cassianus 76-84
카시오도루스 Cassiodorus 68-69, 90, 206, 306
카이사리우스 폰 하이스터바흐 Caesarius von Heisterbach 144
카이사리우스(아를) Caesarius Arelatensis 61, 313
카테리나 다 시에나 Caterina da Siena 349, 352
카토 Publius Valerius Cato 243

찾아보기 477

칼리피데스 Callipides 42
콜롬바누스(성인) Colomban 318
퀸틸리아누스 Marcus Fabius Quintilianus 42-55, 57, 103, 109, 118, 387
크누트 Cnut 274
크레티앵 드 트루아 Chretien de Troyes 224, 237
크리시포스 Chrysippos Soleus 48
클레멘스(알렉산드리아) Clemens Alexandrinus 71
클로도베쿠스 1세 Chlodovechus I 128
키케로 Marcus Tullius Cicero 37-48, 52-53, 68, 73-75, 79, 86-87, 103, 158, 163-164, 185-186, 205, 218, 223, 300-301, 309
키프리아누스 Cyprianus Carthaginiensis 313, 363
테렌티우스 Publius Terentius Afer 38, 107-109
테르툴리아누스 Tertullianus 71, 73, 133, 313
테오도리쿠스 Theodoricus 268
테오필루스 프레스뷔테르 Theophilus Presbyter 261-262
토마스 아퀴나스 Thomas Aquinas 222, 245-246, 248, 268, 290, 302, 326, 336, 346, 379
토마진 폰 치르클라에레 Thomasin von Zirclaere 241
토머스 웨일리스 Thomas Waleys 303-304
토머스 초범 Thomas of Chobham 210, 287-290, 381, 388
톨로메오 피아도니 Tolomeo Fiadoni 245
톰마소 다 첼라노 Tommaso da Celano 350
투르킬 Thurkill 283, 354
트라야누스(황제) Traianus 55, 207
파울 춤토르 Paul Zumthor 277
파울라(성녀) Paula Romana 316
파피아스 Papias 150
팡타그뤼엘 Pantagruel 272
퍼시벌 Perceval 224-227, 321
페드로 알폰소 Pedro Alfonso 238
페린 만 Perrine Mane 263-264
포르투나티아누스 Consultus Fortunatianus 51
포메리우스 Julianus Pomerius 76-77
폴레몬 Marcus Antonius Polemon 37
풀라두스 Fulradus 128-129
풀크 드 뇌이 Foulques de Neuilly 301
프라 안젤리코 Fra Angelico 346
프란체스코 Francesco d'Assisi 302, 349-351

프랜시스 베이컨 Francis Bacon 411
프로문두스 Fromundus 280
프리드리히 1세 Friedrich I Barbarossa 147
플로도아르두스 Flodoardus 9-10
플루타르코스 Plutarchos 57, 207
플리니우스 Gaius Plinius Secundus Major 36
피데스(성녀) Fides 28, 203
피에르 롱바르 Pierre Lombard 288, 363, 385
피에르 르 망죄르 Pierre le Mangeur 385, 389
피에르 르 샹트르 Pierre le Chantre 64, 217-218, 260, 286-287, 301-302, 328, 333-337, 345, 348, 361, 381, 389
피에르 베르쉬르 Pierre Bersuire 222
피에르(가경자) Pierre le Vénérable 151, 156, 160, 200
피피누스 1세(아키텐) Pipinus rex Equitanorum 104
피피누스 3세 Pippinus III Brevis 127
필리포 디 노바라 Filippo di Novara 238-240
필리프 4세 Philippe le Bel 245, 250-251
필리프 드 보마누아르 Philippe de Beaumanoir 23
하가논 Haganon 10
하드리아누스 1세(교황) Hadrianus I 126, 317
하인리히 2세 Heinrich II 125, 132-133
하인리히 조제 Heinrich Seuse 353
한스 발둥 Hans Baldung Grien 360
한스 홀바인 Hans Holbein 275
해럴드 2세 Harold II 13-14, 274-275, 355
헤라드 드 랑베르그 Herrade de Landsberg 291
헤르만 Hermann de Scheda 203-204, 364
헤이모 패버셤 Haymo of Faversham 379
호노리우스 아우구스토두넨시스 Honorius Augustodunensis 96, 98, 206-208, 257, 281-282, 374
흐로츠비타 Hrotsvitha von Gandersheim 108
히에로니무스 Hieronymus 60, 71, 285
힐데가르트 폰 빙엔 Hildegard von Bingen 151, 171, 248
힐라리우스 픽타비엔시스 Hilarius Pictaviensis 336
힝크마루스 Hincmarus Remensis 9, 128, 280

지명·장소

갈리아 Gaule 80, 126, 313, 333
노트르담 드 로카마두르 Notre-Dame de Rocama-

dour 143
노트르담(대성당) cathédrale de Notre-Dame 217, 293
니더외스터라이히 Niederösterreich 171
라이헤나우 Reichenau 122, 131, 315
랑 Laon 253
램지 Ramsey 129
랭스 Reims 9, 105, 110, 128, 253, 279-280
레겐스부르크 Regensburg 121, 131
루보(강) Roubaud 352
루앙 Rouen 99
리에주 Liège 277, 395
링컨 Lincoln 97
마르세유 Marseille 79-80, 352
마인츠 Mainz 127
망드 Mende 227, 333
메스 Metz 128, 133, 368
모 Meaux 253
몽도르 Mont d'Or 268
바스 Bath 129
밤베르크 Bamberg 122, 131, 359
베르나 Verna 350
베르메리 Vermeries 128
베크 Bec 26
부르주 Bourges 260
브라가 Braga 75
빌라르소 Villarceaux 99
산마르코(성당) Basilica di San Marco 346
산타마리아델라미세리코르디아(수도원) Santa Maria della Misericordia
산타크로체(성당) Basilica di Santa Croce 350
산티아고데콤포스텔라 Saint Jacques de Compostelle 283
살페트리예르 Salpêtrière 410
생라자르(문) porte Saint-Lazare 263
생레미(수도원) abbaye Saint-Remi 9
생리케 Saint-Riquier 137-138
생미엘 Saint-Mihiel 103
생브누아쉬르루아르 Saint-Benoît-sur-Loire 151
생빅토르(수도원) abbaye de Saint-Victor 186
생제르맹(수도원) Abbaye Saint-Germain 105
생제르맹데프레 Saint-Germain-des-Prés 110
생테티엔(대성당) cathédrale Saint-Étienne 253
생트주느비에브 Sainte-Geneviève 207

샤르트르 Chartres 185
셉티마니아 Septimania 104
솔즈베리 Salisbury 159
수아송 Soissons 150
아를 Arles 61, 313
아미앵 Amiens 98
아비뇽 Avignon 164
아우크스부르크 Augsbourg 291
에섹스 Essex 283
엔섬 Eynsham 162
오빌레 Hautvilliers 110
오세르 Auxerre 105, 413
오토보이렌 Ottobeuren 335
오툉 Autun 201, 260
옥스퍼드 Oxford 305
우아즈 Oise 128
위제스 Uzès 104
캔터베리 Canterbury 26, 97, 271
케임브리지 Cambridge 385
콩크 Conques 143, 202, 214, 258
콩피에뉴 Compiègne 128
쾰비히크 Kölbigk 99
클레르보 Clairvaux 160, 287
클뤼니 Cluny 93, 138, 160, 201
타가스테 Tagaste 78-79, 86
테게른제 Tegernsee 280
툴루즈 Toulouse 143, 263, 300
페르예르 Ferrières 316
푸아티에 Poitiers 144, 293
풀다 Fulda 135
프륌 Prüm 93
플뢰리 Fleury 151
플뢰리쉬르루아르 Fleury-sur-Loire 260, 293
피렌체 대성당 Duomo di Firenze 393
피사 Pisa 284
피어폰트 모건 도서관 Pierpont Morgan Library 254
하머스레벤 Hamersleben 186
할버슈타트 Halberstadt 186
호엔부르 Hohenbourg 291

몸짓의 역사

초판 발행 2025년 10월 31일

옮긴이	주나미
펴낸이	김두희
펴낸곳	도서출판 오롯
출판등록	2013년 1월 10일 제251002013-000001호
주소	인천시 계양구 장제로 863번길 15, 시티2000오피스텔 702호
전자우편	orot2013@naver.com
홈페이지	https://blog.naver.com/orot2013
전화번호	070-7592-2304
팩스	0303-3441-2304

© OROT, 2025. printed in Incheon, Korea
ISBN   979-11-89791-02-5   93920

※ 책값은 뒤표지에 있습니다. 잘못된 책은 바꾸어 드립니다.